中国社会科学院创新工程学术出版资助项目

世界社会保障法律译丛
（卷六）

亚太社会保障法律

中国社会保险学会
中国社会科学院世界社保研究中心
中国证券投资基金业协会
—— 组织翻译 ——

中国社会科学出版社

图书在版编目（CIP）数据

亚太社会保障法律/中国社会保险学会，中国社会科学院世界社保研究中心，中国证券投资基金业协会组织翻译．—北京：中国社会科学出版社，2017.10

（世界社会保障法律译丛）

ISBN 978-7-5161-9080-7

Ⅰ.①亚… Ⅱ.①中… ②中… ③…中 Ⅲ.①社会保障法—研究—亚太地区 Ⅳ.①D930.218.2

中国版本图书馆 CIP 数据核字（2016）第 241990 号

出 版 人	赵剑英
责任编辑	王 衡
责任校对	朱妍洁
责任印制	王 超

出 版	中国社会科学出版社
社 址	北京鼓楼西大街甲 158 号
邮 编	100720
网 址	http://www.csspw.cn
发 行 部	010-84083685
门 市 部	010-84029450
经 销	新华书店及其他书店
印 刷	北京明恒达印务有限公司
装 订	廊坊市广阳区广增装订厂
版 次	2017 年 10 月第 1 版
印 次	2017 年 10 月第 1 次印刷
开 本	710×1000 1/16
印 张	44.5
插 页	2
字 数	720 千字
定 价	158.00 元

凡购买中国社会科学出版社图书，如有质量问题请与本社营销中心联系调换
电话：010-84083683
版权所有 侵权必究

序一　社会保障法律的国际视野

　　社会保障是现代社会不可缺少的制度安排，是人民群众的"安全网"、社会运行的"稳定器"和收入分配的"调节器"，在促进经济发展、维护社会公平、增进国民福祉、保障国家长治久安等方面具有重要作用。改革开放以来，我国社会保障事业取得了显著成就，基本医疗保险实现全覆盖，基本养老保险参保率超过80%，覆盖城乡居民的社会保障体系基本建立，这些对于保障人民群众的基本生活、促进人民群众更加公平合理地分享经济社会发展成果发挥了重要作用。在改革开放的大背景下，随着我国计划经济体制逐步向社会主义市场经济体制的根本转变，我国社会保障制度实现了由政府和企业保障向社会保障、由职工保障向城乡全体居民保障的重大制度性变革，基本形成了社会保障、社会救助、社会福利和慈善事业相衔接的总体制度框架。在充分肯定成绩的同时，还必须看到，目前社会保障制度设计和运行还存在一些深层次的矛盾和问题，风险隐患不容忽视；以往改革实践中所呈现出来的制度碎片化，以及相关制度不能有效协同的现象，表明我国社会保障体系建设中面临的客观困难、观念障碍、机制约束仍然很深刻，极其需要从理论上理清是非曲直，在制度选择上实现统筹布局，在发展战略上分清轻重缓急。社会保障制度是最具有政治经济意义的一项社会制度，需要我们特别用心、特别用功，还要特别"用情"，就是说，我们要始终满怀深厚、热烈的感情，帮助那些特别需要帮助的困难群众。

　　制度建设贯穿于社会保障体系的方方面面，而法制建设在其中起着引领和基础性的作用。法治是治国理政不可或缺的重要手段，法制化是社会保障事业持续良性发展的根本保障。用法律保护多元主体的社会保障权利，从法治上提供解决社会保障问题的制度化方案，是中国法制建设和社会保障事业发展的必由之路。2010年，《社会保险法》问世，这是新中国成立以来中国第一部社会保险制度的综合性法律，也是一部在中国特色社会主义法律体系中起支架作用的重要法律。这部法律的制定实施，标志着我国社会保险制度建设进入法制化轨道，有力地促进了社会保险各项事业的持续、稳定、健康发展。但是，社会保险只是社会保障的一部分，仅仅一部《社会保险法》远不能涵盖社会保障领域的所有问题。同时，《社会保险法》实施7年多来，又出现了不少新情况，加上一些原有矛盾的激化，都迫切要求对这部法律加以修订和完善。例如，机关事业单位的养老保险制度已经出台，亟须在《社会保险法》中加以明确和补充；基本养老保险全国统筹仍然步履维艰，劳动力跨地区、跨部门转移社会保险关系存在障碍；补充社会保险的政策支持还未到位；"三医联动"机制尚待完善；生育保险和医疗保险即将合并、社会保险连续降低费率等实践已经突破现有法律的规定，等等。我们在立足国情，总结历史经验，将多年积累形成的有效政策做法提炼上升为法律制度的同时，也要多做国际比较，重视国际经验的学习借鉴。因为社会保障制度作为人类应对自身风险的科学机制，面对的风险具有相通性，尽管各国所采取的对策可能因国情不同会有所差别，但必然都要符合一定的客观发展规律。在我国社会保障制度变革从试验性状态走向定型、稳定、可持续发展的关键阶段，特别需要树立社会保障历史观和国际视野，以开放的心态吸取他国的智慧。

　　德国是现代社会保障制度的起源国。19世纪末，世界第一部社会保险法律在德国诞生，经过百年发展，推动德国成为社会保险体系最健全、机制运行最有效的福利国家之一。社会组织是德国社会保障的管理主体，16家养老保险经办机构、134家医疗保险经办机构构成了高密度的管理体系，也正是得益于健全的法制，方能良性运转、高效运营。美国的《社会保障法》出台较晚，但内容详尽，自1935年面世以来，美国各项社会保障事业无不遵循该法确立的自我维持、自我发展的宗旨，尽管社会保障制度随经济社会变化不断调整，但始终未脱离这一原则，确保了美国远离福利陷阱。英国等一些国家则采用平行法制模式，如自1908年颁布《老年年金保险法》、1911年颁布《失业保险和健康保险法》，此后相继出台覆盖全民的《国民年金法》、覆盖特殊群体的《妇女儿童保护法》《寡妇孤儿及老年年金法》《家庭津贴法》《工伤保险法》《健康服务法》《救助法》等。此外，瑞典是名义账户制的"权威"，丹麦是主权养老金投资的"典范"，澳大利亚是第二支柱养老金的"标杆"，韩国是第一支柱养老金的亚洲的"范例",智利是养老金私有化和市场化改革的"开拓者",新加坡与马来西亚是账户制管理的"先行者",加拿大是公务员退休金管理的"模版",等等。这些国家在世界社会保障改革创新方面做了有益探索,其社会保障法律体系经过不断修订更趋完整,可以为我们构建中国特色的社会保障法律体系提供重要参考。

多年来,我国理论学术界围绕中国社会保障体系的建立和完善开展了大量研究,取得了重要的成果,做出了重大的贡献。略感缺憾的是,在国际比较方面,以前还没有人将国外社会保障法律体系完整地介绍给国内,导致社会保障法律研究资料不足,引用资料也有失偏颇,很大程度上制约和影响了我国社会保障制度改革的学术研究。令人高兴的是,中国社会科学院世界社保研究中心用时8年,组织翻译出版了《世界社会保障法律译丛》。目前出版的六卷500多万字的巨作,是我国第一部全面完整引入国外社会保障法律的译丛,填补我国社会保障法律研究的空白,使我国社会保障改革和社会保障法律的研究基础更加扎实。这是一项重要的学术贡献,再次体现了我国社会保障学界心系国家发展、心系人民福祉的责任与担当。

党的十八届三中全会提出"建立更加公平可持续的社会保障制度",在社会保障方面有许多理论突破,例如"完善个人账户制度""坚持精算平衡原则""降低社会保险费率""制定渐进式延迟退休年龄政策"等,其中有很多提法已经超出了现有法律所涵盖的内容;十八届四中全会提出"全面推进依法治国",要求"加快保障和改善民生、推进社会治理体制创新法律制度建设";十八届五中全会进一步提出"建立更加公平更可持续的社会保障制度"。这就要求我们必须将社会保障法制建设摆到更加突出的位置,以法治化引导和规范社会保障制度的改革与创新,加快构建起中国特色的社会保障体系。我相信,在社会各界特别是学术界的共同努力下,我国社会保障理论研究一定会更加繁荣,社会保障法制化的进程一定会加速推进,为实现我国社会保障体系的全面建成和更加公平更可持续的发展做出重要的历史贡献。

华建敏

第十一届全国人大常委会副委员长

原国务委员兼国务院秘书长

序二　社会保障法治的鸿篇巨制

前些时日，收到中国社会科学院世界社保中心翻译的《世界社会保障法律译丛》，看着这部鸿篇巨制，敬佩之情油然而生。8年时间，500多万字，作为一名社会法学研究工作者，我深知这需要付出多少心血和努力。拜读之后，更为本套译丛内容之浩渺、体现精神之深邃所震撼。当郑秉文教授邀请我为本套译丛作序的时候，我不愿也不能推托，因为这套译丛不仅凝聚着世界社保中心多年来的心血，也和中国法学会、中国社会法学研究会一贯以来促进社会法学研究的宗旨深深切合。

法律法规是社会利益与社会行为的规范，劳动关系是最基本、最重要的社会关系，社会保障法律体系不仅涉及最重要的社会关系，也涉及方方面面的利益。社会保险法、社会保障法、劳动法、劳动合同法等，均属于社会法学中的核心内容，相对于民法学、刑法学、行政法学等，社会法学研究的人数较少，学科不是很发达，与国外的学科研究规模差距也大一些，与中国社会保障事业发展和广大劳动民众的需求相比，存在的差距就更大了。应当讲，社会保障法律这个中国社会保障研究与法学研究的交叉领域，整体水平尚待提升。现有的社会保障法律相关著作数量偏少，而且往往偏重于一隅，缺乏社会保障和法学研究的融合。学界甚至有人认为在国内目前还未完全形成社会法的完整的学科体系。

这部鸿篇巨制的适时出版，可以弥补国内社会法学领域的严重不足。至今，国内还没有系统完整地翻译过国外的社会保障法律，从教学到科研，从政策建议到法规制订，从理论到实践，都急迫地期待一套较为系统完整的社会保障法律的原滋原味的译著，以满足国内社会保障事业、社会法学发展的需求。

展开译丛，可以清晰地感受到不同法系国家社会保障法律历史与现状在眼前流淌：美国社会保障法律占据四卷，从《1935年社会保障法》到现今影响极大的《2006年养老金保护法》，在具体的机构职能、流程、管理与监督条文的变化中，80余年法律的传承和制度的变革的融合静静展现在读者面前。

英国的《1977年社会保障管理（欺诈）法》《1998年公共利益信息披露法》《2001年社会保障欺诈法》和《2004年养老金法》，这些法规充分体现了海洋法系注重延续性的特征。加拿大、澳大利亚与新加坡历史上是英国的殖民地，这些国家社会保障法律规定与宗主国之间的差异更是值得我们关注。尤其是澳大利亚超级年金相关法律，已成为世界范围内研究企业年金立法的重要参照之一。

在大陆法系国家方面，德国是现代社会保障制度的发源地，法国的社会保障制度也独具一格，译丛中也不乏韩国、新加坡等亚洲国家与智利等拉丁美洲国家国的社会保障法律。智利养老体系的3500号律令首创了养老保险制度的个人账户模式；日本的《养老金公积金经营基本方针》为我国基本养老金投资运营提供了可资借鉴之经验；韩国《国民年金法》包括从1986年到2005年一系列的修订，条文无声的体现着法律变更的动因所在。

本套译丛中还包括了丹麦、瑞典等典型福利的社会保障法律，他们构建福利国家的努力以及再改革，都在书中呈现。此外，还有俄罗斯、马来西亚等卓有特色的法律规章。这套译丛，不仅是实用的工具，也是不同的社会保障制度、模式与道路的发展和演化的缩影，堪称世界社会保障比较法治的一个丰富的智库。中国的社会保障制度自建立以来，尤其是自20世纪90年代以来取得了举世瞩目的成就，但是相关的法律发展却相对滞后，亟待构建完整的中国社会保障法律体系。目前，中国经济进入新常态，社会保障事业的发展也步入了关键的变革时期。机关事业单位养老保险制度已经建立，劳动力跨地区、跨部门转移社会保险关系仍存在障碍，关于法定退休年龄调整以及十八届五中全会提出的"实现职工基础养老金全国统筹，划转部分国有资本充实社保基金，全面实施城乡居民大病保险制度""深化医药卫生体制改革，理顺药品价格，实行医疗、医保、医药联动，建立覆盖城乡的基本医疗卫生制度和现代医院管理制度"的各个目标明确，以上新老问题交织叠加在一起，在实践中已触碰到了现有法律的边界。

在这种情势下，落实贯彻十八届四中全会精神，"坚持立法先行，发挥立法的引领和推动作用","坚持立改废释并举,增强法律法规的及时性、系统性、针对性、有效性",以立法促进制度改革已刻不容缓。这也是实现十八届三中全会要求,"建立更加公平可持续的社会保障制度"的关键所在。

一个国家的社会保障法制毫无例外的都具有本国特色和适合本国国情。但像其他事物一样,社保法制具有自身发展的规律性和特点。这些规律和特点,是人类的共同财富,是社会保障法制设立、发展的基础和支撑。从立法工作角度看,中国在立法过程中,一直坚持科学立法、民主立法,而开门立法是做到科学、民主立法的最重要方法;因此几十年来一贯注重吸收借鉴国际相关经验。在中国社会保障法制发展的关键时刻,《世界社会保障法律译丛》的出版发行,为系统了解世界社会保障立法情况提供了最宝贵的一手资料。这套译丛全面覆盖了不同法系国家、不同福利制度国家以及不同社会保障制度模式国家的相关法律资料,其翔实丰富程度是前所未有的。

最后,我再次向本书的译者们表示敬意,他们用了8年的时间,为完善中国的社会保障法律体系带来了一套完整的第一手资料,在这里我衷心希望,这套译丛能够在完善中国社会保障法律体系乃至社会保障制度改革中发挥更大的作用;希望这套著作尽快地普及开来,成为每一个法学界、社会保障学界人士手边的工具。

张鸣起
第十二届全国人大法律委员会副主任委员
中国法学会副会长,中国社会法学研究会会长
前全国总工会副主席、书记处书记

序三　他山石　攻我玉

2009年年底，我国《社会保险法》草案经过全国人大常委会三读审议，接近面世，但还有一些难题在深入讨论；企业年金市场化运营已经3年了，也遇到进一步完善监管法规制度的问题。这些都亟须在更好总结自身经验的同时，更多参考国际经验。于是，当时担任中华人民共和国人力资源和社会保障社部副部长分管社会保险工作的我，责成当时的社会保障基金监督司尽快搜集国外相关法规资料，为我所用。后来得知，中国社会科学院世界社保研究中心承接了这项任务，2010年组织翻译了十多部计70多万字的外国社会保障法律，满足了当时的急迫需求，应该说，这项工作的及时完成，对我国《社会保险法》的出台和企业年金监管制度的健全是做出了贡献的。

我以为，这件事至此就算过去了。直到不久前，该中心郑秉文主任告诉我，他们在那70万字的基础上，又经过5年努力，翻译了500多万字，编成了一部六卷的《世界社会保障法律译丛》。这确实令我惊讶。早年间，由于工作需要，我自己也曾尝试翻译过国际劳工组织有关社会保障的一些公约，深知翻译法律文件是最吃力、最枯燥的事情。该中心锲而不舍、孜孜以求，把当年我提出的"一件事"用8年心血演绎成"一项事业"，值得敬佩。

我敬佩此举，不仅出于赞赏这种做事的精神，更在于这部译著的现实和历史价值。回想我从事社会保障工作20多年，正是我国改革开放不断深化、社会保障事业蓬勃发展的时段，立足国情、勇于创新，同时又广泛借鉴国际经验是我们屡试不爽的成功之道。但客观地说，也不乏这样的尴尬情景：有时讨论起一个问题来，各方缺乏对基本事实的共同认知，都声言自己在国外考察时亲眼所见、亲耳所闻某种情况（政策、标准、处置方式等），引用的资料也出入甚大，并据此坚持己见、互不退让，结果往往使本应理性的论辩变成一场根本不在同一事实基础上的无谓争吵。这着实令人烦恼！如果那时有网络可以大量、方便、快捷地搜集相关信息，如果那时有经过翻译的成熟的国外法规集作相对准确的参照，而不是过度局限于个人体验，我们将减少多少时间和精力的消耗，并或许可以由此找到解决问题的更加经济有效的方法。我不是法学专家，在外语方面造诣亦浅，所以无从评价这部译著的质量；但我从它提供了诸多国家社会保障现行法律状态的基本事实的角度，足以肯定其价值：它不仅是一个可随时查阅的实用工具——对某国某项制度规定认知不清，查一查该国法规资料即可；更是为社会保障专业人士的科学比较、论证、辨识、借鉴乃至批判提供了事实基点，从而有助于摆脱这一领域或多或少的"盲人摸象"的困境。

  我肯定这部译著的价值，还在于其广泛的包容性——所翻译的几十部外国法律，不是单一的模式，而是各式各样、多姿多彩的，甚至体现着不同的社会保障理念：美国的社会保障制度结构，政府提供直接援助较少，更多通过市场机构依法运作，反映了这个国度高度尊崇自由市场经济原则；德国这类雇佣双方缴费、由公法指定社会组织管理的社会保险模式，其法律规制体现着100多年来始终秉持的社会团结、代际赡养理念；曾被称为"第三条道路"典型的北欧丹麦、瑞典等国的社保法律，践行着贝弗里奇"从摇篮到坟墓"的梦想；韩国、新加坡、马来西亚等国的社保法规，可以让我们更多感受到东亚文化的基因……如此色彩纷呈、各具千秋的社保法规展示的"画廊"，使人很容易记起那个著名的感悟——我们不能照抄照搬外国某种模式！也实在是无法照抄照搬，因为外国也是多种模式并存的。我们由此也更明了，"立足国情"原来并非是我国的独有理念，实际上各国都在作这样的选择。

  我肯定这部译著的价值，又在于其所译各国社保法律反映出内在的生命律动——单独看各部法律，充满了冷冰冰、硬邦邦的"法言法语"，似乎是僵化的；但多部法律彼此联系，就可以从中看出变异、发展、演进。例如，美国有《1935年社会保障法》与《2006年养老金保护法》的延展关系；英国以1942年为中点，其前后的社会保障法律要旨差别明显，体现出贝弗里奇报告对重构制度体系的深刻影响；加拿大、澳大利亚这些前英殖民地的社会保障法律，隐隐透出对宗主国既继承又发展的关联；所翻译的智利社会保障法规集中于20世纪80年代后，反映了那一时期包括养老金在内的一大批公共品私有化的国际风潮。触摸着时间流动冲刷下的印痕，我们也很容易记起耳熟能详的那句话——与时俱进！几十年来，国际政治、经济大格局发生了翻天覆地的变化，各国在国际大棋局中的绝对或相对位置都今非昔比，各国面对的国内主要矛盾和发展任务也随之变化，没有哪个治国理政者可以靠固守多年前的法规而获得进步。这也再次印证了不能照抄照搬外国理论和制度的必然性，因为人家也在变。如果说有什么共同规律，最本质的便是——法随势易、令因时变。所以，研究国外资料获取的真正价值，不是熟知或死抠哪个法条是如何规定的，而是明白他们在什么背景和条件下做出了这样的规定。如果研究国外法律、制度、经验能够达到"知其然，更知其所以然"的境界，就说明我们更加成熟了。

郑秉文主任邀我为《世界社会保障法律译丛》作序，这本非我擅长之事，但想到自己毕竟与这部译著还有些渊源，便不好推托，写下以上实话、实感、实情聊充序言。如果可以加一点对未来的期许之语，那就是：我希望有一天，中国的社会保障法律也被外国广泛翻译、引用和研究，那时就是中国更深融入世界，并对世界做出更大贡献的时候。

胡晓义

第十二届全国政协委员

中国社会保险学会会长

中华人民共和国人力资源和社会保障部原副部长

目 录

大洋洲地区

《1990年数据匹配计划(援助与税收)法》(澳大利亚) …………… (3)
 第一章 一般性规定 ……………………………………… (4)
 第二章 数据匹配 ………………………………………… (9)
 第三章 《1988年隐私权法修正案》 …………………… (18)
 附表 数据匹配计划(援助与税收)指引 ……………… (18)
《1990年数据匹配计划(援助与税收)法》注释 ………………… (22)

《1992年超级年金保障(管理)法》(澳大利亚) ………………… (35)
 第一章 总则 ……………………………………………… (36)
 第二章 术语释义 ………………………………………… (38)
 第三章 联邦和免税的联邦机构之外的雇主缴费责任 … (54)
 第四章 超级年金保障声明和评估 ……………………… (66)
 第五章 管理 ……………………………………………… (69)
 第六章 费用的征收和追讨 ……………………………… (71)
 第七章 附加超级年金保障费 …………………………… (74)
 第八章 雇员待遇的支付 ………………………………… (75)
 第九章 其他规定 ………………………………………… (78)
《1992年超级年金保障(管理)法》注释 ………………………… (82)

《1993年超级年金业(监管)法》(澳大利亚) …………………… (118)
 第1章 前言 ……………………………………………… (119)
 第2章 受托人认可 ……………………………………… (151)

第2A章	受托人和自然人受托人团体的认证	(157)
第2B章	可注册超级年金实体	(179)
第3章	运营标准	(188)
第4章	超级年金实体受托人向监管机构提交年报	(191)
第5章	关于符合基金状态的通知	(193)
第6章	与超级年金实体管理规则相关的条款	(209)
第7章	仅适用于被监管超级年金基金的条款	(215)
第8章	适用于被监管超级年金基金的内部资产规则	(228)
第9章	雇主和成员平等代表——雇主发起基金	(246)
第10章	仅适用于认可存款基金的条款	(252)
第11章	仅适用于集合超级年金信托的条款	(253)
第12章	超级年金实体受托人和投资管理人的职责	(255)
第13章	超级年金实体的账目、报表和审计	(261)
第14章	适用于超级年金实体的其他条款	(264)
第15章	超级年金实体受托人、托管人和投资管理人标准	(267)
第16章	超级年金实体的精算师和审计师	(277)
第17章	吊销或撤销超级年金实体受托人	(285)
第18章	基金合并	(290)
第19章	公募实体:与超级年金股份有关的条款	(292)
第21章	违反民事处罚条款的民事和刑事后果	(295)
第23章	对某些基金的财政资助	(304)
第24章	为向合格滚存基金支付津贴提供便利	(307)
第24A章	与1995年7月1日之前津贴在基金之间自动滚存相关的过渡条款	(309)
第24B章	与APRA和税务局对成员人数不到5人的超级年金基金进行管理有关的条款	(310)
第25章	对超级年金实体的监督和调查	(320)
第25A章	税号	(340)
第26章	与报表、记录等有关的罪行	(354)
第27章	法院的权力	(357)
第28章	诉讼	(366)
第29章	豁免和修订	(369)

第30章　杂项 …………………………………………………（371）
第31章　本法规定的过渡条款 ………………………………（380）
第32章　附加过渡条款——税号 ……………………………（390）
《1993年超级年金业(监管)法》注释 ……………………………（392）

亚洲地区

《中央公积金法案》(新加坡) ……………………………………（455）
　第一部分　序言 ………………………………………………（455）
　第二部分　公积金缴费 ………………………………………（462）
　第三部分　公积金的提取 ……………………………………（469）
　第三A部分　婚姻诉讼程序对公积金资产的划分 …………（498）
　第三B部分　终身收入计划 …………………………………（510）
　第四部分　家庭保障计划 ……………………………………（514）
　第五部分　家属保障计划 ……………………………………（520）
　第六部分　健保双全计划 ……………………………………（525）
　第六A部分　就业福利补助计划 ……………………………（528）
　第七部分　犯罪、处罚和诉讼 …………………………………（531）
　第八部分　其他规定 …………………………………………（536）
　附录一 …………………………………………………………（544）
　附录二 …………………………………………………………（550）
　附录三 …………………………………………………………（552）
　立法历史 ………………………………………………………（553）
　对比表 …………………………………………………………（561）

《1991年雇员公积金法案》(马来西亚) …………………………（563）
　第一部分　序言 ………………………………………………（564）
　第二部分　公积金局和投资委员会 …………………………（566）
　第三部分　公积金 ……………………………………………（570）
　第四部分　官员和公务人员的任命,以及其权力、职能和义务 …（573）
　第五部分　雇员公积金的缴费 ………………………………（579）
　第六部分　公积金的提取 ……………………………………（586）

第七部分	犯罪和诉讼	(589)
第八部分	制定法规和规则的权力	(591)
第九部分	废除条款和过渡性条款	(593)
附录一		(595)
附录二		(596)
附录三		(596)
附录四		(610)
附录五		(610)
附录六		(611)

《养老公积金经营基本方针》(日本) …………………… (612)

第一部分	关于管理及经营养老金资金的目标等的事项	(620)
第二部分	关于管理经营养老金资金的资产构成与管理经营方法的事项	(621)
第三部分	关于经营受托机构的管理事项	(623)
第四部分	关于资产管理机构的管理事项	(628)
第五部分	关于评价养老金资金的管理与经营及选定经营受托机构的事项	(629)
第六部分	关于自家经营的事项	(634)
第七部分	其他关于运营管理经营业务的重要事项	(635)

《国民年金法》(韩国) …………………… (637)

第一章	总则	(638)
第二章	国民年金的参保者	(640)
第三章	国民年金管理公团	(646)
第四章	国民年金待遇计发	(652)
第五章	费用责任	(665)
第六章	国民年金基金	(670)
第七章	调查和复议的申请	(674)
第八章	附则	(675)
第九章	罚则	(678)
修正案(1986年12月31日第3902号法令)		(680)

修正案(1989 年 3 月 31 日第 4110 号法令) …………………… (681)
修正案(1993 年 3 月 6 日第 4541 号法令) ……………………… (681)
修正案(1995 年 1 月 5 日第 4909 号法令) ……………………… (682)
修正案(1995 年 8 月 4 日第 4971 号法令) ……………………… (683)
修正案(1997 年 12 月 13 日第 5453 号法令) …………………… (683)
修正案(1997 年 12 月 13 日第 5454 号法令) …………………… (683)
修正案(1998 年 12 月 31 日第 5623 号法令) …………………… (683)
修正案(1999 年 5 月 24 日第 5982 号法令) ……………………… (687)
修正案(1999 年 9 月 7 日第 6027 号法令) ……………………… (687)
修正案(2000 年 1 月 12 日第 6124 号法令) ……………………… (687)
修正案(2000 年 1 月 12 日第 6124 号法令) ……………………… (688)
修正案(2000 年 12 月 23 日第 6286 号法令) …………………… (688)
修正案(2005 年 1 月 27 日第 7347 号法令) ……………………… (689)
修正案(2005 年 8 月 4 日第 7655 号法令) ……………………… (689)

后记 ……………………………………………………………………… (690)

大洋洲地区

《1990年数据匹配计划(援助与税收)法》
(澳大利亚)

(1991年第20号法修订版)

本汇编完成于2008年9月1日,考虑到的修正案包括最新的2008年第73号法。

这些在当时都尚未生效的修正案文本被附加在注释部分。

这些已列入的修正案在实施中可能会受到注释部分应用规定的影响。

堪培拉总检察署立法起草和发布厅编写。

关于某些援助与税收的数据匹配及修改《1988年隐私权法》的法案

第一章 一般性规定

第1条 简称①

本法可以简称为《1990年数据匹配计划（援助与税收）法》。

第2条 生效日期②

本法在得到批准之日起开始实施。

第2A条 《刑法》的适用

违反本法的犯罪行为适用《刑法》第二章。

第3条 术语解释

（1）除有其他意思表述外，在本法中：

"机构"是指：

（a）数据匹配机构；

（b）或者，数据来源机构。

"援助机构"是指：

（a）卫生和家庭服务部；

（b）就业、教育和培训部；

（c）社会保障部；

（d）退伍军人事务部；

---

① 见注释1，本书第22页。

② 同上。

(e) 或者，公共服务机构。

"受援助人"是指：

(a) 正在接受或接受过个人援助的人；

(b) 或者，正在申请获得个人援助的人。

"基本数据"是指本人的：

(a) 家庭身份数据；

(b) 收入数据；

(c) 或者，税收档案号码数据。

"首席执行官"是指公共服务机构的行政执行总裁。

"子女"是指在个人援助中和税法上所定义的本人的子女。

"数据匹配周期"是指第 7 条中规定的诸多步骤构成的一个循环。

"数据匹配计划"是指在第 6 条中所描述的计划。

"申报收入"是指本人在个人援助或税法中所提供的所有收入或某一种特殊的收入。

"受赡养者"包括在个人援助中及税法上所指的受本人赡养者。

公共服务机构的"雇员"与在《1997 年联邦公共服务机构法》中的含义相同。

"家庭身份数据"是指本人的以下数据：

(a) 姓；

(b) 名；

(c) 其他名的首字母；

(d) 原来的姓；

(e) 原来的名；

(f) 原来的名的首字母；

(g) 目前居住地址；

(h) 个人援助中的身份号码；

(j) 性别；

(k) 婚姻状况；

(m) 出生日期；

(n) 死亡地点、死亡日期；

(p) 配偶的姓、名、其他名字的首字母、地址和出生日期；

(q) 已故的配偶的姓、名、其他名的首字母、出生日期和死亡日期；

（r）子女的姓、名、其他名的首字母、性别和出生日期；

（s）已故的子女的姓、名、其他名的首字母、性别、出生日期和死亡日期；

（t）父母的姓、名、其他名的首字母、地址和出生日期；

（u）已故的父母的姓、名、其他名的首字母、最后住址和死亡日期；

（v）父母任一方的其他子女的姓、名、其他名的首字母、性别和出生日期，如果该子女：（i）不满25岁，并且（ii）由父母中的一方抚养；

（w）接受个人援助的种类。

"个人援助中的身份号码"在本条第（2）款中给出其含义。

"收入数据"是指本人的：

（a）申报收入；

（b）配偶的申报收入；

（c）父母的申报收入；

（d）个人援助数据；

（e）或者，配偶退还款。

"匹配机构"：

（a）如果第3A条的指令不发生效力，是指第4条第（1）款中的社会保障部；

（b）或者，如果第3A条的指令发生效力，是指第4条第（2）款中的公共服务机构。

数据来源机构的"官员"是指数据来源机构在处理本法问题的过程中享有权利、义务或职责的人。

"父母"是指在个人援助或《税法》上所定义的父母。

本法中的"个人"是指在世的或者已经死亡的个人。

"个人援助"是指本人接受过或申请过的以下援助[①]：

（b）就业、教育和培训部及公共服务机构所处理的援助，包括：

（i）澳大利亚学习计划（AUSTUDY）所提供的援助；

（ii）澳大利亚特殊儿童学习计划（ABSTUDY）所提供的援助；

（ⅱa）《1973年学生援助法》第4A部分所制订的学生财政补助计划所提供的财政补助；

[①] 在澳大利亚官方公布的原文中无第（a）项。——译者注

（ⅲ）援助孤儿计划所提供的援助；

（ⅳ）原住民留学援助计划所提供的援助；

（ⅴ）为以英语为第二语言的人提供生活津贴计划所提供的援助；

（ⅵ）全日制培训学徒的学费返还计划所提供的援助。

（c）或者，《1991年社会保障法》中的社会保障金；

（caa）或者，《1991年社会保障法》中第1061ZG条第（1）款中的老年人健康卡；

（ca）或者，社会保障部或公共服务机构处理的正式培训津贴；

（cb）或者，财政补贴，根据如下：

（ⅰ）《1991年社会保障法》第2B章；

（ⅱ）或者，在《1991年社会保障法》第2B章生效后和《2000年青年津贴统一法》的附表二生效前建立的学生财政资助计划。

（d）或者，《1986年退伍军人权利法》所提供的退休金、津贴或其他利益及援助；

（daa）《2004年军事康复和赔偿法》所提供的赔偿或其他利益；

（da）在1998年7月1日前有效的《1973年学生援助法》第8部分所提供的青年培训津贴；

（db）或者，在《1999年新税收制度（家庭援助）（相应及相关措施）法（第1号）》附表三生效前，《1972年儿童抚养法》所提供的学费减免；

（dc）或者，在被废除之前的《1993年儿童抚养费补贴法》所提供的儿童抚养补贴；

（dd）《1999年新税收制度（家庭援助）法》中的家庭援助；

（de）《1972年儿童抚养法》的费用减免及其他的由社会保障部和公共服务机构处理的儿童抚养援助（费用减免）；

（df）或者，《1997年儿童抚养支付法》的儿童抚养援助或儿童抚养补贴。

"个人援助数据"是指：

（a）本人接受的个人援助类型；

（b）个人援助的比例或数量；

（c）有关本人个人援助的超额支付信息。

"个人身份数据"是指本人的以下数据：

（a）姓；

(b) 名；

(c) 其他名或其他名的首字母（如果有）；

(d) 现在的地址；

(e) 性别；

(f) 出生日期。

"公共服务机构"是指根据《1997年联邦公共机构法》建立的公共服务机构。

"数据来源机构"是指：

(a) 援助机构；

(b) 或者，税收机构。

"配偶"和本法中的婚姻状况相联系，包括：

(a) 本人个人援助中的配偶一方；

(b) 或者，税法上定义的本人的配偶。

"配偶返还款"是指《税法》中的受本人供养的配偶的退税。

"《税法》"是指《1936年所得税评估法》和《1997年所得税评估法》。

"税收机构"是指税收委员会。

"税收数据"是指：

(a) 税收家庭身份数据；

(b) 税收收入数据；

(c) 或者，税收档案号码数据。

"税收家庭身份数据"是指税收机构根据税法所持有的人们的家庭身份数据。

"税收档案号码"与在《税法》第VA部分中的含义相同。

"税收收入数据"是指税收机构根据《税法》所持有的人们的收入数据。

"《税法》"是指与税收有关的所有联邦法律。

"税收档案号码数据"是指税收机构根据《税法》所持有的税收档案号码数据。

"税收档案号码数据"是指：

(a) 本人的税收档案号码；

(b) 本人配偶的税收档案号码；

(c) 或者，本人父母的税收档案号码。

（2）在本法中，"个人援助中的身份号码"是指：

（a）在第（1）款的家庭身份数据和家庭身份数据相关名词的解释中，是指援助机构向本人提供援助时分配给本人的号码；

（b）在其他地方出现的，是指被匹配机构修改过的第（a）项中的号码。

（3）在第7条中数据匹配周期步骤二的第5段中，匹配机构从数据中抽取号码包括匹配机构抽取号码和第（2）款第（b）项中修改号码。

第3A条 社会保障部部长指令

（1）如果：

（a）社会保障部部长依法将部长的全部或部分权力授权给社会公共服务机构的行政执行总裁或雇员；

（b）依照本法中的意思，社会保障部对援助机构的授权所产生的结果是不适当的；

部长可以发布法律文书，指令该部就不得对援助机构进行授权。尽管第3条第（1）款有规定，但是本指令仍然有效。

（2）指令的效力由其条文来规定。

（3）指令根据《2003年立法文书法》在联邦立法文书登记处登记后在当日立即生效或者在指令内规定更晚的生效日期，并且生效的指令在被废除之前仍然有效。

第二章 数据匹配

第4条 数据匹配机构

（1）根据本法社会保障部部长应该指定本部门官员负责数据匹配。

（2）当指令根据第3A条生效时，首席执行官应该依据本法指定本公共服务机构的雇员负责数据匹配。

第5条 其他法的效力

（1）本法不限制联邦其他法律的应用，但与本法冲突的部分除外（如果有）。

（2）根据《1988年隐私权法》第17条生效的指引，如果机构已经遵守了本法的规定，有关税收档案号码数据或税收档案号码信息不得毁坏。

（3）为了履行本法中的责任，数据来源机构官员不得违反其做出的有关信息的记录和披露的宣誓和声明。

第 6 条　数据匹配

（1）在不违反本条第（2）款和第（3）款的前提下，按照第 7 条中的数据匹配周期的步骤所构成的数据匹配计划进行数据匹配：

（a）数据可以在机构间传输；

（b）数据可以进行匹配或以其他方式由匹配机构或税务机构处理；

（c）匹配的结果可以提供给数据来源机构。

（2）每一年最多进行 9 次数据匹配。

（3）每一次只能进行同一个周期的数据匹配。

第 7 条　数据匹配周期步骤

一个完整的数据匹配周期的步骤如下：

步骤一

1. 援助机构将在个人援助中所掌握的基本数据交给匹配机构。

2. 匹配机构利用税务机构为本法制定的运算法则检验第 1 段中的税收档案号码数据的有效性。

4. 如果检验的税收档案号码数据显示不正确，匹配机构会将特殊信息交还给数据来源机构。

步骤二

5. 匹配机构从步骤一中的数据中抽取受援助人的税收档案号码数据和个人援助中的身份号码。

6. 匹配机构将在第 5 段中抽取的数据提供给税务机构。

步骤三

7. 税务机构使用最近前 4 个财政年份的数据和步骤二中所提供的数据查找每一个拥有税收档案号码者的以下有用数据：

（a）税收档案号码；

（b）个人身份数据；

（c）申报收入；

（ca）根据《1936 年所得税评估法》对本人申报收入的最近一次评估数据；

（cb）配偶返还款的数量；

（d）申请了配偶返还款的配偶的姓、名及其他名的首字母；

（e）配偶的姓、名及其他名的首字母。

8. 税务机构将在第 7 段中所查找到的数据和本人个人援助中的身份号码提供给匹配机构。

8A. 如果税务机构根据第 8 段提供给匹配机构数据，税务机构可以通知匹配机构（如果有）根据税收机构的记录，这些税收档案号码已经被无权知悉或使用的人知悉或使用过。

步骤四

9. 匹配机构对在第 8 段中所取得的个人身份数据和所取得的家庭身份数据执行一致性匹配。

11. 如果数据来源机构提供给匹配机构的数据中存在未解决的差异，由匹配机构将差异的特殊信息提供给数据来源机构。

步骤五

12. 匹配机构对援助机构在步骤一中提供的以下数据执行支付匹配：

（a）家庭身份数据；

（b）如果有必要的话，包括个人援助数据；

以查找：

（c）如果个人援助（正在或已经）提供给了无权获得的人或者正在由无权获得的人申请；

（d）如果个人援助没有（正在或已经）提供给有权获得的人或者拒绝了有权获得的人的申请。

13. 如果匹配援助机构在步骤一中提供的家庭身份数据不能识别本人是否有第 12 段中的情况，匹配机构对在步骤一中取得的税收档案号码数据和其他被匹配数据进行匹配。

14. 匹配机构通过使用个人援助中的身份号码匹配以下数据：

（a）援助机构提供的本人的收入数据；

（b）除非根据第 11 段匹配机构已经向数据来源机构提供了数据中差异的特殊信息，在前面步骤中提供给匹配机构的本人税收收入数据；

执行收入匹配，以查找在本人的收入数据中是否存在不一致。

14A. 如果数据来源机构和匹配机构同意本段适用，则适用以下规则：

（a）如果匹配机构认为支付或收入匹配结果是由于第 15 条的应用，匹配机构为数据来源机构提供样本；

（b）数据来源机构测试该样本；

（c）如果数据来源机构认为该样本可能是错误的并且该错误可以通

过调整匹配机构使用的运算法则而改正，数据来源机构建议进行调整；

（d）匹配机构进行调整并重做该匹配的相关部分；

（e）根据第 9 条，在该匹配完成前这些规则可以频繁使用；

（f）如果数据来源机构是援助机构，本段中交换的信息可以包括从匹配机构返还给数据来源机构的税收档案号码数据；

（g）在匹配完成后，数据来源机构必须适当及时地销毁样本。

步骤六

15. 匹配机构将在以上步骤中涉及数据来源机构而未提供给数据来源机构的匹配结果提供给每一个相关的数据来源机构，该结果表明：

（a）由援助机构处理的情况：

（ⅰ）个人援助正在或已经提供给无权获得的人或者正在由无权获得的人申请；

（ⅱ）个人援助现在或过去未提供给有权获得的人或者拒绝了有权获得的人的申请；

（b）或者，由税务机关处理的情况：有人可能正在逃税或者曾经逃过税。

16. 第 15 段中交换的信息可以包括从匹配机构返还给援助机构的税收档案号码数据。

第 8 条　数据可以在线传输

数据匹配计划中数据可以通过计算机网络在机构之间传输。

第 9 条　数据匹配周期的长度

（1）数据匹配周期应该在开始后的两个月内完成。

（2）数据匹配周期的步骤五应该在该本步骤开始后 7 日内完成。

（2A）下列事件不计入第（2）款中的期间：

（a）本周期被电脑故障中断的时间；

（b）本周期被行业自身的行为所中断的时间。

（3）数据匹配周期中的步骤六应该在步骤五完成后的 7 日内完成。

第 10 条　数据来源机构可以使用数据匹配结果

（1）根据第（2）款和第 11 条，数据来源机构可以基于其在数据匹配计划的步骤一、步骤四或步骤六中收到的信息采取行动：

（a）援助机构的行动包括：

（ⅰa）告知当事人享有获得个人援助的权利；

（ⅰb）批准个人援助申请；

（ⅰ）取消或终止个人援助；

（ⅱ）拒绝个人援助申请；

（ⅲ）改变给予某人的个人援助的比例或数量或其所申请的比例或数量；

（ⅳ）追回个人援助超额支付部分；

（ⅴ）或者，纠正所持有的与个人援助有关的身份数据中的错误。

（b）或者，税收部门的行动包括：

（ⅰ）发布税务评估或修改过的税务评估；

（ⅱ）或者，纠正所持有的身份数据中的错误。

（c）或者，调查可能存在的违规行为。

（1A）如果数据来源机构是援助机构，那么为了调查第7条中数据匹配周期里显示出的差异，数据来源机构可以为税务部门提供个人税务档案号码。

（2）数据来源机构收到数据匹配周期中步骤一、步骤四或步骤六的特殊信息后，应在收到后90天内销毁这些特殊信息，除非在此期限内有以下情况：

（a）此部门研究该特殊信息，并且做出以下决定：

（ⅰ）根据特殊信息，采取第（1）款中列举的行动；

（ⅱ）或者，根据特殊信息，执行为采取第（1）款中列举的行动所需要的调查；

（b）或者，通过使用样本程序，数据来源机构识别出那些将会作为本机构行动基础的特殊信息：

（ⅰ）基于特殊信息，采取第（1）款中列举的行动；

（ⅱ）或者，基于特殊信息，执行为采取第（1）款中列举的行动所需要的调查。

（3）根据第（3A）款，数据来源机构必须在其收到匹配机构的信息后12个月内按照第（1）款对信息采取相关行动。

（3A）援助机构的部长、首席执行官、税收委员会的长官或副长官可以对第（3）款中的12个月期限批准一个最长达12个月的延期。

（3B）即使其他法律有规定，第（3A）款中的批准延期的权力不得进行授权。

（4）完成根据第（1）款所采取的行动后，数据来源机构不得扣留这些行动过程中的个人永久登记的任何信息。

（5）在本条中：

"样本程序"是指数据来源机构与隐私权委员会协商后建立的程序。

第 11 条　建议行动的通知

（1）在遵守第（1A）款、第（1B）款和第（4）款的前提下，因为数据匹配周期的步骤一、步骤四或步骤六所提供的信息，援助机构考虑采取下列行动：

（a）取消或终止个人援助；

（b）拒绝个人援助申请；

（c）减少援助比例或数量；

（d）或者，追回个人援助超额支付部分；

该机构：

（e）如果援助机构没有以书面通知告知当事人以下内容，则不得采取行动：

（ⅰ）提供特殊信息和建议采取的行动；

（ⅱ）通知受援助人从收到通知后 28 日内以口头或书面形式向援助机构说明不需要采取行动的理由；

（f）只要受援助人以口头或书面形式回复或者 28 天期限结束，无论哪一个条件先具备，援助机构才可以采取行动。

（1A）对于纠正或避免由于援助机构管理失误所造成的后果的必要行动不适用第（1）款。

（1B）如果援助机构采取第（1A）款中的行动，必须以书面形式告知当事人该特殊信息和行动：

（a）如果可以，在行动前告知；

（b）或者，如果不能，在采取行动后尽快告知。

（2）根据第（5）款，如果由于根据数据匹配周期的步骤一、步骤四或步骤六所提供的信息，税务部门考虑采取行动发布本人的税收评估或修改过的评估，该机构：

（a）不得采取行动，除非已经书面通知了当事人：

（ⅰ）提供该特殊信息和准备采取的行动；

（ⅱ）通知受援助人在收到通知 28 日内以口头或书面形式向援助机构叙述不需要采取行动的理由；

（b）只有受援助人以口头或书面形式回复或 28 天期限届满后，无论哪一个先发生，援助机构方可采取行动。

（3）第（1）款和第（2）款中的通知应通过邮寄的方式送达已知的本人最新地址。

（4）援助机构可以对第（1）款中的行为采取行动，而不必遵从第（1）款第（e）项和第（f）项，否则会影响对违规调查的有效性。

（5）税收机构可以对第（2）款中的行为采取行动，而不必遵从第（2）款第（a）项和第（b）项，否则会影响对违规调查的有效性。

（5A）如果当事人对通知进行口头回复，收到通知的人须把它以书面形式记录下来，并注明该回复的日期。

（6）如果：

（a）援助机构对当事人采取第（1）款中的建议行动，取消或中止个人援助或减少个人援助比例或数量；

（b）或者，当事人没有说明不应采取行动的理由；

当事人的所有以上各种个人援助或以上被减少了比例或数量的个人援助，在第（1）款第（e）项第（ii）目所确定的期间内，都是联邦的债务。

第 12 条　有关隐私权的指引

（1）数据匹配部门和数据来源机构应遵守附表中设置的临时指引，直到第（2）款中的指引生效。当这些指引生效后，这些机构应严格遵守。

（2）隐私权委员会必须通过法律文书于1991年9月30日之前发布有关数据匹配的指引，并且之后随时可以签发其他改进的指引或取代现有的指引。

（2A）除了要求数据匹配机构和数据来源机构在第一个数据匹配周期开始后的 18 个月内把议会两院综合报告列入日程外（根据 1991 年 9 月 27 日隐私权委员会签发的指引中第 12 条指引），数据匹配机构和数据来源机构必须向议会两院准备并递交更全面的报告，包括隐私权委员会指引中的第 12 条指引中的有关事项：

（a）1994 年 10 月结束前；

（b）1995 年 10 月结束前。

（2B）每个财政年末，每个部门必须向隐私权委员会和议会递交包括在该财政年内实施的数据匹配计划的所有事项的报告：

（a）1994 年 10 月 31 日由隐私权委员会发布的指引中的第 9 条第（i）目和第 9 条第（vi）目具体规定的；

（b）或者，如果第（a）项中的指引被替代了，在隐私权委员会发布的指引中规定的与本条相关的内容临时生效。

（2C）在 1998 年 6 月 30 日以后每隔 3 年，每个机构必须向部长递交责任报告以便其向议会阐述本时期内执行的数据匹配计划的所有相关细节：

（a）隐私权委员会 1994 年 10 月 31 日签发的指引中第 12 条的规定；

（b）或者，如果第（a）项中的指引被替代，隐私权委员会发布的指引中有关本款的内容仍然可以使用。

注释：《1901 年法律解释法》第 34C 条对于给部长的报告和给国会的报告规定了时间限制。

（3）隐私权委员会必须根据第（2）款在 1991 年 9 月 30 日的 15 天会议期内向议会报告指引发布的纰漏之处。

（4）根据第（2）款发布的指引在以下情况下生效：

（a）原有指引已不再适用之日起；

（b）或者，如果该指引规定了生效时间，按照其规定生效。

第 13 条　对违反隐私权的调查

（1）在本条中：

"委员会"是指隐私权委员会。

（2）委员会可以对所有违反本法或附表中指引的行为进行调查。

（3）如果委员会发现数据匹配机构或数据来源机构违反本法进行调查，那么该机构和委员会必须协商出有关该行为的满意的安排。

（4）如果委员会发现被调查的行为违反本法或指引安排并且所做改正并不是按照第（3）款的规定进行的，委员会：

（a）必须向部长汇报该违规行为；

（b）必须就委员会的发现组织一个报告并说明理由；

（c）必须提出可行性建议以防止此类情况的再次发生；

（d）委员会可以就以下两种情况中的一种或全部提出建议：（ⅰ）由该违规行为引起损失的损害赔偿，或者（ⅱ）采取行动弥补或减少由该违规行为造成的损失；

（e）必须向相关的数据匹配机构或数据来源机构及负责该数据来源机构的部长递交报告复印件；

（f）必须向受到影响的人提供报告复印件。

（5）如果在依据第（4）款提供报告后的 60 天内，委员会对于报告中提出的合理化建议不满意，必须向该部门部长提出进一步改进的建议：

（a）包括委员会收到的以前的报告和有关该报告的背景信息；

（b）在委员会许可下陈述是否对于发现结果或早期报告中的建议采取措施；

（c）陈述为什么委员会对已经付诸实施的合理化建议不满意以避免违规行为再次出现。

（6）部长要在收到第 5 条所述报告后的 15 天内向议会递交复印件。

（7）本条中所进行的调查，根据《1988 年隐私权法》的第 5 部分和第 99 条委员有权进行调查。

（8）本条中所有内容都适用《1988 年隐私权法》有关对干涉隐私权可以向隐私权委员会投诉的规定。

第 14 条　对侵犯隐私权的投诉

（1）违反本法第 2 部分或违反指引中的第 12 条构成妨碍个人隐私权的行为。

（2）个人可向隐私权委员会投诉该法在运行中的妨碍个人隐私权的行为。

（3）一旦接到个人投诉，就必须根据《1988 年隐私权法》第五部分的条款予以受理。

第 15 条　保密

（1）仅因为根据本法执行职责或行使权力的机构而掌握信息的官员不得记录或泄露任何信息。否则，处两年有期徒刑。

（1A）如果该信息属于应该记录或披露的范围，则第（1）款的规定不适用：

（a）由于依据本法执行职责或行使权力；

（b）或者，经过该信息相关人的同意。

（2）如果：

（a）数据来源机构官员因为数据匹配周期中步骤一、步骤四或步骤六得到的信息；

（b）数据来源机构官员依据有关法律记录或披露的信息；

属于上一款第（a）项的相关信息；

（3）第（2）款所述的法律不能阻碍第 11 条中的发布通知规定。

（4）本条中的税收委员会是指税收机构的官员。

第15A条　拨款

由于执行第11条第（1）款所产生的个人援助资金支出，必须由统一税收基金拨付。

第三章　《1988年隐私权法修正案》

第16—20条

> 注释：
> 本部分修正案包含在联邦法律汇编中。
> 查阅本部分修正案内容，请参见1991年第20号法。

附表　数据匹配计划（援助与税收）指引

第12条

运行范围

1. 本指引仅适用于《1990年数据匹配计划（援助与税收）法》中所涉及的匹配计划。

术语解释

2.1 本指引中涉及的术语：

（ⅰ）在法中有定义；

（ⅱ）或者，在法中没有定义，但在《1988年隐私权法》中有定义。

2.2 此外本指引中应用的以下术语意思为：

（a）"计划"是指在本法中定义的数据匹配计划；

（b）"差异"是指数据匹配计划产生的为相关数据机构的行动提供证明的结果；

（c）"行动"是指本法中第10条所列出的措施。

计划的基础

3.1 计划草案必须在1991年4月1日前经数据匹配机构与数据来源机构协商后提出，而且必须：

（ⅰ）确认数据匹配机构和数据来源机构；

（ⅱ）为计划中收集、使用和披露个人信息找到法律基础；

（ⅲ）概括计划的目标、使用的程序、本计划中匹配的本质和频率以及该计划的合理性；

（ⅳ）说明除数据匹配外可用的其他方式及不采用的理由；

（ⅴ）在决定启动该计划前应考虑成本收益或其他效率标准等细节；

（ⅵ）概括为确保数据质量、完整性和安全性而提出的技术控制措施；

（ⅶ）解释身份号码的使用情况，尤其是税收档案号码；

（ⅷ）概括可能采取的与计划结果有关的行动的性质，包括数据来源机构使用过的运算法则和提供本法第11条的通知时的信件；

（ⅸ）对个人信息已经或将要采取的行动，如果可能，指出用什么样的通知形式通知；

（ⅹ）明确计划实施的时间限制。

隐私权委员会不得违反公众利益（例如损害合法调查方式的整体性），计划草案必须由隐私权委员会存档并随时供公众查阅。

3.2 各机构必须遵守该计划草案。

3.3 数据来源机构应采用一切合理步骤确保其委托人知晓计划草案是合理可行的，该草案概述了数据匹配计划的性质和目的。

数据的质量、完整性和安全性的技术标准

4.1 技术标准报告。数据匹配机构须建立详细的技术标准来实施其计划。他们应注意以下问题的处理：

（ⅰ）数据来源机构提供的数据的真实性，尤其注意以下几点：关键术语及其定义、关联性、时效性和完整性；

（ⅱ）匹配技术，尤其注意以下几点：匹配运算法则、身份号码尤其是税务档案号码的使用、通过匹配过程鉴别的事项的性质、相关数据定义、识别匹配数据的程序；

（ⅲ）为确保计划的持续真实性而采取的控制措施，包括为确定匹配结果合法性而建立的各项程序；

（ⅳ）安全特征，包括在计划中尽量减少使用和审计个人信息。

4.2 数据匹配机构应在技术标准报告中处理这些问题，数据来源机构持有报告复印件。报告草稿须在1991年4月1日前起草，于1991年7月1日前递交最终报告，报告中应该包括该计划运行的经验。以后任何技术标准的变化都可能是改编后的报告的主题，应该作为原始报告的附加部分。

4.3 隐私权委员会有权要求改变草案的内容以及最终的技术标准报告。技术标准与改编后的标准不一致的被视为违反指引，应根据本法第13条接受调查。

4.4 所有机构必须遵守技术标准报告。

受该计划结果影响的个人的保障措施

公平性

5.1 如果没有合理的理由相信该结果是完全正确的，在把它们作为针对个人的管理行为的依据前，数据来源机构必须建立合理的程序确认结果的合法性。在此过程中，应该考虑被匹配数据在内容和背景上的一致性。

5.2 如果此类确认程序不能查验原始数据，而是与受影响的当事人进行直接沟通，数据来源机构应通知受影响的当事人应用于该计划的基础数据未进行检验。通知中必须包括对于差异检验程序的解释和根据《1988年隐私权法》的投诉权利。

5.3 如果关于数据准确性存在争议或者数据来源机构不认可匹配机构建议采取的行动，则须参考《1988年隐私权法》告知个人有投诉的权利。如果法律不允许，数据来源机构采取的进一步行动不能妨碍个人行使投诉的权利。

5.4 如果个人在1991年1月1日前提供的数据被使用或可能被数据匹配计划使用，应该在其数据被初次使用前或决定可能使用其数据后尽快书面通知提供数据的人。

记录控制

6.1 无差异。在匹配周期中步骤五开始后，数据匹配周期中使用的个人信息不足以引起差异则必须由匹配机构销毁。除非由于电脑故障或行业自身行为产生耽误的时间，在任何情况下，信息销毁都不能晚于步骤五开始后24小时。

6.2 差异。如果数据匹配周期中因步骤一、步骤四和步骤五的结果产生差异，这些结果应该在相关步骤完成后的7天内递交给相关数据来源机构。数据来源机构须依照本法第10条处理这些结果。如果在规定时间内还没做出决定并采取行动，则信息必须在14天内销毁。

6.3 行动终结后依照本法第10条第（1）款，所有信息都必须销毁。在本指引中，"行动终结"是指：

（ⅰ）当根据联邦法律进行的调查行动、合法程序和偿还债务结束时，如果自根据第10条第（1）款开始行动之日起12个月期限已届满，该案移交给澳大利亚联邦警察控制并且数据来源机构表示同意；

（ⅱ）当根据联邦律法合法程序和债务偿还结束时，如果自根据第 10 条第（1）款开始行动之日起 12 个月期限已届满，该案移交给刑事检控委员会控制并且数据来源机构表示同意；

（ⅲ）当债务经过充分的和解、推迟或免除时，如果自根据第 10 条第（1）款开始行动之日起 12 个月期限已届满，根据联邦法律债务仍未还清并且还需要和解协商的；

（ⅳ）在其他情况下，根据第 10 条第（1）款采取的行动在开始之日起 12 个月内结束。

禁止设立新数据库

7.1 根据下面的 7.2 段，数据来源机构不得许可用于本计划中的信息被链接或合并入新的独立永久信息数据库，所有个人信息都应从属于本计划。

7.2 7.1 段不能妨碍数据来源机构根据本法第 10 条所准许的进一步查询并维护个人登记。

7.3 在完成根据第 10 条有关个人的行动后，数据来源机构必须删除 7.2 段中的有关该行动信息的登记。

隐私权委员会的报告与监督

8. 隐私权委员会要负责监督指引是否被遵守，并向数据匹配机构和数据来源机构提出建议。

9. 数据匹配机构和数据来源机构须定期向隐私权委员会报告相关事项，包括以下事项：

（ⅰ）计划的实际成本和利益；

（ⅱ）所有相关的非财政因素；

（ⅲ）计划实行中的困难及解决方法；

（ⅳ）各机构已经实施的内部审计和评估的形式和结果；

（ⅴ）例如根据第 11 条送达通知等可能会影响调查潜在违法行为的有效性的各种情形；

（ⅵ）例如以下的其他问题：匹配数据的数量、导致匹配差异的数据的比例、差异数量、需要采取行动的差异比例、需要采取后期行动的案件数量、尽管数据的准确性有争议仍采取行动的案件数量、与个人取得联系后不需要采取行动的差异比例、对已采取的行动的成功补救的案件数量。

10.1 隐私权委员会必须在其年度报告中包括该计划是否遵守了本法、

这些指引和《1988年隐私权法》的评估；并且为了达到这个目的，可以运用《1988年隐私权法》中的调查和审计权。

10.2 各机构须依据本法在隐私权委员会每年出版的个人信息文摘上报告其数据匹配活动。

11. 这些指引是包括信息隐私权原则在内的《1988年隐私权法》的补充。

12. 数据匹配机构和数据来源机构必须在第一个数据匹配周期开始后六个月内向议会两院递交一份综合报告，包含以下内容：

（ⅰ）计划的实际成本与收益；

（ⅱ）相关的非财政因素；

（ⅲ）计划实施过程中的困难与解决措施；

（ⅳ）各机构内部审计和评估的形式和结果；

（ⅴ）以下的其他问题：采取匹配的数量、导致匹配差异的数据的比例、差异数量、需要采取行动的差异比例、需要采取后期行动的案件数量、尽管数据的准确性存在争议仍采取行动的案件数量、与个人取得联系后不需要采取行动的差异比例、对已采取的行动的成功补救的案件数量。

《1990年数据匹配计划（援助与税收）法》注释

注释1

本汇编中的《1990年数据匹配计划（援助与税收）法》包含修改后的1991年20号法，如表格所示。

本汇编不包含1998年12月7日前所有用于申请、保存或过渡性的相关规定，详见表A。

表 A　　　　　　　　　法律列表

法案	编号和年份	通过的日期	实施日期	应用、保存或过渡性规定
《1990年数据匹配计划（援助和税收）项目法》	1991年第20号	1991年1月23日	1991年1月23日	—
《1991年社会保障法修正案（第2号）》	1991年第115号	1991年6月27日	第39条：（a）	—

续表

法案	编号和年份	通过的日期	实施日期	应用、保存或过渡性规定
《1991年社会保障法修正案（第3号）》	1991年第175号	1991年11月25日	第106条［附表（第1部分）］：1991年11月12日（b）	—
《1991年社会保障法修正案（第4号）》	1991年第194号	1991年12月13日	第74条［(附表五（第1部分）］：批准（c）	—
《1992年社会保障法修正案》	1992年第81号	1992年6月30日	第117条［附表二（第1部分）］：批准（d）；附表二（第6部分）：1992年7月1日（d）	—
以下法被修改				
《1996年成文法修改法》	1996年第43号	1996年10月25日	附表三（第53条）：1992年6月30日（e）	—
《1992年学生援助法修正案法》	1992年第138号	1992年11月19日	第31—43款：1993年1月1日 剩余部分：批准	—
《1992年数据匹配计划（援助与税收）法》	1992年第205号	1992年12月21日	第7条：1993年1月22日 剩余部分：批准	—
《1992年社会保障法修正案（第2号）》	1992年第229号	1992年12月24日	附表二（第2部分）：1993年1月1日（f）	—
《1992年社会保障（预算和其他措施）法修正案法》	1993年第121号	1993年12月24日	第6条［附表一（第2部分）］：1994年3月20日（g）； 第3部分（第90—96款）：批准（g）	—
《1994年社会保障（家庭抚养儿童和配偶津贴）法修正案》	1994年第55号	1994年4月7日	第2部分（第3款、第4款）：1994年9月29日； 第3部分（第5款、第6款）：1994年9月20日 剩余部分：批准	—

续表

法案	编号和年份	通过的日期	实施日期	应用、保存或过渡性规定
《1994年社会保障法修正案法（第2号）》	1994年第109号	1994年7月12日	第3部分（第54款、第55款）：1994年7月1日（h）	—
《1994年退伍军人事务（1994—1995年预算措施）法修正案（第2号）》	1994年第164号	1994年12月16日	第4部分（第60条）：批准（i）	
《1994年社会保障（抚养津贴和其他措施）法修正案》	1994年第174号	1994年12月16日	第3条第（2）款（第158条）：1995年7月1日（j）；第6条第（2）款（第37、第43条）：1995年1月1日（j）	—
《1994年学生援助（青年培训津贴——过渡性规定和相应的修正案）法》	1994年第184号	1994年12月23日	1995年1月1日（k）	—
《1995年社会保障法修正案（第1号）》	1995年第104号	1995年9月29日	附表十八（第1—3条）：批准（l）	—
《1995年社会保障（非预算措施）法修正案》	1995年第105号	1995年9月29日	第4部分（第54—58款）：批准（m）	第55款和第58款
《1995年社会保障（家庭措施）法修正案》	1995年第106号	1995年9月29日	第3条第（2）款：1996年2月1日（n）	—
《1995年社会保障（抚养者养老金和其他措施）法修正案》	1995年第143号	1995年12月12日	附表二（第3—10条）：批准（o）；附表二（第11—13条）：1996年1月1日（o）	—
《1996年成文法修改法》	1996年第43号	1996年10月25日	附表二（第48条）：（p）	—

续表

法案	编号和年份	通过的日期	实施日期	应用、保存或过渡性规定
《1996年社会保障（预算和其他措施）法修正案》	1996年第84号	1996年12月23日	附表二（第11条）：1997年7月1日（q）	—
《1997年社会保障（新来居民等待时期和其他措施）法修正案》	1997年第5号	1997年3月4日	附表三（第1条、第2条）：1996年6月30日（r）	—
《1997年联邦公共服务机构（相应的修正案）法》	1997年第29号	1997年4月17日	1997年7月1日（见第2条）	—
《1997年所得税（相应的修正案）法》	1997年第39号	1997年4月17日	1997年7月1日	—
《1997年社会保障（赈济工作）法修正案》	1997年第109号	1997年7月7日	1997年7月7日	—
《1997年子女抚养补助（相应的修正案和过渡性条款）法》	1997年第196号	1997年12月8日	附表一（第9条、第10条）：(s)	—
以下法被废除				
《1999年新税收制度（家庭援助）（相应和相关措施）法》	1999年第82号	1999年7月8日	附表二（第2条）：(sa)	—
《1997年社会保障（抚养和其他措施）法修正案》	1997年第197号	1997年12月11日	附表六：批准（t）	—
《1997年社会保障和退伍军人事务（家庭和其他措施）法修正案》	1997年第202号	1997年10月16日	附表二十三：批准（u）	—
《1998年社会保障（青年津贴的相应和相关措施）法修正案》	1998年第45号	1998年6月17日	附表五（第28条、第29条）：1998年7月1日（v）；附表十三（第9条）：1998年7月1日（v）	—

续表

法案	编号和年份	通过的日期	实施日期	应用、保存或过渡性规定
《1998年社会保障和退伍军人事务（预算和其他措施）法修正案》	1998年第93号	1998年7月15日	附表七（第11条）：1998年4月1日（w）	—
《1998年数据匹配计划（援助和税收）法》	1998年第111号	1998年10月7日	1998年12月7日	附表一（第2条）（见表A）
《1995年新税收制度（家庭援助）（相应及相关措施）法（第2号）》	1999年第83号	1999年7月8日	附表五：2000年7月1日（x）	第2条第(2)款［1999年第172号法附表二（第1条）修改］
《1999年家庭和社区服务（1999年预算和其他措施）法修正案》	1999年第172号	1999年7月8日	附表二（第1条）：(y)	—
《2000年青年津贴抚慰法》	2000年第106号	2000年7月6日	附表五（第1条）：批准（z）	—
《2000年家庭和社区服务（2000年预算和相关措施）法》	2000年第138号	2000年11月24日	附表四（第1条）：(za)	—
《2001年家庭和社区服务（〈刑法〉的适用）法修正案》	2001年第137号	2001年10月1日	2001年10月2日	第4条（见表A）
《2004年军人复员补偿（相应的和过渡性的规定）法》	2004年第52号	2004年4月27日	附表三（第13条）：2004年7月1日（第2条）	—
《2006年社会保障和家庭援助（混合措施）法修正案》	2006年第108号	2006年9月27日	附表八（第82—86条）：批准	—

续表

法案	编号和年份	通过的日期	实施日期	应用、保存或过渡性规定
《2008年家庭、住房、社区服务和当地事物及其他（2008年预算和其他措施）法修正案法》	2008年第63号	2008年6月30日	第四条：批准附表三（第1条、第2条）；2008年9月1日	第四条和附表三（第2条）（见表A）
《2008年成文法修改法》	2008年第73号	2008年7月3日	附表一（第17条、第18条）：批准	—

法案注解：

（a）《1990年数据匹配计划（援助与税收）法》被《1991年社会保障立法》修正案（第2号）第39条修改，其中第2条第（4）款规定如下：

"（4）第4部分在第3部分开始实施后立即生效。"

第3部分于1991年7月1日起施行。

（b）《1990年数据匹配计划（援助与税收）法》被《1991年社会保障立法修正案（第3号）》第106条［附表（第1部分）］第2条第（3）款修改，其中第2条第（3）款规定如下：

"（3）根据第（2）款、第（4）款、第（5）款和第（6）款，第5部分在1991年11月12日开始施行或在此之前开始施行。"

（c）《1990年数据匹配计划（援助与税收）法》被《1991年社会保障立法修正案（第4号）》第74条［附表五（第1部分）］第2条第（1）款修改，其中第2条第（1）款规定如下：

"（1）以下条款在批准后施行：

（h）附表五第1部分；"

（d）《1990年数据匹配计划（援助与税收）法》被《1992年社会保障立法修正案第117条》［附表二（第1部分和第6部分）］修改，第2条第（1）款第（q）项和第14条第（c）项规定如下：

"（1）下列规定在得到批准之日起开始实施：

（g）附表一（第1部分）和附表二（第1部分）；

(14) 下列规定在1992年7月1日起实施：

(c) 附表一（第8部分）和附表二（第6部分）。"

(e)《1992年社会保障法修正案》被《1996年成文法修订法》附表三（第53条）所修改，第2条第（3）款规定如下：

"(3) 附表三中每一条在得到批准之日起开始实施。"

(f)《1992年社会保障法修正案（第2号）》附表二（第2部分），第2条第（21）款规定如下：

"(21) 在《1992年社会保障（家庭支出）法修正案》的实施获得批准后，下列规定在1993年1月1日开始实施或之前开始实施。

(d) 附表二的第2和第3部分；"

(g)《1990年数据匹配计划（援助与税收）法》被《1993年社会保障（预算和其他措施）法修正案》第六条附表一第2部分和第3部分（第90—96条），第2条第（1）款第（d）项、第（2）款和第（8）款第（a）项规定如下：

"(1) 以下规定在得到批准之日起实施：

(d) 第3部分第1组。

(2) 除了第（3）款，第3部分第2组在得到批准之日起实施。

(8) 下列规定在1994年3月20日开始实施或之前开始实施：

(a) 附表一第2部分第2组。"

(h)《1990年数据匹配计划（援助与税收）项目法》被《1994年社会保障法修正案（第2号）》第3部分（第54条和第55条）修改，第2条第（3）款规定如下：

"(3) 第2部分第2组、第8组和第11组、第3部分、第4部分［除了第57条第（a）项］从1994年7月1日开始实施。"

(i)《1990年数据匹配计划（援助与税收）法》被《1994年退伍军人事务法修正案（第2号）》第4部分（第60条）修改，第2条第（1）款规定如下：

"(1) 本法的第1部分，第2部分的第1组、第11组，第3部分和第4部分从获得批准时开始实施。"

(j)《1990年数据匹配计划（援助与税收）项目法》被《1994年社会保障（抚养津贴和其他措施）法修正案》的第3条第（2）款（第158条）和第6条第（2）款（第37条和第43条）修改，第2条第（1）款和第（5）款规定如下：

"（1）除本章外，本法从1995年7月1日起实施。"

（5）第6条第（1）款第（b）项、第6条第（2）款，第14条、第15条、附表四的第2部分和第3部分从1995年7月1日实施。"

（k）《1994年学生援助（青年培训津贴——过渡性规定和相应修正案）法》规定如下：

"2. 本法在1995年1月1日《1994年学生援助（青年培训津贴）法》实施后立即实施。"

（l）《1990年数据匹配计划（援助与税收）项目法》被《1995年社会保障法修正案（第1号）》附表十八（第1—3条）修改，第2条第（1）款规定如下：

"（1）根据本条，本法在获得批准后实施。"

（m）《1990年数据匹配计划（援助与税收）项目法》被《1995年社会保障（非预算措施）法修正案》第4部分（第54—58款）修改，第2条第（1）款规定如下：

"（1）根据本条，本法在获得批准后实施。"

（n）《1990年数据匹配计划（援助与税收）项目法》被《1995年社会保障（家庭措施）法修正案》第3条第（2）款修改，第3条第（2）款规定如下：

"（2）附表一、附表五和附表六从1996年2月1日实施。"

（o）《1990年数据匹配计划（援助与税收）法》被《1995年社会保障（抚养者养老金）法修正案》附表二（第3—13条）修改，第2条第（1）款和第3条第（a）项款规定如下：

"（1）根据本条，本法在得到批准之日起实施。

（3）以下规定从1996年1月1日实施。

（a）附表二的第1部分和第3部分。"

（p）《1990年数据匹配计划（援助与税收）项目法》被《1996年成文法修订法》附表二（第48条）修改，第2条第（2）款规定：

"（2）附表二中各条款在条款中指定的期间内开始实施或之前开始实施（视情况所需）。"

第48条在《1991年社会保障法修正案（第2号）》实施后立即实施。

附表三在第3部分实施后立即实施。

第 3 部分在《1991 年社会保障（重写）法修正案》和《1991 年社会保障法》实施后立即实施。

《1991 年社会保障（重写）法修正案》和《1991 年社会保障法》从 1991 年 7 月 1 日起生效。

（q）《1990 年数据匹配计划（援助与税收）法》被《1996 年社会保障（预算和其他措施）法修正案》的附表二（第 11 条）修改，第 2 条第（4）款规定如下：

"（4）附表一、附表二、附表十四、附表十五和附表十六从 1997 年 7 月 1 日起实施。"

（r）《1990 年数据匹配计划（援助与税收）项目法》被《1997 年社会保障（新来居民的等待时期和其他措施）法修正案》附表三（第 1 条和第 2 条）修改，第 2 条第（2）款规定如下：

"（2）附表三在 1996 年 6 月 30 日之前实施。"

（s）《1990 年数据匹配计划（援助与税收）项目法》被《1997 年儿童照顾支出（相应修正案和过渡性条款）法》附表一（第 9 条和第 10 条）修改，第 2 条第（3）款规定如下：

"（3）附表一的第 9 条和第 10 条只要在支出实施之日开始实施，在此前一天，在 1997 年 8 月 25 日生效的《1990 年数据匹配计划（援助与税收）项目法》第 3 条第（1）款中'个人援助'的解释中第（c）项第（xxivd）目和第（xxive）目没有被其他法废除。"

在确定固定日期实施附表一（第 9 条和第 10 条）之前，第 3 条第（1）款在第（c）项第（xxivd）目和第（xxive）目中的个人援助的解释已经被《1997 年社会保障（抚养和其他措施）法修正案》废除。"

（sa）《1997 年儿童抚养支出（相应修订和过渡性条文）法》被《1999 年新税收制度（家庭援助）（相应及相关措施）法（第 1 号）》的附表二（第 2 条）废除了，第 2 条第（3）款规定如下：

"（3）附表二的第 1 条、第 2 条、第 4 条和第 5 条在《1997 年儿童抚养支出法》的支出实施之后立即实施。"

该支出从 2000 年 6 月 19 日起实施。

（t）《1990 年数据匹配计划（援助与税收）法》被《1997 年社会保障（抚养和其他措施）法修正案》附表六修改，第二条第（1）款和第（8）款规定如下：

"（1）根据第（2）款至第（8）款，本法在获得批准之日起实施。

（8）只有在1997年8月25日生效的《1990年数据匹配计划（援助与税收）法》第3条第（1）款中的第（c）项第（xxivd）目和第（xxive）目没有被其他法废除，附表六（第3条）开始实施。"

（u）《1990年数据匹配计划（援助与税收）法》被《1997年社会保障和退伍军人事务（家庭和其他措施）法修正案》附表二十三修改，第2条第（1）款规定如下：

"（1）根据本条，本法在得到批准之日起实施。"

（v）《1990年数据匹配计划（援助与税收）法》被《1998年社会保障（青年津贴的相应和相关措施）法修正案》的附表五（第28条和第29条）附表十三（第9条）修改，第2条第（1）款规定如下：

"（1）根据第（2）款至第（10）款，本法从1998年7月1日起实施。"

（w）《1990年数据匹配计划（援助与税收）法》被《1998年社会保障和退伍军人事务（预算和其他措施）法修正案》修改，附表七（第11条）规定如下：

"（9）附表七从1998年4月1日起开始实施或之前开始实施。"

（x）《1990年数据匹配计划（援助与税收）法》被《1995年新税收制度（家庭援助）（相应及相关措施）法（第2号）》附表五修改，第2条第（2）款规定如下：

"（2）附表一（第1—5部分）、附表三至六、附表七（除第14条外）、附表八和附表九、附表十（除第22条、第63条、第66条和第67条外），在《1999年新税收制度（家庭援助）（相应及相关措施）法（第1号）》实施时开始实施或之前开始实施。"

（y）《1999年新税收制度（家庭援助）（相应及相关措施）法（第2号）》被《1999年家庭和社区服务（1999年预算和其他措施）法修正案》附表二（第1条）修改，第2条第（4）款规定如下：

"（4）附表二在《1999年家庭和社区服务（1999年预算和其他措施）法修正案》第二章实施后开始实施或之前开始实施。"

第二章从1999年7月8日起实施。

（z）《1990年数据匹配计划（援助与税收）项目法》被《2000年青年津贴抚慰法》附表五（第1条）所修改，第2条第（1）款规定如下：

"（1）根据本条，本法在得到批准之日起实施。"

（za）《1990年数据匹配计划（援助与税收）法》被《2000年家庭与社区服务（2000年预算和相关措施）法》附表四（第1条）所修改，第2条第（2）款第（c）项规定如下：

"（2）下列规定：

（c）附表四（第1条）：2001年1月1日起实施。"

修正案列表

受影响的条款	如何影响
第一章	
第二条之一	ad. 2001年第137号
第三条	am. 1991年第115号、第175号和第194号；1992年第81号、第138号和第229号；1993年第121号；1994年第55号、第109号、第164号、第174号和第184号；1995年第104号、第105号、第106号和第143号；1996年第34号和第84号；1997年第29号、第39号、第109号、第197号和第202号；1998年第45号；1999年第83号；2000年第106号；2004年第52号；2008年第63号和第73号
第三条之一	ad. 1997年第29号
	am. 2006年第108号
第二章	
第四条	am. 1997年第29号
第七条	am. 1992年第81号和第205号；1993年第121号；1995年第105号和第143号；1997年第5号和第197号；2000年第138号
第八条	rs. 1997年第197号
第九条	am. 1992年第205号
第十条	am. 1992年第81号；1993年第121号；1997年第29号
第十一条	am. 1992年第81号和第205号
第十二条	am. 1992年第205号；1993年第121号；1995年第143号；2006年第108号
第十五条	am. 2001年第137号

续表

受影响的条款	如何影响
第十五条之一	ad. 1993 年第 121 号
第二十一条	am. 1992 年第 205 号；1993 年第 121 号
	rs. 1995 年第 143 号
	rep. 1998 年第 111 号

注：ad. = 被加入或被插入；am. = 被修改；rep. = 被废除；rs. = 被废除并被替代。

表格 A
有关适用、保存或过渡的规定

《1998 年数据匹配计划（援助与税收）法》（1998 年第 111 号）
2. 废除的应用
由本附表所做出的废除适用于所有的数据匹配周期，无论是在本法生效之前还是之后开始的。

《2001 年家庭和社区服务法修正案（〈刑法〉的应用）法》（2001 年第 137 号）
3. 修正案的使用
（1）该法的每一个修正案都适用于该修正案生效后发生的行为和漏洞。
（2）如果本条中所说的行为或漏洞发生在两个日期，一部分在该修正案实施之前，另一部分发生在实施之后，该行为或漏洞应该以发生在前的部分为准。

《2008 年家庭、住房、社区服务和当地事务及其他（2008 年预算和其他措施）法修正案》（2008 年第 63 号）
4. 审查修订工作
（1）部长必须独立审查依本法做出的修正案运行情况，并在 2010 年 7 月 30 日前完成。
（2）第（1）款中的负责审查的人必须向部长提交审查的书面报告。
（3）该部长必须在收到报告后的 15 个工作日内将第（1）款中的内

容形成报告复制并提交给国会。

(4) 该审查必须由不少于 5 人的小组进行，其中：

(a) 3 人必须经相关的主要团体提名；

(b) 2 人必须经部长提名。

附表三
2. 适用

由第 1 条所提出的修正案，适用于在该条实施之前及之后所批准发放的老年人健康卡。

《1992年超级年金保障(管理)法》
(澳大利亚)

(1992年第111号法修订版)

　　本法修订版是基于2005年第8号法及之前所做修订并于2005年3月3日汇编而成。

　　本法已修订的条文以注释中注明的日期为生效日期。

　　注释中所列法律之适用条款对修订条款的具体适用可能产生影响。

　　本法由位于堪培拉的总检察署立法起草和发布办公室负责编撰。

关于超级年金保障计划的建立和管理及其相关规定的法案

第一章　总则

第 1 条　简称

本法简称为《1992 年超级年金保障（管理）法》。

第 2 条　生效日期

本法于 1992 年 7 月 1 日生效。

第 3 条　本法对官方的约束力等

（1）本法对总督在联邦、各州、澳大利亚首都地区和北部地区的权限均有约束力。

（2）本法不因总督行使上述权力而被追究责任。

第 4 条　适用属地的延伸

本法适用属地延伸至：

（a）科科斯（科林）群岛和基督岛地区；

（b）对可以视为澳大利亚领土部分的地区具有属地效力。

第 4A 条　对石油联合开发区的适用延伸

本法还适用于：

（a）石油联合开发区（限于《2003 年石油〈帝汶海条约〉法》之释义）；

（b）对可以视为澳大利亚领土部分的地区具有属地效力。

第 5 条　本法对联邦的适用

（1）联邦不承担缴纳超级年金保障费的责任。

（2）本法对所有其他方面的适用，可以视作联邦承担缴纳超级年金保障费的责任。

（3）对于联邦为超级年金保障缺口支付的费用而言，第八章所具有的效力可以视为向任何超级年金按季度在下列时间缴费：

（a）如果是第一季度的缺口费，则是第二季度的5月14日；

（b）如果是第二季度的缺口费，则是第三季度的8月14日；

（c）如果是第三季度的缺口费，则是第四季度的11月14日；

（d）如果是第四季度的缺口费，则是下一年第一季度的2月14日。

（4）《1953年税收管理法》第ⅳC章第四节、第五节以及第14ZZ条、第14ZX条第（4）款对联邦不适用。

第5A条 本法对联邦当局的适用

（1）本条规定：

联邦当局是指通过或基于某部联邦法律设立的机构或实体。

（2）如果：

（a）某部法律或法律条款在本条生效之前已对联邦当局的如下支付义务做出豁免规定：（ⅰ）根据联邦法律征收的税，或者（ⅱ）根据联邦法律征收的特种税；

（b）除本款外，豁免也适用于超级年金保障费；

那么，使用该部法律或该项法律条款就不能对联邦当局的缴费义务给予豁免或将给予豁免。

（3）如果：

（a）某部法律或法律条款在本条生效之后已对联邦当局的如下支付义务做出豁免规定：（ⅰ）根据联邦法律征收的税，或者（ⅱ）根据联邦法律征收的特种税；

（b）除了本款外，豁免也适用于超级年金保障费；

那么，就不能使用该法律或法律条款豁免或将豁免联邦当局的缴费责任，除非该法律或法律条款明确规定要免除联邦当局的缴费责任。

第5B条 澳大利亚劳资关系委员会的权限等不受影响

（1）为了避免混乱，只要遵守第（2）款的规定，本法或《1992年超级年金保障费法》将不对下列情况构成影响：

（a）《1996年劳资关系法》规定的澳大利亚劳动关系委员会的管辖范围、职能或权力；

（b）或者，《1996年劳资关系法》在任何其他方式下的实施。

(2) 第 (1) 款不适用于下列情况：

(a) 《1996 年劳资关系法》对本法或《1992 年超级年金保障费法》所做的任何表述说明；

(b) 或者，《1996 年劳资关系法》中第 113B 条第 (3) 款第 (a) 项第 (ⅱ) 目、第 170MC 条第 (2) 款第 (a) 项第 (ⅱ) 目或第 170NC 条第 (2) 款第 (a) 项第 (ⅱ) 目对联邦法律所做的解释。

第 5C 条　《刑法》的适用

《刑法》第二章适用于所有违反本法的行为。

注释：《刑法》第二章列出了刑法责任的一般原则。

第二章　术语释义

第 6 条　通则释义

(1) 在本法中，除非出现相反用意，否则主要术语的释义如下：

"精算师"是指澳大利亚精算师学会资深或认证会员；

"管理费"，就一个雇主和一个季度而言，是指根据第 32 条计算出的数额。

"核准存款基金"在《1993 年超级年金业（监督）法》中有同样的意思。

根据第 30 条的规定，"安排"是指：

(a) 某项经法律程序确认的协议、安排、谅解、承诺或保证，无论经明示与否、强制执行与否、抑或是拟强制执行；

(b) 或者，任何规划、计划、建议、行动、行动步骤或行为过程。

"评估"是指：

(a) 对雇主超级年金保障费季度缺口和对应支付超级年金保障费缺口的确认；

(b) 或者，对第 7 章规定的应支付附加超级年金保障费的确认。

"授权人"是指根据《1999 年公共服务法》由局长依据明确的规定，以书面授权形式任命或雇用的人员。

"局长"是指税务局局长。

"核准合规储存基金"以第 7A 条给出的意思为准。

"合规超级年金基金"以第 7A 条给出的意思为准。

"合规超级年金计划"以第 7A 条给出的意思为准。

"数据处理器"是指在有或没有任何其他物品或设备的帮助下,都能够成功处理来自信息的文章或资料的设备。

"副局长"是指税务局副局长。

"一般利息费"是指依据《1953 年税收管理法》第 ⅡA 章第 1 节计算出来的费用。

"政府机构"是指:

(a)联邦、州或领地;

(b)或者,联邦、州或领地当局。

"指数化因子",就一年而言,见第 9 条给出的解释。

个人超级年金保障金缺口,见第 19 条给出的解释。

"劳动裁决"是指:

(a)依据联邦、州或领地法律做出的劳动裁决或决定;

(b)或者,依法批准或注册的劳动合同。

"联邦责任"是指赋予税务局局长一般管理权的法律所产生的联邦责任。

"申诉"是指向税务局局长提出的申诉。

"月"是指一年 12 个月中任何一个以第一天为开始的历法月。

"名义利息费"是指对一个雇主和一个季度而言,以第 31 条给出的意思为准。

"职业超级年金协议",就个人就业而言,指的是为了保障该人利益而强制其雇主履行缴费义务的一项协定。

"违反本法"也包括违反本法的下列相关法:

(a)《1914 年刑法》;

(b)或者,《1953 年税收管理法》。

"常规性收入",就一名雇员而言,是指:

(a)以下几项的总和:

(ⅰ)在正常工作时间之内的收入,但不包括如下几项导致该人职业生涯终止时的一次性赔付:

(A)补偿未使用病假的赔付;

(B)补偿《1936 年所得税评估法》第 26AC 条第(1)款规定未使

用年假的赔付；

（C）补偿《1936年所得税评估法》第26AD条第（1）款规定未使用长期服务假期的赔付；

（ⅱ）来自浮动工资待遇、轮班补贴或佣金的收入。

（b）或者，如果根据第（a）项确定的收入高于季度的最大缴费基数，那么以最大缴费基数为准。

"非全职雇员"是指每周从事工作时间不超过30个小时的人。

"罚款收费"，是指与超级年金保障费和某个季度有关的下列含义：

（a）未缴纳超级年金保障费的一般罚息收费；

（b）或者，根据第59条规定应付的附加超级年金保障费和按照超级年金保障费计算的附加超级年金保障费。

"本法规定的程序"包括：

（a）违反本法的程序；

（b）或者，与本法相关的《1953年税收管理法》规定的程序。

"公共部门计划"是指根据以下原则设立的超级年金计划：

（a）通过或依照联邦或州或领地的法规；

（b）或者，来自以下各方面的授权：（ⅰ）联邦、州或领地政府，或者（ⅱ）通过或依照联邦、州或领地法律组建的市政公司、其他的地方管理机构或公共机关。

"季度"是指分别开始于每年的1月1日、4月1日、7月1日或10月1日为期3个月的时间段。

"澳大利亚居民"以第八条给出的意思为准。

"退休储蓄账户"与《1997年退休储蓄账户法》对该术语的界定一致。

"退休储蓄账户提供者"与《1997年退休储蓄账户法》对该术语的界定一致。

"第二局长"是指税务局第二局长。

"超级年金基金"与《1993年超级年金业（监督）法》对该术语的界定一致。

"超级年金保障费"是指《1993年超级年金业（监督）法》规定的强制性收费。

"超级年金保障费缺口"以第17条给出的意思为准。

"超级年金保障声明"是指第 33 条规定的超级年金保障声明。

"超级年金计划"是指：

（a）不论是否体现超级年金基金管理规则的待遇确定型超级年金计划；

（b）或者，任何体现了超级年金基金管理规则的其他计划。

"税务人员"是指依据本法行使权力或履行职能的人。

"托管人"，针对一项超级年金计划而言，意思是指：

（a）如果该计划体现了基金的管理规则并存在着一个基金托管人，那么该人视为基金的托管人；

（b）或者，在任何其他情况下该人管理着该计划。

除了超级年金基金或超级年金计划的托管人外，"托管人"还包括：

（a）根据以下原则被指定或任命为托管人的个人：（ⅰ）处于合伙人地位，（ⅱ）法庭的命令或裁决，或者（ⅲ）基于法律的运用；

（b）遗嘱执行人、遗产管理人或其他死者的个人代表；

（c）监护人或监护人委员会；

（d）接管人或接管人及经理人；

（e）公司的官方管理者或公司资产的清算人；

（f）具备下列条件的个人：（ⅰ）对任何经明示或暗示信托指定的所有不动产或动产正处在或承担着管理或控制，（ⅱ）在信托职务范围内行事，或者（ⅲ）正在占有、控制和管理依法或其他法律上规定无行为能力人的不动产或动产。

"年"是指财政年度。

（2）为体现本法的宗旨，对雇主缴费的规定既要保障雇员的利益，也要兼顾雇主的利益。

（3）为体现本法的宗旨，对雇主向雇员支付的薪金或工资既要保障雇员的利益，也要兼顾雇主的利益。

第 6A 条　释义：待遇确定型超级年金计划

（1）根据本条第（2）款，待遇确定型超级年金计划是依据下列原则建立的计划：

（a）该计划的一个或多个成员在退休时有权依据以下两个或其中之一数额，要求全部或部分支付确定的福利待遇：

（ⅰ）成员在下列时间的年度工资额：（A）在成员退休时，（B）在成员退休前的某个日期，或者（C）退休前某段就业时间；

（ⅱ）某个确定的金额。

（b）如果该计划不是公共部门计划，那么该计划规定的部分或所有缴费（加上缴费的收益，构成雇员的待遇）不应存入或累积进任何个体基金，只应以总金额的形式存入或累积进一个基金。

（2）如果该基金或计划的转换通知有效，则体现超级年金基金管理规则的计划［非本条第（1）款规定的计划］是待遇确定型超级年金计划。

（3）如果转换通知在发出之前已生效，那么该计划从转换通知规定生效之日起，应是一个待遇确定型超级年金计划。

（4）不论转换通知的生效是否进行评估或缴纳超级年金保障费，第（3）款都有效。

第6B条　释义：转换通知

（1）转换通知是由超级年金基金的托管人提交给税务局长的书面通知，该通知列明该基金或某个体现基金管理规则的特定超级年金计划，应看作是本法规定的待遇确定型超级年金计划。

（2）根据第（4）款，基金或计划的转换通知生效日已在通知中规定。根据第（4）款，托管人通过向税务局长提交书面通知（"撤回通知"）的方式，可以撤销通知。

（3）转换通知的生效日应不早于下列日期：

（a）如果通知在第二季度的5月15日之前发布，则是第一季度的1月1日；

（b）如果通知在第三季度的8月15日之前发布，则是第二季度的4月1日；

（c）如果通知在第四季度的11月15日之前发布，则是第三季度的7月1日；

（d）如果通知在第一季度的2月15日之前发布，则是上一年第四季度的10月1日；

（e）或者，在任何情况下，通知的发布日应在每一季度的第一天。

（4）除非在通知发出以前，托管人给每个缴费雇主的书面通知中载明：（a）托管人准备发出通知；（b）通知生效的建议日。

该转换通知或撤销通知才具有效力。

（5）如果在基金或计划的转换通知生效时雇主开始向超级年金基金或计划缴费，那么托管人必须接到雇主首次缴费的 30 天内，向雇主发出载明以下内容的书面通知：

（a）转换通知的发布；

（b）通知的生效日期。

（6）根据本条发布的通知可以邮寄发出。

第 7 条　释义：合规超级年金基金或计划

如果某一超级年金基金或计划是《1936 年所得税评估法》第九章规定的合规超级年金基金，那么它也是本法规定的合规超级年金基金或计划（视情况而定）。

第 7A 条　释义：合规核准储存基金

如果某只核准储存基金在某个收入年满足《1936 年所得税评估法》第九章规定的合规核准储存基金，那么它也是本法意义上的合规核准储存基金。

第 8 条　释义：澳大利亚居民

某人如果是《1936 年所得税评估法》规定的澳大利亚居民，在任何时间也是本法意义上的澳大利亚居民。

第 9 条　释义：指数化因子

（1）年度指数化因子是下面两个数字中较大的一个：

（a）1；

（b）指数化因子（精确到小数点后第三位）是去年第一季度的周平均工作时间收入除以前年第一季度的周平均工作时间收入。

注释：3 月的那个季度是指第一季度。

（2）周平均工作时间收入是由澳大利亚统计局公布的每季度中间月份、全职工作的成年雇员的周平均收入。

（3）如果澳大利亚统计局发布的在澳工作人员全职成人平均周正常工作收入的估算值已在上次发布，那么较后发布的估算值不符合本条的规定。

（4）如果依据第（1）款第（2）项计算出的指数化因子，小数点以后位数高于 4 位，当计算到第 4 位时，应四舍五入最后一位数到小数点后第 3 位。

第 10 条　释义：待遇凭证

（1）待遇凭证是指精算人员就一个或多个指定的待遇确定型超级年

金计划，核定费率、以百分数为表达方式的凭证，即从精算人员的观点出发，是雇主为指定雇员（某超级年金计划的成员）缴纳保障费的雇主名义缴费率。

（2）就某类特定雇员的一个或多个待遇确定型超级年金计划的待遇凭证而言，雇主的名义缴费率是满足长期预算费用的缴费率，即从待遇凭证生效之日起，该类雇员能够获得最低待遇的缴费率。

（3）待遇凭证的有效期是从凭证中指定的日期到下列时间：

（a）以某种方式修订的超级年金计划影响或可能影响凭证中雇员的待遇计算方法或待遇水平；

（b）基于同一类雇员及同一类计划而发布的另一个待遇凭证；

（c）发行之日起5年；

（d）或者，如果因为第6A条第（2）款的实施，某个计划的凭证是待遇确定型超级年金计划，那么就是第6B条规定的转换通知被取消之时；

以上日期以先发生为准。

（4）某个待遇凭证可以从下列日期起生效：

（a）不早于如下日期：

（ⅰ）如果凭证是在第二季度的5月15日之前发布，或经过局长许可在5月16日之前发布，那么该日期就是第一季度的1月1日；

（ⅱ）如果凭证是在第三季度的8月15日之前发布，或经过局长许可在8月16日之前发布，那么该日期就是第二季度的4月1日；

（ⅲ）如果凭证是在第四季度的11月15日之前发布，或经过局长许可在11月16日之前发布，那么该日期就是第三季度的7月1日；

（ⅳ）如果凭证是在第一季度的2月15日之前发布的，或经过局长许可在2月16日之前发布，那么该日期就是前一个季度的10月1日；

（ⅴ）或者，在任何情况下，凭证的发行应在该季度的第一天。

（b）不晚于凭证发行日。

（6）规章可以制定以下相关条款：

（a）待遇凭证的发行及形式；

（b）满足雇员待遇的雇主预期缴费的计算方法应依据本条第（2）款；

（c）缴费率的表达方式依据本条第（2）款；

（d）所有雇员最低待遇计算的方法应依据本条第（2）款。

第 11 条 释义：薪金或工资

（1）在本法中，"薪金或工资"包括：

（a）佣金；

（b）支付给公司管理层成员（不论是否是董事会成员）履行职责的薪金。

（ba）第 12 条第（3）款规定的合同工资，即工人依据合同工作而获得的工资；

（c）联邦或州议会成员或领地立法机构成员的工资；

（d）依据第 12 条第（8）款支付给工人的工资；

（e）依据第 12 条第（9）款或第（10）款支付给工人的工资。

（2）自雇者、每周工作时间不超过 30 小时、全职或主要在家庭或私人性质场所工作而获得的报酬，不是本法意义上的薪金或工资。

（3）《1986 年附加福利税评估法》规定的附加福利不是本法意义上的薪金或工资。

第 12 条 释义：雇员和雇主

（1）依据本条，在本法中"雇员"和"雇主"有其一般意义。然而，为体现本法的宗旨，从第（2）款到第（11）款：

（a）扩展了这些条款的含义；

（b）制定特别条款，以避免对某些人身份产生疑问。

（2）作为公司管理层的一名成员（无论是否是董事会成员），因其有权获得履行职责的报酬，该人即是该公司的雇员。

（3）如果某人全部或主要依据合同而工作，那么该人是合同中另一方的雇员。

（4）联邦议会的成员是联邦的雇员。

（5）州议会的成员是州的雇员。

（6）澳大利亚首都地区立法会的成员是澳大利亚首都地区的雇员。

（7）北部地区立法会的成员是北部地区的雇员。

（8）下面是符合本法规定的雇员：

（a）某人由于表演或演出，或者是参与表演或演出任何形式的音乐、戏剧、舞蹈、娱乐表演、体育、展览或宣传活动，或者包括智力活动、艺术、音乐、体育在内的任何类似活动或其他个人技能而获得报酬，那么该人即是有责任支付报酬人的雇员；

（b）某人以向第（a）项规定的活动提供服务的方式而获得报酬，那么该人也是提供报酬人的雇员；

（c）某人为制作电影、磁带、光盘或电视或录音带提供服务或与之相关的方式而获得报酬，那么该人即是提供报酬人的雇员。

（9）如果某人：

（a）根据宪法或联邦、州或领地法律所授予的职权，担任或行使委任公务或委任职务的职责；

（b）或者，从事联邦、州或领地其他的服务工作（包括国防部或警察局的服务人员）；

那么，视情况需要他（她）是联邦、州或领地的雇员。然而，这一规定不适用于以地方政务委员会成员身份行使职权的人。

（9A）根据第（10）款，以地方政务委员会成员身份行使职权的人不是议会的雇员。

（10）根据《1936年所得税评估法》第221A条的规定，如果某人是合法的地方管理组织的成员，那么该人即是该组织的雇员。

（11）某全部或主要从事家庭或私人性质工作、每周工作不超过30小时而获得报酬的人，不是该工作的雇员。

第13条　释义：1991年8月21日之前缴纳超级年金保障费的名义费基

（1）如果是在当前时间：

（a）当前雇员是超级年金基金（"当前基金"）的成员；

（b）当前雇员的雇主（"当前雇主"）依据适用法规［见本条第（5）款］为当前雇员正在向当前基金缴费；

（c）第（1A）款适用。

本条是对相关雇员（当前雇员）在特定时间（当前时间）名义费基的释义。

（1A）如果当前雇主或某个雇主在当前时间是当前雇员的前任雇主［见第（4A）款］，在1991年8月21日之前正向如下基金缴费：

（a）当前基金；

（b）或者，其他基金，即在当前时间是当前雇主或前任雇主的前任基金［见第（4D）款］；

那么依据适用法规，本款在当前时间适用。

（1B）图13.1是对第（1）款应用的最简单例子：

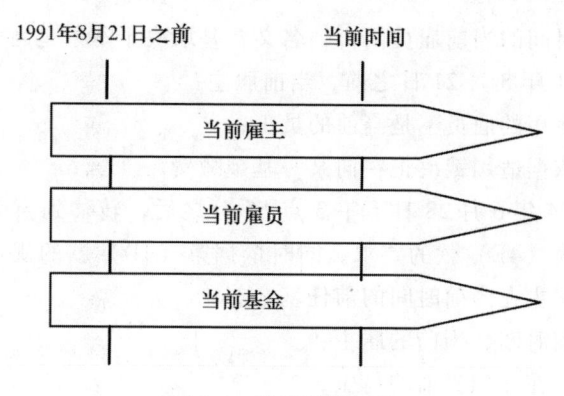

图 13.1　最简单的例子

就当前时间的当前雇员而言,"名义费基"取决于本条是因为:
- 在1991年8月21日之前,当前雇主:
 —正在雇用当前的员工;
 —依据适用法规正在向当前基金缴纳费用。
- 这种状况一直持续到当前时间。

(1C) 图 13.2 是一个典型案例对第（1）款的应用:

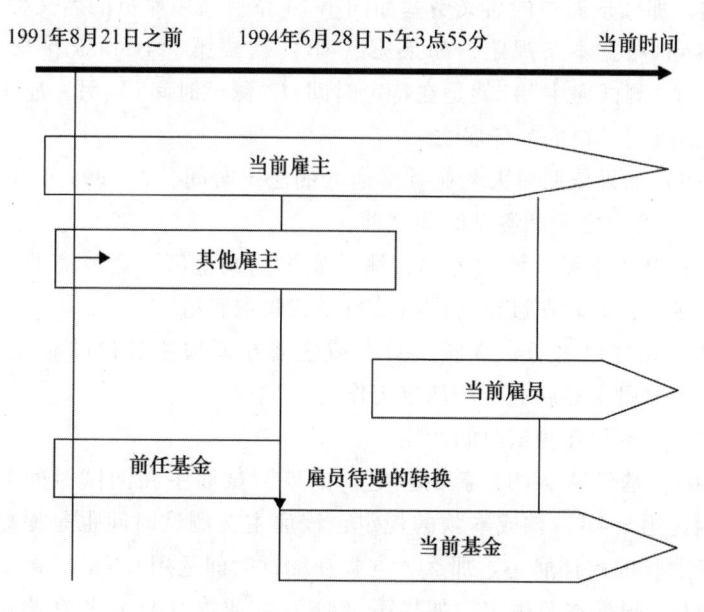

图 13.2　一个典型案例

就当前时间的当前雇员而言，名义费基取决于本条是因为：
- 在1991年8月21日之前，当前雇主：
  —雇用的雇员不是当前的员工；
  —依据适用裁决正在向某一基金缴费。
- 在1994年6月28日下午3点55分之后，转移到当前基金的雇员待遇应满足第（4E）款的要求，同时依据第（4D）款的规定，产生的基金应是当前雇主在当前时间的前任基金。
- 在当前时间，当前的雇主：
  —正在雇用当前的员工；
  —依据适用法规正在向当前基金缴费。

（2）依据第（3）款和第（4）款，"名义费基"是指当前雇员从下列日期开始计算的参考收入：(a) 该季度的第一天；或者 (b) 雇佣的第一天；两个日期以后一个为准，雇主必要缴费规定的收入应包含在内。

（3）如果根据第（2）款确定的名义费基大于季度的最大缴费基数，那么该员工的名义费基就是最大的缴费基数。

（4）若非本款规定，依据1991年8月21日或之后任何时间对本条所做的修订，适用法规决定雇员的名义费基，并且对雇员名义费基的降低产生影响，那么该雇员的名义费基如同第14条所适用雇员的名义费基。

（4A）根据本条规定，如果第（4B）款或第（4C）款在当时适用，则雇主（"测试雇主"）就是在特定时间（"测试时间"）另一雇主（雇员的"原始雇主"）的前任雇主。

（4B）如果依照澳大利亚首都地区的法定时间，在1994年6月28日下午3点55分之后和测试时间之前：

（a）基于市场价值的考虑，测试雇主把其全部企业或商业资产过户给原始雇主，同时在过户前该雇员被测试雇主雇用；

（b）在过户之后，该雇员只在或主要在原雇主过户的企业里工作，或者使用原雇主的商业资产从事工作。

那么，本款在测试时间适用。

（4C）基于第（4B）款的规定，如果测试雇主在测试时间是另一雇主［因为第（4B）款或本款的规定，该雇主在测试时间也是原始雇主的前任雇主］的前任雇主。那么，本款在测试时间适用。

（4D）根据本条规定，如果第（4E）款或第（4F）款在测试时间适用，某只基金（"测试基金"）在特定时间（"测试时间"）是另一只基金

（"原始基金"）的前任基金。

（4E）如果：

（a）根据澳大利亚首都地区的法定时间，从 1994 年 6 月 28 日下午 3 点 55 分开始到测试时间结束，测试基金转化为原始基金的部分或全部待遇在测试基金中属于该雇主的一个或多个雇员；

（b）转换到原始基金的待遇水平，要等于或好于在测试基金时的水平；

（c）在每一个待遇过户之前，原始基金的托管人和测试基金托管人之间签署的书面协议将生效，即把原始基金的权利转向雇员。那么，本款在测试时间适用。

（4F）如果：

（a）基于第（4E）款的规定，测试基金在测试时间是另一只基金（不是原始基金）的前任基金；

（b）基于第（4E）款或本款的适用，对雇主而言，另一只基金在测试时间是原始基金的前任基金；

（c）在其他基金变成原始基金的前任基金之前，该测试基金变成另一只基金的前任基金。

那么，本款在测试时间适用。

（4G）图 13.3 是最简单案例对第（4F）款的应用：

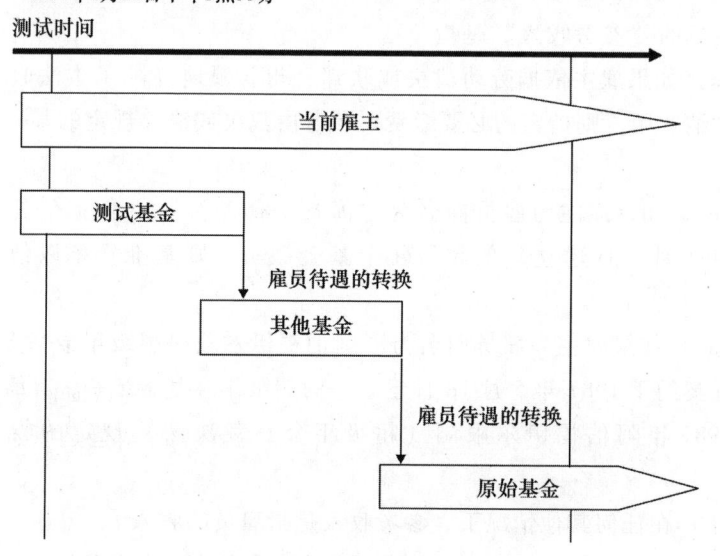

图 13.3 最简单的案例

测试基金在测试时间是雇主原始基金的前任基金,是因为:

- 首先,某个雇员待遇的转换发生在测试基金和其他基金之间,并且:

　　—满足第(4E)款的要求;

　　—根据第(4D)款的规定,产生的测试基金应是在测试时间其他基金的前任基金。

因此,满足第(4F)款第(a)项的要求。

- 其次,雇员待遇的转换在其他基金和原始基金之间发生,并且:

　　—满足第(4E)款的要求;

　　—产生的另外基金应是雇主在测试时间原始基金的前任基金。

因此,满足第(4F)第款(a)项的要求。

最后,由于雇员待遇从测试基金转换到其他基金发生在其他基金转换到原始基金之前,所以,满足第(4F)款第(c)项的要求。

(5) 在本条:

"适用法规"是指下列规定之一:

(a) 劳动裁决;

(b) 职业超级年金安排;

(c) 联邦、州或领地法律;

(d) 适用的超级年金计划。

雇员的"参考收入"是指:

(a) 如果雇主依据劳动裁决或联邦、州、领地(除了本法)法律为雇员缴纳费用,则指定的必要缴费要参考由裁决或法律规定的某一类雇员的收入;

(aa) 如果雇主为雇员向名为"海员退休基金"(依据信托契约于1973年5月3日建立)的超级年金基金缴费,则基准费率以信托契约为准;

(ab) 如果雇主为雇员向名为"阿伯福伊尔裁决超级年金基金"(依据信托契约于1987年5月18日建立)的超级年金基金缴费,其缴费数额以《1987年阿伯福伊尔限制(超级年金)裁决法》规定的收入基数为准;

(b) 在任何其他情况下,参考收入是指雇员的收入。

第13A条　释义:雇主向"海员退休基金"缴费的名义费基

(1) 如果：

(a) 雇主向名为"海员退休基金"（依据信托契约建立于 1973 年 5 月 3 日）的超级年金基金缴费；

(b) 在 1991 年 8 月 21 日之前，雇主未缴费；

(c) 如果雇主在 1991 年 8 月 21 日之前直接缴费，第 13 条将适用于所涉及的雇员。

那么，本条是对相关雇员"名义费基"的释义。

(2) 雇员的名义费基与以 13 条规定的名义费基一致。

第 13B 条 释义：雇主向"阿伯福伊尔裁决超级年金基金"缴费的名义费基

如果雇主向名为"阿伯福伊尔裁决超级年金基金"（依据信托契约建立于 1987 年 5 月 18 日）的超级年金基金缴费，则雇员的名义费基与第 13 条规定的名义费基一致。

第 14 条 释义：1991 年 8 月 21 日之前未缴纳超级年金保障费的名义费基

(1) 根据第（1A）款的规定，本款解释的"名义费基"所涉及的雇员是超级年金基金的成员，或是退休储蓄账户的持有人，在下列的情况下，雇主为雇员缴费：

(a) 雇主根据劳动裁决或职业超级年金安排为雇员按季度向基金或退休储蓄账户缴费；

(ab) 雇主根据联邦、州或领地法律为雇员按季度向基金或退休储蓄账户缴费；

(b) 雇主根据适用的超级年金计划为雇员按季度向基金或退休储蓄账户的其他缴费。

(1A) 如果雇员"名义费基"表达的意思是对第 13A 条、第 13B 条的解释，那么本条将不适用。

(2) 根据第（2A）款、第（2B）款、第（3）款、第（4）款的规定，"名义费基"是指于下列时间生效的裁决、安排、法律或计划所规定的雇员收入：

(a) 季度的第一天；

(b) 雇佣的第一天；

(c) 或者，雇主开始向基金或退休储蓄账户开始缴费之日起；

时间以较后者为准，雇主必要缴费规定的收入应包含在内。

（2A）如果：

（a）雇主依据劳动裁决或第（1）款第（ab）项规定的法规（在1991年8月21日之前适用）为雇员缴费；

（b）如果在1991年8月21日之前雇主已经缴费，第13条将决定雇员的名义费基；

那么，雇员的名义费基是第（b）项规定的名义费基；

（2B）如果：

（a）雇主依照"新南威尔士煤炭工业法庭1992年第292号令"，以及名为"新南威尔士煤矿工业法定超级年金（工伤）协议"的协定，为雇员缴纳费用；

（b）在1991年8月21日之前雇主已经缴费，第13条将决定雇员的名义费基。

那么，雇员的名义费基即是本款第（b）项规定的名义费基。

（3）雇主依据职业年金安排、第（1）款第（ab）项规定的法规或适用年金计划向基金或退休储蓄基金缴费，如果依据第（2）款计算出的名义费基少于雇员的常规收入，那么该雇员的名义费基就是他的常规收入。

（4）如果依据第（2）款确定的名义费基数额大于季度的最大缴费基数，那么该雇员的名义费基就是最大缴费基数。

第15条　释义：最大费基

（1）2001—2002财政年度每季度的最大缴费基数是27510澳元。

（3）[1] 在以后任何年份一个季度的最大缴费基数用下面的公式计算：

前一年季度的最大缴费基数×年指数化因子

（4）根据第（3）款计算出的数额，必须整合到10澳元的倍数（凑整5澳元以上的金额）。

第15A条　释义：补助金额

（1）根据本条，在特定时间（"测试时间"），雇员有权从福利机构获得一定的"补助金额"。

从合规核准储存基金中获取一次性支付

（2）如果在测试时间：

---

[1] 在澳大利亚官方公布的原文中无（2）款。——译者注

(a) 该福利机构是合规的核准储存基金；

(b) 该雇员有权从该机构以现在或未来的补助形式获得一次性支付；

那么，雇员在测试时间有权从该机构获得的"补助额"等于在当时放弃合理待遇限额的金额。

从人寿保险公司中获得延期定存年金

(3) 如果在测试时间：

(a) 福利机构是人寿保险公司；

(b) 雇员有权在该机构以现在或未来补助形式获得延期定存年金；

那么，雇员在测试时间有权从该机构获得的"补助额"等于在当时放弃合理保障限额的金额。

从合规超级年金基金中获得一次性支付基金、养老金或一次性支付基金和养老金的组合

(4) 如果在测试时间：

(a) 该福利机构是合规超级年金基金或是退休储蓄账户的提供者；

(b) 雇员可以通过下列形式从福利机构中获得待遇：

(ⅰ) 现在或未来补助的一次性支付；

(ⅱ) 享受养老金的权利没有变成可支付；

(ⅲ) 或者，由第（ⅰ）目和第（ⅱ）目所涵盖的任何补助的组合；

补助适用与否在于雇员的选择；

那么根据第（5）款，雇员在测试时间有权从该机构获得一定的"补助金额"。

(5) 根据第（4）款的规定，补助金额是指：

(a) 就在测试时间适用的补助而言，如果适用的补助是由雇员选择，即最大可能的金额，是指放弃合理保障限额金额或两倍的合理保障限额的金额；

(b) 或者，在任何其他的情况下：

(ⅰ) 如果第（4）款第（b）项第（ⅰ）目适用，则是放弃在测试时间一次性支付合理保障限额金额；

(ⅱ) 如果第（4）款第（b）项第（ⅱ）目适用，则是放弃在测试时间养老金的合理保障限额金额；

(ⅲ) 或者，如果第（4）款第（b）项第（ⅲ）目适用，则是放弃在测试时间一次性支付合理保障限额金额以及养老金合理保障限额金额的

总和。

(6) 在本条：

"福利机构"是指合规超级年金基金、合规核准储存基金、人寿保险公司和退休储蓄账户的提供者。

"延期年金"以《1936年所得税评估法》第140C条的规定为准。

"免税收入"以《1936年所得税评估法》第140C条的规定为准。

"人寿保险公司"以《1936年所得税评估法》第6条第（1）款的规定为准。

"养老金"是指在《1993年超级年金业（监督）法》或《1997年退休储蓄账户法》中规定的养老金。

"放弃合理保障限额金额"是指在特定时间存在于某一福利机构中的待遇，其意思是：

（a）如果雇员福利以现在或未来补助的形式存在，假使该雇员在特定时间辞职，对于一次性支付，即免税收入的合理保障限额金额（依据《1936年所得税评估法》第140ZH条计算出）将支付给雇员；

（b）如果雇员福利是以现在或未来补助的形式存在，假使该雇员在特定时间交换他（她）的权利，对于延期年金，即免税收入的合理保障限额金额（依据《1936年所得税评估法》第140ZI条计算）将支付给雇员；

（c）或者，如果雇员福利是以补助的形式存在，假使该雇员在特定时间辞职，对于没有变成可支付的养老金，即退休金的合理保障限额金额（依据《1936年所得税评估法》第140ZK条计算）将支付给雇员。

第三章　联邦和免税的联邦机构之外的雇主缴费责任

第16条　雇主应缴费用

雇主的超级年金季度缺口应由雇主支付。

第17条　超级年金保障缺口

如果雇主有一个或多个个人超级年金保障缺口，那么该雇主的超级年金季度缺口由以下几部分组成：

(a) 该季度雇主个人超级年金保障缺口的总额；

(b) 该季度雇主的名义利息费用；

(c) 该季度雇主的管理费。

第 19 条 个人超级年金保障缺口

(1) 雇主某个季度的个人超级年金保障缺口金额用下面公式计算：

$$\text{雇主按季度支付给雇员薪金或工资数的总额} \times \frac{\text{雇主季度缴费率}}{100}$$

其中：

雇主的季度"缴费率"是指：

(a) 本条第（2）款规定的费率 [第（b）项适用除外]；

(b) 或者，如果根据第 22 条和第 23 条任一条或全部两条的规定，导致本条第（2）款规定的缴费率降低，那么该缴费率就是降低后的费率。

(2) 缴费百分比是 9。

注释：根据第 22 条或第 23 条，费率可能减少。

(3) 如果雇主支付给雇员的全部薪金或工资额大于季度的最大缴费基数，该全部薪金或工资额应认为是对第（2）款规定的金额等于最大缴费基数。

(4) 如果雇主在该季度及其以后季度不存在个人超级年金缺口，那么雇员应给雇主以下声明：

(a) 雇员以书面声明的形式表明，雇主对雇员的超级年金保障缴费不负责任；

(b) 本项声明包括：（ⅰ）声明所涉及的总金额数，以及（ⅱ）依据《1936 年所得税评估法》第 140ZD 条之规定，关于合理保障限额养老金收入年（《1936 年所得税评估法》的规定）的声明。

(5) 该选择不可取消。

(6) 根据第（4）款第（b）项的规定，由税务局长签发的声明，规定雇员在声明发出之前收到的待遇是（根据《1936 年所得税评估法》第 140ZA 条之规定）经调整过的合理保障限额。

(7) 根据第（4）款第（b）项的规定，由托管人或福利机构的经理（第 15A 条的规定）签发的声明，规定在声明发出时福利机构雇员的补助金额（第 15A 条的规定）。

第 22 条　向待遇确定型超级年金计划缴费的费率降低

（1）本条仅适用于待遇确定型计划。

（2）如果：

（a）一个或多个合规超级年金计划待遇凭证在整个或部分季度有效；

（b）有效的待遇凭证是指正在使用的待遇凭证；

（c）凭证规定的费率是指属于计划成员（视情况而定）的某类雇员[包括第（b）项规定的雇员]的名义缴费率；

因此，比照第 19 条第（2）款规定的费率，该类雇员缴费率的降低以及任何依据本条或第 23 条规定的其他费率降低，依据下面的公式计算：

$$A \times B$$

其中：

A 是本条第（2）款第（c）项规定的费率。

B 是：

（a）1；

（b）或者，如果雇佣期大于计划成员期或凭证期，无论该段时间作为雇佣期的一部分是代表计划成员期还是代表凭证期，假如其中一段时间小于另一段时间段，B 就依较短的时间段占总雇佣时间的百分比为准。

（3）根据第（2）款的规定：

"雇佣期"是指雇主雇用雇员的时间或时间总和。

"计划成员期"是指雇员是超级年金计划成员的时间或时间总和。

"凭证期"是指待遇凭证计划有效时间或时间总和。

（4）雇主的缴费率不能低于零。

（5）基于雇主和雇员双方利益的考虑，缴费率的计算要考虑下述情况：

（a）经雇主同意不支付工资的离职时间不是雇佣期；

（b）雇员在离职期间的待遇凭证无效。

第 23 条　向待遇确定型超级年金计划之外的退休储蓄账户或基金缴费的费率降低

（1）本条仅适用于待遇确定型超级年金计划之外的退休储蓄账户和超级年金基金。

行业裁决或法律规定的费率降低

（2）根据第（6）款和第（7）款的规定，如果在一个季度中：

（a）根据行业裁决或联邦、州或领地法规的要求，雇主向超级年金基金或退休储蓄账户缴纳费用；

（b）必要缴费是雇员名义费基的规定缴费率或根据裁决或法律计算出的缴费率；

（c）雇主根据裁决或法律向合规超级年金基金或退休储蓄账户缴费；

因此，比照第19条第（2）款规定的费率，该雇员缴费率的降低以及任何依据本条或第22条规定的其他费率降低，依据下面的公式计算：

$$A \times B$$

其中：

A 是指根据第（c）项的规定，向基金或退休储蓄账户缴费的费率，是下列时段雇员名义费基占雇员全部名义费基的比例：

（A）如果雇员依据行业裁决或法律全季度被雇用，则是整个季度；

（B）或者，如果雇员依据行业裁决或法律在部分季度被雇用，则是部分季度。

B 是：

（A）1；

（B）或者，如果雇佣期大于依据劳动裁决或第（1）项规定的雇佣期限，那么 B 就是劳动裁决或法律规定的雇佣时间占全部雇佣时间的百分比。

职业超级年金安排规定的费率降低

（3）根据第（6）款和第（7）款，如果在一个季度中：

（a）根据职业超级年金安排的要求，雇主向超级年金基金或退休储蓄账户缴纳费用；

（b）必要缴费是雇员名义费基规定的费率或根据安排计算出的费率；

（c）雇主根据安排向合规超级年金基金或退休储蓄账户缴费；

因此，比照第19条第（2）款规定的费率，该雇员缴费率的降低以及任何依据本条或第22条规定的费率的降低，依据下面的公式计算：

$$A \times B$$

其中：

A 是指根据第（c）项的规定，向基金或退休储蓄账户缴费的费率，其数额是下列时段雇员名义费基占雇员全部名义费基的比例：

（A）如果雇员依据职业超级年金安排全季度被雇用，则是整个季度；

（B）或者，如果雇员依据职业超级年金安排部分季度被雇用，则是部分季度。

B 是：

（A）1；

（B）或者，如果雇佣期大于职业超级年金安排规定的雇佣时间，那么 B 就是职业超级年金安排规定的雇佣时间占全部雇佣时间的百分比。

指定名义费基计划规定的费率降低

（4）根据第（6）款和第（7）款，如果在一个季度中：

（a）雇主向合规退休基金或退休储蓄账户缴费；

（b）适用的超级年金计划规定必要的全部缴费是雇员名义费基的一部分；

（c）根据第（2）款或第（3）款，雇主的缴费不应该是基于降低雇主缴费率的目的；

因此，比照第19条第（2）款规定的费率，该雇员缴费率的降低以及任何依据本条或第22条规定的其他费率的降低，依据下面的公式计算：

$$A \times B$$

其中：

A 是指依据第（a）项的规定，向基金或退休储蓄账户缴费的费率，其数额是下列时段雇员名义费基占其全部名义费基的比例：

（A）如果雇主整季度地向合规超级年金基金或退休储蓄账户缴费，则是整个季度；

（B）或者，如果雇主部分季度地向基金或退休储蓄账户缴费，则是部分季度。

B 是：

（A）1；

（B）或者，如果雇佣时间大于雇主依据第（a）项的规定向基金或退休储蓄账户缴费的雇佣时间，那么 B 就是雇主向基金或退休储蓄账户缴费的雇佣时间占全部雇佣时间的百分比。

未指定名义费基计划规定的费率降低

（4A）根据第（6）款和第（7）款，如果：

（a）适用于整个季度（"当前季度"）的劳动裁决，规定雇主必须为雇员向超级年金基金或退休储蓄账户缴纳指定金额（"裁决缴费额"）的费用；

（b）无论是依据裁决或是其他法规，裁决缴费额要依据下列收入的增长进行调整：（ⅰ）某一类雇员（"调整雇员"），或者（ⅱ）该类雇员中的特别雇员（也是"调整雇员"）；

（c）第（a）项和第（b）项指定的金额和1991年8月21日之前裁决的适用；

（d）在1991年8月21日当日或之后以及当前季度结束之前，仍没有以某种方式修订的裁决对任何季度雇员名义费基［见第（4C）款］的降低有影响；

（e）在当前季度，雇主缴费额无论是否等于裁决缴费额，雇主都要为雇员向超级年金基金或退休储蓄账户缴纳一定的费用（"实际缴费额"）；

因此，比照第19条第（2）款的规定，雇主的缴费率依据第（4B）款的规定得以降低。

（4B）本条或第22条规定的其他费率的降低，依据下面的公式计算：

$$\frac{实际缴费额}{雇员在当前季度的名义费基［见第（4C）款］\times 雇员在当前季度的季度因子 \times 雇员在当前季度的雇用因子 \times 100\%}$$

（4C）在第（4A）款或第（4B）款中：

雇员的"雇用因子"是指：

（a）如果季度中雇佣时间大于裁决规定的雇佣时间，那么雇佣因子就是依据裁决的雇佣时间占该季度雇佣时间的百分比；

（b）或者，在任何其他情况下是指1。

对某类雇员来说，"名义费基"是指小于季度最大缴费基数的数额（见第15条），以及下列收入：

（a）如果该雇员是全职雇员——按照裁决规定在该季度是每个调整雇员的收入；

（b）或者，如果雇员是非全职雇员——其收入通过下面公式计算：

$$\frac{雇用的小时数}{全职工作的小时数} \times 调整收入$$

其中：

"调整收入"是指裁决规定的每个调整雇员的收入；

"全职工作时间"是指，雇员工作的时间等于裁决规定的全职工作时间；

"雇佣时间数"是指，雇员在该季度被雇用的时间数。

雇员的"季度因子"是指：

(a) 在该季度，如果根据裁决规定的就业时间少于整个季度，那么季度因子就是依据裁决规定的雇佣时间占该季度雇佣时间的百分比；

(b) 或者，在任何其他的情况下是指1。

(4D) 根据第(6)款和第(7)款，如果雇主向"阿伯福伊尔裁决超级年金基金"（依据信托契约于1987年5月18日建立）缴费（"实际缴费额"），比照第19条第(2)款规定的缴费率，雇主缴费率依据第(4E)款的规定得以降低。

(4E) 本条或第22条规定的其他费率降低，依据下面的公式计算：

$$\frac{实际缴费额}{名义费基[见第(4F)款附6]\times 季度因子} \times 雇用因子 \times 100\%$$

(4F) 在第(4E)款中：

"雇用因子"是指：

(a) 在该季度，如果雇员被雇用时间大于雇主向"阿伯福伊尔裁决超级年金基金"缴费时间，那么雇用因子就是指雇主向"阿伯福伊尔裁决超级年金基金"缴费时间占全部雇用时间的百分比；

(b) 或者，在任何其他情况下是指1。

"名义费基"是指：

(a) 如果雇员是全职工作，则是第13条规定的名义费基；

(b) 或者，如果雇员是非全职工作，则其数额依据下面的公式计算：

$$\frac{被雇佣时间}{全职工作时间} \times 名义费基（依据第13条的规定）$$

其中：

"全职工作时间"是指，常规工作时间等于雇员全职工作的时间。

"雇佣小时数"是指雇员在该季度被雇用的小时数。

"季度因子"是指：

(a) 在该季度，如果雇主向"阿伯福伊尔裁决超级年金基金"缴费时间小于整个季度雇用时间，那么季度因子就是雇主向"阿伯福伊尔裁决超级年金基金"缴费时间占整个季度雇佣时间的百分比；

(b) 或者，在任何其他情况下是指1。

(5) 根据第(6)款和第(7)款，如果在某季度：

（a）雇主向合规超级年金基金或退休储蓄账户缴费；

（b）依据第（2）款、第（3）款、第（4）款、第（4A）款、第（4D）款的规定，该缴费不是基于降低雇主缴费率的目的；

因此，比照第19条第（2）款规定的费率，雇主费率的降低以及依据本条或第22条规定的任何其他费率降低，依据以下公式计算：

$$A \times B$$

其中：

A 是指根据第（a）项的规定，向基金或退休储蓄账户缴费的费率，即下列时间内雇员收入占其常规工作时间收入的百分比：

（A）如果雇主全季度向合规超级年金基金或退休储蓄账户缴费，则是整个季度；

（B）或者，如果雇主部分季度向合规超级年金基金或退休储蓄账户缴费，则是部分季度；

B 是：

（A）1；

（B）或者，在该季度，如果雇员被雇用时间大于第（a）项规定的雇主向基金或退休储蓄基金缴费的时间，那么 B 就是雇主向基金或退休储蓄基金的缴费时间占雇员被雇佣时间的百分比；

一些季度结束之后的缴费可以计入该季度

（6）如果雇主向合规超级年金基金或退休储蓄账户的缴费是在季度结束后28天内做出，根据本条可以认定为是在本季度内的缴费。

某些在季度之前的缴费可以计入该季度

（7）如果雇主向合规超级年金基金或退休储蓄账户的缴费是在季度开始之前的12个月内做出，根据本条可以认定为是在特定季度内的缴费而被计入该季度。

不能计入任何季度的缴费

（8）依据本条规定，雇主向某一季度超级年金基金或退休储蓄账户的缴费，不能计入任何其他季度。

转换通知生效后的缴费无效

（8A）根据本条，雇主在转换通知生效后向超级年金基金或超级年金计划的缴费无效。

某些裁决、安排、法律和计划不应规定雇主的必要缴费作为名义费率

(9) 如果裁决、安排、法律或计划存在下列情况：

(a) 决定雇员的待遇是依据指定金额计算出的雇主必要缴费；

(b) 没有制定根据雇员收入变化而做出费用调整的规定。

某些劳动裁决，职业超级年金安排，联邦、州或领地法律以及超级年金计划不应规定雇主的必要缴费作为名义费率。

向死亡雇员遗产的缴费

(9A) 如果：

(a) 雇员已经死亡；

(b) 在雇员没有死亡时雇主已经向合规超级年金基金或退休储蓄账户缴费；

(c) 雇主支付给雇员法定遗产继承人的金额等于雇主将要缴纳的金额；

那么，根据本条规定，已支付的金额应认为是雇主已经向合规超级年金基金或退休储蓄账户的缴费。

费率不低于0

(10) 雇主的缴费率不能低于0。

在缴费金额不包括雇员薪金或工资的情况下，名义费基的降低

(11) 由于第27条或第28条的规定，如果雇员的名义费基包括不能满足第19条计算要求的薪金或工资，那么该雇员的名义费基依据本条应降低。

在缴费金额不包括雇员薪金或工资的情况下，常规工作时间收入的降低

(12) 由于第27条或第28条的规定，如果雇员薪金或工资数额不满足第19条计算的要求，那么该雇员常规工作时间的收入的缴费率依据本条应降低。

(13) 根据第（15）款的规定，如果存在下列情况：

(a) 雇主根据《1995年小型超级年金账户法》为雇员储蓄；

(b) 至于储蓄的方式，不包括错误或误导宣传的储蓄方式；

那么，储蓄等同于雇主向合规超级年金基金缴费。

(14) 无论《1995年小型超级年金账户法》第9条规定与否，第（13）款仍然生效。

(15) 如果：

(a) 雇主根据《1995 年小型超级年金账户法》为雇员储蓄；

(b) 雇主依据《1995 年小型超级年金账户法》第 8 章通过储蓄返还的方式接受偿还；

那么，本条的效力等同于雇主没有为雇员储蓄。

(16) 在第 (13) 款和第 (15) 款中：

"储蓄"以《1995 年小型超级年金账户法》规定的储蓄为准。

"储蓄形式"以《1995 年小型超级年金账户法》规定的储蓄形式为准。

第 24 条　某些待遇凭证推定为合规超级年金计划的凭证

(1) 对整个或部分季度有效的超级年金（雇主已经缴费）凭证而言，如果存在下列情况：

(a) 在凭证开始的 30 日内，雇主得到一份由计划托管人或其代表提供的书面声明，该计划：

(i) 是某个根据《1993 年超级年金业（监督）法》规定的居民监管的超级年金基金；

(ⅱ) 不遵从《1993 年退休金业（监督）法》第 63 条的指导；

(ⅲ) 自从待遇凭证开始生效，任何时间都不受这种指导的影响；

(b) 或者，在之前季度，雇主已经得到类似第（a）项的声明。

为体现第 22 条的宗旨，依据第（4）款，应推定为对整个或部分季度的有效的合规超级年金凭证。

(2) 根据第（4）款，如果雇主在下列时间得到第（1）款第（a）项规定的声明：

(a) 在该季度内；

(b) 但是，晚于凭证开始日 30 天；

对整个或部分季度有效的超级年金（雇主已经缴费）凭证而言，为体现第 22 条的宗旨，依据第（4）款，应推定为有效期始于声明获得日和终于季度最后一天的合规超级年金计划。

(4) 如果某计划不是《1993 年超级年金业（监管）法》规定的居民监管超级年金基金或在操作上违反监管条例〔《1993 年超级年金业（监管）法》第 38A 条的规定〕，在下列情况下对依据第（a）项或第（b）项推定的待遇凭证无效：

(a) 该雇主：

(i) 是该计划的托管人或经理人；

(ⅱ) 或者，根据《1936年所得税评估法》第26AAB条第（14）款的规定，和该计划的信托人和经理人有合作；

(b) 雇主有理由相信该计划不是《1993年退休金业（监督）法》规定的居民监管的超级年金，或是操作上违反了《1993年退休金业（监督）法》第38条（附1）规定的监管规则。

(4A)《1993年超级年金业（监督）法》第39条适用于本条第（4）款的规定，正如它适用于《1993年超级年金业（监督）法》第五章第二节规定的情形。

(5) 在本条：

"开始日"是指：

(a) 如果超级年金待遇凭证对整个季度有效，则是该季度的第一天；

(b) 或者，如果超级年金待遇凭证对部分季度有效，则是该季度凭证生效的第一天。

第25条 某些缴费推定为向合规超级年金基金的缴费

(1) 如果在缴费行为做出之时或之前，雇主已经得到基金托管人或其代表提供的书面声明，证明该基金：

(a) 是《1993年超级年金业（监督）法》规定的居民监管的超级年金基金；

(b) 没有遵从《1993年超级年金业（监督）法》第63条的指导。

为体现第23条的宗旨，依据第（2）款，雇主向超级年金基金缴纳的费用应推定为向合规超级年金基金的缴费：

(2) 如果在缴费行为做出之时存在下列情况，第（1）款不适用于向超级年金基金缴费：

(a) 雇主：

(ⅰ) 是基金的托管人或经理人；

(ⅱ) 或者，根据《1936年所得税评估法》第26AAB条第（14）款的释义，与基金的托管人或经理人有合作关系；

(b) 雇主有理由相信该基金不是《1993年超级年金业（监督）法》规定的居民监管的超级年金，或是操作上违反了《1993年超级年金业（监督）法》第38A条监管规定的基金。

(3)《1993年超级年金业（监督）法》第39条适用于本款第（b）项的规定，正如它适用于《1993年超级年金业（监督）法》第五章第二节规定的情形。

第 26 条　不能计入雇佣期的就业时间

（1）根据第 22 条或第 23 条的规定，任何雇主不支付给雇员薪金或工资的雇佣期间都不应视为是雇主对雇员的雇佣期。

（2）为体现第（1）款的宗旨，根据第 27 条或第 28 条的规定，未支付的薪金或工资不能计入第 19 条规定的薪金或工资。

第 27 条　薪金或工资：一般排除

（1）下面的薪金或工资不符合第 19 条规定的薪金或工资：

（a）支付给 70 岁或以上雇员的薪金或工资；

（b）支付给不是澳大利亚居民而工作地点又不在澳大利亚境内雇员的工资；

（c）由不是澳大利亚居民的雇主支付给是澳大利亚居民但工作地点在澳大利亚之外的雇员的薪金或工资；

（ca）雇主支付给不是澳大利亚居民但工作地点在联合石油开发区（根据《2003 年石油〈帝汶海条约〉法》的规定）雇员的薪金或工资；

（d）支付给本项规定雇员的薪金或工资；

（e）本项涉及的薪金或工资。

（2）如果雇主按月支付给雇员的薪金或工资少于 450 澳元，根据第 19 条的规定，该薪金或工资也不计入工资。

第 28 条　薪金或工资：对未成年人收入的排除

根据第 19 条的规定，支付给 18 岁以下从事非全职工作的雇员的薪金或工资不计入工资。

第 29 条　薪金或工资：对储备队成员收入的排除

如果雇员获得的收入是根据《1936 年所得税评估法》第 23 条（附 20）或《1997 年所得税评估法》第 51—5 条中列表第 1.4 项规定的可以免除所得税的收入，那么该收入不是本法意义上的收入。

第 30 条　对逃避支付超级年金保障费的安排

如果存在下列情况：

（a）雇主做出安排；

（b）雇主的安排导致超级年金保障费缺口的降低；

（c）从局长的观点来看，此种安排仅是或主要是为了逃避支付超级年金保障费而不是遵守本法；

那么，雇主有责任缴纳超级年金保障费的金额等于在安排没有做出情况下雇主应当缴纳的金额。

第 31 条　名义利息费

(1) 名义利息费是以雇主在该季度个人超级年金保障费缺口的利息方式产生的金额，如果利率是通过本款适用的利率计算，其日期始于保障费缺口产生之日，止于第 46 条规定的超级年金保障费应付之日。

第 32 条　管理费

雇主管理费依据下面的公式计算：

$$基本金额 + （N \times 每人应缴的最高金额）$$

其中：

"基本金额"是在条例中规定的金额。

N 是雇主所有个人超级年金保障缺口所涉及的雇员数。

"每人应缴的最高金额"是 20 澳元或根据时间调整的其他金额。

第四章　超级年金保障声明和评估

第 33 条　超级年金保障声明

(1) 如果雇主存在超级年金保障缺口，必须在或下列日期之前提交超级年金保障声明：

(a) 如果缺口发生在第一季度，则是第二季度的 5 月 14 日；

(b) 如果缺口发生在第二季度，则是第三季度的 8 月 14 日；

(c) 如果缺口发生在第三季度，则是第四季度的 11 月 14 日；

(d) 或者，如果缺口发生在第四季度，则是下一年第一季度的 2 月 14 日。

(1A) 然而，税务局长有权允许雇主晚一天提交超级年金保障声明。

(2) 声明必须列出：

(a) 雇主的名字和通信地址；

(b) 雇主个人超级年金保障季度缺口所涉及每一个雇员的姓名、通信地址和税号（雇主所知道的）；

(c) 每一个缺口的金额；

(d) 雇主在该季度的名义利息费；

(e) 雇主在该季度的管理费；

（g）雇主所有的个人超级年金保障缺口的总和；

（h）雇主超级年金保障费缺口额。

（3）声明必须：

（a）是以局长许可的形式发出；

（b）根据规定向局长提交；

（c）由做出声明的雇主或其代表签订。

（4）如果雇主依据第 34 条的规定已经向局长提交一份声明，那么第（1）款不再适用于雇主。

第 34 条　对没有提交超级年金保障声明要求提供信息的权力

税务局长可以以书面通知的方式，在任何时间要求没有提交超级年金保障声明的雇主在 14 天之内，向局长提交书面声明，所提交的声明应载明该雇主是否存在超级年金保障缺口以及如果存在，应列出第 33 条第（2）款规定的事项。

第 35 条　季度第一次超级年金保障声明应评估

（1）如果：

（a）雇主提交一份季度超级年金保障声明；

（b）之前没有提交过超级年金保障声明，同时没有做过评估；

那么：

（c）由于对雇主季度超级年金保障缺口和超级年金保障费应付缺口的评估，声明具有效力；

（d）评估时间应晚于声明提交日和下列日期：

（ⅰ）如果声明提交日在第一季度，则是第二季度的 5 月 14 日；

（ⅱ）如果声明提交日在第二季度，则是第三季度的 8 月 14 日；

（ⅲ）如果声明提交日在第三季度，则是第四季度的 11 月 14 日；

（ⅳ）如果声明提交日在第四季度，则是下一年第一季度的 2 月 14 日；

（e）声明中详细列出的金额应是雇主应付的超级年金保障费，它包括：

（ⅰ）雇主个人超级年金保障短缺的总和；

（ⅱ）雇主的名义利息费；

（ⅲ）雇主的管理费。

（f）评估声明具有效力是因为它是局长签署的评估通知并在评估做出

日告知雇主。

(2) 在第（1）款中，"超级年金保障声明"包括第 34 条规定的声明。

第 36 条　缺席评估

(1) 如果：

(a) 雇主没有提交超级年金保障金声明；

(b) 局长认为雇主有责任缴纳超级年金保障费；

那么，局长可以对雇主超级年金保障金缺口和超级年金保障费应付缺口做出评估。

(2) 根据第（1）款做出的评估，超级年金保障缺口应是局长认可的合理缺口额。

(3) 根据第（1）款做出的评估，是在评估做出日应付的超级年金保障费。

第 37 条　评估的修订

(1) 根据本条，在局长认为有必要时，可以通过变更或补充的方式在任何时间修订任何评估，无论评估所涉及的超级年金保障费是否已经支付。

(2) 根据本条，如果存在下列对超级年金保障费的规避：

(a) 如果局长在任何时间认为缴费的规避是由于欺骗或逃避；

(b) 或者，在任何其他的情况下，此行为是在评估做出之日起的 4 年内发生；

局长可以在认为必要时，通过变更或补充的方式修订评估，以纠正评估。

(3) 除非修订在评估做出 4 年内做出，修订对雇主缴费责任的降低无效。

(4) 根据本条，局长可以在超级年金保障费变成应付（根据已修订的评估）的 4 年内，对已经修订的评估进行进一步的修订。

(5) 如果：

(a) 雇主在超级年金保障费变成应付的 4 年内提出对雇主评估的修订；

(b) 在此期间，雇主须向局长提交申请所需信息；

那么，只要局长认为申请合理，即使该时间已经过去，也可以修订评估。

(6) 本条不影响评估的修订对以下事项的施行：

(a) 对任何审查或申诉的决定；

（b）或者，对任何特定减少的修订要考虑雇主对任何审查或申诉的异议。

（7）已修订评估规定的超级年金保障缴费，在原始评估规定的缴费变成应付时，应认为已经变成应付。

第 38 条　多缴金额的返还

（1）如果由于评估的修订，一个人的缴费责任得以降低：

（a）那么，根据第 49 条的规定，降低的缴费应认为不必缴纳；

（b）局长必须：

（ⅰ）退还多缴的金额；

（ⅱ）或者，启用联邦对任何多缴金额的责任冲抵以及返还任何不适用的缴费金额。

（2）在第（1）款中：

多缴金额包括根据第 49 条或本法第七章规定的附加超级年金保障费的多缴金额或者根据《1953 年税收管理法》附录 1 中第 4—25 章的行政罚款。

第 39 条　修订的评估应是评估

除非本法有其他明确规定，修订的评估应是满足本法规定的评估。

第 40 条　评估或修订的通知

只要根据第 36 条的评估已经做出或根据第 37 条修订已经完成，局长必须给雇主以书面的评估或修订通知（如例所示）。

第 41 条　评估的有效性

评估的有效性不受本法任何条款不被执行的影响。

第 42 条　对评估的异议

如果雇主不满意评估，可以通过《1953 年税收管理法》第ⅳC 章规定的方式提出异议。

第五章　管理

第 43 条　本法的一般管理

税务局长拥有本法的一般管理权。

第 44 条　年度报告

每个财政年度末期，税务局长必须给财政部一个关于本法年度执行情况的报告，供其向议会报告。

第 45 条　保密

（1）在本条：

"法院"包括有权要求出示相关文件或回答相关质询的法庭、机构或个人。

"本条适用的当事人"是指：

（a）局长、第二局长或副局长；

（b）根据《1999 年公共服务法》的规定，在一个局长任负责人（《1999 年公共服务法》的规定）的机构（《1999 年公共服务法》的规定）里工作的人；

（c）或者，其他由联邦政府任命或雇用，或为联邦政府提供服务的人员。

"出示"包括允许使用。

"保密文档"是指：

（a）涉及个人信息；

（b）因行使本法授予的职权而获得或制作的文档。

"保密信息"是指：

（a）涉及个人；

（b）因行使本法授予的职权而披露或获取的信息。

（2）根据第（3）款，当事人不得：

（a）对保密信息进行记录；

（b）或者，直接或间接将涉及他人的保密信息传达给另一人。

惩罚：两年的监禁。

（2A）对在下列情况下做出记录或传达信息的情形，第（2）款不适用：

（a）依据或为了体现本法的宗旨；

（b）或者，当事人履行本法规定的职责。

注释：被告对第（2A）款所涉及事项负有举证责任，见《刑法》第 13.3 条第（3）款。

（3）为了促使当事人履行义务，第（2）款未禁止经局长、第二局长或副局长授权的局长、第二局长或副局长或个人将保密信息传递给履行义务（依据局长有一般管理权的法令或其相关实施条例）的当事人。

（4）个人即使将保密信息泄露或传递给相关部长，也违反第（2）款的规定。

（5）当事人不应：

（a）向法院泄露或传达保密信息；

（b）或者，在法庭内出示保密文档；

除非如此做的目的是为了促进本法的实施。

（6）局长有一般管辖权的本法或任何其他法律，不能禁止经局长、第二局长或副局长授权的局长、第二局长或副局长或个人将信息泄露或传递给依据本法履行义务的当事人，以促使该人履行职责。

（7）局长有一般管辖权的法规不能禁止经局长、第二局长或副局长授权的局长、第二局长或副局长或个人：

（a）将依据法律规定或为实现本法目的所获得的任何信息泄露或传递给法院；

（b）或者，将依据法律规定或为实现本法目的所获得或制定的文档在法庭上出示；

如此做的目的是为了促进本法的实施。

（8）如果或当局长、第二局长或副局长要求用局长书面指定的方式立誓或发表声明，当事人必须依照本条保守秘密。

第六章　费用的征收和追讨

第46条　超级年金保障费应付时间

（1）某季度的超级年金保障费在下列时间是应付的：

（a）如果在季度保障声明提交日或之前，雇主提交一份超级年金保障声明，或根据第34条的规定声明载明了超级年金保障缺口，那么就是该声明提交日；

（b）或者，如果在声明提交日之后，雇主提交一份超级年金保障声明，或根据第34条的规定载明了超级年金保障缺口，那么就是该声明提交日当天。

注释1：如果某季度的缺席评估已经做出，故超级年金保障费在评估做出的那一天是应付的，见第36条。

注释2：超级年金保障费的征收和追讨的条款，见《1953年税收管理法》附录1

第4—15章。

（2）在本条：

每季度的"声明提交日"是指：

（a）如果是在第一季度缴费，则是第二季度的5月14日；

（b）如果是在第二季度缴费，则是第三季度的8月14日；

（c）如果是在第三季度缴费，则是第四季度的11月14日；

（d）如果是在第四季度缴费，则是下一年第一季度的2月14日。

第47条　附加的超级年金保障费应付时间

第七章规定的附加超级年金保障费应付的日期，是附加费评估通知指定的日期。

注释：超级年金保障费的征收和追讨的条款，见《1953年税收管理法》附录1第4—15章。

第49条　未缴纳的超级年金保障费

（1）如果雇主应该缴纳的任何超级年金保障费在应缴日期之后仍然没有缴纳，那么雇主应该缴纳未缴纳金额的一般利息费。

注释：一般利息费的计算是根据《1953年税收管理法》第二章（附一）第一节。

（2）但是，关于应缴而未缴的下列费用应该降低：

（a）雇主在该季度的管理费；

（b）雇主在该季度的名义利息费。

（3）雇主应该缴纳下列日期的一般利息费：

（a）应该开始缴纳超级年金保障费的第一天起；

（b）直到下列任何仍未缴费的最后一天：

（ⅰ）超级年金保障费；

（ⅱ）任何超级年金保障费的一般利息费。

（4）一般利息费的金额应认为是本条规定应缴的"附加超级年金保障费"。

（5）在本条：

"超级年金保障费"包括第七章规定的附加超级年金保障费。

第50条　支付令

局长必须启用由雇主或其代表缴纳的超级年金保障费罚款或相关惩罚费，以促使雇主优先缴纳名义利息费。

第52条 清盘

在公司清盘时,任何由公司缴纳的超级年金保障费有缴纳优先权,如同《2001年公司法》第556条第(1)款第(e)项规定的公司债务。

注释:超级年金保障费在破产中的优先权是在《1966年破产法》第109条规定的。

第57条 公司的公职人员

(1)如果某人是《1936年所得税评估法》第252条规定的公司的公职人员,他就是本法意义上的公司的公职人员,同时《1936年所得税评估法》第252条规定的公职人员送达地址也是本法意义上公职人员的送达地址。

(2)对在公职人员送达地址的通知或其他文档的送达,送达到本法规定的公司是有效的送达。但是,如果在任何时间公司无公职人员,送达到履行公司职责的个人,也是有效的送达。

(3)根据本法,公职人员对公司要求其所做工作的所有行为负责,当失职时应受到惩罚。

(4)公职人员做的所有工作即是应公司要求在其能力范围内所做的工作。

(5)在任何时间,如果公司没有公职人员,本法适用的公司视为不要求任命公司的公职人员。

(6)根据本法,对公职人员的诉讼应认为是对公司的诉讼,同时公司应该承担对公职人员惩罚的连带责任。

(7)尽管从第(1)款到第(6)款(含)不影响任何公职人员的义务和责任,本法规定的通知、传票或诉讼,可交予、送达或提交给公司或其公职人员,如果局长认为合适,也可以交予、送达或提交给公司的任何董事、秘书或其他高级职员以及公司的律师或代理人。以及如果通知、传票或诉讼交予、送达或提交给公司或其公职人员,公司的董事、秘书、高级职员、律师或代理人同公司或公司的公职人员一样负有相同的责任。

第58条 信托资产的公职人员

(1)某人是《1936年所得税评估法》第252A条规定的信托资产的公职人员,他就是本法意义上信托资产的公职人员,同时《1936年所得税评估法》第252A条规定的公职人员的送达地址也是本法意义上公职人员的送达地址。

（2）对在公职人员送达地址的通知或其他文档的送达，送达到本法规定的信托资产的托管人是有效的送达。但是，如果在任何时间信托资产无公职人员，送达到履行信托资产职责的个人，也是有效的送达。

（3）根据本法，公职人员对信托资产托管人要求其所做工作的所有行为负责，当失职时应受到惩罚。

（4）公职人员做的所有工作即是应信托资产托管人要求在其能力范围内所做的工作。

（5）在任何时间，如果信托资产没有公职人员，本法适用的信托资产托管人视为不要求任命信托资产的公职人员。

（6）依据本法对公职人员的诉讼认为是对信托资产托管人的诉讼，同时托管人应该承担对公职人员惩罚的连带责任。

（7）尽管从第（1）款到第（6）款（含）不影响任何公职人员的义务和责任，本法规定的通知、传票或诉讼，可交予、送达或提交给托管人或其信托资产的公职人员，如果局长认为合适，也可以交予、送达或提交给托管人的律师或代理人。以及如果通知、传票或诉讼交予、送达或提交给托管人或其公职人员，托管人律师或代理人同托管人或其公职人员一样负有相同的责任。

第七章　附加超级年金保障费

第 59 条　未提供声明或资料

（1）如果非政府机构的雇主拒绝或不提供超级年金保障声明，或有关评估雇主缴费责任的资料，根据本法，必须通过惩罚的方式征收附加超级年金保障费，其数额相当于雇主应缴超级年金保障费的两倍。

（2）雇主缴纳的超级年金保障费必须：

（a）保留的积累应包含计算下列数额的细节：

（ⅱ）[1] 雇主在该季度的个人超级年金保障金缺口；

（ⅲ）雇主在该季度的名义利息费；

（ⅳ）雇主在该季度的管理费；

也即第 33 条或第 34 条规定的超级年金声明事项；

---

[1] 此处在澳大利亚官方公布的原文中无（ⅰ）。——译者注

（b）或者，根据本法，应向局长提交一份包含缴费金额［参照第（2）款第（a）项的规定］计算细节的文件，该事项已经在第33条或第34条规定的超级年金保障声明中详细列出。

（3）如果附加超级年金保障金应缴金额根据第（1）款或第（2）款少于20澳元，那么附加超级年金保障金的应缴费额就是20澳元。

第62条 附加超级年金保障费的评估

（1）根据本章，局长必须做出雇主应该缴纳附加超级年金保障费的评估，只要评估通过，必须向雇主发一份书面通知。

（2）本法不妨碍本法规定的任何其他评估通知合并为一个通知。

（3）局长可以免除本章规定的雇主全部或部分应缴纳附加超级年金保障费，但是，为了本款授予的豁免权力对《1901年法律解释法》第33条第（1）款的适用，本法不妨碍附加超级年金保障费评估做出之前的权力行使。

第八章 雇员待遇的支付

第63A条 本章适用的支付

（1）本章适用于由雇主或雇主代表承担的，一个或多个雇员（"受益雇员"或"多个受益雇员"）的费用支付。

（2）在本条：

"费用支付"是指一个季度超级年金保障费的支付或相关的惩罚费。

第63B条 本章概述

（1）如果本章适用的费用已经支付，那么根据第65—67条的规定，局长必须支付的费用称为雇员待遇。

（2）如果只有一个受益雇员，雇员待遇的支付根据第64条（附1）计算。

（3）如果有多个受益雇员，雇员待遇要分别支付给每个雇员，其数额根据第64B条计算。

第64A条 一个受益雇员的待遇

（1）本条适用于只有一个受益雇员的情况。

（2）应支付的雇员待遇少于下面的金额：

（a）支付总额；

（b）由支付行为做出时计算得出［见第（3）款］的雇员应得金额。

(3) 在特定时间的雇员应得待遇,是下列金额的总和:

(a) 雇员个人超级年金保障费的季度缺口;

(b) 对于应该支付而未支付的超级年金保障缺口,在特定时间已经支付或应当支付的任何一般利息费;

(c) 在特定时间已经支付或应当支付的任何名义利息费;

任何先前支付所导致雇员待遇的降低(但不能低于零),对本章的适用是基于同一季度、同一雇主或雇员。

第 64B 条　多个受益雇员的待遇

(1) 本条适用于多个受益雇员的情况。在此情况下,每个受益雇员的待遇应分别计算。

(2) 关于特定雇员的待遇,支付额小于下面的数额:

(a) 支付总额;

(b) 由支付行为做出时计算得出的所有雇员应得待遇。

(3) 一个雇员待遇占总金额的比例为:

$$\frac{雇主的个人超级年金缺口}{雇主全部的个人超级年金缺口}$$

(4) 计算出的雇员在特定时间应得总额,是下列金额的总和:

(a) 雇主的个人超级年金保障缺口;

(b) 对于应支付而未支付的超级年金保障缺口,在特定时间已经支付或应当支付的任何一般利息费;

(c) 任何在特定时间已经支付或应支付的名义利息费;

任何先前支付所导致雇员待遇的降低(但不能低于零),对本章的适用是基于同一季度、同一雇主或雇员。

第 65 条　雇员待遇的支付

(1) 除第 65A 条、第 66 条、第 67 条涉及的事项,局长需要以下列一种方式支付雇员待遇:

(a) 在任何情况下,是向下列账户支付雇员待遇:

(ⅰ) 退休储蓄账户;

(ⅱ) 合规超级年金基金账户;

(ⅲ) 或者,合规核准储存基金账户;

以上皆是受税务局长管制,权益属于雇员的账户;

(b) 如果雇员根据规章已经提名退休储蓄账户、合规超级年金基金

或合规核准储存基金账户:

(ⅰ) 为雇员的利益向退休储蓄账户或基金支付缺口金额;

(ⅱ) 或者,根据规章做出的安排,以促使向退休储蓄账户或基金支付缺口费;

(c) 如果雇员还没有提名第(b)项规定的账户,应把缺口费转到《1995年小退休账户法》规定的以雇员名字命名的账户。

(2) 如果在支付行为做出时,局长接到一份由基金托管人或其代表提交的书面声明,证明该基金:

(a) 是《1993年超级年金业(监督)法》规定的居民监管的超级年金基金;

(b) 不受《1993年退休金业(监督)法》第63条的约束。

那么,由局长安排或主导的,为雇员利益向某超级年金账户支付超级年金缺口费,应推定为是体现第(1)款宗旨,向合规超级年金基金的支付。

(3) 如果第(4)款适用,由局长安排或主导,为雇员利益向某核准储存基金支付超级年金缺口费,应推定为是体现第(1)款宗旨,向合规核准储存基金的支付。

(4) 如果在支付行为做出时,局长接到一份由基金托管人或其代表提交的书面声明,指出该基金适用是依据《1993年退休金业(监督)法》及其相关规定,那么本款适用。

(5) 依据第(1)款第(c)项的规定,如果应被计入贷方的金额等于信贷金额,那么该金额就应被计入超级年金财产专用账户。

(6) 为体现本条的宗旨和联邦其他法律有关本条支付的规定,依据第(1)款第(c)项,向某特别账户支付的费用应认为是向合规超级年金基金或合规核准储存基金持有的账户支付费用。

第65A条 对65岁以上雇员的支付

如果存在下列情况,局长必须直接向雇员(无论他或她是不是雇员)支付雇员待遇:

(a) 雇员年龄超过65岁;

(b) 雇员已经要求局长以核准的形式向他或她支付费用。

第66条 对因永久性丧失劳动能力和伤残而退休的雇员支付

如果:

(a) 雇员退休是因为永久性丧失劳动能力和伤残;

（b）该雇员（伤残人员）已经向局长递交：

（ⅰ）退休的书面申请；

（ⅱ）一份由两名医务人员签名的医疗证明，证明该雇员不可能再从事与他（她）的教育、培训或工作经历相适应的工作；

此种情况下，局长必须支付雇员待遇给雇员。

第 67 条　对死亡雇员的支付

如果雇员已经死亡，局长必须支付雇员待遇给雇员的法定代理人。

第 69 条　多支付待遇的偿还

如果局长依据本章条款［第 65 条第（1）款第（c）项除外］支付的金额大于该条款规定应当支付的金额，当事人应当向联邦返还超支金额。

第 69A 条　对错误计入《1995 年小型超级年金账户法》规定的储存账户雇员待遇的追讨

（1）如果存在下列情况，本条适用：

（a）局长依据本法第 65 条第（1）款第（c）项的规定计入《1995 年小型超级年金账户法》规定账户的金额，大于应当计入的金额；

（b）全部或者部分由于信贷的作用，账户得以收支平衡。

（2）超支金额应计入该账户。

（3）超支金额应从"超级年金特别持有账户"计入借方。

第 70 条　多付费用的追偿

第 69 条所涉及的任何超支金额作为应向联邦支付的债务，由联邦追偿。

第 71 条　拨款

依据本章局长必须支付的金额是在"综合税收基金"之外的应付金额，因此该金额是拨款。

第九章　其他规定

第 72 条　关于合伙企业

（1）根据本条规定，如果合伙人是一个法人，则本法适用。

（2）除本款之外，根据本法强加到每个合伙人身上的职责，转化到合伙企业身上，然而任何合伙人可能免责。

（3）除本款之外，依据本法强加到合伙人身上的缴费职责，共同连带地转嫁到合伙企业身上。

（4）由于第（1）款的规定，如果某个合伙企业违反了法律，则此违法行为应认为是每一个合伙人违反的。

（5）因为第（4）款，对个人的违法指控可以从以下几方面进行辩解：

（a）没有帮助、教唆、怂使或促致行为或由于疏忽造成的犯罪；

（b）不是下列任何行为造成的犯罪：参与或疏忽、直接或间接、明知故犯或是盲从、作为或不作为。

（6）本条涉及的法案包括《1953年税收管理法》第三章（仅限涉及本法的章节）。

第73条 关于非法人团体

（1）在本条，协会是指非法人团体或私人机构（不同于合伙企业）。

（2）根据本条，如果协会是一个法人，则本法适用。

（3）除本款之外，强加到协会职员身上的职责，转化到协会身上。

（4）除本款之外，如果依据本法强加到协会职员身上的缴费义务，则此义务共同连带地转嫁到协会身上。

（5）由于第（2）款的规定，如果某协会违反了法律，则此违法行为认为是该协会的每一个职员的违反。

（6）因为第（5）款的规定，对个人的违法指控可以从以下几方面进行辩解：

（a）没有帮助、教唆、怂使或促致行为或由于疏忽造成的犯罪；

（b）不是下列任何行为造成的犯罪：参与或疏忽、直接或间接、明知故犯或是盲从、作为或不作为。

（7）本条涉及的法案包括《1953年税收管理法》第三章（仅限涉及本法的章节）。

第74条 司法通知的签署

所有法院和法庭、法官和依法获授权或经当事方同意的个人，在受理、收集和审查证据时，应持有局长、第二局长或副局长签署的司法通知。

第75条 证据

（1）出示的：

（a）评估通知书；

（b）或者，由局长、第二局长或副局长签署的评估通知书的副本；

是进行评估的确凿证据。除《1953年税收管理法》第ⅣC章规定的评估涉及审查或上诉的程序之外，评估金额和评估的所有细节都符合要求。

（2）由局长、第二局长或副局长签署的文件，其效力等同于由局长、第二局长或副局长出版或发布文件的副本，是第二次发布或出版文件的原始证据。

（3）由局长、第二局长或副局长签署的文件，其效力等同于超级年金保障声明或评估通知的副本或摘要。如果该文件已经出示，它就是与原始声明或通知具有相同效力的文件所列事项的证据。

（4）由局长、第二局长或副局长签署的凭证指出，在凭证签发的当天，在凭证中详列的金额是个人应付的超级年金保障费，或根据第49条或第七章规定以惩罚方式支付的金额，也是凭证声明事项的原始证据。

（5）由雇主或其代表签署的超级年金保障声明，是由雇主或依据雇主职责签署的超级年金保障声明的原始证据。

第76条　进入场所等

（1）基于本法，获授权的职员：

（a）可以在任何合理的时间进入并停留在任何地点或场所；

（b）有权在任何合理的时间查阅文档；

（c）可以检查、调查、复制任何文档或其摘要。

（2）如果该领地或场所的占有者对官方的证明存在异议，该授权职员也不能出示局长签署的书面证明，并证明是在依法行使职权，那么获授权职员就无权进入或停留在任何处所或土地。

（3）为促使本条规定的官方权力的有效施行，如果第（1）款规定的获授权职员进入或准备进入居住者的领地或场所，那么该占有者应对官员提供力所能及的帮助。

对违反本款的惩罚：30个惩罚单位。

注释：处罚程度见《1914年刑法》第4AA条。

第77条　获取信息和证据

（1）依据本法规定，局长可以以书面通知的形式要求当事人：

（a）在合理的时间、以合理的方式，向局长提供通知中详细列明的任何信息；

（b）在通知中要求的合理的时间和地点，回答局长或获授权职员的质问；

（c）在通知中要求的合理的时间和地点，向局长出示任何个人保管和掌握的文件。

（2）局长可以要求对信息或回答进行核实，或要求其以口头或是书面的方式发誓或慎重声明，为此局长或获授权职员可以监督誓言。

（3）依据本条规定，由个人发出的誓言或做出的慎重声明，是对当事人提供真实信息或回答的誓言或慎重声明。

（4）规章必须规定，依据本条被要求出庭的人可获得的费用补偿标准。

第79条 雇主保留和备存的文档

（1）雇主必须保存文档，以记录和说明雇主办理或雇主要求办理的事务和其他事项。

注释：如果不保留或备存本条要求的文档，将处以行政处罚，见《1953年税务管理法》附录1第288—25条。

（2）文档必须包括任何有关确认雇主个人超级年金保障季度缺口的文档。

（3）文档必须以下列形式保存：

（a）用英语书写或者使档案能够容易阅读和转换成英语的其他语言；

（b）以至于比较容易确认雇主在本法规定中的责任。

（4）根据本法规定或为体现本法宗旨，雇主拥有或获得的任何文档，必须保存到制作或获得5年以后，或者已经完成该文档涉及的事务或事项之后，以最后的时间为准。

（5）如果存在下列情况，本节不要求雇主保留档案：

（a）局长已经通知雇主该文档不需要保留；

（b）或者，雇主是一个已经破产清算和解散的公司。

注释：被告在第（5）款的事例中负有举证责任，见《刑法》第十三章第13.3条第（3）款。

（6）雇主违反本条以违反可惩罚罪论处，处以不超过30个处罚单位的罚款。

注释：惩罚程度见《1914年刑法》第4AA条。

(6A) 如果被处罚人有合理的理由，则第 6 款不适用。

注释：被告在第（6A）款的事例中负有举证责任，见《刑法》第十三章第 13.3 条第（3）款。

(7) 本条规定的犯罪是一个负有赔偿责任的犯罪。

注释：至于赔偿责任，见《刑法》第六章第 1 条。

第 80 条 规章

总督可以制定规章规定所有事项：
(a) 本法要求或允许规定的事项；
(b) 或者，执行本法或使本法生效的必要的、有利的事项；

可以特别制定规章，规定对违反本规章者处以不超过 5 个惩罚单位的罚款。

《1992 年超级年金保障（管理）法》注释

注释 1

如下列图表所示，本汇编中的《1992 年超级年金保障（管理）法》是由修订后的 1992 年第 111 号法组成。

《2001 年法人（废止、终局和过渡）法》规定了关于适用、保留或过渡的条款，参见 2001 年第 55 号法。

所有在 1996 年 12 月 18 日以前适用、保留或过渡性规定的相关事项都未收进本汇编。1996 年 12 月 18 日以后的相关事项详见表 A。

法案列表

法案	编号及年份	批准日期	生效日期	适用、保留或过渡性条款
《1992 年超级年金保障（管理）法》	1992 年第 111 号	1992 年 8 月 21 日	1992 年 7 月 1 日	
《1992 年税务（超级年金）法修订案》	1992 年第 208 号	1992 年 12 月 22 日	第四章（第 77—89 条）：皇室批准（a）	第 82 条和第 89 条

续表

法案	编号及年份	批准日期	生效日期	适用、保留或过渡性条款
《1993年税务（超级年金）法修订案》	1993年第7号	1993年5月27日	第五章（第56—61条）：皇室批准（b）	第61条
《1993年超级年金业（监督）及相应修订法》	1993年第82号	1993年11月30日	第十一章（第54—59条）：1993年12月1日（c）	第59条
《1993年税务法修订案（第3号）》	1993年第118号	1993年12月24日	第147—152条：皇室批准（d）；第153—155条：1993年12月25日（d）	第148条、第152条和第155条
《1994年税务法修订案》	1994年第56号	1994年4月7日	第88—109条：皇室批准（e）	第89条、第90条第（2）款、第92条、第93条第（2）款、第94条、第97条、第98条、第99条第（2）款、第100条、第101条第（2）款、第102条、第103条第（2）款、第104条、第105条第（2）款、第106条、第107条第（2）款、第108条和第109条第（2）条
《1994年税务法修订案（第4号）》	1994年第181号	1994年12月19日	附录1（第22—85条）：1994年10月13日；其余：皇室批准	附录3（第118条、第125条）和附录5［第46条第（1）款、第（12）款、第47条］
《1995年超级年金（小账户及其他规定)法修正案》	1995年第53号	1995年6月23日	1995年6月1日	附录3（第8条）

续表

法案	编号及年份	批准日期	生效日期	适用、保留或过渡性条款
《1995年税务法修订案（第1号）》	1995年第120号	1995年10月25日	附录1（第八章）：1994年11月23日；附录2（第二章）：1994年7月1日；其余：皇室批准	
《1995年税务法修订案（第2号）》	1995年第169号	1995年12月16日	附录4（第一章）：(f)；附录4（第二、三章）：皇室批准（f）	附录4（第5条、第10条）
《1995年税务法修订案（第3号）》	1995年第170号	1995年12月16日	附录3（第1—14条）：皇室批准（g）	附录3（第10条、第14条）
《1996年成文法修订案》	1996年第43号	1996年10月25日	附录2（第109条）(h)	
《1996年劳资关系及其他立法修订案》	1996年第60号	1996年11月25日	附录19（第50条）：皇室批准（i）	第2条（附2）、（附6）［根据1996年第77号附录3（第1条、第2条）修订］
根据《1996年劳资关系及其他立法修订案（第2号）》修订	1996年第77号	1996年12月19日	附录3（第1条、第2条）：(j)	
《1996年税务法修订案（第2号）》	1996年第76号	1996年12月18日	附录3：皇室批准（k）	附录3（第9条）（见表A）
《1997年退休储蓄账户（相应修订）法》	1997年第62号	1997年5月28日	1997年6月2日（见第2条和1997年第202S公报）	
《1997年税务法改进法》	1997年第121号	1997年7月8日	附录3（第75条）：1997年7月1日（l）	
《1997年税务法修订案（第3号）》	1997年第147号	1997年10月14日	附录9（第1条）：皇室批准（m）	附录9（第2条）（见表A）

续表

法案	编号及年份	批准日期	生效日期	适用、保留或过渡性条款
《1999年税务法修订案（第3号）》	1999年第11号	1999年3月31日	附录19（第344条、第345条）：1999年7月1日（n）	
《1999年金融部门改革（修订及过渡条款）法》	1999年第44号	1999年6月17日	附录7（第224—226条）：1999年7月1日（见1999年第S283号公报）（o）	第3条第（2）款第（e）款［根据2000，160，第4条修订（第4条）］
根据《2000年金融部门改革（修订及过渡条款）法（第1号）》修订	2000年第160号	2000年12月21日	附录1（第21条）：皇室批准；其余：2002年1月18日	
《1999年公共就业（终局及过渡）法修订案》	1999年第146号	1999年11月11日	附录1（第898—900条）：1999年12月5日（见1999年第S584号公报）（p）	
《1999年新税收制度（税务管理）法》	1999年第179号	1999年12月22日	附录2（第76—85条和第130—134条、第136条）：（q）	附录2（第130—134条、第136条）（见表A）
《2000年新税收制度（税务管理）法（第2号）》	2000年第91号	2000年6月30号	附录2（第61—67条）：（r）	
《2001年国防（加强储备及现代化）法修订案》	2001年第10号	2001年3月22日	附录2（第85条、第94条、第95条）：2001年4月19日（s）	附录29（第94条、第95条）（见表A）
《2001年公司（废止、终局和过渡）法》	2001年第55号	2001年6月28日	第4—14条和附录39（第497条）：2001年7月15日（见2001年第S285号公报）（t）	第4—14条

续表

法案	编号及年份	批准日期	生效日期	适用、保留或过渡性条款
《2001年金融服务改革（终局性条款）法》	2001年第123号	2001年9月27日	附录1（第280、281条）：2002年3月11日（见2001年第GN42号公报）（u）	
《金融（刑法的适用）法（第2号）》	2001年第146号	2001年10月1日	第4条和附录49（第123—128条）：2001年12月15日（v）	第4条（见表A）
《2002年税务（超级年金）法修订案（第2号）》	2002年第51号	2002年6月29日	第4条和附录1（第193—201条）：皇室批准附录1（第1—168条）：2003年7月1日；附录6（第9条）：（w）	第4条和附录1（第193—201条）（见表A）
《2003年石油（帝汶海条约）（相应修订）法》	2003年第10号	2003年4月2日	附录1（第1—52条、第54—75条、第78—82条）：2002年5月20日；其余：皇室批准	附录1（第83条）（见表A）
《2004年超级年金法修订案（第2号）》	2004年第93号	2004年6月29日	第4条（附3）：皇室批准；附录1（第5—7条）：（见表2）	第4条第（3）款（见表A）
《2004年税法修订案（第1号）》	2004年第101号	2004年6月30日	附录11（第96—100条、第128条、第129条）：（x）	附录11（第100条、第129条）（见表A）
《2004年超级年金（超级年金基金选择）法修订案》	2004年第102号	2004年6月30日	附录1（第1—22条）：（见表3）	
《2004年税法（超级年金报告）修订案》	2004年第142号	2004年12月14日	2004年12月14日	附录1（第2条）（见表A）
《2005年金融框架法修订案》	2005年第8号	2005年2月22日	第4条和附录1（第417条、第418条、第496条）：皇室批准	附录1（第496条）（见表A）

1. 《1992年超级年金保障（管理）法》根据《1992年税务（超级年金）法修订案》第四章（第77—89条）修订，该法第2条第（1）款规定如下：

"（1）根据本条，本法于接到皇室批准之日起生效。"

2. 《1992年超级年金保障（管理）法》根据《1993年税务（超级年金）法修订案》第五章（第56—61条）修订，该法第2条第（1）款规定如下：

"（1）根据本条，本法于接到皇室批准之日起生效。"

3. 《1992年超级年金保障（管理）法》根据《1993年超级年金业（监督）及相应修订法》第十一章（第54—59条）修订，该法第2条第（1）款规定如下：

"（1）根据第2款，本法于1993年12月1日生效。"

4. 《1992年超级年金保障（管理）法》仅依据《1993年税务法修订案（第3号）》第147—155条修订，该法第2条第（1）款、第（4）款规定如下：

"（1）根据本条，本法于接到皇室批准之日起生效。

（4）第十章的第三节和第十一章的生效日期晚于下列日期：

（a）《1993年超级年金行业（监督）法》第三章的生效日；

（b）本条生效之后。"

5. 《1992年超级年金保障（管理）法》仅依据《1994年税务法修订案法》第88—109条修订，该法第2条第（1）款规定如下：

"（1）根据本条，本法于接到皇室批准之日起生效。"

6. 《1992年超级年金保障（管理）法》依据《1995年税务法修订案法（第2号）》修订，该法第2条第（1）、（3）款规定如下：

"（1）根据本条，本法于接到皇室批准之日起生效。

（3）附录4第一章在《1992年超级年金保障（管理）法》生效之后立即生效。"

《1992年超级年金保障（管理）法》于1992年7月1日生效。

7. 《1992年超级年金保障（管理）法》依据《1995年税务法修订案（第3号）》修订，该法第2条第（1）款规定如下：

"（1）根据第（2）款，本法于接到皇室批准之日起生效。"

8. 《1992年超级年金保障（管理）法》仅依据《1996年成文法修订案》附录2（第109条）修订，该法第2条第（2）款规定如下：

"（2）附录2的每条应在该条末端注释中的规定开始生效或者认为已经生效的时间（视情况而定）。"

在《1992年超级年金保障（管理）法》生效之后，第109条直接生效。

《1992年超级年金保障（管理）法》于1992年7月1日开始实施。

9. 《1992年超级年金保障（管理）法》仅依据《1996年劳资关系及其他立法修订案》附录19（第50条），该法第2条第（1）款规定如下：

"（1）根据本条，本法于接到皇室批准之日起生效。"

10. 《1996年劳资关系及其他立法修订法》依据《1996年劳资关系及其他立法修订案（第2号）》修订，该法第2条第（4）款规定如下：

"（4）自《1996年劳资关系及其他立法修订案》接到皇室批准之后，附录第3条立即生效。"

《1996年劳资关系及其他立法修订案》于1996年11月25日接到皇室批准。

11. 《1992年超级年金保障（管理）法》仅依据《1996年税务法修订案（第2号）》附录3修订，该法第2条第（1）款规定如下：

"（1）根据本条，本法于接到皇室批准之日起生效。"

12. 《1992年超级年金保障（管理）法》仅依据《1997年税法改进法》附录3（第75条），该法第2条第（2）款、第（3）款规定如下：

"（2）在《1997年所得税评估法》生效之后，附录1于1997年7月1日直接生效。

（3）在前述的附录直接生效之后，其他各附录（附录2除外）直接生效。"

13. 《1992年超级年金保障（管理）法》仅依据《1997年税务法修订案（第3号）》附录9（第1条、第2条）修订，该法第2条第（1）款规定如下：

"（1）根据本条，本法于接到皇室批准之日起生效。"

14. 《1992年超级年金保障（管理）法》仅依据《1999年税务法修订案（第3号）》附录19（第1条、第2条）修订，该法第2条第（3）

款规定如下：

"（3）根据第4条、第5条，附录1于1999年7月1日生效。"

15.《1992年超级年金保障（管理）法》仅依据《1999年金融部门改革（修订及过渡条款）法》附录7（第224—226条）修订，该法第3条第（2E）款和第（16）款规定如下：

"下列条款在转换日期生效：

（2）根据第（12）款，在附录7中，除了第43条、第44条、第118条、第205条和第207条［这些条款是依据第（10）款生效］之外的各条均生效。

（16）总督可以根据已发布的公告，指定能够体现本法宗旨的转换日期。"

16.《1992年超级年金保障（管理）法》仅依据《1999年公共就业（终局及过渡）法修订案》附录1（第898—900条）修订，该法第2条第（1）款、第（2）款规定如下：

"（1）在本法中，生效时间是指《1999年公共服务法》的生效时间。

（2）根据本条，本法在生效时间生效。"

17.《1992年超级年金保障（管理）法》仅依据《1999年新税收制度（税务管理）法》附录2（第76—85条）修订，该法第2条第（1）款规定如下：

"根据本条，在《1999年新税收制度（现收现付）法》生效之后，本法直接生效或被认为已经生效。"

第1条于1999年12月22日生效。

18.《1992年超级年金保障（管理）法》仅依据《2000年新税收制度（税务管理）法》（第2号）附录2（第61—67条）修订，该法第3条第（1）款规定如下：

"（1）根据本条，在《1999年新税收制度（商品和服务税）法》第1—1条生效之后，本法直接生效或被认为已经生效。"

《1999年新税收制度（商品和服务税）法》第1—1条于2000年7月1日生效。

19.《1992年超级年金保障（管理）法》仅依据《2001年国防（加强储备和现代化）法修订案》附录2（第85条）修订，该法第2条第（1）款规定如下：

"(1)根据本条,本法于接到皇室批准之日起生效。"

20.《1992年超级年金保障(管理)法》依据《2001年公司(废止、终局及过渡)法》附录39(第497条)修订,该法第2条第(3)款规定如下:

"(3)根据第(4)款到第(10)款,附录3在《2001年公司法》生效时开始生效,或被认为已经生效。"

21.《1992年超级年金保障(管理)法》仅依据《2001年金融服务改革(终局性条款)法》附录1(第280条、第281条)修订,该法第(2)款、第(6)款规定如下:

"(1)在本条:

《金融服务法》生效是指附录1第1条对《2001年金融服务法》的生效。

(6)根据第(7)款到第(17)款,附录1的其他条款在《金融服务法》生效时开始生效。"

22.《1992年超级年金保障(管理)法》仅依据《2001年财政立法(〈刑法〉的应用)修订案》(第2号)附录4(第123—128条)修订,该法第2条第(1)款规定如下:

"(1)根据本条,本法在《刑法》第二章第2条第(2)款规定的日期生效。"

23.《2002年税务(超级年金)法修订案(第2号)》第2条第(1)款(第12条)规定如下:

"(1)本表第1列中规定的本法每个条款生效于,或将生效于本表第2列中所规定的日期或时间。"

生效信息		
第1列	第2列	第3列
条款	生效	日期及细节
12.附录6第9条	在《2002年银行破产法修订案》附录1第77条生效后即时生效	2003年5月5日(见2003年第S138号公报)

24.《2004年税法修订案(第1号)》第2条第(1)款(第14条)规定如下:

"（1）本表第 1 列中规定的本法每个条款生效于，或将生效于本表第 2 列中所规定的日期或时间。"

条款	生效	日期及细节
14. 第 4 章附录 11	2000 年 7 月 1 日实施后即时生效	2000 年 7 月 1 日

修订案一览表

受影响的条款	受影响的方式
第 1 章	
第 4A 条	2003 年第 10 号法令 am.
第 5 条	1994 年第 56 号法令 rs.；2002 年第 51 号法令 am.
第 5A 条	1994 年第 56 号法令 ad.；2002 年第 51 号法令 am.
第 5B 条	1995 年第 169 号法令 ad.；1996 年第 60 号法令 am.
第 5C 条	2001 年第 146 号法令 ad.
第 2 章	
第 6 条	1993 年第 7 号、第 82 号和第 118 号；1994 年第 56 号；1997 年第 62 号；1999 年第 11 号和第 146 号；2002 年第 51 号法令 am.
第 6A 条、第 6B 条	1997 年第 7 号法令 ad.；2002 年第 51 号法令 am.
第 7A 条	1993 年第 118 号法令 ad.
第 9 条第（1）款注释	2002 年第 51 号法令 ad.
第 10 条	1993 年第 7 号；2002 年第 51 号法令 am.
第 11 条	1994 年第 56 号法令 am.
第 12 条	1995 年第 169 号法令 am.
第 13 条标题	1995 年第 170 号法令 rs.
第 13 条	1992 年第 208 号；1994 年第 56 号；1995 年第 170 号；1996 年第 76 号；2002 年第 51 号法令 am.
第 13A 条	1994 年第 56 号法令 ad.；2002 年第 51 号法令 am.
第 13B 条	1996 年第 76 号法令 ad.；2002 年第 51 号法令 am.
第 14 条标题	1995 年第 170 号法令 rs.

续表

受影响的条款	受影响的方式
第 14 条	1992 年第 208 号；1995 年第 170 号；1996 年第 76 号；1997 年第 62 号；2002 年第 51 号法令 am.
第 15 条	1992 年第 208 号；2002 年第 51 号法令 am.
第 15A 条标题	2004 年第 101 号法令 am.
第 15A 条	1995 年第 170 号法令 ad.；1997 年第 62 号；2004 年第 101 号法令 am.
第 3 章	
第 16 条、第 17 条	2002 年第 51 号法令 am.
第 18 条	1992 年第 208 号法令 am.；2002 年第 51 号法令 rep.
第 19 条标题	2002 年第 51 号法令 rs.
第 19 条	1992 年第 208 号；1995 年第 170 号；2001 年第 51 号法令 am.
第 20 条、第 21 条	2002 年第 51 号法令 rep.
第 22 条	1992 年第 208 号；2002 年第 51 号法令 am.
第 23 条标题	1997 年第 62 号法令 am.
第 23 条第（7）款副标题	1995 年第 120 号法令添加；2002 年第 51 号法令 rs.
第 23 条第（8）款副标题	2002 年第 51 号法令 ad.
第 23 条	1992 年第 208 号；1993 年第 7 号；1994 年第 56 号；1995 年第 53 号、第 120 号和第 169 号；1996 年第 76 号；1997 年第 62 号；2002 年第 51 号法令 am.
第 23A 条	2002 年第 51 号法令 am.；2004 年第 142 号法令 rep.
第 24 条	1992 年第 208 号；1993 年第 82 号；1994 年第 181 号；2001 年第 123 号；2002 年第 51 号法令 am.
第 25 条	1993 年第 82 号；1994 年第 181 号；2001 年第 123 号法令 am.
第 25A 条	1992 年第 208 号；1994 年第 56 号法令 ad.；1995 年第 169 号法令 rep.
第 26 条	2002 年第 51 号法令 am.
第 27 条	1992 年第 208 号；1997 年第 147 号；2002 年第 51 号；2003 年第 10 号法令 am.

续表

受影响的条款	受影响的方式
第 28 条	2002 年第 51 号法令 am.
第 29 条标题	2001 年第 10 号法令 am.
第 29 条	1997 年第 121 号法令 am.
第 30 条	2002 年第 51 号法令 am.
第 31 条	1994 年第 181 号；2002 年第 51 号法令 am.
第 32 条	2002 年第 51 号法令 am.
第 4 章	
第 33 条标题	2002 年第 51 号法令 rs.
第 33 条、第 34 条	2002 年第 51 号法令 am.
第 35 条标题	2002 年第 51 号法令 am.
第 35 条、第 36 条	2002 年第 51 号法令 am.
第 38 条	2000 年第 91 号法令 am.
第 5 章	
第 45 条	1999 年第 146 号；2001 年第 146 号法令 am.
第 6 章	
第 46 条	2002 年第 51 号法令 rs.
第 46 条注释	1999 年第 179 号法令 ad.
第 47 条注释	1999 年第 179 号法令 ad.
第 48 条	1999 年第 179 号法令 rep.
第 49 条	1994 年第 181 号法令 am.；1999 年第 11 号法令 rs.；2002 年第 51 号法令 am.
第 50 条	1999 年第 179 号法令 rep.；2002 年第 51 号法令 ad.
第 51 条	1999 年第 179 号法令 rep.
第 52 条	2001 年第 55 号法令 am.
第 52 条标题	2002 年第 51 号法令 ad.
第 53—55 条	1999 年第 179 号法令 rep.
第 56 条	1996 年第 43 号；1999 年第 44 号法令 am.；1999 年第 179 号法令 rep.
第 7 章	
第 7 章标题	2002 年第 51 号法令 rs.
第 59 条	2000 年第 59 号；2002 年第 51 号法令 am.

续表

受影响的条款	受影响的方式
第60条、第61条	2000年第91号法令 rep.
第8章	
第8章标题	2002年第51号法令 rs.
第63条	2002年第51号法令 rep.
第63A条、第63B条	2002年第51号法令 ad.
第64条	2002年第51号法令 rep.
第64A条、第64B条	2002年第51号法令 ad.
第65条	1993年第82号和第118号；1994年第181号；1995年第53号；1997年第62号；2002年第51号；2005年第8号法令 am.
第65A条	2002年第51号法令 ad.
第66条	1994年第56号法令 rs.；1995年第53号法令 am.
第68条	1995年第53号法令 rep.
第69条	1995年第53号法令 am.
第69A条	1995年第53号法令 ad.；2005年第8号法令 am.
第9章	
第76条	2000年第91号法令 am.
第76条第3款注释	2000年第91号法令 ad.
第78条	1999年第179号法令 rep.
第79条	2000年第91号；2001年第146号；2002年第51号法令 am.
第79条第（1）款注释	2000年第91号法令 ad.
第79条第（5）款注释	2001年第146号法令 ad.
第79条第（6）款注释	2000年第91号法令 ad.
第80条	2002年第51号法令 am.

注：ad. = 被加入或被插入；am. = 被修改；rep. = 被废除；rs. = 被废除并被替代。

注释2

《2004年超级年金法修订案（第2号）》（2004年第93号）

下面的修订于2008年7月1日生效：

附表 1

第 5 条　第 13 条、第 13A 条、第 13B 条、第 14 条

废除该条。

第 6 条　第 23 条第（2）—（5）款

废除该款，其替代条款如下：

雇主缴费率的降低

（2）如果雇主向合规超级年金账户或退休储蓄账户缴费，那么雇主［比照第 19 条第（2）款的规定］缴费率的降低依据如下公式计算：

$$\frac{缴费}{常规性收入} \times 100$$

其中：

"缴费"是指在缴费账户中的澳元数。

"常规性收入"是指雇员在常规时间收入的澳元数。

例如：如果缴费是 60 澳元，常规性收入是 1000 澳元，那么降低的缴费率是 6%。如果没有其他的缴费，以及没有第 22 条规定的减免，那么缴费率将是 3（而不是 9）。

（3）第（2）款规定缴费的降低应包括下列条款：

（a）第（2）款规定的任何其他缴费的降低；

（b）第 22 条规定的任何降低。

第 7 条　第 23 条第（9）款

废除该款。

原因是 2005 年 3 月 3 日汇编的修订版未收录该款。

注释 3

《2004 年超级年金（超级年金基金的选择）法修订案》（2004 年第 102 号）

下列修订的条款于 2005 年 7 月 1 日生效：

附录 1

第 1 条　第 5 条第（1）款

省略"联邦是"，以"联邦、联邦部门以及不纳税的联邦当局是"取而代之。

第 2 条　第 5 条第（2）款

废除该条，其替代条款如下：

（2）然而，根据本法以及已做的修订，本法适用于所有其他方面（联邦雇员就业的任何事项），如同：

（a）雇员是被主管部门雇用而不是联邦；

（b）该主管部门是某个公司及其各个部门、每个联邦机构与主管部门有关的公司；

（c）该主管部门是一个政府机构。

（2A）此外，基于已做的修订，本法适用于不纳税的联邦当局，与它适用于联邦部门的方式一样。

（2B）财政部长可以在必要或方便时给予书面指示，以促进本条的实施或生效，特别是，还可以就一个账户或两个账户之间的转账给予指示，其具体执行由联邦或联邦机构实施。

（2C）不论联邦其他法律有否规定，第（2B）款规定的指示均有效，并且必须遵照执行。

第 3 条　第 5 条第（3）款

在"联邦"之后，加插"一个联邦部门或不纳税的联邦当局"。

第 4 条　第 5 条第（4）款

在"联邦"之后，加插"一个联邦部门或不纳税的联邦当局"。

第 5 条　在第 5 条结尾

补充：

（5）在本条：

"联邦部门"是指：

（a）州的一个部门；

（b）国会的一个部门；

（c）或者，澳大利亚公共服务的一个分支或部门，根据某部法律，与之相关的人有澳大利亚公共服务部门部长的权利，或者通过澳大利亚公共服务部门行使权力。

"联邦机构"是指：

（a）（《1997 年金融管理和责任法》规定的）代理机构；

（b）或者，（《1997 年联邦当局和公司法》规定的）联邦当局；

根据联邦法律规定不承担纳税义务的机构。

"财政部"是指由财政部长管理的部门；

"财政部部长"是指执行《1997 年财政管理和责任法》的部长。

"修改"包括补充、删除和替代。

"主管部门",就联邦雇员的雇佣而言,是指:

(a) 该部门雇员的报酬全部或主要来自年度预算案规定的拨款,即联邦财政部门的拨款;

(b) 该部门雇员的报酬全部或主要是来自某部法令的拨款而不是年度预算案;

(ⅰ) 如果雇员履行或已履行联邦部门的工作职责,该联邦部门即是主管部门;

(ⅱ) 或者,在其他情况下的主管部门是指在法定拨款范围内,由部长管理的州政府部门;

(c) 该部门雇员的报酬全部或主要是由宪法规定的财政部门拨付。

"不纳税的联邦当局"是指根据联邦法律,不承担对联邦承担的纳税义务。

第6条　第6条第(1)款

加插:

"联邦雇员"是指联邦的雇员。

第7条　第6条第(1)款

加插:

"联邦劳动裁决"是指:

(a) 根据联邦法律做出的劳动裁决或决定;

(b) 或者,经法律核准或签署的劳动协议。

第8条　第6条第(1)款

加插:

"CSS"是指众所周知的联邦超级年金计划。

第9条　第6条第(1)款

加插:

"待遇确定制成员"是指成员依据下列两种或任一情况,有权全部或部分地享受确定的退休待遇:

(a) 成员在下列时间获得的工资额:

(ⅰ) 在成员退休时或退休前;

(ⅱ) 或者,在退休之前的一段时间。

(b) 指定的金额。

第 10 条　第 6 条第（1）款

加插：

"待遇确定型超级年金计划"以第 6A 条给出的定义为准。

第 11 条　第 6 条第（1）款（劳动裁决的定义）

废止该定义，以下面定义取代之：

"劳动裁决"是指联邦劳动裁决、州劳动裁决或领地劳动裁决。

第 12 条　第 6 条第（1）款

加插：

"PSS"是指《1992 年超级年金法》规定的公共部门超级年金计划。

第 13 条　第 6 条第（1）款

加插：

"州劳动裁决"是指：

（a）根据州法律做出的裁决或决定；

（b）或者，经法律核准或签署的劳动协议。

第 14 条　第 6 条第（1）款

加插：

"领地劳动裁决"是指：

（a）根据领地某一法律做出的裁决或决定；

（b）或者，经某一法律核准或签署的劳动协议。

第 15 条　第 6 条第（1）款

加插：

"非积累性公共部门计划"是指具有下列特征的待遇确定型超级年金计划：

（a）没有基金积累；

（b）或者，须支付的全部或部分待遇，不存入为该计划设立的基金，或者直到成员有资格领取待遇时才给付。

第 15A 条　在第 19 条第（2）款之后

加插：

（2A）如果雇主向退休储备基金或合规超级年金基金而不是向待遇确定型超级年金计划缴纳一种或多种费用（"非选择性缴费"），以及缴费不是基于基金的选择要求，那么增加的雇主"个人超级年金保障缺口"，依据下面的公式计算：

25%×［名义季度缺口－依据第（1）款计算出的金额］

其中：

"名义季度缺口"是指如果非选择性缴费没有缴纳，那么其数额根据第（1）款计算得出。

注释1：见第（2E）款和第19A条。

注释2：第三A章列出了基金的选择要求。

(2B) 如果：

(a) 就待遇确定型超级年金计划而言，其雇主缴费率的降低是依据第22条第（2）款；

(b) 如果雇主已经向计划缴费（"名义缴费"），那么已经缴纳的名义缴费至少有一天没有遵守基金的选择要求；

(c) 第20条（某些未按要求缴费的案例）不适用该计划；

那么，增加的雇主"个人超级年金保障缺口"，依据下面的公式计算：

$$25\% \times [名义季度缺口 - 依据第（1）款计算出的金额] \times \frac{季度中不符合条件的天数}{季度中相关天数}$$

其中：

"名义季度缺口"是指如果第22条第（2）款规定的缴费没有降低，那么其金额就依据第（1）款计算。

"不符合缴费条件的天数"是指如果雇主已经向计划缴费，而所缴费用没有遵循基金的选择要求，费用的相关天数就是季度中不符合条件的天数。

注释1：见第（2E）款和第19A条。

注释2：第三A章列出了基金的选择要求。

(2C) 季度中的下列天数是符合第（2B）款规定的相关天数：

(a) 如果在第22条第（2）款的计算公式中 B 的数值是1，就是该季度的每一天；

(b) 或者，在其他情况下，则是第22条第（2）款规定的计划成员期或凭证期所缺少的天数。

(2D) 在第（2A）款和第（2B）款中涉及的雇主个人超级年金保障

缺口的增加，包括从零增加。

（2E）局长依据第（2A）款和第（2B）款，可以减少（包括减少到零）雇主个人超级年金缺口的增加额。

注释：当局长决定是否依据本条做出决定时（见第21条），必须做出书面指导。

第15B条　第19条第（4）款

删除"雇主的个人超级年金保障短缺"，以"尽管有第（1）款、第（2A）款和第（2B）款的规定，雇主的个人超级年金保障缺口"替代。

第15C条　在第19条之后

加插：

第19A条　对未遵循选择基金的要求而导致缺口增加的限定

（1）根据第（2）款和第（3）款的规定，如果依据第19条第（2A）款和第（2B）款计算出的金额大于500澳元，那么其全部金额就认为是500澳元。

（2）如果：

（a）对于雇主通知期之前的季度，依据第19条第（2A）款和第（2B）款计算的全部金额（"之前金额"），没有超过500澳元；

（b）当前季度在同一雇主通知期内；

（c）就当前季度和雇主通知期之前季度而言，依据第19条第（2A）款和第（2B）款计算出的全部金额超过500澳元；

那么，根据第19条第（2A）款和第（2B）款计算出的雇员在当前季度的全部金额，应视为500澳元。

（3）如果在雇主通知期内的某季度（"之后季度"）遵循在该通知期内的下述规定：

（a）对第（1）款适用；

（b）或者，对第（2）款第（c）项适用；

那么，根据第19条第（2A）款和第（2B）款计算出之后季度的全部金额视为零。

（4）"雇主通知期"：

（a）始于：

（i）如果是雇主的第一个通知期，应是在2005年7月1日之后，雇员第一次被雇用的当天；

(ⅱ) 或者,在其他情况下,应是前任雇主通知期结束之时;

(b) 结束于局长给雇主书面通知以告之雇主,通知期限已经结束。

第 15D 条　在加插第 19A 条之后

加插:

第 20 条　盈余计划或成员已经积存最大待遇

(1) 如果雇员是计划的待遇确定型成员以及第(2)款或第(3)款任一款得到满足,本条适用于待遇确定型超级年金计划。

盈余计划

(2) 如果存在下列情况,本款成立:

(a) 雇员在 2005 年 7 月 1 日之前是基金的待遇确定型成员,以及自此以后和该季度开始之前未取消成员资格;

(b) 精算人员根据《1993 年超级年金业(监督)法》规定的章程提供一份凭证,指出雇主不再要求按季度缴费以及该凭证适用于自从 2005 年 7 月 1 日以来的所有时间;

(c) 精算人员提供的凭证指出,从 2005 年 7 月 1 日到该季度结束的所有时间,计划的资产是或将是等于或大于既定受益计划负债以及精算负债的 110%。

第(c)项规定的凭证必须证明不早于该季度结束之前的 15 个月。

成员已经积存最大待遇

(3) 如果在季度开始之后,雇员确定型待遇的增加仅是因为如下原因,本款成立:

(a) 雇员工资或报酬的增加;

(b) 投资产生的利润;

(c) 以相关物价指数或工资指数为基数或计算的指数;

(d) 或者,本项规定的其他方式。

计划的精算负债及既定待遇负债的含义

(4) 本款中:

"计划的精算负债"是指在特定时间经精算人员确认的,计划成员未来待遇权益的全部价值,成员适用时间是基于对未来经济条件和影响因素的测算,而测算是根据适用的专业精算标准(若是需要)推测的。

"计划的既定待遇负债"是指在特定时间从计划中应付待遇的全部价值,如果雇员自愿终止对雇主的服务,计划的成员将获得既定待遇。

第 15E 条　在第 22 条之前

加插：

第 21 条　为降低个人超级年金保障缺口增长的指导方针

（1）当局长考虑是否按照第 19 条第（2E）款的规定做出决定时，他或她必须制定书面指导原则。

注释：第 19 条第（2E）款允许局长按照第 19 条第（2A）款或第（2B）款的规定降低（包括降低到零）个人超级年金保障缺口增长额。

（2）制定的指导方针可在互联网上检索。

第 16 条　在第 23 条第（2）款之后

补充：

注释：在某种情况下，基金选择的要求规定雇员的名义费基是调整过的，见第 32Y 条。

第 17 条　在第 23 条第（3）款之后

补充：

注释：在某种情况下，基金选择的要求规定雇员的名义费基是调整过的，见第 32Y 条。

第 18 条　在第 23 条第（4）款之后

补充：

注释：在某种情况下，基金选择的要求规定雇员的名义费基是调整过的，见第 32Y 条。

第 19 条　在第 23 条第（4A）款之后

补充：

注释：在某种情况下，基金选择的要求规定雇员的名义费基是调整过的，见第 32Y 条。

第 20 条　在第 23 条第（4D）款之后

补充：

注释：在某种情况下，基金选择的要求规定雇员的名义费基是调整过的，见第 32Y 条。

第 21 条　在第 23 条第（5）款之后

补充：

注释：在某种情况下，基金选择的要求规定雇员的名义费基是调整过的，见第32Y 条。

第 22 条　在第三章之后

加插：

第三 A 章　选择基金的要求

第一节　本章概要

第 32A 条　本章宗旨

本章列出的缴费条件是基于选择基金的要求。其重要性在于雇主的季度个人超级年金保障缺口在缴费不能足额缴纳的情况下，可能会增长。

第 32B 条　本章结构

本章结构如下：

节	主题
第一节	本章概要
第二节	哪种缴费满足选择基金的要求
第三节	合格的选择基金
第四节	选择基金
第五节	选择标准
第八节	其他规定

第二节　哪种缴费满足选择基金的要求

第 32C 条　满足选择基金要求的缴费

向某些基金缴费

（1）如果缴费在当时向下面两种基金的某一基金缴费，那么雇主根据选择基金的要求向该基金缴费：

（a）为雇员选定的基金（见第四节）；

（b）或者，如果雇员不是联邦雇员，而是超级年金保障计划或公共部门保障计划（一个非积累性的公共计划）的成员。

向其他基金缴费

(2) 如果某基金在缴费时存在下列情况，那么该基金是雇主根据选择基金的要求向某一基金缴费：

(a) 雇员没有选择基金；

(b) 该基金是合格选择基金；

(c) 该基金符合死亡保险条例列出的要求。

(2A) 如果雇主按照第32条（附14）的要求给予雇员一个标准的选择形式，但是雇主没有按照相关条款指定的时间遵照执行，那么第（2）款就不适用。然而当雇主给予雇员标准的选择形式时，本款失去效力。

向超级年金保障计划缴费

(3) 如果雇主是向超级年金保障计划缴费，那么在特定时间向某个基金缴费也是遵循选择基金的要求。然而，如果联邦法律规定的缴费已经按规章条例规定的时间缴纳，则本款不适用。

向公共部门保障计划缴费

(4) 如果雇主是向公共部门保障计划缴费，那么雇主在特定时间向该基金缴费也是遵循选择基金的要求。然而，如果联邦法律规定的缴费已经按照规章规定的时间缴纳，则本款不适用。

《1988年超级年金（生产效益）法》规定的缴费

(5) 如果雇主是依据《1988年超级年金（生产效益）法》缴费，那么雇主在特定时间向某个基金缴费也是遵循选择基金的要求。然而，如果《1988年超级年金（生产效益）法》在规章规定的时间已经做出规定，则本款不适用。

依据澳大利亚工作场所协议或认证协议做出的缴费

(6) 如果缴费是根据或依照《澳大利亚工作场所协议》或《1996年劳资关系法》规定的认证协议或《1988年劳动关系法》规定的认证协议，那么，雇主向该基金缴费也应遵循选择基金的要求。

依据某些维多利亚协定做出的缴费

(7) 如果缴费是根据或依照维多利亚《1992年雇佣关系法》规定生效的就业协议以及依照《1996年劳资关系法》第515条规定继续实施的就业协议，那么雇主向该基金缴费也应遵循选择基金的要求。

依据州裁决做出的缴费

(8) 如果缴费或部分缴费是根据或依照州劳动裁决，那么雇主向该基金缴费也应遵循选择基金的要求。

依据立法规定做出的缴费

（9）如果缴费是根据联邦、州、领地法律，以及为体现本款宗旨制定的相关法律，那么雇主在特定时间向某基金缴费也应遵循选择基金的要求。

在雇员终止就业后做出的缴费

（10）如果：

（a）雇员就业终止；

（b）在终止就业之后，雇主为雇员的利益向某基金的缴费；

那么，根据本条规定，该缴费应认为是在就业终止之前做出的缴费。

注释：本条是用来确定个人超级年金保障缺口是否根据第19条第（2A）款或第（2B）款的规定增加。其中第19条第（2B）款是本条规定的相关缴费，即第19条第（2B）款第（b）项规定的名义缴费。

第三节 合格的选择基金

第32D条 什么基金是合格的选择基金？

如果属于下列情况，某基金在特定时间是合格的选择基金：

（a）在当时是合规超级年金基金；

（b）在当时是合规超级年金基金计划；

（c）是退休储蓄账户；

（d）缴费时，基金的待遇凭证是依据第24条，应推定为合规超级年金计划凭证；

（e）或者，缴费时，雇主向该基金缴费是依据第25条，应推定为向合规超级年金基金的缴费。

第32E条 基金的含义：包括退休储蓄账户和计划

（1）在本章：

"基金"是指：

（a）超级年金基金；

（b）超级年金基金计划；

（c）退休储蓄账户。

（2）为体现本条宗旨，退休储蓄账户的持有人应认为是其成员。

第四节 选择基金

第 32F 条 什么是一只选定基金

（1）如果雇员要选择一只基金作为自己的选定基金，雇员必须提交给雇主一份有效的书面通知。

注释：如果雇主能够为雇员的利益向基金缴纳费用［见第 32G 条第（2）款］，那么该基金可以成为选定基金。

（2）在雇员向雇主提交通知之后两个月，或在雇主决定发出通知发出之后的更早时间，该基金变成选定基金。

（3）依据本条如果存在下述情况，某基金（"备选基金"）不能成为雇员的选定基金：

（a）在雇员向雇主发出通知之前，雇员是待遇确定型超级年金计划的待遇确定型成员；

（b）即使该备选基金可以成为雇员的选定基金，该雇员也将在他退休、辞职或裁退时有资格从待遇确定型超级年金计划中享受同等的待遇。因为如果该备选基金不是雇员的选定基金，该雇员有资格享受上述待遇。

第 32FA 条 雇主可以拒绝接受某些选定基金

（1）如果雇员不能提供包含下列信息的证明，雇主可以依据第 32F 条拒绝接受雇员选择的基金：

（a）书面通知要列出：

（ⅰ）基金的相关细节；

（ⅱ）任何其他的规定信息。

（b）有书面证据证明基金将接受雇主为雇员利益缴纳的费用。

（2）如果雇员在刚过去的 12 个月内已经选择了另外一只基金，雇主可以依据第 32 条（附 6）拒绝接受雇员选择的基金。

第 32G 条 对可选基金的限制

（1）雇员选择的基金必须在做出选择时是一只合格的选择基金。

（2）雇员选择的基金必须在做出选择时雇主能够为雇员缴费。

第 32H 条 什么时间选定基金的效力终止

（1）如果存在下列情况，某基金（"老的基金"）终止其作为雇员选定基金的效力：

（a）有另外一只基金成为雇员的选定基金；

（b）在雇员没有给雇主书面通知的情况下，宣称旧基金继续作为雇员的选定基金。

（2）如果雇员根据第 32 条（附 14）第（3）款的规定，要求雇主给他（她）一个标准的选择形式，而雇主没有在规定的时间给予答复，那么该只基金也可以终止其作为选定基金的效力。

（3）如果雇主不能再向雇员的选定基金缴费，该基金也可以终止其作为选定基金的效力，这种情况可以在基金变成雇员的选定基金之后立即发生。

例如：该选定基金接纳新成员或停止接受更多的缴费。

（4）如果某基金不再是雇主合格的选择基金，该基金也会终止其作为选定基金的效力。这种情况可以在基金变成雇员的选定基金之后立即发生。

第六节　选择标准[①]

第 32N 条　什么时间必须提供选择标准

（1）雇主必须在 2005 年 7 月 29 日之前给在 2005 年 7 月 1 日被雇用雇员一个选择标准。

（2）在雇员首次就业的 28 天内，雇主必须给雇员一个选择标准。

（3）当雇员给雇主发出书面通知要求雇主给出选择标准时，雇主必须在 28 天内给雇员一个选择标准。然而，如果雇员在刚过去的 12 个月内已经接到选择标准，该要求无效。

（4）当雇主获知雇员不再有任何选定基金的 28 天内，基于下面两项规定，也应该给雇员一个选择标准的通知：

（a）第 32H 条第（3）款（雇主无法向基金缴费）；

（b）或者，第 32H 条第（4）款（基金不再是合格的选择基金）。

（5）如果存在下列情况，雇主也必须给雇员一个选择标准：

（a）根据第 32C 条第（2）款的规定，雇主正向基金缴费；

（b）根据第 32C 条第（2）款的规定，雇主更改了缴费基金。

在更改之后的 28 天内，选择标准必须发出。

（6）雇主也可以在任何时间给出选择标准。

[①]　在澳大利亚官方公布的原文中无第五节。——译者注

第 32NA 条　什么时间不必提供选择标准

（1）如果雇员在第 32N 条第（1）款、第（2）款、第（3）款或第（4）款规定的时间已经依据第 32F 条选择了一只基金，则根据第 32N 条的规定，不要求雇主向雇员提供选择标准。

（2）如果存在下列情况，依据第 32N 条，不要求雇主向雇员提供选择标准：

（a）雇主正在缴纳第 32C 条第（3）款到第（9）款涉及的费用；

（b）缴费是依据选择基金的要求。

第 32P 条　选择标准

（1）根据本章规定，"选择标准"是一种包含下列信息的书面形式：

（a）雇员可以选择任何合格的选择基金，来作为自己的选定基金；

（c）如果雇员不做选择，基金将由雇主选择；

（e）按照规章要求，其他必要的信息应包含在内；

（g）如果雇员是一个待遇确定型计划的成员，那么依据规章，与该计划相关的信息应包含在内。

（2）规章可以规定向雇员提供基金的附加信息，也可以规定提供资料的地点和时间。

第八节　其他规定[①]

第 32X 条　本章对雇员不同雇主的适用

本章分别适用于雇员的每一个雇主。例如，雇员依据雇主给予的选择标准而确定的选定基金，仅适用于对该雇主适用条款规定下的选定基金。

第 32Y 条　名义费基的继续使用

（1）如果存在下列情况，本条适用：

（a）雇主正向雇员选择的基金（"选择基金"）缴费；

（b）如果选择基金的要求不适用，雇主可以基于雇员的利益更换一只不同的缴费基金（"另一只基金"），是允许的方案；

（c）向其他基金缴费，将不受第 23 条第（5）款的约束。

（2）如果存在下列情况，本条也适用：

（a）雇主正向雇员选择的基金（"选择基金"）缴费；

---

① 在澳大利亚官方公布的原文中无第七节。——译者注

（b）如果基金的选择要求不适用，第22条第（2）款规定的雇主缴费率降低，作为雇员利益计划（"其他基金"）的结果是一个允许的方案。

（3）当向选择基金缴费时，雇员的名义费基应是，［依据23条第（2）款、第（3）款、第（4）款、第（4A）款或第（4B）款的规定，缴费率得以降低时的］名义费基和［如果向其他基金缴费，依据第22条第（2）款的规定，缴费率得以降低时的］名义费基之间的较少者。

（4）当向选择基金缴费时，雇员的常规时间收入应是，［依据第23条第（5）款的规定，缴费率得以降低时的］常规时间收入和［依据第22条第（2）款的规定，缴费率得以降低时的］常规时间收入之间的较少者。

第32Z条　满足联邦或领地劳动裁定要求的缴费

按照联邦劳资裁决或领地劳资裁决的要求，如果雇主不是在强制的情况下为雇员向某只超级年金基金缴费，那么该雇主可以依据本章选择另一只超级年金基金作为选定基金而缴费。

第32ZA条　雇主不承担赔偿责任

对于因遵守本章规定而导致任何人的损失或伤害，雇主没有赔偿责任。因为2005年3月3日修订版未收进本汇编。

表A

适用、保存或过渡性条款

《1996年税法修订案（第2号）》（1996年第76号）

附录3

第9条　适用

（1）根据第1条、第2条、第3条、第7条和第8条做出的修订，适用于1995年7月1日之后及所有更早年份的超级年金保障缺口评估。

（2）根据第4条、第5条和第6条做出的修订，适用于1994年7月1日之后及所有更早年份的超级年金保障缺口评估。

《1997年税法修订案（第3号）》（1997年第147号）

附录9

第2条　适用

根据本章做出的修订适用于1997—1978财政年度及其此后年份。

《1999年新税务制度（税务管理）法》（1999年第179号）

附录 2

第 130 条 应付税务责任的追讨

尽管已经废止，表中列出的有关在 2000 年 7 月 1 日之前应付金额的条款继续有效。

2000 年 7 月 1 日前变成应付的税收责任

项目	法案	条款
1	《1986 年附加福利税评估法》	第 94 条
2	《1987 年石油资源租赁税评估法》	第 86 条
3	《1992 年营业税评估法》	第 69 条
4	《1997 年超级年金供款税（评估和征收）法》	第 26 条或第 27 条
5	《1997 年超级年金供款税（受宪法保护的超级年金基金会员）评估和征收法》	第 22 条或第 23 条
6	《1992 年超级年金保障（管理）法》	第 50 条
7	《1997 年终止支付税（评估和征收）法》	第 17 条或第 18 条
8	《1953 年税务管理法》	第 8AAV 条第（1）款或第（2）款
9	《1955 年烟草费评估法》	第 21 条
10	《1964 年羊毛税（管理）法》	第 44 条

第 131 条 税务责任的支付时间等

尽管表列出的条款已废止，2000 年 7 月 1 日之前根据这些条款做出的行为在当天和之后仍然有效，视为该条款未废止。

税务相关责任的支付时间等

项目	法案	条款
1	《1986 年附加福利税评估法》	第 91 条或第 92 条
2	《1987 年石油资源租赁税评估法》	第 83 条或第 84 条
3	《1992 年营业税评估法》	第 65 条或第 66 条
4	《1992 年超级年金保障（管理）法》	第 48 条
5	《1953 年税务管理法》	附录 1 中第 45—48 条
6	《1955 年烟草费评估法》	第 17 条第（2）款或第（3）款和第 23 条
7	《1964 年羊毛税（管理）法》	第 37 条

第132条 从第三方征收的金额

尽管在表中列出了废止条款：

（a）2000年7月1日之前根据这些条款做出的行为在当天和之后仍然有效，视为该条款未废止；

（b）根据继续有效的条款，2000年7月1日当天或之后做出的行为有效，视为该条款未废止。

从第三方征收的金额

项目	法案	条款
1	《1986年附加福利税评估法》	第99条
2	《1987年石油资源租赁税评估法》	第91条
3	《1992年营业税评估法》	第74条
4	《1997年超级年金供款税（评估和征收）法》	第40A条
5	《1997年超级年金供款税（受宪法保护的超级年金基金会员）评估和征收法》	第35条
6	《1992年超级年金保障（管理）法》	第56条
7	《1997年终止支付税（评估和征收）法》	第28A条
8	《1964年羊毛税（管理）法》	第54条

第133条 清盘人、接收人和代理人

尽管表中列出的条款已废止，但下列条款是否继续有效则视情况而定：

（a）某人在2000年7月1日之前成为清盘人；

（b）某接收人或接收人和经理人在2000年之前拥有公司的财产；

（c）或者，某代理人被指令在2000年7月1日前结束在澳大利亚的主要业务。

2000年7月1日之前的清盘人、接收人和代理人

项目	法案	条款
1	《1986年附加福利税评估法》	第96条
2	《1987年石油资源租赁税评估法》	第88条
3	《1992年营业税评估法》	第123条或第124条

续表

项目	法案	条款
4	《1992年超级年金保障（管理）法》	第53条
5	《1955年烟草费评估法》	第27条
6	《1964年羊毛税（管理）法》	第47条或第48条

第134条 遗产

尽管表中列出的条款已经废止，但涉及2000年7月1日前死亡的人仍然有效。

2000年7月1日前死亡的人

项目	法案	条款
1	《1986年附加福利税评估法》	第97条或第98条
2	《1987年石油资源租赁税评估法》	第89条或第90条
3	《1992年营业税评估法》	第72条或第73条
4	《1992年超级年金保障（管理）法》	第54条或第55条
5	《1955年烟草费评估法》	第28条
6	《1964年羊毛税（管理）法》	第49条、第50条或第51条

第136条 在机构负连带责任下的缴费权利

尽管表中列出的条款已经废止，涉及2000年7月1日前产生的责任仍然有效。

2000年7月1日之前变成应付和可支付的税务责任

项目	法案	条款
1	《1986年附加福利税评估法》	第131条
2	《1987年石油资源租赁税评估法》	第111条
3	《1992年营业税评估法》	第71条
4	《1992年超级年金保障（管理）法》	第78条
5	《1964年羊毛税（管理）法》	第53条

《2001年国防（加强储备和现代化）法修订案》（2001年第10号）

附录 2

第 94 条　规章的保留

（1）在本条生效前依然有效的规章继续有效，如同在本条生效之前空军部队的成员是该部队特殊部分或组成的成员，在当时仍然是该部队特殊部分或组成的成员，即使该部分或组成已不再存在。

例如：假定，在本条生效之前，规章强加给空军专家储备队成员以训练任务。那些义务将继续适用于生效之后的前储备队成员，即使空军专家储备队已不再为《1923年空军法》所涵盖而且该成员已经成为空军储备成员。

（2）然而，根据本条继续有效的规章，仅适用于不为后来规章所修改或废除的情形。

第 95 条　涉及过渡事项的规章

（1）规章可以就本附录修订的保留及过渡事项制定相关条款。

（2）特别是在修订生效之后，此类规章可以界定在修订生效前的空军成员的身份问题。

（3）第（2）款不能限定第（1）款的适用范围。

《2001 年财政（〈刑法〉的适用）法修订案（第 2 号）》（2001 年第 146 号）

第 4 条　修订的适用

（1）依据本法做出的每项修订都适用于修订生效后发生的作为和不作为。

（2）根据本条规定，如果作为或不作为发生在两个日期之间（一个发生在具体修订生效之前，一个发生在具体修订生效当日或之后），则所谓的作为或不作为应认为发生在修订生效之前。

《2002 年税法修订（超级年金）案（第 2 号）》（2002 年第 51 号）

第 4 条　评估的修订

《1992 年超级年金保障（管理）法》第 37 条和《1936 年所得税评估法》第 170 条不能阻止为实现本法施行而进行的评估修订。

附录 1

第 193 条　依据第一章总则做出修订的适用

根据本章，依据第一章所做的修订适用于：

（a）在 2003 年 7 月 1 日或其后生效的，《1992 年超级年金保障（管理）法》规定的超级年金保障季度缺口的裁决；

（b）与缺口相关的事项。

注释1：缺口涉及的事项包括：依据第 79 条规定的对缺口相关文档的保持时间要求。

注释2：《1992 年超级年金保障（管理）法》继续适用于 2003 年 7 月 1 日之前结束的超级年金保障年度缺口的裁决，缺口所涉及的事项视为依据本附录第一章做出的修订没有实施。

第 194 条　如果费用在 2004 年 4 月 28 日缴纳，关于 2003—2004 财政年度前两个季度名义利息费和管理费的特别规定不适用

（1）根据本附录第一章修订的《1992 年超级年金保障（管理）法》，本条适用于雇主有一个或多个开始于 2003 年 7 月 1 日或 2003 年 10 月 1 日的个人超级年金保障季度缺口。

（2）根据第（3）款，雇主的超级年金保障季度缺口不包括雇主的名义利息费和管理费。

（3）然而，如果雇主没有在 2004 年 4 月 28 日足额缴纳超级年金保障费的缺口［受限于第（2）款］，雇主的超级年金保障季度缺口包括雇主的季度名义利息费和季度管理费。

注释：本规定不改变 2003—2004 年前两个季度超级年金保障费的支付日期或者不改变一般利息费开始计算的日期。

第 195 条　转换通知的特别规定

（1）根据第（2）款的规定，依据第 17—21 条做出的修订，适用于依据《1992 年超级年金保障（管理）法》第 6B 条规定的于 2003 年 7 月 1 日当天或其后发出的转换通知。

（2）尽管依据第 20 条已经做出修订，在 2003 年 7 月 1 日当天或其后以及 2003 年 8 月 15 日之前发出的转换通知，仍然可以认为生效日期不早于 2002 年 7 月 1 日。

（3）在 1998 年 7 月 1 日至本条生效的时间内，《1992 年超级年金保障（管理）法》第 6B 条仍然有效，如同澳大利亚审慎监管局职权取代保险和超级年金局长的职权一样。

注释：1998 年 7 月 1 日是《1987 年保险和超级年金局长法》的废止日和《1998

年澳大利亚审慎监管法》的生效日。

（4）如果本条于 2003 年 7 月 1 日前生效，在本条生效日至 2003 年 7 月 1 日的时间内，《1992 年超级年金保障（管理）法》第 6B 条仍然有效，如同税务局长的职权取代保险和超级年金局长的职权一样。

第 196 条　受益凭证的特别规定

（1）根据第（2）款的规定，依据第 25 条做出的修订，适用于依据《1992 年超级年金保障（管理）法》规定的于 2003 年 7 月 1 日当天或其后发出的待遇凭证。

（2）尽管依据第 25 条已经进行修订，在 2003 年 7 月 1 日当天或其后以及 2003 年 8 月 15 日之前，或经局长允许较晚一天发出的待遇凭证，仍然可以认为生效日期不早于 2002 年 7 月 1 日以及不晚于凭证发行日期。

第 197 条　超级年金缴费的报告

依据第 116 条的修订适用于在 2003 年 7 月 1 日当天或其后缴纳的费用。

第 198 条　缺席评估

依据第 149 条做出的修订适用于在 2003 年 7 月 1 日当天或其后的评估（不考虑相关超级年金保障缺口的产生时间）。

第 199 条　缺口费用：直接向超级年金账户等和 65 岁以上老人的支付

依据第 162 条、第 165 条和第 166 条所做的修订，适用于在 2003 年 7 月 1 日当天或之后（不考虑相关超级年金保障缺口的产生时间）由局长支付的缺口差额。

第 200 条　如果雇主的基础年是 1996—1997 财政年度或以后年份，从年度国家工资保证金中免除 2003 年 7 月 1 日之前缺口的相关要求

如果：

（a）雇主有一个结束于 2003 年 7 月 1 日之前的超级年金保障缺口；

（b）根据《1992 年超级年金保障（管理）法》，该雇主的基础年是始于 1996 年 7 月 1 日或以后的年份，因为它继续对结束于 2003 年 7 月 1 日之前的年度缺口有效（见第 193 条）；

那么，从 2003 年 7 月 1 日开始，雇主不必遵循《1992 年超级年金保障（管理）法》（因为其继续适用）第 33 条第（2）款第（f）项、第 59 条第（2）款第（a）项第（ⅰ）目和第 79 条第（2）款第（a）项关于

缺口和时间的要求。

注释：本规定免除了雇主必须遵循雇主年度国家工资的要求。但是，当雇主的基础年是较早的年份时，雇主还必须继续遵循2003年7月1日之前缺口的相关要求。

第201条　依据第65条第（1）款制定条款的保存

根据《1992年超级年金保障（管理）法》第65条第（1）款制定的条款，在2003年7月1日及其后日期立即生效，制定的条款如同已经本附录第162条修订一样。

《2003年事业〈帝汶海条约〉（相应修订）法》（2003年第10号）

附录1

第83条　第76条和第77条的适用

（1）依据本附录第76条和第77条的修订，适用于2003年7月1日以后的超级年金保障缺口。

（2）在本条：

超级年金保障缺口与《1992年超级年金保障（管理）法》界定该术语的意思一致。

年度与《1992年超级年金保障（管理）法》界定该术语的意思一致。

《超级年金法修订案（第2号）》（2004年第93号）

第4条　修订的适用

（3）依据附录1第5条、第6条和第7条的修订，适用于2008年7月1日及以后生效的季度。

《税法修订案（第1号）》（2004年第101号）

附录11

第100条　适用

依据本节对《1992年超级年金保障（管理）法》的修订，适用于2000年7月1日当天或之后的测试时间［该法第15条（附1）的规定］。

第129条　适用

依据本节对《1992年超级年金保障（管理）法》的修订，适用于

2000年7月1日当天或之后的测试时间［该法第15条（附1）的规定］。

《2004年税法（超级年金报告）修订案》（2004年第142号）
附录1
第2条 适用
依据第1条做出的修订，适用于2005年1月1日当天或之后做出的缴费。

《2005年金融框架法修订案》（2005年第8号）
第4条 附录1第2章的储蓄问题
（1）如果：
（a）某项决议或行为被采纳，或者其他事项被制定、发布或委派；
（b）根据第二章的规定，被采纳、制定、发布或委派的事项，在本法生效之前直接生效；

因此，依据本法修订的《第二章修订法》（Part 2 Act）的规定，该事项产生的相关影响如同依据已修订的《第二章修订法》的规定，该事项已经被采纳、制定、发布或委派。

（2）在本条：
《第二章修订法》是指依据附录1第2章某条修订的法案。
附录1
第496条 储蓄规定：财政部长的决策
如果依据《1997年金融管理和责任法》第20条第（1）款做出的决策在本条生效前直接生效，那么该决策继续有效如同依据已经本法修订的《1997年金融管理和责任法》第20条第（1）款做出的决策一样。

《1993年超级年金业(监管)法》
(澳大利亚)

(1993年第78号法修订版)

2004年7月8日开始修订,并在2004年以102号法通过。

没有如期生效的修订版本附加在注释部分。

根据注释部分的适用条款进行修订。

堪培拉司法部立法起草办公室编写。

对部分超级年金业实体监管及相关事宜进行规定的法案

第1章 前言

第1节 前言

1 简称（见注释1）

本法援引自《1993年超级年金业（监管）法》。

2 生效日期（见注释2）

（1）除本条另有规定外，第1章、第2章、第21章、第27章、第28章、第29章、第30章、第31章和第32章自本法获得御准之日起生效。

（2）第1章（与第117条相关的部分）及第117条可视为自1992年10月21日生效。

（3）第18章、第19章、第20章、第23章和第24章及第342条自1994年7月1日生效。

（4）其他条款自1993年12月1日生效，但不适用于与1994—1995收入年度之前的基金、计划或信托有关的基金、计划或信托。

3 本法目标

对超级年金实体实施监管

（1）本法的目标是确保对部分超级年金基金、认可存款基金及集合超级年金信托的审慎管理，并为澳大利亚审慎管理局（APRA）、澳大利亚证券投资委员会（ASIC）和税务局的监管提供依据。

监管的依据

（2）监管的依据为基金和信托必须接受联邦权力对于法人或养老金

的监管（如：受托人本身就是一个法人）。作为回报，被监管的基金和信托可以获得优惠税收待遇。

没有覆盖整个行业

（3）本法不适用于对从事超级年金行业的其他实体的监管。

4 条款概览

本法包括处理如下事项的条款：

章	处理事项
1	前言
2	受托人认可
2A	受托人和自然人受托人团体的认证
2B	可注册超级年金实体
3	基金和信托运营标准
4	超级年金实体受托人提交年报
5	符合基金状态的通知
6	基金和信誉的监管规则
7	仅适用于被监管超级年金基金规则
8	适用于被监管超级年金基金的内部资产的规则
9	关于雇主发起的基金的雇主和成员的平等代表
10	仅适用于认可存款基金的规则
11	仅适用于集合超级年金信托的规则
12	超级年金实体受托人的法律职责
13	超级年金实体项目
14	基金和信托相关的其他条款
15	超级年金实体受托人、托管人和投资管理人的标准
16	超级年金实体的精算师和审计师
17	超级年金实体受托人的吊销或撤销
18	基金合并
19	公开募集实体超级年金收益率的处理规则
21	违反本法的民事和刑事后果
23	对于因欺诈或盗窃引致的基金损失的财政支持
24	向合格滚存基金支付津贴的措施
24A	与1995年7月1日前在各基金间进行津贴自动转存相关的过渡条款
25	超级年金实体的监督和调查

续表

章	处理事项
25A	税号
26	与报表和记录有关的违法
27	法院的权力
28	依据本法进行的司法和其他程序
29	豁免及修订条款
30	杂项条款
31	本法规定的其他过渡条款
32	与税号相关的其他过渡条款

6 本法的一般监管①

(1) 除第(3)款和第(4)款另有规定外：

(a) APRA负责依据如下条款进行管理，当第(e)项未对税务局授予如下条款管理权时：

(ⅰ) 第2—2B章；

(ⅱ) 第4—5章；

(ⅲ) 第60A条；

(ⅳ) 第7章（第64A条除外）；

(ⅴ) 第8—11章；

(ⅵ) 第12章（第101条、第103条和第105条除外）；

(ⅶ) 第13—16章；

(ⅷ) 第17章；

(ⅸ) 第21章；

(ⅹ) 第23—24A章；

(ⅺ) 第25章第3节；

(ⅻ) 第25A章；

(ⅷ) 第32章。

(b) APRA还负责依据第3章、第6章（第60A条除外）、第105条进行管理，当第(d)项未对ASIC授权及第(f)项未对税务局授权时。

----

① 在澳大利亚官方公布的原文中无第5条。——译者注

（c）ASIC 负责依据以下条款进行管理：

（ⅰ）第 64A 条；

（ⅱ）第 101 条和第 103 条；

（ⅲ）第 19 章；

当第（e）项未对税务局授权时。

（d）ASIC 还负责依据第 3 章和第 6 章（第 60A 条另有规定外）进行管理，当与以下内容相关时：

（ⅰ）向基金成员或受益人进行报告；

（ⅱ）向基金成员或受益人进行信息披露；

（ⅲ）基金信息披露（仅包括向 ASIC 的信息披露，不包括向 APRA 的信息披露）；

（ⅳ）或者，监管条例规定的与本款监管目的相关的其他事项。

（e）税务局负责依据以下条款进行管理，当与自我管理超级年金相关时：

（ⅰ）第 4 章、第 5 章、第 7 章和第 8 章；

（ⅱ）第 12 章（第 105 条除外）；

（ⅲ）第 13 章和第 14 章；

（ⅳ）第 15 章；

（ⅴ）第 16 章、第 17 章（第 140 条除外）、第 21 章、第 24 章及第 25A 章。

（f）税务局还负责依据第 3 章和第 6 章（第 60A 条除外）以及第 105 条进行管理：

（ⅰ）当与自我管理超级年金相关时；

（ⅱ）当第（d）项未对 ASIC 授权时。

（2）第 1 章、第 25 章（第 3 节除外）和第 26 章、第 27 章、第 28 章、第 29 章（第 332 条除外）、第 30 章和第 31 章还对以下部门赋予了权利和义务：

（a）APRA，以便其对 APRA 负责依据的条款进行管理；

（b）ASIC，以便其对 ASIC 负责依据的条款进行管理。

注释：通常在这些条款中不指 APRA 和 ASIC，而用监管机构代之。见第 10 条监管机构的定义。

（2A）第 1 章、第 25 章（第 3 节除外）、第 26—28 章、第 29 章（第 332 条除外）和第 30 章（第 342 条除外）对税务局负责依据的条款进行管理赋予了权利和义务。

注释：通常在这些条款中不指税务局，而直接用监管机构代之。

（2B）第 332 条对 APRA 赋予了对 APRA 或税务局负责依据的条款进行管理的权利和义务。

（3）财长（The Minister）可对 APRA 或 ASIC 依据本法行使职能或权力的执行效果或执行情况进行指导。

（4）除第（1）款外：

（a）若某实体在某收入年度的最后一天不是自我管理超级年金基金，APRA 负责（以后对本款做出申请除外）依据第 40 条第（1）款和第（2）款对与该实体有关的如下情形进行管理：

（i）该收入年度结束后所进行的与该收入年度相关的任何行为；

（ii）该收入年度结束后所进行的与以前收入年度相关的任何行为。

（b）若某实体在某收入年度最后一天为自我管理超级年金基金，税务局负责（以后对本款做出申请除外）依据第 40 条第（1）款和第（2）款对与该实体有关的如下情形进行管理：

（i）该收入年度结束后所进行的与该收入年度相关的任何行为；

（ii）该收入年度结束后所进行的与以前收入年度相关的任何行为。

（c）如下规则适用于依据第 42 条第（1AA）款第（b）项第（ii）目和第（c）项第（ii）目、第 42 条第（1AC）款、第 42A 条第（3）款第（c）项第（ii）目和第（d）项第（ii）目及第 42A 条第（4）款进行管理的情形：

（i）除第（ii）目另有规定外，APRA 负责依据以上条款进行管理；

（ii）若监管条例规定某人或机构依据第 19 条第（4）款对某类超级年金基金进行监管，则该人或机构负责依据以上条款对该类基金进行管理。

7　不能被排除或修改的法律适用

无论该实体管理规则有何条款，包括州、地区或外国对本法部分或所有条款有试图取代或有取代效应的任何条款，本法均适用于超级年金实体。

8 对外部领地的法律延伸

本法适用于所有的外部领地。

9 对政府的制约

（1）本法对政府的能力进行了制约。

（2）政府无须承担对因违反本法或因本法引起的犯罪而提起的诉讼。

9A 《刑法》适用

《刑法》第 2 章（第 2.5 部分除外）适用于所有违反本法的犯罪。

第 2 节 解释

10 定义

（1）本法中，除非相反的意思出现：

"精算师"指澳大利亚精算师协会成员或获得认证的成员。

"澳大利亚授权接受存款机构"（ADI）是指：

（a）根据《1959 年银行法》建立的授权接受存款的机构。

（b）或者，国家银行。

"养子"指被他人收养的人：

（a）根据州或地区法律领养的孩子；

（b）或者，依据其他地区法律领养的孩子，若该领养能够为州或地区法律认可。

"修订"指对超级年金实体的管理规则的修订，包括增加或删除条款。

"年金"包括人寿保险公司或注册机构提供的保险金，若该保险金依据监管条例可视为本法所指的年金。

"认可审计师"指监管条例规定从事审计的某类人员，但不包括依据第 131 条被取消资格的人员。

"认可存款基金"指以下基金：

（a）无限期延续的基金；

（b）由以下人员管理：

（ⅰ）认可受托人；

（ⅱ）或者，作为宪法组织的 RSE 持证人；

（c）仅按照认可的目标进行管理。

"认可的格式"为第11A条规定的认可的格式。

"认可担保"为第11E条规定的认可担保。

"认可目标"与基金相关的认可目标如下：

（a）接受存款的目标：

（ⅰ）根据《所得税评估法》第27D条，合格退职金所需支付的数量；

（ⅱ）根据本法第24章所需支付的数量；

（ⅲ）根据《1992年超级年金担保（行政）法》所需支付的数量。

（b）处理相应数量的目标：根据基金规则，以任何方式直接或间接提升基金价值或增加基金利润或财富；

（c）向受益人或其法定代理人支付的目标：根据要求，支付与受益人基金权益相等的数量，任何与第32条的基金标准矛盾的要求除外；

（d）APRA书面批准的其他目标（若有）。

"认可受托人"：指第26条认可的宪法组织。

"APRA"指澳大利亚审慎监管局。

"资产"指财富的任何形式，包括货币（无论是澳大利亚通货还是其他国家的通货）。

"ASIC"指澳大利亚证券投资委员会。

"关联人"为第12条规定的关联人。

"澳大利亚法庭"指：

（a）高等法院；

（b）国会创建的法庭；

（c）或者，州或地区法庭。

"受权人"指根据第298A条，当出现设定的情形时，监管机构授权的个人。

"受益人"指与基金、信托计划相关的个人（无论在管理规则中是被称为成员、存款者还是其他），从基金、计划或信托获得与超级年金相关的收益，包括作为本法明确表述以外的该基金成员的成员。

"簿记"包括：

（a）任何记录；

（b）任何经编制、记录和储存的账目或会计记录；

（c）或者，一份文件。

"工作日"指除周六、周日或法定假期以外的日子。

"孩子"指与某人相关的孩子,包括养子、继子或配偶之前的婚姻所生的孩子。

"民事处罚令"指依据第196条所做出的声明或命令。

"民事处罚条款"指第193条所规定的民事处罚条款。

"类"与RSE持证人相关,指根据第29B条第(2)款或第(3)款或根据为实现第29B条第(4)款目标而制定的监管条例进行的某类RSE认证[第29E条第(7)款和第(8)款除外]。

"专员"指根据《1987年保险和超级年金专员法》任命的保险和超级年金专员,或根据本法暂时担任保险和超级年金专员的人员。

"宪法组织"指以下法人实体:

(a)联邦范围内组成的贸易组织[根据《宪法》第51条第(xx)款];

(b)或者,联邦范围内组成的金融组织[根据《宪法》第51条第(xx)款]。

"法人受托人"指作为基金、计划或信托的受托人的法人机构。

"公司法"指《1989年公司法》。

"法庭"指根据本法实施司法权的任何法庭。

"法院"指澳大利亚联邦法院或国家(州)最高法院。

"托管人"与超级年金实体相关,指与受托人或投资管理人签订合同,执行与该实体资产相关的托管职能的个人(而非实体受托人)。

"数据处理设备"指任何在其他物品辅助或无须其他物品辅助情况下可以进行信息再生的物品(比如光盘)。

"契约"包括使某项交易有效的文书。

"待遇确定型基金"为监管条例规定的含义(第8章第3A节和第23章除外)。

"待遇确定型成员"为监管条例规定的含义(第8章第3A节和第23章除外)。

"受养人"与某人相关,包括该人的配偶、子女及与该人有依附关系的个人。

"董事"与法人相关,为《2001年公司法》规定的董事。

"披露"指与发布、透露或沟通相关的信息披露。

"雇员"为第 15A 条规定的雇员。

"雇主"为第 15A 条规定的雇主。

"雇主代表"为基金受托人群体、基金政策委员会或基金法人受托人董事会成员,通常被以下人员提名:

(a) 雇主或基金成员的雇主;

(b) 或者,代表雇主利益的组织。

"雇主发起人"为第 16 条第(1)款规定的雇主发起人。

"雇主发起基金"为第 16 条第(3)款规定的雇主发起基金。

"实体"包括:

(a) 个体;

(b) 法人组织;

(c) 合伙;

(d) 信托。

"非认可存款基金"指以下认可存款基金:

(a) 只有一个受益人;

(b) 符合本法明文规定的其他条件(若有)。

"其他分期信托"指以下超级年金信托:

(a) 指超级年金受托人或投资管理人进行投资所引起的信托,在其投资的上市证券[见第 66 条第(5)款]标的证券的购买价格未完全支付前,该上市证券由信托持有;

(b) 标的证券及其衍生财产为信托的唯一财产;

(c) 信托持有的对该标的证券的投资不是超级年金的内部资产。

"执行高级人员"指法人组织中从事或参与进行组织管理的个人,无论其使用何种名称或是否为企业董事。

"公共部门超级年金豁免计划"指本法中就本定义明文规定的公共部门超级年金计划。

"专家"指在某领域比较权威的个人。

"金融服务持证人"指《2001 年公司法》第 7 章规定的金融服务持证人。

"职能"包括职责。

"管理规则"指所有基金、计划或信托的建立和运营的管理规则,包括:

（a）包含于信托文件、其他资料或立法或文件、资料、立法的各种组合中的所有规则；

（b）或者，所有非书面规则；

"自然人受托人团体"指自然人受托人组成的团体。

"受托人组织"指基金、计划或信托的受托人董事会、委员会或其他组织。

"半年"指至 6 月 30 日或至 12 月 31 日为期 6 个月的期限。

"《所得税评估法》"指《1936 年所得税评估法》或《1997 年所得税评估法》。

"独立董事"为基金的法人受托人董事，要求：

（a）不是基金成员；

（b）既不是基金的雇主发起人也不是雇主关联方；

（c）既不是基金雇主发起人的雇员也不是雇主发起人的关联方的雇员；

（d）不是以任何名义代表一个或多个基金的成员利益的工会或其他组织的代表；

（e）不是以任何名义代表一个或多个基金的雇主发起人利益的组织的代表。

注释：第（2）项规定了基金的法人受托人董事不被视为该基金雇主发起人的关联方的具体情形。

"独立受托人"指基金的受托人，要求：

（a）不是基金成员；

（b）既不是基金的雇主发起人也不是雇主发起人的关联方；

（c）既不是基金的雇主发起人的雇员也不是雇主发起人的关联方的雇员；

（d）不是以任何名义代表一个或多个基金的成员利益的工会或其他组织的代表；

（e）不是以任何名义代表一个或多个基金的雇主发起人利益的组织的代表。

"自然人受托人"指作为基金、计划或信托受托人的自然人。

"被管理破产人"指符合如下条件的人：

（a）根据《1966年破产法》或外部领地相关法律，未偿清破产债务的人；

（b）或者，根据他国及该国外部领地相关法律，处于未偿清债务状态；

并包括：

（c）财产受以下控制的人：

（ⅰ）《1966年破产法》第50条或第188条；

（ⅱ）或者，外部领地或外国相关法律的相应条款；

（d）已经根据《1966年破产法》第Ⅹ章或外国相关法律相应条款执行了转让契约的人，但根据该法第232条或国外法律相应条款该契约未获得认可；

（e）已经根据《1966年破产法》第Ⅹ章或外国相关法律相应条款执行了债务清算契约的人，但根据该法第237A条或国外法律相应规定该协定未获得认可；

（f）或者，已经根据《1966年破产法》第Ⅹ章或外国相关法律相应条款与债权人已经达成和解协议的人，但根据该法第243A条或国外法律相应规定该和解协议未获得认可。

"监察员"为第265条所规定的监察员。

"依附关系"为第10A条所规定的依附关系。

"投资"指为了获得权益、收入、利润或增益而进行的：

（a）运用资产的行为；

（b）订立合同。

"投资管理人"指由基金或信托受托人委任的代表该基金或信托受托人进行投资的人。

"涉嫌"为第17条规定的与犯罪相关的含义。

"律师"指代理某人从事法律事务的合格的法律执业者。

"租赁协议"指任何关于超级年金受托人与使用或控制使用该基金拥有的财产的他人达成的契约、商定或协议，无论该契约、商定或协议根据法律程序是否可实施或即将实施。

"法定遗产/私产代理人"指死者遗嘱的执行者或财产的管理者、无法定能力的个人的资产受托人或获得某人长期授权的个人。

"认证过渡期"指如下期间：

（a）自《2004年超级年金安全法》修正案附表1第1章生效之日起

开始；

（b）或者，自该附表第 2 章生效之日起结束。

"人寿保险公司"指：

（a）根据《1995 年人寿保险法》注册的法人；

（b）或者，公共机构：

（ⅰ）根据州或地区法律组建而成；

（ⅱ）根据本法第 11 条规定从事人寿保险业务。

"贷款"包括提供信贷或融资的任何其他形式，无论其根据法律程序是否可实施或即将实施。

"申诉"指向监管机构提出的申诉。

"市场价值"指资产的买方合理预期需要支付给卖方的价值，若以下假定成立：

（a）买方和卖方基于各自独立利益而进行交易；

（b）对资产进行适当营销后进行的销售；

（c）买方和卖方在知情和审慎状态下进行的交易。

"成员"为第 15B 条所指的成员。

"工作人员"指：

（a）就 APRA 而言，指《1998 年澳大利亚审慎监管局法》规定的 APRA 工作人员；

（b）就 ASIC 而言，指《2001 年澳大利亚证券投资委员会法》规定的工作人员；

（c）就税务局而言，指税务人员。

"成员代表"指基金受托人组织、基金政策委员会或基金法人受托人的董事会成员，这些成员被以下人员提名：

（a）基金成员；

（b）或者，代表成员利益的工会或其他组织。

"修订"包括增加、删除或取代。

"事件发生"包括某事件的出现。

"老年人养老金"与《宪法》第 51 条第（ⅹⅹⅲ）款的界定的含义相同。

"第 8 章关联方"为第 8 章第 1 节第 B 小节规定的关联方。

"年金"除老年人养老金以外的由基金提供的津贴。只要该津贴是根据监管条例发放,即为本法所指的年金。

"政策委员会"与超级年金的监管相关,指从事如下行为的董事会、委员会或其他机构:

(a) 告知基金受托人监管条例明确规定的相关事项;

(b) 依据基金的管理规则成立。

"集合超级年金信托"指某种单位信托:

(a) 受托人为宪法组织;

(b) 依据监管条例,适用于本定义的单位信托。

"企业财产"包括:

(a) 建筑、厂房、飞机、汽车或船;

(b) 任何土地或场所(无论是否停业或在建);

(c) 建筑、厂房、飞机、汽车或船或场所的组成部分。

"私人部门基金"指除公共部门基金外,超级年金基金定义中第(a)项所指的超级年金。

"引致"包括起因。

"产生"包括准入。

"公募资本"指:

(a) 公募超级年金;

(b) 认可存款基金;

(c) 或者,集合超级年金信托。

"公募资本认证"指第29B条第(2)款所指的RSE认证类型。

"公募超级年金"为第18条所指的公募超级年金。

"公共部门基金"指以下超级年金:

(a) 超级年金基金定义中第(a)项所指的超级年金;

(b) 部分公共部门超级年金计划。

"公共部门超级年金计划"指支付超级年金、退休金或死亡津贴的计划,该计划依以下方面建立:

(a) 依据联邦或州或地区法律;

(b) 或者,由以下部门管辖:

(ⅰ) 联邦或州或地区政府;

(ⅱ) 或者,根据联邦或州或地区法律建立的市政组织、其他地方管理机构或公共机构。

"整顿"指对超级年金实体已经发生的违规行为进行的运营管理和行政协议，以确保以后不再发生类似的违规行为。

"偿还"指对认可存款基金利息的偿还，包括依据第 53 条所指的契约中明确规定的应支付利息数额。

"注册组织"指：

（a）依据州或地区法律注册的协会，比如工会；

（b）依据州或地区法律注册的社团，比如友好或互助社团。

（c）或者，依据《1996 年劳资关系法》附表 1B 而注册的雇员协会。

"可注册超级年金实体"指：

（a）被监管超级年金基金；

（b）认可存款基金；

（c）或者，集合超级年金信托；

但不包括自我管理超级年金基金。

"监管文件"指对公募实体的监管文件：

（a）由实体受托人发行或授权发行；

（b）受托人已知或（根据受托人的能力、经验、资格以及其他特征）应知的文件，可能会影响个人的如下决策：

（ⅰ）是否适用于将实体超级年金权益发给个人；

（ⅱ）或者，是否适用于成为实体的标准雇主发起人。

"被监管超级年金基金"为第 19 条所指的被监管超级年金基金。

"监管机构"是指：

（a）APRA，如果当前或即将适用的条款是由 APRA 管理；

（b）ASIC，如果当前或即将适用的条款是由 ASIC 管理；

（c）税务局，如果当前或即将适用的条款是由税务局管理。

"关联"为第 20 条所指的与法人相关的关联。

"关联方"超级年金的关联方包括：

（a）基金成员；

（b）基金的标准雇主发起人；

（c）第（a）项或第（b）项所指的某实体第 8 章关联方。

"关联信托"指由超级年金基金成员或标准雇主发起人控制的信托（第 70E 条），其他分期信托除外。

"相关人员"指与基金或信托相关的人员，包括：

（a）自然人：如果基金或信托的受托人或投资管理人为自然人或包括自然人；

（b）法人的负责人：如果基金或信托的受托人或投资管理人为法人或包括法人；

（c）基金或信托的审计师；

（d）基金或信托的精算师；

（e）或者，基金或信托的托管人。

"认可居民存款基金"为第 20A 条所指的认可居民存款基金。

"居民监管超级年金"指《1936 年所得税评估法》第 6E 条第（1）款所指的居民超级年金基金。

"负责人"指法人的负责人，包括：

（a）董事；

（b）部门负责人；

（c）或者，主管人员。

"可审查决议"指：

（a）APRA 根据第 18 条第（6）款或第（7）款做出声明的决议；

（aa）APRA 根据第 18 条第（7A）款做出符合第 18 条第（7）款条件的声明的决议；

（ab）APRA 根据第 18 条第（7C）款撤销某超级年金基金不是公募超级年金基金的声明的决议；

（b）APRA 根据第 18 条第（10）款撤销某一声明的决议；

（ba）APRA 根据第 24 条第（2）款处理某一已被撤销的申请的决议；

（c）APRA 根据第 26 条第（2）款拒绝批准某一申请的决议；

（d）APRA 根据第 26 条第（3）款规定办理认可文书的条件的决议；

（da）APRA 根据第 27A 条第（4）款处理某一已被撤销的申请的决议；

（db）APRA 根据第 27B 条或第 27C 条变更批准受托人的决议；

（dc）APRA 根据第 27B 条拒绝变更批准受托人的决议；

（dd）APRA 根据第 29CA 条第（2）款处理恢复已被撤销的 RSE 认证的申请的决议；

（de）APRA 根据第 29D 条第（2）款拒绝 RSE 认证申请的决议；

（df）APRA 根据第 29EA 条第（1）款增加 RSE 认证申请的附加条件

的决议；

（dg）APRA 根据第 29FA 条第（2）款处理变更认证以便形成不同撤销类型的 RSE 认证的申请的决议；

（dh）APRA 根据第 29FA 条第（2）款处理变更或取消 RSE 认证条件的申请的决议；

（di）APRA 根据第 29FC 条第（1）款拒绝变更 RSE 认证以形成不同类型 RSE 认证的决议；

（dj）APRA 根据第 29FC 条第（1）款拒绝变更或取消 RSE 认证条件的决议；

（dk）APRA 根据第 29FD 条第（1）款变更或取消 RSE 认证条件的决议；

（dl）APRA 根据第 29G 条第（1）款撤销 RSE 认证的决议；

（dm）APRA 根据第 29M 条第（2）款拒绝注册可注册超级年金实体申请的决议；

（dn）APRA 根据第 29N 条第（2）款撤销可注册超级年金实体的注册的决议；

（e）监管机构根据第 40 条发布通告的决议；

（f）监管机构根据第 40 条拒绝发布通告的决议；

（fa）监管机构根据第 42 条第（1AA）款或第（1AC）款或第 50 条第（1）款第（c）项做出的决议；

（g）监管机构根据第 63 条进行指导的决议；

（h）监管机构根据第 63 条拒绝取消指导的决议；

（ha）监管机构根据第 70A 条第（1）款做出裁决的决议；

（hb）监管机构根据第 70A 条第（1）款拒绝撤销裁决的决议；

（i）监管机构根据第 71 条第（1）款第（e）项拒绝做出裁决的决议；

（j）监管机构根据第 71 条第（1）款第（e）项撤销裁决的决议；

（k）监管机构根据第 71 条第（4）款做出裁决的决议；

（l）监管机构根据第 71 条第（4）款拒绝撤销裁决的决议；

（m）APRA 根据第 92 条拒绝认可协议或认可第 92 条第（5）款受托人；

（n）APRA 根据第 92 条撤销对协议的认可或撤销对第 92 条第（5）款受托人的认可的决议；

（na）APRA 根据第 93A 条第（2）款或第（3）款确定是否认可较高百分比的决议；

（nb）APRA 根据第 93A 条第（4）款明确认可条件的决议；

（nc）APRA 根据第 93A 条第（5）款变更认可的决议；

（o）APRA 根据第 95 条第（2）款拒绝认可借贷的决议；

（p）APRA 根据第 117 条第（6）款拒绝放弃要求的决议；

（pa）监管机构根据第 120A 条第（1）款、第（2）款或第（3）款取消个人资格的决议；

（pb）监管机构根据第 120A 条第（5）款拒绝恢复个人资格的决议；

（q）APRA 根据第 123 条第（2）款第（b）项第（ⅱ）目或第（3）款第（c）项第（ⅱ）目做出的决议；

（r）监管机构根据第 126B 条第（4）款拒绝超过 14 天做出弃权申请的决议；

（ra）监管机构根据第 126D 条第（3）款拒绝为不合格人员做出弃权声明的决议；

（rb）监管机构根据第 126F 条第（3）款拒绝全部或部分放弃偿付第 126F 条第（2）款规定数目的要求的决议；

（s）监管机构根据第 131 条做出的取消资格令的决议；

（t）监管机构根据第 131 条拒绝撤销取消资格令的决议；

（u）监管机构根据第 141 条做出的决议；

（z）监管机构根据第 328 条做出豁免的决议；

（za）监管机构根据第 329 条做出豁免的决议；

（zb）监管机构根据第 332 条做出声明的决议；

（zc）监管机构根据第 333 条做出声明的决议；

（zd）监管机构根据第 335 条取消豁免或声明的决议；

（ze）APRA 根据第 342 条第（2）款拒绝发布与基金相关的通告的决议；

（zf）APRA 根据第 342 条第（6）款发布与基金相关通告的决议；

（zg）或者，监管机构根据第 347A 条第（9）款做出的决议。

"RSA"为《1997 年退休储蓄账目法》中所指的退休储蓄账目。

"RSA 提供者"为《1997 年退休储蓄账目法》所指的退休储蓄账目提供者。

"RSE 持证人"指根据第 29D 条获得 RSE 认证的宪法组织、法人或自然人受托人团体。

"RSE 持证人法"指：

（a）本法或监管条例；

（b）《2001 年金融部门（数据收集）法》；

（c）《1998 年金融机构监理税法》；

（d）《2001 年公司法》第 38A 条监管条款第（b）项所列示的条款或出于第（b）项第（ⅹⅵ）目所列示的监管目标而明确规定的与超级年金权益相关的条款；

（e）任何其他联邦法中明确规定的与监管目标相关的其他条款。

"自我管理超级年金基金"为第 17A 条规定的自我管理超级年金基金。

"标志"为具有法律效应的能够约束法人，在某种程度上代表法人的某种标志。

"配偶"包括没有合法婚姻，但作为丈夫或妻子与某人进行事实家庭生活的人员。

"标准雇主发起人"为第 16 条第（2）款规定的标准雇主发起人。

"标准雇主发起基金"为第 16 条第（4）款规定的标准雇主发起基金。

"标准雇主发起人成员"为第 16 条第（4）款规定的标准雇主发起人成员。

"超级年金仲裁庭"指依据《1993 年超级年金（投诉处理）法》建立的超级年金仲裁庭。

"超级年金实体"指：

（a）被监管超级年金基金；

（b）认可存款基金；

（c）或者，集合超级年金信托。

"受可审查决议影响的超级年金实体"指与做出的可审查决议有关的超级年金实体。

"超级年金基金"指：

（a）某种基金：

（ⅰ）是无限期可持续基金；

(ⅱ) 为公积金、津贴、超级年金或退休基金；

(b) 或者，公共部门超级年金计划。

"超级年金权益"为超级年金实体的权益。

"税务高级人员"指：

(a) 第二税务专员；

(b) 税务专员副手；

(c) 依据《1999年公共服务法》的从业人员，或在澳大利亚税务局任职的人员；

(d) 或者，从事提供与澳大利亚税务局相关的服务的人员。

"受托人"指与基金、计划或信托相关的受托人：

(a) 受托人：如果基金、计划或信托存在受托人（包括与该表达意义相同的对象）；

(b) 或者，其他情况下：指管理基金、计划或信托的人员。

"单位信托"为《所得税评估法》第九部分所指的单位信托。

"价值"指市场价值，包括数额。

"书面代管协议"为第26条第（1）款第（b）项第（ⅲ）目所指的书面协议。

"收入年度"指《所得税评估法》规定的基金计划或信托的收入年度〔该法第6条第（2A）款规定〕。

(2) 就第（1）款独立董事定义第（b）项而言，同时作为某基金雇主发起人的该基金法人受托人的董事不能仅因为是董事就视其为该雇主发起人的关联方。

(3) 本法没有对成员的含义进行限定，自我管理超级年金基金成员包括：

(a) 从该基金接受养老金的人员；

(b) 或者，延缓从基金领取津贴的人员。

10A 依附关系

(1) 除第（3）款外，本法认为两个人（无论是否来自同一个家庭）具有"依附关系"，只要：

(a) 他们有亲密的私人关系；

(b) 他们住在一起；

(c) 其中一个向另一个或互相提供经济支撑；

（d）其中一个向另一个或互相提供家庭支持或个人关怀。

（2）除第（3）款另有规定外，若：

（a）两个人（无论是否来自同一个家庭）满足第（1）款第（a）项条件；

（b）不满足第（1）款依附关系的其他条件；

（c）不满足其他条件的原因是他们中的一人或两人存在身体、智力或心理疾病；

也存在"依附关系"。

（3）监管条例需要明确：

（a）是否需要考虑根据第（1）款或第（2）款确定两人是否为"依附关系"；

（b）两人是否有"依附关系"的环境。

11　监管机构的认可、决议等

若：

（a）本法有关于由监管机构做出认可、决议或其他行为的条款；

（b）本法中没有其他条款授权监管机构做出认可、决议或其他行为；

那么，监管机构被授权做出认可、决议或其他行为。

11A　认可的格式

（1）本法中所指的"认可的格式"是监管机构明文规定的书面认可的格式。

（2）认可的格式中可以要求特定信息。

（3）认可的格式可能需要执行如下一个或两个方面：

（a）要求认可的格式属于或组成一个文件；

（b）要求认可的格式通过特定的数据处理设备或由具有特定软件或其他配件的特定的电子传输设备生成。

（4）一个认可的格式可以要求专人签署。无论本法是否有相应条款，认可的格式均可要求签署。

（5）一个认可的格式可以要求满足不同要求，无论该认可表格是否以第（3）款第（b）项提及的方式做出要求或许可。

（6）如果认可的格式做出第（2）款、第（3）款或第（4）款中提及的要求，那么宣称使用认可表格是无效的，除非完全符合要求。

11B 提交认可表格的电子文本

（1）若某人以第11A条第（3）款第（b）项提及的形式向监管机构提供认可表格：

（a）该认可表格可以形成书面通知；

（b）若认可表格包括某人的电子签署，那么该认可表格可视为是由其本人签署的。

（2）某人的"电子签名"是监管机构批准某人使用的电子形式的独特的标志。

（3）若有如下行为，个人即属犯罪：

（a）某人以第11A条第（3）款第（b）项提及的形式向监管机构提供认可表格；

（b）出现如下一种情况：

（i）该认可表格由他人签署；

（ii）或者，该认可表格代表他人，而他人并未许可。

最高处罚：50个罚款单位。

（4）若有如下行为，个人即属犯罪：

（a）某人以第11A条第（3）款第（b）项提及的形式向监管机构提交认可表格；

（b）该认可表格包括他人的电子签署，而他人并未同意加入签署。

最高处罚：50个罚款单位。

（5）第（3）款和第（4）款违反《刑法》第6.1条的严格责任。

11C 代表受托人以电子文本形式提交认可表格所需的声明

（1）本条适用于，若：

（a）监管机构以第11A条第（3）款第（b）项提及的方式发出认可的格式；

（b）该认可表格由代表超级年金实体的一个或多个受托人的人员向监管机构提交。

本条中，代表该认可表格的受托人或每个受托人均为"责任受托人"。

（2）若责任受托人没有在认可表格提交给监管机构之前做出如下声明，即为犯罪：

（a）责任受托人授权某人代表其向监管机构提交认可表格；

（b）认可表格中的信息正确。

最高处罚：50个罚款单位。

（3）若责任受托人没有在做出声明后将该声明保留5年，亦属犯罪。

最高处罚：50个罚款单位。

（4）若有如下行为，责任受托人即属犯罪：

（a）在这5年里，监管机构要求责任受托人向其出具声明；

（b）责任受托人无法出具。

最高处罚：50个罚款单位。

（5）第（2）款、第（3）款和第（4）款违反《刑法》第6.1条的严格责任。

11D 除认可表格以外的电子文本

（1）不是以认可的格式也可以向监管机构电子提交的文本，当且仅当：

（a）监管机构和拟提交的人员（代表本人或他人）已达成书面协议并可电子提交的文本；

（b）或者，监管机构已经书面认可的电子文本。

（2）按照协议或认可（包括该协议或认可认证的任何要求）向监管机构提交的文本。

11E 认可担保

（1）本法中，认可担保指由以下机构做出的符合APRA书面规定要求的担保：

（a）由ADI做出的担保；

（b）或者，由联邦、国家或州或其代表机构做出的担保。

（2）第（1）款的决议为《1901年联邦法律解释法》第46A条的可否决文书。

12 关联方

（1）本法中判断某人是否为他人的关联方的方式与2001年公司法相同，即看是否符合第（2）款规定的假定。

（2）假定如下：

（a）《2001年公司法》第12条、第14条和第15条第（1）款第（b）项、第16条第（1）款第（b）项及第（c）项颁布的条款；

（b）《2001年公司法》第13条不只限于第7章，而是适用于该法所有条款。

13 单个受托人

本法中的单个受托人是指：

（a）基金、计划或信托只有一个法人受托人，当且仅当该基金、计划或信托只有一个受托人，且该受托人为法人；

（b）基金、计划或信托只有一个自然人受托人，当且仅当该基金、计划或信托只有一个受托人，且该受托人为自然人。

13A 作为自然人受托人团体的 RSE 持证人

（1）根据本条，本法中自然人受托人团体的构成发生变化不会影响其持有的 RSE 牌证的有效期限。

注释：例如，某自然人受托人团体被授予 RSE 认证，不会单纯因为该组织成员的变化而使该认证停止生效。

（2）根据本法相应条款，可注册超级年金实体的自然人受托人团体的 RSE 持证人的责任应明确到每个受托人，除非该实体管理规则有其他规定。

（3）持有 RSE 牌证的自然人受托人团体成员无须承担因 RSE 持证人违反或不遵守本法相关条款而产生的严格责任或民事责任，当该成员能够做出如下证明时：

（a）进行了符合该环境的所有调查（如果有）；

（b）进行了该调查后，确信该 RSE 持证人符合应承担的责任。

注释：在起诉违反本法或监管条例某条款的严格责任时，被告对第（3）款相关事项负有法律责任（见《刑法》第 13.4 条）。

（4）若自然人受托人团体为 RSE 持证人，根据本法向组织中的任何成员颁发的指导、通知或文件视同颁发给 RSE 持证人。

（5）若可注册超级年金实体的自然人受托人团体为 RSE 持证人，根据本法对组织中的任何成员做出的要求同样适用于 RSE 持证人，除非该实体管理规则有其他规定。

（6）根据本法或监管条例，要求 RSE 持证人所签发的文件可视为要求该团体的所有成员签发（若该 RSE 持证人为自然人受托人团体）。

（7）根据本法或监管条例，若自然人受托人团体中的某个成员向某人提供某物，可视为该受托人组织的 RSE 持证人向其提供了该物。

（8）根据本法或监管条例，若某自然人受托人团体的持证人受某可审查决议的影响，该组织的所有成员均会受到该决议的影响。

（9）监管条例可以删减或修订本条［第（2）款和第（3）款除外］的效果。

（10）除为了实现第（9）款目标本法或监管条例所制定的条款的相反意图外，本条生效。

14　永续基金——反对终身年金的适用规则

若某基金的管理规则包括为了避免违反与终身年金相关的普通法规则的条款，该条款不妨碍该基金被视为适用于第10条定义中的"认可存款基金"或"超级年金"的永续基金。

15　认可存款基金——受托人偿付额

（1）根据第10条"认可目标"的定义第（c）项及第53条，若：

（a）受益人从基金获得权益；

（b）根据受益人要求，向以下机构支付受益人权益：

（ⅰ）向保险公司或向受益人以其名义购买年金的注册组织；

（ⅱ）或者，向受益人的退休储蓄账户（RSA）；

基金受托人可视为已按要求向受益人支付该数额。

（1A）根据第10条"认可目标"的定义第（c）项及第53条，若：

（a）受益人从基金获得权益；

（b）根据受益人要求，向以下机构支付受益人权益：

（ⅰ）认可存款基金；

（ⅱ）或者，被监管的超级年金基金；

可视为第一次提及的基金的受托人已按要求向受益人支付该数额。

（1B）根据第10条"认可目标"的定义第（c）项，若没有按要求立即支付，但该受托人已做了相关延期决定，则可视为已按要求支付。

（2）第（1）款或第（1A）款所指的受益人，包括受益人的法定代表人。

15A　雇员和雇主的定义

（1）除本条另有规定外，本法中"雇员"或"雇主"有其通常的含义。但第（2）款到第（10）款：

（a）扩展了该术语的含义；

（b）规定了特定条款以避免对特定人员的身份的疑问。

（2）因执行某法人机构成员（无论董事会或其他机构是否明文规定）的职责而获得报酬的人员。

（3）若某人根据合同全职或主要为他人提供劳动，则其为合同另一方的雇员。

（4）联邦议会成员为联邦的雇员。

（5）政府议会成员为政府的雇员。

（6）澳大利亚首都领地的立法议会成员为首都领地的雇员。

（7）澳大利亚北领地立法议会成员为北领地雇员。

（8）根据本法：

（a）有偿从事音乐、戏剧、舞蹈、娱乐、体育、展览或促销活动或任何包括智力、艺术、音乐、体育或其他个人技能的类似活动的人员均为付酬方的雇员；

（b）任何有偿为第（a）项提及的活动提供服务的人员均为付酬方的雇员；

（c）任何有偿为拍摄电影、磁带或光盘或电视或广播提供服务或从事拍摄的人员均为付酬方的雇员。

（9）除第（10）款外，另有某人：

（a）依据宪法或联邦、州或地区相关法律，有或承担某项任命、职务或职位的职责；

（b）或者，以各种方式为联邦、州或地区提供服务（包括参加部队或警察）；

可以视情形分别为联邦、州或地区的雇员。

（10）在地方政府议会任职的人员为议会雇员。

15B　成员的新含义

（1）根据本法相应条款可以认定某人是否为超级年金基金"成员"。

（2）本法适用于任何有关作为超级年金基金成员的人员的条款的修订。

（3）本条中：

"修订"包括增加、删除或取代。

16　与雇主发起人相关的定义

雇主发起人

（1）被监管的超级年金基金的"雇主发起人"是指如下雇主：

（a）向基金缴费；

（b）或者，除暂时停止缴费外，向基金缴费；

为了以下人员的福利：

（c）作为如下机构雇员的基金成员：

（ⅰ）雇主的；

（ⅱ）或者，雇主的关联方的；

（d）或者，发生死亡事件的成员的遗嘱。

标准雇主发起人

（2）若雇主完全或部分按照该雇主和被监管超级年金基金的受托人的协议缴费或即将缴费，该雇主即为"标准雇主发起人"（同样也为基金的雇主发起人）。若雇主仅按照雇主和基金成员的协议缴费或即将缴费，则该雇主不是标准雇主发起人。

雇主发起基金

（3）"雇主发起基金"为至少有一个雇主发起人的被监管超级年金基金。

标准雇主发起基金

（4）若某被监管的超级年金基金至少有一个标准雇主发起人，则该基金为"标准雇主发起基金"（同样也为雇主发起基金）。

标准雇主发起成员

（5）"标准雇主发起成员"为第（1）款提及的完全或部分按照雇主发起人和基金受托人协议由雇主发起人缴费或即将缴费的被监管超级年金基金的成员。

17A 自我管理超级年金基金的相关定义

基本条件——不是单一成员基金的基金

（1）除本条另有规定外，非单一成员基金的超级年金基金为自我管理超级年金，当且仅当满足如下条件时：

（a）成员少于5人；

（b）若基金受托人为自然人，基金的每个自然人受托人同时也是基金成员；

（c）若基金受托人为法人，法人的每个董事同时也是基金成员；

（d）基金的每个成员：（ⅰ）是基金受托人，或者（ⅱ）若基金受托人为法人，基金成员是该法人的董事；

（e）没有基金成员是该基金其他成员的雇员，除非他们之间为亲属关系；

（f）没有基金受托人从该基金获得报酬或因向该基金提供服务从基金的相关人员处获得报酬。

基本条件——单一成员基金

（2）除本条另有规定外，仅有一个成员的"超级年金基金"为自我管理超级年金，当且仅当：

（a）若该基金受托人为法人：

（ⅰ）该成员为该法人的唯一董事；

（ⅱ）该成员为该法人仅有的两个董事中的一个，且其与另一个董事为亲属关系；

（ⅲ）或者，该成员为该法人仅有的两个董事中的一个，且其不是另一个董事的雇员；

（b）若基金受托人为自然人：

（ⅰ）该成员为仅有的两个受托人中的一个，且其与另一受托人为亲属关系；

（ⅱ）或者，该成员为仅有的两个受托人中的一个，且其不是另一受托人的雇员；

（c）没有基金受托人从该基金获得报酬或因向该基金提供服务从基金的相关人员处获得报酬。

可以作为受托人的其他人员

（3）某超级年金基金不满足第（1）款或第（2）款的条件，由于：

（a）该基金成员已去世，该成员的法定个人代表为该基金的受托人或该基金法人受托人的董事。该代表在如下期间代替该成员：

（ⅰ）从该基金成员刚去世时开始；

（ⅱ）到该基金成员的死亡抚恤金开始支付时结束；

（b）该基金成员的法定个人代表为该基金的受托人或该基金法人受托人的董事。该代表代替该成员，当：

（ⅰ）该基金成员存在法律障碍；

（ⅱ）或者，该法定个人代表获得该基金成员的持久代理授权；

（c）若基金成员因年龄原因存在法律障碍且没有法定个人代表，该成员的父母或监护人代替该成员作为该基金的受托人；

（d）或者，依据第134条对基金受托人的任命有效。

不满足基本条件但依然为自我管理超级年金的情形

(4) 除第 (5) 款另有规定外，若作为自我管理超级年金基金的超级年金基金须停止作为自我管理超级年金基金，在以下时期之前不得停止：

(a) 该基金的认可受托人或 RSE 持证人被任命的时候；

(b) 在提出停止作为自我管理超级年金基金后 6 个月内。

若纳入新成员，第 (4) 款不适用

(5) 若需要停止作为自我管理超级年金基金的原因或其中一个原因是纳入一个或更多基金新成员时，除为了实现第 29J 条的目标外，第 (4) 款不适用。

某些情形下雇员的拓展含义

(6) 依据本条，若某基金的某个成员同时是该基金雇主发起人的雇员，该成员同时可以看成是另一个人（他人）的雇员，当雇主发起人符合以下条件时：

(a) 与他人是亲属关系；

(b) 如下：

（i）雇主发起人是法人，且他人或其亲属为该法人的董事；

（ii）雇主发起人是与该法人相关的法人；

(c) 雇主发起人为信托受托人，其中他人或其亲属为该信托的受益人；

(d) 或者，为合作伙伴，其中：

（i）他人或其亲属为合作伙伴中的一方；

（ii）合作伙伴的一方为法人，他人或其亲属为该法人的一个董事；

（iii）或者，若信托的受托人为合作伙伴的一方，他人或其亲属为该信托的受益人。

注释1：本款的一个效应为当某一成员为基金雇主发起人的雇员，另一个成员与雇主发起人有特殊利益关系（非亲属关系）[见第 (1) 款第 (e) 项] 时，该基金将不再是自我管理超级年金基金。具体例子如雇主发起人为公司，另一个成员为该公司董事。

注释2：另一个效应为当基金的唯一成员为该基金雇主发起人的雇员，与另一个基金受托人有特殊利益关系（非亲属关系）[见第 (2) 款] 时，该基金将不再是自我管理超级年金基金。

(7) 第 (6) 款不限制雇员的含义。

监管

(8) 根据本条：

（a）基金成员可被视为监管条例明确规定的某类人员的雇员；

（b）除第（6）款、第（7）款和第15A条外，基金成员不得被视为监管机构明确规定的某类人员的雇员。

亲属的含义

（9）本条中：

"亲属"为某自然人的亲属，指：

（a）某人或其配偶或前配偶的父母、子女、祖父母、孙子（女）、兄弟姐妹、阿姨、叔叔、叔伯祖母、叔伯祖父、侄女、侄子、堂兄弟姐妹或表兄弟姐妹；

（b）由于领养或再婚与某人或其配偶或前配偶产生关系的自然人；

（c）或者，某人的配偶或前配偶，或第（a）项或第（b）项涉及的自然人。

不合格人员

（10）为免疑问，第（3）款不允许不合格人员（见第120条）的法定个人代表担任自我管理超级年金基金的受托人。

18　公募超级年金基金

定义

（1）超级年金为"公募超级年金"，当：

（a）以下条款之一适用于该基金：

（ⅰ）是被监管超级年金，但不是标准雇主发起基金；

（ⅱ）是标准雇主发起基金，且其中至少有一个成员：

（A）不是标准雇主发起成员；

（B）不是规定类型的成员；

（ⅲ）是依据第（2）款进行了选举的标准雇主发起基金；

（ⅳ）依据第（6）款进行的与该基金有关的声明（允许基金宣布作为公募超级年金基金）有效；

（aa）该基金不是自我管理超级年金基金；

（b）依据第（7）款进行的与该基金有关的否决声明（允许基金宣称不再是公募超级年金基金）有效。

进行公募超级年金的选举

（2）被视为公募超级年金基金的标准雇主发起基金的受托人可进行选举。

选举如何进行

（3）选举时须向 APRA 提交书面通知：

（a）以认可的格式；

（b）受托人签署。

无论管理规则有何规定，受托人均有权进行选举

（4）无论管理规则有何规定，受托人均有权进行选举。

选举不可取消

（5）选举是不可取消的。

宣布某基金为公募超级年金基金的声明

（6）APRA 需要以书面形式宣布某超级年金基金是公募超级年金基金。

宣布某基金不是公募超级年金基金的声明

（7）APRA 需要以书面形式宣布某超级年金基金不是公募超级年金基金。

（7A）宣布某超级年金基金不是公募超级年金须符合条件要求。

（7B）若违反相应条件，受托人须立即将违反情况书面通知 APRA。

处罚：30 个罚款单位

（7BA）第（7B）款是指违反严格责任。

注释1：《刑法》第2章规定了犯罪责任的总则。

注释2：所谓严格责任，见《刑法》第6.1条。

（7C）无论是否是按照第（7B）款或其他发出通知，只要 APRA 确认该声明违反了规定的条件：

（a）APRA 可以撤销该声明；

（b）随着声明的撤销，可视为该超级年金成为公募超级年金基金。

声明的生效日期

（8）声明自发布之日起生效，若声明中规定在某一稍后的时间生效，则自稍后之日起生效。

声明的失效

（9）某声明依然有效：

（a）若声明中规定失效日期，直到失效日期或撤销该声明的日期中较早的那个日期；

（b）或者，否则直到撤销该声明。

声明的撤销

（10）APRA可以书面撤销该声明。

在做出或撤销声明时，APRA必须参考指南

（11）当做出或撤销声明时，APRA必须参考其依据本条规定的任何书面指南。

声明或撤销副本须交给受托人

（12）在做出或撤销声明后，APRA必须尽快将声明或撤销副本交给超级年金基金的受托人。

19　被监管超级年金基金

定义

（1）被监管超级年金基金是指符合第（2）款到第（4）款的超级年金基金。

基金必须有受托人

（2）该超级年金基金必须有受托人。

受托人必须是宪法组织或基金必须是养老基金

（3）如下一条适用：

（a）管理规则要求该基金受托人必须是宪法组织；

（b）管理规则必须规定该基金的唯一或主要目标是提供老年养老金。

受托人选举

（4）受托人必须向APRA或向监管条例明确规定的其他机构或人员提交书面通知：

（a）以认可的格式；

（b）由受托人签字；

依据本法进行适用于该基金的选举。

注释：书面形式的认可格式要求受托人提供该基金的税号。见第299U条第（1）款。

监管

（4A）不只限于第（4）款，监管条例可以规定根据超级年金的不同类型将该通知提交给不同人员或机构。

选举不可撤销

（5）第（4）款提及的选举是不可撤销的。

无论管理规则有何条款，受托人均有权进行选举

（6）无论基金的管理规则有何条款，受托人均有权进行第（4）款提及的选举。

必须成为被监管超级年金基金的基金

（7）若超级年金基金在自本法获得御准之日起至该基金 1993—1994 收入年度结束为止的期间内均符合如下所有条件：

（a）基金有受托人；

（b）其中：（ⅰ）基金受托人为宪法组织，或者（ⅱ）该基金的管理规则规定该基金的唯一或主要目标是提供老年养老金；

（c）该基金不是公共部门超级年金计划；

（d）根据《1987 年职业超级年金标准法》（OSSA）第 12 条或第 13 条发布的公告声明，委员会（the Commissioner）确认该基金满足或应被视为满足特定收入年度的超级年金基金条件，该公告生效；

（e）根据《1987 年职业超级年金标准法》第 12 条或第 13 条发布的公告，委员会不能确认该基金满足第（d）项提及的收入年度之后收入年度的超级年金基金条件，该公告无效；

基金受托人应尽最大努力确保该基金在 1994—1995 收入年度开始时或之前成为被监管超级年金基金。

违反第（7）款不算犯罪

（8）违反第（7）款不算犯罪。但违反第（7）款可作为依据第 315 条发布禁令的依据。

OSSA 废除条款

（9）本条中所指的《1987 年职业超级年金标准法》的条款包括《1993 年职业超级年金标准法修正案》已废除但仍适用的条款。

20　关联法人

可依据《2001 年公司法》确定某法人组织是否为其他法人的关联方。

20A　认可居民存款基金

认可居民存款基金

（1）依据本法，当且仅当符合如下条件时，某认可存款基金是认可"居民存款基金"：

（a）其中：

（ⅰ）在澳大利亚建立的基金；

（ⅱ）或者，当时，基金的任何资产处于澳大利亚境内；

（b）当时，基金的管理和控制中心在澳大利亚；

（c）当时，依据以下公式计算出的百分比不低于50%：

$$\frac{居民累计权益}{基金总资产} \times 100$$

其中：

"居民累计权益"指当时源于如下存款的基金资产的积累价值总额：

（i）当时为本国居民的人员的基金成员之前向该基金进行的存款；

（ⅱ）那些存款的权益或积累。

"基金总资产"指当时的基金资产价值。

定义

（2）本条中：

"澳大利亚"与《1936年所得税评估法》中确定的澳大利亚含义相同。

"成员"包括存款者。

"居民"与《1936年所得税评估法》中确定的居民含义相同。

第2章 受托人认可

21 本章目标

（1）本章旨在为宪法组织被认可成为受托人提供依据。

（2）本章与第2A章（关于受托人或自然人受托人团体认证）同时作用。受托人或自然人受托人团体的认可或认证的意义如下：

（a）只有认可受托人或作为宪法组织的RSE持证人运营的基金才是"认可存款基金"（关于认可存款基金的其他要求见第10条）；

（b）除非公募实体的受托人为认可受托人或作为宪法组织的RSE持证人，否则该受托人不得从事第152条适用的行为（在该行为采取之前，其他要求同样适用）；

（c）若某人符合第121A条第（1）款相应要求，但不是认可受托人或作为宪法组织的RSE持证人，不得担任成员少于5人的超级年金基金的受托人（自我管理超级年金基金除外）；

（d）若某人符合第121A条第（1）款相应要求，但不是认可受托人或作为宪法组织的RSE持证人，APRA可以吊销或注销其作为成员少于5

人的超级年金基金的受托人的资格（自我管理超级年金基金除外）；

（e）若某人不是认可受托人或 RSE 持证人，则其可能会违反第 29J 条第（1）款的相应规定。

注释：RSE 认证相关信息见第 2A 章。

22 解释

（1）本章中：

"相关实体"指：

（a）公募实体；

（b）或者，认可存款基金。

（2）认可参考第 27A 条、第 27B 条、第 27C 条、第 27D 条、第 27E 条、第 28 条或第 29 条，包括参考依据第 27B 条或第 27C 条变更的认可条款。

23 认可的申请

（1）依据本法，宪法组织可以向 APRA 申请认可成为受托人。

（1A）但，不得在认证过渡期进行申请。

（2）申请必须：

（a）以认可的格式；

（b）包括该认可格式要求的所有信息；

（c）缴纳规定的申请费。

24 可以要求更多信息

（1）若 APRA 需要更多信息来决定是否认可该申请，APRA 可以书面要求申请人在指定的时间向其提供指定的信息。

（2）若申请人没有合理理由拒绝或不能满足该要求，APRA 可以认定其撤销申请。

（3）若 APRA 根据第（2）款认定申请人撤销申请，则应尽快以书面形式将该决定通知到申请人。

25 认可申请的期限

（1）除本条外，APRA 必须在收到申请之日起 60 日内决定是否认可该申请。

（2）若 APRA 认为认可该申请需要较长时间，APRA 可以最多延长 60 天。

（3）延期通知必须以书面形式自收到申请之日起 60 日内通知到申请人。

（4）若 APRA 决定延期，必须在延长期内做出是否认可该申请的决定。

（5）若直到决定期的最后一天 APRA 仍无法决定是否认可该申请，那么 APRA 应在最后一天拒绝该申请。

26 认可申请的决定

（1）依据本法 APRA 应书面认可受托人申请，当且仅当：

（a）APRA 确信申请人在其担任受托人的任何相关实体内均能正确执行好受托人职责；

（b）以下条款至少满足一项：

（ⅰ）APRA 确认申请人的净有形资产的价值不低于监管条例规定的数额；

（ⅱ）APRA 确信申请人有权进行认可担保的津贴额不低于监管条例规定的作为或即将作为相关实体的受托人有责任担保的数额。

（ⅱa）APRA 确认申请人通过了第（1A）款规定的试行；

（ⅲ）在授予认可前，申请人已经同意遵守 APRA 对其提出的资产保全的书面要求，要求其保全其担任或即将担任的相关实体的资产；

（c）申请人是在认证过渡期开始前做出的申请。

（1A）依据第（1）款第（b）项第（ⅱa）目，申请人通过本条所规定的试行，若：

（a）申请人有权进行津贴的认可担保，该担保为作为或即将作为相关实体的受托人有责任进行的担保；

（b）认可担保的数额及申请人的净有形资产的价值不低于监管条例规定的数额。

（2）否则，APRA 应书面拒绝该申请。

（3）认可必须符合认可文书规定的所有条件。

（4）若 APRA 拒绝该申请，APRA 必须在拒绝文书中列明拒绝的理由。

（5）APRA 必须将认可文书或拒绝文书副本发给申请人。

（6）认可文书必须指明是依据第（1）款第（b）项中的哪一项认可该申请。

（7）本条中：

"净有形资产"为监管条例规定的净有形资产。

27 认可生效日

依据第 26 条，某认可：

（a）自批准之日起生效，若认可文书中明确规定某一较后的日期为该认可的生效日，则自该较后的日期起开始生效；

（b）除依据第 27B 条或第 27C 条做出的任何变更外，保持有效，直到：

（ⅰ）依据第 28 条撤销该认可；

（ⅱ）或者，依据第 29D 条该受托人被授予 RSE 认证。

27A 认可变更申请

（1）认可受托人可以向 APRA 申请通过如下变更来变更受托人认可：

（a）变更受托人认可时指明的所依据的第 26 条第（1）款第（b）项的某一款项；

（b）变更要求受托人遵守的任何书面托管要求；

（c）或者，变更认可应满足的任何条件。

（2）申请应：

（a）以书面形式；

（b）指明受托人要求的变更；

（c）列出申请的理由；

（d）由受托人的负责人员签字。

（3）若 APRA 需要更多信息才能决定是否同意该申请，APRA 可以要求受托人以书面形式在特定时间向其提供明确要求的更多信息。

（4）若没有合理的要求，受托人拒绝或不能满足该要求，APRA 可认定其撤销该申请。

（5）若 APRA 依据第（4）款认定受托人撤销该申请，APRA 应尽快以书面形式通知该申请人。

27B 应在一定期限内做出是否同意申请的决定

（1）除本条另有规定外，APRA 必须在收到申请之日起 60 天内做出是否同意受托人变更认可的申请。

（2）APRA 无须以受托人要求的形式变更该受托人的认可。

（3）若 APRA 认为需要 60 天以上才能决定是否同意该申请，APRA 可最多延长 60 天。

（4）APRA 应在收到申请之日起 60 天内以书面形式将该延期通知到

受托人。

（5）若APRA决定延期，必须在延期内做出是否同意该申请的决定。

（6）若APRA在要求的期限的最后一日仍无法决定是否同意该申请，则可在最后一天拒绝该申请。

27C APRA可以自行变更某认可

APRA可以自行变更受托人的认可，通过：

（a）变更要求受托人遵守的某一书面托管要求；

（b）或者，变更认可符合的某一条件。

27D 向受托人通知申请结果

（1）若APRA依据第27B条或第27C条同意受托人变更该认可，APRA必须：

（a）以书面形式通知变更该认可；

（b）向受托人发放通知副本和变更理由声明。

（2）变更该认可的通知必须：

（a）确定认可已被变更；

（b）明确自认可变更通知发布起（而不是之前），变更生效；

（c）指明变更生效后，受托人的认可所依据的第26条第（1）款第（b）项的具体款项；

（d）指明变更生效后要求受托人遵守的任何书面托管要求；

（e）指明变更生效后受托人的认可符合的条件。

（3）若APRA依据第27B条决定拒绝受托人的认可变更，APRA必须：

（a）书面通知并记录该决定；

（b）向受托人发放通知副本和拒绝该认可变更的理由声明。

27E 认可变更的生效日

若APRA依据第27B条或第27C条同意受托人认可变更：

（a）自第27D条第（2）款第（b）项通知中明确规定的日期生效；

（b）变更持续有效，直到：

（ⅰ）撤销相应的认可；

（ⅱ）该认可的后期变更生效；

（ⅲ）或者，依据第29D条受托人被授予RSE认证。

28 撤销认可

（1）APRA可以书面通知受托人撤销该认可受托人的认可。

（2）不只限于第（1）款，APRA还可以依据如下条款撤销某一认可，若APRA有合理理由认定：

（aa）受托人已书面要求撤销该认可；

（a）出现了与该认可应满足的条件矛盾的情形；

（b）受托人不再能以正确方式有效执行其受托的每个相关实体的受托人职责；

（c）若受托人认可时所依据的第26条第（1）款第（b）项第（ⅰ）目的具体款项不再适用于该受托人；

（d）若受托人认可时所依据的第26条第（1）款第（b）项第（ⅱ）目的具体款项不再适用于该受托人；

（da）若受托人认可时所依据的第26条第（1）款第（b）项第（ⅱa）目的具体款项不再适用于该受托人；

（e）或者，若受托人认可时所依据的第26条第（1）款第（b）项第（ⅲ）目的具体款项不能满足APRA依据该款项做出的要求。

（3）除第（2）款第（aa）项所指情形外，若没有财长的书面批准，APRA不得依据第（1）款做出决定。

29 环境变化或违反条件的通知

（1）认可受托人必须在发现出现了第（2）款规定的情形之一起30天内向APRA书面报告出现的具体情形。

（2）情形如下：

（a）出现了与受托人认可应满足的条件违反的情形；

（b）若受托人认可时所依据的第26条第（1）款第（b）项第（ⅰ）目的具体款项不再适用于该受托人；

（c）若受托人认可时所依据的第26条第（1）款第（b）项第（ⅱ）目的具体款项不再适用于该受托人；

（ca）若受托人认可时所依据的第26条第（1）款第（b）项第（ⅱa）目的具体款项不再适用于该受托人；

（d）若受托人认可时所依据的第26条第（1）款第（b）项第（ⅲ）目的具体款项不能满足APRA依据该款项做出的要求。

（3）认可受托人不得以任何理由违反第（1）款规定。

罚款：250个罚款单位。

（4）第（3）款为违反严格责任。

注释1：《刑法》第2章规定了刑事责任的总则。

注释2：严格责任见《刑法》第6.1条。

第2A章　受托人和自然人受托人团体的认证

第1节　本章目标

29A　本章目标及本章与其他条款的关系

（1）本章旨在规定向以下机构授予RSE认证相关的条款：

（a）宪法组织；

（b）其他法人；

（c）自然人受托人团体。

（2）以下简要列举本章与本法和监管条例中受托人应知的其他条款之间的关系：

> 未认证的受托人从事某些活动时可能会违反某些条款（见第29J条和第152条）。依据本章，基金或信托的受托人或自然人受托人团体可以获得RSE认证。
>
> 注释1：若受托人为宪法组织，当其受托的基金或信托成为认可存款基金或集合超级年金信托（两者均为可注册超级年金实体）时，该受托人可获得RSE认证。
>
> 注释2：若受托人或自然人受托人组织依据第19条进行了选举，该基金可以变为被监管超级年金基金。除自我管理超级年金之外的被监管超级年金基金为可注册超级年金实体。
>
> 注释3：为了获得RSE认证，受托人或自然人受托人团体应当有风险管理战略。
>
> 已经获得RSE认证的受托人或自然人受托人团体可以依据第2B章对可注册超级年金实体进行注册。若某可注册超级年金实体没有进行注册，其从事的某些行为可能会违反某些条款（例如：一个没有注册的实体接受缴费就会违反第34条规定。）
>
> 注释1：基金或信托没有注册可能会引致违反RSE注册条件并导致不能进行RSE注册。
>
> 注释2：为了获得基金或信托的注册，受托人或自然人受托人团体必须有关于该基金或信托的风险管理计划。

第 2 节　RSE 认证类型

29B　RSE 认证类型

（1）RSE 认证有不同类型。

（2）一类 RSE 认证为允许受托人持有担任以下实体受托人的该类认证证书：

（a）任何公募实体；

（b）任何其他可注册超级年金实体，包括监管条例中为了实现本条目标而明确规定的某类可注册超级年金实体；

必须符合第 29EA（3）款规定的认证的任何条件。

注释 1：本类认证称为公募实体认证：见第 10 条第（1）款。

注释 2：只有宪法组织才可以持有公募实体认证证书：见第 29D 条第（1）款第（g）项。

（3）另一类 RSE 认证允许受托人：

（a）持有该类认证证书；

（b）或者，持有该类认证证书的自然人受托人团体成员；

成为任何可注册超级年金实体的受托人，包括成为为了实现本条目标本法明确规定的某类可注册超级年金实体（公募实体除外）的受托人。必须符合第 29EA 条第（3）款规定的认证的任何条件。

（4）监管条例可以提供其他类型的 RSE 认证。对于每种类型，均须明确规定该类可注册超级年金实体的受托人：

（a）持有该类认证证书；

（b）或者，持有该类认证的自然人受托人团体成员；

在符合第 29EA 条第（3）款规定的认证条件的前提下，可以成为受托人。

（5）监管条例规定的与某类 RSE 认证相关的可注册超级年金实体可能包括一种或多种类型的与另一类 RSE 认证相关的可注册超级年金实体。

第 3 节　RSE 认证的申请

29C　RSE 认证的申请

哪些人可以申请 RSE 认证

（1）宪法组织可以向 APRA 申请任何类型的 RSE 认证。

（2）不是宪法组织的法人也可以向 APRA 申请任何类型的 RSE 认证，公募实体受托人认证除外。

（3）自然人受托人团体也可以向 APRA 申请任何类型的 RSE 认证，使其成员成为公募实体受托人的认证类型除外。

申请要求

（4）申请 RSE 认证要求如下：

（a）以认可的格式；

（b）包括认可格式要求的所有信息；

（c）缴纳规定的申请费（若有申请费的话）；

（d）附有最新副本，包括：

（ⅰ）若申请人为法人，需要该法人的风险管理战略并由法人签署；

（ⅱ）或者，若申请人为自然人受托人团体，需要该组织的风险管理战略并由该组织每个成员签署；

（e）附有风险管理战略满足第 29H 条规定的声明，并由如下人员签署：

（ⅰ）若申请人为法人；

（ⅱ）或者，若申请人为自然人受托人团体，该组织每个成员；

（5）依据第（4）款第（c）项目标，可以规定对于不同类型的认证收取不同的申请费用。

申请期间发生变化的通知

（6）若：

（a）法人申请 RSE 认证；

（b）提出申请后，在 APRA 做出是否同意申请的决定之前，董事会有另一董事加入或退出；

该法人必须在发生变化之后尽快按认可的格式将董事会成员的变化通知 APRA。

注释：第 9 章有平等代表规则的要求。

（7）若：

（a）自然人受托人团体申请 RSE 认证；

（b）提出申请后，在 APRA 做出是否同意申请的决定之前，有另一受托人加入或退出该团体；

该团体的一个成员必须在发生变化之后尽快按认可的格式将该组织成员的变化通知 APRA。

注释：第 9 章有平等代表规则的要求。

（8）若：

（a）法人或自然人受托人团体申请 RSE 认证；

（b）提出申请后，在 APRA 做出是否同意申请的决定之前，该法人或组织的风险管理战略被变更或撤销和取代；

该法人或组织必须在风险管理战略被变更或撤销和取代后尽快向 APRA 送达风险管理战略最新副本。

（9）若违反第（6）款、第（7）款或第（8）款规定，则可认定该申请违反本条要求。

注释：若某申请违反本条要求，APRA 不得授予 RSE 认证：见第 29D 条第（1）款第（c）项。

29CA APRA 可以要求更多信息

（1）若法人或自然人受托人团体申请 RSE 认证，APRA 可以通知该法人或该组织的某一成员要求其在指定的合理时间内向 APRA 书面提供指定信息。

（2）APRA 可以认定法人或自然人受托人团体撤销 RSE 认证申请，若该法人或组织：

（a）不能满足本条提供信息的要求；

（b）没有合理的理由解释不能满足的原因。

（3）若 APRA 依据第（2）款认定某法人或组织撤销 RSE 认证申请，APRA 必须在做出该认定后确保该法人或组织成员收到包括如下信息的通知：

（a）APRA 的认定；

（b）做出该认定的理由。

29CB 现有受托人在认证过渡期的申请许可期限

申请意向声明

（1）可注册超级年金实体的受托人在认证过渡期开始时，可向 APRA 提交书面声明：

（a）以认可的格式；

（b）表明该人是否打算依据第 29C 条申请 RSE 认证；

（c）列出若被授予 RSE 认证（依据第 2B 章）打算服务的可注册超级年金实体。

做出是否同意申请的决定的期限

（2）依据第（3）款，APRA 必须在认证过渡期结束前决定是否同意该申请，若：

（a）在该期限内 APRA 收到申请；

（b）是向以下组织授予 RSE 认证的申请：

（i）认证过渡期开始时已作为某一可注册超级年金实体的受托人的法人组织；

（ii）或者，认证过渡期开始时某一成员已作为某一可注册超级年金实体的受托人的自然人受托人团体。

（3）在持续 6 个月的认证过渡期的任何时候，APRA 均可依据第（2）款拒绝考虑在认证过渡期结束之前提出的任何关于向以下组织授予 RSE 认证的进一步申请：

（a）认证过渡期开始时已作为某一可注册超级年金实体的受托人的法人组织；

（b）或者，认证过渡期开始时其中一个或多个成员已作为某一可注册超级年金实体的受托人的自然人受托人团体。

（4）若 APRA 依据第（3）款决定拒绝考虑依据第（2）款提出的进一步申请，APRA 应在做出该决定后尽快在向各州和地区发行的日报上发布该决定的通知。

（5）若 APRA 依据第（3）款决定拒绝考虑依据第（2）款提出的进一步申请，可视为自认证过渡期结束之日起 APRA 立即收到该申请。

29CC 决定是否同意其他申请的期限

（1）APRA 应在收到 RSE 认证申请之日起 90 天内决定是否同意该申请，若：

（a）该申请是在认证过渡期结束之后收到；

（b）或者，该申请是在认证过渡期内收到，是要求向以下组织颁发 RSE 认证的申请：

（i）认证过渡期开始时尚未成为某一可注册超级年金实体的受托人

的法人；

（ⅱ）或者，认证过渡期开始时尚未有成员成为某一可注册超级年金实体的受托人的自然人受托人团体；

除非 APRA 依据第（2）款决定延长许可该申请的期限。

（2）APRA 可以最多延长 30 天第（1）款第（a）项或第（b）项所指的申请的许可期限，若 APRA 向该法人或该组织成员就申请的延期问题进行了如下通知：

（a）以书面形式；

（b）在收到申请之日起 90 天内。

（3）若 APRA 决定延长许可该申请的期限，必须在延长期内决定是否同意该申请。

（4）若 APRA 在要求期限的最后一天仍不能做出是否同意的决定，APRA 可以在最后一天决定拒绝该申请。

第 4 节　授予 RSE 认证

29D　授予 RSE 认证

（1）APRA 应对申请 RSE 认证的法人或自然人受托人团体授予 RSE 认证，当且仅当：

（a）APRA 没有理由认为若授予 RSE 认证，以下组织将不能遵守 RSE 认证法：

（ⅰ）法人组织，若该申请是由法人提出；

（ⅱ）或者，自然人受托人团体的所有成员或任何成员，若该申请是由自然人受托人团体提出；

（b）APRA 没有理由认为若授予 RSE 认证，以下组织将不能遵守 RSE 认证要求的任何条件：

（ⅰ）法人组织，若该申请是由法人提出；

（ⅱ）或者，自然人受托人团体的所有成员或任何成员，若该申请是由自然人受托人团体提出；

（c）依据第 29C 条提出的认证申请，且为某类法人或自然人受托人团体受托人的认证申请；

（d）APRA 确信：

（ⅰ）若申请由法人提出，该法人应满足依据第 3 章提出的基金受托人和 RSE 持证人的恰当和合宜标准的要求；

（ⅱ）或者，若申请由自然人受托人团体提出，该团体整体应满足依据第 3 章提出的 RSE 持证人的恰当和合宜标准的要求，每一个成员应满足依据第 3 章提出的基金受托人的恰当和合宜标准的要求；

（e）APRA 确信该法人或组织的风险管理战略满足第 29H 条的要求；

（f）当申请人不是宪法组织时，APRA 确信以下组织仅打算担任一个或多个超级年金基金的受托人，且这些超级年金明确其唯一或主要目标是提供老年人养老金的管理规定：

（ⅰ）法人组织，若该申请由法人提出；

（ⅱ）或者，自然人受托人团体的每个成员，若该申请由自然人受托人团体提出。

（g）当申请能够使受托人持有满足第 29EA 条第（3）款规定条件的公募实体受托人认证的那类认证证书时，APRA 确信申请人是满足第 29DA 条规定的资本要求的宪法组织；

（h）申请未依据第 29CA 条第（2）款被撤销或视同撤销，未依据第 29CB 条第（3）款被拒绝考虑或依据第 29CC 条第（4）款被视同拒绝。

注释 1：所有 RSE 应满足的条件。见第 5 节。

注释 2：RSE 认证仅能授予法人或自然人受托人团体，因为只有法人或自然人受托人团体可以申请 RSE 认证。见第 29C 条。

（2）否则，APRA 可以拒绝该申请。

29DA　资本要求

（1）若宪法组织满足如下至少一条，则其满足本条提出的资本要求。

（2）宪法组织满足本条要求，若 APRA 确信该组织的净有形资产价值等于或大于规定要求的数量。

（3）宪法组织满足本条要求，若 APRA 确信该组织有权进行津贴的认可担保：

（a）该津贴的数额等于或大于规定要求的数额；

（b）该津贴与成为或即将成为的每一个可注册超级年金实体的受托人的组织职责相关。

（4）宪法组织满足本条要求，若 APRA 确信：

（a）该组织有权进行津贴的认可担保，该津贴与其作为或即将成为的每一个可注册超级年金实体的受托人的职责相关；

（b）认可担保的数额和组织净有形资产的价值等于或大于规定要求。

（5）宪法组织满足本条要求，若其书面同意遵守如下书面要求：

（a）APRA 在如下行为之前对其做出的要求：

（ⅰ）授予 RSE 认证；

（ⅱ）或者，由于要求 RSE 持证人满足本条资本要求，该类 RSE 认证变更；

（b）与其已作为或将成为的每一个可注册超级年金实体的资产托管有关的要求。

（6）本条中：

"净有形资产"为本法规定的净有形资产。

29DB　认证号码等

若 APRA 决定向某法人或自然人受托人团体授予 RSE 认证，APRA 应向该组织提供 RSE 认证证书，包括：

（a）唯一的认证号码；

（b）认证类型。

29DC　要求载有认证号码的文件

（1）RSE 持证人应确保以下文件含有 RSE 认证号码：

（a）RSE 持证人能力范围内向 APRA 提交的每一个文件；

（b）任何标识可注册超级年金实体的 RSE 持证人身份的文件；

（c）若 RSE 持证人为法人组织，任何表明该法人为可注册超级年金实体受托人身份的文件；

（d）若 RSE 持证人为自然人受托人团体，任何表明该组织成员为某可注册超级年金实体受托人的文件，或任何表明该组织的成员为某自然人受托人团体的成员，该自然人受托人团体为可注册超级年金实体的 RSE 持证人。

（2）否则，若 APRA 已书面认可某文件或包括该文件的某类文件无须确保含有认证号码，则不要求 RSE 持证人遵守第（1）款规定。

29DD　认证期限

（1）RSE 认证在如下时期之后开始生效：

（a）授予认证时；

（b）或者，认证中明确表明的生效时间。

（2）在依据第7节撤销RSE认证之前，RSE认证继续有效，当满足：

（a）依据第5节所增加的任何认证条件；

（b）或者，依据第6节进行的任何认证条件的变更或撤销，或认证类型的变更。

29DE APRA发布拒绝申请的通知

若APRA拒绝某法人或自然人受托人团体的RSE认证申请，APRA应在做出拒绝决定后确保该法人或组织的某一成员收到如下通知：

（a）APRA拒绝该申请；

（b）拒绝该申请的理由；

第5节 RSE认证条件

29E 所有认证及所有认证组织应满足的条件

所有RSE认证应满足的条件

（1）所有RSE认证应满足如下条件：

（a）RSE持证人以及（若该RSE持证人为自然人受托人团体）该团体的每个成员均应遵守《RSE认证法》；

（b）每个可注册超级年金实体的受托人（为RSE持证人）的职责应被以下人员正确执行：

（i）法人，若RSE持证人为法人；

（ii）或者，自然人受托人团体的每个成员，若RSE持证人为自然人受托人团体；

（c）RSE持证人应有符合第8节要求的风险管理战略，且应遵守该战略；

（d）RSE持证人应确保其认证的每一个可注册超级年金基金：

（i）依据第2B章进行了注册；

（ii）或者，依据第2B章提出了注册申请，尚未最终决定或处理；

（e）RSE持证人应遵守其认证的每一个超级年金实体的风险管理计划中规定的每一项措施和程序；

（f）RSE持证人应在其构成发生变化之日起15日内向APRA通知其构成的任何变化［见第（2）款］；

（g）RSE持证人应遵守监管条例规定的任何其他条件。

注释1：违反认证条件可能会导致APRA对其进行要求其符合条件的指导（见第

29EB 条）或取消认证（见第 29G 条）。

注释 2：若 RSE 持证人违反了认证条件（见第 29JA 条），RSE 持证人应通知 APRA。

注释 3：不同类型的 RSE 认证［见第（3）款到第（7）款］或特殊 RSE 认证（见第 29EA 条）可能会有不同的附加条件。

RSE 持证人构成的变化

（2）第（1）款第（f）项所指的 RSE 持证人构成的变化指：

（a）若 RSE 持证人为法人，该法人董事成员的增加或减少；

（b）或者，若 RSE 持证人为自然人受托人团体，该组织成员的增加或减少。

使得 RSE 持证人符合公募实体的受托人要求的认证类型

（3）以下 RSE 认证的附加条件可以使得某受托人获得担任公募实体受托人的认证：

（a）获得该认证的 RSE 持证人应继续是满足第 29DA 条资本要求的宪法组织；

（b）若获得该认证的 RSE 持证人在 APRA 授予认证时满足第 29DA 条第（5）款的资本要求［而不满足第 29DA 条第（2）款、第（3）款或第（4）款的要求］，RSE 持证人应继续满足该条提及的书面要求。

非宪法组织 RSE 持证人的认证

（4）以下附加条件施加于以下非宪法组织持有的 RSE 认证：

（a）法人，若 RSE 持证人为法人；

（b）或者，自然人受托人团体成员，若 RSE 持证人为自然人受托人团体；

该非宪法组织仅能担任管理规则中明确规定其唯一或主要目标是提供老年养老金的超级年金基金的受托人。

自然人受托人团体的 RSE 认证

（5）以下附加条件施加于自然人受托人团体进行的 RSE 认证：

（a）该组织成员应尽力确保该组织成员不低于 2 人；

（b）该组织成员低于 2 人的时期不得超过 90 天。

注释：第 29E 条第（1）款第（f）项要求 RSE 持证人构成的任何变化应通知到 APRA。

受让人基金的 RSE 持证人认证

（6）若依据第 18 章从让渡人基金将其成员或受益人的权益转移到某基金，则该基金的 RSE 持证人的 RSE 认证应附加条件（无论该 RSE 持证人之前或当前是否为该基金的 RSE 持证人）。当该 RSE 持证人是该基金的 RSE 持证人时，附加条件为该 RSE 持证人有义务在转移前夕向让渡人基金的成员或受益人支付津贴。

不同认证类型的约定条件

（7）本条所指的约定条件是指某特定类型的所有 RSE 认证应满足的条件。

（8）第（7）款所指的特定类型是指除第 29B 条第（2）款或第（3）款规定或第 29B 条第（4）款规定的认证类型以外的类型。

29EA APRA 授予自然人认证的附加条件

（1）APRA 可以在任何时候向 RSE 持证人通知追加 RSE 认证附加条件。

（2）第（1）款规定的条件不得与任何依据第 29E 条附加的 RSE 认证条件相同。

注释 1：违反认证条件可能会导致 APRA 对其进行要求其符合条件的指导（见第 29EB 条），或取消认证（见第 29G 条）。

注释 2：若违反 RSE 认证条件（见第 29JA 条），RSE 持证人应通知 APRA。

注释 3：RSE 持证人可向 APRA 申请变更或撤销本条追加的条件，见第 29F 条。

（3）不只限于第（1）款，RSE 认证的附加条件还可以要求 RSE 持证人法人或自然人受托人团体的每一个成员不得担任该 RSE 认证的可注册超级年金实体的受托人，除非：

（a）条件中明确规定的可注册超级年金实体；

（b）或者，条件明确规定的某类可注册超级年金实体包含的可注册超级年金实体。

（4）不只限于第（1）款，RSE 认证的附加条件可以要求 RSE 持证人应确保条件指明的基金或某类基金符合商定的代表规则（只要第 92 条适用于该基金）。但是，在追加类似条件前，APRA 应参考其依据本条制定的所有书面指南。

（5）若 RSE 持证人同时也是金融服务持牌人：

（a）APRA 在追加条件之前应与 ASIC 协商，因该条件可能会影响该

RSE 持证人提供一种或多种金融服务的能力（金融服务定义见 2001 年公司法）；

（b） APRA 在追加第（a）项不包括的条件后一周内应通知到 ASIC。

（6）不符合第（5）款的要求，不会使追加的任何条件失效。

（7）依据本条追加的附加条件在以下时间后生效：

（a） APRA 向 RSE 持证人通知该追加条件之日起；

（b）或者，自通知中明确规定的追加条件生效之日起。

29EB 符合认证条件的指导

若 APRA 有充分理由确信 RSE 持证人违反了 RSE 认证规定的条件，APRA 可以对 RSE 持证人提供在指定时间符合其 RSE 认证指定条件的指导。该指导应：

（a）以书面通知形式发放给 RSE 持证人；

（b）指明合理的指定时间。

注释：不能满足指导要求可能导致取消该 RSE 认证（见第 29G 条）并可能犯法（见第 29JB 条）。

第 6 节 变更 RSE 认证

29F 变更 RSE 认证的申请

（1） RSE 持证人可向 APRA 申请如下一项或两项：

（a）变更 RSE 认证使得成为另一种类型的 RSE 认证；

（b）或者，变更或撤销 APRA 依据第 29EA 条追加的 RSE 认证条件。

（2）本条的申请应：

（a）以认可的格式；

（b）包含认可的格式要求的信息；

（c）若该申请为申请变更 RSE 认证以成为另一种类型的 RSE 认证，应缴纳监管条例规定的这类变更申请费用（若有的话）。

29FA APRA 可以要求更多信息

（1） APRA 可以向依据第 29F 条提出申请的 RSE 持证人发布通知，要求该 RSE 持证人在符合实际的特定时间以书面形式向 APRA 提供与申请相关的更多信息。

（2） APRA 可以依据第 29F 条认定该申请被撤销，若 RSE 持证人：

（a）不满足本条提供信息的要求；

（b）没有合理理由解释不满足的原因。

（3）若 APRA 决定依据第 29F 条认定该申请被撤销，APRA 应在做出该决定后尽快采取合理步骤确保 RSE 持证人收到如下通知：

（a）APRA 的决定；

（b）做出此决定的理由。

29FB 决定申请的期限

（1）APRA 应在收到申请之日起 60 天内做出是否同意第 29F 条所指的申请的决定，除非决定依据第（2）款延期决定该申请。

（2）APRA 可以延长决定该申请的期限不超过 60 天，若 APRA 向 RSE 持证人通知该延期决定：

（a）以书面形式；

（b）自收到申请之日起 60 天内。

（3）若 APRA 决定延长决定申请的期限，应在延长期内做出是否同意该申请的决定。

（4）若 APRA 在要求的期限的最后一天仍不能决定是否同意该申请，则可视为 APRA 在最后一天决定拒绝该申请。

29FC APRA 可以依据申请变更 RSE 认证

（1）APRA 可以根据第 29F 条的申请通知 RSE 持证人：

（a）变更该 RSE 持证人的 RSE 认证使之成为另一种类型的 RSE 认证；

（b）或者，变更或撤销依据第 29EA 条追加的 RSE 认证条件。

（2）但：

（a）RSE 认证不应变更为特定类型的 RSE 认证，除非 APRA 确信 RSE 持证人将满足该类 RSE 认证要求的所有条件；

（b）第（1）款第（b）项变更的条件不应与第 29E 条要求的条件相同；

（c）若 RSE 持证人同时也是金融服务持牌人：

（i）APRA 在变更 RSE 认证使之成为不同类型的 RSE 认证之前应与 ASIC 协商，因该变更可能会影响该 RSE 持证人提供一种或多种金融服务的能力（金融服务定义见《2001 年公司法》）；

（ii）APRA 在变更或撤销条件之前应与 ASIC 协商，因该变更或撤销可能会影响该 RSE 持证人提供一种或多种金融服务的能力（金融服务定义见《2001 年公司法》）；

（ⅲ）APRA 在变更条件之前应与 ASIC 协商，因为变更的那个条件可能会产生第（ⅱ）目所提及的影响；

（ⅳ）APRA 在变更或撤销第（ⅰ）目、第（ⅱ）目或第（ⅲ）目不包括的条件后一周内应通知到 ASIC。

（3）不满足第（2）款第（c）项的要求不会使以下内容无效：

（a）变更 RSE 认证使其成为其他类型的 RSE 认证；

（b）或者，变更或撤销 RSE 认证条件。

（4）APRA 无须依据 RSE 持证人申请的要求变更 RSE 认证类型，或变更/撤销 RSE 认证的任何条件。

29FD　APRA 可以自行变更或撤销认证条件

（1）APRA 可以自行变更或撤销任何依据第 29EA 条要求的 RSE 认证条件。

（2）但：

（a）第（1）款变更的条件不得与依据第 29E 条要求的任何条件相同；

（b）若 RSE 持证人同时也是金融服务持牌人：

（ⅰ）APRA 在变更或撤销条件之前应与 ASIC 协商，因该变更或撤销可能会影响该 RSE 持证人提供一种或多种金融服务的能力（金融服务定义见《2001 年公司法》）；

（ⅱ）APRA 在变更条件之前应与 ASIC 协商，因为变更的那个条件可能会产生第（ⅰ）目所提及的影响；

（ⅲ）APRA 在变更或撤销第（ⅰ）目或第（ⅱ）目不包括的条件后一周内应通知到 ASIC。

（3）不满足第（2）款第（b）项的要求不会使该条件的变更或撤销无效。

29FE　本节中 APRA 做出决定的通知

（1）APRA 应通知 RSE 持证人，若 APRA：

（a）依据第 29FC 条变更了 RSE 持证人的 RSE 认证使之成为另一种类型的 RSE 认证；

（b）或者，依据第 29FC 条或第 29FD 条变更或撤销了 APRA 依据第

29EA 条要求的 RSE 认证条件。

（2）该通知应：

（a）若第（1）条第（a）项适用，指明 RSE 认证变更后的类型；

（b）若第（1）条第（b）项适用：

（ⅰ）指明变更或撤销的认证条件；

（ⅱ）指明该变更或撤销生效后，该认证应符合的第 29EA 条要求的所有条件；

（c）说明变更或撤销的理由；

（d）指明 APRA 发布通知后该变更或撤销生效的日期。

（3）若 APRA 拒绝依据第 29FC 条提出的变更或撤销申请，APRA 应在拒绝该申请后尽快采取合理步骤确保提出该申请的 RSE 持证人收到如下通知：

（a）APRA 拒绝该申请；

（b）拒绝的理由。

29FF 变更或撤销的生效日期等

（1）若依据第 29FC 条 APRA 变更了 RSE 认证使之成为其他类型 RSE 认证：

（a）自第 29FE 条第（2）款第（d）项的通知中规定的该变更的生效日期起；

（b）变更依然有效，直到：

（ⅰ）以不合理的方式变更了该条件；

（ⅱ）该条件被撤销；

（ⅲ）或者，认证被取消。

（2）若 APRA 依据第 29FC 条或第 29FD 条撤销了要求的 RSE 认证的某条件，该撤销自第 29FE 条第（2）款第（d）项的通知中规定生效日期起生效。

第 7 节 取消 RSE 认证

29G 取消 RSE 认证

（1）除第（3）款另有规定外，APRA 可以书面取消 RSE 认证。

注释：在某些情形下，APRA 需要财长的同意［第（3）款］，或应通知 ASIC 或与 ASIC 协商（第 29GA 条）。

（2）不只限于第（1）款，APRA 也可以取消 RSE 认证，若：

(a) RSE 持证人已经按认可的格式要求取消该认证；

(b) RSE 持证人为法人，且为第 15 章所指的取消资格的人员；

(c) RSE 持证人违反了该认证要求的条件；

(d) APRA 有理由确信 RSE 持证人会违反该认证要求的条件；

(e) RSE 持证人不能满足 APRA 依据第 29EB 条进行的指导；

(f) 或者，APRA 有理由确信 RSE 持证人将不能满足 APRA 依据第 29EB 条进行的指导。

（3）在没有财长书面同意的情况下，APRA 不得依据第（1）款取消 RSE 认证，除非符合第（2）款第（a）项或第（b）项的取消条件。

（4）若 APRA 取消了 RSE 认证，应采取合理步骤确保 RSE 持证人的法人或组织成员获得如下通知：

(a) APRA 取消了该认证；

(b) 取消的理由。

29GA 取消金融服务持牌人的 RSE 认证

（1）若 RSE 持证人同时也是金融服务持牌人，APRA 在取消其 RSE 认证之前应与 ASIC 协商，因该取消可能会影响该 RSE 持证人提供一种或多种金融服务的能力（金融服务定义见《2001 年公司法》）；

（2）若 RSE 持证人同时也是金融服务持牌人，APRA 在做出取消决定后一周内应将取消决定通知到 ASIC。

（3）不满足本条要求不会使 RSE 认证的取消决定失效。

29GB APRA 可以允许 RSE 认证继续有效

在 APRA 向 RSE 持证人发布的 RSE 认证取消通知中，APRA 可以明确规定在出现指定事项或在指定时期或两者兼而有之时，RSE 认证就像没有取消一样继续有效，依据：

(a) 本法中规定的由 APRA 管理的某一指定条款；

(b) 或者，其他联邦法中规定的由 APRA 管理的某一指定条款。

第 8 节 风险管理战略

第 A 小节 风险管理战略的内容

29H 风险管理战略的内容

（1）风险管理战略应规定法人或自然人受托人团体在识别、监控和管理如下风险时应采取的合理措施和程序：

（a）与 RSE 持证人从事的活动或拟从事的活动相关的风险；

（b）与 RSE 持证人从事的活动或拟从事的活动有关的其他活动相关的风险。

（2）不只限于第（1）款，法人或自然人受托人团体的风险管理战略还应规定：

（a）该法人或组织在识别、监控和管理如下风险时应采取的合理措施和程序：

（ⅰ）与管理或决策制定过程相关的风险；

（ⅱ）外包协议（而非仅与某超级年金实体相关的协议）可能引发的风险；

（ⅲ）《RSE 持证人法》的任何变化可能引发的风险；

（ⅳ）潜在欺诈和偷窃风险；

（b）进行本条所指的风险审计的情形；

（c）监管条例规定的应列示的其他事项。

（3）风险管理战略应由如下人员签署：

（a）若是法人的风险管理战略，由法人签署；

（b）或者，若是自然人受托人团体的风险管理战略，由该组织的所有成员签署。

注释：RSE 认证不应被授予，除非有满足本条要求的风险管理战略：见第 29D 条第（1）款第（e）项。

（4）风险管理战略不应参考任何其他文件中的公司条款，除非该其他文件可被公众成员免费获得。

（5）风险管理战略不得违反本条要求，因为它将再现包含在申请 RSE 认证以成为 RSE 持证人的某实体的风险管理计划中的信息。

第 B 小节　维持和审查风险管理战略

29HA　维持和审察风险管理战略的要求

（1）RSE 持证人应：

（a）确保其风险管理战略不断更新；

（b）确保其风险管理战略至少一年审查一次，以确保符合第 29H 条的要求；

(c) 在任何时候 RSE 持证人发现其风险管理战略不再满足第 29H 条的要求，均应根据第 29HB 条修改或调整其风险管理战略。

（2）RSE 持证人应在其出现以下情形发生后 60 天内审查其风险管理战略：

（a）成为某可注册超级年金实体的 RSE 持证人（该超级年金实体不是该 RSE 持证人申请 RSE 认证时报备的要成为 RSE 持证人的可注册超级年金实体）；

（b）或者，在某超级年金实体受托人依据第 17 章被吊销或撤销后，被任命为某超级年金实体的临时受托人。

但是，若 RSE 持证人的风险管理战略确实依据第（1）款第（b）项在该 RSE 持证人成为该实体 RSE 持证人或受托人后 60 天内进行了审查，则本条不适用。

注释：只有一个人员可以依据第 17 章被任命为临时受托人：见第 134 条。

29HB 风险管理战略的修改等

（1）RSE 持证人可以：

（a）修改其风险管理战略；

（b）或者，废除其风险管理战略，并用新的风险管理战略取代之。

（2）但是，经过修改或废除和取代后的风险管理战略应满足第 29H 条的要求。

（3）APRA 可以指导 RSE 持证人在规定的时间修改其风险管理战略以确保该战略满足第 29H 条的要求。该指导应通知到 RSE 持证人。

注释：不能满足指导要求可能会导致犯罪：见第 29JC 条。

（4）第（3）款中给予 RSE 持证人的指导中规定的时间应为至少在向 RSE 持证人发布指导后 14 天。

29HC 风险管理战略修改等的通知

（1）若 RSE 持证人修改了其风险管理战略，该 RSE 持证人应在做出该修改后 14 天内向 APRA 提交：

（a）修改的副本；

（b）经修改的战略副本。

（2）若 RSE 持证人撤销了其风险管理战略（旧战略），并取代以另一个风险管理战略（新战略），RSE 持证人应在旧战略被撤销后 14 天内向 APRA 提交：

（a）新战略的副本；

（b）新战略取代旧战略的效果的书面声明。

（3）本条中任何由 RSE 持证人向 APRA 提交的副本或声明均须由 RSE 持证人签字。

注释：若 RSE 持证人为自然人受托人团体，则该副本或声明应由该组织的每一个成员签字：见第13A条第（6）款。

（4）某人犯罪，若：

（a）该人是：

（ⅰ）RSE 持证人法人；

（ⅱ）或者，RSE 持证人自然人受托人团体的成员；

（b）RSE 持证人违反了第（1）款、第（2）款或第（3）款。

处罚：50 个罚款单位。

（5）某人犯罪，若：

（a）该人是：

（ⅰ）RSE 持证人法人；

（ⅱ）或者，RSE 持证人自然人受托人团体的成员；

（b）该 RSE 持证人违反了第（1）款、第（2）款或第（3）款的严格责任。

处罚：25 个罚款单位。

注释1：有关严格责任见《刑法》第6.1条。

注释2：《刑法》第2章规定了刑事责任的通则，《1914年刑法》第 IA 章提供了处理罚款的条款。

第 C 小节　杂项

29HD　APRA 需要的信息

（1）APRA 可以通知 RSE 持证人以规定的方式、在符合条件的规定时间向 APRA 提供与风险管理战略相关的规定信息。

（2）某人犯罪，若：

（a）该人是：

（ⅰ）RSE 持证人法人；

（ⅱ）或者，RSE 持证人自然人受托人团体的成员；

（b）该 RSE 持证人不能满足第（1）款的通知要求。

处罚：50 个罚款单位。

（3）某人犯罪，若：

（a）该人是：

（ⅰ）RSE 持证人法人；

（ⅱ）或者，RSE 持证人自然人受托人团体的成员；

（b）该 RSE 持证人不能满足第（1）款的通知的要求，违反严格责任。

处罚：25 罚款单位。

注释 1：有关"严格责任"见《刑法》第 6.1 条。

注释 2：《刑法》第 2 章规定了刑事责任的通则，《1914 年刑法》第 IA 章提供了处理罚款的条款。

注释 3：《刑法》第 137.1 条和第 137.2 条也对提供虚假或误导信息或文件的犯罪下了定义。

（4）若 RSE 持证人有合理理由解释不满足第（1）款通知要求的原因，第（2）款或第（3）款不适用。

注释：被告负有举证第（4）款所提事项的责任［见《刑法》第 13.3 条第（3）款］。

第 9 节　犯罪和自证其罪

29J　未获认证担任可注册超级实体的受托人

（1）若某人在认证过渡期开始时并未担任某超级年金实体的受托人，就不得在该过渡期内成为受托人或担任某超级年金实体的受托人。除非在该期间至少满足如下一款：

（a）该人持有一个能使其担任该实体的受托人的 RSE 认证；

（b）该人为某自然人受托人团体的一个成员，该组织持有一个能使该组织成员担任该实体的受托人的 RSE 认证；

（c）该人在该实体担任受托人尚未超过 30 天，且该实体至少还有一位受托人在认证过渡期开始前夕担任该实体的受托人；

（d）该人和另外的至少一位在认证过渡期开始前夕担任该实体受托人的受托人，已经申请能使其担任该实体受托人的 RSE 认证，且该申请尚未最终做出决定或处理；

（e）该人为认可受托人。

（2）无论《刑法》第 13.3 条第（3）款有何规定，被告不负有举证第（1）款的相关事项的责任。

（3）违反第（1）款规定即为犯罪。

处罚：监禁两年或罚款 120 个罚款单位或两者兼而有之。

注释：《刑法》第 2 章规定了刑事责任的通则，《1914 年刑法》第 IA 章对处罚进行了明文规定。

（4）某人不得成为或担任某超级年金实体的受托人，若该人：

（a）为法人；

（b）不是该超级年金实体的唯一受托人。

（5）某人违反第（4）款即为犯罪。

处罚：监禁两年，或罚款 120 个罚款单位，或两者兼而有之。

注释：《刑法》第 2 章规定了刑事责任的通则，《1914 年刑法》第 IA 章对处罚进行了明文规定。

（6）本条不妨碍 RSE 持证人自己担任或授权他人代表其担任受托人。

29JA　没有对违反认证条件进行通知

（1）RSE 持证人应在以下人员发现违反 RSE 认证要求的条件后 14 天内尽快向 APRA 提交列明其违反详情的通知：

（a）若 RSE 持证人为法人——法人；

（b）或者，若 RSE 持证人为自然人受托人团体——该组织的某个成员。

（2）某人犯罪，若：

（a）该人是：

（i）RSE 持证人法人；

（ii）或者，RSE 持证人自然人受托人团体的成员；

（b）该 RSE 持证人违反第（1）款要求。

处罚：50 个罚款单位。

（3）第（2）款为违反严格责任。

注释 1：有关"严格责任"见《刑法》第 6.1 条。

注释 2：《刑法》第 2 章规定了刑事责任的通则，《1914 年刑法》第 IA 章对处罚进行了明文规定。

29JB 不满足符合认证条件的指导要求

（1）RSE 持证人应在规定的时间内满足依据第 29EB 条做出的指导要求。

（2）某人犯罪，若：

（a）该人是：

（ⅰ）RSE 持证人法人；

（ⅱ）或者，RSE 持证人自然人受托人团体的成员；

（b）该 RSE 持证人违反第（1）款要求。

处罚：60 个罚款单位。

（3）第（2）款为违反严格责任。

注释1：有关"严格责任"见《刑法》第6.1条。

注释2：《刑法》第2章规定了刑事责任的通则，《1914年刑法》第 IA 章对处罚进行了明文规定。

29JC 不满足修改风险管理战略的指导要求

（1）RSE 持证人应在规定的时间内满足依据第 29HB 条做出的指导要求。

（2）某人犯罪，若：

（a）该人是：

（ⅰ）RSE 持证人法人；

（ⅱ）或者，RSE 持证人自然人受托人团体的成员；

（b）该 RSE 持证人违反第（1）款要求。

处罚：60 个罚款单位。

（3）第（2）款为违反严格责任。

注释1：有关"严格责任"见《刑法》第6.1条。

注释2：《刑法》第2章规定了刑事责任的通则，《1914年刑法》第 IA 章提供了处理罚款的条款。

29JD 不影响超级年金权益发放有效性的违法

违反第 29J 条、第 29JA 条、第 29JB 条或第 29JC 条规定不影响超级年金权益发放或其他活动的有效性。

29JE 自证其罪

（1）若个人没有理由为不能满足第29CA条、第29FA条或第29HD条要求提供合理信息的要求进行解释，他将可能显示自己有罪或使自己被判罚款。

（2）个人提供的符合要求的信息（而非虚假信息），不足以反驳对该个人的刑事处罚或罚款，若：

（a）在提供信息之前，该个人声明其提供的信息可能会显示其有罪或使其被判罚款；

（b）提供的信息可能在实际上会显示其有罪或使其被判罚款。

第2B章 可注册超级年金实体

第1节 本章目标

29K 本章目标

（1）本章的目标是为可注册超级年金实体的注册提供依据。

（2）若作为RSE持证人的可注册超级年金实体未注册，该RSE持证人将违反依据第29E条第（1）款第（d）项提出的认证条件。可见注册很重要。

注释：违反认证条件可能会导致APRA就满足该条件进行指导（见第29EB条）或取消该认证（见第29G条）。

第2节 申请注册

29L 申请注册

谁可以申请注册

（1）RSE持证人可以向APRA申请注册某可注册超级年金实体。

申请的要求

（2）一个可注册超级年金实体的注册申请应：

（a）以认可的格式；

（b）包括认可的格式要求的信息；

（c）附有该可注册超级年金实体订立的信托契约的最新副本（除非

该信托契约依据该实体的管理规则订立）；

（d）附有该可注册超级年金实体的管理规则的最新副本（除非该管理规则是依据联邦法制定或没有书面的规则）；

（e）附有该可注册超级年金实体的风险管理计划的最新副本，并由做出该申请的 RSE 持证人签字；

（f）附有由做出该申请的 RSE 持证人签字的声明，声明该申请随附的风险管理计划符合第 29P 条要求。

注释：若 RSE 持证人为自然人受托人团体，该副本或声明应由该组织的每个成员签字；见第 13A 条第（6）款。

申请待决期间某些变化的通知

（3）若：

（a）某 RSE 持证人申请注册某可注册超级年金实体；

（b）在做出申请之后，APRA 尚未做出决定之前，该实体订立的信托契约（非该实体的管理规则）发生变更或撤销和取代；

该 RSE 持证人应在该信托契约发生变更或撤销和取代后尽快向 APRA 提交信托契约的最新副本。

（4）若：

（a）某 RSE 持证人申请注册某可注册超级年金实体；

（b）在做出申请之后，APRA 尚未做出决定之前，该实体的任何管理规则（不是依据联邦法订立的管理规则或非书面规则）发生变更或撤销和取代；

该 RSE 持证人应在该管理规则发生变更或撤销和取代后尽快向 APRA 提交管理规则（不是依据联邦法订立的管理规则或非书面规则）的最新副本。

（5）若：

（a）某 RSE 持证人申请注册某可注册超级年金实体；

（b）在做出申请之后，APRA 尚未做出决定之前，该实体的风险管理计划发生变更或撤销和取代；

该 RSE 持证人应在该风险管理计划发生变更或撤销和取代后尽快向 APRA 提交风险管理计划的最新副本。

（6）若违反第（3）款、第（4）款或第（5）款，可视为该申请不符合本条要求。

注释：若该申请不满足本条要求，APRA 不得注册该实体：见第 29M 条第（1）款第（a）项。

申请失效

（7）注册申请失效，若：

（a）该申请由 RSE 持证人提出；

（b）该 RSE 持证人不再是 RSE 持证人，在：

（ⅰ）APRA 做出是否同意该注册申请的决定之前；

（ⅱ）或者，若 APRA 就该申请做出的决定须依据本法进行审查——在该审查最终决定或处理前。

29LA　APRA 可以要求更多信息

APRA 可以通知申请注册某可注册超级年金实体的 RSE 持证人，要求其以书面形式向 APRA 提交与申请相关的指定信息。

注释：不能提供要求的信息将会推迟 APRA 做出是否同意该申请的决定的时间：见第 29LB 条第（1）款第（b）项。

29LB　决定注册申请的期限

（1）APRA 应对 RSE 持证人提出的可注册超级年金实体的注册申请做出决定：

（a）从收到申请之日起 21 天内；

（b）若申请人被要求依据第 29AL 条提供信息——在如下时间之后的 21 天内：

（ⅰ）收到 RSE 持证人提供的所有要求其提供的信息；

（ⅱ）或者，所有与该信息相关的通知均被处理；

否则，APRA 应依据第（2）款延长决定该申请的时间。

（2）APRA 可以延长决定是否同意 RSE 持证人提出的可注册超级年金实体的注册申请的期限，延长期不超过 7 天，若 APRA 向 RSE 持证人就该延期进行了通知：

（a）以书面形式；

（b）要求 APRA 依据第（1）款在该期限内做出是否同意该申请的决定。

（3）若 APRA 延长某可注册超级年金实体的注册申请的决定期限，

那么应在延长期内做出决定。

（4）若 APRA 在要求的决定期限最后仍无法决定是否同意某可注册超级年金实体的注册申请，可视为 APRA 在该期限的最后一天拒绝该申请。

第 3 节 注册

29M 可注册超级年金实体的注册

（1）APRA 应对可注册超级年金实体进行注册，当且仅当：

（a）注册申请符合第 29L 条；

（b）申请人已经向 APRA 提供了所有依据第 29LA 条要求的信息，或要求已被取消；

（c）APRA 确认该实体没有管理规则与第 6 章冲突；

（d）APRA 确认该实体的风险管理计划满足第 29P 条的要求；

（e）注册申请人持有能够使以下人员成为该实体受托人的 RSE 认证：

（ⅰ）若申请人为法人——该法人；

（ⅱ）或者，若申请人为自然人受托人团体——该组织的每个成员。

（2）否则，APRA 应拒绝注册该实体。

29MA 注册号等

若 APRA 对某可注册超级年金实体进行了注册，APRA 应：

（a）分配给该实体一个唯一的注册号；

（b）以书面形式将注册信息和注册号码通知到 RSE 持证人。

29MB 要求载有注册号码的文件

（1）某可注册超级年金实体被注册后，该实体的 RSE 持证人应确保如下文件应载有注册号码：

（a）RSE 持证人向 APRA 提交的与该实体相关的每个文件；

（b）RSE 持证人表明自己为该实体的 RSE 持证人的所有其他文件；

（c）若 RSE 持证人为法人——表明该法人为该实体受托人的所有文件；

（d）若 RSE 持证人为自然人受托人团体——该组织成员向 APRA 提交的所有文件或表明该组织成员为该实体受托人或为该实体 RSE 持证人的自然人受托人团体成员的所有文件。

（2）但是，若 RSE 持证人已获得 APRA 书面许可无须确保某特定文件或包括该文件的某类文件载有注册号码,则不要求 RSE 持证人在该文件上符合第(1)款要求。

29MC　APRA 发布拒绝申请的通知

若 APRA 拒绝了某 RSE 持证人提出的可注册超级年金实体的注册申请,APRA 应在拒绝该申请后尽快采取合理步骤确保该 RSE 持证人获得如下通知:

(a) APRA 拒绝了该申请的通知;

(b) 列出拒绝的理由。

第 4 节　取消注册

29N　取消注册

(1) APRA 应取消某可注册超级年金实体的注册,若如下文件声明该实体解散:

(a) 为《2001 年金融部门(数据收集)法》所指的报告文件;

(b) 与该实体相关;

(c) 根据该法提交给 APRA。

(2) APRA 可以取消某可注册超级年金实体的注册,若 APRA 有合理理由确认:

(a) 该实体没有受益人和资产;

(b) 没有人向该实体要求索取权益或其他支付;

(c) 监管条例规定的取消注册的其他情形(若存在的话)。

(3) 若 APRA 依据第(2)款取消了可注册超级年金实体的注册,APRA 应在取消注册后尽快采取合理步骤确保该实体的 RSE 持证人获得如下通知:

(a) 声明已经取消了该实体的注册;

(b) 列出取消的理由。

第 5 节　风险管理计划

第 A 小节　风险管理计划的内容

29P　风险管理计划的内容

(1) 可注册超级年金实体的风险管理计划应规定可行措施和程序,以便该实体的 RSE 持证人识别、监督和管理在经营该实体时出现的风险。

（2）不只限于第（1）款，可注册超级年金实体的风险管理计划还应规定：

（a）该实体的 RSE 持证人在识别、监督和管理如下风险时应采取的合理措施和程序：

（ⅰ）有关该实体的投资战略风险；

（ⅱ）该实体的财务状况风险；

（ⅲ）有关该实体的外包协议产生的风险；

（b）对本条所指的风险进行审查的适用情形；

（c）监管条例规定的风险管理计划应规定的其他事项。

（3）风险管理计划应由该实体的 RSE 持证人签字。

注释：若 RSE 持证人为自然人受托人团体，该计划应由每一个自然人受托人签字，见第 13A 条第（6）款。

（4）风险管理计划不应参照任何其他文件的公司内部条款，除非该文件可为公众成员无偿获得。

（5）风险管理计划应遵守以上条款规定，因为该计划再生该实体 RSE 持证人的风险管理战略的信息或再生该 RSE 持证人担任的另一家实体的风险管理计划的信息。

第 B 小节　风险管理计划的维持和审查

29PA　维持和审查风险管理计划的要求

（1）依据本章已注册的可注册超级年金实体的 RSE 持证人应：

（a）确保任何时候该实体的风险管理计划均为最新计划；

（b）确保该实体的风险管理计划至少每年审查一次，以确保其符合第 29P 条要求；

（c）任何时候只要该实体的受托人发现风险管理计划不再符合第 29P 条要求，就应按照第 29PB 条要求修改或取代该实体的风险管理计划。

（2）某可注册超级年金实体的 RSE 持证人应在出现如下情形后 60 天内审查该实体的风险管理战略：

（a）该 RSE 持证人成为该实体的 RSE 持证人（除非该 RSE 持证人计划成为 RSE 持证人的可注册超级年金实体正在申请 RSE 注册）；

（b）或者，依据第 17 章，在某可注册超级年金实体的前受托人被吊销或撤销之后，该 RSE 持证人被任命为该实体的临时受托人。

但是，若在该 RSE 持证人成为该实体的 RSE 持证人或受托人之后 60 天内，确实对风险管理计划进行了审查。本条不适用。

注释：只有自然人才能依据第 17 章被任命为临时受托人，见第 134 条。

29PB　风险管理计划的修改等

（1）已依据本章进行了注册的可注册超级年金实体的 RSE 持证人可以：

（a）修改该实体的风险管理计划；

（b）或者，撤销该实体原来的风险管理计划，并取代以新的风险管理计划。

（2）但是，经过修改或撤销和取代后的风险管理计划应符合第 29P 条要求。

（3）APRA 可以指导已依据本章进行了注册的可注册超级年金实体的 RSE 持证人修改该实体的风险管理计划，以确保该计划在指定的时间符合第 29P 条要求。该指导应通知到该 RSE 持证人。

注释：不能满足该指导要求可能会导致违法，见第 29Q 条。

（4）第（3）款中所指的指定时间应为该指导通知到 RSE 持证人后至少 14 天。

20PC　风险管理计划的修改等的通知

（1）若 RSE 持证人修改了某已注册的可注册超级年金实体的风险管理计划，该 RSE 持证人应在做出修改后 14 天内通知 APRA：

（a）修改的副本；

（b）已修改的计划的副本。

（2）若 RSE 持证人撤销了某已注册的可注册超级年金实体的风险管理计划（旧计划），并取代以另一个风险管理计划（新计划），该 RSE 持证人应在旧计划撤销后 14 天内通知 APRA：

（a）新计划的副本；

（b）新计划取代旧计划的效果的书面声明。

（3）本条中所指的任何向 APRA 提交的副本或声明均应由该 RSE 持证人签字。

注释：若该 RSE 持证人为自然人受托人团体，该副本或声明应由每一个自然人受托人签字，见第 13A 条第（6）款。

（4）某人犯罪，若：
（a）该人是：
（ⅰ）RSE 持证人法人；
（ⅱ）或者，RSE 持证人自然人受托人团体的成员；
（b）该 RSE 持证人违反第（1）款、第（2）款或第（3）款要求。
处罚：50 个罚款单位。

（5）某人犯罪，若：
（a）该人是：
（ⅰ）RSE 持证人法人；
（ⅱ）或者，RSE 持证人自然人受托人团体的成员；
（b）该 RSE 持证人违反第（1）款、第（2）款或第（3）款的严格责任要求。
处罚：25 个罚款单位。

注释1：有关"严格责任"见《刑法》第 6.1 条。
注释2：《刑法》第 2 章规定了刑事责任的通则，《1914 年刑法》第 IA 章提供了处理罚款的条款。

第 C 小节　杂项

29PD　风险管理计划的获取

（1）若某已注册的可注册超级年金实体的成员或单位持有人要求获得该实体的风险管理计划的副本，该实体的 RSE 持证人应在收到该要求后尽快将该副本无偿提供给该成员或单位持有人。

（2）若符合以下条件的可注册超级年金实体的雇主发起人：
（a）已注册；
（b）为待遇确定型基金；
要求获得该实体的风险管理计划的副本，该实体的 RSE 持证人应在收到该要求后尽快将该副本无偿提供给该雇主发起人。

29PE　向 APRA 提供信息

（1）APRA 可以向某已注册的可注册超级年金实体的 RSE 持证人发出通知，要求其在符合实际的规定时间、以指定的方式向 APRA 提供与该实体风险管理计划相关的指定信息。

（2）某人犯罪，若：

（a）该人是：

（ⅰ）RSE 持证人法人；

（ⅱ）或者，RSE 持证人自然人受托人团体的成员；

（b）该 RSE 持证人不能满足该通知的要求。

处罚：50 个罚款单位。

（3）某人犯罪，若：

（a）该人是：

（ⅰ）RSE 持证人法人；

（ⅱ）或者，RSE 持证人自然人受托人团体的成员；

（b）该 RSE 持证人不能满足该通知的要求，违反严格责任。

处罚：25 个罚款单位。

注释 1：有关"严格责任"见《刑法》第 6.1 条。

注释 2：《刑法》第 2 章规定了刑事责任的通则，《1914 年刑法》第 IA 章规定了处理罚款的条款。

注释 3：《刑法》第 137.1 条和第 137.2 条也对提供虚假或误导信息或文件的犯罪下了定义。

（4）若 RSE 持证人有合理理由解释不能满足第（1）款中通知的要求的原因，第（2）款或第（3）款不适用。

注释：被告负有就第（4）款有关事项进行举证的责任［见《刑法》第 13.3 条第（3）款］。

第 6 节　犯罪和自证其罪

29Q　不满足修改风险管理计划的指导的要求

（1）RSE 持证人应在规定的时间满足依据第 29PB 条给出的指导的要求。

（2）某人犯罪，若：

（a）该人是：

（ⅰ）RSE 持证人法人；

（ⅱ）或者，RSE 持证人自然人受托人团体的成员；

(b) 该 RSE 持证人违反第（1）款要求。

处罚：60 个罚款单位。

（3）第（2）款为违反严格责任。

注释 1：有关"严格责任"，见《刑法》第 6.1 条。

注释 2：《刑法》第 2 章规定了刑事责任的通则，《1914 年刑法》第 IA 章规定了处理罚款的条款。

29QA　不影响超级年金权益发行有效性的犯罪

违反第 29Q 条规定不影响超级年金权益发行或其他活动的有效性。

29QB　自证其罪

（1）若个人没有理由为不能满足第 29LA 条或第 29PE 条提供合理信息的要求进行解释，他将可能显示自己有罪或使自己被判罚款。

（2）个人提供的符合要求的信息不足以反驳对该人的刑事处罚或罚款，若：

(a) 在提供信息之前，该个人声明其提供的信息可能会显示其有罪或使其被判罚款；

(b) 提供的信息可能在实际上会显示其有罪或使其被判罚款。

第 3 章　运营标准

30　本章目标

本章旨在提供规定的标准体系，以适用于：

(a) 被监管超级年金基金、认可存款基金和集合超级年金信托的运营；

(b) 那些基金和信托的受托人和 RSE 持证人。

31　被监管超级年金基金的运营标准

（1）监管条例可制定适用于被监管超级年金基金（基金）的运营和适用于这些基金的受托人和 RSE 持证人的标准。

（2）制定的标准包括，但不仅仅包括，与以下事项相关的标准：

(a) 向基金缴费的人员；

(b) 直接或间接来自于基金缴费的受益权；

(c) 基金可以接受的缴费额；

（d）基金可以接受缴费的情形；

（e）基金提供津贴的形式；

（f）适用于基金的精算标准；

（g）直接或间接来源于基金的缴费的津贴的留存；

（h）直接或间接来源于基金的缴费的津贴的支付；

（i）直接或间接来源于基金的缴费的津贴的便携性；

（j）基金可以提供的津贴水平和基金可以持有的资产水平；

（k）由于受益人不再有获得津贴的资格，停止向该受益人发放津贴的申请；

（l）基金资产的投资和对该投资的管理；

（m）基金受托人的数量和基金受托人董事会或委员会构成；

（ma）基金 RSE 持证人和基金受托人的恰当和合宜要求；

（n）有关基金记录的保持和保留；

（o）基金应准备的财务和精算报告；

（p）向基金受益人进行的信息披露；

（pa）作为自然人受托人团体成员的基金受托人向该组织中的其他受托人进行的信息披露；

（q）向基金的监管机构进行的信息披露；

（r）向除受益人或监管机构以外的人员进行的信息披露；

（s）基金的财务状况；

（sa）与基金运营相关的外部协议；

（sb）基金受托人的资源（包括人力资源、技术资源和金融资源）的充足性和可获得性；

（t）基金的积累和偿付；

（u）基金清盘。

32 认可存款基金的运营标准

（1）监管条例可制定适用于认可存款基金（基金）运营的标准，以及适用于这些基金的受托人和 RSE 持证人的标准。

（2）制定的标准包括，但不止包括，与如下事项相关的标准：

（a）基金可以存入金额的种类；

（aa）基金可以存入某金额的情形；

（b）基金存款金额的保全和收益；

（c）来自于基金存款和收益的支付；

（d）基金存款和收益的便携性；

（e）该基金津贴的支付形式；

（f）基金资产的投资和投资管理；

（fa）对基金的 RSE 持证人和受托人的恰当和合宜要求；

（g）保持和保留基金记录；

（h）基金应准备的财务和精算报告；

（i）向基金受益人进行的信息披露；

（j）向基金监管机构进行的信息披露；

（k）向除基金受益人或监管机构以外的人员进行的信息披露；

（l）基金的财务状况；

（la）与基金运营有关的外包协议；

（lb）基金受托人的资源（包括人力资源、技术资源和财务资源）的充足性和可获得性；

（m）基金的积累和偿付；

（n）基金清盘。

33 集合超级年金信托的运营标准

（1）本监管条例可制定适用于集合超级年金信托（信托）运营的标准，和适用于这些信托的受托人和 RSE 持证人的标准。

（2）制定的标准包括，但不止包括，与如下事项相关的标准：

（aa）信托单位可能被收购的情形；

（a）信托单位的所有权和分配；

（b）信托资产的投资和投资管理；

（ba）对信托的 RSE 持证人和受托人的恰当和合宜要求；

（c）可以成为信托受托人的人员；

（d）信托受托人的数量和受托人董事会和委员会构成；

（e）保持和保留信托相关报告；

（f）信托应准备的财务和精算报告；

（g）向信托单位持有人进行的信息披露；

（h）向信托监管机构进行的信息披露；

（i）向信托单位持有人或监管机构以外的其他人员进行的信息披露；

（j）信托的财务状况；

（ja）与信托运营有关的外包协议；

（jb）信托受托人的资源（包括人力资源、技术资源和财务资源）的充足性和可获得性；

（k）信托的积累和偿付。

34　规定的运营标准应被遵守

标准应被遵守

（1）超级年金实体的每个受托人均应确保在所有时候均遵守适用于该实体运营的规定标准。

犯罪

（2）任何有意或无意地违反第（1）款规定的人均应受到100个罚款单位以下的处罚。

注释：《刑法》第2章规定了刑事责任的总则。

违反第（1）款规定不会影响交易的有效性

（3）违反第（1）款规定不会影响交易的有效性。

第4章　超级年金实体受托人向监管机构提交年报

35　本章目标

本章旨在规定要求超级年金实体向监管机构提交的报告。

36　受托人向APRA提交审计报告副本

提交文本

（1）超级年金实体的每个受托人应确保在收入年度后的规定期限内向APRA提交报告副本，该报告由该实体的认可审计师依据第13章就该收入年度做出，交予该实体的某个受托人和所有RSE持证人，并由如下人员证明该报告副本的真实性：

（a）若受托人为法人——该法人的负责人员；

（b）若受托人为某自然人受托人团体的成员——至少其中一个受托人。

（c）或者，其他情况——该受托人。

注释：《2001 年金融部门（数据收集）法》制定了要求受托人将年报和其他财务文件提交给 APRA 的条款。

（2）若某受托人违反第（1）款规定，该受托人犯罪。

最高处罚：50 个罚款单位。

（2A）若受托人违反第（1）款的规定，该受托人犯罪。本条为违反严格责任。

最高处罚：25 个罚款单位。

注释 1：《刑法》第 2 章规定了刑事责任的总则。

注释 2：关于"严格责任"，见《刑法》第 6.1 条。

报告的签注

（3）若依据《2001 年金融部门（数据收集）法》形成的报告，不是通过数据处理装置或电子方式生成，则第（1）款所指的报告需要签注。

自我管理超级年金基金

（4）若某超级年金实体在该收入年度的所有期间为自我管理超级年金基金，则不要求该超级年金实体提交依据《2001 年金融部门（数据收集）法》形成的报告。

36A　自我管理超级年金基金受托人应提交年度报告

提交文本

（1）自我管理超级年金基金的每个受托人均应确保在报告期内或在税务局允许的较长期限内向税务局提交年度报告。

提交期限

（2）"报告期"是指自该收入年度结束起开始的时期，期限为：

（a）本法规定的提交期限；

（b）或者，若没有规定期限——为税务局发布在宪报上的通知规定的期限。

报告形式

（3）该报告应：

（a）以认可的格式；

（b）包含认可的格式要求的与该基金该收入年度或另一收入年度，或两个收入年度相关的信息。

注释：报告的认可格式可以要求受托人规定该实体的税号。见第 299U 条第（2）款。

（7）若某人违反本条规定，即为犯罪。

最高处罚：50个罚款单位。

（7A）若某人违反本条规定，即为犯罪。本条指违反严格责任。

最高处罚：25个罚款单位。

注释1：《刑法》第2章规定了刑事责任的总则。

注释2：关于"严格责任"见《刑法》第6.1条。

（8）依据《1901年联邦法律解释法》，第（2）款第（b）项中的通知为第46A条所指的可否决文书。

第5章 关于符合基金状态的通知

第1节 目标和解释

37 本章目标

本章旨在：

（a）提供收入年度符合基金状态的通知体系（见第2节）；

（b）提供用于判断符合税收目标的基金状态的通知（见第3节）。

38 实体的含义

本章中：

"实体"是指基金、计划或信托。

第2节 监管机构可以发布有关符合基金状态的通知

38A 监管条款的含义

本节中：

与超级年金实体相关的监管条款，指：

（a）本法规定的条款；

（aa）《2001年金融部门（数据收集）法》规定的条款；

（b）或者，《2001年公司法》规定的与超级年金实体有关的，适用于金融产品（该法第7章给出的含义）的如下所有条款：

（ⅰ）第1013K条第（1）款或第（2）款；

（ⅱ）第1016A条第（2）款或第（3）款；

（ⅲ）第1017B条第（1）款；

（ⅳ）第1017C条第（2）款、第（3）款或第（5）款；

（ⅴ）第1017D条第（1）款；

（ⅵ）第1017DA条第（3）款；

（ⅶ）第1017E条第（3）款或第（4）款；

（ⅷ）第1020E条第（8）款或第（9）款；

（ⅸ）第1021C条第（1）款或第（3）款；

（ⅹ）第1021D条第（1）款；

（ⅺ）第1021E条第（1）款；

（ⅻ）第1021O条第（1）款或第（3）款；

（ⅹⅲ）第1041E条；

（ⅹⅳ）第1041F条第（1）款；

（ⅹⅴ）第1043A条第（1）款或第（2）款；

（ⅹⅵ）监管条例规定的适用于本款目标的所有其他条款。

39 违反的含义

（1）本节中，违反监管条款可以被忽略，除非该违反是：

（a）犯罪；

（b）或者，违反民事处罚条款。

（1A）若监管条款规定某人从事或不从事指定行为时即为犯罪，那么，依据本节，若某人从事或不从事该行为即可视为违反该条款。

（2）基于相对可能性判断是否违反是足够的。

40 监管机构向受托人发布的通知

关于符合基金状态的通知

（1）监管机构可以向实体受托人发布书面通知，声明依据指定收入年度的情况：

（a）该实体是否为符合要求的超级年金基金；

（b）该实体是否为符合要求的认可存款基金；

（c）或者，该实体是否为符合要求的集合超级年金信托。

理由

（2）若监管机构向实体受托人发布通知，依据收入年度的情况，声明：

（a）该实体为不符合要求的超级年金基金；

（b）该实体为不符合要求的认可存款基金；

（c）或者，该实体为不符合要求的集合超级年金信托。

通知中应列明监管机构做出此声明的原因。

税务局应收到的通知

（3）当 APRA 依据本条发布通知时，应向税务局发布特别通知。

注释：该特别通知中应包含该实体的税号。见第 299U 条第（3）款。

撤销

（4）若：

（a）监管机构向实体受托人发布的通知（原通知），声明依据某收入年度的情况：

（ⅰ）该实体为符合要求的超级年金基金；

（ⅱ）该实体为符合要求的认可存款基金；

（ⅲ）或者，该实体为符合要求的集合超级年金信托。

（b）随后，监管机构又向实体受托人发布通知（第 2 个通知），声明依据该收入年度的情况：

（ⅰ）该实体为不符合要求的超级年金基金；

（ⅱ）该实体为不符合要求的认可存款基金；

（ⅲ）或者，该实体为不符合要求的集合超级年金信托；

可视为第 2 个通知撤销了原通知。

注释：由于本条中基金的"监管机构"是指 APRA 或税务局，可能首先由 APRA 发出第 40 条第（4）款第（a）项的通知，后来又由税务局发出第 40 条第（4）款第（b）项的通知。这可能是因为在第一个通知发出后，该基金变成了自我管理超级年金基金。

41 何时监管机构应发布符合通知

（1）除第（2）款规定外，监管机构不应发出第 40 条的通知。

（2）监管机构应向实体受托人发布第 40 条的通知，声明依据某一收入年度的情况（当前收入年度）该实体为符合要求的超级年金基金、符合要求的认可存款基金或符合要求的集合超级年金信托，若：

（a）依据当前收入年度的情况，该实体为符合要求的超级年金基金、符合要求的认可存款基金或符合要求的集合超级年金信托。

（b）其中：

（ⅰ）监管机构没有向实体受托人发布通知，声明依据之前某一收入

年度的情况,该实体为符合要求的超级年金基金、符合要求的认可存款基金或符合要求的集合超级年金信托;

(ⅱ)或者,两者都:

(A)监管机构已经向实体受托人发布通知,声明依据之前某一收入年度的情况,该实体为不符合要求的超级年金基金、不符合要求的认可存款基金或不符合要求的集合超级年金基金;

(B)监管机构没有向实体受托人发布通知,申明依据前述收入年度之后、当前收入年度之前的某一收入年度的情况,该实体为符合要求的超级年金基金、符合要求的认可存款基金或符合要求的集合超级年金基金。

(3)尽管本条有规定,第(2)款所提及的之前收入年度是指1994—1995收入年度之前的某个收入年度(见第49条)。但是,即便第49条有规定,但为了使第(2)款适用于符合要求的超级年金基金,之前收入年度是指1994—1995或其之后的收入年度,否则,若该基金在成立当前收入年度的所有时间并非总是监管超级年金基金,则第(2)款第(b)项不适用。

(4)若第40条的通知被撤销或被决定取消,可视为从未发布该通知。

42 符合要求的超级年金基金

(1)某实体在某一收入年度为符合要求的超级年金基金,若:

(a)其中:

(ⅰ)该实体自存在之日起的那个收入年度中的所有时候均为被监管居民超级年金基金;

(ⅱ)或者,在成为被监管居民超级年金基金之前,该实体为认可居民存款基金,而在之后的那个收入年度的任何时间均为被监管居民超级年金基金;

(b)满足如下一条:

(ⅰ)在该收入年度,没有受托人违反与该实体有关的任何监管条款;

(ⅱ)两者都:

(A)在该收入年度,在一种或多种情况下,该实体的受托人违反与其相关的一条或多条监管条款;

(B)该实体通过了第(1A)款规定的所有违反条款的罪责试行;

(c)该实体在该收入年度的所有时候均不是自我管理超级年金基金。

（1AA）某实体在1994—1995或之后的收入年度也是符合要求的超级年金基金，若：

（a）该实体：

（i）在该收入年度，建立超级年金基金；

（ii）或者，在该收入年度，从认可居民存款基金变为超级年金基金。

（b）该实体符合第19条第（2）款到第（4）款：

（i）在其成立或成为超级年金基金之日起60天内；

（ii）或者，APRA允许的时期内（可能长于或短于60天）。

（c）满足如下一条：

（i）自该实体成立或成为超级年金基金起至其符合第19条第（2）款到第（4）款规定为止的整个期限内（预提阶段），没有受托人违反与该实体相关的监管条款；

（ii）该实体受托人在预提阶段在一种或多种情形下违反一个或多个监管条款，但APRA确认是由于预提阶段的特殊环境导致的，可以视为该实体满足监管条款要求。

（d）在预提阶段结束后的那个收入年度的所有剩余时间内，该实体为被监管居民超级年金基金。

（da）在该收入年度的所有时候，该实体不是自我管理超级年金基金。

（e）在预提阶段结束后的那个收入年度的所有剩余时间内，该实体满足第（1）款第（b）项提及的一个条件。

（1AB）若该实体在预提阶段为被监管居民超级年金基金，则无论其在该期间是否违反监管条例，均可视为该实体满足监管条款要求。

（1AC）某实体在1994—1995或之后的收入年度为符合要求的超级年金基金，若：

（a）实体的受托人声称已依据第19条第（4）款进行了选举；

（b）自实体受托人发现（无论APRA是否以书面形式通知）不符合第19条第（2）款到第（4）款要求之日起28天内，或在APRA允许的时期内（无论是多于还是少于28天），达到符合以上要求；

（c）除非实体受托人收到APRA的书面通知，通知其不符合要求,实体受托人应在符合要求后7天内，或APRA允许的期限内（无论是多于还是少于 7 天）向 APRA 书面报告其符合情况；

（d）满足如下一条：

（ⅰ）在从受托人提出依据第 19 条第（4）款进行选举至该实体满足第 19 条第（2）款到第（4）款要求的整个期间（整顿阶段）内，没有实体受托人违反任何监管条款；

（ⅱ）实体的受托人在整顿阶段的一种或多种情形下违反一条或多条监管条款，但 APRA 确认是由于整顿阶段的特殊情况引起的，可以视为该基金已经满足监管条款要求；

（e）若某一基金在 1994—1995 收入年度之前就已成立，依据第 50 条监管目标，在从 1994—1995 收入年度至该实体依据第 19 条第（4）款规定提出选举的整个期间内，可视为该基金满足超级年金基金过渡条件；

（f）在整顿期结束后的该收入年度的剩余时间内，该实体为被监管居民超级年金基金；

（fa）在该收入年度的所有时间，该实体不是自我管理超级年金基金；

（g）在整顿期结束后的该收入年度的剩余时间内，该实体满足第（1）款第（b）项的一个条件。

（1AD）若该实体在整顿阶段为监管居民超级年金基金，则无论其在该期间是否违反监管条例，均可视为该实体满足监管条款要求。

注释：第 50 条第（2）款指出，若某超级年金基金已清盘或终止，可视为该基金在清盘或终止前为符合要求的超级年金基金。

（1A）依据第（1）款第（b）项第（ⅱ）目，某实体没有通过其违反的条款的罪责试行，若：

（a）两者都：

（ⅰ）该实体所有成员直接或间接地故意违反；

（ⅱ）监管机构，在考虑以下情形后：

（A）《依据 1936 年所得税评估法》第 IX 章，若某实体在该收入年度被视为不符合要求的超级年金基金可能会产生的税收后果；

（B）违反的严重性；

（C）所有其他有关情况；

认为应发布通知声明该实体在该收入年度为不符合要求的超级年金基金；

(b) 或者,满足如下所有条件:

(ⅰ) 该实体的一个或多个成员直接或间接故意违反;

(ⅱ) 或者,该实体的一个或多个成员(无辜成员)没有直接或间接地故意违反;

(ⅲ) 依据《1936年所得税评估法》第Ⅸ章,若某实体在收入年度被视为不符合要求的超级年金基金,没有无辜成员会遭受任何实质性经济损失;

(ⅳ) 监管机构在考虑如下情形后:

(A) 依据《1936年所得税评估法》第Ⅸ章,若某实体在该收入年度被视为不符合要求的超级年金基金可能会产生的税收后果;

(B) 违反的严重性;

(C) 所有其他有关情况;

认为应发布通知声明该实体在该收入年度为不符合要求的超级年金基金。

注释:某一收入年度的部分时间为自我管理超级年金基金的某一基金依然与罪责试行有关,见第42A条第(2)款第(b)项第(ⅱ)目、第42A条第(3)款第(g)项和第42A条第(4)款第(f)项第(ⅱ)目。

(1B) 在第(1A)款中,若对某人是否直接或间接有意违反存在疑问,可根据相对可能性进行判断。

(2) 本条中,若该实体为认可存款基金,实体成员也可指该基金的受益人。

(3) 若某人或机构为第19条第(4)款所指的监管条例明确规定的人员或机构,第(1AA)款第(b)项第(ⅱ)目或第(c)项第(ⅱ)目或第(1AC)款的APRA也可用该人员或机构表示。

42A 符合要求的超级年金基金——曾在某年度为自我管理超级年金基金的基金

在整个收入年度均为自我管理超级年金基金的实体

(1) 在整个收入年度内均为自我管理超级年金基金的某一实体,在该收入年度为符合要求的超级年金基金,若:

(a) 其中:

(ⅰ) 该实体在其成立的那个收入年度整年内均为被监管居民超级年

金基金；

（ⅱ）或者，该实体在其成为被监管居民超级年金基金的那个收入年度整年内均为被监管居民超级年金基金，之前为认可居民存款基金；

（b）该实体在该收入年度通过第（5）款的试行。

在收入年度的一段时期内为自我管理超级年金基金的实体

（2）在收入年度的一段时期内为自我管理超级年金基金的实体为符合要求的超级年金基金，若：

（a）其中：

（ⅰ）该实体在其成立的那个收入年度整年内均为被监管居民超级年金基金；

（ⅱ）或者，该实体在其成为被监管居民超级年金基金的那个收入年度整年内均为被监管居民超级年金基金，之前为认可居民存款基金。

（b）两者都：

（ⅰ）在该收入年度中，作为自我管理超级年金基金期间，该实体通过了第（5）款的试行；

（ⅱ）若该实体受托人在该收入年度的其他期间违反了一条或多条监管条款——可视为该实体通过第42条第（1A）款规定的与上述违反相关的罪责试行。

某一收入年度期间成立的基金

（3）某实体：

（a）为在某一收入年度期间成立的超级年金基金，且在成立时或成立后成为自我管理超级年金基金；

（b）为认可居民存款基金，在该收入年度期间变为超级年金；

在该收入年度也是符合要求的超级年金基金，若：

（c）该实体符合第19条第（2）款到第（4）款规定：

（ⅰ）自其成立或变为超级年金起60天内；

（ⅱ）或者，在APRA允许的期间内（可能多于或少于60天）。

（d）满足如下一条：

（ⅰ）自该实体成立或成为超级年金基金起至其符合第19条第（2）款到第（4）款规定为止的整个期限内（预提阶段），没有受托人违反与该实体相关的监管条款；

（ⅱ）该实体受托人在预提阶段一种或多种情形下违反一个或多个监

管条款，但 APRA 确认是由于预提阶段的特殊环境导致的，可以视为该实体满足监管条款要求；

（e）该收入年度预提阶段之后的所有时间内，该实体为被监管居民超级年金基金。

在预提阶段之后：

（f）作为自我管理超级年金的该实体在该收入年度预提阶段之后的期间内通过了第（5）款的试行。

（g）若该实体的受托人在该实体不是作为自我管理超级年金基金的该收入年度预提阶段之后的任何其他期间违反了一条或多条监管条款——可视为该实体通过第42条第（1A）款规定的与上述违反相关的罪责试行。

受托人进行选举

（4）在某一收入年度的部分或全部时间为自我管理超级年金的实体，在该收入年度也是符合要求的超级年金基金，若：

（a）实体受托人已宣称依据第19条第（4）款进行了选举。

（b）在做出选举决定时，若不符合第19条第（2）款到第（4）款要求：

（ⅰ）在该实体的受托人发现不符合第19条第（2）款到第（4）款要求后（无论是APRA以书面还是其他形式进行的通知）28天内，或在APRA允许的期间内（无论是多于还是少于28天）符合了该要求；

（ⅱ）除非实体受托人收到 APRA 发布的关于不符合要求的书面通知——实体受托人应在符合要求后7天内，或在APRA允许的期间内（无论是所有还是少于7天）以书面形式通知APRA符合要求情况。

（c）满足如下一条：

（ⅰ）在从受托人提出依据第19条第（4）款进行选举至该实体满足第19条第（2）款到第（4）款要求的整个期间（整顿阶段）内，没有实体受托人违反任何监管条款；

（ⅱ）实体的受托人在整顿阶段的一种或多种情形下违反一条或多条监管条款，但APRA确认是由于整顿阶段的特殊情况引起的，可以当作该基金已经满足监管条款要求。

（d）若某一基金在1994—1995收入年度之前就已成立——依据第50条监管目标，在从1994—1995收入年度至该实体依据第19条第（4）款规定提出选举的整个期间内，可视为该基金满足超级年金基金过渡条件。

（e）在该收入年度整顿阶段结束后的所有时间内，该实体为监管居民超级年金基金。

(f) 在该收入年度整顿阶段结束后的期间内，以下两种都：

(ⅰ) 作为自我管理超级年金的该实体在该收入年度整顿阶段之后的期间内通过了第（5）款的试行；

(ⅱ) 若该实体的受托人在该收入年度整顿阶段之后的任何其他期间，不是作为自我管理超级年金基金，且违反了一条或多条监管条款——可视为该实体通过第42条第（1A）款规定的与上述违反相关的罪责试行。

实体通过试行的情形

(5) 在某一收入年度或收入年度的某段时间，实体通过试行，若：

(a) 在该期间，该实体没有受托人违反监管条款。

(b) 若在该期间实体的受托人违反了一条或多条监管条款，监管机构在考虑如下情形后：

(ⅰ) 依据《1936年所得税评估法》第 IX 章，若某实体在该收入年度被视为不符合要求的超级年金基金可能会产生的税收后果；

(ⅱ) 犯罪的严重性；

(ⅲ) 所有其他有关情况；

仍然认为应发布通知，声明该实体在该收入年度为符合要求的超级年金基金。

确定是否犯罪

(6) 在确定某实体在预提阶段或整顿阶段是否违反任何一条监管条款时，若该实体在该期间为监管居民超级年金基金，可视为这些条款在该期间适用于该实体。

参考 APRA

(7) 若某人或机构为第19条第（4）款所指的监管条例明确规定的人员或机构，第（1AA）款第（b）项第（ⅱ）目或第（c）项第（ⅱ）目或第（1AC）款的 APRA 也可用该人员或机构表示。

43 符合要求的认可存款基金

某实体在某一收入年度为符合要求的认可存款基金，若：

(a) 在成立之收入年度的所有时间，该实体为居民认可存款基金。

(b) 满足如下任何条款：

(ⅰ) 在该收入年度，该实体受托人没有违反任何监管条款；

(ⅱ) 两者都：

(A) 在该收入年度的一种或多种情形下，受托人违反一条或多条监管条款；

(B) 在受托人发现违规后 30 天内，或在 APRA 许可的期限内，每项违反均得以矫正。

(ⅲ) 两者都：

(A) 在该收入年度的一种或多种情形下，受托人违反一条或多条监管条款；

(B) APRA 确认该违规的后果或（和）频率不能证明需要发布通知，声明该实体在收入年度为不符合要求的认可存款基金。

(ⅳ) APRA 在考虑所有相关情形后认为应发布通知，声明该实体在该收入年度为符合要求的认可存款基金。

44　集合超级年金信托

某实体在某收入年度为集合超级年金信托，若：

(a) 在成立之收入年度的所有时间，该实体为集合超级年金信托。

(b) 满足以下任何条件：

(ⅰ) 在该收入年度，受托人不违反与其相关的任何监管条款；

(ⅱ) 两者都：

(A) 在该收入年度的一种或多种情形下，受托人违反一条或多条与其相关的监管规则；

(B) 在受托人发现违反后 30 天内，或在 APRA 许可的期限内，每项违反均得以矫正；

(ⅲ) 两者都：

(A) 在该收入年度的一种或多种情形下，受托人违反一条或多条监管条款；

(B) APRA 确认该违反的后果或（和）频率不能证明需要发布通知，声明该实体在收入年度为不符合要求的集合超级年金信托。

(ⅳ) APRA 在考虑所有相关情形后认为应发布通知，声明该实体在该收入年度为符合要求的集合超级年金信托。

第 3 节　税收方面符合要求的基金状态

45　符合要求的超级年金基金

(1) 依据《1936 年所得税评估法》第 IX 章，某基金在某收入年度

（当前收入年度）为符合要求的超级年金基金，当且仅当：

（a）监管机构依据第40条通知基金受托人该基金在当前收入年度为符合要求的超级年金基金；

（b）或者，监管机构曾依据第40条向基金受托人发布通知，声明该基金在之前某一收入年度为符合要求的超级年金基金，且并未向基金受托人发布通知声明该基金在以下收入年度为不符合要求的超级年金基金：

（ⅰ）当前收入年度；

（ⅱ）或者，某一收入年度：

（A）在前述之前收入年度之后；

（B）当前收入年度之前。

（2）尽管第2条有规定，但第（1）款第（b）项所提及的之前收入年度是指1994—1995收入年度之前的某个收入年度（见第49条）。但是，即便第49条有规定，之前收入年度亦为1994—1995或其之后的收入年度，否则，若基金在成立的当前收入年度的所有时间并非总是被监管超级年金基金，第（1）款第（b）项不适用。

（3）若依据第40条发布的通知被撤销或被决定取消，可视为从未发布该通知。

（4）《1936年所得税评估法》第170条不会妨碍在任何时候对评估的修正以便产生第（3）款的效应。

（5）若依据第40条在某收入年度就某基金发布通知，可视为该通知在收入年度初即已发布。

（6）尽管第（1）款有规定，但若在某基金成立之收入年度的所有时间，该基金为公共部门超级年金豁免计划或为其中的一部分，那么，依据《1936年所得税评估法》第Ⅺ章，该基金在该收入年度为符合要求的超级年金基金。

46 符合要求的超级年金计划——超级年金担保收费

依据《1992年超级年金担保（行政）法》，公共部门超级年金豁免计划可以视为符合要求的超级年金计划。

47 符合要求的认可存款基金

（1）依据《1936年所得税评估法》第Ⅸ章，某基金在某收入年度（当前收入年度）为符合要求的认可存款基金，当且仅当：

（a）监管机构依据第40条通知基金受托人该基金在当前收入年度为

符合要求的认可存款基金；

（b）或者，监管机构曾依据第40条向基金受托人发布通知，声明该基金在之前某一收入年度为符合要求的认可存款基金，且并未向基金受托人发布通知声明该基金在以下收入年度为不符合要求的认可存款基金：

（ⅰ）当前收入年度；

（ⅱ）或者，某一收入年度：

（A）在前述之前收入年度之后；

（B）当前收入年度之前。

（2）尽管第2条有规定，但第（1）款第（b）项所提及的之前收入年度是指1994—1995收入年度之前的某个收入年度（见第49条）。

（3）若依据第40条发布的通知被撤销或被决定取消，可视为从未发布该通知。

（4）《1936年所得税评估法》第170条不会妨碍在任何时候对评估的修正以便产生第（3）款的效应。

（5）若依据第40条在某收入年度就某基金发布通知，可视为该通知在收入年度初即已发布。

48 符合要求的集合超级年金信托

（1）依据《1936年所得税评估法》第Ⅸ章，某单位信托在某收入年度（当前收入年度）为符合要求的集合超级年金信托，当且仅当：

（a）监管机构依据第40条通知受托人该信托在当前收入年度为符合要求的集合超级年金信托；

（b）或者，监管机构曾依据第40条向受托人发布通知，声明该信托在之前某一收入年度为符合要求的集合超级年金信托，且并未向信托受托人发布通知申明该信托在以下收入年度为不符合要求的集合超级年金信托：

（ⅰ）当前收入年度；

（ⅱ）或者，某一收入年度：

（A）在前述之前收入年度之后；

（B）当前收入年度之前。

（2）尽管第2条有规定，但第（1）款第（b）项所提及的之前收入年度是指1994—1995收入年度之前的某个收入年度（见第49条）。

（3）若依据第40条发布的通知被撤销或被决定取消，可视为从未发布该通知。

(4)《1936年所得税评估法》第170条不会妨碍在任何时候对评估的修正以便产生第(3)款的效应。

(5) 若依据第40条在某收入年度就某信托发布通知,可视为该通知在收入年度初即已发布。

49 过渡——依据《1987年职业超级年金标准法》已废除的条款发布的通知

超级年金基金——确认

(1) 依据第41条第(2)款第(b)项和本节要求,若:

(a) 依据《1987年职业超级年金标准法》第12条或第13条已废除条款发布的通知,声明委员会确认:

(ⅰ) 某基金在某收入年度满足超级年金基金条件;

(ⅱ) 或者,某基金应被视为在某收入年度满足超级年金基金条件;

(b) 该收入年度为1993—1994或之前的收入年度;

该通知与依据第40条发布的声明该基金在该收入年度为符合要求的超级年金基金的通知一样有效。

认可存款基金(ADFs)——确认

(2) 依据第41条第(2)款第(b)项和本条,若:

(a) 依据《1987年职业超级年金标准法》第14条或第15条的已废除条款发布的通知,声明委员会确认:

(ⅰ) 某基金在某收入年度满足认可存款基金条件;

(ⅱ) 或者,某基金应被视为在某收入年度满足认可存款基金条件;

(b) 该收入年度为1993—1994或之前的收入年度;

该通知与依据第40条发布的声明该基金在该收入年度为符合要求的认可存款基金的通知一样有效。

集合超级年金信托(PSTs)——确认

(3) 依据第41条第(2)款第(b)项和本条,若:

(a) 依据《1987年职业超级年金标准法》第15B条或第15C条的已废除条款发布的通知,声明委员会确认:

(ⅰ) 某信托在某收入年度满足集合超级年金信托条件;

(ⅱ) 或者,某信托应被视为在某收入年度满足集合超级年金信托条件;

(b) 该收入年度为 1993—1994 或之前的收入年度；

该通知与依据第 40 条发布的声明该信托在该收入年度为符合要求的集合超级年金信托的通知一样有效。

超级年金基金——否认

(4) 依据第 41 条第（2）款第（b）项和本节要求，若：

(a) 依据《1987 年职业超级年金标准法》第 12 条或第 13 条的已废除条款发布的通知，声明委员会无法确认某基金在某收入年度满足超级年金基金条件；

(b) 该收入年度为 1993—1994 或之前的收入年度；

该通知与依据第 40 条发布的声明该基金在该收入年度为不符合要求的超级年金基金的通知一样有效。

认可存款基金（ADFs）——否认

(5) 依据第 41 条第（2）款第（b）项和本条，若：

(a) 依据《1987 年职业超级年金标准法》第 14 条或第 15 条的已废除条款发布的通知，声明委员会无法确认某基金在某收入年度满足认可存款基金条件；

(b) 该收入年度为 1993—1994 或之前的收入年度；

该通知与依据第 40 条发布的声明该基金在该收入年度为不符合要求的认可存款基金的通知一样有效。

集合超级年金信托——否认

(6) 依据第 41 条第（2）款第（b）项和本条，若：

(a) 依据《1987 年职业超级年金标准法》第 15B 条或第 15C 条的已废除条款发布的通知，声明委员会无法确认某信托在某收入年度满足集合超级年金信托条件；

(b) 该收入年度为 1993—1994 或之前的收入年度。

该通知与依据第 40 条发布的声明该信托在该收入年度为不符合要求的集合超级年金信托的通知一样有效。

《职业超级年金标准法》（OSSA）——继续适用

(7) 本条所指的《1987 年职业超级年金标准法》的条款，包括已被《1993 年职业超级年金标准法修正案》废除但仍继续适用的条款。

50　过渡——超级年金受托人选举最迟举行

最迟 28 天

（1）依据第 41 条第（3）款、第 42 条第（1）款第（a）项和第 45 条第（2）款，若：

（a）超级年金受托人依据第 19 条在某一天（举行日）举行了选举。

（b）举行日为 1994 年 7 月 28 日或之前的日子。

（c）监管机构确认本条适用于该基金。

（d）该基金受托人符合监管条例规定的向成员通知如下信息的要求：

（ⅰ）推迟进行选举；

（ⅱ）推迟的原因。

（e）依据监管条例，可视为该基金在被视为被监管超级年金基金的如下期间（预举行阶段）的所有时间，满足超级年金过渡条件：

（ⅰ）开始于 1994—1995 收入年度初；

（ⅱ）结束于举行日。

（2）依据本章目标，若：

（a）某超级年金已清盘或终止。

（b）在某特定日子（终止日）清盘和终止。

（c）终止日为监管机构向受托人发出的书面通知中规定的日子。

（d）基金受托人在本款生效前以书面形式向监管机构汇报：

（ⅰ）他们不打算依据第 19 条举行选举；

（ⅱ）打算依据第（4A）款，该款为依据第 333 条第（1）款做出的声明，可视为在 1996 年 7 月 1 日前夕插入本条中。

（e）该基金受托人满足向基金成员和准成员通知如下信息的要求：

（ⅰ）基金将清盘或终止；

（ⅱ）基金受托人打算依据第（d）款第（ⅱ）目提及的依据第（4A）款。

如同依据第（4A）款制定的监管条例规定了那样的要求。

（f）终止日结束后，基金受托人应尽快以书面形式向监管机构通报该基金已完成清盘或终止。

（g）依据监管条例，可视为该基金在如下期间（终止前阶段）的所有时间满足超级年金过渡条件：

（ⅰ）开始于 1994—1995 收入年度初；

（ⅱ）结束于终止日。

在终止前阶段的所有时间，该基金被视为符合要求的超级年金基金。

符合职业超级年金标准（OSS）体系的监管条例

（5）第（1）款第（e）项或（2）款第（g）项所指的监管条例可以：

（a）赋予监管机构职能或权力。

（b）制定与某事项相关的条款，通过申请、采纳或融合如下法律的条款或已废除条款等规定的修订方式进行：

（ⅰ）《1987年职业超级年金标准法》；

（ⅱ）适用于本法第7条的监管条例。

（包括那些已被《1993年职业超级年金标准法修正案》废除但仍适用的条款）。

《1901年联邦法律解释法》第49A条

（6）第（5）款不会限制《1901年联邦法律解释法》第49A条的适用性。

第6章　与超级年金实体管理规则相关的条款

51　本章目标

本章旨在规定有关超级年金实体管理规则内容的条款。

52　管理规则中的协议条款

视为包含协议条款的管理规则

（1）若超级年金实体的管理规则不包括第（2）款规定的协议条款，该管理规则可视为包含该协议条款。

协议条款

（2）第（1）款所指的协议条款为实体受托人应遵守的如下协议条款：

（a）在与实体相关的所有事项中诚实守信。

（b）在与实体相关的所有事项中，达到普通审慎的人员在处理其他人员财产时道义上认为应采取的谨慎、技能和勤奋的程度。

（c）确保受托人是以受益人的最大利益来执行职责和权力。

（d）保持实体的资金和资产与如下资金和资产分离：

（ⅰ）受托人个人持有的；

（ⅱ）或者，实体的标准雇主发起人或标准雇主发起人的关联人的资金或资产。

（e）不订立任何合同或采取任何形式阻止或妨碍受托人妥善执行受托人的职能和权力。

（f）制定并落实投资战略，该投资战略已经考虑实体的整个环境，包括但不限于如下内容：

（i）在做出、持有和实现实体投资的可能回报时涉及的风险，该投资已考虑其目标和预期现金流需求；

（ii）实体投资组合多样化或由于多样化不足面临的风险；

（iii）已经考虑预期现金流需求的实体投资的流动性；

（iv）实体履行现有或潜在负债的能力。

（h）若实体存在任何留存——制定和实施审慎管理战略应与实体的投资战略和清偿到期债务（无论是实际的还是估算的）的能力一致。

（i）允许受益人获得任何规定的信息或资料。

第（2）款第（e）项所指的协议条款

（3）第（2）款第（e）项所指的协议条款不妨碍受托人执行或授权他人代表受托人执行相应行为。

第（2）款第（f）项所指的协议条款

（4）投资战略可视为与第（2）款第（f）项一致，即便其允许特定受益人或特定类型受益人对受托人在如下方面提供指导：

（a）在受托人应遵循的与该实体特定资产投资相关的战略方面提供指导；

（b）对为实现本款目标而制定的监管条例的适用环境的指导。

监管条例规定的其他协议条款

（5）监管条例可规定超级年金实体的管理规则应包含协议条款，若该超级年金实体的管理规则不包含该协议条款应达到的效果，可视为该管理规则包含该协议条款应达到的规定效果。

规定的协议条款可以与其他要求重叠

（6）在不限制第（5）款通用性前提下，监管条例可以规定某协议条款用于解释、补充或处理如下方面内容：

（a）第（2）款协议条款涉及的事项；

（b）或者，本法的某一条款（本条除外）涉及的事项。

规定的协议条款应能与其他要求同时有效

(7) 但，第（5）款规定的协议条款应与以下内容同时有效：

(a) 第（2）款所指的所有协议条款；

(b) 除本条外的本法条款。

法人受托人的协议条款已经通过受托人董事会的约定生效

(8) 超级年金实体的法人受托人的协议条款可达到第（2）款所指的协议条款或第（5）款所指的监管条例规定的协议条款的效果，也可以通过受托人的每一个董事约定通过合理的审慎和勤奋来确保受托人执行协议条款。

审慎和勤奋的合理程度

(9) 第（8）款所指的审慎和勤奋的合理程度是指受托人董事会的正常成员在受托人所处环境下将会达到的审慎和勤奋程度。

53 向认可存款基金受益人偿还的协议条款

应包含2个协议条款的管理规则

(1) 若认可存款基金（非认可存款基金除外）的管理规则不包含第（2）款规定的协议条款，可视为其包含该协议条款。

协议条款的内容

(2) 该协议条款为：

(a) 受托人将在一定期限内（不超过12个月）偿付由受托人确定的金额，若：

（ⅰ）受益人书面要求受托人向其偿付与其基金权益相同的金额；

（ⅱ）若满足该要求，则与第32条的基金适用标准不符；

(b) 受托人的每一个董事均应确保受托人实施第（a）项的协议条款。

受益人的法定代理人

(2A) 第（2）款所指的受益人包括受益人的法定代理人。

注释：第15条规定了解释第（2）款的其他规则。

董事可被视为管理规则的一方

(3) 第（2）款第（b）项协议条款有效如同每个董事均为管理规则的一方。

向受益人偿付的期限

(4) 受托人应决定向受益人偿付第（2）款第（a）项所指协议条款

确定的金额的期限。

变更偿付期限

（5）当受托人决定了第（4）款所指的偿付期限，受托人可以进一步变更偿付期限，当且仅当：

（a）ASIC 已书面同意该变更；

（b）或者，已符合第 54 条的要求。

54　变更偿付期限的前提

（1）第 53 条第（5）款第（b）项所指的要求如下：

（a）是否应做出变更的问题已在受益人会议上投票表决；

（b）受托人在会议举办之前至少 21 天，向每个受益人的最近地址邮寄召集会议通知，内容包括：

（ⅰ）会议的日期、时间、地点；

（ⅱ）召集会议的原因；

（c）参加会议的受益人对其依据基金份额而应持有的权益价值进行表决（无论是本人还是委托代表）；

（d）受益人以其所占份额投票表决是否同意做出该变更。

（2）第（1）款第（c）项所指的权益价值是指在举办会议前夕，依据第 53 条所指的协议条款要求受托人偿付权益时，受托人本应偿付的金额。

55　违反协议条款的后果

（1）某人不得违反超级年金实体管理规则中包含的或视为包含的协议条款。

（2）第（1）款所指的违反不是犯罪，该违反不会导致交易无效。

（3）若某人因他人进行了第（1）款所指的违反行为而造成损失或损害，可以对他人或涉嫌违反的任何人提起诉讼，索赔该损失或损害的数额。

（4）第（3）款所指的诉讼可以在该案由出现后 6 年内任何时候提起。

（5）若该损失或损害为超级年金实体受托人或其代表的投资引致，被告方证明该投资是依据第 52 条第（2）款第（f）项所指的协议条款制定的投资战略进行的，其辩护有效。

（6）若该损失或损害为超级年金实体受托人的留存管理引致，被告方证明该留存管理符合第 52 条第（2）款第（g）项所指的协议条款，其辩护有效。

（7）第（5）款和第（6）款适用于对损失或损害提起的诉讼，无论是依据第（3）款或其他提起的诉讼。

56 受托人从实体资产进行赔偿

（1）超级年金实体管理规则中的某条款无效，若：

（a）该条款旨在排除因实体受托人行为引致的从实体资产进行赔偿的法律责任；

（b）或者，除第（2）款另有规定外，该条款限制了赔偿金额。

（2）超级年金实体管理规则中的某条款无效，若该条款旨在豁免或免除实体受托人如下责任：

（a）违反信托的责任，当受托人：

（ⅰ）不能诚实执行该实体相关事项；

（ⅱ）或者，没有以要求的审慎和勤奋程度执行影响该实体的相关事项；

（b）或者，民事处罚令要求的货币处罚责任。

（3）超级年金实体管理规则没有禁止实体受托人寻求行使受托人权利或义务的建议。但若管理规则中某条款旨在排除实体受托人从实体资产支付获得该建议的费用或旨在限制该支付费用，该条款无效。

57 受托人董事从实体资产进行赔偿

（1）除第（2）款另有规定外，超级年金实体管理规则可以规定受托人董事从实体资产赔偿因其担任受托人董事而产生的赔偿责任。

（2）超级年金实体管理规则中某条款无效，若该条款旨在免除受托人董事的如下责任：

（a）因董事从事如下行为而产生的责任：

（ⅰ）不能诚实执行该实体相关事项；

（ⅱ）或者，没有以要求的审慎和勤奋程度执行影响该实体的相关事项；

（b）或者，民事处罚令要求的货币处罚责任。

（3）受托人董事可以依据符合本条要求的实体管理规则相应条款，从实体资产进行赔偿。

（4）无论《2001年公司法》第241条有何规定，本条有效。

58　受托人无须接受指导

（1）除第（2）款另有规定外，超级年金实体（不包括低于 5 个成员的超级年金基金或非认可存款基金）的管理规则不得允许依据管理规则执行相应权利的受托人接受他人指导。

（2）第（1）款不适用于：

（a）法院进行的指导；

（b）监管机构进行的指导；

（c）受益人或受益人组织就其应获得偿付的权益进行的指导；

（d）受益人或受益人组织就第 52 条第（4）款进行的指导；

（e）若该实体为雇主发起基金——雇主发起人或雇主发起人协会在监管条例许可的条件下进行的指导；

（f）超级年金仲裁庭进行的指导；

（g）或者，由成员［《1997 年超级年金供款税（宪法保障的超级年金基金成员）评估和征收法》所指的成员］依据该法第 15 条第（8A）款进行的指导。

（3）若超级年金实体管理规则与第（1）款不一致，参照第（1）款，且该管理规则根据其不一致的程度无效。

59　由受托人以外的人员行使酌情权

（1）除第（1A）款另有规定外，超级年金实体（除自我管理超级年金基金外）的管理规则不得允许由受托人以外的人员行使酌情权，除非：

（a）该规则要求获得实体受托人同意才能行使酌情权；

（b）或者，若实体为雇主发起基金：

（ⅰ）行使酌情权与缴费相关，只有行使酌情权后，某雇主发起人才能被要求或允许向该基金缴费；

（ⅱ）行使酌情权仅与基金终止决定有关；

（ⅲ）或者，监管条例明确规定行使酌情权的情形。

（1A）无论第（1）款有何规定，若实体受托人符合监管条例规定的任何条件，超级年金实体的管理规则可以允许实体成员以书面通知的形式要求受托人在成员死亡时或死亡后向通知中提及的人员支付津贴，该人员可以是成员的法定遗产/私产代理人或家属。

（2）若超级年金实体管理规则与第（1）款不一致，参照第（1）款，且该管理规则根据其不一致的程度无效。

60 管理规则的修订

（1）超级年金实体（除自我管理超级年金基金外）的管理规则不得允许修订，除非：

（a）实体受托人同意修订；

（b）若实体为雇主发起基金：

（ⅰ）修订与缴费相关，只有修订后，某雇主发起人才能被要求或允许向该基金缴费；

（ⅱ）修订仅与基金终止决定有关；

（ⅲ）或者，监管条例明确规定进行修订的情形；

（c）或者，修订仅是为了便于授权受托人同意对管理规则进行修订。

（2）被监管超级年金基金管理规则不得允许做出如下修订：

（a）某人员（而非宪法组织）有资格被任命为受托人，除非在做出修订后，该规则要求并将继续要求该基金的唯一或主要目标为提供老年人养老金；

（b）或者，基金的唯一或主要目标不是提供老年人养老金，除非做出修订后，该规则要求并将继续要求受托人必须为宪法组织。

（3）若超级年金实体的管理规则与第（1）款或第（2）款不一致，参照第（1）款或第（2）款，且该管理规则根据其不一致的程度无效。

60A 解雇公募实体受托人

（1）除第（2）款外，公募实体管理规则不得允许受托人被 APRA 以外的人员免职。

注释：第17章规定了由 APRA 解雇受托人。

（2）第（1）款不适用于监管条例明确规定的某类免职。

（3）若公募实体的管理规则与第（1）款不符，参照第（1）款，且该管理规则根据其不一致的程度无效。

第7章 仅适用于被监管超级年金基金的条款

61 本章目标

本章旨在规定仅适用于被监管超级年金基金的特定条款。

62 单一目标试行

（1）被监管超级年金基金的每个受托人均应确保该基金仅是：

（a）出于如下一个或多个目标（核心目标）：

（ⅰ）在基金成员从其所从事的职业退休后，向其提供津贴（无论该成员是在加入该基金之前还是之后退休）。

（ⅱ）在基金成员达到或超过法定年龄后，向其提供津贴。

（ⅲ）从如下那个较早的时间起向基金成员提供津贴：

（A）成员从其所从事的职业退休；

（B）或者，成员达到第（ⅱ）目所指的法定年龄。

（ⅳ）在成员死亡时或死亡后提供津贴，若：

（A）该成员在退休前死亡；

（B）津贴提供给该成员的法定遗产/私产代理人，或亲属，或法定遗产/私产代理人和亲属。

（ⅴ）在成员死亡时或死亡后提供津贴，若：

（A）该成员在达到第（ⅱ）目所指的法定年龄前死亡；

（B）津贴提供给该成员的法定遗产/私产代理人，或亲属，或法定遗产/私产代理人和亲属。

（b）出于一个或多个核心目标和一个或多个如下目标（附属目标）：

（ⅰ）从基金成员终止某雇佣关系（其就业的雇主或雇主关联方已就其进行了缴费）时起，向其提供津贴。

（ⅱ）若基金成员工作是为了获得收入，且停止工作是由于健康不佳（无论是身体的还是心理的），则从成员停止工作起向其提供津贴。

（ⅲ）在成员死亡时或死亡后提供津贴，若：

（A）成员在退休后死亡（无论该成员是在加入基金之前还是之后退休）；

（B）津贴提供给该成员的法定遗产/私产代理人，或亲属，或法定遗产/私产代理人和亲属。

（ⅳ）在成员死亡时或死亡后提供津贴，若：

（A）成员在达到第（a）项第（ⅱ）目所指的法定年龄后死亡；

（B）津贴提供给该成员的法定遗产/私产代理人，或亲属，或法定遗产/私产代理人和亲属。

（ⅴ）提供监管机构书面认可的其他津贴。

（1A）第（1）款并不表示要求被监管超级年金受托人维持该基金以便向如下人员提供津贴：

（a）向基金的每个成员；

（b）或者，向基金成员的相关人员。

（2）第（1）款为第193条所定义的民事处罚条款，第21章规定了违反或涉嫌违反第（1）款的民事和刑事后果。

（3）监管机构为了实现第（1）款的目标而给予的认可与如下基金有关：

（a）或者，特定基金；

（b）特定类型基金。

63 某些情形下某些被监管超级年金基金不得接受雇主缴费

指导

（1）监管机构可以向被监管超级年金基金发布书面通知，指导受托人不得接受雇主发起人向该基金进行的任何缴费。

1994—1995年度前的指导

（2）委员会可以在1994—1995收入年度前对基金受托人仅提供指导（无论是否依据《1901年联邦法律解释法》第4条或其他法律），若该指导在该收入年度初和如下期间发挥作用：

（a）自该法获得御准之日起；

（b）至该收入年度开始前夕止；

当：

（c）该基金存在；

（d）根据《1987年职业超级年金标准法》第7条第（1）款制定的监管条例规定了适用于该基金的标准；

该基金不符合以上任何或所有的标准。

1993—1994年度后的指导

（3）监管机构不得在1994—1995收入年度开始之后对基金受托人提供指导，除非：

（a）该基金受托人在该收入年度开始之后在一种或多种情形下违反了一条或多条监管条款（见第38A条）；

（b）监管机构确认根据该违反的严重性或/和频率，需要进行指导。

理由

（4）本条所指的指导应与进行指导的原因声明同时提供，或两者在同一文件中提供。

取消

（5）监管机构可以取消指导，若监管机构确认该基金的每个受托人均实际遵守且将继续实际遵守适用于该基金的监管条款（见第38A条）。

违反平等代表规则

（6）依据第（3）款和第（5）款，若基金不符合第9章（涉及平等代表）规定，可视为该基金受托人违反了第9章的适用条款。

违反指导的处罚

（7）基金受托人不得无故违反本条规定的指导。

处罚：100个罚款单位。

（7A）第（7）款为违反严格责任。

注释1：《刑法》第2章规定了刑事责任总则。

注释2："严格责任"见《刑法》第6.1条。

对不遵守平等代表规则的基金的附加规则

（7B）若第（7D）款适用于该基金，且该基金不是公募超级年金基金，其RSE持证人不得接受雇主发起人对该基金的任何缴费。

处罚：60个罚款单位。

（7C）第（7B）款为违反严格责任。

注释1：《刑法》第2章规定了刑事责任总则。

注释2："严格责任"见《刑法》第6.1条。

（7D）本款适用，若：

（a）该基金不符合第92条第（4）款或第93条第（4）款规定（无论是否适用）；

（b）或者，以前曾经不符合，但基金符合时RSE持证人未向APRA以认可的格式提交通知：

（ⅰ）声明基金已符合规定；

（ⅱ）若RSE持证人为自然人受托人团体，该符合是由于新任命一个或多个自然人受托人参加该团体的结果——提供被任命人的名单；

（ⅲ）若RSE持证人为法人，且该符合是由于该法人新任命一个或多个董事进入董事会的结果——提供被任命人的名单。

退还缴费

（8）违反第（7）款或第（7B）款规定不会导致交易失效。但若接受的缴费违反了第（7）款或第（7B）款规定，基金受托人应在28天内或监管机构允许的期间内退还缴费。

通知雇主发起人

（9）若基金的受托人收到本条所指的指导，基金的每个受托人均应采取合理步骤确保将该指导通知到基金的每一个雇主发起人。

违反第（8）款或第（9）款的处罚

（10）某人无故违反第（8）款或第（9）款规定，应处以不超过50个罚款单位的罚款。

（10A）第（10）款为违反严格责任。

注释1：《刑法》第2章规定了刑事责任总则。

注释2："严格责任"见《刑法》第6.1条。

所得税和超级年金担保收费应排除退还缴费

（11）依据《所得税评估法》和《1992年超级年金担保（行政）法》，若缴费被退还，可视为该人从未进行过该缴费。

超级年金担保收费——不足部分可视为雇主缴费

（12）本条有效，如同依据《1992年超级年金担保（行政）法》第65条基金偿付的不足部分是雇主发起人向基金的缴费。

OSSA

（13）本条参考《1987年职业超级年金标准法》第7条第（1）款，包括该款中被《1993年职业超级年金标准法修正案》撤销但仍继续适用的条款。

64 超级年金缴费——工资或收入扣减部分应立即缴纳

适用

（1）本条适用，若：

（a）雇主被授权（无论是被雇员还是被法律或其他授权）：

（ⅰ）从员工工资直接扣除一定数额；

（ⅱ）向被监管超级年金基金缴纳该扣除数额，以便雇员或其家属获得超级年金津贴；

（b）雇主可以做出该扣除。

即时缴纳

（2）雇主应在做出该扣除的月份结束后28天内向超级年金基金受托

人缴纳该扣除数额。

（3）若雇主违反第（2）款，即为犯罪。

最大处罚：100个罚款单位。

（3A）若雇主违反第（2）款即为犯罪。此款为违反严格责任。

最大处罚：50个罚款单位。

注释1：《刑法》第2章规定了刑事责任总则。

注释2："严格责任"见《刑法》第6.1条。

定义

（4）本条中：

"工资"或"收入"与《1992年超级年金担保（行政）法》规定相同。

兼职国内工人计算在内

（5）依据本条目标，《1992年超级年金担保（行政）法》有效，如同该法第11条第（2）款没有颁布。

64A　遵守超级年金仲裁庭的决议

（1）若：

（a）超级年金仲裁庭依据《1993年超级年金（仲裁决议）法》第14条就残疾津贴（无论是否签订保险合同）做出仲裁；

（b）仲裁庭认为某人（除受托人或保险人以外）负有确定残疾是否存在的责任；

（c）仲裁庭依据该法第18条第（1）款第（d）项将该人加为仲裁一方；

该人应遵守仲裁庭所做的决议。

（2）本条中：

"超级年金仲裁庭"为《1993年超级年金（仲裁决议）法》第6条所指的超级年金仲裁庭。

65　禁止向被监管超级年金基金成员贷款

禁止

（1）被监管超级年金基金受托人或投资管理人不得：

（a）向如下人员提供贷款：

（ⅰ）基金成员；

（ⅱ）或者，基金成员亲属；

（b）使用该基金资源向如下人员提供任何其他财务支持：

（ⅰ）基金成员；

（ⅱ）或者，基金成员亲属。

例外——私人部门基金

（2）第（1）款不禁止在1985年12月16日前建立的私人部门基金向其成员提供贷款，若该基金受托人在该日期或之前：

（a）被明确授权可以向成员提供贷款；

（b）或者，向成员提供贷款，且该基金管理规则并未明确禁止。

例外——公共部门基金

（3）第（1）款不禁止在1988年5月25日前建立的公共部门基金向其成员提供贷款，若该基金受托人在该日期或之前：

（a）被明确授权可以向成员提供贷款；

（b）或者，向成员提供贷款，且该基金管理规则并未明确禁止。

管理规则变更

（4）若：

（a）第（2）款或第（3）款适用于被监管超级年金基金；

（b）在1994—1995收入年度初，该基金管理规则中包含授权将基金资金借给成员的条款；

该条款变更无效，除非该变更：

（c）限制向成员提供贷款的权限；

（d）或者，取消向成员提供贷款的权限。

民事处罚条款

（5）第（1）款为第193条所定义的民事处罚条款，第21章规定了违反或涉嫌违反第（1）款的民事和刑事后果。

定义

（6）本条中：

某人的"亲属"包括：

（a）本人或其配偶的父母、祖父母、兄弟姐妹、叔叔、阿姨、侄子、侄女、直系或领养的子女；

（b）其配偶或第（a）项规定的其他人员的配偶。

第8章效应

(7) 第 8 章任何条款不会影响本条的作用。

66 禁止从被监管超级年金基金成员收购某些资产

禁止

(1) 除第（2）款另有规定外，被监管超级年金基金的受托人或投资管理人不得故意从该基金关联方收购资产。

例外——收购企业不动产和上市证券

(2) 第（1）款不禁止受托人或投资管理人从基金关联方收购资产，若：

(a) 该资产为以市场价值收购的上市证券；

(b) 若该基金为成员数少于 5 人的超级年金基金——该资产为以市场价值收购的商业不动产；

(c) 被监管超级年金基金受托人在被监管超级年金基金合并时收购资产；

(d) 或者，该资产为监管机构书面许可从以下基金收购的资产：

（ⅰ）任何基金；

（ⅱ）或者，该基金包含的某类基金。

例外——某些内部资产

(2A) 第（1）款不禁止超级年金基金的受托人或投资管理人从基金关联方收购资产，若：

(a) 收购该资产构成投资：

（ⅰ）为第 71 条第（1）款所指的基金内部资产；

（ⅱ）将会成为除第 8 章 D 小节运营以外的第 71 条第（1）款所指的该基金内部资产；

（ⅲ）为人寿保险公司发行的人寿保险单（从基金成员或成员亲属收购的保险单除外）；

（ⅳ）或者，参考第 71 条第（1）款第（b）项、第（ba）项、第（c）项、第（d）项、第（e）项、第（f）项、第（h）项或第（j）项。

(b) 以市场价值收购该资产。

(c) 收购该资产不会导致超级年金基金的内部资产超过第 8 章允许的水平。

可否决文书

(2B) 依据《1901 年联邦法律解释法》第 46A 条，第（2）款第

(d) 项所做的书面决定是可否决文书。

禁止规避法律的计划

(3) 不得执行或同意执行某计划,若故意执行或同意执行该计划或该计划的一部分:

(a) 将导致或可能导致,被监管超级年金基金受托人或投资管理人向基金关联方的相关人员(无论是直接或通过中间公司、合伙人或信托产生的间接相关)收购资产;

(b) 该收购将规避第(1)款的适用性。

犯罪

(4) 若违反第(1)款或第(3)款规定,则处以不超过1年的监禁的处罚。

定义

(5) 本条中:

"收购资产"不包括接受货币。

"商业"是指以利润为目标从事的任何行业、交易、就业、天职或事业,包括:

(a) 从事初级产品生产;

(b) 提供专业服务;

但不包括作为员工从事的职业。

与实体相关的"商业不动产"指:

(a) 该实体对不动产持有的任何永久或租赁权益;

(b) 实体对公有土地持有的可以出让或转让的权益(不是租赁权益);

(c) 或者,若监管条例明确规定了与不动产相关的其他类型权益——该实体持有的任何该类权益;

其中该不动产可供一个或多个商业使用(无论是否为该实体经营),但不包括信托财产受益人持有的任何权益。

"上市证券"指挂牌上市,可以在如下场所公开交易的证券:

(a)《2001年公司法》第761条所指的特许市场;

(b)《1936年所得税评估法》第470条所指的认可证券交易所;

(c) 或者,为《2001年公司法》第791C条豁免的市场。

"初级产品生产业务"为《1997年所得税评估法》所指的初级产品

生产业务。

"计划"指：

（a）任何协定、协议、协商、承诺或担保：

（ⅰ）无论是明文还是隐含；

（ⅱ）或者，无论是否通过法定程序强制或试图强制实施。

（b）无论是单边的还是其他的任何方案、计划、意见、行动、行动步骤。

供初级产品生产业务使用的不动产

（6）根据第（5）款对不动产的定义，用于一个或多个初级产品生产业务的不动产只能用于该业务，因：

（a）不动产的面积不超过两公顷，包括家庭或私人住宅；

（b）该面积还供家庭或私人使用；

第（a）项和第（b）项所指的供家庭或私人使用不是该不动产的主要用途。

67 借款

禁止

（1）除本条另有规定外，被监管超级年金基金受托人不得：

（a）借款；

（b）或者，保持现有的借款状态。

例外——临时借款以支付受益人

（2）第（1）款不禁止被监管超级年金受托人借款，若：

（a）借款的目的是使得受托人能够支付受益人依据普通法或管理规则要求其进行的偿付，且除借款外受托人没有能力偿付；

（b）借款期限不超过90天；

（c）若发生借款，借款总额不超过基金资产总价值的10%。

（2A）第（1）款不禁止被监管超级年金基金受托人借款，若：

（a）借款的目的是使得受托人能够支付依据《1997年超级年金供款税（评估和征收）法》要求其支付的附加费或预收费用，且除借款外受托人没有能力支付；

（b）借款期限不超过90天；

（c）若发生借款，受托人借款总额不得超过该基金资产价值的10%。

例外——临时借款以支付证券交易结算费用

（3）第（1）款不禁止被监管超级年金基金借款，若：

（a）借款是为了使得受托人能够支付收购如下资产而产生的交易结算费用：

（ⅰ）债券、企业债券、股票、汇票或其他证券；

（ⅱ）公司股票；

（ⅲ）单位信托基金单位；

（ⅳ）期货合约；

（ⅴ）远期合约；

（ⅵ）利率掉期合约；

（ⅷ）货币掉期合约；

（ⅷ）远期汇率合约；

（ⅸ）远期利率合约；

（ⅹ）证券、股票、单位、合约或政策期权；

（ⅺ）其他类似金融工具；

（ⅻ）外汇；

（b）两者都：

（ⅰ）在做出相关投资决策时，似乎无须借款；

（ⅱ）根据监管机构书面决议，不排除借款；

（c）借款期限不超过7天；

（d）若发生借款，受托人借款总额不得超过基金资产价值的10%。

（4）根据《1901年联邦法律解释法》第46A条目标，第（3）款所指的监管机构决议为可否决文书。

例外——私人部门基金

（5）第（1）款不禁止私人部门基金受托人维持已有的借款状态，若：

（a）受托人曾在1986年6月12日前借款，借款时的情形不符合《职业超级年金标准监管条例》第16条第（1）款第（b）项规定的标准。

（b）该借款发生在如下日期中最早的日期之前：

（ⅰ）受托人制定符合标准必需的协议那天；

（ⅱ）受托人制定符合第（1）款必需的协议那天；

（ⅲ）1995年7月1日。

例外——公共部门基金

(6) 第（1）款不禁止公共部门基金受托人维持已有的借款状态，若：

(a) 受托人曾在 1990 年 7 月 2 日之前借款，借款时的情形不符合《职业超级年金标准监管条例》第 16 条第（1）款第（b）项规定的标准。

(b) 该借款发生在如下日期中最早的日期之前：

（ⅰ）受托人制定符合标准必需的协议那天；

（ⅱ）受托人制定符合第（1）款必需的协议那天；

（ⅲ）2000 年 7 月 1 日。

民事处罚条款

(7) 第（1）款为第 193 条所指的民事处罚条款，第 21 章规定了违反或涉嫌违反第（1）款的民事和刑事后果。

68　受托人等受害者

禁止

(1) 某人不得采取任何危害如下人员的犯罪行为：

(a) 雇主发起基金受托人；

(b) 或者，雇主发起基金的法人受托人的负责人员。

处罚：监禁两年。

注释：《刑法》第 2 章规定了刑事责任总则。

危害受托人的行为

(2) 根据本条，可视为某人采取了危害雇主发起基金受托人的犯罪行为，当且仅当该人使得或威胁使得受托人遭到危害，根据：

(a) 受托人已经、正在或将要履行某项受托人应承担的义务；

(b) 或者，受托人已经、正在或将要以某种方式行使受托人权利。

危害法人受托人负责人的行为

(3) 依据本条，可视为某人采取了危害雇主发起基金法人受托人的负责人的犯罪行为，当且仅当该人使得或威胁使得受托人遭到危害，根据：

(a) 受托人或负责人已经、正在或将要履行某项受托人应承担的义务；

(b) 或者，受托人或负责人已经、正在或将要以某种方式行使受托人权利。

雇主

（4）依据本条，可视为雇主使雇员受到危害，若雇主：

（a）解散雇员；

（b）在雇用过程中使得雇员受伤；

（c）或者，由于对雇员的偏见调整雇员的职位。

但依据本条，不视为雇主使雇员受到危害，若雇主：

（a）永久停止向雇员参加的超级年金基金缴费；

（b）临时停止向包括雇员的某类成员参加的超级年金缴费；

（c）或者，降低向包括雇员的某类成员参加的超级年金缴费的水平。

理由

（5）在本条所引致的民事诉讼中：

（a）原告无须证明被告出现指控行为的理由；

（b）若被告证明该指控的理由不会引发该行为（无论是全部或部分），抗辩有效。

义务

（6）本条所指的受托人或负责人应承担的义务为本法或监管条例或实体的管理规则规定的受托人或负责人应承担的义务。

权利

（7）本条所指的受托人或负责人的权利为本法或监管条例或实体的管理规则授予受托人或负责人的权利。

民事责任

（8）若：

（a）某人（被告）采取了危害如下人员的行为：

（i）雇主发起基金受托人；

（ii）或者，雇主发起基金的法人受托人的负责人员；

（b）受托人或负责人因该危害行为遭受损失或损害；

该受托人或负责人可通过对被告提起诉讼要求其赔偿该损失或损害。

"雇员"和"雇主"的特殊含义

（9）本条中所指的"雇员"和"雇主"的含义不是《1992年超级年金担保（行政）法》第12条第（3）款和第（8）款所指的含义（该款中视某些承包人为雇员）。

第8章 适用于被监管超级年金基金的内部资产规则

第1节 目标和解释

第A小节 总则

69 本章目标

本章旨在规定被监管超级年金基金内部资产水平的规则。

69A 可被视为基金的下属基金

被监管超级年金基金的下属基金可被视为被监管超级年金基金,若满足如下条件:

(a) 该下属基金有独立的可确认资产和独立的可确认受益人;

(b) 该下属基金受益人的权益情况仅取决于该下属基金的管理情况。

70A 监管机构可决定某人是否为标准雇主发起人

(1) 依据本章目标,监管机构可依据第16条第(2)款以书面形式决定一个原先并不是被监管超级年金基金的标准雇主发起人的某人为该基金的标准雇主发起人。

(2) 若监管机构依据第(1)款做出该决定或撤销该决定,则应在做出或撤销该决定后,尽快以书面形式将该决定通知到该被监管超级年金基金相关受托人。

第B小节 第8章关联方

70B 个人的第8章关联方

根据本章目标,下面的每一个人均为个人(主体实体)的第8章关联方,无论该主体实体是否具有受托人资格:

(a) 该主体实体的亲属。

(b) 若主体实体为少于5个成员的超级年金基金成员:

(i) 该基金的其他每一个成员;

(ii) 若该基金为只有一个成员的自我管理超级年金基金,且受托人为公司——该公司的每一个董事;

(iii) 若该基金为只有一个成员的自我管理超级年金基金,且受托人为自然人——那些自然人。

（c）该主体实体的合作伙伴，或该主体实体作为其中一个合作伙伴的合作关系中的合作伙伴。

（d）若该主体实体的合作伙伴为自然人——该自然人的配偶或一个子女。

（e）该主体实体所控制的信托的受托人（有资格担任该信托的受托人）。

（f）受如下人员主要影响或主要投票权为如下人员持有的公司：

（ⅰ）该主体实体；

（ⅱ）作为本条各款项规定或适用的该实体的第 8 章关联方的另一实体；

（ⅲ）或者，前项涉及的两个或多个实体。

70C 公司的第 8 章关联方

根据本章目标，下面的每一个人均为公司（"主体实体"）的"第 8 章关联方"，无论该主体实体是否具有受托人资格：

（a）该主体实体的合作伙伴，或该主体实体作为其中一个合作伙伴的合作关系中的合作伙伴。

（b）若该主体实体的合作伙伴为自然人——该自然人的配偶或一个子女。

（c）该主体实体所控制的信托的受托人（有资格担任该信托的受托人）。

（d）另一实体（"控制实体"），其中该主体实体主要受如下人员影响或主要投票权为如下人员持有：

（ⅰ）该控制实体；

（ⅱ）作为第 70B 条或第 70D 条或本条各款项规定或适用的该控制实体的第 8 章关联方的另一实体；

（ⅲ）或者，前项涉及的两个或多个实体。

（e）另一公司（被控制公司），其中被控制公司主要受如下人员影响或主要投票权为如下人员持有：

（ⅰ）主体实体；

（ⅱ）作为本条各款项规定或适用的该实体的第 8 章关联方的另一实体；

（ⅲ）或者，前项涉及的两个或多个实体。

（f）若某第三个实体为本款第（d）项所指的该主体实体的第 8 章关联方——作为第 70B 条或第 70D 条或本条各款规定的该第三个实体的第 8 章关联方的实体。

70D　合作关系的第 8 章关联方

根据本章目标，下面的每一个人均为"第 8 章的合作关系"（"主体实体"）关联方：

（a）合作关系中的合作伙伴；

（b）若该合作关系中的合作伙伴为自然人——作为第 70B 条规定的该自然人的第 8 章关联方的任何实体；

（c）若该合作关系的合作伙伴为公司——作为第 70C 条规定的该公司的第 8 章关联方的任何实体。

70E　第 70B 条、第 70C 条、第 70D 条中使用的术语含义

主要影响/主要投票权

（1）根据第 70B 条、第 70C 条、第 70D 条目标：

（a）某公司主要受某实体影响，若该公司或大部分董事习惯于或认为负有合理按照该实体的指导、指示或愿望来运营的义务（无论是正式的还是非正式的）（无论该指导、指示或愿望是通过直接沟通还是通过中间公司、合作关系、信托等间接传达）；

（b）某实体持有某公司的主要投票权，若该实体在该公司的全体大会上持有或控制超过 50% 的投票权。

控制信托

（2）根据第 70B 条、第 70C 条、第 70D 条，该实体控制某信托，若：

（a）与该实体相关的组织享有超过该信托资产或收入 50% 的固定权益；

（b）该信托的受托人或大部分受托人习惯于或认为负有合理按照该实体的指导、指示或愿望来运营的义务（无论是正式的还是非正式的）（无论该指导、指示或愿望是通过直接沟通还是通过中间公司、合作关系、信托等间接传达）；

（c）或者，与该实体相关的组织可以撤销或任命该信托的受托人或大部分受托人。

与实体相关的组织

（3）根据第（2）条：

与某实体相关的"组织"是指：

（a）该独立运营的实体；

（b）独立运营的该实体的第 8 章关联方。

（c）与该实体共同运营的一个或多个该实体的第 8 章关联方；

（d）或者，共同运营的两个或多个该实体的第 8 章关联方。

定义

（4）根据第 70B 条、第 70C 条和第 70D 条目标：

"公司"与《1997 年所得税评估法》规定含义相同。

"合作关系"与《1997 年所得税评估法》规定含义相同。

某人的"亲属"是指：

（a）其或其配偶父母、祖父母、兄弟姐妹、叔叔、阿姨、侄子、侄女、直系或领养的子女；

（b）其配偶或第（a）项规定的其他人员的配偶。

第 C 小节　内部资产

71　内部资产的含义

基本含义

（1）根据本章目标，超级年金基金的内部资产是指向基金关联方提供贷款或投资的资产向基金的关联信托提供投资的资产或被用于进行基金受托人和基金关联方租赁或租赁协议的资产，但不包括：

（a）人寿保险公司发行的人寿保险单；

（b）ADI 存款。

（c）向集合超级年金信托投资，其中该基金受托人和该集合超级年金信托受托人独立运作该投资。

（d）公共部门基金资产，该资产投资于由以下机构授权发行的证券：

（ⅰ）联邦或州或地方政府；

（ⅱ）或者，依据联邦、州或地区法律建立的公共机构，该公共机构既不是标准雇主发起人也不是标准雇主发起人的关联方；

（e）监管机构书面通知该基金受托人确定不是该基金内部资产的资产；

（f）监管机构书面决议确定不是如下基金内部资产的资产：

（ⅰ）任何基金；

（ⅱ）或者，该基金包含的某类基金；

（g）若该超级年金基金成员少于 5 人——若通过租赁或租赁协议该财产作为该基金的商业不动产［见第 66 条第（5）款］，应依据法律程序在基金受托人和基金关联方之间强制进行租赁或租赁协议的不动产；

（h）投资于被广泛持有的单位信托的投资；

（i）该超级年金基金和关联方通过租赁共同拥有的财产，而不是应在基金受托人和关联方之间进行租赁或租赁协议的财产；

（j）或者，监管条例指定的某类资产包括的资产：

（i）不是任何基金的内部资产；

（ii）或者，不是该基金从属的某类基金的内部资产。

据此目标，该类资产可包括但不仅限于投资于从事或不从事指定活动的实体的资产。

被广泛持有的单位信托

（1A）根据第（1）款第（h）项目标，某信托为"被广泛持有的单位信托"，若：

（a）众多实体对该信托的所有收入和资本拥有固定权益的单位信托。

（b）该信托中不少于 20 个实体共同持有：

（i）该信托收入 75% 或以上的固定权益；

（ii）或者，该信托资本 75% 或以上的固定权益。

据此，某实体及该实体的第 8 章关联方可被视为单一实体。

协定

（2）若：

（a）除本款外，某基金资产包括贷款、投资或应进行租赁或租赁协议的非内部资产。

（b）贷款、投资、租赁或租赁协议是签订或执行协定的结果。

（c）签订或执行该协定的任何人员均了解执行该协定的结果将是：

（i）对基金关联方进行贷款、投资或某资产应与基金关联方进行租赁或租赁协议；

（ii）或者，对基金的关联信托进行投资。

则根据本章，可视情形将该资产视为对关联方或关联信托进行的贷款、投资或应与关联方或关联信托进行租赁或租赁协议的资产。

定义

（2A）第（2）款中：

"协定"包括任何明示或隐含的协定、协议、协商、承诺或担保,无论是否通过法律程序强制或将强制执行。

例外

(2B) 第(2)款不适用于第71条第(1)款第(a)项、第(b)项、第(ba)项、第(c)项或第(h)项所指的投资。

两个或多个人员

(3) 第(2)款不阻止将同一资产视为如同对两个或多个人员进行的贷款、投资或应与两个或多个人员进行租赁或租赁协议的资产。

监管机构决议

(4) 若:

(a) 除本款外,某基金资产包括贷款、投资或应进行租赁或租赁协议的非内部资产;

(b) 监管机构向基金受托人发出书面通知,决定自该通知发布之日起,该资产被视为对该基金的指定关联方或关联信托(包括依据第70A条被视为该基金标准雇主发起人的人员)进行的贷款、投资或与该关联方或关联信托进行租赁或租赁协议的资产;

那么,根据本章,无论第(1)款第(a)项到第(j)项有何规定,该资产均可被视为对关联方或关联信托进行的贷款或投资,或在基金受托人和关联方之间进行租赁或租赁协议的资产。

第(1)款第(e)项的决议或第(1)款第(j)项的规定可被追溯

(5) 第(1)款第(e)项的决议或第(1)款第(j)项的规定可追溯到该决议或规定做出之前发挥效用。

第(1)款第(f)项的决议为可否决文书

(6) 根据《1901年联邦法律解释法》第46A条,第(1)款第(f)项的决议为可否决文书。

公共部门超级年金基金

(7) 为了使本条适用于决定什么是公共部门超级年金基金的内部资产,该基金的雇主发起人的第8章关联方就是指满足如下任一条件的法人:

(a) 该法人受该雇主发起人的主要影响或其主要投票权被该雇主发起人持有;

(b) 该雇主发起人受该法人的主要影响或其主要投票权被该法人持有。

第 D 小节　内部资产的过渡协议

71A　例外——1999 年 8 月 11 日前的投资和贷款

（1）若：

（a）试行期之后的任何时间（"试行期后"），超级年金基金资产包括：

（ⅰ）试行前进行的贷款或投资，或根据试行前签订的合同在试行期后进行的贷款或投资；

（ⅱ）或者，单位信托的股份或单位，若该股份或单位是在试行前获得或依据试行前签订的合同在试行期后获得（即便是在试行期后和 2009 年 7 月 1 日前对该股份或单位的发行方进行支付）。

（b）若该资产在试行前夕为该基金的资产——该资产不是该基金的内部资产。

（c）若该资产在试行前不是该基金的资产——但若其在试行前夕已成为该基金的资产，则不是内部资产。

（d）除本款规定外，该资产可以在试行期后作为该基金的内部资产。

则在试行期后，该资产不是该基金的内部资产。

2009 年 6 月 30 日后向股份和单位进行部分支付

（2）但，若：

（a）试行期后的时间为 2009 年 6 月 30 日后的时间；

（b）该资产包括单位信托的股份或单位；

（c）自 2009 年 6 月 30 日后向该股份或单位发行方进行一次或多次支付；

那么：

（d）该资产在试行期后为该基金的内部资产；

（e）第（3）款适用于股份或单位。

计算内部资产价值原值

（3）依据第 75 条计算试行期后该基金内部资产的整澳元价值部分，可用试行期后的股份或单位的价值表示，计算公式如下：

$$股份或单位的市场价值 \times \frac{增加部分}{总量}$$

其中：

"增加部分"指在 2009 年 6 月 30 日后的试行期后向股份或单位发行

方支付的金额。

"股份或单位的市场价值"指截至该试行期后该股份或单位的市场价值。

"总量"指截至该试行期后向股份或单位发行方支付的总金额（无论该支付是在2009年6月30日之前还是之后）。

71B 例外——1999年8月11日前的租赁或租赁协议

（1）若：

（a）试行期之后的任何时间（试行期后），超级年金基金的资产包括在该基金的受托人和关联方之间进行租赁或租赁协议的资产；

（b）从试行期前夕至试行期后结束这一期间内，进行或连续进行租赁或租赁协议的资产；

（c）除本条规定外，该资产可以在试行期后成为该基金的内部资产；

则在试行期后，该资产不是该基金的内部资产。

（2）根据第（1）款，若：

（a）根据法律程序，在试行期前，超级年金基金的受托人和关联方之间签订了有效的该资产租赁或租赁协议；

（b）该租赁或租赁协议在试行期后生效；

可视为该资产在试行前夕在该基金受托人和关联方之间进行了租赁或租赁协议。

71C 例外——过渡期

投资和贷款

（1）若：

（a）在试行期之后及2001年7月1日前的任何时间（"2001年7月1日前期"），某超级年金基金资产包括在过渡期内进行的贷款或投资（不是依据在该过渡期前签订的合同）；

（b）若该资产在试行期前夕成为该基金的资产——该资产不是该基金的内部资产；

（c）除本条规定外，该资产可以在2001年7月1日前期为该基金的内部资产；

该资产在2001年7月1日前期不是该基金的内部资产。据此，若仅为了获得利息、收入、利润或收益而在过渡期签订合同，则可视为过渡期内没有进行该贷款或投资。

租赁或租赁协议

（2）若：

（a）在试行期后及 2001 年 7 月 1 日前的任何时间（2001 年 7 月 1 日前期），某超级年金基金资产包括在该基金受托人和关联方之间进行租赁或租赁协议的资产；

（b）在 2001 年 7 月 1 日前期，第 71B 不适用于该资产；

（c）该资产在过渡期的某个时间（过渡时）在该基金的受托人和关联方之间进行了租赁或租赁协议；

（d）从过渡时开始至 2001 年 7 月 1 日前期结束这段时间内，该资产在该基金受托人和关联方之间进行或连续进行租赁或租赁协议；

（e）除本条规定外，该资产在试行期后可以为该基金的内部资产；

该资产在 2001 年 7 月 1 日前期不是该基金的内部资产。

71D 例外——再投资

若：

（a）试行期之后的任何时间（"试行期后"），超级年金基金的资产包括在如下期间内对某实体（原实体）进行的投资（试行期后投资）：

（ⅰ）试行期开始；

（ⅱ）2009 年 6 月 30 日结束。

（b）试行期后投资不包括第 71A 条的投资。

（c）若该基金在试行期前夕进行了试行期后投资，则该投资不是该基金的内部资产。

（d）试行期后投资及本条适用的之前的任何投资的数额不超过：

（ⅰ）试行期后及 2009 年 6 月 30 日前这一期间，该超级年金基金由于在试行前对原实体进行投资而获得的所有股息或信托份额的数值；

（ⅱ）试行期后及 2009 年 6 月 30 日前这一期间，该超级年金基金由于对第（ⅰ）目或本款的股息或信托份额投资而获得的所有股息或信托份额的数值。

那么，在试行期后该资产不是该基金的内部资产。

71E 例外——某类投资

（1）若：

（a）试行期之后的任何时间（"试行期后"），某少于 5 个成员的超级年金基金的某资产包括在如下期间对单位信托或公司（"第一实体"）进行的投资（试行期后投资）：

（i）始于试行期开始；

（ii）终于 2009 年 6 月 30 日。

（b）在试行期前夕，该超级年金基金的另一资产（不是内部资产）包括对第一实体的投资（"先期投资"）。

（c）在试行期前夕，贷款本金的数额（"本金"）为第一实体向其他实体（其他超级年金基金）的贷款额。

（d）除本款规定外，试行期后投资在试行期后可以成为该基金的内部资产。

（e）该基金的受托人在如下期间进行了书面选举：

（i）本条生效之日起 12 个月内；

（ii）或者，监管条例规定的其他较后时期；

第 71E 条适用于该基金向该实体进行的所有试行期后投资；

注释：根据第 103 条第（2A）款，该基金受托人应自选举后将该选举或选举副本保留至少 10 年。

则第（2）款或第（3）款适用于或可视为总是适用于试行期后投资。

试行期后投资买价总额不得超过本金——不是内部资产投资

（2）试行期后投资在试行期后不是该基金的内部资产，若如下数额不超过本金数额：

（a）试行期后投资买价；

（b）该基金在之前对第一实体进行的任何试行期后投资的买价。

试行期后投资买价超过本金——适用公式

（3）若如下数额：

（a）试行期后投资买价；

（b）该基金在之前对第一实体进行的任何试行期后投资的买价；

超过本金额，那么：

（c）在试行期后，试行期后投资为该基金的内部资产；

（d）若该试行期后投资为第（a）项和第（b）项所指的数额，且该数额超过本金额——第（4）款适用于该投资。

计算内部资产价值原值

（4）依据第 75 条，为了计算在试行期后该基金内部资产价值的整澳元价值，可用试行期后进行的试行期后投资价值代表，公式如下：

$$试行期后投资市场价值 \times \frac{超过额}{试行期后投资买价}$$

其中：

"超过额"是指第（3）款所指超过的数额。

"试行期后投资市场价值"指在试行期后进行的试行期后投资的市场价值。

"试行期后投资买价"是指试行期后投资的购买价格。

选举效果

（5）若某基金的受托人依据第（1）款第（e）项就该基金对某实体的试行期后投资进行了选举，那么：

（a）第 71A 条和第 71D 条不适用且永不适用于该基金向该实体进行的任何试行期后投资；

（b）本条适用且总是适用于该基金向该实体进行的任何试行期后投资。

注释：这意味着，若某基金进行了选举，本条将适用于在试行期后及 2009 年 7 月 1 日前向该实体进行的所有投资，第 71A 条和第 71D 条将不适用于该投资。

本条适用的贷款

（6）本条所指的向某信托或公司进行的投资包括向信托或公司进行的贷款。据此，贷款的买价可视为贷款时的贷款本金。

71F 第 D 小节使用的某些术语

在本小节：

"试行期"是指 1999 年 8 月 11 日底。

"过渡期"是指如下期间：

（a）始于试行期；

（b）终于本条生效之日。

第 E 小节 与内部资产相关的其他条款

72 若存在两个或多个雇主发起人，且其中至少有一个为非关联雇主发起人，本章如何适用

（1）根据本条：

（a）某超级年金基金的某标准雇主发起人（第一雇主发起人）为该基金的非关联雇主发起人，当且仅当，该基金没有其他标准雇主发起人为第一雇主发起人的第 8 章关联方；

（b）若某超级年金基金的两个或多个标准雇主发起人为第 8 章关联方，则其互为关联方。

（2）根据本条：

（a）对应于某特定非关联雇主发起人的某基金的某类内部资产，是包括如下内容的该类内部资产：

（ⅰ）向该雇主发起人或其第 8 章关联方进行的贷款、投资或与该雇主发起人或其第 8 章关联方进行租赁或租赁协议的资产；

（ⅱ）向该基金的标准雇主发起人成员（雇主发起人为其向基金缴费）或该成员的第 8 章关联方进行的贷款、投资或与该基金的标准雇主发起人成员或该成员的第 8 章关联方进行租赁或租赁协议的资产；

（ⅲ）或者，向第（ⅰ）目或第（ⅱ）目所指的实体控制的信托进行的投资。

（b）对应于互为关联方的两个或多个雇主发起人的某基金的某类内部资产，为包括如下内容的该类内部资产：

（ⅰ）向其中任何一个雇主发起人或其第 8 章关联方进行的贷款、投资或与其中一个雇主发起人或其第 8 章关联方进行租赁或租赁协议的资产；

（ⅱ）向该基金的标准雇主发起人成员（雇主发起人向基金缴费）或该成员的第 8 章关联方进行的贷款、投资或与该基金的标准雇主发起人成员或该成员的第 8 章关联方租赁或租赁协议的资产；

（ⅲ）或者，向第（ⅰ）目或第（ⅱ）目所指的实体控制的信托进行的投资。

（3）第（4）款和第（5）款适用，当：

（a）某超级年金基金有两个或多个非关联雇主发起人（无论该基金是否存在相互关联的雇主发起人）；

（b）或者，某超级年金基金有两个或多个相互关联的雇主发起人，且同样存在两个或多个非关联雇主发起人。

（4）本章不适用于该基金的内部资产整体。

（5）但本章分别适用于该基金相应类型的内部资产。

（6）本条不适用于自我管理超级年金基金。

73 内部资产的成本

(1) 根据本章,若:

(a) 某超级年金基金资产的获得:

(ⅰ) 为无偿获得;

(ⅱ) 或者,获得资产时不是依据该资产的公平价值进行对价;

(b) 或者,获得某超级年金基金资产的全部或部分对价不是货币;

该资产的成本可视为是获得该资产时的公平价值。

(2) 在本条:

"某资产的公平价值"是指在双方公平交易时该资产的收购方合理预期获得该资产应支付的价值。

74 基金内部资产的历史成本率

根据本章,某基金内部资产的历史成本率为使用如下公式计算而得的百分比:

$$\frac{该基金内部资产的整澳元成本}{该基金所有资产的整澳元成本} \times 100$$

75 基金内部资产的市场价值比

(1) 根据本章,某基金内部资产的市场价值比为通过如下公式计算而得的百分比:

$$\frac{该基金内部资产的整澳元价值}{该基金所有资产的整澳元价值} \times 100$$

(2) 其中,根据第 72 条第(4)款和第(5)款,本章分别适用于超级年金基金不同类型的内部资产,各相应类型的内部资产的市场价值比为通过如下公式计算而得的百分比:

$$\frac{相应类型内部资产的整澳元价值}{该基金所有资产的整澳元价值} + \frac{与该基金 1 个或多个雇主发起人无关的内部资产的整澳元价值}{该基金所有资产的整澳元价值} \times 100$$

第 2 节 基金内部资产的历史成本率

76 1985 年 3 月 12 日或之后建立的私人部门基金——1994—1995 收入年度的历史成本率

(1) 本条适用于被监管超级年金基金,若该基金为 1985 年 3 月 12 日或之后建立的私人部门基金。

(2) 在该基金存在的 1994—1995 收入年度的所有时间,该基金内部资产的历史成本率不得超过10%。

77 1985年3月12日前建立的私人部门基金——1994—1995收入年度的历史成本率

（1）本条适用于被监管超级年金基金，若该基金为1985年3月12日之前建立的私人部门基金。

（2）在该基金存在的1994—1995收入年度的所有时间，该基金的内部资产历史成本率不得超过如下百分比中较大的那个：

（a）如下百分比中较小的那个：

（ⅰ）截至1985年3月11日该基金的内部资产历史成本率百分比；

（ⅱ）70%。

（b）10%。

（3）在计算第（2）款第（a）项第（ⅰ）目的百分比时，可忽略第72条。

78 1990年7月1日或之后建立的公共部门基金——1994—1995收入年度的历史成本率

（1）本条适用于被监管超级年金基金，若该基金为1990年7月1日或之后建立的公共部门基金。

（2）在该基金存在的1994—1995收入年度的所有时间，该基金内部资产的历史成本率不得超过10%。

79 1990年7月1日前建立的公共部门基金——1994—1995收入年度的历史成本率

（1）本条适用于被监管超级年金基金，若该基金为1990年7月1日前建立的公共部门基金。

（2）在该基金存在的1994—1995收入年度的所有时间，该基金内部资产的历史成本率不得超过如下百分比中较大的那个：

（a）截至1990年7月1日该基金内部资产的历史成本率百分比；

（b）10%。

（3）在计算第（2）款第（a）项的百分比时，可忽略第72条。

80 所有基金——1995—1996、1996—1997及1997—1998收入年度的历史成本率

（1）本条适用于被监管超级年金基金。

（2）在如下时期的任何时间：

（a）始于1995—1996收入年度初；

（b）终于1997—1998收入年度末；

当该基金存在时，该基金内部资产的历史成本率不得超过10%。

第3节 基金内部资产的市场价值比

80A 本节不适用于某些基金

可视为不要求某超级年金基金在某收入年度符合本节要求，若：

（a）第3A节在该收入年度适用于该基金；

（b）精算师已证明该基金在该收入年度符合第3A节要求。

81 所有基金——1998—1999收入年度和1999—2000收入年度的市场价值比

（1）本条适用于被监管超级年金基金。

（2）截至如下时期结束时，该基金内部资产的市场价值比不得超过10%：

（a）1998—1999收入年度；

（b）或者，1999—2000收入年度。

82 所有基金——2000—2001收入年度及以后收入年度的市场价值比

（1）本条适用于被监管超级年金基金。

（2）截至如下时期结束时，若该基金内部资产的市场价值比超过5%：

（a）2000—2001收入年度；

（b）或者，以后的收入年度；

那么，该基金受托人或受托人们（若该基金有一自然人受托人团体）应准备书面计划。

（3）该计划应指明使用如下公式计算的数额（"超额价值"）：

（截至该收入年度末基金内部资产的市场价值比 −5%）×

截至该收入年度末基金的资产价值

（4）该计划应列出受托人或受托人们（若该基金有一自然人受托人团体）准备采取的步骤，以实现：

（a）该收入年度末持有的一种或多种该基金内部资产可以在下个收入年度抛售；

（b）抛售的资产价值应等于或大于超额价值。

（5）应在下个收入年度末之前准备该计划。

（6）该基金的每个受托人应确保该计划步骤能够执行。

83 禁止某些新内部资产投资

（1）本条适用于被监管超级年金基金。

（2）若该基金内部资产的市场价值比超过 5%，该基金受托人不得再收购内部资产。

（3）若该基金内部资产市场价值比不超过 5%，该基金受托人不得再收购内部资产，若该收购将导致该基金内部资产市场价值比超过 5%。

（4）为避免疑义，本条所指的收购内部资产包括进行投资、贷款或签订租赁或租赁协议，若该投资、贷款或进行租赁或租赁协议的资产将成为内部资产。

第 3A 节　对某些待遇确定型基金内部资产的限制

83A　定义

本节中，除非相反含义出现：

"基数"在某一特定时间与某一待遇确定型基金有关，指如下负债中较大负债额的 120%：

（a）应付津贴对应的基金负债；

（b）或者，该基金应计负债。

"待遇确定型基金"指：

（a）公共部门超级年金计划为：

（i）被监管超级年金基金；

（ii）至少有一个待遇确定型的成员；

（b）或者，被监管超级年金基金（公共部门超级年金计划除外）：

（i）至少有一个待遇确定型的成员；

（ii）不是为单个成员向某基金进行部分或全部缴费或在某基金累积（缴费和该缴费收益的合计构成待遇确定的基础），而是以总量的形式向某基金进行部分或全部缴费或在某基金累积。

"待遇确定型成员"指在退休或就业终止时有资格部分或全部依据如下一个或两个数额确定待遇的成员：

（a）该数额为：

（i）成员就业终止日或退休日或之前某日的收入；

(ⅱ）或者，退休前一段时间该成员的平均收入；

（b）某一指定数额。

"某一特定时间的基金应计负债"为精算师依据合适的职业精算标准（若存在）在假定未来经济情况及可能影响基金成员关系的未来因素的基础上，精算的在未来该特定时间向基金成员给付的津贴总价值。

"某特定时间的应付津贴对应的基金负债"指在该特定时间该基金成员自愿终止向雇主提供服务时有资格从该基金获得的津贴总价值。

"上市公司"指其股份在澳大利亚或其他地区证券交易所正式挂牌交易的公司。

"最大允许数额"与某特定时间的待遇确定型基金相关，指如下数额：

（a）等于在该时间该基金基数的指定百分比；

（b）等于在该时间的该基金资产的市场价值超过基数部分的数额。

"指定百分比"为：

（a）在1998—1999或1999—2000收入年度使用——10%；

（b）或者，之后的收入年度使用——5%。

"有投票权股份"为《2001年公司法》规定的含义。

83B 本节适用

（1）本节适用于1998—1999或之后收入年度的超级年金基金，当且仅当：

（a）该基金为待遇确定型基金；

（b）在该收入年度末其标准雇主发起人为上市公司或上市公司的关联方；

（c）在该收入年度末该基金资产市场价值不少于该基金在该时点的基数；

（d）该基金受托人已决定本节在该收入年度适用于该基金。

（2）若该基金受托人做出第（1）款第（d）项所指的决定，每个受托人均应确保该决定以书面形式记录。

83C 内部资产市场价值最大允许额

该收入年度末该基金内部资产的市场价值不得超过在该时刻该基金的最大允许额。

83D 内部资产限制

（1）在该收入年度末该基金内部资产（不是上市公司的股票）的市

场价值不得超过该时点该基金基数的规定百分比。

（2）在该收入年度末该基金内部资产不得包括超过作为雇主发起人或其关联方的任何上市公司的有投票权股份的5%。

83E　某些情形下禁止收购内部资产

若在该收入年度末该基金内部资产的市场价值超过该时点该基金基数的规定百分比，该基金受托人不得代表该基金购买或签订合同准备购买内部资产。直到精算师确认该基金内部资产的市场价值不再超过该基金基数的指定百分比时方可继续购买。

第4节　强制执行

84　必须遵守的内部资产规则

（1）被监管超级年金基金的每个受托人均应采取所有合理步骤确保遵守第2节和第3节或第3A节（哪个适用即用哪个）的条款。

（2）第（1）款为第193条所指的民事处罚条款，第21章规定了违反或涉嫌违反本条的民事和刑事后果。

（3）违反第（1）款不影响交易的有效性。

第5节　反规避

85　禁止规避计划

禁止

（1）不得签订、同意执行或执行规避计划，若其签订、同意执行或执行全部或部分该计划，试图：

（a）该计划将导致或可能导致该基金内部资产市场价值比的人为降低；

（b）该人为的降低将避免本章条款适用于该基金。

民事处罚条款

（2）第（1）款为第193条所指的民事处罚条款，第21章规定了违反或涉嫌违反本条的民事和刑事后果。

违反第（1）款不影响交易的有效性

（3）违反第（1）款不影响交易的有效性。

计划

（4）本条中：

"计划"指：
（a）任何协议、协商、承诺或担保：
（ⅰ）无论是明文还是隐含；
（ⅱ）或者，无论是否通过法定程序强制或试图强制实施。
（b）无论是单边或其他的任何方案、计划、意见、行动、行动步骤。

第9章 雇主和成员平等代表——雇主发起基金

86 本章目标
本章旨在规定雇主和成员就管理和控制标准雇主发起基金的代表权。

87 不遵守本章的后果
违反本章规定不属犯罪，不能遵守本章不会导致交易无效。但，依据第63条，违反本章规定会导致该基金不得接受雇主发起人的缴费［见第63条第（6）款］。

88 若依据第17章任命临时受托人，则本章不适用
若该基金依据第17章任命了一个临时受托人，则本章不适用。

89 基本平等代表规则
基本规则
（1）根据本章，该基金遵守基本平等代表规则，若：
（a）两者都：
（ⅰ）该基金有一自然人受托人团体；
（ⅱ）该自然人受托人团体由同等数量的雇主代表和成员代表组成；
（b）或者，两者都：
（ⅰ）该基金有一单一法人受托人；
（ⅱ）该法人受托人的董事会由同等数量的雇主代表和成员代表组成。
附加独立受托人或附加独立董事
（2）为了使基本平等代表规则适用于某基金，可视为该基金的受托人组织或法人受托人董事会由同等数量的雇主代表和成员代表组成，若：
（a）该组织或董事会包括一个附加独立受托人或附加独立董事；
（b）该附加独立受托人或附加独立董事是该组织或董事会雇主代表或成员代表要求任命的；

（c）管理规则中有任命附加独立受托人或附加独立董事的条款；

（d）该管理规则不得允许附加独立受托人或附加独立董事在该组织或董事会相关事务中投决定票。

空缺

（3）为了使基本平等代表规则适用于某基金，若：

（a）受托人组织或法人受托人董事会成员出现空缺；

（b）在该空缺发生之前，该基金遵守基本平等代表规则；

（c）在空缺发生后90天内能填补该空缺；

（d）自空缺填补之日起，该基金遵守基本平等代表规则；

可视为该基金在空缺期间所有时间均遵守基本平等代表规则。

90 1995年7月1日之前的规则——成员少于200人的基金

适用

（1）本条适用于成员人数少于200人的标准雇主发起基金（而非公募超级年金基金），其中：

（a）该基金为1985年12月16日或之后建立的私人部门基金；

（b）该基金为1988年5月25日或之后建立的公共部门基金；

（c）或者，若该基金有两个或多个标准雇主发起人——其中任何一个雇主发起人不是其他雇主发起人的关联方。

1995年7月1日之前

（2）1995年7月1日及以后本条不适用。

规则

（3）该基金应遵守：

（a）基本平等代表规则；

（b）或者，第（4）款规定的协议的其他代表权规则。

其他协商的代表权规则

（4）根据本条，某基金遵守其他协商的代表权规则，若该基金的任何受托人是通过如下人员的协商提名任命的：

（a）其中：

（ⅰ）该基金成员；

（ⅱ）或者，代表成员利益的工会或其他组织。

（b）其中：

（ⅰ）成员的雇主；

（ⅱ）或者，代表雇主利益的组织。

91 1995年7月1日前的规则——200人或以上成员的基金

适用

（1）本条适用于有200人或更多成员的标准雇主发起基金，其中：

（a）该基金为1985年12月16日或之后建立的私人部门基金；

（b）该基金为1988年5月25日或之后建立的公共部门基金；

（c）或者，若该基金有两个或多个标准雇主发起人——其中任何一个雇主发起人不是其他雇主发起人的关联方。

1995年7月1日之前

（2）1995年7月1日及以后本条不适用。

公募基金

（3）若该基金为公募超级年金基金：

（a）其中：

（ⅰ）该基金受托人应为独立受托人；

（ⅱ）或者，该基金应遵守基本平等代表规则。

（b）若监管机构规定了该基金应满足政策委员会（规定的政策委员会）的存在、数量及职能规则——该基金应满足那些规则。

（c）每一个规定的政策委员会均应包括同等数量的雇主代表和成员代表。

非公募基金

（4）若该基金不是公募超级年金基金，该基金应遵守基本平等代表规则。

过渡

（5）在某特定时间，若该基金的成员人数从不到200人上升到200人或更多：

（a）该基金受托人应做必要安排使得该基金能够遵守本条。

（b）该基金在如下期间无须遵守本条：

（ⅰ）从该特定时间起；

（ⅱ）至如下较早的一个时间止：

（A）做出该协议时；

（B）90天结束时。

92 1995年6月30日之后的规则——成员多于4人少于50人的基金

适用

（1）本条适用于成员多于 4 人少于 50 人的标准雇主发起基金。

1995 年 6 月 30 日之后

（2）1995 年 7 月 1 日及之后适用本条。

公募基金

（3）若该基金为公募超级年金基金：

（a）其中：

（ⅰ）该基金受托人应为独立受托人；

（ⅱ）或者，该基金应遵守基本平等代表规则。

（b）若监管机构规定了该基金应满足政策委员会（规定的政策委员会）的存在、数量及职能规则——该基金应满足那些规则。

（c）每一个规定的政策委员会均应包括同等数量的雇主代表和成员代表。

非公募基金

（4）若该基金不是公募超级年金基金，该基金应遵守：

（a）基本平等代表规则；

（b）第（5）款规定的其他协商的代表权规则；

（c）或者，该基金的管理和控制协议：

（ⅰ）已经为大多数基金成员和该成员的雇主协商通过；

（ⅱ）获得 APRA 书面认可。

认可协议

（4A）当决定是否认可第（4）款第（c）项第（ⅱ）目所指的协议时，APRA 应参考其确定的书面指导。

（4B）第（4）款第（c）项第（ⅱ）目所指的协议的认可（认可协议）：

（a）应接受该认可规定的条件（若有的话）；

（b）可由 APRA 以书面形式向基金受托人通知取消该协议。

（4C）不只限于第（4B）款第（b）项，APRA 还可以取消某协议的认可，若：

（a）APRA 确认该认可违反了认可应满足的条件；

（b）或者，该基金受托人以书面形式申请撤销。

（4D）APRA 可以书面形式通知该基金受托人变更或撤销认可协议的条件。

其他协商的代表权规则

（5）根据本条，某基金遵守其他协商的代表权规则，若：

（a）该基金的单一受托人为宪法组织。

（b）该受托人是根据如下成员的协商提名而任命的：

（ⅰ）该基金的大多数成员；

（ⅱ）成员的雇主。

（c）该受托人为认可受托人（见第26条）或RSE持证人。

（ca）其中：

（ⅰ）该受托人的认可规定了适用的基金或该基金所属的某类基金；

（ⅱ）或者，依据第29EA条，当本条适用于该基金时，RSE持证人接受RSE认证时应确保该基金或该基金所属的某类基金应遵守其他协商的代表权规则。

（d）该受托人不是该基金标准雇主发起人的关联方。

第92条第（5）款的受托人认可

（6）当决定是否在认可受托人（见第26条）时规定第92条第（5）款的认可条件时，APRA应参考其制定的书面指南。

（7）依据第92条第（5）款认可受托人［"第92条第（5）款的受托人认可"］：

（a）应满足该认可规定的条件（若有的话）；

（b）APRA可以书面形式通知受托人取消该认可。

（8）不限于第（7）款第（b）项，APRA还可以撤销第92条第（5）款的受托人认可，若：

（a）APRA确认存在违反认可应满足的条件的情形；

（b）或者，受托人书面申请撤销该认可。

（9）依据第27A条、第27B条、第27C条、第27D条、第27E条和第29条，若该受托人为认可受托人，且依据第26条进行的受托人认可满足第92条第（5）款的受托人认可条件。

过渡

（10）在某一特定时刻，若某基金的成员人数从不到5人上升到5—50人：

（a）该基金受托人应做出必要安排（若存在）确保该基金遵守本条。

（b）在始于该时刻和终于如下较早的那个时间这一期间内，该基金无须遵守本条：

（ⅰ）做出该安排的时间；

（ⅱ）或者，该特定时间之后 90 天。

93　1995 年 6 月 30 日之后的规则——成员数超过 49 人的基金

适用

（1）本条适用于成员数大于 49 人的标准雇主发起基金。

1995 年 6 月 30 日之后

（2）自 1995 年 7 月 1 日及之后本条适用。

公募基金

（3）若该基金为公募超级年金基金：

（a）其中：

（ⅰ）该基金受托人为独立受托人；

（ⅱ）或者，该基金应遵守基本平等代表规则。

（b）若监管机构规定了该基金应满足的政策委员会（规定的政策委员会）存在、数量及职能规则——该基金应满足那些规则。

（c）每一个规定的政策委员会均应包括同等数量的雇主代表和成员代表。

非公募基金

（4）若该基金不是公募超级年金基金，该基金应遵守基本的平等代表规则。

过渡

（5）在某一特定时间，若该基金成员人数上升：

（a）从不到 5 人上升到 5—50 人或更多。

（b）从 4—50 人上升到 50 人或更多［第（b）项基金］。

那么：

（c）该基金受托人应做出必要安排（若有的话），确保该基金遵守本条。

（d）在始于该特定时间终于如下较早的那个时间的期间内，该基金无须遵守本条：

（ⅰ）做出该安排的时间；

（ⅱ）或者，该特定时间后 90 天。

（e）对于第（b）项基金——除第 92 条第（1）款外，该基金应在第（d）项所指的期间内遵守第 92 条第（3）款或第（4）款。

93A 作为某基金的一个雇主发起人的受托人也可以为独立受托人

（1）根据第 92 条第（3）款第（a）项第（i）目和第 93 条第（3）款第（a）项第（i）目，作为某公募超级年金基金的雇主发起人的受托人可以为该基金的独立受托人：

（a）若该受托人满足第 10 条规定的"独立受托人"应满足的所有要求。

（b）或者，若：

（i）该受托人及作为该受托人的关联方的该基金的其他雇主发起人，为成员数不超过该基金允许的百分比的雇主发起人；

（ii）作为该受托人或该受托人关联方的雇主发起人的基金成员的应计津贴价值不超过该基金资产价值的允许百分比；

（iii）该受托人满足第 10 条独立受托人定义中第（a）项、第（c）项、第（d）项和第（e）项的要求。

（2）该基金成员允许的百分比为 10%，或 APRA 认可并书面通知受托人的较高百分比。

（3）该基金资产价值允许的百分比为 10%，或 APRA 认可并书面通知受托人的较高百分比。

（4）若 APRA 认可了第（2）款或第（3）款所指的较高百分比，该认可应满足通知规定的条件（若有的话）。

（5）APRA 可以在任何时候以书面形式通知受托人变更该认可及该认可应满足的任何条件。

（6）APRA 在考虑如下情形后，才可以执行第（2）款或第（3）款赋予的权力：

（a）认可较高的百分比可能对该受托人独立公正的执行职能产生的影响；

（b）其他所有相关情形。

第 10 章　仅适用于认可存款基金的条款

94　本章目标

本章旨在规定认可存款基金受托人的借款规则。

95　借款

（1）除第（2）款获得 APRA 认可或第（3）款的规定外，认可存基金受托人不得借款。

（2）APRA 可以认可某认可存款基金受托人借款，若该受托人满足规定的可以借款的特定情形。

（3）第（1）款不禁止某认可存款基金受托人借款，若：

（a）借款的目的是使该受托人能够支付如下资产的收购交易：

（ⅰ）债券、企业债券、股票、汇票或其他证券；

（ⅱ）公司股票；

（ⅲ）单位信托基金单位；

（ⅳ）期货合约；

（ⅴ）远期合约；

（ⅵ）利率掉期合约；

（ⅶ）货币掉期合约；

（ⅷ）远期汇率合约；

（ⅸ）远期利率合约；

（ⅹ）证券、股票、单位、合约或政策期权；

（ⅺ）其他类似金融工具；

（ⅻ）外汇。

（b）两者都：

（ⅰ）在做出相关投资决策时，似乎无须借款；

（ⅱ）根据 APRA 书面决议，不禁止该借款。

（c）借款期限不超过 7 天。

（d）若借款发生，该受托人借款总量不超过该基金资产价值的 10%。

（4）第（3）款 APRA 做出的决议为《1901 年联邦法律解释法》第 46A 条的可否决文书。

（5）第（1）款为第 193 条规定的民事处罚条款，第 21 章规定了违反或涉嫌违反本款的民事和刑事后果。

第 11 章　仅适用于集合超级年金信托的条款

96　本章目标

本章旨在规定仅适用于集合超级年金信托的特定规则。

97　借款

（1）除第（2）款另有规定外，集合超级年金信托受托人不得借款。

（2）第（1）款不禁止集合超级年金信托受托人借款，若：

（a）借款的目的是使该受托人能够向该信托的受益人进行其依据法律或监管规则要求支付，且若不借款，该受托人将无法按要求支付；

（b）借款期限不超过 90 天；

（c）若借款发生，该受托人借款总额不超过该信托资产价值的 10%。

（3）第（1）款不禁止集合超级年金信托受托人借款，若：

（a）借款的目的是使该受托人能够支付如下资产的收购交易：

（ⅰ）债券、企业债券、股票、汇票或其他证券；

（ⅱ）公司股票；

（ⅲ）单位信托基金单位；

（ⅳ）期货合约；

（ⅴ）远期合约；

（ⅵ）利率掉期合约；

（ⅶ）货币掉期合约；

（ⅷ）远期汇率合约；

（ⅸ）远期利率合约；

（ⅹ）证券、股票、单位、合约或政策期权；

（ⅺ）其他类似金融工具；

（ⅻ）外汇。

（b）两者都：

（ⅰ）在做出相关投资决策时，似乎无须借款；

（ⅱ）根据 APRA 书面决议，不禁止该借款。

（c）借款期限不超过 7 天。

（d）若借款发生，该受托人借款总量不超过该信托资产价值的 10%。

（4）第（3）款 APRA 做出的决议为《1901 年联邦法律解释法》第 46A 条的可否决文书。

98　禁止对信托单位持有人借款

集合超级年金信托的受托人或投资管理人不得：

（a）将该信托的资金借给该信托的受益人；

（b）或者，利用该信托的资源对该信托的受益人提供任何其他财务支持。

99　民事处罚条款

第 97 条第（1）款和第 98 条为第 193 条规定的民事处罚条款，第 21 章规定了违反或涉嫌违反第 97 条第（1）款或第 98 条的民事和刑事后果。

第 12 章　超级年金实体受托人和投资管理人的职责

100　本章目标

本章目标旨在规定超级年金实体受托人和投资管理人应履行的职责。

101　做出处理查询和投诉安排的职责

（1）除自我管理超级年金基金或认可存款基金以外的被监管超级年金实体的每个受托人均应采取合理步骤确保在所有时候基于如下内容的安排均有效：

（a）第（1A）款所指的人员有权进行规定的查询或投诉；

（b）做出的查询或投诉应在其做出后 90 天内有效应对及处理。

（1A）根据第（1）款第（a）项：

（a）被监管超级年金基金的受益人或之前的受益人可就与其有关的基金运营或管理情况进行查询或投诉。

（b）前受益人遗产的遗嘱执行人或管理者可以就与该前受益人相关的基金的运营或管理情况进行查询或投诉。

（c）没有限制第（a）项或第（b）项的通用性，任何人员可就与死亡津贴支付有关的基金的受托人的决策进行查询或投诉，若：

（i）该人享有死亡津贴权益；

（ii）或者，该人通过第（i）目所指的人员申请或获得死亡津贴权益。

（2）蓄意违反第（1）款的人员将被处以超过 100 个罚款单位的罚款。

注释：《刑法》第 2 章规定了刑事责任总则。

(3) 本条中：

"被监管超级年金基金"包括依据《1993 年超级年金（仲裁决议）法》作为被监管超级年金基金的公共部门超级年金豁免计划。

102 向投资管理人收集信息的职责

(1) 若超级年金实体的受托人或受托人们（若该实体有一自然人受托人团体）与投资管理人签订协议使该实体的资金由投资管理人及受托人或受托人们共同控制，应：

(a) 确保该协议包含充分条款使得该实体的受托人（们）能够时常要求投资管理人：

(ⅰ) 提供投资决策和投资回报的相关信息；

(ⅱ) 提供可以使得该实体受托人（们）能够评估该投资管理人对该实体进行投资管理的能力的必要信息。

(b) 在需要或适宜的时候，要求投资管理人提供的信息。

(2) 若：

(a) 超级年金实体的受托人或受托人们（若该实体有一自然人受托人团体）在本条生效之前与投资管理人签订协议使该实体的资金由投资管理人控制。

(b) 该协议不包含第（1）款第（a）项提及的条款。

该实体受托人（们）应尽快采取行动确保：

(c) 修订该协议使之包含相关条款。

(d) 若投资管理人拒绝该修订——协议终止。

(3) 超级年金实体的受托人或受托人们（若该实体有一自然人受托人团体）：

(a) 可以终止第（2）款第（d）项的协议；

(b) 不会因为该终止对投资管理人负有任何义务。

(4) 蓄意违反第（1）款或第（2）款可处以不超过 100 个罚款单位的罚款。

注释：《刑法》第 2 章规定了刑事责任的总则。

103 保持记录的职责

(1) 若某超级年金实体有一自然人受托人团体，所有受托人应将影响该实体事务的所有受托人会议记录保留至少 10 年；

（2）若该超级年金实体的受托人只有一个：

（a）若该受托人为法人受托人——该受托人董事会应将影响该实体事务的所有董事会会议记录保存并保留至少10年；

（b）或者，若该受托人为一个自然人——该自然人应将影响该实体事务的所有决策记录保存并保留至少10年。

（2A）该受托人或受托人们还应依据第71E条将选举或选举副本保留至少10年。

（3）若某人违反第（1）款、第（2）款或第（2A）款，该人犯罪。在此指违反严格责任。

最高处罚：50个罚款单位。

注释1：《刑法》第2章规定了刑事责任总则。

注释2："严格责任"见《刑法》第6.1条。

104　备存受托人变更记录的职责

（1）超级年金实体的每个受托人均应确保将如下最新纪录保存和保留至少10年：

（a）该实体受托人的所有变更；

（b）该实体任何法人受托人董事会的所有变更；

（c）依据第118条所做的所有同意书。

（2）若该受托人违反第（1）款即为犯罪。在此指违反严格责任。

最高处罚：50个罚款单位。

注释1：《刑法》第2章规定了刑事责任总则。

注释2："严格责任"见《刑法》第6.1条。

105　备存报表的职责

（1）被监管超级年金基金或认可存款基金的每个受托人均应确保：

（a）保持所有成员或受益人报告的副本，并在任何情况下将所有相关的报告副本保留至少10年。

（b）这些副本供监管机构工作人员需要时进行审查。

（2）若违反第（1）款即为犯罪。在此指违反严格责任。

最大处罚：50个罚款单位。

注释1：《刑法》第2章规定了刑事责任总则。

注释2："严格责任"见《刑法》第6.1条。

（3）本条中：

"成员或受益人报表"指如下报表：

（a）依据本法、《1987年超级年金（不含基金）税收法》或管理规则给出的报表。

（b）以同样格式给出的报表（区别仅在于接收通知的人名和地址不同）：

（ⅰ）就被监管超级年金基金而言——向该基金的所有成员或隶属于某一特定类型成员的所有成员发布；

（ⅱ）或者，就认可存款基金而言——向该基金的所有受益人或隶属于某一特定类型的受益人的所有受益人发布。

106 向监管机构汇报重大负面事件的职责

（1）若超级年金实体受托人发现发生了对该实体财务状况产生重大负面影响的事件时，该受托人应确保该实体有受托人在其发现该事件后3个工作日内以书面形式向监管机构汇报该事件的详情。

（2）某事件对实体的财务状况产生了重大负面影响，若作为该事件的结果，由于支付债务的上升，该实体受托人将或可能将不能在制定下个收入年度的受益人报表前对受益人进行支付。

（3）第（1）款为第193条界定的民事处罚条款，第21章规定了违反或涉嫌违反本款的民事和刑事后果。

106A 向税务局汇报实体状态变化的职责

向税务局汇报的受托人职责

（1）若超级年金实体的受托人：

（a）已知该超级年金实体不再是自我管理超级年金基金；

（b）或者，已知该超级年金实体自从成为超级年金实体后即变为自我管理超级年金基金；

该受托人应确保以书面形式通知税务局。

注释：若该基金在成为超级年金实体之前即已成为自我管理超级年金基金，当该基金受托人依据第19条进行选举时，无须确保以书面形式通知税务局。

通知的及时性

（2）第（1）款所指的通知应在该受托人知晓该超级年金不再是或已变为自我管理超级年金基金时尽快且不得迟于20天给出。

犯罪

（3）违反第（1）款的人员将被处以100个罚款单位以下的处罚。

107　标准雇主发起基金的受托人建立任命成员代表程序的职责

（1）本条适用，若普通法要求标准雇主发起基金（不是成员人数少于5人的超级年金基金）受托人：

（a）若该受托人为单一法人受托人——该受托人董事会应包含成员代表；

（b）若有一自然人受托人团体——该团体应包含成员代表；

（c）或者，任何其他情况下——该基金政策委员会应包含成员代表。

（2）该基金的每个受托人均应确保：

（a）建立规则（无论管理规则或其他中是否包含）：

（i）规定任命成员代表的程序；

（ii）确保被任命的成员代表仅能通过任命时的同一程序撤销，以下情况除外：

（A）死亡；

（B）心理或生理疾病；

（C）退休；

（D）终止就业；

（E）依据第15章该成员代表成为不合格人员；

（F）依据第17章进行了吊销或撤销；

（G）或者，其他规定的情形。

（b）该规则应以能使得该基金成员了解成员代表任命或撤销程序的形式公布。

（3）若受托人违反第（2）款即为犯罪。

最高处罚：100个罚款单位。

（4）若受托人违反第（2）款即为犯罪。在此指违反严格责任。

最高处罚：50个罚款单位。

注释1：《刑法》第2章规定了刑事责任总则。

注释2："严格责任"见《刑法》第6.1条。

108　雇主发起基金受托人负有建立任命独立受托人或法人受托人董事会独立成员的程序的职责

（1）本条适用，若标准雇主发起基金（不是自我管理超级年金基金）通过第 89 条第（2）款来满足基本平等代表规则［第 89 条第（2）款规定附加独立受托人或法人受托人的附加独立董事］。

（2）该基金的每个受托人均应确保：

（a）建立规则（无论管理规则或其他中是否包含）确保该附加独立受托人或附加独立董事仅能通过任命时的同一程序撤销，除非出现如下情形：

（ⅰ）死亡；

（ⅱ）心理或生理疾病；

（ⅲ）依据第 15 章该附加独立受托人或附加独立董事成为不合格人员；

（ⅳ）依据第 17 章进行了吊销或撤销；

（ⅴ）或者，其他规定的情形。

（b）该规则应以能使得该基金成员了解附加独立受托人或附加独立董事的任命或撤销程序的形式进行公布。

（3）若受托人违反第（2）款即为犯罪。

最高处罚：100 个罚款单位。

（4）若受托人违反第（2）款即为犯罪。在此指违反严格责任。

最高处罚：50 个罚款单位。

注释 1：《刑法》第 2 章规定了刑事责任总则。

注释 2：严格责任见《刑法》第 6.1 条。

109　超级年金实体应进行和维持公平投资

（1）超级年金实体受托人或投资管理人不得进行投资，除非：

（a）该受托人或投资管理人与相关交易的另一方双方进行公平交易；

（b）或者，两者都：

（ⅰ）受托人或投资管理人与相关交易的另一方双方不是公平交易；

（ⅱ）对于另一方的交易条件不比公平交易情形下的预期条件有利。

（1A）若：

（a）超级年金实体受托人或投资管理人进行该投资；

（b）在该投资期间受托人或投资管理人被要求与另一方进行非公平交易；

该受托人或投资管理人应与另一方以公平交易的方式进行交易。

（2）第（1）款和第（1A）款为第 193 条所指的民事处罚条款，第 21 章规定了违反或涉嫌违反这两款的民事和刑事后果。

（3）违反第（1）款或第（1A）款不影响交易的有效性。

第 13 章　超级年金实体的账目、报表和审计

110　本章目标

本章旨在规定超级年金实体的账目、报表和审计规则。

111　会计记录

（1）超级年金实体的每个受托人应确保：

（a）会计记录应正确记录并能解释不断进行的交易和该实体的财务状况。

（aa）若该实体不是自我管理超级年金基金——保留账目从而能够制作《2001 年金融部门（数据收集）法》第 13 条所指的报表文件。

（b）若该实体为自我管理超级年金基金——保留会计记录从而可以制作如下文件：

（ⅰ）第 112 条所指的该实体的账目和报表；

（ⅱ）第 36A 条所指的该实体的报告。

（c）保留会计记录从而可以依据本法对该实体的账目、报表及报告进行方便合宜的审计。

（2）若超级年金实体的会计记录依据第（1）款进行了保留，该超级年金实体的每个受托人应确保：

（a）该记录应在交易相关的收入年度结束后至少保留 5 年。

（b）该记录保留在澳大利亚。

（c）该记录以如下形式保留：

（ⅰ）以英语书面保留；

（ⅱ）或者，以容易接受并容易转化为英语的书面形式保留。

（3）违反第（1）款或第（2）款即为犯罪。

最高处罚：100 个罚款单位。

（4）违反第（1）款或第（2）款即为犯罪。在此指违反严格责任。

最高处罚：50 个罚款单位。

注释1：《刑法》第2章规定了刑事责任总则。

注释2："严格责任"见《刑法》第6.1条。

112　账目和报表

（1）作为自我管理超级年金基金的超级年金实体的每个受托人在每一个收入年度，应确保准备如下账目和报表：

（a）除非监管条例明确规定本款不适用——财务状况报表；

（b）除非监管条例明确规定本款不适用——运营报表；

（ba）除非监管条例明确规定本款不适用——现金流量表；

（c）监管条例明确规定的账目和报表。

（2）监管条例可以规定要求准备第（1）款包括的账目和报表的条款。若监管条例有相应条款，第（1）款所指的账目和报表应依据监管条例规定进行准备。

（3）依据第（1）款准备的账目和报表应由如下人员签字：

（a）若为单个法人受托人——至少两名该法人受托人董事签字；

（b）若为单个自然人受托人——该受托人签字；

（c）若为自然人受托人团体——至少两名受托人签字。

（4）每个受托人均应确保依据第（1）款准备的账目和报表自相关收入年度结束后保留5年。

（5）若某人违反本条即为犯罪。

最高处罚：100个罚款单位。

（6）若某人违反本条即为犯罪。在此指违反严格责任。

最高处罚：50个罚款单位。

注释1：《刑法》第2章规定了刑事责任总则。

注释2："严格责任"见《刑法》第6.1条。

113　账目和报表的审计

（1）对于每一个收入年度，超级年金实体的每个受托人均应确保任命认可审计师以认可的格式向该实体受托人和RSE持证人（若有）出具该实体在该收入年度的运营情况报告。该任命应在适用于该实体的监管条例规定的期间内进行。

（1A）若审计师以书面形式向超级年金实体受托人要求其提供某文件，该实体的每个受托人均应确保在该要求做出后14天内向该审计师提供该文件。只能要求提供与报告准备相关的文件。

（2）若某受托人违反第（1）款或第（1A）款，则其犯罪。

最高处罚：监禁两年。

注释：《1914年刑法》第4B条第（2）款允许法院在监禁基础上或取代监禁处以适当的罚款。若法人犯罪，该法第4B条第（3）款允许法院处以不超过自然人犯同等罪行时最高处罚额的5倍的罚款。

（2A）若某受托人违反第（1）款或第（1A）款，则其犯罪。在此指违反严格责任。

最高处罚：50个罚款单位。

注释1：《刑法》第2章规定了刑事责任总则。
注释2："严格责任"见《刑法》第6.1条。

（3）在不限于第（1）款的通用性前提下，某认可表格：

（aa）若认可的超级年金实体不是自我管理超级年金基金，应做到如下之一：

（ⅰ）仅与依据《2001年金融部门（数据收集）法》向APRA提交的该收入年度的财务报表的审计相关；

（ⅱ）或者，不仅与以上报表的审计有关，还与该表格确定的该收入年度的其他账目和报表的审计相关。

（a）若认可的超级年金实体是自我管理超级年金基金，应做到如下之一：

（ⅰ）仅与第112条第（1）款所指的该收入年度的账目和报表的审计相关；

（ⅱ）或者，不仅与以上账目和报表的审计相关，还与该表格确定的该收入年度的其他账目和报表的审计相关。

（b）应包括审计师做出的关于该审计师是否认为该实体受托人和RSE持证人（若有）在该收入年度遵守该表格确定的本法、监管条例及《2001年金融部门（数据收集）法》的相应条款的声明。

（c）若认可的可注册超级年金实体已依据第2B章进行了注册，应包括该审计师做出的关于该审计师是否认为该实体RSE持证人：

（ⅰ）已遵守适用于该收入年度的该实体的每一项风险管理计划；

（ⅱ）已有充分的制度确保未来遵守该实体的任何风险管理计划；

（ⅲ）已遵守在该收入年度由该实体的 RSE 持证人的任何行为或预期行为及与该行为相关的所有其他行为引发的风险相关的每一个适用于该 RSE 持证人的风险管理战略；

（ⅳ）有充分的制度确保该 RSE 持证人遵守与其预期行为及与该行为相关的所有其他预期行为将引发的未来风险相关的风险管理战略。

（4）审计师应在该收入年度结束之后的规定期限内向该实体的每个受托人出具报告。该期限由监管条例明确规定。

（5）若审计师违反第（4）款，即为犯罪。

最高处罚：监禁 6 个月。

注释：《1914 年刑法》第 4B 条第（2）款允许法院在监禁基础上或取代监禁处以适当的罚款。若法人犯罪，该法第 4B 条第（3）款允许法院处以不超过自然人犯同等罪行时最高处罚额的 5 倍的罚款。

（6）若审计师违反第（4）款，即为犯罪。在此指违反严格责任。

最高处罚：50 个罚款单位。

注释 1：《刑法》第 2 章规定了刑事责任总则。

注释 2："严格责任"见《刑法》第 6.1 条。

第 14 章　适用于超级年金实体的其他条款

114　本章目标
本章旨在规定适用于超级年金实体的各种规则。

115　超级年金实体受托人可以留存准备金
（1）超级年金实体受托人可以留存准备金。

（2）若该实体管理规则禁止留存准备金，则第（1）款不适用。

116　受托人和投资管理人之间的协议
无论超级年金实体管理规则中内容如何，任何关于实体受托人和投资管理人签订的意在豁免或限制投资管理人的疏忽责任的协议条款均是无效的。

117　从雇主发起基金向雇主发起人进行支付的情形
适用——1992 年 10 月 21 日至获得御准之日

（1）在如下期间，本条不适用于标准雇主发起基金：

（a）始于 1992 年 10 月 21 日；

(b) 本法获得御准之日起结束；

除非该基金在该期间的任何一个收入年度均为符合要求的超级年金基金。

其他超级年金基金

（2）在如下期间，本条不适用于其他超级年金基金：

（a）始于 1992 年 10 月 21 日；

（b）自第（2A）条生效之日起结束。

自我管理超级年金基金

（2A）本条不适用于自我管理超级年金基金，若自本款生效之日起该基金已成立且为自我管理超级年金基金。

基本禁止

（3）除本条规定外，标准雇主发起基金的受托人不得或不得允许从该基金向标准雇主发起人进行支付。

（3A）如下情形第（3）款不适用：

（a）适用该条款将导致向某人不公平收购财产；

（b）根据《宪法》第 51 条第（xxxi）目，该收购无效。

例外——管理服务

（4）可以从任何标准雇主发起基金向对该基金提供管理或运营服务的标准雇主发起人支付合理费用。

例外——遵循特别程序

（5）若满足如下要求，可以从标准雇主发起基金对某一雇主发起人进行支付：

（a）除本条外，管理规则要求或允许向雇主发起人支付一定数额。

（b）已经遵守如下任何一条适用的条款：

（i）若基金有单一的法人受托人：

（A）受托人董事通过决议宣布他们打算从该基金向该雇主发起人支付该数额；

（B）该决议通过时，该法人受托人董事会由同等数量的雇主代表和成员代表组成。

（ii）若该基金有一自然人受托人团体：

（A）受托人通过决议宣布他们打算从该基金向该雇主发起人支付该数额；

（B）该决议通过时，该受托人团体由同等数量的雇主代表和成员代表组成。

（ⅲ）在其他任何情形下——受托人宣布他（她）打算从该基金向该雇主发起人支付该数额；

（c）在第（b）项第（ⅰ）目或第（ⅱ）目所指的决议或第（b）项第（ⅲ）目所指的宣布做出前：

（ⅰ）精算师已书面向该基金受托人确认，即便从该基金支付该数额，该基金仍将保持满意的财务状况；

（ⅱ）受托人坚信支付该数额及对管理规则进行变更（若有）合理考虑了该基金雇主发起人和受益人的利益。

（d）该基金受托人已依据管理规则向该基金所有成员发布通知：

（ⅰ）声明打算从该基金向雇主发起人支付该数额；

（ⅱ）声明精算师已根据第（c）项第（ⅰ）目要求向该基金受托人进行了确认；

（ⅲ）列出若向雇主发起人支付该数额，管理规则将要发生的任何变更细节。

（e）在第（d）项所指的通知向成员发布后3个月，已遵守如下任何一条适用条款：

（ⅰ）若该基金有单一的法人受托人——该法人受托人董事已通过决议同意从该基金向该雇主发起人支付该数额；

（ⅱ）若该基金有一自然人受托人团体——受托人们已通过决议同意从该基金向该雇主发起人支付该数额；

（ⅲ）在任何其他情形下——受托人已决定进行该支付。

（f）监管条例规定的其他任何要求。

（5A）视为未满足第（5）款第（d）项的要求，除非该基金每个受托人合理确认该通知已引起该基金所有成员的注意（监管条例规定的丢失成员除外）。

APRA 可以取消要求

（6）APRA 可以取消第（5）款规定的任何或所有与本条生效起发生的事项相关的要求。

民事处罚条款

（7）第（3）款为第193条界定的民事处罚条款，第21章规定了违反或涉嫌违反该款的民事和刑事后果。

本条不适用于向标准雇主发起人提供贷款或投资

（8）本条所指的从标准雇主发起基金向某一标准雇主发起人支付某数额，不包括以向该雇主发起人提供贷款或投资的形式进行的支付。

附加独立受托人或附加独立董事

（9）为了使本条适用于某基金，可视为受托人团体或法人受托人董事会由同等数量的雇主代表和成员代表组成，若：

(a) 该团体或该董事会包括一个附加独立受托人或附加独立董事；

(b) 该附加独立受托人或附加独立董事是分别应作为该团体或董事会成员的雇主代表或成员代表的要求任命的；

(c) 管理规则中有关于任命附加独立受托人或附加独立董事的条款；

(d) 管理规则不允许附加独立受托人或附加独立董事在与该团体或董事会相关的任何程序中投关键票。

定义

（10）本条中：

"符合要求的超级年金基金"是指《所得税评估法》第Ⅸ章所指的符合要求的超级年金基金，自本法获得御准之日起生效。

"标准雇主发起人"与标准雇主发起基金相关，包括：

(a) 若该标准雇主发起人为法人——与该标准雇主发起人关联的另一法人；

(b) 或者，若该雇主发起人为自然人——该雇主发起人的关联方。

（11）根据本条：

(a) 所指的标准雇主发起基金包括前标准雇主发起基金；

(b) 所指的标准雇主发起人包括前标准雇主发起人。

118　任命同意书

某人没有获得被任命为超级年金实体受托人或法人受托人董事的资格，除非该任命获得书面同意。

第15章　超级年金实体受托人、托管人和投资管理人标准

119　本章目标

本章旨在规定超级年金实体受托人、托管人和投资管理人的任职

资格。

120　不合格人员

自然人

（1）依据本章，某自然人为不合格人员，若：

（a）在任何时候（包括本条生效之前）：

（ⅰ）该自然人因不诚实行为而被判违反联邦、州、地区或外国法律；

（ⅱ）或者，曾对该人发出民事处罚令；

（b）该人处于破产管理状态；

（c）或者，监管机构依据第120A条剥夺该人资格。

法人

（2）依据本章，某法人为不合格人员，若：

（a）第（2A）款适用；

（b）该法人实际拥有的财产接管人或接管人和管理者已被任命；

（c）该法人的正、副官方管理人员已被任命；

（d）该法人的临时清盘人已被任命；

（e）或者，该法人已被清盘。

定罪

（2A）本款适用，若：

（a）该法人认为或有充分理由怀疑该法人的负责人为不合格人员。

（b）该法人认为或有充分理由怀疑：

（ⅰ）该人尚无资格依据第126B条第（1）款向APRA申请取消其不合格人员状态；

（ⅱ）或者，该人有资格，但未依据第126B条第（3）款在允许的期间内做出申请。

（3）本条所指的被定罪人员包括被裁定违反《1914年刑法》第19B条或州、地区或国外法律相关条款的人员。

不适用于定罪期满的法律

（4）《1914年刑法》第ⅦC章第3节不适用于披露第（1）款第（a）项所指的定罪信息。

120A　监管机构可取消自然人的资格

（1）监管机构可取消自然人的资格，若其确认：

（a）该人在一种或多种情形下违反本法或《2001 年金融部门（数据收集）法》（无论是本条生效前还是生效后）；

（b）该违反的本质或严重性或违反次数为取消该自然人的资格提供了依据。

（2）监管机构可以取消自然人作为受托人的负责人、投资管理人或托管人（法人）的资格（包括本条生效之前），若其确认：

（a）该法人在一种或多种情形下违反本法或《2001 年金融部门（数据收集）法》（无论是本条生效前还是生效后）；

（b）在违反当时，该自然人为该法人的负责人；

（c）对于该自然人担任该法人的负责人时发生的违反——该违反的本质或严重性或违反次数为取消该自然人的资格提供了依据。

（3）监管机构可以取消某自然人的资格，若其确认该自然人不是受托人、投资管理人或托管人或作为受托人、投资管理人或托管人的法人负责人的合适人选。

（4）自做出取消资格决定之日起生效。

（5）监管机构可以应被取消资格的自然人的申请撤销或自行撤销该取消资格决定。自做出撤销决定之日起生效。

（6）监管机构应向该自然人书面通知该取消资格或是否撤销该取消资格。

（7）监管机构应尽快在宪报上刊登依据第 120A 条第（6）款或第 344 条第（6）款发布的通知详情（内部评审的结果）。

121　不合格人员不得担任超级年金实体的受托人

（1）若某人为或已知该人为不合格人员，该人不得蓄意成为或担任该实体的受托人。

处罚：监禁两年。

（2）若某人为或已知该人为不合格人员，该人不得蓄意成为或担任作为该超级年金实体受托人的法人的负责人。

处罚：监禁两年。

（3）若超级年金受托人为或成为不合格人员，该受托人应立即以书面形式告知监管机构。

违反本款处罚：50 个罚款单位。

（4）第（3）款为违反严格责任。

注释1：《刑法》第2章规定了刑事责任总则。

注释2："严格责任"见《刑法》第6.1条。

121A 某些人员不得担任某些小基金的受托人

（1）除第（1A）款另有规定外，某人不得是或担任成员人数少于5人的超级年金基金的受托人（自我管理超级年金基金除外），除非该人是作为宪法组织的认可受托人或RSE持证人。

（1A）在特定时间（"有关时间"），第（1）款不适用于超级年金基金，若：

（a）在该有关时间内，该基金清盘；

（b）清盘开始前夕，该基金成员人数不到5名；

（c）该有关时间为成员人数低于或第一次低于5名后不超过1年（若APRA允许可适当延长）。

（2）违反第（1）款应被处以不超过6个月的监禁。

（3）第（2）款的违反是指违反严格责任。

122 没有受托人的同意，投资管理人不得任命或雇用托管人

（1）没有超级年金实体受托人的书面同意，该实体的投资管理人不得任命或雇用该实体的托管人。

（2）若投资管理人违反第（1）款，则为犯罪，在此指违反严格责任。

最高处罚：50个罚款单位。

注释1：《刑法》第2章规定了刑事责任总则。

注释2："严格责任"见《刑法》第6.1条。

123 可以被任命为超级年金实体托管人的人员

（1）某人不得蓄意成为超级年金实体（自我管理超级年金基金除外）的托管人，除非：

（a）该人为法人。

（b）或者，下列款项适用：

（ⅰ）该法人的净有形资产价值不超过监管条例规定的数量；

（ⅱ）或者，该实体受托人有权获得与其适当履行该实体托管人的法人职责或因认可担保不低于监管条例规定的金额有关的权益；

（ⅲ）满足第（1A）款规定的两个条件。

处罚：600个罚款单位。

注释：被告就第（1）款第（a）项和第（b）项相关事项负有举证责任［见《刑法》第13.3条第（3）款］。

（1A）第（1）款第（b）项第（ⅲ）目所指的规定的条件如下：

（a）该实体受托人有权获得与其适当履行作为该实体托管人的法人职责和认可担保有关的权益；

（b）认可担保的金额和该法人的净资产价值不低于监管条例规定的数额。

（2）第（1）款不禁止某人担任超级年金实体的托管人，若：

（a）当第（1）款第（b）项不适用或停止适用时，该人立即书面通知该实体受托人和APRA。

（b）该人在如下期间是该实体的托管人：

（ⅰ）始于如下较晚的那个时间的28天期限：

（A）第（1）款第（b）项停止适用于该托管人时；

（B）1994—1995收入年度初；

（ⅱ）或者，APRA允许的较长期限。

（c）该实体受托人（们）已做出或将做出解雇该托管人的安排。

（d）该人正采取或将采取合理步骤支持该受托人执行该安排。

（3）若第（1）款第（b）项不适用于或停止适用于某超级年金实体托管人：

（a）该托管人应立即书面通知该实体受托人和APRA。

（b）该受托人（们）应做出安排解雇该托管人。

（c）该受托人（们）应在如下期间结束之前做出该安排：

（ⅰ）始于如下较晚的那个时间的28天期限：

（A）第（1）款第（b）项停止适用于该托管人时；

（B）1994—1995收入年度初；

（ⅱ）或者，APRA允许的较长期限。

（4）若违反第（3）款第（a）项，应处以不超过50个罚款单位的罚款。

（5）若违反第（3）款第（b）项或第（3）款第（c）项，应处以不超过100个罚款单位的罚款。

（6）第（4）款和第（5）款是指违反严格责任。

注释1：《刑法》第2章规定了刑事责任总则。

注释2："严格责任"见《刑法》第6.1条。

124 投资管理人应以书面形式任命

（1）超级年金实体受托人不得以非书面形式任命该实体的投资管理人。

（2）若受托人违反第（1）款即为犯罪。在此指违反严格责任。

最高处罚：50个罚款单位。

注释1：《刑法》第2章规定了刑事责任总则。

注释2："严格责任"见《刑法》第6.1条。

125 自然人不得作为超级年金实体的投资管理人

若某人不是法人，则其不得蓄意成为或担任超级年金实体的投资管理人（自我管理超级年金基金除外）。

处罚：监禁两年。

126 不合格人员不得担任超级年金实体的投资管理人

（1）若某人是或已知某人是不合格人员，该人不得蓄意成为或担任超级年金实体的投资管理人。

处罚：监禁两年。

（2）若某人是或已知某人是不合格人员，该人不得蓄意成为或担任作为超级年金实体投资管理人的法人负责人。

处罚：监禁两年。

126A 不合格人员不得担任超级年金实体的托管人

基本禁止

（1）若某人是或已知某人是不合格人员，该人不得蓄意成为或担任超级年金实体的托管人。

处罚：监禁两年。

禁止——法人负责人

（2）若某人是或已知某人是不合格人员，该人不得蓄意成为或担任作为超级年金实体托管人的法人负责人。

处罚：监禁两年。

126B 申请撤销不合格状态

（1）根据本章，某人可以向监管机构书面申请依据第126D条宣布撤销其不合格状态，当：

（a）若该人仅因进行了第120条第（1）款第（a）项第（i）目的行为成为不合格人员；

（b）导致其成为不合格人员的犯罪行为不是第（2）款描述的严重不诚信行为。

（2）若已被进行了如下事实判罪，该犯罪即为第（1）款第（b）项所指的严重不诚信行为：

（a）监禁至少两年或监管条例明确规定更长时间（若有）；

（b）或者，处以至少120个罚款单位或监管条例明确规定的更多罚款（若有）。

（3）申请应：

（a）以书面形式；

（b）自本款生效之日或该人被判罪之日起14天内提出；

（c）标明与该申请相关的犯罪；

（d）关于该犯罪的法院文件及副本存在，并由该法院书记官和司法常务官审核该副本为那些法院文件的真实副本；

（e）同意监管机构就其认为拥有或控制与该申请相关信息的执法机构、监管机构或法院进行相关调查；

（f）由申请人签字。

（4）监管机构可以接受满足第（3）款条件的申请，但若监管机构确认存在特殊情形妨碍该申请在第（3）款第（b）项所指的期限提出，可以允许在该期限之后提出申请。

（5）法庭文件包括：

（a）申请人信息或对申请人的起诉；

（b）诉讼程序的誊本；

（c）证人陈述和宣誓；

（d）法庭判决和命令；

（e）法庭判决的理由。

（6）若某自然人不能合理获得第（5）款所指的部分或全部法庭文件，他或她：

（a）可做出不附带那些文件的申请；

（b）在做出申请后应尽快向监管机构提交那些文件。

（7）监管机构应通知申请人其打算调查的所有警务部门、机构或法庭。

（8）该通知应在监管机构做出对警务部门、机构或法庭进行调查的决定后尽快通知到该申请人。

126C 应在一定期间内做出是否同意该申请的决定

（1）除本条外，监管机构应在收到依据第126B条做出的申请之日起60天内决定是否同意该申请。

（2）若监管机构认为需要超过60天才能做出决定，监管机构可以进行不超过60天的延期。

（3）该延期应在收到该申请之日起60天内以书面形式通知申请人。

（4）若监管机构进行了延期，该监管机构应在延长的期限内做出是否同意该申请的决定。

（5）若监管机构在要求其做出决定的期间的最后一天仍无法决定，可视为该监管机构依据第126D条第（3）款在最后一天拒绝该申请。

126D 通知申请结果

（1）在已考虑如下内容后：

（a）与该申请相关的犯罪；

（b）该申请人被定罪的时间；

（c）该申请人被定罪时的年龄；

（d）法院发出的与该犯罪相关的命令；

（e）任何其他相关事项；

若APRA确认该申请人极不可能成为任何超级年金实体的审慎风险，APRA应书面通知申请人宣布撤销其不合格人员状态。

注释：本款中的APRA权力不适用于自我管理超级年金基金，见第6条第（1）款。

（1A）在考虑如下内容后：

（a）与该申请相关的犯罪；

（b）该申请人被定罪的时间；

（c）该申请人被定罪时的年龄；

（d）法院发出的与该犯罪相关的命令；

（e）任何其他相关事项；

若税务局确认该申请人极不可能：

（f）违反本法；

（g）采取任何行为导致自我管理超级年金基金不符合本法；

该税务局应书面通知该申请人宣布撤销其不合格人员状态。

注释：本款中的税务局权力仅适用于自我管理超级年金基金，见第6条第（1）款。

（2）即便宣布撤销该申请人的不合格人员状态，该申请人依旧为不合格人员，若：

（a）该申请人没有在该申请中注明其所犯的不诚信行为；

（b）曾对该申请人发出过民事处罚令；

（c）或者，该申请人正被破产管理。

（3）若监管机构决定不宣布撤销该申请人的不合格人员状态，该监管机构应：

（a）以书面形式通知并记录其做出的决定。

（b）向申请人发布附带第（a）项所指的通知副本的声明，告知申请人：

（ⅰ）该监管机构所做出的决定及做出该决定的理由；

（ⅱ）该申请人应立即辞职，并以书面形式向监管机构确认其辞职；

（ⅲ）若该申请人没有辞职且担任作为超级年金实体受托人、投资管理人或托管人的法人的负责人，该监管机构须通知该法人该申请人为不合格人员。

（4）若监管机构发现作为超级年金实体受托人、投资管理人或托管人的法人的负责人没有依据第（3）款第（b）项的声明要求辞职，该监管机构应告知该法人该申请人为不合格人员。

126E 撤销不合格人员状态的效果

（1）若：

（a）某人为不合格人员；

（b）该人有资格申请要求宣布撤销其作为不合格人员的状态；

（c）该人依据第126B条第（2）款在规定的申请期限内做出申请；

根据本法，在做出是否同意该申请之前，可视为该人不是且从来不是不合格人员。

（2）在决定是否宣布撤销满足第 1 条第（a）项、第（b）项和第（c）项的某人的不合格人员状态时：

（a）若该监管机构决定宣布，可视为该人从来都没有不合格；

（b）若该监管机构决定不同意宣布，该人自做出该决定之日起再次成为不合格人员。

（3）若：

（a）某人为不合格人员；

（b）该人有资格申请要求宣布撤销其作为不合格人员的状态；

（c）该人依据第 126B 条第（4）款做出申请；

那么：

（d）依据本法，该人在等候决定期间继续为不合格人员；

（e）若监管机构决定宣布撤销该人的不合格人员状态，依据本法，可视为该人从未是不合格人员。

126F 监管机构收集更多资料的权力

（1）若要做出是否同意第 126B 条第（1）款的申请，该监管机构需要：

（a）更多信息；

（b）或者，申请人许可监管机构对他人进行与该申请相关的调查；

该监管机构可以要求申请人提供信息或许可。

（2）监管机构可以书面通知要求做出第 126B 条第（1）款的申请的人员支付任何执法机构、监管机构或法庭在回答该监管机构进行的与该申请相关的调查时收取的同等数额的费用，若该费用：

（a）为本款所规定的类型；

（b）超过了本条规定的数额或超过总数额。

（3）监管机构可以在依据第 126B 条第（1）款做出的申请上撤销第（2）款要求的部分或全部支付数额，若该监管机构确认存在特殊情形使得要求申请人支付该全部或部分数额不公平。

（4）若申请者不能满足该要求，该监管机构应视为该申请被撤销。

（5）在第 126B 条第（3）款的部分或全部要求满足之前，本条及第 126B 条中的任何条款均不妨碍该监管机构做出是否同意该申请的决定。

127 不符合不会使得任命或交易无效

不符合本章条款不会影响任命或交易的有效性。

第16章 超级年金实体的精算师和审计师

128 本章目标

本章旨在规定有关超级年金实体的精算师和审计师的条款。

129 精算师和审计师的义务——遵守

当本条适用时

(1) 本条适用于超级年金实体的人员，若：

(a) 该人认为该实体有可能已经违反、正在违反或将违反本法或监管条例或《2001年金融部门（数据收集）法》；

(b) 该人是在依据本法、监管条例或《2001年金融部门（数据收集）法》执行该实体的会计或审计职能的过程中形成了该观点，或形成该观点与执行会计或审计职能有关。

若该人坚信他（她）的观点与执行会计或审计职能无关，本条不适用

(2) 若该人真诚地相信该观点与执行那些职能无关，本条不适用。

受托人和监管机构应被告知相关事项

(3) 除第（3A）款外，该人应在形成第（1）款第（a）项提及的观点后尽快：

(a) 以书面形式向该实体受托人告知此事；

(b) 若该人认为第（1）款第（a）项提及的犯罪可能影响该实体成员或受益人的利益——以书面形式向监管机构告知此事。

该人可以不向受托人或监管机构告知此事

(3A) 该人无须：

(a) 向该实体受托人告知此事，若：

（i）该人已被本条适用的另一人告知，另有他人已将此事告知该实体受托人；

（ii）第一次提及的人员没有理由不相信其他人；

(b) 或者，向监管机构告知此事，若：

（i）该人已被本条适用的另一人告知，另有他人已将此事告知该监

管机构；

(ⅱ) 第一次提及的人员没有理由不相信其他人。

误导信息的处罚

(3B) 某人（第一人）犯罪，若：

(a) 本条适用于第一人；

(b) 依据本条，第一人知道应将某事告知受托人；

(c) 第一人告诉本条适用的另一人他（她）已将此事告知受托人；

(d) 第一人实际并未做他（她）告诉别人已做的事。

处罚：监禁 12 个月。

注释：《刑法》第 2 章规定了刑事责任总则。

(3C) 某人（"第一人"）犯罪，若：

(a) 本条适用于第一人；

(b) 依据本条，第一人知道应将某事告知监管机构；

(c) 第一人告诉本条适用的另一人他（她）已将此事告知监管人；

(d) 第一人实际并未做他（她）告诉别人已做的事。

处罚：监禁 12 个月。

注释：《刑法》第 2 章规定了刑事责任总则。

告知某事不承担民事责任

(4) 本条适用的某人在向监管机构或该实体受托人告知本条要求的事项时不承担民事诉讼责任。

犯罪

(5) 违反第（3）款即为犯罪。

处罚：50 个罚款单位。

(6) 违反第（3）款即为犯罪。在此指违反严格责任。

处罚：25 个罚款单位。

注释 1："严格责任"见《刑法》第 6.1 条。

注释 2：《刑法》第 2 章规定了刑事责任总则。

130 精算师和审计师的义务——清偿能力

本条适用时

(1) 本条适用于超级年金实体的某人，若：

（a）该人认为该实体的财务状况可能或即将变得不合格；

（b）该人是在依据本法、监管条例或《2001年金融部门（数据收集）法》执行该实体的会计或审计职能的过程中形成了该观点，或形成该观点与执行会计或审计职能有关。

监管机构和受托人应被告知该财务状况

（2）除第（2A）款外，该人应自形成第（1）款第（a）项所提及的观点后尽快以书面形式向监管机构和该实体受托人告知此事。

该人可以不向监管机构或受托人告知此事

（2A）该人无须：

（a）向监管机构告知此事，若：

（ⅰ）该人已被本条适用的另一人告知，另有他人已将此事告知该监管机构；

（ⅱ）第一次提及的人员没有理由不相信其他人；

（b）或者，向该实体的受托人告知此事，若：

（ⅰ）该人已被本条适用的另一人告知，另有他人已将此事告知该实体的受托人；

（ⅱ）第一次提及的人员没有理由不相信其他人。

误导信息的处罚

（2B）某人（第一人）犯罪，若：

（a）本条适用于第一人；

（b）依据本条，第一人知道应将某事告知监管机构和受托人；

（c）第一人告诉本条适用的另一人他（她）已将此事告知监管机构或（和）受托人；

（d）第一人实际并未做他（她）告诉别人已做的事。

处罚：监禁12个月。

注释：《刑法》第2章规定了刑事责任总则。

告知某事不承担民事责任

（3）本条适用的某人在向监管机构或该实体受托人告知本条要求的事项时不承担民事诉讼责任。

犯罪

（4）违反第（2）款即为犯罪。

处罚：50个罚款单位。

（5）违反第（2）款即为犯罪。在此指违反严格责任。

处罚：25个罚款单位。

注释1："严格责任"见《刑法》第6.1条。

注释2：《刑法》第2章规定了刑事责任总则。

当财务状况不合格时

（7）本条中，当且仅当根据监管条例某实体的财务状况被视为不合格时，才可认为该实体的财务状况不合格。

130A 审计师或精算师可以向监管机构提供信息

（1）作为超级年金实体的审计师或精算师的人员可以向监管机构提供实体相关信息或向该实体的受托人提供其在执行审计或会计职能时获得的信息或与执行审计或会计职能相关的信息，依据法律如下：

（a）本法；

（b）监管条例；

（c）或者，《2001年金融部门（数据收集）法》；

若该人认为提供该信息将有助于监管机构依据本法或监管条例或《2001年金融部门（数据收集）法》执行其职能。

（2）根据本条向监管机构诚实提供信息的人员不接受任何其他人员就该信息提出的任何诉讼、索赔、要求或责任。

130B 自证其罪

（1）某自然人可以不按第129条或第130条要求提供信息，若提供信息将可能导致该自然人自证其罪或使其被处罚。

（2）该自然人依据要求提供的信息不得作为对该人进行刑事诉讼或处罚的证据，对提供虚假信息的提起的诉讼除外，若：

（a）在提供该信息之前，该自然人声明提供该信息可能导致其自证其罪或使得其被处罚；

（b）提供该信息在实际上可能会导致该自然人被定罪或被处罚。

130C 精算师和审计师——没有执行精算建议

本条何时适用

（1）本条适用于与作为可注册超级年金实体的待遇确定型基金相关的人员，若：

（a）该人认为该基金的某个受托人或雇主发起人没有按要求执行有关雇主发起人向基金缴费的精算建议，该建议包括：

（ⅰ）根据监管条例获得某精算师的报告；

（ⅱ）根据监管条例的某项要求获得某精算师的报告；

（ⅲ）或者，根据本款目标监管条例规定的某类文件。

（b）该人在依据本法、监管条例或《2001年金融部门（数据收集）法》执行与该实体相关的精算或审计职能过程中产生了该观点，或该观点的产生与执行该精算或审计职能有关。

受托人和监管机构应被告知此事

（2）除第（3）款外，该人在产生第（1）款第（a）项所指的观点后应尽快：

（a）以书面形式向该基金的某个受托人告知此事；

（b）若第（1）款第（a）项所指的犯罪将影响该基金成员或受益人的利益——以书面形式向监管机构告知此事。

该人可以不向受托人或监管机构告知此事

（3）该人无须：

（a）向该基金的受托人告知此事，若：

（ⅰ）该人已被本条适用的另一人告知，另有他人已将此事告知该实体受托人；

（ⅱ）第一次提及的人员没有理由不相信其他人；

（b）或者，向监管机构告知此事，若：

（ⅰ）该人已被本条适用的另一人告知，另有他人已将此事告知该监管机构；

（ⅱ）第一次提及的人员没有理由不相信其他人。

误导信息的处罚

（4）某人（第一人）犯罪，若：

（a）本条适用于第一人；

（b）依据本条，第一人知道应将某事告知受托人；

（c）第一人告诉本条适用的另一人他（她）已将此事告知受托人；

（d）第一人实际并未做他（她）告诉别人已做的事。

处罚：监禁12个月。

注释：《刑法》第2章规定了刑事责任总则。

（4A）某人（第一人）犯罪，若：

（a）本条适用于第一人；

（b）依据本条，第一人知道应将某事告知监管机构；

（c）第一人告诉本条适用的另一人他（她）已将此事告知监管人；

（d）第一人实际并未做他（她）告诉别人已做的事。

处罚：监禁 12 个月。

注释：《刑法》第 2 章规定了刑事责任总则。

告知某事不承担民事责任

（5）本条适用的某人在向监管机构或该实体受托人告知本条要求的事项时不承担民事诉讼责任。

犯罪

（6）违反第（2）款即为犯罪。

处罚：50 个罚款单位。

（7）违反第（2）款即为犯罪。在此指违反严格责任。

处罚：25 个罚款单位。

注释 1：严格责任见《刑法》第 6.1 条。

注释 2：《刑法》第 2 章规定了刑事责任总则。

131　审计师——取消资格令

取消资格令

（1）根据本法，监管机构可以做出书面命令（取消资格令）取消某人作为认可审计师的资格，若：

（a）无论在澳大利亚境内还是境外，该人没有充分合理地执行：

（ⅰ）本法或监管条例规定的审计师职责；

（ⅱ）联邦、州或地区法律要求审计师执行的任何职责；

（ⅲ）或者，审计师有权执行的与本法或监管条例或《2001 年金融部门（数据收集）法》有关的任何职能；

（b）或者，依据本法，该人在其他方面不是作为认可审计师的合适人选。

生效日

（2）取消资格令自该命令规定的日期起生效。该规定的日期应为自发布该命令之日起 28 天内的日期。

通告

(3) 监管机构应将该命令副本通知到该人。

刊登

(4) 监管机构应在做出该取消资格令后尽快将该命令详情刊登在宪报上。

(4A) 若 APRA 在依据第 344 条第（4）款进行考虑的基础上，决定变更或撤销该取消资格令，APRA 应在做出该决定后尽快将变更或撤销详情刊登在宪报上。

(4B) 若：

（a）APRA 在依据第 344 条第（4）款进行考虑的基础上，决定批准或变更该取消资格令；

（b）该批准或变更决定已被行政申诉裁判庭变更或取消；

APRA 应在裁判庭给出决定后尽快将裁判庭决定的详情刊登在宪报上。

撤销

(5) 监管机构可以撤销取消资格令。监管机构可行使撤销权，依据：

（a）监管机构自行决定；

（b）或者，依据被取消资格人员的书面申请。

撤销——决定是否同意该申请

(6) 若撤销取消资格令的申请被提出，监管机构应决定：

（a）撤销该命令；

（b）或者，拒绝撤销该命令。

撤销——依据

(7) 监管机构不得撤销取消资格令，除非该监管机构确认该当事人：

（a）可能充分恰当地执行本法或监管条例规定的审计师职责；

（b）依据本法，在其他方面为担任认可审计师的合适人选。

撤销——生效日

(8) 取消资格令的撤销自撤销做出之日起生效。

撤销原因

(9) 若监管机构决定拒绝撤销取消资格令的申请，该监管机构应以书面形式向该申请人通知该决定并给出该决定的理由。

刊登

(10) 若监管机构依据第（5）款撤销取消资格令，该监管机构应在做出该撤销后尽快将撤销详情刊登在宪报上。

131A　监管机构可将问题转交职业协会处理

（1）若监管机构认为某认可审计师或精算师：

（a）无论在澳大利亚境内还是境外，没有充分合理地执行：

（ⅰ）本法或监管条例规定的审计师或精算师职责；

（ⅱ）联邦、州或地区法律要求审计师或精算师执行的任何职责；

（ⅲ）或者，审计师或精算师有权执行的与本法、监管条例或《2001年金融部门（数据收集）法》有关的任何职能；

（b）或者，依据本法，该人在其他方面不是作为认可审计师或精算师的合适人选；

该监管机构可以将此问题的细节转交第（2）款规定的人员处理。

注释：依据《1998年澳大利亚审慎监管局法》第56条（若APRA为监管机构）或本法第252C条（若税务局为监管机构），接受监管机构转交详情的人员负有保密责任。尤其，见该条第（1）款第（c）项及第（2）款、第（9）款和第（10）款关于"高级人员"的定义。

（2）第（1）款所指的接受监管机构转交处理认可审计师或精算师的具体问题的人员，是审计师或精算师职业协会的成员，监管机构认为其将参与：

（a）决定该职业协会是否应对该问题涉及的审计师或精算师进行惩戒或其他处理；

（b）或者，采取该处理措施。

（3）对于认可审计师，监管机构可依据第（1）款行使权力，无论该监管机构是否依据第131条第（1）款书面发布该审计师的取消资格令。

（4）依据本条，若监管机构将涉及某认可审计师或精算师的具体问题进行了转交，该监管机构应自转交后尽快且最迟不超过7天以书面形式通知该审计师或精算师，内容如下：

（a）已依据第（1）款转交该问题的事实；

（b）转交该问题的性质。

131B　犯罪——误导他人相信自己是精算师或审计师

（1）某人犯罪，若：

（a）其误导他人相信自己为精算师；

（b）该人不是精算师。

最高处罚：50个罚款单位。

（2）某人犯罪，若：

（a）其误导他人相信自己为认可审计师；

（b）该人不是认可审计师。

最高处罚：50 个罚款单位。

（3）第（1）款和第（2）款为违反严格责任。

注释 1：《刑法》第 2 章规定了刑事责任总则。

注释 2："严格责任"见《刑法》第 6.1 条。

第 17 章　吊销或撤销超级年金实体受托人

132　本章目标

本章旨在规定吊销或撤销超级年金实体受托人及任命临时受托人的条款。

133　吊销或撤销超级年金实体受托人

吊销或撤销

（1）监管机构可以吊销或撤销某一超级年金实体受托人，若：

（a）该受托人为第 15 章所指的不合格人员；

（b）监管机构认为该受托人或该实体的任何其他受托人已经、正在或打算采取的行为将会导致该实体或任何其他超级年金实体的财务状况变得不合理；

（c）该监管机构：

（ⅰ）依据第 28 条，撤销该受托人的认可；

（ⅱ）或者，依据第 29G 条，取消能够使得该受托人成为该实体的受托人的 RSE 认证；

（d）若该超级年金实体为成员人数不到 5 人的超级年金基金（自我管理超级年金基金除外），依据第 121A 条第（1）款，该受托人被要求是作为宪法组织的认可受托人或 RSE 持证人，但该人不是；

（e）或者，若该受托人为 RSE 持证人，该 RSE 持证人违反了 RSE 认证的任何条件。

吊销期限

（2）受托人吊销的期限以监管机构决定的期限为准。

延长吊销期

（3）某受托人吊销的期限可延长至监管机构决定的较长时期。

理由

（4）若监管机构决定：

（a）吊销或撤销某受托人；

（b）延长某受托人的吊销期限；

该监管机构应向该受托人发布书面通知：

（c）写明该决定；

（d）给出做出该决定的理由。

财长的书面同意

（5）没有财长的书面同意，监管机构不得做出如下任何一条决定：

（a）决定吊销或撤销受托人；

（b）决定延长受托人的吊销期限。

134　APRA 吊销或撤销时任命临时受托人

吊销

（1）若监管机构吊销某超级年金实体的所有受托人，该监管机构应任命一个宪法组织或自然人在吊销期间担任受托人。该被任命人就称为"临时受托人"。

撤销

（2）若监管机构撤销某超级年金实体的所有受托人，该监管机构应任命一个宪法组织或自然人担任受托人，直到该受托人职位空缺被填补。该被任命人被称为"临时受托人"。

养老基金

（3）监管机构不得任命某个自然人担任某超级年金实体的临时受托人，除非该实体的管理规则规定该实体的唯一或主要目标是提供老年养老金。

团体

（4）若：

（a）某超级年金实体有一自然人受托人团体；

（b）监管机构吊销或撤销了所有的受托人；

（c）监管机构确认被吊销或撤销的一个或多个人员是可以被任命为临时受托人的恰当人选；

本法不阻止监管机构对该人进行该任命。

135　临时受托人任命的期限和条件

（1）监管机构可以决定临时受托人任命的期限和条件，包括费用。该决定有效，无论如下法规有何规定：

（a）本法的其他任何条款；

（b）监管条例；

（c）任何其他法律；

（d）该实体的管理规则。

（2）不限于第（1）款内容，监管机构可以依据本款做出临时受托人费用从该实体财产进行支付的有效决定。

136　终止临时受托人任命

监管机构可以在任何时候终止对该临时受托人的任命。

137　临时受托人辞职

临时受托人可书面向监管机构提出辞职。该辞职自向该监管机构提出之日后满7日才能生效。（此延迟是为了给监管机构任命新的临时受托人的时间。）

138　财产归属令

（1）若某人被任命为临时受托人，监管机构应发布书面命令将该实体的财产授予该临时受托人。

（2）若该临时受托人的任命到期，监管机构应发布书面命令将该实体财产授予：

（a）若有新的临时受托人——该新的临时受托人；

（b）若该临时受托人是在实际受托人吊销期间担任，且该吊销到期——该实际受托人；

（c）或者，若该临时受托人担任是因为实际受托人职位空缺，且由于该空缺职位填充了新的实际受托人使得该临时受托人任命结束——该新的实际受托人。

（3）若监管机构发布命令将该超级年金实体的财产授予某人：

（a）若依据普通法该财产被授予该受托人——除第（4）款和第（5）款外，通过本法该财产立即依据普通法授予该命令指定的人员；

（b）若依据衡平法该财产被授予该受托人——通过本法该财产立即依据衡平法授予该命令指定的人员。

（4）若：

（a）该财产为那种转让时需要依据联邦、州或地区法律进行登记的财产；

（b）该法能够登记财产归属令中的财产；

在满足第（a）项所指的法律要求之前，该财产不能依据普通法进行归属。

139　临时受托人的权力

除第 138 条外，当某人依据本章担任受托人时：

（a）该人有并且可以行使受托人的所有权利、资格和权力，应执行受托人的所有职能和职责；

（b）该实体的管理规则、本法、监管条例及任何其他相关法律均适用于该人，如同该人就是受托人一样。

140　向受益人通知临时受托人的任命

（1）若某人依据本章被任命担任某超级年金实体受托人，该人应尽快向每个受益人发布关于该任命的通知。

（2）该通知应以认可的格式。

（3）某人没有合理理由违反本条即为犯罪，应处以不超过 50 个罚款单位的罚款。

（3A）第（3）款是指违反严格责任。

注释1：《刑法》第 2 章规定了刑事责任总则。
注释2：关于"严格责任"，见《刑法》第 6.1 条。

（4）违反第（1）款不影响任命的有效性。

141　监管机构可以向临时受托人发布指导

（1）若某人依据本章被任命为某超级年金实体的受托人，监管机构可以书面通知形式指导该人从事或不从事一个或多个与该超级年金实体相关的特定行为或事件。

（2）该人不得蓄意违反第（1）款的指导。

处罚：100 个罚款单位。

注释：《刑法》第 2 章规定了刑事责任总则。

（3）本条不影响与违反该通知的某人进行交易的有效性。

141A　授予临时受托人的财产——与财产的账目、鉴定有关的原受托人责任及财产转让

（1）本条适用，若：

（a）监管机构在本条生效后依据第138条第（1）款或第（2）款发布命令将某超级年金实体的财产授予某临时受托人；

（b）或者，监管机构在本条生效前发布该命令，且该命令在本条生效时依然有效。

（2）本条中，在该命令发布之前被授予该财产的某人，称为"原受托人"。

（3）原受托人犯罪：

（a）若适用第（1）款第（a）项——若原受托人在命令发布后14天内没有向临时受托人提供其持有、托管或控制的与该实体事务有关的账目；

（b）或者，若适用第（1）款第（b）项——若原受托人没有在本条生效后14天内向临时受托人提供其持有、托管或控制的与该实体事务有关的账目。

最高处罚：50个罚款单位。

（4）临时受托人可以书面通知形式要求原受托人尽量：

（a）验明该实体的财产；

（b）解释原受托人是如何记录财产的。

（5）临时受托人可以书面通知形式要求原受托人采取必要的特定行动将该实体的特定财产转让给该临时受托人。

（6）原受托人犯罪，若：

（a）临时受托人依据第（4）款或第（5）款向原受托人发布书面通知；

（b）原受托人没有在收到通知后28天内满足通知要求。

最高处罚：50个罚款单位。

（7）第（3）款和第（6）款为违反严格责任。

注释1：《刑法》第2章规定了刑事责任总则。

注释2：关于"严格责任"，见《刑法》第6.1条。

142 监管机构可以制订超级年金实体清盘或（和）解散的计划

计划

（1）若某人根据本章被任命为某超级年金实体的受托人，监管机构可以书面形式制订该实体清盘或（和）解散的计划。

空缺

（2）不只限于第（1）款内容，该计划还可规定任命或禁止任命某人填充受托人职位空缺有关的条款。

违反计划

（3）不得蓄意违反依据本条制订的计划的条款。

处罚：100个罚款单位。

注释：《刑法》第2章规定了刑事责任总则。

通知

（4）监管机构应向临时受托人提供第（1）款所指的文件副本。

告知受益人

（5）不限于第141条内容，监管机构可以依据该条发布指导要求临时受托人向该实体的受益人告知第（1）款的文件。

可提供的副本

（6）利益会受到第（1）款的文件影响的人员可以要求监管机构向其提供该文件的副本。监管机构应满足该要求。

公告

（7）监管机构应在该实体大多数受益人的可能居住地的报纸上公告每项文件的制作。该公告应采用规定的形式。

可否决

（8）第（1）款的文件为《1901年联邦法律解释法》第46A条可否决文书。

第18章　基金合并

143　本章目标

本章旨在授权APRA在某些情形下认可某被监管超级年金基金或认可存款基金成员和受益人的所有津贴向另一超级年金基金或认可存款基金进行的转移。

144　经过APRA认可，津贴可以转移给另一新的基金

（1）某被监管超级年金基金或认可存款基金（"转出基金"）成员和受益人的所有津贴可以转移给另一被监管超级年金基金或认可存款基金（"转入基金"），若：

（a）APRA依据本章认可该转移。

（b）该转移是转出基金所有受托人和如下成员共同协商的结果：

（ⅰ）若该转入基金受托人为法人——该转入基金的认可受托人或RSE持证人；

（ⅱ）或者，若该转入基金为RSE持证人，且有一自然人受托人团体——该转入基金的所有自然人受托人。

（2）本条不影响依据本法任何其他条款或监管条例进行的超级年金基金或认可存款基金任何津贴的转移。

145 认可转移申请

（1）向APRA提出对转出基金成员和受托人的所有津贴转移给转入基金进行认可的申请，该申请应由转出基金所有受托人和如下人员共同做出：

（a）若转入基金受托人为法人——该转入基金的认可受托人或RSE持证人；

（b）或者，若该转入基金为RSE持证人，且有一自然人受托人团体——该转入基金的所有自然人受托人。

（2）该申请应采用认可的格式。

146 认可转移

（1）APRA可以根据第145条认可将转出基金成员和受益人的所有津贴转移给转入基金，当且仅当APRA确认：

（a）其中：

（ⅰ）无法合理依据本法其他条款或监管条例进行转移；

（ⅱ）或者，该转移可以依据第142条制订的清盘和（或）解散计划进行。

（b）该转移在考虑如下内容的所有情形下均是合理的：

（ⅰ）根据该转出基金管理规则，成员和受益人的津贴权益；

（ⅱ）若该成员和受益人继续留在该转出基金，其津贴权益可能受到的影响；

（ⅲ）根据转入基金管理规则，成员和受托人的津贴权益；

（ⅳ）根据第144条第（1）款第（b）项协议从转出基金向转入基金转移的资产价值。

（c）该转移不会对转入基金成员和受益人的利益产生不利影响。

（d）该转入基金有一认可受托人或RSE持证人。

（2）没有财长的书面同意，APRA不得认可该转移。

147 对转出基金享有的权利终止

若转出基金成员和受益人的所有津贴均依据本章转移到转入基金：

(a) 该成员和受益人对转出基金享有的权利终止。

(b) 若：

(i) 在转移发生前，另一人员对转出基金享有死亡或伤残津贴的临时权利；

(ii) 该临时权利为转出基金成员或受益人赋予；

该人终止对转出基金享有的临时权利。

为免疑问，第（a）项所指的对转出基金享有的权利包括死亡或伤残津贴临时权利。

第19章 公募实体：与超级年金股份有关的条款

第1节 前言

151 违反本章不影响超级年金股份发行的有效性

违反本章不影响超级年金股份发行或其他行为的有效性。

第2节 公募实体的超级年金权益的发行、报价等

152 对于公募实体的超级年金权益的发行、报价等的限制

(1) 本条适用于如下行为：

(a) 发行公募实体的超级年金权益；

(b) 对公募实体的超级年金权益的发行进行报价；

(c) 发起发行公募实体的超级年金权益的申请。

(2) 公募实体受托人不得从事本条所适用的行为。

处罚：监禁5年。

注释：《刑法》第2章规定了刑事责任总则。

(2A) 第（2）款不适用，若：

(a) 该受托人：

(i) 是该实体唯一的受托人，且为认可受托人；

(ii) 或者，为宪法组织，且为RSE持证人。

(b) 该实体依据信托契约组成。

注释：被告对第（2A）款事项负有举证责任［见《刑法》第 13.3 条第（3）款］。

(3) 除公募实体受托人以外的人员不得从事本条适用的行为。

处罚：监禁 5 年。

注释：《刑法》第 2 章规定了刑事责任总则。

(4) 本条不妨碍公募实体受托人从事或授权他人代表其从事活动。

153A[①]

154　佣金

(1) 公募实体受托人在支付如下方面佣金时应遵守监管条例要求：

(a) 申请发行该实体超级年金权益；

(b) 或者，申请成为该实体的标准雇主发起人。

(2) 若该受托人违反第（1）款，即为犯罪。

最高处罚：100 个罚款单位。

(2A) 若该受托人违反第（1）款，即为犯罪。在此指违反严格责任。

最高处罚：50 个罚款单位。

[①] 本条不构成本法的一部分。但依据本法第 332 条做出的第 15 号修订声明，第 19 章对于公募实体及其受托人有效，如同该章已被修订，尤其是通过插入本条内容进行了修订：

第 15 号修订声明

我，Frederick George Herbert Pooley，作为保险和超级年金委员会委员，依据《1993 年超级年金业（监管）法》第 332 条，声明本法第 19 章对公募实体及其受托人有效，犹如同在第 153 条后插入本条进行了修订。

"在某些情形下，没有申请亦可发行权益

153A 公募实体的受托人根据第 153 条第（1）款要求，在没有先收到申请或没有合资格的申请的情况下向某人发行该实体的超级年金权益，不视为违反本条，若：

(a) 该实体为标准雇主发起基金；

(b) 该人作为该实体的标准雇主发起成员持有该权益。

(c) 发行该权益后，该受托人尽力：

（ⅰ）从该成员的雇主发起人处获得第 153 条第（1）款第（b）项第（ⅰ）目提及的申请或 153 条第（1）款第（b）项第（ⅱ）目提及的合资格的申请；

（ⅱ）或者，从该成员处获得第 153 条第（1）款第（a）项所提及的合资格的申请。

(d) 若该受托人自发行该权益后 90 天内仍未获得该申请或合资格的申请，该受托人不得接受该标准雇主发起人对该成员的任一缴费（直到该受托人收到该申请或合资格的申请为止）。"

本声明自 1994 年 7 月 1 日生效。

第 15 号修订声明，见注释部分表 B。

注释1：《刑法》第2章规定了刑事责任总则。

注释2："严格责任"见《刑法》第6.1条。

(3) 第(1)款所指的监管条例规定的要求应与如下一条或多条相关：

(a) 佣金支付的人员类型；

(b) 需要进行佣金支付的情形；

(c) 披露佣金支付信息；

(d) 保持佣金支付记录。

155　公平处理超级年金权益的发行或赎回

(1) 本条适用，若：

(a) 公募实体的受托人正考虑：

(ⅰ) 向某人发行该实体的超级年金权益；

(ⅱ) 或者，赎回某人持有的该实体的超级年金权益。

(b) 其中：

(ⅰ) 依据该实体的管理规则，该受托人根据合理理由认为在某些情形下该权益发行或赎回的价格对该人与该实体的受益人不是公平合理的；

(ⅱ) 或者，无论出于什么原因，该受托人依据该实体的管理规则无法计算出该权益的发行或赎回价格。

(2) 若第(1)款符合，该受托人不得发行或赎回该权益，除非以对该人和该实体的受益人公平合理的价格进行。

(3) 当本条适用时，若该受托人以该价格发行或赎回该权益时，可视为该受托人按照该实体的管理规则行事。

(4) 违反第(2)款不是犯罪，但可能会引致第156条的民事责任。

156　违反第155条第(2)款的民事责任

(1) 若：

(a) 公募实体的受托人违反第155条第(2)款；

(b) 某人因该违反遭受损失或损害；

该人可以对该受托人提起诉讼要求其赔偿该损失或损害。

(2) 该诉讼应在诉因出现后6年内提出。

第 21 章　违反民事处罚条款的民事和刑事后果[1]

第 1 节　前言

192　本章目标

本章旨在规定违反民事处罚条款的后果。

193　民事处罚条款

如下条款为民事处罚条款：

(a) 第 62 条第 (1) 款；

(b) 第 65 条第 (1) 款；

(c) 第 67 条第 (1) 款；

(d) 第 84 条第 (1) 款；

(e) 第 85 条第 (1) 款；

(f) 第 95 条第 (1) 款；

(g) 第 97 条第 (1) 款；

(h) 第 98 款；

(i) 第 106 条第 (1) 款；

(j) 第 109 条第 (1) 款；

(ja) 第 109 条第 (1A) 款；

(k) 第 117 条第 (3) 款。

194　某人涉嫌违反某条款可视为违反该条款

根据本章，某人涉嫌违反本法的特定条款可视为该人违反该条款。

195　何时可视为某法庭发现某人犯罪

根据本章，可视为某澳大利亚法庭发现某人犯罪，当且仅当：

(a) 该法庭判定该人犯罪；

(b) 或者，某人因犯罪被起诉，法庭发现该人有犯罪行为，但该法院没有继续判定该人犯罪。

---

[1] 在澳大利亚官方公布的原文中无第 20 章。——译者注

第 2 节 民事处罚令

196 法院可以做出民事处罚令

（1）当法院确认某人违反民事处罚条款时，本条适用，无论该违法是否构成第 202 条所指的犯罪。

注释：第 202 条规定了法院根据确凿的违法证据宣布某人违反民事处罚条款的证明文件。

（2）法院可以宣布该人因某特定行为或疏忽违反与规定的超级年金实体相关的该条款，但若该声明已经依据第 4 节生效，无须再行宣布。

（3）法院还可针对该人发布命令，要求其向联邦支付该命令规定的不超过 2000 个罚款单位的罚款。

（4）该法院不得做出第（3）款的命令，除非其认定该违法很严重。

（5）该法院不得做出第（3）款的命令，若其确认已有澳大利亚法院命令该人对其构成犯罪的行为或疏忽进行高额惩罚性赔偿。

197 可以申请民事处罚令的人员

（1）只有监管机构或监管机构授权可以申请民事处罚令的人员才可以申请民事处罚令。

（2）第（1）款的授权与处罚规定的或所有的违反民事处罚条款的申请有关。

（3）本条不影响《1983 年刑事检察处处长法》的实施。

198 申请的时间限制

民事处罚令的申请应在该违法后 6 年内做出。

199 申请民事处罚令为民事诉讼

（1）在听证和裁决民事处罚令的申请时，法院应运用适用于听证和裁决民事事项的取证和程序规则。

（2）根据该法院的规则，第（1）款生效。

200 强制执行罚款令

若法院发布第 196 条第（3）款的命令，要求某人支付罚款：

（a）监管机构可代表联邦收取罚款；

（b）监管机构或联邦可以强制执行该命令，就如同执行法院判决一样。

201 监管机构可要求任何人提供与民事处罚令申请相关的支持

（1）本条适用，若监管机构认为某人可能违反民事处罚条款。

（2）若监管机构有合理理由怀疑或认为某人能够提供与民事处罚令申请相关的违法信息（无论是否做出申请），监管机构可以书面要求该人提供与申请相关的所有合理支持。

（3）第（2）款不适用于：

（a）第（1）款所指的人员；

（b）或者，作为或曾经作为该人的律师的人员。

（4）若某人不能按第（2）款的要求提供支持：

（a）该人犯罪，应处以不超过5个罚款单位的罚款；

（b）法院可以根据监管机构的申请命令该人遵守该命令规定的要求。

（4A）第（4）款第（a）项为违反严格责任。

注释1：《刑法》第2章规定了刑事责任总则。

注释2："严格责任"见《刑法》第6.1条。

（5）第（4）款第（b）项不影响对违反第（4）款第（a）项的任何处罚。

第3节 刑事诉讼

202 何时违反民事处罚条款即为犯罪

（1）若某人违反民事处罚条款，其中：

（a）不诚实并试图为其或他人获得好处（无论直接或间接）；

（b）或者，试图欺骗他人；

该人犯罪，应处以5年以下监禁。

注释：《刑法》第2章规定了刑事责任总则。

（2）除第（1）款所指的情形外，违反民事处罚条款的人员不属犯罪。

（3）澳大利亚联邦法院没有对因违反民事处罚条款构成犯罪而提起的刑事诉讼的司法权。

203 申请民事处罚令杜绝以后进行刑事诉讼

若某人已对违反民事处罚条款申请了民事处罚令，即便该申请已被同意或拒绝，也不得再对该违反构成犯罪的提起刑事诉讼。

第 4 节　刑事诉讼对申请民事处罚令的影响

204　本节何时适用

若因违反民事处罚条款构成犯罪对某人提起的刑事诉讼开始时,本节适用。

205　刑事诉讼期间的影响

(1) 可以针对该人同样的违法申请民事处罚令。

(2) 但,根据本款应停止申请,直到:

(a) 该刑事诉讼;

(b) 该刑事诉讼引起的所有要求复审的上诉和申请(包括依据本节做出的要求复审的上诉和申请);

已经终止或取消。

206　排除申请民事处罚令的最终结果

当刑事诉讼以及要求复审的上诉和申请最终结束或取消时:

(a) 不得对同一违法申请民事处罚令(依据本节除外);

(b) 根据本条,取消根据第 205 条第(2)款停止的申请;

若刑事诉讼、复审上诉和申请的结果是:

(c) 某法庭发现该人犯罪;

注释:第 195 条对何时可视为法庭发现某人犯罪进行了规定。

(d) 某人被宣告无罪,除非存在强制声明宣布该人犯罪;

注释:这类声明根据第 209 条、第 210 条或第 211 条做出。

(e) 某法庭声明民事处罚令申请中举证的证据不足以让法院宣判某人犯罪;

注释:这类声明根据第 208 条做出。

(f) 某法庭声明某人犯罪;

注释:这类声明根据第 212 条做出。

(g) 某法庭发出命令禁止对已做出声明或诉讼相关的违法申请民事处罚令;

注释:此类声明根据第 212 条做出。

（h）或者，根据上诉或复审，法院确认、变更或取代了某人犯罪的声明。

注释：第 123 条适用于此情形。

207　不排除申请民事处罚令的最终结果

若刑事诉讼、要求复审的上诉和申请最终结束或取消的结果是：

（a）某法庭而非法院声明某人犯罪；

注释：此类声明根据第 209 条、第 210 条或第 211 条做出。

（b）不是第 206 条所指的任何结果；

那么：

（c）若与该违法相关的民事处罚令申请根据第 205 条第（2）款处于停止状态，该申请可以继续；

（d）或者，其他情形——可以做出或继续该申请；

如同刑事诉讼从未开始过一样。

208　起诉审失败后，法庭可以阻止其申请民事处罚令

（1）若：

（a）对某人犯罪的起诉以无罪判决结束或取消；

（b）该法庭确认民事处罚令申请中举证的证据不足以让法院宣判某人犯罪；

该法庭可以做出此声明。

（2）可以对第（1）款的声明和诉讼过程中做出的任何其他命令或决定以同样的方式提起上诉或复审。

209　在申请民事处罚令基础上选择陪审团裁决

（1）若某人被控犯罪，陪审团毫无疑问地确认该人有违法行为，但不确认该人有从事第 202 条第（1）款提及的行为。

（2）陪审团可能发现该人没有犯罪，但有违法行为。

（3）若陪审团做出如此裁决，法庭可宣布该人由于指定的行为或疏忽违反了与指定超级年金实体相关的民事处罚条款。

（4）若该法庭为法院，其可以根据公诉人或其他有权依据第 197 条申请民事处罚令的人员的申请发出第 196 条第（3）款所指的命令。

（5）不管第 198 条有何规定，第（3）款有效。

（6）如同该法院判定该违法构成犯罪一样，第（3）款的声明也可以

被提请上诉或复审。

210 在申请民事处罚令基础上选择法庭简易审判裁决

（1）本条适用，若在听取对某人违法的即席判决过程中法庭确认该人有违法行为，但没有第 202 条第（1）款所指的行为。

（2）该法庭可能发现该人没有犯罪，但有违法行为。

（3）若该法庭如此判断，则可宣布该人由于特定行为或疏忽违反了与指定超级年金实体相关的民事处罚条款。

（4）如同该法院判定该违法构成犯罪一样，第（3）款的声明也可以被提请上诉或复审。

211 在申请民事处罚令基础上选择上诉法庭裁决

（1）本条适用，若：

（a）法庭发现该人犯罪。

（b）根据上诉或复审，法庭发出命令决定该刑事诉讼不涉及判决该人犯罪。

（c）该法庭确认该人有违法行为。

（2）该法庭可以宣布该人因指定行为或疏忽违反与指定超级年金实体相关的民事处罚条款。

（3）若该法庭为法院，其可以根据原告或其他有权依据第 197 条申请民事处罚令的人员的申请发出第 196 条第（3）款所指的命令。

（4）不管第 198 条有何规定，第（3）款有效。

（5）第（3）款的声明可以和在上诉或复审中做出或可能做出的任何其他命令或决定一样被提请上诉或复审。

212 取消声明后，法庭可以禁止申请民事处罚令

若法庭取消了依据第 209 条、第 210 条或第 211 条做出的声明，该法庭可以发出命令禁止对与做出声明或诉讼有关的违法申请民事处罚令。

213 当针对该声明的上诉失败时，法院可以发出民事处罚令

（1）本条适用，若根据对某法庭（不是法院）依据第 209 条、第 210 条或第 211 条做出的声明提起的上诉或复审，法院对该上诉或复审做出判决，通过：

（a）确认或变更该声明；

（b）或者，用另一声明取代第一次提及的声明。

（2）法院可以根据公诉人或其他有权依据第 197 条申请民事处罚令

的人员的申请发出第196条第（3）款所指的命令。

（3）除第198条外，第（2）款有效。

214　依据本节提起的上诉

对于第208条第（2）款、第209条第（6）款、第210条第（4）款或第211条第（5）款提起的上诉或复审，根据环境要求对有关该上诉或复审的法律进行的修订有效。

第5节　对超级年金实体遭受损失的赔偿

215　根据民事处罚令的申请，法院可以命令赔偿

（1）若，根据对某人的某项违法提出的民事处罚令申请，法院确认：

（a）该人犯罪；

（b）相关的超级年金实体因构成该违法的行为或疏忽遭受损失或损害；

法院可以命令该人向该实体受托人赔偿命令指定的数额，若该人为该实体的受托人，则向该实体赔偿命令指定的数额［无论事前有没有根据第196条第（3）款发出命令］。

（2）超级年金实体受托人可以干预针对某人违法发出的民事处罚令申请，除非该申请是依据第4节做出。

（3）进行该干预的超级年金实体受托人有权听取：

（a）只要法院确认该人进行了与该实体相关的违法行为；

（b）仅能就法院是否应当命令该人因该违法向该受托人进行赔偿的问题进行听取。

216　刑事法庭可以命令赔偿

（1）若：

（a）法庭发现某人因违反与某超级年金实体相关的民事处罚条款构成犯罪；

（b）该法庭确认该超级年金实体因构成该违法的行为或疏忽遭受损失或损害；

该法庭可以（无论是否处以处罚）命令该人向该实体受托人或该实体（若该人为该实体的受托人）赔偿该命令指定的数额。

注释：第195条规定了何时可以视为法庭发现某人犯罪。

（2）若：

（a）法庭根据第 4 节宣布某人由于某行为或疏忽违反了与某超级年金实体相关的民事处罚条款；

（b）该法庭确认该超级年金实体因该行为或疏忽遭受损失或损害；

该法庭可以［无论是否根据第 196 条第（3）款发出命令］命令该人向该实体受托人或该实体（若该人为该实体的受托人）赔偿该命令指定的数额。

217　执行第 215 条或第 216 条的命令

法庭依据第 215 条或第 216 条做出的赔偿命令可以强制执行，如同执行法院判决一样。

218　寻回利润和赔偿损失

（1）若不是作为某超级年金实体受托人的某人违反与该实体相关的民事处罚条款，该实体受托人可以向具有司法管辖权的法院提起诉讼，要求该人以向该受托人支付如下数额债务的形式寻回利润：

（a）若该人或他人因构成该违法的行为或疏忽赢得利润——与该利润同等的数额；

（b）若该实体因该行为或疏忽遭受损失或损害——与该损失或损害额相同的数额；

无论是否：

（c）该人已因该违法被判犯罪；

（d）已对该人因该违法发出民事处罚令。

（2）依据本条提起的诉讼应在该违法发生后 6 年内提出。

219　第 215 条、第 216 条和第 218 条的效果

第 215 条、第 216 条和第 218 条：

（a）除与某人从事超级年金实体相关的职务或职业对应的责任或义务有关的任何法律规则有效外，第 215 条、第 216 条和第 218 条也有效，且不减损其他规则的效果；

（b）不妨碍对违反该责任或义务而发起的诉讼。

220　违法证照

根据本章，某证书：

（a）宣称由澳大利亚法院书记官或其他合适人员签字。

（b）声明：

（i）该法院已宣布某指定的人员因指定的行为或疏忽违反了与指定的超级年金实体相关的民事处罚条款；

（ⅱ）某指定人员因违反与指定超级年金实体相关的民事处罚条款被该法院判决犯罪；

（ⅲ）或者，法庭发现被当庭指控违法的某人有违法行为，但该法庭没有判决该人犯罪；

除非被证明该声明、定罪或决议被取消、撤销或推翻，是确证：

（c）该声明被做出、该人被定罪或该人被发现有违法行为。

（d）该人有违法行为。

第6节 杂项

221 违反民事处罚条款责任救济

（1）本条中：

"符合要求的诉讼"指对于违反民事处罚条款而提起的诉讼（包括根据第218条提起的诉讼），但不包括对于犯罪的诉讼（与法庭是否应依据第216条发出命令相关的诉讼除外）。

（2）在对某人的符合要求的诉讼过程中，若法院认为某人已违反或将违反某条民事处罚条款，但：

（a）该人行事诚实；

（b）考虑到该案的所有情形，该人应被免除违反责任；

该法庭可以部分或全部免除该人可能承担的责任或由于该违法可能被判处的责任。

（3）若某人认为针对其进行的符合要求的诉讼将要开始，可以向法院申请救济。

（4）根据第（3）款的申请，法院可以如同该符合要求的诉讼已开始一样依据第（2）款给予救济。

（5）第（2）款同样适用于由法官和陪审团审判的案例：

（a）该款所指的法庭是指法官；

（b）给予的救济包括从陪审团部分或全部撤回该案件及指导被告以法官认为合适的成本理由参与审判。

（6）第323条规定了其他责任豁免。

222 本章不限制惩罚性赔偿的判决权力

若因某人构成违反民事处罚条款的行为或疏忽造成损失，本章不限制法庭命令该人支付惩罚性赔偿损失的权力。

第 23 章[①] 对某些基金的财政资助

第 1 节 前言

227 本章目标

本法旨在规定向某些因欺诈或盗窃遭受损失的超级年金实体提供财政资助的条款。

228 解释

本章中：

"待遇确定型基金"指：

(a) 公共部门超级年金计划：

(ⅰ) 为被监管超级年金基金；

(ⅱ) 至少有一个待遇确定型成员；

(b) 或者，至少有一个待遇确定型成员的被监管超级年金基金（公共部门超级年金基金除外）。

"待遇确定型成员"指：

(a) 有资格在其退休或结束就业时获得确定型津贴支付的成员，该津贴部分或全部参考如下数额：

(ⅰ) 该成员在某一特定日期的工资，该特定日期为终止就业日或成员退休日或某一更早的日期；

(ⅱ) 退休前一段期间该成员的平均工资；

(ⅲ) 某一指定数额；

(b) 或者，正在接受待遇确定型养老金支付的成员。

"待遇确定型养老金"指养老金，而非：

(a) 完全依据所购买的人寿保险的政策确定的养老金或为某被监管超级年金基金受托人获得纯粹用于向该基金成员支付津贴的养老金；

(b) 或者，可配给养老金［《1994 年超级年企业（监管）法》第 1.03 条第（1）款进行了界定］。

"合格损失"：

[①] 在澳大利亚官方公布的原文中无第 22 章。——译者注

（a）若基金不是待遇确定型基金——指该基金因欺诈或盗窃遭受的损失数额；

（b）若基金是待遇确定型基金——指该基金因欺诈或盗窃遭受损失，以致该基金的标准雇主发起人：

（i）被要求向该基金支付；

（ii）但不能向该基金支付，但依然能够如期支付该标准雇主发起人发生的所有到期应付债务。

"基金"指被监管超级年金基金或认可存款基金但不包括自我管理超级年金基金。

"征税"指依据《1993年超级年金（财政资助）征税法》征收的税费。

229　申请资助

（1）若：

（a）自本章生效后，某基金遭受合格损失；

（b）该损失已导致该基金大幅缩减以致难以支付津贴；

该基金受托人可以向财长申请财政资助。

（2）该申请应以书面形式做出，并附有方便财长做出决定的信息。

230　财长可以要求其他信息

财长可以要求该基金受托人向其提供有助于其做出是否同意该申请决定的其他信息。

230A　APRA应向财长提供与资助申请有关的意见

（1）财长应书面要求APRA提供有关该申请的意见。该要求可以规定：

（a）需要APRA提供意见的特定事项；

（b）提供意见的时间。

（2）APRA应服从该要求，并可在其意见中写上APRA认为与决定该申请有关的任何其他问题。

（3）该财长依据第（1）款对APRA做出的书面要求，应在其依据第231条第（1）款做出书面决议后尽快提交到国会各议院。

第2节　决定是否同意财政资助申请

231　财长可以提供财政资助

（1）若，在考虑该申请、基金受托人提供的附加信息以及APRA依据第230A条提供的意见后，财长确认该基金已遭受第229条第（1）款所指的合格损失，可以书面决定：

（a）为了该基金对其受托人提供财政资助是否符合公众利益；

（b）若是，决定资助额。

（2）对基金受托人提供的财政资助应按财长决定的数额、时间以及方式支付。

232 财政资助最高额

向该基金受托人提供的财政资助应不高于财长确认的该基金遭受的合格损失额。

233 财政资助应满足的条件

对向基金受托人提供的财政资助进行的支付应满足如下条件：

（a）提供的财政资助应存于该基金的本金中。

（b）在财长做出决定一定时期内该资助应进入如下账户：

（ⅰ）对基金受益人进行支付的账户；

（ⅱ）或者，财长书面认可的其他向受益人提供津贴的账户。

（c）基金受托人应准备并向财长提交其要求数额的申请报告。

（d）财长决定的并以书面形式通知基金受托人的其他（若有）条件。

第3节 财政资助应如何支付

234 超级年金保护储备

（1）依据本款建立的储备称为超级年金保护储备。

（2）该储备是货币基金储备的一部分。

（3）不以支付为目的的储备货币应尽量依据《1997年财政管理与责任法》第39条进行投资。

（4）联邦从该储备货币投资中获得的收入额应从综合权益基金转移到该储备。

235 财长决定财政资助支付资金的来源

（1）若财长决定对某基金受托人给予财政资助，该财长还应书面决定是否：

（a）从综合权益基金中支付该资助；

（b）或者，从储备中支付该资助。

（2）若财长决定从综合权益基金中支付该资助，综合权益账目应相应拨款。

236　储备的目标

储备的目标是用于支付财长依据第235条第（1）款第（b）项决定的从储备进行支付的财政资助及根据第237条第（2）款运用该条所指的剩余。

237　设置单独的储备名义账目

（1）对于不同的征税设置独立的储备名义账目。

（2）若财长决定用于支付财政资助的储备账目对基金的各项征税总额超过了财政资助总额，剩余部分应以财长规定的方式运用。

238　某些情形下，应返还财政资助

（1）获得财政资助的基金受托人应向联邦返还同等数额或财长确定的部分数额的财政资助，若：

（a）违反了给予财政资助应满足的条件；

（b）或者，给予财政资助应满足不发生某一特定事件的条件，而该事件已发生。

（2）财长应确定返还财政资助的方式。

（3）若基金受托人应依据第（1）款向联邦支付一定数额，联邦可作为债务追讨该款项。

239　财长可以豁免该负债

财长可以豁免基金受托人持有的第238条的全部或部分债务。

240　返还资助应优先于其他债务

不管联邦、州或地区任何法律如何规定，基金受托人向联邦返还的数额应优先于所有其他债务（无论是优先债务、担保债务还是非担保债务）。

第24章　为向合格滚存基金支付津贴提供便利

241　本章目标

本章旨在为向合格滚存基金支付津贴提供便利。

242　解释

本章中：

"合格滚存基金"是指依据监管条例可被视为本章所指的合格滚存基金的基金。

"基金"指被监管超级年金基金或认可存款基金。

243 向合格滚存基金支付津贴

本条何时适用

（1）本条在某一特定时间适用，若：

（a）某人（"第一人"）为某基金（"转出基金"）的受益人；

（b）该时间为监管条例规定的日期之后的时间；

（c）已满足监管条例规定的条件。

向合格滚存基金申请

（2）转出基金受托人可以代表第一人向合格滚存基金受托人申请对其发行合格滚存基金超级年金权益。

发行对价

（3）该申请可以依据如下内容做出：

（a）转出基金受托人代表第一人支付发行对价；

（b）对价的数量应等于监管条例明确规定的数量；

（c）转出基金受托人无权向第一人追讨对价 [除非作为执行第（5）款的结果]。

受益人授权

（4）可视为第一人已授权转出基金的受托人：

（a）做出该申请；

（b）支付该对价。

无论第一人做出任何相反指导，本规则有效。

受益人停止对转出基金享有权利

（5）若已依据该申请发行该超级年金权益：

（a）第一人停止对转出基金享有权利。

（b）若：

（ⅰ）在依据该申请发行该权益之前，另一人（第二人）对转出基金享有死亡或伤残津贴的临时权利；

（ⅱ）该临时权利是因第一人作为转出基金受益人而享有的。

第二人停止对转出基金享有该临时权利。

为免疑问，第（a）项所指的对转出基金享有的权利包括享有死亡或伤残津贴的临时权利。

管理规则无效

（6）无论转出基金的管理规则有何规定，本条均有效。

244 转出基金的运营标准——信息和记录

何时本条适用

（1）本条适用，若基金（"转出基金"）受托人依据第 243 条代表某人向合格滚存基金受托人申请对该人发行合格滚存基金超级年金权益。

运营标准

（2）在不限制第 31 或 32 条规定的标准的通用性的情况下，那些标准包括与如下事项相关的标准：

（a）要求转出基金受托人向合格滚存基金受托人提供标准中指定的人员的信息；

（b）要求转出基金每一个受托人确保该申请记录被保持并保留。

248 申领津贴①

（1）本条适用于合格滚存基金持有的津贴，且已依据本法第 243 条的申请或《1997 年退休储蓄账目法》第 89 条发行了与该津贴相关的超级年金权益。

（2）认为有权获得该津贴的人员可以认可的格式向该基金受托人申请支付该津贴。

注释：申请的认可的格式可能要求该人提供税号，见第 299U 条第（6）款。

第 24A 章 与 1995 年 7 月 1 日之前津贴在基金之间自动滚存相关的过渡条款

249 本章目标

本章旨在为 1995 年 7 月 1 日之前津贴在基金之间的自动滚存提供过渡措施。

250 定义

本章中：

"合格过渡基金"指在 1995 年 7 月 1 日之前为原来的第 24 章所指的合格滚存基金的基金。

---

① 本条不构成本法的一部分。但依据本法第 332 条做出的第 14 号修订，声明对于合格滚存基金及其受托人本法有效，如同本法已被修订，尤其是通过插入本条内容进行了修订。

"基金"指被监管超级年金基金或认可存款基金。

"原来的第 24 章"指在 1995 年 7 月 1 日前已生效的第 24 章。

251 受益人转存津贴的权利①

(1) 若某基金已依据原来的 24 章向合格过渡基金支付与该受益人在第一提及基金中持有的数额相同的津贴:

(a) 该受益人停止对第一提及基金享有与该津贴相关的权利;

(b) 但对合格过渡基金享有与该津贴相关的相应权利。

(2) 根据本条,仅仅享有死亡或伤残津贴的临时权利不是与第一提及津贴相关的权利。

(3) 为免疑问颁布了第(2)款。

252 申领滚存津贴

根据第 251 条第(1)款第(b)项认为有权获得合格过渡基金持有的津贴的人员,可以以认可的格式向该基金受托人申请支付该津贴。

注释:申请的认可的格式可能要求该人提供税号,见第 299U 条第(7)款。

第 24B 章 与 APRA 和税务局对成员人数不到 5 人的超级年金基金进行管理有关的条款

第 1 节 对成员人数不到 5 人的超级年金基金进行监督

252A APRA 或税务局可以要求某些信息

可以发出的通知

(1) 若 APRA 或税务局认为某被监管超级年金基金成员人数少于 5 人,APRA 或税务局可以依据本条对该基金受托人发出书面通知。

可以要求的信息

(2) 该通知可以要求该基金的每一个受托人在指定的时期内(不得少于 21 天),确保 APRA 或税务局被通知:

(a) 截至 APRA 或税务局通知规定的日期(回应日)该基金是否为

---

① 本条不构成本法的一部分。但依据本法第 332 条做出的第 14 号修订,声明对于合格滚存基金及其受托人本法有效,如同本法已被修订,尤其是通过插入本修订。

自我管理超级年金基金；

（b）若截至回应日该基金不是自我管理超级年金基金——该基金受托人是否认为该基金在通知指定的日期内很可能成为自我管理超级年金基金；

（c）若截至回应日该基金为自我管理超级年金基金——该基金受托人是否认为该基金在通知指定的日期内很可能不再是自我管理超级年金基金。

违法

（3）违反第（2）款即为违法，应处以50个罚款单位以下的罚款。

严格责任

（4）第（3）款的违法是指违反严格责任。

252B 违法通知

通知服务

（1）若APRA或税务局有理由相信某人违反了第252A条，APRA或税务局可以根据监管条例向该人发出通知（违法通知）。

详情

（2）违法通知应列明：

（a）被指控违法的详情；

（b）该违法规定的处罚及支付处罚的人员、地点及方式；

（c）通知日期及应在该日期后14天内支付该处罚的声明；

及APRA或税务局认为有必要的其他详情。

通知某人支付规定的处罚

（3）违法通知中应声明若该人不想到法庭处理该事项，该人应向APRA或税务局以通知要求的方式提交签署的声明并支付规定的违法处罚。

规定的处罚

（4）根据本条，该违法规定的处罚是违法期每个月处罚两个罚款单位，最多不超过10个罚款单位。

支付规定罚款的结果

（5）若：

（a）违法通知已向某人发出；

（b）在该通知规定的14天期限结束前，或若APRA或税务局允许，在该违法传票送达之前的任何时间，已依据该通知支付了规定的罚款；

(c) 由该人签署不愿在法庭解决该事项的声明已被送达接收罚款的人员;

(d) 导致发出违法通知的违法已停止;

如下条款有效:

(e) 该人与该违法有关的任何责任可视为已履行;

(f) 对于该违法没有提起进一步的诉讼;

(g) 对于该违法没有任何定罪记录。

以支票支付

(6) 若该规定的罚款是以支票支付的,视为未支付,除非该支票为见票承兑。

其他诉讼程序不受影响

(7) 除第(5)款规定外,本条不妨碍或影响对第252A条所指的违法的起诉或限制法庭对该违法处罚的罚款额。

不要求送达违法通知

(8) 本条不要求送达违法通知,或不送达违法通知不影响某人因第252A条所指的违法而受到指控的责任。

第2节 与税务局有关的保密条款

252C 保密——一般义务

(1) 本条中:

"本条涉及的法律"是指如下法律:

(a)《1987年超级年金(自我管理超级年金基金)税法》;

(b)《1991年超级年金(自我管理超级年金基金)税收征管法》;

(c) 基于本款,本章规定的其他法律。

"法庭"包括有权要求出示文件或回答问题的法庭、当局或人员。

"金融部门监管机构"指在澳大利亚或国外具有监管金融机构的职能的人员或机构。

"高级人员"指:

(a) 税收专员;

(b) 税务高级人员;

(c) 或者,任何其他人员,因其职业或在受雇期间:

(i) 获得保密信息;

（ⅱ）或者，接触保密文件；

且不是与该信息或文件相关的机构的雇员。

"保护文件"指依据本法或本条涉及的某法提交或出示的文件，且包含与如下机构的事项相关的信息：

（a）自我管理超级年金基金；

（b）曾经作为或作为自我管理超级年金基金受托人的法人或与该受托人相关的法人（包括已不再存在的法人）；

（c）或者，曾经或目前或打算成为自我管理超级年金基金的成员的人员；

已经通过其他合法来源向公众提供的信息除外。

"保护信息"是指依据本法或本条涉及的法律披露或获得的信息（无论是在本条生效之前还是之后），且与如下机构的事项有关：

（a）自我管理超级年金基金；

（b）曾经作为或作为自我管理超级年金基金受托人的法人（包括已不再存在的法人）；

（c）或者，曾经或目前或打算成为自我管理超级年金基金的成员的人员；

已经通过其他合法来源向公众提供的信息除外。

（2）作为或曾经为高级人员的人员违法，若：

（a）该人直接或间接：

（ⅰ）泄露在其担任某人或法庭的高级人员过程中获得的信息；

（ⅱ）或者，向他人或法庭提供文件。

（b）该信息为保护信息，或该文件为保护文件。

（c）不是第（3）款、第（4）款、第（5）款、第（6）款、第（7）款、第（7A）款或第（7B）款所指的泄露或提供。

最高处罚：监禁两年。

（3）不属违法，若某人是依据本法或本条涉及的法律披露保护信息或提供保护文件。

（4）不属违法，若某人披露保护信息或提供保护文件是：

（a）与该信息或文件有关的人员的雇员披露或提供；

（b）或者，发生于与该信息或文件有关的人员书面同意披露或提供之后。

(5) 不属违法, 若某人披露保护信息或提供保护文件是:

(a) 发生于该人确认披露该信息或提供该文件将能帮助金融监管机构或监管条例规定的任何其他机构（包括国外机构）执行其职能或行使其权力，且是对该机构进行的披露或提供；

(b) 或者，向另一人披露或提供，且获得税务局的书面认可。

注释：可以依据本款进行披露的人员条件见第（9）款。

(6) 不属违法，若该保护信息的披露或保护文件的提供是向：

(a) 税务局；

(b) 或者，税收官员；

以便税务局依据联邦、州或地区法律执行职能或行使权力。

(7) 不属违法，若该信息或该文件中包含的信息是以概要或集合的形式准备的，以致无法从中发现特定人员的信息。

(7A) 不属违法，若该信息或该文件中包含的信息为如下一种或多种：

(a) 自我管理超级年金基金的鉴定信息（而非泄露该基金的税号的信息）。

(b) 使公众能与执行指定自我管理超级年金基金职能的人员进行联系的信息。

(c) 委员会观点的声明，即委员会是否认为指定自我管理超级年金基金在指定的收入年度为第5章第2节所指的符合要求的超级年金基金。

(d) 一个描述：

(ⅰ) 某人因违反或涉嫌违反本法或本条涉及的法律的某一条款而被提起的法律诉讼程序；

(ⅱ) 或者，委员会对于该违法或涉嫌违法采取或准备采取的行动。

注释：被告对第（7A）款涉及的事项负有举证责任［见《刑法》第13.3条第（3）款］。

(7B) 第（7A）款所指的信息是向依据《1999年新税制（澳大利亚商业登记号码）法》第24条成立的澳大利亚商业登记机构的登记员披露，该登记员可以将该信息录入该登记机构。

注释：被告对第（7B）款涉及的事项负有举证责任［见《刑法》第13.3条第（3）款］。

（8）作为或曾经为高级人员的人员不得向法庭披露保护信息或在法庭上提供保护文件，除非依据本法或本条涉及的法律有必要如此去做。

（9）披露信息或提供文件的人员应遵守的监管条例可以规定依据本章披露信息或提供文件应满足的条件。

（10）某人违法，若其不能满足第（9）款规定的条件。

最高处罚：监禁两年。

（11）某文件：

（a）是保护文件；

（b）或者，包含保护信息；

根据《1982年信息自由法》第38条是免于披露的文件。

注释：《1988年隐私法》同样包括与信息披露相关的条款。

第3节 与税务局对自我管理超级年金基金进行监管有关的过渡和保留条款

252D 定义

本节中：

"生效日"是指《1999年超级年金法修正案（第3号）》第1条生效之日。

252E 由APRA或税务局制定或发布的文件

由APRA制定的文件

（1）某文件：

（a）与超级年金基金相关。

（b）在某一特定时间（转换时间）前有效。

（c）由APRA依据本法某一条款制定或发布（无论是在生效之前还是之后）：

（ⅰ）在转换时间之前，该基金由APRA管理；

（ⅱ）至转换时，该基金由税务局管理；

在转换时及之后有效（本条之后的任何申请除外），如同该文件是由税务局制定并发布一样有效。

由税务局制定的文件

（2）某文件：

（a）与超级年金基金相关。

（b）在某一特定时间（"转换时间"）前有效。

（c）由税务局依据本法某一条款制定或发布（无论是在生效之前还是之后）：

（ⅰ）在转换时间之前，该基金由税务局管理；

（ⅱ）至转换时，该基金由 APRA 管理；

在转换时及之后有效（本条之后的任何申请除外），如同该文件是由 APRA 制定并发布一样有效。

一段时期内有效的文件

（3）若本条所指的某文件在制定时即规定只能生效一段时间，该文件在转换前尚未到期的那段期间有效。

未生效文件

（4）是有效文件中的一种，包括已制定但尚未生效的文件。

252F APRA 或税务局的责任

（1）除第 252G 条外，某责任：

（a）与超级年金基金相关。

（b）在某一特定时间（"转换时间"）前为 APRA 承担的责任。

（c）依据本法某条，其责任为如下承担（无论是生效日之前还是之后）：

（ⅰ）在转换前，该基金相关责任由 APRA 承担；

（ⅱ）至转换时，该基金相关责任由税务局承担；

在转换时及之后有效（本条之后的任何申请除外），如同该责任已经由税务局承担一样有效。

APRA 的权利和权力

（2）除第 252G 条外，某权利或权力：

（a）与超级年金基金有关。

（b）在某一特定时间（"转换时间"）之前为 APRA 享有或授予 APRA。

（c）依据本法某款为如下享有或授予（无论是在生效日之前还是之后）：

（ⅰ）在转换之前，该基金相关权利或权力为 APRA 享有或授予 APRA；

（ⅱ）至转换时，该基金相关权利或权力为税务局享有或授予税务局；

在转换时及之后有效（本条之后的任何申请除外），如同该权利或权力已经为税务局享有或已经授予税务局一样有效。

税务局承担的责任

（3）某责任：

（a）与超级年金基金相关。

（b）在某一特定时间（"转换时间"）前为税务局承担的责任。

（c）依据本法某条，其责任为如下承担（无论是生效日之前还是之后）：

（ⅰ）在转换前，该基金相关责任由税务局承担；

（ⅱ）至转换时，该基金相关责任由APRA承担；

在转换时及之后有效（本条之后的任何申请除外），如同该责任已经由APRA承担一样有效。

税务局的权利和权力

（4）某权利或权力：

（a）与超级年金基金有关。

（b）在某一特定时间（"转换时间"）之前为税务局享有或授予税务局。

（c）依据本法某款为如下享有或授予（无论是在生效日之前还是之后）：

（ⅰ）在转换之前，该基金相关权利或权力为税务局享有或授予税务局；

（ⅱ）至转换时，该基金相关权利或权力为APRA享有或授予APRA；

在转换时及之后有效（本条之后的任何申请除外），如同该权利或权力已经为APRA享有或已经授予APRA一样有效。

252G　未报年度报表及未偿款项

未报年度报表等——自我管理基金

（1）若：

（a）在如下任何时间内，某超级年金基金为自我管理超级年金基金：

（ⅰ）指定收入年度的最后一天；

（ⅱ）或者，若该基金在指定收入年度期间停止存续——该基金停止存续时。

(b) 在该时间，该基金受托人有义务确保向 APRA 提交之前收入年度的年度纳税申报表或依据本法或《2001 年金融部门（数据收集）法》应提交的任何其他报告或信息。

该基金的每一个受托人自该时间起均有义务确保向税务局提交年度纳税申报表、报告或信息（本条之后的任何申请除外）。该年度纳税申报表、报告或信息应以认可的格式提交。

注释：本条仅对指定收入年度之前年度的未报年度报表有效。受托人依然会被依据第 36A 条要求提交指定收入年度的报表〔若该基金在指定收入年度变更了状态，同样可以依据《2001 年金融部门（数据收集）法》的要求提交〕。应依据提交的报表缴纳税款。

未报年度报表等——其他基金

（2）若：

（a）在如下任何时间内，某超级年金基金不是自我管理基金：

（ⅰ）指定收入年度的最后一天；

（ⅱ）或者，若该基金在指定收入年度期间停止存续——该基金停止存续时。

(b) 在该时间，该基金受托人有义务确保向税务局提交之前收入年度的年度纳税申报表或依据本法或《2001 年金融部门（数据收集）法》应提交的任何其他报告或信息。

该基金的每一个受托人自该时间起均有义务确保向 APRA 提交年度纳税申报表、报告或信息（本条之后的任何申请除外）。该年度纳税申报表、报告或信息应以认可的格式提交。

注释：本条仅对指定收入年度之前年度的未报年度报表有效。受托人依然会被依据第 36A 条要求提交指定收入年度的报表〔若该基金在指定收入年度变更了状态，同样可以依据《2001 年金融部门（数据收集）法》的要求提交〕。应依据提交的报表缴纳税款。

未交税款——自我管理基金

（3）若：

（a）在如下任何时间内，某超级年金基金为自我管理超级年金基金：

（ⅰ）指定收入年度的最后一天；

（ⅱ）或者，若该基金在指定收入年度期间停止存续——该基金停止存续时。

（b）在该时间，该超级年金基金的受托人向依据规定的法律代表联邦征税的 APRA 缴纳之前收入年度的某一款项。

那么：

（c）可视为该超级年金基金受托人自该时间起立即向代表联邦的税务局缴纳了该款项（本条之后的任何申请除外）。

（d）若本条未实施，税务局和 APRA 一样有权豁免该款项。

未交税款——其他基金

（4）若：

（a）在如下任何时间内，某超级年金基金不是自我管理超级年金基金：

（ⅰ）指定收入年度的最后一天；

（ⅱ）或者，若该基金在指定收入年度期间停止存续——该基金停止存续时。

（b）在该时间，该超级年金基金的受托人向依据规定的法律代表联邦的税务局缴纳之前收入年度的某一款项。

那么：

（c）可视为该超级年金基金受托人自该时间起立即向代表联邦的 APRA 缴纳了该款项（本条之后的任何申请除外）。

（d）若本条未实施，APRA 和税务局一样有权豁免该款项。

监管条例

（5）监管条例可以规定第（1）款到第（4）款的例外情形，包括，但不限于如下：

（a）规定在指定的情形下，可视为超级年金基金受托人有义务只向 APRA 提交报表、报告或信息（无须向税务局提交），或只向税务局提交报表、报告或信息（而无须向 APRA 提交）；

（b）规定在指定情形下，超级年金基金受托人只需向 APRA 缴纳款项（而无需向税务局缴纳），或只需向税务局缴纳款项（而无须向 APRA 缴纳）。

定义

（6）本条中：

"款项"指税款或延期支付的罚款。

"指定的收入年度"指 1999—2000 收入年度或之后的收入年度。

"规定的法律"指如下法律：

（a）《1987 年超级年金（自我管理超级年金基金）税法》；

(b)《1998年金融机构税收征管法》;

(c) 监管条例规定的任何其他法律。

252H 监管条例

监管条例可以处理因《1999年超级年金法修正案（第3号）》实施引起的其他过渡事项。

第25章 对超级年金实体的监督和调查

第1节 前言

253 本章目标

本章的目标有：

(a) 确保监管机构有足够能力对超级年金实体进行监督（第2节）；

(b) 授权监管机构可以要求超级年金实体受托人任命一个自然人或委员会对该实体的财务状况进行调查（第3节）；

(c) 授权监管机构对超级年金实体的全部或部分事项进行调查（第4节、第5节、第6节、第7节、第8节和第9节）；

(d) 授权监管机构接受书面保证并可向法院申请纠正违反该保证的行为的命令。

253A 可以向之前的相关人员发出通知

本章任何一条均授权可以向基金或信托的相关人员发出通知，也可以向与曾经担任该基金或信托的相关人员发出通知。

第2节 监督超级年金实体

254 向监管机构提供的信息

（1）在本条生效后建立的超级年金实体的每一个受托人均应确保在该实体成立之后规定的时间内向APRA或监管条例规定的其他机构或人员以认可的格式提交要求的信息。

注释：本款中以认可的格式提交要求的信息，可以要求受托人列出该实体的税号。见第299U条第（8）款。

（1A）不限于第（1）款，监管条例还可以规定不同类型的超级年金基金信息应向不同人员或机构提交。

（2）根据本法，监管机构或被授权人员可以书面通知超级年金实体受托人，要求其在指定的期限内向监管机构或被授权人员提交与该实体指定收入年度相关的信息或通知中列明的事项的报告。

注释：该信息可以包括该实体的税号。见第 299U 条第（9）款。

（3）若超级年金实体受托人按照第（1）款要求向 APRA 或其他人员或机构提交信息，APRA 或其他人员或机构应向该受托人出具已收到该信息的书面声明。

（4）若受托人违反第（1）款，即为违法。

最高处罚：50 个罚款单位。

（5）若受托人违反第（1）款，即为违法。在此指违反严格责任。

最高处罚：25 个罚款单位。

注释1：《刑法》第2章规定了刑事责任总则。

注释2："严格责任"，见《刑法》第6.1条。

255　监管机构可以要求提供簿记

（1）根据本章，监管机构或被授权人员可以书面通知超级年金实体的相关人员，要求其在通知中规定的合理时间和地点向该监管机构或被授权人员提供与该实体事务相关的任何簿记。

（2）若依据第（1）款向监管机构或被授权人员提供的簿记不是以英语书写，该监管机构或被授权人可以要求该相关人员提供英语版本的簿记。

（3）该监管机构或被授权人员可以对依据本条向其提交的任何簿记或任何簿记的任何版本进行审查、摘取或复制。

（4）监管机构或被授权人员可以依据本条对超级年金实体行使权力，甚至可以依据第263条对该实体的全部或部分事务进行调查。

256　进入现场

（1）根据本法，被授权人员可以在任何合理的时间进入其认为是保管有关超级年金实体事务的簿记的场所，且可以：

（a）调查在现场发现的任何与该事务有关或该被授权人员有合理理由相信与该事务有关的簿记；

（b）对该簿记进行复制或摘录。

（2）被授权人员不得根据第（1）款进入现场，除非获得该场所持有人的许可。

第 3 节　APRA 可以要求超级年金实体受托人任命自然人或委员会对该实体的财务状况进行调查

257　对超级年金实体的财务状况进行调查

(1) APRA 可以向超级年金实体受托人发布书面通知，要求其任命一自然人或委员会，以：

(a) 对该实体在指定时间或与指定时期相关的全部或指定部分的财务状况进行调查；

(b) 做出调查报告。

(2) 该实体的每一个受托人应确保在任命个人或委员会成员 3 天内将该通知的副本交给该个人或该委员会的每一个成员（无论是否相关）。

258　调查员资格

(1) 若 APRA 的通知要求任命单个人员，该通知可规定该人应持有的资格（无论是学术、职业还是经历）。

(2) 若 APRA 的通知要求任命委员会，该通知可要求该委员会成员各自应持有的该通知规定的资格（无论是学术、职业还是经历）。

(3) 若 APRA 的通知包括第（1）款或第（2）款中提到的要求，被任命人员应持有该通知要求的资格。

259　APRA 可以对调查员的任命进行否决

(1) 该实体的每一个受托人应确保在收到该通知后 7 天内以书面形式向 APRA 申报被任命人员的姓名。

(2) 若 APRA 通知该实体受托人，APRA 不接受该人员或部分或所有人员，该实体受托人应在收到此通知后 7 天内：

(a) 任命不同的人员；

(b) 以书面形式向 APRA 申报被任命人员的名字。

(3) APRA 可以在收到第（1）款或第（2）款的申报后 7 天内，以书面形式向该实体受托人通知不接受该人员或部分或全部人员。

260　接收报告的截止日期

(1) APRA 依据第 257 条发出的通知应规定接收报告的截止日期。

(2) 依据第 257 条第（1）款被任命进行调查或制作报告的人员（无

论是作为个人还是作为委员会的成员）违法，若该报告没有提交给APRA：

（a）在截止期之前；

（b）或者，APRA 以书面通知形式允许的其他时间内。

最高处罚：100 个罚款单位。

（3）依据第 257 条第（1）款被任命进行调查或制作报告的人员（无论是作为个人还是作为委员会的成员）违法，若该报告没有提交给APRA：

（a）在截止期之前；

（b）或者，APRA 以书面通知形式允许的其他时间内。

在此指违反严格责任。

最高处罚：50 个罚款单位。

注释1：《刑法》第 2 章规定了刑事责任总则。

注释2："严格责任"见《刑法》第 6.1 条。

261 报告等的内容

（1）APRA 依据第 257 条发出的通知可以要求该报告应包括该人或委员会对通知指定的事项的意见陈述。

（2）除第（3）款外，若 APRA 依据第 257 条发出的通知包括第（1）款提及的要求，该人或委员会的报告应包含该人或委员会对通知指定的事项的意见陈述。

（3）若委员会的成员意见不一致：

（a）若是对指定事项的意见陈述的内容不一致——该委员会报告应包含不同成员对该事项的不同意见陈述；

（b）或者，其他情形——该委员会报告也应分成相应部分。

（4）该报告应由被任命的成员（们）签字。

262 受托人应遵守要求

（1）若受托人违反第 257 条、第 258 条或第 259 条对受托人的要求，则其违法。

最高处罚：100 个罚款单位。

（2）若受托人违反第 257 条、第 258 条或第 259 条对受托人的要求，则其违法。在此指违反严格责任。

最高处罚：50个罚款单位。

注释1：《刑法》第2章规定了刑事责任总则。

注释2："严格责任"见《刑法》第6.1条。

第3A节 监管机构可以接受和强制执行担保

262A 接受和强制执行担保

（1）监管机构可以接受与其依据本法有权处理的事项相关的人员提交的书面担保。

（2）该人在监管机构同意前提下，可以在任何时候撤销或变更该担保。

（3）若监管机构认为提交担保的人员违反了担保条款，该监管机构可以向法院申请发布第（4）款的命令。

（4）若法院确认该人违反了担保条款，法院可以发出如下一个或多个命令：

（a）指导该人遵守担保条款的命令；

（b）指导该人向联邦缴纳超出其因该违反直接或间接获得的财务好处的金额的命令；

（c）法院认为合适的指导该人赔偿因其违反导致他人遭受的损失或损害的命令；

（d）法院认为合适的其他命令。

第4节 监管机构进行的调查

263 对超级年金实体的调查

（1）监管机构认为：

（a）超级年金实体可能已经或正在违反本法或监管条例或《2001年金融部门（数据收集）法》；

（b）超级年金实体的财务状况不理想；

（c）或者，被监管超级年金基金或认可存款基金受托人拒绝或不能执行超级年金投诉仲裁庭依据《1993年超级年金（投诉处理）法》第37条做出的决议；

该监管机构可以书面通知该实体受托人，监管机构打算对该实体的所有或部分事务进行调查。

（2）若依据第（1）款对超级年金实体受托人发布了通知，本节以下条款适用于该实体。

264　监管机构获取信息或冻结资产的权力

监管机构可以采取行动保护权益价值

（1）若监管机构认为超级年金实体受托人或投资管理人已经、正在或打算进行的行为有可能对受益人的权益价值产生不利影响，监管机构可以采取第（2）款到第（4）款规定的任何行动。

（2）监管机构可以书面通知该实体的相关人员，要求其在规定的期间内向监管机构或被授权人员提交与通知中规定的事项相关的信息或报告。

（3）监管机构可以书面通知该实体受托人，指导其满足通知中列明的如下条件（若有）：

（a）不得代表该实体收购资产；

（b）或者，不得变卖或经销或以特定方式经销：

（ⅰ）该实体的任何资产；

（ⅱ）包括在指定类型资产中的该实体的任何资产；

（ⅲ）或者，该实体的指定资产；

直到该通知被撤销或到期，或发生通知中指定的事件。

注释：例如，监管机构可以指导受托人不得从银行账目提款，但不禁止向该账目存款。

（3A）监管机构可以书面通知该实体的投资管理人，指导其满足通知中列明的如下条件（若有）：

（a）不得代表该实体收购资产；

（b）或者，不得变卖或经销或以特定方式经销：

（ⅰ）该实体的任何资产；

（ⅱ）包括在指定类型资产中的该实体的任何资产；

（ⅲ）或者，该实体的指定资产；

直到该通知被撤销或到期，或发生通知中指定的事件。

注释：例如，监管机构可以指导受托人不得从银行账目提款，但不禁止向该账目存款。

（4）监管机构可以书面通知拥有、保管或控制该实体资产的人员

(受托人或投资管理人除外），指导其满足通知中列明的条件（若有），不得变卖、经销或以特定方式经销：

（a）若该人拥有、保管或控制单一资产——该资产；

（b）或者，若该人拥有、保管或控制两种及以上的资产：

（ⅰ）那些资产中的任何资产；

（ⅱ）包括在指定类型资产中的任何资产；

（ⅲ）或者，通知中指定的资产；

直到该通知被撤销或到期，或发生通知中指定的事件

注释：例如，监管机构可以指导受托人不得从银行账目提款，但不禁止向该账目存款。

（4A）为免疑问，第（3）款、第（3A）款或第（4）款中所指的监管机构指导某人不得以特定方式经销该实体资产的权力包括指导某人不得取走在澳大利亚境内的实体的澳大利亚资产。

指导对交易有效性的影响

（5）第（3）款、第（3A）款或第（4）款不影响违反该条发出的通知的人员签订的交易的有效性。

财长的书面同意

（6）没有财长的书面同意，监管机构不得依据第（3）款、第（3A）款或第（4）款发出通知。

265 督察员

（1）监管机构可以书面形式任命该监管机构或其他监管机构的工作人员担任督察员，以根据本节对超级年金实体事务进行调查。

（2）监管机构应依据第（1）款向被任命的每个人员发放工作证，工作证上标明被任命人员的姓名并附有该人的近期照片。

（3）依据第（1）款被任命的人员在停止担任督察员时，没有合理理由不得无法向监管机构返还依据本条发放的工作证。

违反本款处罚：1个罚款单位。

（4）第（3）款为违反严格责任。

注释1：《刑法》第2章规定了刑事责任总则。

注释2："严格责任"见《刑法》第6.1条。

266 督察员授权

（1）根据本章，督察员可以对该监管机构的工作人员授予督察权。

（2）该授权应该行使授权权力的人员或受到行使该权力的影响的人员的要求，提供授权文书或该文书的副本以便进行督察。

（3）本章所指的督察员包括督察员授权的人员。

267 监管机构可以行使督察员权力

依据本章，监管机构可以行使督察员的任何权力，且若督察员行使了该权力可视为监管机构行使了该权力。

268 监管机构可以进入现场进行调查

若督察员有合理理由相信进入现场对超级年金实体的全部或部分事务进行调查是必要的，该督察员可以在任何合理的时间进入该现场，并：

（a）审察任何在现场发现的与该实体事务有关的簿记或其有合理理由认为与该事务相关的簿记；

（b）对该簿记进行复制或摘录。

269 督察员可以要求提供簿记

为了对超级年金实体的全部或部分事务进行调查，督察员可以书面通知某人：

（a）该人是该实体的关联人员；

（b）或者，督察员有合理理由认为保管或控制该事务相关簿记的人员；

要求该人向督察员提供全部或部分簿记。

270 督察员要求当前或之前的关联人员及其他人员提供协助及接受审察的权力

督察员可以书面通知某人：

（a）该人是或曾经是全部或部分事务正在被监管机构调查的超级年金实体的关联人；

（b）该人是督察员有合理理由怀疑或确认的能提供与对该实体调查有关信息的人员；

要求该人执行如下一项或两项事项：

（c）向督察员提供与调查有关的合理协助；

（d）接受督察员对调查有关事项的审查。

271　申请搜查令以查封未提交的簿记

（1）若督察员有合理理由认为当时或在未来的 3 天内在特定场所，有簿记：

（a）已依据本章被要求提供；

（b）没有按照要求提供；

他（她）可以：

（c）向法官宣誓依据如上理由呈交信息或申诉；

（d）申请发出搜查令在该场所搜查簿记。

（2）法官可以要求该申请提供更多的与该申请相关的信息（无论是以口头或以宣誓书的形式）。

272　颁发搜查令

当法官相信某些事时，本条适用

（1）本条适用，若根据第 271 条的申请，法官确认有合理理由怀疑当时或在未来 3 天内在特定场所有特定簿记：

（a）已依据本章被要求提供；

（b）没有按照要求提供。

发出搜查令

（2）法官可以发出搜查令，授权：

（a）搜查令指定的澳大利亚联邦警察成员；

（b）或者，该成员以及申请签发搜查令的督察员；

对第（3）款列出的行为提供必要及合理的协助或强制执行。

搜查令授权的行为

（3）该行为包括：

（a）进入现场；

（b）搜查现场；

（c）打开并搜查任何在现场的事物（无论是否为固定设备）；

（d）持有看起来是簿记的簿记或保护该簿记免受干扰。

签发搜查令应列明的理由

（4）若法官签发搜查令，应根据第 271 条第（1）款中向其提交的信息或申诉，列明：

（a）该信息中列明的理由；

（b）任何其他理由的详情；

他（她）已依据该理由发出搜查令。

搜查令的内容

(5) 本条中的搜查令应：

(a) 指明第（1）款中所指的场所或簿记；

(b) 规定授权进入是在白天或黑夜的任何时间还是仅仅在指定的时间；

(c) 规定搜查令在指定日期失效，该日期应不超过发出搜查令后7天。

273 若簿记被提供或被没收时的权力

本条适用，若簿记被提交或被没收等

(1) 本条适用，若：

(a) 按照本章规定的要求向某人提供了簿记；

(b) 根据第272条签发的搜查令，某人：

（ⅰ）持有簿记；

（ⅱ）或者，保护簿记免受干扰；

(c) 或者，应第（8）款中所说的之前的申请，簿记被转交给某人。

第（1）款第（a）项情形下的持有

(2) 若第（1）款第（a）项适用，该人可以持有该簿记。

审查等权力

(3) 该人可以审查并复制或摘录该簿记。

用于进行诉讼的权力

(4) 该人可以使用或允许使用该簿记提起诉讼。

保留持有权

(5) 该人可以保留该簿记的持有权，只要是必需的：

(a) 为了行使本条授予的权力［除本款及第（7）款另有规定外］；

(b) 为了调查；

(c) 为了决定是否对该簿记涉及的相关内容提起诉讼；

(d) 或者，为了提起并继续该诉讼。

申请或留置权

(6) 无人有权因针对该人申请对该簿记的留置权，但该留置权不得另受侵害。

审查的权利

(7) 当簿记为该人持有时，该人应允许不持有簿记的被授权人员在任何合理的时间对被授权审查的簿记（若有）进行审查。

向监管机构等交付持有权

（8）除非第（1）款第（b）项第（ⅱ）目适用，该人应向监管机构或监管机构授权的人员交付该簿记的持有权。

对簿记有关事项的解释

（9）若第（1）款第（a）项或第（b）项适用，该人或依据第（8）款接受该人交付该簿记持有权的人员，可以要求：

（a）若第（1）款第（a）项适用——提供该簿记的某人；

（b）或者，任何情形下——参加编制该簿记的人员；

尽量解释与该簿记编制有关的任何事项或与该簿记有关的任何事项。

274　若簿记没有被提供时的权力

若某人无法按照本章中其他人提出的要求提供指定簿记，该其他人可以要求第一提及的人员尽量陈述：

（a）在哪里可以找到该簿记；

（b）或者，谁最后持有、保管或控制该簿记以及到哪里可以找到该人。

275　要求某人鉴别超级年金实体财产的权力

有权依据本章要求他人提供与超级年金实体事务有关的簿记的人员（无论是否行使该权力），可以要求该其他人尽其所能：

（a）鉴别该实体的财产；

（b）解释该实体的受托人或投资管理人如何对该财产进行记账。

第5节　审讯

276　本节适用

本节适用，若根据第270条第（d）项的要求，某人（被审讯人）出现于督察员面前。

277　对被审讯者的要求

（1）督察员可以审讯被审讯人的宣誓或声明，且可以为了该目标：

（a）要求被审讯人或宣誓或做出声明；

（b）对被审讯人的宣誓或声明进行管理。

（2）为了便于审讯，被审讯人做出的宣誓或声明是表明该被审讯人将要做出的供述都是真实的。

（3）督察员可以要求被审讯人回答其被审讯的问题，且该问题是与监管机构正在或将要进行的调查相关的。

278 审讯应私下进行

（1）审讯应私下进行，督察员可以给出关于在此期间或在某段期间谁会被审讯的指导。

（2）某人不得出席该审讯，除非他（她）：

（a）是督察员或被审讯人；

（b）监管机构授权出席审讯的监管机构工作人员；

（c）或者，有权出席，根据：

（ⅰ）根据第（1）款的指导；

（ⅱ）或者，第279条第（1）款。

（3）违反第（2）款即为违法，应处以10个罚款单位以下的处罚。

注释1：《刑法》第2章规定了刑事责任总则。

注释2：被告对第（2）款第（a）项、第（b）项和第（c）项事项项负有举证责任［见《刑法》第13.3条第（3）款］。

279 被审讯人的律师可以出席

（1）被审讯人的律师可以出席该审讯，且可以在督察人决定的期间：

（a）与督察员讨论；

（b）审讯被审讯人；

关于督察员已经对被审讯人进行审讯的事项。

（2）若督察员认为某人试图依据第（1）款行使权利，该督察员可以要求该人停止与督察员进行讨论或审讯被审讯人。

280 审讯记录

（1）督察员应对审讯中所做的供述生成书面记录。

（2）督察员可以要求被审讯人阅读该书面记录，或将该书面记录读给被审讯人听，并要求其在书面记录上签署。

（3）督察员应向被审讯人免费提供书面记录副本，但应满足督察员要求的条件（若有）。

281 向他人提供记录副本

用于诉讼的副本

（1）若某人的律师使得监管机构确信该人正或打算就审讯相关事项

提起诉讼,该监管机构可以向该律师提供:

(a) 审讯的书面记录副本;

(b) 或者,该记录副本和相关簿记副本。

仅能用于诉讼的副本

(2) 若监管机构依据第(1)款向某人提供副本,该人或持有、保管或控制该副本或该副本的副本的其他人员,除了用于准备、提起或实施诉讼或在诉讼过程中,不得蓄意:

(a) 使用该副本或该副本的副本;

(b) 或者,公布或向某人传递该副本或该副本的副本或该副本内容的任何部分。

处罚:监禁6个月。

282 提供副本应满足的条件

(1) 若依据第280条第(3)款对某人提供副本有条件限制,该人及持有、保管或控制该副本或该副本的副本的其他人员应满足该条件。

(2) 某人因蓄意或轻忽违反本条即为违法,应处以6个月以下监禁。

注释:《刑法》第2章规定了刑事责任总则。

283 记录应随附报告

(1) 若依据第284条准备了调查报告,该审讯的每一个记录(若有)均应随附该报告。

(2) 若:

(a) 监管机构认为该审讯所做的供述与依据第4节进行的其他调查有关;

(b) 该供述记录是依据第280条做出;

(c) 已依据第284条准备了关于其他调查的报告;

该记录的副本应随附该报告。

第6节 报告

284 督察员的报告

(1) 督察员应在调查结束时准备该调查的报告。

(2) 报告应列明:

(a) 督察员关于该事项调查的结果;

（b）该调查结果依据的证据及其他材料；

（c）督察员认为与调查相关或因调查引起的其他事宜。

（3）监管机构：

（a）应向该超级年金实体的每一个受托人提供与调查相关的报告的副本。

（b）若该报告或部分报告涉及他人的事物——监管机构可以自行或应该人要求将该报告或该部分报告提供给该人。

（c）若该报告或部分报告涉及违反联邦、州或地区法律——可以将整个或部分报告的副本提交：

（ⅰ）澳大利亚联邦警察；

（ⅱ）澳大利亚犯罪委员会首席执行官；

（ⅲ）刑事检控专员；

（ⅳ）或者，指定机构。

（4）APRA 和 ASIC 应互相提供其依据本条准备的任何报告的副本。

（5）ASIC 和税务局应互相提供其依据本条做出的与自我管理超级年金基金有关的任何报告的副本。

第 7 节 犯罪

285 满足依据本法提出的要求

某人不得因蓄意或疏忽拒绝或不能满足监管机构、被授权人员或督察员依据本章提出的要求。

处罚：

（a）若为第 264 条第（3）款、第（3A）款或第（4）款提出的要求——监禁两年；

（b）或者，其他——30 个罚款单位。

注释：《刑法》第 2 章规定了刑事责任总则。

286 隐匿与调查有关的簿记

指导监管机构正在或打算调查某事项的人员不得有意耽搁或阻碍该调查或打算进行的调查：

（a）任何情形下——隐匿、破坏、毁损或删改与该事项有关的簿记；

（b）或者，若与该事项有关的簿记在特定州或地区——将该簿记转移出该州或地区或转移出澳大利亚。

处罚：监禁两年。

287　自证其罪

自证其罪不是合理借口

（1）根据本章，这不是合理借口，对于某人拒绝或不能根据要求：

（a）提供信息；

（b）在记录上签署；

（c）或者，提供簿记；

认为该信息、签署或提供簿记可能会使该人入罪或被处罚款。

自证其罪不能被作为理由接受

（2）第（3）款适用，若：

（a）在按照本章要求进行如下行为之前：

（ⅰ）通过口头供述提供信息；

（ⅱ）或者，在记录上签署；

某人声明该供述或签署可能会导致该人入罪或被处罚款。

（b）该供述或签署在实际上将导致该人入罪或被处罚款。

（2A）第（2）款不适用于法人，若其是在本款生效后做出该声明。

不予接受的声明等

（3）除第（4）款外，如下：

（a）该供述；

（b）该人签署该记录的事实；

没有一项可以作为对该人提起刑事诉讼或民事诉讼的证据。

例外

（4）第（3）款不适用于受理对如下事项提起的诉讼：

（a）就进行供述而言——虚假供述；

（b）或者，对在报告上签署而言——该报告中包括虚假供述。

288　法律职业特权

（1）本条适用，若：

（a）依据本法，某人要求律师：

（ⅰ）提供信息；

（ⅱ）或者，提供簿记。

（b）提供该信息将可能涉及披露或该簿记中可能包含对于律师特许

保密的对话资料。

（2）该律师可以拒绝满足该要求，除非：

（a）若该人对话的对象或代表的对象为法人，且该法人被政府接管或正在清盘——该法人的政府管理人员或资产清盘人；

（b）或者，其他——该人对话的对象或代表的对象；

同意该律师满足该要求。

（3）若该律师做出拒绝，他（她）应尽快向提出要求的人员发出书面通知，列明：

（a）若律师知道其所对话的对象或代表的对象的姓名和地址——该姓名和地址；

（b）若第（1）款第（a）项第（ⅰ）目适用，且该对话是以书面形式进行——鉴别包含该对话的文件的详情；

（c）若第（1）款第（a）项第（ⅱ）目适用——鉴别包含该对话的簿记或簿记部分的详情。

（4）蓄意或因疏忽违反本条即为犯罪，应处以30个罚款单位的罚款。

注释：《刑法》第2章规定了刑事责任总则。

289 对于不遵守本法的法院权力

（1）本条适用，若监管机构确认某人没有合理理由不能满足依据本法提出的要求。

（2）监管机构可以向法院书面证明该不履行。

（3）若监管机构做出书面证明，法院可以对该案进行调查，并命令该人满足该命令指定的要求。

第8节 使用某些材料作为证据

290 审讯中做出的供述：对被审讯人提起的诉讼

受理审讯中所做的供述

（1）除本条另有规定外，某人在审讯过程中所做的供述可以作为对其提起诉讼的证据。

自证其罪的例外情形

（2）该供述不予受理，若：

（a）该诉讼为：

（ⅰ）刑事诉讼；

（ⅱ）或者，民事诉讼；

除非该诉讼是就虚假供述提起的诉讼。

(b) 该人为自然人，且在做出供述前申明该供述可能导致其入罪或被处罚款。

不相关供述除外

(3) 该供述不予受理，若其与该诉讼不相关，且该人反对受理该供述作为证据。

相关供述例外情形

(4) 该供述（"主题供述"）不予受理，若：

(a) 审讯过程中的其他供述是对其进行解释的供述；

(b) 不在诉讼中作为其他供述的证据提供；

(c) 该人反对接受该主题供述作为证据。

法律职业特权的例外情形

(5) 该供述不予受理，若：

(a) 第（1）款不适用于该供述，且该供述将披露该人可以在诉讼中申请法律职业特权的事项；

(b) 该人反对接受该供述作为证据。

联合诉讼

(6) 第（1）款适用于对某人提起的诉讼，即便是与对另一人的诉讼共同听证。

记录是初步证据

(7) 若对某人审讯的书面记录已依据第280条第（2）款由该人签署或已通过其他方式证明，该记录中的供述可以在诉讼过程中作为初步证据。

接受其他证据

(8) 本章不限制或不影响对审讯中所作供述提起的诉讼接受其他证据。

291 审讯中所做供述：其他诉讼

受理缺席证人的证据

(1) 若某人（"缺席证人"）对于某事项的直接证据可以被接受作为该诉讼的证据，该缺席证人在对其进行的审讯中所做的将使得该事项成立的供述，可以依据第（2）款作为该事项的证据予以受理。

对于受理的要求
（2）该供述予以受理：
（a）若法院或法庭认为：
（ⅰ）该缺席证人因死亡或因身体或精神原因不适于作为证人出庭；
（ⅱ）该诉讼听证会举行时该缺席证人在外州或外地，且无法保证能够出席；
（ⅲ）或者，已采取合理步骤寻找该缺席证人，但未能找到；
（b）或者，若缺席证人未能出庭——除非应诉方要求诉讼方传唤缺席证人到庭做证，而诉讼方传唤缺席证人。

292 对依据第 291 条接受的证据的权衡取证
（1）本条适用，若某人在被审讯过程中做出的供述依据第 291 条被作为证据接受。
（2）在决定该供述对证明该事项应占多大的权重（若有），应考虑：
（a）与该供述相关的事项发生多久了；
（b）该人可能隐匿或歪曲重大事项的理由；
（c）有助于合理推断该供述准确性的其他情形。
（3）若该人在诉讼中不担任证人：
（a）若该人曾经担任证人，该证据曾经在该诉讼中被接受作为判断其可靠性的依据，该证据同样可以被接受；
（b）该证据可以被接受用来反映该供述与该人所做的另一供述不符。
（4）但，依据本条，某事项的证据不应接受，若该人曾经作为该诉讼的证人并在被盘问时否决了该事项，若盘问方提出将之作为该事项的证据，则不应作为证据接受。

293 反对接受审讯中做出的供述
拟申请接受证据和供述的公告
（1）诉讼一方（"举证方"）可以在诉讼听证会举行前至少 14 天向诉讼另一方书面通知，该举证方：
（a）将申请接受审讯中做出的供述作为该诉讼的证据；
（b）为此目标，将申请该诉讼接受那些供述的证据。
通知中应列明供述
（2）依据第（1）款发出的通知应列明或附带书面材料列明指定的供述。

反对通知

（3）在依据第（1）款发出通知后14天内，对方可以向举证方发出书面通知：

（a）声明对方反对接受指定的供述作为诉讼的证据；

（b）针对每一项供述，详细列出反对的理由。

延长反对期限

（4）第（3）款规定的反对期限可通过法庭或双方的协商延长。

应向法院或法庭提交的通知等

（5）收到依据第（3）款发出的通知时，举证方应向法院或法庭提交如下通知的副本：

（a）依据第（1）款发出的通知及第（2）款要求该通知附带的任何书面材料；

（b）依据第（3）款发出的通知。

法院或法庭采取的行为

（6）若第（5）款得到满足，法院或法庭可以：

（a）在诉讼听证会开始前，决定将该反对意见作为第一听证事项；

（b）或者，将对反对意见的决定推迟到听证会。

反对接受供述的权利

（7）若已依据第（1）款和第（2）款发出通知，对方无权反对在诉讼听证会上将该通知指定的供述作为诉讼证据，除非：

（a）对方已依据第（3）款反对接受该供述；

（b）或者，法院或法庭准许对方反对接受该供述。

294 某些簿记的副本或摘录

（1）与超级年金实体事务有关的簿记的副本或摘录可以像原件一样被接受作为诉讼的证据，无论该部分或摘录是否依据第273条做出。

（2）某簿记的副本或摘录不得依据第（1）款接受作为证据，除非能证明该副本是该簿记的真正副本或该摘录是对该簿记的相关部分的摘录。

（3）根据第（2）款，某人已经：

（a）将该簿记副本与该簿记进行了比较；

（b）或者，将该簿记的摘录与该簿记的相关部分进行了比较；

该人可以口头或宣誓书或法定声明的形式证明该副本是该簿记的真正副本或该摘录是从该簿记相关部分进行的摘录。

295 第 6 节的报告

除第 296 条外，若第 6 节所指的报告副本被监管机构证明为该报告的真实副本，该副本可以被接受作为对报告中声称督察员发现存在的事实或事项的进行诉讼的初步证据。

296 受理报告的例外情形

（1）本条适用，若诉讼方提供报告副本作为反对对方的证据。

（2）该副本不得依据第 295 条被受理作为反对对方的诉讼证据，除非法院或法庭确认：

（a）该报告副本已发给对方；

（b）对方及对方律师已有适当机会对该副本进行审查，并考虑该内容为诉讼做准备。

（3）在第（1）款所指的副本被接受作为证据前后，对方可以申请就该报告对指定人员进行盘问，该指定人员或两个或多个指定人员中的每个人：

（a）考虑准备该报告或对报告中声称督察员已发现存在的事实或事项进行调查取证；

（b）或者，无论是否按照本章要求，根据调查结果或调查中发现的事项提供信息或簿记。

（4）法院或法庭应同意依据第（3）款做出的申请，除非其认为在所有情形下均不宜进行盘问。

（5）若：

（a）法院或法庭同意依据第（3）款做出的申请；

（b）与该申请相关的一个、两个或多个人员不能或不参加与该报告有关的盘问；

（c）法院或法庭认为在对方没有机会对该人员进行盘问的情况下接受第 295 条的副本作为反对对方的诉讼证据将对对方不公平；

法院或法庭应拒绝接受该副本作为证据或应视为从未接受该副本作为证据。

297 可以接受的其他材料

在本节实施之前本可以接受为诉讼证据的材料，在本节中都可以被接受作为诉讼证据。

第 9 节 杂项

298 监管机构可以发起民事诉讼

若根据调查结果或审讯报告（依据本章进行的调查或审讯），监管机构认为某人为了如下目的提起并进行诉讼符合公众利益：

（a）寻回因欺诈、疏忽、不履行或违反责任或其他不当行为（该行为与调查或审讯事项有关）造成的损失；

（b）寻回该人的财产；

监管机构：

（c）若该人为法人——可以发起；

（d）或者，其他——在获得该人书面同意情况下，可以发起：

该诉讼并以该人的名义进行该诉讼。

298A 授权工作人员

（1）监管机构可以书面授权该监管机构或其他监管机构工作人员进行本章指定条款规定的行为。

（2）依据该条款，授权可以限于特定的职能或权力。

299 满足要求的人员无须对他人承担责任

满足本章所提要求的人员无须因该满足对他人承担任何责任。

第 25A 章 税号

第 1 节 报备雇员税号

299A 雇员可以向雇主报备

雇员可以向其雇主报备个人税号，以便本法和其他超级年金法实施或可能的未来实施。

注释：第 299P 条规定了报备的方法。

299B 雇主可以将税号通知受托人

若：

（a）其中：

（i）在本条生效前，某雇主为了雇员的福利向某合格超级年金实体或被监管公共部门超级年金豁免计划缴费；

（ⅱ）或者，在本条生效后，某雇主进行了该缴费。

（b）本条生效后，雇员向其雇主报备或第一次报备个人税号，以便本法和其他超级年金法实施或可能的未来实施；

该雇主可以将雇员的税号通知到该实体或计划的受托人。

299C　雇主应将税号通知受托人

（1）若：

（a）本条生效后，雇员向其雇主报备或第一次报备个人税号本条生效后，雇员向其雇主报备或第一次报备个人税号，以便本法和其他超级年金法实施或可能的未来实施；

（b）雇员报备或第一次报备税号后，雇主为了雇员的福利向合格超级年金实体缴费；

（c）雇主之前从未将雇员的税号通知该实体的受托人；

雇主应在要求的时间前将雇员的税号通知该实体受托人〔见第（2）款〕。

（2）"要求的时间"为：

（a）若是在雇主缴费前14天之前报备或第一次报备税号——雇主缴费当日结束时；

（b）或者，其他情形——报备或第一次报备税号之日后第14天结束时。

（3）若雇主违反第（1）款即为违法。在此指违反严格责任。

最高处罚：10个罚款单位。

注释1：《刑法》第2章规定了刑事责任总则。

注释2："严格责任"见《刑法》第6.1条。

第2节　受益人税号的报备、使用及转移

299D　合格超级年金实体或被监管公共部门超级年金豁免计划的受益人或申请人可以报备税号

合格超级年金实体或被监管公共部门超级年金豁免计划的受益人或申请成为受益人的申请人，可以向该实体或计划的受托人报备个人税号，以便本法和其他超级年金法实施或可能的未来实施。

注释：第299P条规定了报备的方法。

299E 受托人可以要求获得受益人或申请人的税号

（1）合格超级年金实体或被监管公共部门超级年金豁免计划的受托人，可以在任何时候以监管机构认可的方式要求该实体或计划的受益人或申请成为受益人的申请人可以向该实体或计划的受托人报备个人税号，以便本法和其他超级年金法实施或可能的未来实施。

没有报备税号的义务

（2）若受托人要求受益人或申请人向其报备税号，该受益人或申请人没有满足该要求的义务。

299F 受托人应要求受益人在生效日报备税号

（1）除第（3）款另有规定外，若：

(a) 某人在本条生效时为合格超级年金实体的受益人；

(b) 该人没有按照第 299S 条或第 299T 条在该生效日或之前向该实体受托人报备个人税号；

每个受托人均应确保在要求的时间之前以监管机构认可的方式要求该受益人向该实体的受托人报备个人税号，以便本法和其他超级年金法实施或可能的未来实施；或，若未能在《1997 年超级年金供款税（修订）法》附表 3 生效前做出该要求，则应要求该受益人向该实体受托人报备个人税号，以便本法和收费监管条例的实施或可能的未来实施。

要求的时间

（2）"要求的时间"是指该受益人成为受益人后第 7 天结束之时。

例外

（3）该实体受托人无须确保做出该要求，若该人已经向该实体受托人报备了他/她的个人税号，以便如下法律的实施或未来可能的实施：

(a) 若是在《1997 年超级年金供款税（修订）法》附表 3 生效前报备——本法；

(b) 或者，否则——本法和收费监管条例。

（4）若受托人违反第（1）款即为违法。

最高处罚：100 个罚款单位。

（4A）若受托人违反第（1）款即为违法。在此指违反严格责任。

最高处罚：50 个罚款单位。

注释 1：《刑法》第 2 章规定了刑事责任总则。

注释 2：严格责任，见《刑法》第 6.1 条。

没有义务报备税号

（5）若某人要求他人依据本条报备税号，该他人没有义务遵守该要求。

开始日——要求受托人向受益人提供信息

（6）当某人成为合格超级年金实体的受益人时，依据超级年金业（监管）监管条例第2章第2.4节第2.4.2小节或第2.4.3小节要求该实体的受托人向受益人提供信息的开始日应早于：

（a）如下任何适用款项所指的日子：

（ⅰ）若受托人选择依据本款向受益人提供信息——自本条生效之日或之后，依据该监管条例第2章第2.4节第2.4.2小节第一次向受益人提供信息的日子；

（ⅱ）若受托人选择依据本款向受益人提供信息——自本条生效之日或之后，依据该监管条例第2章第2.4节第2.4.3小节第一次向受益人提供信息的日子；

（ⅲ）若受托人不选择依据第（ⅰ）目或第（ⅱ）目向受托人提供信息——自本条生效之日或之后，依据第一次向受益人提供以上小节所指的信息的日子；

（b）或者，本条生效之年的最后一天。

开始日——不要求受托人向权益人提供信息

（7）当某人成为合格超级年金实体的受益人时，依据超级年金业（监管）监管条例第2章第2.4节第2.4.2小节或第2.4.3小节不要求该实体的受托人向受益人提供信息的开始日是指本条生效日。

299G 受托人应要求在本条生效后成为受益人的人员报备税号

（1）除第（3）款另有规定外，若：

（a）本条生效后，某人成为合格超级年金实体的受益人；

（b）该人在成为受益人时没有向该实体受托人报备税号，以便本法或本法和其他超级年金法实施或未来实施；

每一个受托人均应确保在要求的时间之前［见第（2）款］以监管机构认可的方式要求该人向该实体受托人报备其个人税号，以供本法实施或可能的未来实施，或，若未能在《1997年超级年金供款税（修订）法》附表3生效前做出该要求，则应要求该受益人向该实体受托人报备个人税号，以便本法和收费监管条例的实施或可能的未来实施。

要求的时间

（2）"要求的时间"是指该人成为受益人后第 30 天结束之日。

例外

（3）该实体受托人无须确保做出该要求，若该人已经向该实体受托人报备了他（她）的个人税号，以便如下法律的实施或未来可能的实施：

（a）若是在《1997 年超级年金供款税（修订）法》附表 3 生效前报备——本法；

（b）或者，否则——本法和其他超级年金法。

（4）若受托人违反第（1）款即为违法。

最高处罚：100 个罚款单位。

（4A）若受托人违反第（1）款即为违法。在此指违反严格责任。

最高处罚：50 个罚款单位。

注释 1：《刑法》第 2 章规定了刑事责任总则。

注释 2：严格责任，见《刑法》第 6.1 条。

没有义务报备税号

（5）若某人要求他人依据本条报备税号，该他人没有义务遵守该要求。

299H　使用税号的目的——合格超级年金实体的受益人

（1）本条适用，若合格超级年金实体受益人向该实体受托人报备税号，以便本法和其他超级年金法的实施或可能的未来实施。

记录税号的义务

（2）若该实体受托人以前没有记录该税号，接受该报备的受托人应尽快记录该税号。

保留及以后销毁税号的义务

（3）该实体的每一个受托人应确保：

（a）该记录应保持直至该人停止成为该实体的受益人；

（b）该人停止成为该实体受益人后应尽快销毁该税号。

使用税号查找金额

（4）除第（5）款另有规定外，受托人可以使用依据第（1）款报备的税号从该实体记录或账目中查找该人持有的津贴额。

使用税号鉴定特定人员持有的津贴额

（5）若该实体受托人须鉴定特定人员持有的津贴额：

（a）该受托人应首先使用信息（而不是税号）鉴定该数额。

（b）该受托人可以仅使用该人向该实体受托人报备的税号：

（ⅰ）若第（a）项所指的信息不足以鉴定该数额；

（ⅱ）或者，确认使用其他信息鉴定的结果。

（6）若该实体受托人违反第（2）款、第（3）款或第（5）款，即为违法。

最高处罚：100个罚款单位。

（7）若该实体受托人违反第（2）款、第（3）款或第（5）款，即为违法。在此指违反严格责任。

最高处罚：50个罚款单位。

注释1：《刑法》第2章规定了刑事责任总则。

注释2："严格责任"见《刑法》第6.1条。

299J 使用税号的目的——被监管公共部门超级年金豁免计划的受益人

（1）本条适用，若被监管公共部门超级年金豁免计划的受益人向该计划的受托人报备税号，以便本法和其他超级年金法的实施或可能的未来实施。

受托人可以记录税号

（2）若该计划受托人以前没有记录该税号，该计划的受托人可以记录该税号。

保留及以后销毁税号的义务

（3）该计划的每一个受托人应确保：

（a）该记录应保持直至该人停止成为该计划的受益人；

（b）该人停止成为该计划的受益人后应尽快销毁该税号。

使用税号查找金额

（4）除第（5）款另有规定外，受托人可以使用依据第（1）款报备的税号从该计划的记录或账目中查找该人持有的津贴额。

使用税号鉴定特定人员持有的津贴额

（5）若该计划的受托人须鉴定特定人员持有的津贴额：

（a）该受托人应首先使用信息（而不是税号）鉴定该数额。

（b）该受托人可以仅使用该人向该计划的受托人报备的税号：

（ⅰ）若第（a）项所指的信息不足以鉴定该数额；

（ⅱ）或者，确认使用其他信息鉴定的结果。

（6）若该实体受托人违反第（3）款或第（5）款，即为违法。

最高处罚：100个罚款单位。

（7）若该实体受托人违反第（3）款或第（5）款，即为违法。在此指违反严格责任。

最高处罚：50个罚款单位。

注释1：《刑法》第2章规定了刑事责任总则。

注释2："严格责任"见《刑法》第6.1条。

299K 使用税号的目的——申请成为合格超级年金实体受益人的申请人

（1）本条适用，若申请成为合格超级年金实体受益人的申请人向该实体受托人报备税号，以便本法和其他超级年金法的实施或可能的未来实施。

记录税号的义务

（2）若该实体受托人以前没有记录该税号，接受该报备的受托人应尽快记录该税号。

保留及以后销毁税号的义务

（3）该实体的每一个受托人应确保：

（a）该记录应保留直至如下时间（最后保留时间）：

（ⅰ）若该人成为该实体的受托人——该人停止成为该实体的受益人之时；

（ⅱ）或者，若没有——该人停止作为申请人之时。

（b）在最后保留时间之后应尽快销毁该税号。

使用税号查找数额

（4）除第（5）款另有规定外，受托人可以使用依据第（1）款报备的税号从该实体的记录或账目中查找该人持有的津贴额。

使用税号鉴定特定人员持有的津贴额

（5）若该实体受托人须鉴定特定人员持有的津贴额：

（a）该受托人应首先使用信息（而不是税号）鉴定该数额。

（b）该受托人可以仅使用该人向该实体受托人报备的税号：

（ⅰ）若第（a）项所指的信息不足以鉴定该数额；

（ⅱ）或者，确认使用其他信息鉴定的结果。

（6）若该实体受托人违反第（2）款、第（3）款或第（5）款，即为违法。

最高处罚：100个罚款单位。

（7）若该实体受托人违反第（2）款、第（3）款或第（5）款，即为违法。在此指违反严格责任。

最高处罚：50个罚款单位。

注释1：《刑法》第2章规定了刑事责任总则。

注释2："严格责任"见《刑法》第6.1条。

299L 使用税号的目的——申请成为被监管公共部门超级年金豁免计划受益人的申请人

（1）本条适用，若申请成为被监管公共部门超级年金豁免计划受益人的申请人向该计划的受托人报备税号，以便本法和其他超级年金法的实施或可能的未来实施。

受托人可以记录税号

（2）若受托人以前没有记录该税号，该计划的受托人可以记录该税号。

保留及以后销毁税号的义务

（3）该计划的每一个受托人应确保：

（a）该记录保留直至该时间（最后保留时间）：

（ⅰ）若该人成为该计划的受益人——该人停止成为该计划的受益人之时；

（ⅱ）或者，若没有——该人停止作为申请人之时。

（b）该人停止成为该计划的受益人后应尽快销毁该税号。

使用税号查找数额

（4）除第（5）款另有规定外，受托人可以使用依据第（1）款报备的税号从该计划的记录或账目中查找该人持有的津贴额。

使用税号鉴定特定人员持有的津贴额

（5）若该计划的受托人须鉴定特定人员持有的津贴额：

（a）该受托人应首先使用信息（而不是税号）鉴定该数额。

(b) 该受托人可以仅使用该人向该计划的受托人报备的税号：

（ⅰ）若第（a）项所指的信息不足以鉴定该数额；

（ⅱ）或者，确认使用其他信息鉴定的结果。

（6）若该实体受托人违反第（3）款或第（5）款，即为违法。

最高处罚：100个罚款单位。

（7）若该实体受托人违反第（3）款或第（5）款，即为违法。在此指违反严格责任。

最高处罚：50个罚款单位。

注释1：《刑法》第2章规定了刑事责任总则。

注释2："严格责任"见《刑法》第6.1条。

299M 合格超级年金实体的受托人应将税号通知到退休储蓄账目（RSA）的提供者或其他受托人

（1）本条适用，若：

（a）某受益人在某合格超级年金实体享有津贴；

（b）该受益人已向该实体受托人报备税号（无论是以受益人还是申请者的身份），以便本法和其他超级年金法的实施或可能的未来实施。

将津贴转移至RSA、另一合格超级年金实体或被监管公共部门超级年金豁免计划

（2）除第（3）款另有规定外，若该实体受托人为了受益人的利益将该津贴额转移至RSA、另一合格超级年金实体或被监管公共部门超级年金豁免计划，该受托人应在转移时以监管机构认可的方式将该受益人的税号通知到RSA提供者或该另一合格超级年金实体或被监管公共部门超级年金豁免计划的受托人。

例外

（3）第（2）款不适用，若在津贴转移至RSA、另一合格超级年金实体或被监管公共部门超级年金豁免计划之前，该受益人向该受托人发出书面声明要求该受托人不要将该受益人的税号通知到任何RSA提供者或任何其他受托人。

（4）若该受托人违反第（2）款，即为违法。

最高处罚：100个罚款单位。

(5) 若该受托人违反第（2）款，即为违法。在此指违反严格责任。

最高处罚：50 个罚款单位。

注释1：《刑法》第2章规定了刑事责任总则。

注释2："严格责任"见《刑法》第6.1条。

299N 被监管公共部门超级年金豁免计划的受托人可以将税号通知到 RSA 提供者或其他受托人

（1）本条适用，若：

（a）某受益人在某被监管公共部门超级年金豁免计划中享有津贴；

（b）该受益人已向该计划受托人报备税号（无论是以受益人还是申请者的身份），以便本法和其他超级年金法的实施或可能的未来实施。

将津贴转移至 RSA、另一被监管公共部门超级年金豁免计划或合格超级年金实体

（2）除第（3）款另有规定外，若该计划的受托人为了受益人的利益将该津贴额转移至 RSA、另一被监管公共部门超级年金豁免计划或合格超级年金实体，该受托人可以以监管机构认可的方式将该受益人的税号通知到 RSA 提供者或该另一被监管公共部门超级年金豁免计划或合格超级年金实体的受托人。

例外

（3）第（2）款不适用，若在津贴转移至 RSA、被监管公共部门超级年金豁免计划或另一合格超级年金实体之前，该受益人向该受托人发出书面声明要求该受托人不要将该受益人的税号通知到任何 RSA 提供者或任何其他受托人。

违法

（4）若：

（a）若某被监管公共部门超级年金豁免计划（第一个计划）的受托人（第一个受托人）试图将第一个计划的受益人的税号通知到某一 RSA 提供者或另一被监管公共部门超级年金豁免计划或合格超级年金实体的受托人（第二个受托人）；

（b）根据第（3）款，第一个受托人无权根据第（2）款向第二个受托人或 RSA 提供人通知该税号；

若第一个受托人违反，应处以 100 个罚款单位以下的罚款。

第3节 报备税号的方法，包括视同报备

299P 报备税号的方法

某人为向他人报备税号，以便本法和其他超级年金法的实施或可能的未来实施，若：

（a）该人以监管机构认可的方式将该税号通知到他人；

（b）或者，根据本节如下条款，可视为该人已向他人报备税号以便本法和其他超级年金法的实施或可能的未来实施。

299Q 若雇主已通知受托人，可视为雇员已报备

若：

（a）某雇员为或申请成为某合格超级年金实体或被监管公共部门超级年金豁免计划的受益人；

（b）雇主已根据第299B条或第299C条将该受益人的税号通知到合格超级年金实体或被监管公共部门超级年金豁免计划；

该雇员：

（c）视为已向该受托人报备税号，以便本法或其他超级年金法的实施或未来实施；

（d）视为已在雇主通知受托人时报备了税号。

299R 可视为受益人或申请人已向RSA提供者或受托人报备税号

（1）若某一合格超级年金实体（"第一个实体"）的受托人（"第一个受托人"）已根据第299M条第（2）款将该实体某一受益人的税号通知到另一合格超级年金实体或被监管公共部门超级年金豁免计划的受托人（"第二个受托人"），该受益人：

（a）可视为已向RSA提供者或第二个受托人报备了税号，以便本法、其他超级年金法或《1997年退休储蓄账目法》的实施或未来实施；

（b）视为已在第一个受托人向RSA提供人或第二受托人通知之时报备了税号。

（2）若被监管公共部门超级年金豁免计划（第一个计划）的受托人（第一个受托人）依据第299N条第（2）款将该计划的某一受益人的税号通知到RSA提供人或另一被监管公共部门超级年金豁免计划或合格超级年金实体的受托人（第二受托人），该受益人：

（a）可视为已向RSA提供者或第二个受托人报备了税号，以便本法、

其他超级年金法或《1997 年退休储蓄账目法》的实施或未来实施；

（b）视为已在第一个受托人向 RSA 提供人或第二受托人通知之时报备了税号。

299S　申领津贴人员在申领时提供税号可视为已向受托人报备税号

（1）本条适用，若：

（a）在本条生效之前，认为有领取津贴资格的某人依据第 248 条或第 252 条向某一合格超级年金实体受托人申领津贴，并在申请中提供了其个人税号；

（b）或者，在本条生效后，认为有领取津贴资格的人员向某一合格超级年金实体或被监管公共部门超级年金豁免计划的受托人申领津贴，并在申请中以 APRA 认可的方式提供了个人税号。

（2）该受益人：

（a）可视为已向受托人报备了税号，以便本法和其他超级年金法的实施或未来实施；

（b）视为已在受托人收到该申请时报备了税号。

299T　若受益人因其他用途报备了税号，可视为已报备了税号

若某合格超级年金实体或被监管公共部门超级年金豁免计划的受益人或申请成为该受益人的申请人已向该实体或计划报备了税号，依据：

（a）本法第 225 条第（4）款或第 245 条第（2）款，在《1996 年税法修正案（第 2 号）》修正之前有效；

（b）《1936 年所得税评估法》的条款；

（c）或者，《1987 年职业超级年金标准法》第ⅢA 章已废除的条款〔包括因《1992 年（超级年金）税法修正案》而继续生效的条款〕；

那么，依据本法，在本条生效后，该受益人：

（d）视为已向该受托人报备了税号，以便本法和其他超级年金法的实施或可能的未来实施；

（e）视为已在该报备发生和本条生效之后向该受托人报备了税号。

第 4 节　提供税号的形式等

299U　可以要求税号的形式等

选举公告

（1）基金受托人依据第 19 条第（4）款发出的书面通知的认可格式

可以要求该通知包含该基金的税号。

财务报表

（2）超级年金实体依据《2001年金融部门（数据收集）法》第13条向APRA提交的财务报表副本的格式可以要求该报表包含该实体的税号。

通知详情

（3）某实体受托人依据第40条第（3）款向税务局提交的通知详情中附带该实体税号。

向合格滚存基金申领津贴

（4）依据第248条第（2）款提出的申请的认可格式要求在申请中列明申请人的税号。

向合格过渡基金申领津贴

（5）依据第252条提出的申请的认可格式可以要求在该申请中列明申请者税号。

实体成立后发布信息

（6）依据第254条第（1）款发布信息的认可格式可以要求发布该实体的税号。

通知发布信息

（7）依据第254条第（2）款要求超级年金实体发布的信息可以包括该实体的税号。

299V　没有报备税号

根据《刑法》第137.1条，若某人在其向SIS官员（见第301条）所做的供述中没有报备其税号，可以视为该人没有遗漏任何事项。

第5节　总则

299W　定义

本章中，除非相反的意思出现：

"合格超级年金实体"是指被监管超级年金实体或认可存款基金。

"被监管公共部门超级年金豁免计划"指满足如下任何一条的公共部门超级年金豁免计划：

(a) 该计划受托人为宪法组织；

(b) 该计划的唯一或主要目标是提供老年人养老金。

"超级年金法"指如下法律：

(a) 本法；

(b)《1997 年超级年金供款税（评估和征收）法》；

(c)《1997 年超级年金供款税（宪法保障的超级年金基金成员）评估和征收法》；

(d)《1999 年超级年金（未申领货币和丢失成员）法》；

(e)《1997 年终止付税（评估和征收）法》。

"收费监管条例"是指：

(a)《1997 年超级年金供款税（评估和征收）法》；

(b)《1997 年超级年金供款税（宪法保障的超级年金基金成员）评估和征收法》；

(c)《1997 年终止付税（评估和征收）法》。

"税号"其含义由《1936 年所得税评估法》第 202A 条给出。

299X 州保险

本章不适用于尚未超出州界线的州保险。

299Y 前被监管公共部门超级年金豁免计划的受托人应销毁税号

（1）若某被监管公共部门超级年金豁免计划不再存在且没有变为合格超级年金实体，该计划的每一个受托人均应确保尽快销毁由该受托人保管的该计划的受益人或申请成为该计划权益人的申请人的税号。

（2）若受托人违反第（1）款，即为违法。

最高处罚：100 个罚款单位。

（3）若受托人违反第（1）款，即为违法。在此指违反严格责任。

最高处罚：50 个罚款单位。

注释 1：《刑法》第 2 章规定了刑事责任总则。

注释 2："严格责任"见《刑法》第 6.1 条。

299Z 过渡条款

（1）尽管《1997 年超级年金供款税（修订）法》附表 3 对本章进行了修订，本章和附表 3 生效之前一样适用于：

(a) 某雇员，该雇员在附表 3 生效之前向其雇主报备了个人税号，以便本法实施或可能的未来实施；

(b) 或者，合格超级年金实体或被监管公共部门超级年金豁免计划的受益人或申请成为该实体或该计划受益人的申请人，该受益人或申请

人已在附表3生效之前向该实体或计划的受托人报备了其个人税号,以便本法实施或可能的未来实施;

如同从未做出过该修正。

(2)若:

(a)在《1997年超级年金供款税(修订)法》附表3生效前,或生效后但在1997年6月5日之前,某雇员向其雇主报备了个人税号,以便本法实施或未来实施;

(b)该雇主以书面形式通知该雇员打算将该雇员的税号通知给合格超级年金实体或被监管公共部门超级年金豁免计划的受托人,除非该雇员自收到通知后30天内告知该雇主其反对将税号通知给受托人;

(c)该雇员没有在对雇主将税号通知给受托人的提出反对意见的期间内告知该雇主;

第(1)款不适用于该雇员,可视为该雇员已向雇主报备税号,以便本法和其他超级年金法的实施或未来实施;

(3)若:

(a)在《1997年超级年金供款税(修订)法》附表3生效前,或生效后但在1997年6月5日之前,合格超级年金实体或被监管公共部门超级年金豁免计划的受益人或申请成为该实体或该计划的受益人的申请人已向该实体或计划的受托人报备了个人税号,以便本法实施或未来实施;

(b)该受托人以书面形式通知该受益人或申请人打算将其个人税号通知给税务局、另一实体或计划的受托人或RSA提供人,除非该受益人或申请人自收到通知后30天内告知该受托人其反对将税号通知给税务局、其他实体或计划的受托人或RSA提供人;

(c)该受益人或申请人没有在对该受托人将税号通知给税务局、其他实体或计划的受托人或RSA提供人提出反对意见的期间内告知该受托人;

第(1)款不适用于该受益人或申请人,可视为该受益人或申请人已向该受托人报备税号,以便本法和其他超级年金法的实施或未来实施。

第26章 与报表、记录等有关的罪行

300 本章目标

本章旨在通过对制作虚假或误导性报表、不正确记录以及伪造或隐瞒身份进行惩罚来保护本法提供的监管体系的完整性。

301　解释

本章中：

"SIS 官员"指依据本法或监管条例行使权力或执行职能的人员。

"SIS 官员所做声明"指 SIS 官员以口头、书面、数据处理设备或任何其他形式，在不限制前述事项的一般性原则下做出的声明，包括：

（a）依据本法或监管条例在已制作、准备、发出的或宣称已制作、准备或发出的申请、通知、报表或其他文件中做出的声明；

（b）在对依据本法或监管条例所提的问题的回答中所做的声明；

（c）在依据本法或监管条例发出或宣称已发出的信息中做出的声明；

（d）或者，不是依据本法或监管条例向 SIS 官员提供的文件中做出的声明；

但不包括依据第 255 条第（1）款或第 260 条第（2）款或第 269 条提供的文件中做出的声明。

303　不正确记录等[①]

（1）当：

（a）依据本法或监管条例，被要求记录账簿、会计簿记以及其他簿记的人员对与其相关的事项、交易、行动或运营进行不正确的记录和解释；

（b）或者，依据本法或监管条例，被要求对任何事项、交易、行动或运营进行登记的人员对该事项、交易、行动或运营进行不正确的登记；

该人违法，应处以 40 个罚款单位以下的罚款。

（2）（1A）第（1）款是指违反严格责任。

注释 1：《刑法》第 2 章规定了刑事责任总则。

注释 2："严格责任"见《刑法》第 6.1 条。

（3）在对某人违反第（1）款进行的起诉中，抗辩有效，若该人证明其：

（a）不知；

（b）预先不知；

如下事项：

[①]　在澳大利亚官方公布的原文中无第 302 条。——译者注

（c）在对违反第（1）项第（a）款进行的起诉中——被起诉的账簿、会计簿记或其他簿记没有对相关事项、交易、行动或运营进行合理的记录和解释；

（d）在对违反第（1）项第（b）款进行的起诉中——被起诉的记录中没有对相关事项、交易、行动或运营进行正确登记。

注释：被告对第（2）款相关事项负有举证责任（见《刑法》第13.4条）。

306　不正确的记账或登记记录等

（1）若：

（a）依据本法或监管条例，某人被要求记录账簿、会计簿记以及其他簿记；

（b）该人对相关的事项、交易、行动或运营进行不正确的记录和解释；

该人违法，应处以12个月以下的监禁。

注释：《刑法》第2章规定了刑事责任总则。

（2）若：

（a）依据本法或监管条例，某人被要求对任何事项、交易、行动或运营进行登记；

（b）该人对该事项、交易、行动或运营进行不正确的登记；

该人违法，应处以12个月以下的监禁。

注释：《刑法》第2章规定了刑事责任总则。

307　不正确记录以蓄意欺骗或误导

（1）某人违法，若该人：

（a）以如下方式记录账簿、会计簿记或其他簿记：

（i）对相关的事项、交易、行动或运营进行不正确记录；

（ii）（无论是部分还是全部）难认、难解、无法识别或无法复制（若是以数据处理设备的形式保留）；

（b）对任何事项、交易、行动或运营登记的记录中没有对该事项、交易、行动或运营进行正确登记；

（c）更改、污损、伪造、损坏、除去、隐藏或破坏账簿、会计簿记或其他簿记（无论是部分还是全部）；

（d）或者，在账簿、会计簿记或其他簿记中添加或遗漏任何行为或事项；

出于如下目的（无论该人是否有其他目的）：

（e）欺骗或误导监管机构或特定 SIS 官员；

（f）阻碍或妨碍监管机构或特定 SIS 官员（依据本法或监管条例对违法情况进行的调查除外）；

（g）阻碍或妨碍对本法或监管条例的违法情况进行的调查；

（h）阻碍、妨碍或废除对本法或监管条例的管理、实施或执行；

（i）使本法或监管条例不适用。

（2）该违法应处以两年以下监禁。

308　伪造或隐瞒身份蓄意欺骗或误导等

（1）某人违法，若该人：

（a）伪造或隐瞒该人或他人的身份或居住或营业场所的地址或位置；

（b）或者，添加或遗漏某项以便伪造或隐瞒该人或他人的身份或居住或营业场所的地址或位置；

处于如下目的（无论该人是否还有其他目的）：

（c）欺骗或误导监管机构或特定 SIS 官员；

（d）阻碍或妨碍监管机构或特定 SIS 官员（依据本法或监管条例对违法情况进行的调查除外）；

（e）阻碍或妨碍对本法或监管条例的违法情况进行的调查；

（f）阻碍、妨碍或废除对本法或监管条例的管理、实施或执行；

（g）使本法或监管条例不适用。

（2）该人违法，应处以两年以下监禁。

第 27 章　法院的权力

309　本章目标

本章旨在规定法院处理本法规范的事项的权力。

310　予以豁免的权力

法庭可豁免的不当行为责任

（1）若对超级年金官员的诉讼是关于其个人能力引起的不当行为，法庭认为该官员是或可能是不当行为的责任人，如果满足第（2）款，法庭在其认为适当的情况下，可以给予该官员部分或全部责任豁免。

豁免责任的依据

（2）法庭只有在以下情况才能豁免超级年金官员责任：

（a）该官员的行为是诚实的；

（b）在考虑了与案件有关的所有情况，包括与该官员的任命有关的情况，认为对他或她的不当行为责任豁免应该是公平的。

从陪审团撤出听证

（3）若：

（a）案件由法官和陪审团审理；

（b）在听取证词后，法官认为应该按照第（1）款给予责任豁免；

法官可以从陪审团部分或全部撤出听证，以本法或法官认为的其他合适理由直接进入对超级年金官员的判决。

尚未提出索赔时

（4）若超级年金官员有理由确认有人将要对其因个人能力引起的不当行为提起索赔：

（a）该官员可以向法院申请责任豁免；

（b）如果案件已经在法庭审理过并提交给法院，依据第（1）款，法院有同样的豁免授予权。

定义

（5）本条中：

与公司受托人有关的"官员"，指：

（a）法人受托人负责人员或雇员；

（b）法人受托人资产的接管人或接管人和财产管理人；

（c）法人受托人的经理、代理经理人员或行政管理人员；

（d）法人受托人的清算人或临时清算人；

（e）或者，受托人或负责管理法人受托人与其他人所做协议或安排的人员。

"官员的不当行为"是指疏忽、违约、失职或违反信托责任。

"超级年金官员"是指：

（a）超级年金实体受托人；

（b）超级年金实体的法人受托人的官员；

（c）超级年金实体的审计师；

（d）或者，超级年金实体的精算师。

雇员的特殊含义

（6）本条所指的雇员的含义是假定《1992年超级年金担保法》第12条第（3）款和第（8）款未颁布时所指的含义（该款中分包人也为雇员）。

311 法院对其命令召开的会议进行指导的权力

若依据本章法院命令召开某一会议，该法院可以遵照本法对该会议的召开、举行或主持进行指导，并对该会议进行其认为合适的附加或相应的指导。

312 不当行为

定义

（1）本条中：

"程序不当"包括：

（a）出席会议的如下法定人数不够：

（ⅰ）超级年金实体受托人；

（ⅱ）超级年金实体法人受托人董事；

（ⅲ）超级年金实体受益人；

（ⅳ）或者，雇主发起基金的政策委员会成员；

（b）或者，通知或时间的过失、不当或不足。

"依据本法提起的诉讼"指依据本法提起的任何诉讼，无论是否为合法诉讼。

程序不当的结果

（2）依据本法提起的诉讼不会因程序不当失效，除非法院：

（a）认为该不当已导致或将导致重大不公，且无法通过任何法律命令进行修复；

（b）发布命令声明该诉讼无效。

未在会议上发布通知的结果

（3）除第（4）款另有规定外，如下：

（a）依据本法举行的会议；

（b）根据本法要求发布通知的会议；

（c）会议中涉及的任何诉讼；

不会仅仅由于意外遗漏没有向应通知参加会议的人员发出通知或该人未收到通知而无效。

法院可以在会议上宣布该诉讼无效

(4) 除第 (3) 款另有规定外，依据如下人员的申请，法院可以在该会议上宣布诉讼无效：

(a) 当事人；

(b) 有权参加会议的人员；

(c) 或者，监管机构。

法院可以发出某些命令

(5) 除本条以下条款另有规定外，但不限于本法任何其他条款，法院可以依据利益相关者的申请发出如下所有或任何命令（无论是无条件的还是在满足法院规定条件的情况下）：

(a) 某命令，声明依据本法或与超级年金实体有关的：

(ⅰ) 任何声称已执行的行为或事项；

(ⅱ) 任何声称已提起或进行的诉讼；

不会因违反如下法律法规的某一条款而无效：

(ⅲ) 本法；

(ⅳ) 或者，超级年金实体的管理规则。

(b) 某命令，豁免某人与第 (a) 项所提的违反有关的全部或部分民事责任。

(c) 某命令：

(ⅰ) 延长执行依据本法或与超级年金实体有关的某行为或事项或提起或进行相关诉讼的期限（包括延长在申请发出命令之前到期的期限）；

(ⅱ) 或者，缩短执行该行为（事项）或提起（进行）该诉讼的时间。

相应和附加的命令

(6) 法院可以发出其认为合适的相应的或附加的命令。

犯罪时发布的命令

(7) 可以依据第 (5) 款第 (a) 项或第 (b) 项发出命令，即便该款所指的违反导致犯罪。

限制发布命令

(8) 法院不得依据本条发布命令，除非其确认：

(a) 就第 (5) 款第 (a) 项所指的命令而言：

(ⅰ) 该款所指的行为或事项或诉讼基本上是程序性的；

(ⅱ) 涉及违反或失败的人员行为诚实；

(ⅲ) 或者，发布该命令符合公众利益。

（b）就第（5）款第（b）项所指的命令而言——该承担民事责任的人员行为诚实。

（c）就所有命令而言——没有或不会对任何人产生重大不公。

313 法院禁止对货币或财产进行支付或转移

法院保护某些债权人的利益的权力

（1）若：

（a）如下适用：

（ⅰ）依据本法对某人（"违法人"）构成或可能构成违反本法的行为或疏忽进行调查；

（ⅱ）已对某人（"违法人"）违反本法或《2001年金融部门（数据收集）法》中与超级年金实体相关的条款提起诉讼；

（ⅲ）或者，依据本法已对某人（"违法人"）提起民事诉讼。

（b）监管机构或违法人应向某人（"受害人"）：

（ⅰ）支付货币（无论是对某债务采用损害赔偿或补偿或其他方式进行）；

（ⅱ）或者，对财产负责；

向法院申请；

（c）为了保护受害人的利益，法院认为有必要或应该如此做；

法院可以发出第（2）款指定的一个或多个命令。

法院保护受益人利益的权力

（1A）若：

（a）监管机构认为法院有必要发出第（2）款指定的一个或多个命令，以保护超级年金实体受益人的利益；

（b）监管机构可以向法院申请向该实体受托人发布该命令；

（c）法院认为有必要或应当保护受益人的利益；

法院可以发布第（2）款指定的一个或多个命令。

所指的违法人是受托人

（1B）为了实现第（1A）款的目的，第（2）款有效，如同所指的违法人是指受托人。

法院可以发布的命令

（2）法院可以发布的命令有：

（a）禁止对违法人或违法人的关联方负债的人员向如下人员清偿全

部或部分债务：

（ⅰ）该违法人员或其关联方；

（ⅱ）或者，接受该违法人或其关联方指导或要求的其他人员。

（b）禁止代表违法人或该违法人的关联方持有货币或财产的人员：

（ⅰ）支付其所有或部分货币；

（ⅱ）或者，转移财产或以其他方式出让财产所有权；

向：

（ⅲ）该违法人或其关联方；

（ⅳ）或者，接受该违法人或其关联方的指导或要求的人员。

（c）禁止某人将违法人或该违法人的关联方的货币转出澳大利亚。

（d）禁止某人将违法人或该违法人的关联方的财产从澳大利亚转移至澳大利亚境外（包括将权益从在澳大利亚登记转向在澳大利亚境外登记）。

（e）某命令：

（ⅰ）若该违法人为自然人——任命该人的财产或部分财产的接管人或受托人有法院命令赋予的权力；

（ⅱ）或者，若该违法人为法人——任命该人的财产或部分财产的接管人或接管人和管理人有法院命令赋予的权力。

（f）若该违法人为自然人——要求该人向法院移交其护照或法院认为合适的其他文件。

（g）若该违法人为自然人——禁止该人在没有法院同意的情况下离开澳大利亚。

第（2）款第（d）项或第（e）项所指的财产

（3）第（2）款第（d）项或第（e）项所指的某人的财产包括某人持有的但不是作为唯一受益所有人的财产，如：

（a）作为他人的受托人、代名人或代表他人的其他人员；

（b）或者，以受托人身份。

第（3）款的目的

（4）第（3）款是为了避免疑问，而不是为了限制第（1）款的通用性，也不是为了通过含义的解释来影响本法的任何其他条款。

绝对的或有条件的命令

（5）依据第（1）款或第（1A）款发出的禁止令可以完全禁止或有条件禁止该行为。

《1993年超级年金业（监管）法》（澳大利亚）　　363

临时命令

（6）若依据第（1）款或第（1A）款申请法院发出命令，若法院认为应当如此，可以在考虑该申请之前发出临时命令（是那种在申请待决期间使申请目标有效的命令）。

赔偿保证

（7）依据第（1）款或第（1A）款的申请，法院不得以依据第（6）款发出临时命令为条件，要求该申请人或任何其他人员保证赔偿损失。

进一步命令

（8）若法院已根据某人的申请依据本条发布命令，该法院可以根据该人或受该命令影响的人员的申请发出解除或变更第一提及命令的进一步命令。

命令期限

（9）依据第（1）款、第（1A）款或第（6）款发出的命令应指出该命令生效的期限或直到该命令被依据本条做出的进一步命令解除。

不影响法院的其他权力

（10）本条不影响法院本条以外的其他权力。

本条受破产法影响

（11）本条受《1966年破产法》的影响。

违反命令引致的违法

（12）某人有意或无意违反法院根据本条对该人发出的命令，即为违法，应处以6个月以下的监禁。

注释：《刑法》第2章规定了刑事责任总则。

314　法院可以命令披露信息或公示公告——违反与超级年金权益有关的条款

（1）若某人（被控违法人）已经、正在或打算进行第19章的违法行为，法院可以根据监管机构的申请依据第（2）款或（和）第（3）款发布命令。

（2）法院可以发布命令：

（a）要求被控违法人或涉嫌该违法的人员向如下人员披露信息：

（ⅰ）公众；

（ⅱ）指定人员；

（ⅲ）或者，包括指定类型人员在内的人员。

（b）指定披露的信息或某类信息为：

（ⅰ）命令发给对象持有的信息；

（ⅱ）或者，该人接触的信息。

（c）以指定的方式进行披露。

（3）法院可以发出命令：

（a）要求被控违法人或涉嫌该违法的人员公示公告并支付费用；

（b）指定公告的条款或指定决定公告条款的方式；

（c）指定公示公告的方式和时间。

（4）某人有意或无意违反依据第（2）款或第（3）款发出的命令即为违法，应处以6个月以下的监禁。

注释：《刑法》第2章规定了刑事责任总则。

315　强制令

阻止强制令

（1）若某人（"犯罪人"）已经、正在或打算进行某行为，该行为已经、正在或将构成：

（a）违反本法；

（b）意图违反本法；

（c）帮助、唆使、诱导或招揽违反本法的人员；

（d）以威胁、承诺或其他方式引诱或试图引诱某人违反本法；

（e）以某种方式直接或间接参与某人违反本法的行为；

（f）或者，勾结他人违反本法；

法院可以依据第（2）款授予强制令。

强制令的性质

（2）若授予该强制令：

（a）阻止该犯罪人进行该行为；

（b）若法院认为值得去做，也可以要求该人去采取某行为或事项。

法院可以仅依据监管机构或权益已经、正在或将受到该行为影响的人员的申请授予强制令，并可以在该强制令中指定法院认为合适的条款。

强制令的绩效

（3）若某人（"无意愿人员"）已经、正在或打算拒绝或不能进行本法要求该人进行的某行为或事项，根据如下人员的申请：

（a）监管机构；

(b) 或者，权益已经、正在或将因该拒绝或不能而受到影响的人员；

法院可以授予强制令，并规定法院认为合适的条款，要求该无意愿人员执行该行为或事项。

同意强制令

(4) 若某人申请发布第（1）款或第（3）款的强制令，若法院认为合适，可以就该诉讼程序授予由各方同意的强制令，无论法院是否确认该款适用。

临时强制令

(5) 若法院认为应当，该法院可以在决定是否同意发布第（1）款强制令的申请过程中授予临时强制令。

强制令的变更或取消

(6) 法院可以取消或变更依据第（1）款、第（3）款或第（5）款授予的强制令。

阻止强制令

(7) 法院可以行使其授予阻止某人进行某行为的强制令的权力：

(a) 无论在法院看来该人是否打算或继续进行该类行为；

(b) 无论该人之前是否进行过该类行为；

(c) 无论是否会因该人进行该类行为而使他人面临重大损失的风险。

强制令的绩效

(8) 法院可以行使授予强制令要求某人进行某行为或事项的权力：

(a) 无论在法院看来该人是否会试图或继续拒绝或不能进行该行为或事项；

(b) 无论该人之前是否拒绝过或不能进行该行为或事项；

(c) 无论是否会因该人拒绝或不能进行该行为或事项而使他人面临重大损失的风险。

赔偿保证

(9) 若监管机构依据本条向法院申请发布强制令，法院不得以授予临时强制令为条件，要求该申请人或他人保证赔偿损失。

第313条的命令

(10) 在依据本条对某人提起的诉讼中，法院可以依据第313条对该人发布命令。

赔偿命令

(11) 若法院有权依据本条授予强制令以阻止某人进行特定行为或要求某人进行特定行为或事项，法院可以进一步或取代该禁制令，发布命令要求该人向他人赔偿损失。

定义

(12) 本条中：

"进行某行为或事项"包括：

(a) 影响超级年金仲裁庭做出决议；

(b) 或者，在超级年金仲裁庭的指导下重新考虑某事。

316　第313条、第314条和第315条的效果

第313条、第314条或第315条不会影响其他条款的通用性。

317　法院对藐视法庭进行惩罚的权力

本法中规定内容的任何条款：

(a) 某人不得违反法庭发布的命令；

(b) 或者，违反法庭发布的命令的人员为违反本法某条款或为犯罪；

不影响法院对藐视法庭的处罚。

318　法院可以解决过渡性困难

(1) 若某困难：

(a) 在运用与某一特定情形相关的本法某条款时产生的困难，该特定情形为，若本法没有颁布，与本法某条款对应的另一法律的某一条款本该适用；

(b) 或者，在特定情形下，由于本法某条款在运用本法另一条款或与本法另一条款对应的另一法律的某一条款时产生的困难；

法院可以根据利益相关人的申请，发出其认为合适的命令以消除该困难。

(2) 无论本法条款有何规定，依据本条发出的命令均有效。

(3) 除《宪法》另有规定外，本条有效。

第28章　诉讼

319　本章目标

本章旨在规定有关法律诉讼的规则。

320　监管机构干预诉讼的权力

(1) 监管机构可以干预任何依据本法提起的诉讼。

（2）若监管机构干预第（1）款所指的诉讼，可视为该监管机构为参与该诉讼的一方，且依据本法，享有作为该方应享有的权利、职责和责任。

（3）在不限制第（2）款的一般性原则下，监管机构可以由如下成员出席其依据第（1）款计划干预的任何诉讼：

（a）监管机构的工作人员；

（b）监管机构依据本法授予职能和权力或授予处理与诉讼相关事项的职能和权力的个人或某人/组织的官员或雇员；

（c）或者，律师或辩护人。

321 民事诉讼不得延期

依据本法，不得仅仅因为民事诉讼揭露了一项犯罪或该诉讼是就某项犯罪提起的就进行延期。

322 举证的准则

第（2）款适用

（1）第（2）款适用，若出于本法所涉事项的某一目标，在该诉讼（不是对犯罪提起的诉讼）中需要确定或法院需要确认：

（a）该人违反了本法某一条款；

（b）依据本法某一条款已出现违约；

（c）依据本法某一条款，某种行为或疏忽是非法的；

（d）或者，依据本法某一条款，某人以某种方式采取某种行为或疏忽直接或间接地故意参与违法或违约。

通过权衡轻重确定某事项

（2）可以通过可能性的衡量来确定或法院来确认第（1）款第（a）项、第（b）项、第（c）项或第（d）项所指的事项。

323 对违反某些条款的民事责任豁免

本条适用的诉讼

（1）本条适用于：

（a）合资格的诉讼（见第221条）。

（b）依据第55条第（3）款提起的诉讼。

抗辩

（2）除第（4）款另有规定外，在针对某人（"被告"）违法提起的诉讼中，抗辩有效，若被告确定：

（a）该违法是合理的错误引致的；

(b) 该违法是由于合理的相信他人提供的信息导致的；

(c) 或者，如下：

(ⅰ) 该违法是由于：

(A) 他人的行为或过失引致；

(B) 一次意外引致；

(C) 或者，被告不能控制的其他原因引致；

(ⅱ) 被告已采取合理预防措施并尽力避免该违法。

他人的含义

(3) 为了使第（2）款适用于该被告，本条所指的他人不包括在违法发生时担任如下职务的人员：

(a) 任何情形下——被告的受雇人或代理人；

(b) 或者，若被告为法人——被告的董事、受雇人或代理人。

发出进行辩护的通知

(4) 若依据第（2）款做出的抗辩中包括申诉该违法是由于：

(a) 相信他人提供的信息；

(b) 或者，他人的行为或过；

被告无权进行该辩护，除非：

(c) 法庭许可；

(d) 或者，两者都：

(ⅰ) 被告已向提起诉讼方提交了书面通知，该通知给出如下信息：

(A) 将对他人进行或协助进行鉴定；

(B) 当时被告所持有的信息。

(ⅱ) 至少在举行该诉讼听证 7 天前提交了该通知。

324　违法证据

为了实现本法举证的目的，某鉴定：

(a) 是由某澳大利亚法庭的书记官或其他适当的官员签署；

(b) 声明：

(ⅰ) 该人在某天被定某罪；

(ⅱ) 或者，对在某天被指控违法的某人，该庭发现该人有违法行为但未继续对该人定罪；

除非证明该定罪已被取消或驳回或该发现已被驳回或撤销，该鉴定为确证：

（c）若第（b）项第（i）目适用——该人在该日被定该罪；

（d）若因违反某法的某条款构成该违法——该人违反该条款。

324A 提起刑事诉讼的时间

无论其他任何法律有何条款，均可以在宣称某行为或疏忽构成违反本法某条款后5年内或财长同意的其他较后的时间对该违法提起诉讼。

325 财产的归属

（1）若法庭依据本法发出命令将财产归属于某人：

（a）除第（2）款和第（3）款另有规定外，通过本法实施，该财产立即依据普通法和衡平法归属于命令中指定的人员；

（b）若该命令由法庭做出——申请发出该命令的人员应在实施该命令后7天内将该命令的公文正本交给命令中指定的人员。

（2）若：

（a）该财产属于其转移需要依据联邦、州或地区法律进行登记的那类财产；

（b）该法允许对类似命令进行登记；

在满足第（a）项所指的法律的要求之前，该财产仍不归属该人。

（3）若：

（a）若该财产属于其转移需要依据联邦、州或地区法律进行登记的那类财产；

（b）该法允许命令中指定的人员作为该财产的所有者进行登记；

在满足第（a）项所指的法律的要求之前，该财产仍不归属该人。

第29章 豁免和修订

326 本章目标

本章旨在授权监管机构对本法和监管条例的某些条款予以豁免或修订。

327 解释

本章中：

可修订条款是指如下章节的某一条款：

（a）第54条；

（b）第3章、第9章、第19章或第24章；

（c）为了实现第 54 条或第 3 章、第 9 章、第 19 章或第 24 章的某一条款的目标而制定的监管条例；

（d）或者，第 63 条第（7B）款、第（7C）款或第（7D）款。

328　监管机构的豁免权力——可修订条款

监管机构可以书面形式豁免某特定人员或特定类型人员使之无须遵守任何或所有可修订条款。

330　监管机构的豁免权力——总则

（1）依据本章可对一般情形或豁免规定的例外情形给予豁免。

（2）依据本章可以无条件或在满足豁免指定的条件下给予豁免。

（3）不只限于本条，依据本章给予的豁免可与特定超级年金实体或特定类型超级年金实体有关。

331　豁免应满足的实施条件

（1）某人不得没有合理理由违反依据本章所提的豁免条件。

处罚：5 个罚款单位。

（1A）第（1）款为违反严格责任。

注释 1：《刑法》第 2 章规定了刑事责任总则。
注释 2："严格责任"见《刑法》第 6.1 条。

（2）若某人违反了依据本章提出的豁免条件，法院可以根据监管机构的申请命令该人遵守该条件。

332　个监管机构的修订权力——可修订条款

监管机构可以书面形式声明某可修订条款对特定人员或特定类型人员有效，如同该条款已经进行了该声明中指定的修订。

334　个监管机构的修订权力——总则

（1）依据本章做出的声明对一般情形或声明中规定的例外情形有效。

（2）不只限于本条，依据本章做出的声明可与特定超级年金实体或特定类型的超级年金实体有关。

335　个撤销豁免和修订

监管机构可以书面形式撤销依据本章所做的豁免或声明。

336　个刊登豁免和修订

监管机构可以将依据本章做出的豁免或声明副本或豁免或声明的撤销刊登于宪报。

第 30 章　杂项

337　本章目标

本章旨在规定与本法实施相关事项有关的杂项规则。

337A　受托人可以依据仲裁协议执行仲裁裁决

若：

（a）超级年金仲裁庭可以对依据《1993 年超级年金（投诉处理）法》前第 7A 章订立的仲裁协议进行裁决；

（b）该裁决依然有效；

本法或联邦、州或地区的任何法律（无论是成文还是不成文的）或基金、计划或信托的管理规则的任何条款均不得阻止基金、计划或信托的受托人执行该裁决。

338　董事、受雇人和代理人的行为

法人的心理状态

（1）若在对某一违反本法进行的诉讼中，有必要确认某法人进行某特定行为的心理状态，通过展示如下内容即可：

（a）该法人的董事、受雇人或代理人是在其实际权限或表面权限内行事；

（b）该董事、受雇人或代理人有该心理状态。

董事、受雇人或代理人的行为

（2）除第（3）款另有规定外，某法人的董事、受雇人或代理人在其实际或表面权限范围内代表该法人进行的任何行为，为了可以对违反本法的行为提起诉讼，可以视为该行为也由该法人进行。

除第（2）款外

（3）第（2）款不适用，若该法人证明其采取了合理的预防措施并尽力避免该行为。

自然人的心理状态

（4）若在对某一违反本法进行的诉讼中，有必要确认某自然人进行某特定行为的心理状态，通过展示如下内容即可：

（a）该自然人的受雇人或代理人是在其实际权限或表面权限范围内行事；

(b) 该受雇人或代理人有该心理状态。

受雇人或代理人的行为

(5) 除第 (6) 款另有规定外,某自然人的受雇人或代理人在其实际或表面权限范围内代表该自然人进行的任何行为,为了可以对违反本法的行为提起诉讼,可以视为该行为也由该自然人进行。

除第 (5) 款外

(6) 第 (5) 款不适用,若该自然人证明其采取了合理的预防措施并尽力避免该行为。

在第 (4) 款或第 (5) 款情形下无须监禁

(7) 若:

(a) 某自然人犯罪;

(b) 若第 (4) 款或第 (5) 款没有颁布,该自然人就不会犯罪;

该自然人不会因该违法而遭监禁。

"心理状态"的含义

(8) 第 (1) 款或第 (4) 款所指的某人的心理状态包括:

(a) 该人的认知、意图、观点、信念或目标;

(b) 该人出现该意图、观点、信念或目标的原因。

"董事"的含义

(9) 本条中所指的某法人的董事包括负责管理依据联邦、州或地区法律为了公共目标而建立的法人的事项的董事会或其他团体的成员或该法人的委托成员。

"进行某行为"的含义

(10) 本条所指的进行某行为包括不能拒绝进行某行为。

"违反本法"的含义

(11) 本条中所指的违反本法包括:

(a) 因监管条例的规定产生的违反;

(b) 因《1914 年刑法》第 6 条规定产生的违反,为与本法或监管条例相关的违法。

《刑法》第 2.5 章不适用

(12) 《刑法》第 2.5 章不适用于违反本法的情形。

338A 要求受托人确保事项发生的责任

自然人受托人团体的成员不会因其不能确保某特定事项发生而导致的

违法承担违反本法或监管条例规定的严格责任或民事处罚条款，若该人证明他（她）：

（a）在当时情形下进行了所有的合理调查（若有）；

（b）进行调查后，有合理理由相信其已遵守职责。

注释：在对违反本法或监管条例的某一条款的严格责任提起的诉讼中，被告人对与本条相关事项负有举证责任（见《刑法》第13.4条）。

339 被告人犯罪不豁免其民事责任

（1）不得因为某人被判违反本法而豁免其对他人的各项责任。

（2）本条对违反民事处罚条款不适用。

（3）在本条中：

"违反本法的含义"与第338条相同。

341 当被告人遵守本法时的民事豁免

某人无须承担与在履行本法或监管条例规定的职责过程中采取的行为有关的民事诉讼。

342 1988年7月1日前的资金借贷

（1）基金受托人可以向APRA申请贷出1988年7月1日前的资金。

（2）若有人申请贷出1988年7月1日之前的资金，APRA应向申请者发出书面通知允许其贷出指定数额的1988年7月1日之前的资金，若APRA确认：

（a）该数额少于或等于依据监管条例被视为1988年7月1日之前的资金的数额；

（b）如同在《1989年税法修正案（第2号）》生效之前有效，《所得税评估法》第23条第（jaa）项或第23FC条，在该修正案没有做出修正之前，适用于1987—1988收入年度的该基金。

（3）申请：

（a）应以认可的格式；

（b）应在监管条例确定的日子或之前做出；

（c）应包含认可格式要求提供的与该基金有关的信息；

（d）应附交：

（i）该格式要求的证明和其他文件；

（ii）规定的申请费用。

（4）若：

（a）已发生的与某基金相关的规定事件（无论是发生于本条生效之前还是之后）为与如下内容相关的事件：

（ⅰ）该基金的成员关系；

（ⅱ）或者，该基金提供的津贴；

（b）该基金受托人没有在规定的时间以规定的方式向 APRA 通知该事件；

APRA 应向该基金受托人发出相应书面通知。

（5）针对第（4）款第（b）项做出的监管条例可以：

（a）要求通知应附带指定的信息；

（b）允许 APRA 延长提交通知的期限。

（6）若：

（a）第（4）款第（a）项所指的与某基金有关的规定事件已发生（无论是在本条生效之前还是之后）；

（b）该基金的受托人以针对第（4）款第（b）项做出的监管条例要求的方式和时间向 APRA 通知该事件；

（c）根据该监管条例，APRA 确认应借入与该基金相关的特定数额的 1988 年 7 月 1 日前的资金；

APRA 可以向该基金受托人发出书面通知同意该基金受托人借入该数额的 1988 年 7 月 1 日之前的资金；

（7）监管条例可以规定各基金之间进行 1988 年 7 月 1 日之前的资金信贷转移的条款。

（8）在不限制第（7）款的一般性原则前提下，为了实现第（7）款目标，该监管条例可以指定条款以便：

（a）APRA 发布命令批准基金之间进行 1988 年 7 月 1 日之前的资金信贷转移；

（b）撤销该通知；

（c）要求对该撤销以及撤销理由进行通知。

（9）若：

（a）APRA 已经依据第（2）款或第（6）款向某基金受托人发出通知；

（b）APRA 在对之前没有考虑的信息进行考虑之后，不再确认第

（2）款或第（6）款所提事项；

APRA 应向该基金受托人发出书面通知撤销之前的通知。

（10）若 APRA 拒绝了第（1）款的申请，APRA 应向该申请人书面通知该拒绝事项。

（11）第（9）款或第（10）款的通知应列明撤销或拒绝的理由。

（12）APRA 应向税务局提交其依据本条或依据针对第（7）款制定的监管条例发出的通知详情。

（13）本条中：

"基金"指超级年金基金。

343 终身年金规则不适用于超级年金实体

与终身年金有关的法律规则不适用于且永不适用于任何超级年金实体的信托，无论该实体是在本条生效之前还是之后成立。

344 对某些决议的评审

评审要求

（1）受监管机构所做的可评审决议影响的人员，若对该决议不满意，可以请求监管机构重新考虑该决议。

应如何提出请求

（2）该请求应在该人第一次收到该决议的通知之日后 21 天内向监管机构书面提出，也可以在监管机构允许的其他期限内提出。

该请求应列明理由

（3）该请求应列明提出该请求的理由。

监管机构重新考虑决议

（4）收到该请求后，监管机构应重新考虑该决议，除第（5）款另有规定外，并可以确认或撤销该决议或以监管机构认为合适的方式变更该决议。

若耽搁视为确认该决议

（5）若监管机构没有在收到第（1）款重新考虑该决议的请求后 60 天内确认、撤销或变更该决议，可视为该监管机构在该期限到期时依据第（4）款确认该决议。

通知监管机构的行动

（6）若监管机构在第（5）款所指的期限内确认、撤销或变更了某决议，该监管机构应书面通知该人：

(a) 重新考虑该决议的结果。

(b) 确认、变更或撤销该决议的理由。

向税务局通知

(7) 若监管机构依据第 (6) 款向某人发出通知,告知该人依据第 40 条所做的决议已被撤销或变更,该监管机构应向税务局提交该通知详情。

AAT 对监管机构的决议进行评审

(8) 可以向行政申诉裁判庭 (AAT) 申请对监管机构依据第 (4) 款确认或变更的决议进行评审。

向 AAT 提出申请的期限

(9) 若由于第 (5) 款的原因某决议可视为已确认,《1975 年行政诉讼裁判庭法》(《AAT 法》) 第 29 条适用,如同提出重新评审该决议的规定时间为视为确认该决议之日起 28 天内。

《AAT 法》第 41 条

(10) 若依据第 (1) 款已就可评审决议提出了请求,《1975 年行政诉讼裁判庭法》(《AAT 法》) 第 41 条适用,提出该请求如同向行政诉讼裁判庭提出评审该决议的申请。

私下听证

(11) 与可评审决议相关的诉讼听证应在私下举行,且行政诉讼裁判庭可以通过命令:

(a) 对可能出庭的人员提供指导;

(b) 对《1975 年行政诉讼裁判庭法》第 35 条第 (2) 款第 (b) 项或第 (c) 项所指的某类人员提供指导。

只有受托人受到某些可评审决议的影响

(12) 根据本条和第 345 条,某人不会受到可评审决议的影响〔第 10 条 "可评审决议" 定义中第 (ba) 项、第 (c) 项、第 (d) 项、第 (dd) 项、第 (de) 项、第 (df) 项、第 (dg) 项、第 (dl) 项、第 (dm) 项、第 (dn) 项、第 (pa) 项、第 (pb) 项、第 (q) 项、第 (r) 项、第 (ra) 项、第 (rb) 项、第 (s) 项或第 (t) 项所指的可评审决议除外〕,除非该人为受该决议影响的超级年金实体受托人。

345 附带该决议通知的声明

(1) 若已向受某可评审决议影响的人员发出某书面通知告知该人该可评审决议已做出,该通知应包括如下声明:

（a）某人若不满意该决定可以依据第 344 条第（1）款请求监管机构重新考虑该决定；

（b）除《1975 年行政诉讼裁判庭法》另有规定外，若该人对监管机构重新考虑该决议的确认或变更决议不满意，可以申请行政诉讼裁判庭评审该确认或变更决议。

（2）若监管机构依据第 344 条第（4）款对某可评审决议进行确认或变更，并将该确认或变更决议书面通知给该人，该通知中应包括一声明，声明除《1975 年行政诉讼裁判庭法》另有规定外，若该人对该确认或变更决议不满意，可以申请行政诉讼裁判庭评审该决议。

（3）不能满足第（1）款和第（2）款与可评审决议或第 344 条第（4）款的决议有关的要求，不会影响该决议的有效性。

347　如何向税务局提供信息

若本法某条款要求或授权监管机构向税务局提供信息，该信息可以数据处理设备的形式提供。

347A　监管机构可以收集统计信息

收集

（1）监管机构可以收集其认为合适的有关超级年金实体的统计信息。

调查表

（2）为了实现第（1）款的目的，监管机构可以书面认可一种或多种格式（调查表）。

调查表的说明

（3）调查表应包含对于如下事项的说明：

（a）填写并提供该表中指定的细节；

（b）将填写的表格提交给该说明中指定的人员（"接收人"）。

该接收人必须是监管人员或监管机构授权人员。

通知受托人参加监管机构的统计计划

（4）监管机构可以决定某超级年金实体的受托人（们）参与监管机构的统计计划，并书面通知该受托人（们）。该通知应列出第（5）款和第（6）款的效果。

参与监管机构统计计划的责任

（5）当第（4）款与超级年金实体受托人有关的决议生效时，监管机构可以向该受托人提供调查表。如果那样，该受托人应：

（a）根据该表的说明填写并提供该表指定的细节；

（b）根据说明将填好的表交给接收人。

（6）若受托人违反第（5）款即为违法。

最高处罚：50个罚款单位。

注释：《刑法》第2章规定了刑事责任总则。

调查表和决议可以同时提交

（7）依据第（5）款，若第（4）款的决议与调查表同时发给了某超级年金实体的受托人，可视为该决议自该受托人收到调查表的同时生效。

调查期限

（8）调查表中指定的细节应与一个或多个指定的期限（调查期限）有关。调查表中的说明不得要求受托人在如下日期之后的第28天之前向接收人提交该填好的表格：

（a）调查期限结束之时；

（b）或者，若存在一个较长的调查期限——最近的那个调查期限结束之日。

延长提交期限——特定的调查表

（9）监管机构可延长特定已填写好的表格向接收人提交的时间。

延长提交期限——一般情况

（10）监管机构可通过在宪报公布的形式通知延长指定类型的表格向接收人提交的期限。

授权

（11）监管机构可以依据本条对某人书面授予部分或所有税务局的权力。

本条不限制其他权力

（12）本条不会限制：

（a）本法的任何其他条款；

（b）或者，《1905年普查与统计法》任何条款。

（13）本条中：

"监管机构"指税务局。

348 监管机构可以公布统计信息

（1）除第（2）款另有规定外，监管机构可以安排公布与超级年金实体或与对人员进行的支付有关的统计信息。

（2）监管机构不得以能够鉴别如下人员的方式安排公布统计信息：

（a）某超级年金实体；

（b）或者，某人。

（3）监管机构可以决定依据本条进行信息公布应支付的费用。

（4）本条中：

"监管机构"是指税务局。

349　本法或监管条例应服从某些超级年金命令

本法和监管条例适用于遵守依据《1979年澳大利亚联邦警察法》或《1989年刑法（超级年金津贴）》发出的与基金成员有关的命令的监管超级年金基金。

349A　依据《1966年破产法》从基金进行支付

若认可存款基金或被监管超级年金基金的成员变为《1966年破产法》第5条第（1）款所指的破产者，本法或监管条例中任何条款均不得阻止该基金受托人从该基金中将作为该成员债权的部分财产对破产管理人进行支付。

350　州/地区法律同时实施

根据议会的打算，本法不适用于州或地区法律的除外条款，以便该州或地区法律能和本法同时实施。

353[①]　监管条例

（1）总督可以发布监管条例规定事项：

（a）依据本法应规定的要求或许可的事项；

（b）或者，应规定的便于本法实施或落实的事项或必要事项；

且在不影响上述事项的通用性原则的前提下，可以发布监管条例：

（c）规定本法涉及事项的费用；

（d）除第376条第（6）款另有规定外，对不超过10个罚款单位的违反监管条例的处罚进行规定。

（2）在不限制第（1）款的通用性前提下，该监管条例可以制定规定监管机构备存一个或多个因本法或监管条例引起事项有关的登记册的条款。尤其，该监管条例可以制定如下条款：

（a）登记册应以监管机构指导的形式和方式备存；

---

① 在澳大利亚官方公布的原文中无第351条、第352条。——译者注

（b）检查登记册的人员；
（c）从登记册获得有关信息的人员；
（d）检查或提供相应信息应收取的费用。

第 31 章　本法规定的过渡条款

第 1 节　本章目标

354　本章目标
本章旨在规定向本法规定的计划进行过渡的条款。

第 2 节　有管理公司和受托人的实体

第 A 小节　总则

355　本节适用的实体
（1）本节适用于如下与第（2）款规定的条件有关的基金或信托：
（a）自本章生效起即符合条件；
（b）或者，在本章生效后、1994 年 7 月 1 日之前变得符合条件。
（2）条件如下：
（a）该基金或信托是：
（ⅰ）《所得税评估法》第Ⅸ章所指的符合要求的超级年金基金；
（ⅱ）《1987 年职业超级年金标准法》所指的认可存款基金；
（ⅲ）或者，《1987 年职业超级年金标准法》所指的集合超级年金信托；
（b）该基金或信托的权益为州或境内地区公司法所指的规定权益，该法第 7.12 章第 5 节适用于该权益；
（c）该基金或信托有受托人；
（d）有第（b）项所指的公司法中规定的管理公司，以管理该项所指的规定权益；
（e）该受托人和管理公司为宪法组织。
（3）为了便于本节适用于该基金或信托，称该基金或信托为"第 31 章实体"。
（4）该基金或信托被称为第 31 章实体并不妨碍其他基金或信托为了

便于本节适用被称为第 31 章实体。

356 解释

本节中：

"现有管理公司"指在开始日作为第 31 章实体的管理公司的宪法组织。

"现有受托人"指在开始日作为第 31 章实体的受托人的宪法组织。

"管理公司"指法人：

（a）为州或境内地区公司法所指的管理公司，负责管理该法所指的第 31 章实体的规定权益；

（b）或者，若第 31 章实体的权益为州或境内地区公司法所指的规定权益——将作为管理公司管理该权益。

"第 31 章实体"为第 355 条第（3）款所指的含义。

"开始日"指：

（a）若第 355 条第（1）款第（a）项适用——本章生效日；

（b）或者，若第 355 条第（1）款第（b）项适用——变得符合第 355 条第（2）款规定的条件之日。

第 B 小节 现有管理公司可以退职

357 现有管理公司可以发出退职通知

（1）除第 358 条另有规定外，现有管理公司可以依据本条向现有受托人发出书面通知退出第 31 章实体的管理公司职务。

（2）通知应指定的生效日为：

（a）向现有受托人发出通知后至少 3 个月；

（b）1994 年 6 月 30 日之后。

（3）若现有受托人已经依据第 363 条向现有管理公司发出通知，该现有管理公司不能发出该通知。

（4）若现有管理公司向现有受托人发出该通知，该现有管理公司应向 APRA 提交该通知副本。

（5）现有管理公司不得有意或无意违反第（4）款。

处罚：250 个罚款单位。

注释：《刑法》第 2 章规定了刑事责任总则。

（6）该通知不得撤销。

358 依据第 357 条发出通知的效果

（1）若：

（a）现有管理公司依据第 357 条向现有受托人发出通知；

（b）该第 31 章实体在该通知指定的生效日为超级年金实体；

现有管理公司的退职自该日生效。

（2）若现有管理公司的退职生效，只要该第 31 章实体仍是超级年金实体，如下条款适用：

（a）该实体不得任命新的管理公司；

（b）该实体的管理规则对该实体的受托人如同对该实体的管理公司一样有效；

（c）除第（4）款和第（5）款另有规定外，该实体受托人有权修订构成或作为管理规则部分的信托文书，以消除该实体管理公司的称谓并做相应调整。

（3）违反第（2）款第（a）项的任命无效。

（4）依据第（2）款第（c）项所做的修订应为该第 31 章实体受托人相信不会对该实体成员的权利产生不利影响的修订。

（5）监管条例可以规定一条或两条：

（a）要求该第 31 章实体的受托人在依据第（2）款第（c）项进行修订时应满足指定的正式要求；

（b）要求该第 31 章实体的受托人向指定人员通知依据第（2）款第（c）项进行的修订。

（6）除本节规定外，依据第 357 条发出的通知无效。

359　现有受托人在收到依据第 357 条发出的通知时应采取的行为

（1）若受托人收到依据第 357 条发出的通知，现有受托人应在收到该通知后两个月内依据第（2）款或第（3）款采取行为。

（2）除第 361 条另有规定外，现有受托人可以向 APRA 发出书面通知退出第 31 章实体的受托人职务。

（3）现有受托人可以向 APRA 书面通知他不会退出该职务。

（4）若现有受托人依据第（3）款发出通知，该现有受托人应向该第 31 章实体的每个成员提供该通知的副本。

（5）现有受托人不得有意或无意违反第（1）款或第（4）款。

处罚：250 个罚款单位。

注释：《刑法》第 2 章规定了刑事责任总则。

360　若 APRA 收到依据第 359 条第（2）款发出的通知，APRA 应任命新的受托人

（1）若 APRA 收到现有受托人依据第 359 条第（2）款发出的通知，APRA 应任命一宪法组织作为该第 31 章实体的新受托人。

（2）除非第 361 条第（2）款有规定，否则对该新受托人的任命无效。

361　依据第 359 条第（2）款发出通知的效果

（1）若：

（a）现有受托人依据第 359 条第（2）款向 APRA 发出通知；

（b）该第 31 章实体在现有管理公司依据第 357 条发出的通知中指定的生效日为超级年金实体；

现有受托人的退职自该日生效。

（2）若现有受托人的退职生效：

（a）依据第 360 条对该第 31 章实体的受托人的任命自该退职生效时（"退职时"）生效；

（b）依据第（3）款、第（4）款和第（5）款，该实体的财产归属新受托人。

（3）除第（5）款另有规定外，之前依据普通法归属现有受托人的第 31 章实体的财产在其退职时依据普通法归属新受托人。

（4）之前依据衡平法归属于现有受托人的第 31 章实体的财产在其退职时依据衡平法归属新受托人。

（5）若：

（a）第（3）款适用的财产为转让时需要依据联邦、州或地区法律（"转让法"）进行登记的那类财产；

（b）转让法使得新受托人可以该财产的所有者进行登记；

在该转让法的要求得到满足之前，该财产不得依据普通法归属新受托人。

（6）前受托人（作为法人为退职前的现有受托人）应在其权力范围内采取必要的行为使得新受托人能依据转让法对第（5）款所指的财产以所有者进行登记。

（7）前受托人不得有意或无意违反第（6）款。

处罚：500 个罚款单位。

注释：《刑法》第 2 章规定了刑事责任总则。

（8）除本条规定外，依据第 359 条第（2）款发出的通知无效。

362　若现有受托人没有依据第 359 条第（2）款或第（3）款发出通知，将发生的情形

（1）若现有受托人没有按照第 359 条第（1）款的要求采取行动，可视为该现有受托人已依据第 359 条第（3）款向 APRA 发出通知。

（2）若对因违反第 359 条第（1）款而违反第 359 条第（5）款提起诉讼，第（1）款无效。

（3）若现有受托人已依据第（1）款被视为已向 APRA 发出通知，第 359 条第（4）款不适用。

第 C 小节　现有受托人可以退职

363　现有受托人可以发出退职通知

（1）除第 366 条另有规定外，现有受托人可以依据本条向现有管理公司发出书面通知退出第 31 章实体的受托人职务。

（2）通知应规定的生效日期为：

（a）向现有管理公司发出通知后至少 3 个月；

（b）1994 年 6 月 30 日之后。

（2A）该基金或信托的管理规则条款不会影响他们要求在现有受托人发出通知前举行受益人会议。

（3）若现有管理公司已经依据第 357 条向现有受托人发出通知，现有受托人不能发出该通知。

（4）若现有受托人向现有管理公司发出通知与现有管理公司依据第 357 条向现有受托人发出通知同时进行，现有受托人发出的通知无效。

（5）若现有受托人向现有管理公司发出该通知，现有受托人应向 APRA 提交该通知副本。

（6）现有受托人不得有意或无意违反第（5）款。

处罚：250 个罚款单位。

注释：《刑法》第 2 章规定了刑事责任总则。

（7）该通知不得撤销。

364　现有管理公司在收到依据第 363 条发出的通知时应采取的行为

（1）若现有管理公司收到依据第 363 条发出的通知，该现有管理公司应在收到该通知后两个月内依据第（2）款或第（3）款采取行为。

（2）除第367条另有规定外，现有管理公司可以向APRA发出书面通知退出第31章实体的管理公司职务。

（3）除第367条另有规定外，现有管理公司可以向APRA发出书面通知退出第31章实体的管理公司职务，并同意被任命为该实体的受托人。

（4）现有管理公司不得有意或无意违反第（1）款。

处罚：250个罚款单位。

注释：《刑法》第2章规定了刑事责任总则。

365　APRA应任命新的受托人

（1）除第（2）款和第（3）款另有规定外，若APRA收到依据第363条发出的通知，APRA应任命一宪法组织作为该第31章实体的新受托人。

（2）若APRA还收到了依据第364条第（2）款发出的通知，APRA不得任命现有管理公司作为新受托人。

（3）若APRA还收到了依据第364条第（3）款发出的通知，APRA应任命现有管理公司作为新受托人。

（4）除非第366条另有规定，对该新受托人的任命无效。

366　依据第363条发出的通知对受托人产生的影响

（1）本条适用，若：

（a）现有受托人依据第363条向现有管理公司发出通知；

（b）该第31章实体在该通知指定的生效日为超级年金实体。

（2）现有受托人的退职自该日生效。

（3）若现有受托人的退职生效：

（a）依据第365条对第31章实体的新受托人的任命自该退职生效时（"退职时"）生效；

（b）依据第（4）款、第（5）款和第（6）款，该实体财产归属于新受托人。

（4）除第（6）款另有规定外，之前依据普通法归属现有受托人的第31章实体的财产在其退职时依据普通法归属新受托人。

（5）之前依据衡平法归属于现有受托人的第31章实体的财产在其退职时依据衡平法归属新受托人。

（6）若：

（a）第（4）款适用的财产为转让时需要依据联邦、州或地区法律

（"转让法"）进行登记的那类财产；

（b）转让法使得新受托人可以该财产的所有者进行登记；

在该转让法的要求得到满足之前，该财产不得依据普通法归属新受托人。

（7）前受托人（作为法人为退职之前的现有受托人）应在其权力范围内采取必要的行为使得新受托人能依据转让法对第（6）款所指的财产以所有者身份进行登记。

（8）前受托人不得有意或无意违反第（7）款。

处罚：500个罚款单位。

注释：《刑法》第2章规定了刑事责任总则。

367 依据第363条发出的通知对管理公司的影响

（1）若依据第366条现有受托人的退职生效，且现有管理公司已依据第364条第（2）款或第（3）款向APRA发出通知，现有管理公司从该第31章实体的管理公司职务的退职与现有受托人的退职同时生效。

（2）若现有管理公司的退职生效，只要该第31章实体仍是超级年金实体，如下条款适用：

（a）该实体不得任命新的管理公司；

（b）该实体的管理规则对该实体的受托人如同对该实体的管理公司一样有效；

（c）除第（4）款和第（5）款另有规定外，该实体受托人有权修订构成或作为管理规则部分的信托文书，为了消除该实体管理公司的称谓并做相应调整。

（3）违反第（2）款第（a）项的任命无效。

（4）依据第（2）款第（c）项所做的修订应为该第31章实体受托人相信不会对该实体成员的权利产生不利影响的修订。

（5）监管条例可以规定一条或两条：

（a）要求该第31章实体的受托人在依据第（2）款第（c）项进行修订时应满足指定的正式要求；

（b）要求该第31章实体的受托人向指定人员通知依据第（2）款第（c）项进行的修订。

368 除非本节有规定，依据第363条和第364条发出的通知无效

除非本节有规定，依据第363条和第364条发出的通知无效。

369 若现有管理公司没有依据第 364 条第（2）款或第（3）款发出通知，将发生的情形

（1）若现有管理公司没有按照第 364 条第（1）款的要求采取行动，可视为该现有管理公司已依据第 364 条第（3）款向 APRA 发出通知。

（2）若对违反第 364 条第（4）款提起诉讼，第（1）款无效。

第 D 小节　若现有管理公司或现有受托人不是依据本节停止担任相应职务将发生的情形

370 现有管理公司首先停止担任该职务

（1）本条适用，若：

（a）现有管理公司在 1994 年 7 月 1 日或之后不是依据本节停止担任第 31 章实体的管理公司职务。

（b）当现有管理公司停止担任该职务时（"停止时"）：

（ⅰ）现有受托人依然担任该实体的受托人（不是依据第 372 条）；

（ⅱ）该实体为超级年金实体。

（2）本节适用，如同：

（a）现有管理公司已依据第 357 条向现有受托人发出通知，并指定了停止日；

（b）现有受托人已依据第 359 条第（3）款向 APRA 发出通知。

（3）由于第（2）款适用，第 359 条第（4）款不适用于本节。

（4）任何：

（a）现有管理公司或受托人依据第 B 小节或第 C 小节发出的通知；

（b）或者，依据第 362 条第（1）款或第 369 条第（1）款视为现有受托人或现有管理公司发出的通知；

无效。

371 现有受托人首先停止担任该职务

（1）本条适用，若：

（a）现有受托人在 1994 年 7 月 1 日或之后不是依据本节停止担任第 31 章实体的受托人职务。

（b）当现有受托人停止担任该职务时（"停止时"）：

（ⅰ）现有管理公司依然担任该实体的管理公司职务；

（ⅱ）该实体为超级年金实体。

（2）本节适用，如同：

（a）现有受托人已依据第 363 条第（1）款向现有管理公司发出通知，并指定了停止日；

（b）现有管理公司已依据第 364 条第（3）款向 APRA 发出通知；

（c）APRA 已依据第 365 条，任命现有管理公司作为该第 31 章实体的新受托人。

（3）任何：

（a）现有管理公司或受托人依据第 B 小节或第 C 小节发出的通知；

（b）或者，依据第 362 条第（1）款或第 369 条第（1）款视为现有受托人或现有管理公司发出的通知；

无效。

372 现有受托人不可与现有管理公司同时停止担任相应职务

（1）本条适用，若：

（a）若非本条规定，现有受托人和现有管理公司在 1994 年 7 月 1 日或之后将不依据本节同时停止担任第 31 章实体的相应职务；

（b）在停止时，该实体为超级年金实体。

（2）通过本条的实施，现有受托人不再在该停止时停止担任该第 31 章实体的受托人职务。

（3）本节适用，如同：

（a）现有管理公司已依据第 357 条向现有受托人发出通知，并指定了停止的时间；

（b）现有受托人已依据第 359 条第（3）款向 APRA 发出通知。

（4）由于第（3）款适用，第 359 条第（4）款不适用于本节。

（5）任何：

（a）现有管理公司或受托人依据第 B 小节或第 C 小节发出的通知；

（b）或者，依据第 362 条第（1）款或第 369 条第（1）款视为现有受托人或现有管理公司发出的通知；

无效。

第 E 小节　与过渡期有关的特殊条款

373　解释

本小节中：

"过渡期"指 1994 年 6 月 30 日以后的时期，当：

（a）第 31 章实体为超级年金实体；

（b）现有受托人和现有管理公司继续担任该实体的相应职务。

374　现有受托人被视为认可受托人

为了使得本法能够在过渡期适用于第 31 章实体，可视为现有受托人是在 1994 年 7 月 1 日依据第 26 条获得认可的受托人。

376①　监管条例可以修订本法的适用性并可运用公司法等的条款

（1）监管条例可以修订：

（a）本法（本章除外）；

（b）依据本法（本章除外）制定的监管条例；

使之能在过渡期适用于第 31 章实体。

（2）依据第（1）款进行的修订不得改变对违法的处罚。

（3）监管条例可以规定法律章节的部分或全部条款：

（a）澳大利亚首都区的公司法第 7.12 章第 5 节；

（b）澳大利亚首都区的公司条例第 7.12 章；

在本章生效时，通过规定的修订，在过渡期适用于第 31 章实体。

（4）适用的条款（"适用条款"）有效，如同：

（a）它们是本法的条款；

（b）为了便于适用条款适用，第 31 章实体的权益为规定的权益。

（5）除第（6）款另有规定外，监管条例可以规定违反适用条款处以不超过 10 个罚款单位的处罚。

（6）若：

（a）监管条例造成对适用条款的违反；

（b）对于违反澳大利亚首都区的公司法或公司条例的最高处罚超过依据第（5）款可以对违反适用条款进行的处罚；

监管条例可以规定对违反适用条款的最高处罚不得超过第（b）项所指的最高处罚，本款不允许监管条例规定监禁处罚。

（7）依据本条制定的监管条例可以适用于任何基金或信托，即根据本节目标，也可适用于与基金或信托相关的第 31 章实体。

（8）本条中：

"修订"包括增加、删减和取代。

---

①　在澳大利亚官方公布的原文中无第 375 条。——译者注

第 F 小节　杂项

377　新受托人应向成员通知其任命情况

（1）若某法人依据本节成为第 31 章实体的受托人，该法人应尽快向该实体的每个成员通知该任命情况。

（2）该通知应以 ASIC 认可的格式进行。

（3）该法人不得无故违反本条。

处罚：250 个罚款单位。

（3A）第（3）款是指违反严格责任。

注释 1：《刑法》第 2 章规定了刑事责任总则。

注释 2："严格责任"见《刑法》第 6.1 条。

（4）违反第（1）款不影响任命的有效性。

378　依据本节的民事诉讼豁免

无须承担对依据本节所采取的行为提起的民事诉讼。

379　无论本法等其他章有何条款，本节有效

本节（包括为了实现第 376 条目标制定的监管条例）有效，无论如下法律章节有何条款：

（a）本法其他章；

（b）州或境内地区的公司法或公司条例；

（c）任何其他法律；

（d）或者，第 31 章实体的管理规则。

第 3 节　监管条例可以制定其他过渡条款

380　监管条例可以制定其他过渡条款

监管条例可以制定与第 2 节不冲突的与向本法规定的计划过渡有关的条款。

第 32 章　附加过渡条款——税号

381　本章目标

本章旨在允许基金、计划或信托的成员在第 22 章和第 24 章生效前向受托人报备税号。第 22 章和第 24 章在 1994 年 7 月 1 日生效。

注释：第 22 章被《1999 年超级年金（未申领货币和丢失成员）追溯和过渡法》废除。

382 报备税号

（1）基金、计划或信托的成员或受益人可以分别向该基金、计划或信托的受托人报备税号，以便第 225 条或（和）第 24 章的未来实施。

（2）第（1）款自 1994 年 7 月 1 日不再有效。

383 在 1994 年 7 月 1 日前报备税号可视为如同依据在 1994 年 7 月 1 日生效的条款进行了报备

（1）本条适用，若基金、计划或信托的受益人或成员依据第 382 条向受托人报备税号。

（2）在 1994 年 6 月 30 日后，本法有效，如同该受益人或成员已依据第 225 条第（4）款和第 245 条第（2）款向受托人报备了税号，第 225 条第（4）款和第 245 条第（2）款自 1994 年 7 月 1 日后在《1996 年税法修正案（第 2 号）》废除该款之前有效。

384 1994 年 7 月 1 日前报备税号——《1953 年税收管理法》不禁止要求报备或记录税号

（1）若已依据本法第 382 条制定了报备税号的条款，1953 年税收管理法第 8WA 条不禁止某人要求他人报备税号。

（2）若基金、计划或信托的受益人或成员依据本法第 382 条向受托人报备税号，《1953 年税收管理法》第 8WA 条不禁止受托人：

（a）记录该税号或维持该记录；

（b）或者，以某种方式使用该税号与受益人或成员身份联系；

以便受托人在 1994 年 7 月 1 日或之后依据本法第 22 章或（和）第 24 章行使权力或执行职能。

（3）从 1994 年 7 月 1 日第（1）款和第（2）款停止生效。

385 1994 年 7 月 1 日之前报备税号——税号制度的目标

（1）《1936 年所得税评估法》第 202 条有效，如同便于本法第 22 章和第 24 章的未来管理即为该法第 VA 章的目标。

（2）从 1994 年 7 月 1 日第（1）款停止生效。

《1993年超级年金业（监管）法》注释

注释1

《1993年超级年金业（监管）法》见下表1993年修正法汇编第78号。

《1994年超级年金业（监管）法》（1994年第57号法修正法）对《1993年超级年金业（监管）法》进行了修订。该修订没有整理在该汇编中。

《2001年公司（废除、追溯和过渡）法》制定的适用、保留或过渡条款，见2001年第55号法。

第14号法和第15号法对《1993年超级年金业（监管）法》进行了修订，见表B。

修正法案汇编

法律	编号和年份	获批准日	生效日	适用、保留或过渡条款
《1993年超级年金业（监管）法》	78，1993	1993.11.30	第30—116条，第118—142条和第253—308条：1993年12月1日［见第2条第（4）款］	—
《1993年税法修正案（第3号）》	118，1993	1993.12.24	第11章（第156—159条）：1993年12月25日(a)	第157条和第159条
《1994年超级年金业（监管）法修正案》	140，1994	1994.11.28	第3—11条，第14—16条，第21—25条，第32—35条，第40条，第41条和第44—48条：御准日(b)；第12条、第13条、第28—31条和第36—39条：1993年12月1日(b)；第17—20条、第26条、第27条、第42条和第43条：1994年12月26日	第4条、第6条、第7条、第10条、第12条、第14条、第16条、第17条、第19条、第21条、第23条、第26条、第28条、第32条、第34条、第36条、第40条、第42条、第44条、第46条和第48条

续表

法律	编号和年份	获批准日	生效日	适用、保留或过渡条款
《1994年税法修正案（第4号）》	181，1994	1994.12.19	附表1（第22—85项）：1994年10月13日 其他：御准日	附表3（第103项、第108项、第109项、第112项、第113项、第117项）
《1995年人寿保险（追溯、修正和废除）法》	5，1995	1995.02.23	1995年7月1日（见第2条和宪报1995年第GN24期）	—
《1995年超级年金（小账目和其他办法）法修正案》	53，1995	1995.06.23	1995年7月1日	附表5（第36项）
《1995年超级年金业（监管）法修正案》	144，1995	1995.12.12	第3条、第4条第（1）款和附表4（第1项、第6项、第10项、第22—27项、第30—33项、第71—75项、第86项）：御准日（c）；第4条第（2）款和附表4（第2项、第5项、第7项、第11—13项、第28项、第29项、第34—70项、第77—81项、第83项、第84项）：1996年1月9日（c）；第4条第（3）款和附表4（第3项、第4项、第8项、第9项、第14—21项、第76项、第82项、第85项）：（c）	第3条、第4条和附表4（第19项、第33项、第43项、第53项）
《1995年联邦银行销售法》	161，1995	1995.12.16	第3条和第20条：御准日（d）；附表（第59项）：（d）	第3条和第20条

续表

法律	编号和年份	获批准日	生效日	适用、保留或过渡条款
《1995年税法修正案（第2号）》	169，1995	1995.12.16	附表4（第11—13项）和附表6：御准日（e）	附表6（第17项）
《1996年成文法修订案》	43，1996	1996.10.25	附表2（第110项）：（f）	—
《1996年劳动关系和其他立法修正案》	60，1996	1996.11.25	附表19（第51项）：御准日（g）	第2条第（2）款、第（6）款［被1996年第77号附表3（第1项、第2项）修订］
由：《1996年劳动关系和其他立法修正案（第2号）》修正	77，1996	1996.12.19	附表3（第1项、第2项）：（h）	—
《1996年税法修正案（第2号）》	76，1996	1996.12.18	附表4（第1—18项）：1997年2月16日（i）	—
《1997年所得税（修正）法》	39，1997	1997.04.17	1997年7月1日	—
《1997年退休储蓄账目（修订）法》	62，1997	1997.05.28	1997年6月2日［见第2条和宪报1997年第S202期］	—
《1997年超级年金供款税（修订）法》	71，1997	1997.06.05	1997年6月5日	—
《1997年金融法修正案》	107，1997	1997.06.30	附表14：御准日（j）	—
《1997年税法修正案（第1号）》	122，1997	1997.07.08	附表7：（k）	—

续表

法律	编号和年份	获批准日	生效日	适用、保留或过渡条款
《1997年审计（过渡和杂项）法修正案》	152, 1997	1997.10.24	附表2：（第1242—1245项）：1998年1月1日（见宪报1997年第GN49期）(1)	—
《1997年超级年金业（监管）法修正案》	172, 1997	1997.11.17	附表1：1996年7月1日 其他：御准日	—
《1997年超级年金供款和退职金税收立法修正案》	191, 1997	1997.12.01	附表6：御准日（m）	—
《1998年金融部门改革法修正案》	48, 1998	1998.06.29	附表1（第184—191项）：1998年7月1日（见宪报1998年第S316期）(n)	—
《1998年金融部门改革（修正和过渡条款）法》	54, 1998	1998.06.29	附表16（第1—6章）：1998年7月1日（见宪报1998年第S316期）(o)；附表16（第7章）：(o)附表16（第232—234项）：[见(o)和注释2]；附表16（第235项和第236项）：[见(o)和注释2]	第2条第（14）款[被1999年第44号附表6（第8项）修正]；第2条第（15）款[被1999年第44号附表6（第9项）修正]；第2条第（16）款[被2000年第24号附表11（第1项）修正]
由：《1999年金融部门改革（修正和过渡条款）法（第1号）》修正	44, 1999	1999.06.17	附表6（第8项、第9项、第11项、第12项）：(oa)；附表6（第13项）：御准日(oa)	第3条第（7A）款[被2000年第24号附表11（第4项）修订]

续表

法律	编号和年份	获批准日	生效日	适用、保留或过渡条款
由:《2000年金融部门改革(修正和过渡条款)法(第1号)》修正	24,2000	2000.04.03	附表11(第1项):(ob);附表11(第4项):(oaa)	—
《1998年超级年金(投诉处理)法修正案》	118,1998	1998.12.11	1998年12月11日	—
《1999年超级年金法修正案》	38,1999	1999.05.31	附表2(第2章):1999年6月28日;附表2(第3章):1997年6月5日(p);附表2(第4章):1999年7月1日;附表2(第5章):1999年12月1日;其他:御准日	—
《1999年立法修正案(第3号)》	121,1999	1999.10.08	附表1(第29项和第54项):2000年4月1日;附表1(第44项和第50项):2000年7月1日;其他:御准日	附表(第133—136项)(见表A)
《1999年超级年金(未申领货币和丢失成员)追溯和过渡法》	128,1999	1999.10.13	第4—8条和附表1(第44—74项):1999年10月13日(q)	第4—8条(见表A)
《1999年超级年金供款和退职金税法修正案》	131,1999	1999.10.13	附表5:御准日(r)	—

续表

法律	编号和年份	获批准日	生效日	适用、保留或过渡条款
《1999 年公共就业（追溯和过渡）法修正案》	146, 1999	1999.11.11	附表 1（第 901 项）：1999 年 12 月 5 日（见宪报 1999 年第 S584 期）(s)	—
《1999 年超级年金立法修正案（第 4 号）》	199, 1999	1999.12.23	1999 年 12 月 23 日	附表 1（第 47 项和第 48 项）（见表 A）
《2000 年金融部门改革法（修正和过渡条款）（第 1 号）》	24, 2000	2000.04.03	附表 9（第 5—14 项）、附表 10（第 1 项、第 4 项、第 6、第 7 项、第 9 项、第 10 项）和附表 12（第 10 项）：御准日（t）附表 10（第 3 项、第 5 项、第 8 项、第 11—13 项）：2000 年 5 月 12 日（见宪报 2000 年第 S239 期）(t)；附表 12（第 1—3 项）：2000 年 4 月 3 日（t）	附表 12（第 1—3 项和第 10 项）（见表 A）
《2000 年广播服务修正（数字电视和数据广播）法》	108, 2000	2000.08.03	附表 3（第 5 项和第 6 项）：2001 年 1 月 1 日（见宪报 2000 年 GN50 期）(u)	—
《2000 年刑法（偷盗、欺诈、贿赂及相关犯罪）修正案》	137, 2000	2000.11.24	第 1—3 条和附表 1（第 1 项、第 4 项、第 6 项、第 7 项、第 9—11 项、第 32 项）：御准日；其他：2001 年 5 月 24 日	附表 2（第 418 项和第 419 项）（见表 A）

续表

法律	编号和年份	获批准日	生效日	适用、保留或过渡条款
《2000年金融部门立法修正案（第1号）》	160, 2000	2000.12.21	附表1（第21项）：御准日； 其他：2001年1月18日	附表3（第42项）（见表A）
《2001年财政部立法修正案（刑法应用）（第1号）》	31, 2001	2001.04.28	第1—3条，附表1（第1—4项）和附表2：御准日； 附表1（第171项、第172项）：2001年1月18日［见第2条第（2）款］； 其他：2001年12月15日［见第2条第（4）款］	—
由： 《2001年财政部立法修正案刑法应用（第3号）》修订	117, 2001	2001.09.18	附表2（第35—54项）：（v）	—
《2001年公司（废除、追溯和过渡）法》	55, 2001	2001.06.28	第4—14条和附表3（第498—506项）：2001年7月15日（见宪报2001年第S285期）（w）	第4—14条
《2001年家庭法修正案（超级年金）》	61, 2001	2001.06.28	2002年12月28日	第5条［被2002年第86号附表5（第10项）修正］（见表A）
由： 《2002年犯罪收益追缴法（修正和过渡条款）》修订	86, 2002	2002.10.11	第1—3条：御准日； 其他：2003年1月1日［见第2条第（1）款和宪报2002年第GN44期］	—

续表

法律	编号和年份	获批准日	生效日	适用、保留或过渡条款
《2001年金融部门（数据收集——追溯和过渡条款）法》	121，2001	2001.09.24	第1—3条：御准日；其他：2002年7月1日[见第2条第（2）款和宪法2002年第GN24期]	附表2（第147项）（见表A）
由：《2001年金融服务改革法（相应条款）》修订	123，2001	2001.09.27	附表2（第2项）：2002年3月11日（见宪报2001年第GN42期）（x）	—
《2001年金融服务改革法（相应条款）》	123，2001	2001.09.27	附表1（第282—285项、第287—289项、第326—341项）和附表2（第8项、第9项和第11—48项）：2002年3月11日（见宪报2001年第GN42期）（y）	附表2（第10项）（见表A）
《2002年金融部门立法修正案（第1号）》	37，2002	2002.06.26	附表8：2002年6月27日（z）	—
《2002年劳动关系法修正案（登记和组织问责）（相应条款）》	105，2002	2002.11.14	附表3（第63项）：2003年5月12日（见第2条和宪报2002年第GN49期）	—
《澳大利亚打击犯罪委员会确立法》	125，2002	2002.12.10	附表2（第124条）：2003年1月1日	—
《2003年超级年金业（监管）法修正案》	52，2003	2003.06.26	附表1：2003年6月23日[见第2条第（1）款]；其他：御准日	—

续表

法律	编号和年份	获批准日	生效日	适用、保留或过渡条款
《2003 年金融部门立法修正案（第 1 号）》	116，2003	2003.11.27	附表 6：2003 年 11 月 28 日	—
《2004 年超级年金安全法修正案》	53，2004	2004.04.27	附表 1（第 1—61 项），附表 2 和附表 3：2004 年 7 月 1 日（见宪报 2004 年第 GN22 期）；附表 1（第 62—86 项）：见（za）和注释 3 其他：御准之日	附表 2（第 373 项）和附表 3［第 11 条第（2）项］（见表 A）
《2004 年破产法修正案》	80，2004	2004.06.23	附表 1（第 209 项、第 212 项、第 213 项和第 215 项）：［见（zb）、注释 4 和表 A］	附表 1（第 212 项、第 213 项和第 215 项）（见表 A）
《2004 年超级年金法修正案（第 2 号）》	93，2004	2004.06.29	附表 1（第 8 项）：（zc）	—
《2004 年超级年金法修正案（超级年金基金选择）》	102，2004	2004.06.30	附表 1（第 23 项）：（见注释 5）；附表 2［第 7—9 项、第 10 项第（2）款］：御准日	附表 2［第 10 条第（2）项］（见表 A）

（a）《1993 年税法修正案（第 3 号）》第 11 章（第 156—159 条）对《1993 年超级年金业（监管）法》进行了修订，该法第 2 条第（4）款规定：

"（4）第 10 章第 3 节和第 11 章自如下较后的那个日期生效：

（a）《1993 年超级年金业（监管）法》第 3 章生效之日；

（b）本条生效之日。"

(b)《1994年超级年金业（监管）法修正案》第2章（第3—48条）对《1993年超级年金业（监管）法》进行了修订，该法第2条第（1）款到第（3）款规定：

"（1）除本条另有规定外，本法自获得御准之日起生效。

（2）可视为第2章第5条、第12条和第15条自1993年12月1日生效。

（3）第2章第7条、第8条、第11条和第17条自本法获得御准之日后28天生效。"

(c)《1995年超级年金业（监管）法修正案》附表4对《1993年超级年金业（监管）法》进行了修订，该法第2条第（1）款到第（3）款规定：

"（1）第1条、第2条和第3条、第4条第（1）款、第5条、附表1和附表2、附表4（第1项、第6项、第10项、第22—27项、第30—33项、第71—75项和第86项）以及附表5［第1—7项、第10—12项、第25—71项、第73—78项、第95项第（a）款、第（b）款和第（c）款、第96项第（a）款和第（b）款及第97—102项］自本法获得御准之日起生效。

（2）第4条第（3）款、附表3和附表4（第3项、第4项、第8项、第9项、第14—21项、第76项、第82项和第85项）在如下较后的那个时间生效：

（a）本法获得御准之日；

（b）或者，《1995年税法修正案（第2号）》获得御准之日；

《1995年税法修正案（第2号）》自1995年12月16日开始实施。"

(d)《1995年联邦银行销售法》附表（第59项）对《1993年超级年金业（监管）法》进行了修订，该法第2条第（1）款和第（2）款规定：

"（1）除本条另有规定外，本法自获得御准之日起生效。

（2）第3章以及附表的所有项（第1项、第12项、第16项、第17项、第21项、第22项、第23项、第26项、第27项、第31项、第37项和第48项除外）自转移日生效。

转移日开始于1996年7月19日。"

(e)《1995年税法修正案法（第2号）》附表4（第11—13项）和附表

6 对《1993 年超级年金业（监管）法》进行了修订，该法第 2 条第（1）款规定：

"（1）除本条另有规定外，本法自获得御准之日生效。"

(f)《1996 年成文法修订案》附表 2（第 110 项）对《1993 年超级年金业（监管）法》进行了修订，该法第 2 条第（2）款规定：

"（2）附表 2 的每一项均在该项最后的注中规定的时间生效或视为生效。

可视为第 110 项自《1993 年超级年金业（监管）法》第 7 章生效之日后即刻生效。

第 7 章自 1993 年 12 月 1 日生效。"

(g)《1996 年劳动关系和其他立法修正案（第 2 号）》附表 19（第 51 项）对《1993 年超级年金业（监管）法》进行了修订，该法第 2 条第（1）款规定：

"（1）除本条另有规定外，本法自获得御准之日起生效。"

(h)《1996 年劳动关系和其他立法修正案（第 2 号）》附表 3（第 1 项和第 2 项）对《1996 年劳动关系和其他立法修正案》进行了修订，该法第 2 条第（4）款规定：

"（4）附表 3 各项自《1996 年劳动关系和其他立法修正案》获得御准之日起生效。

《1996 年劳动关系和其他立法修正案》在 1996 年 11 月 25 日获得御准。"

(i)《1996 年税法修正案（第 2 号）》附表 4（第 1—18 项）对《1993 年超级年金业（监管）法》进行了修订，该法第 2 条第（4）款规定：

"（4）附表 4 自本法获得御准之日后 60 天开始生效。"

(j)《1997 年金融法修正案》附表 14 对《1993 年超级年金业（监管）法》进行了修订，该法第 2 条第（1）款规定：

"（4）除本条另有规定外，本法自获得御准之日起生效。"

(k)《1997 年税法修正案（第 1 号）》附表 7 对《1993 年超级年金业（监管）法》进行了修订，该法第 2 条第（10）款规定：

"（10）可视为附表 7 在《1993 年超级年金业（监管）法》第 299G 条生效后即刻生效。

第299G条自1997年2月16日生效。"

(l)《1997年审计（过渡和杂项）法修正案》附表2（第1242—1245项）对《1993年超级年金业（监管）法》进行了修订，该法第（2）款规定：

"（2）附表1、附表2和附表4自《1997年财政管理和责任法》生效之日起生效。"

(m)《1997年超级年金供款和退职金税收立法修正案》附表6对《1993年超级年金业（监管）法》进行了修订，该法第2条第（1）款规定：

"（1）除本条规定外，本法自获得御准之日起生效。"

(n)《1998年金融部门改革（修正）法》附表1（第184—191项）对《1993年超级年金业（监管）法》进行了修订，该法第2条第（2）款规定：

"（2）除第（3）款到第（14）款另有规定外，附表1、附表2和附表3自《1998年澳大利亚审慎监管局法》生效之日起生效。"

(o)《1998年金融部门改革（修正）法》附表16对《1993年超级年金业（监管）法》进行了修订，该法第2条第（1）款、第（2）条第(n)款、第（14）条第（b）款、第（15）条第（b）款和第16条第（b）款规定：

"（1）除本条另有规定外，本法自获得御准之日起生效。

（2）本法以下条款自《1998年澳大利亚审慎监管局法》生效之日起生效：

(n)附表16第1—6章；

（14）附表16第7章生效：

(b)若该章没有在《1998年澳大利亚审慎监管局法》生效之前生效，则该章在《1999年超级年金法修正案》附表2第1章生效之日后立即生效。

《1999年超级年金法修正案》附表2第2章自1999年5月31日生效。

（15）附表16第8章第232—234项生效：

(b)若该项没有在《1998年澳大利亚审慎监管局法》生效之前生效，则该项自《1999年超级年金法修正案（超级年金基金选择）》附表1第42项生效之日后立即生效。（见注释2）

(16) 附表16第8章第235项和第236项生效：

(b) 若该项没有在《1998年澳大利亚审慎监管局法》生效之前生效，则该项自《2000年超级年金法修正案（超级年金基金选择）》附表1第50项生效之日后立即生效。（见注释2）"

(oa)《1999年金融部门改革法（修正和过渡条款）（第1号）》附表6（第8项、第9项和第11—13项）对《1998年金融部门改革法（修正和过渡条款）》进行了修订，该法第3条第（1）款和第（7A）款规定：

"（1）除本条另有规定外，本法自获得御准之日起生效。

（7A）可视为附表6第8项、第9项和第12项自《1998年金融部门改革法（修正和过渡条款）》获得御准之日起生效。

《1998年金融部门改革法（修正和过渡条款）》自1998年6月29日获得御准。"

(ob)《2000年金融部门改革法（修正和过渡条款）（第1号）》附表11（第1项）对《1998年金融部门改革法（修正和过渡条款）》进行了修订，该法第2条第（9）款规定：

"（9）可视为附表11第1项、第2项和第3项自《1998年金融部门改革法（修正和过渡条款）》获得御准之日起即刻生效。

《1998年金融部门改革法（修正和过渡条款）》自1998年6月29日获得御准。"

(oaa)《2000年金融部门改革法（修正和过渡条款）（第1号）》附表11（第4项）对《1999年金融部门改革法（修正和过渡条款）（第1号）》进行了修订，该法第2条第（10）款规定：

"（10）可视为附表11（第4项）自《1999年金融部门改革法（修正和过渡条款）（第1号）》获得御准之日起即刻生效。

《1999年金融部门改革法（修正和过渡条款）（第1号）》于1999年6月17日获得御准。"

(p)《1999年超级年金法修正案》第2条第（3）款规定：

"（3）可视为附表2第3章于1997年6月5日生效，即自《1997年超级年金供款税（修正）法》生效之日即刻生效。"

(q)《1999年超级年金（未申领货币和丢失成员）追溯与过渡法》附表1（第44—74项）对《1993年超级年金业（监管）法》进行了修订，该法第2条第（1）款和第（2）款规定：

"(1) 本条中,'生效时间'是指《1999年超级年金（未申领货币和丢失成员）法》生效时间。

(2) 除本条另有规定外,本法自生效时间开始生效。"

(r)《1999年超级年金供款和退职金税法修正案》附表5对《1993年超级年金业（监管）法》进行了修订,该法第2条第(1)款规定：

"(1) 除本条另有规定外,本法自获得御准之日起生效。"

(s)《1999年公共就业（追溯与过渡）法修正案》附表1（第901项）对《1993年超级年金业（监管）法》进行了修订,该法第2条第(1)款和第(2)款规定：

"(1) 本法中,'生效时间'是指《1999年公共服务法》生效时间。

(2) 除本条另有规定外,本法自生效时间开始生效。"

(t)《2000年金融部门改革法（修正和过渡条款）（第1号）》附表9（第5—14项）和附表10对《1993年超级年金业（监管）法》进行了修订,该法第2条第(1)款、第(7)款、第(12)款和第(13)款规定：

"(1) 除本条另有规定外,本法自获得御准之日起生效。

(7) 除第(8)款另有规定外,附表10所有项（第1项、第2项、第4项、第6项、第7项、第9项和第10项除外）自发布公告之日起生效。

(12) 附表12第1章生效：

(a) 第(13)款所列所有法律获得御准之后；

(b) 那些法律最后一个获得御准的日期。

(13) 第(12)项第(a)款所指的相关法律为：

(a) 本法；

(b) 本法附表12第1项《确认法》含义所指的每一个法律。"

(u)《2000年广播服务修正法（数字电视和数据广播）》附表3（第5项和第6项）对《1993年超级年金业（监管）法》进行了修订,该法第2条第(2)款规定：

"(2) 除第(3)款另有规定外,本法其他条款自发布公告之日起生效。"

(v)《2001年财政部法修正案（刑法应用）（第2号）》附表2（第35—54项）对《2001年财政部立法修正案（刑法应用）（第1号）》进行了修订,该法第2条第(4)款规定：

"(4) 可视为附表2和附表3第4章自《2001年财政部法修正案（刑

法应用)(第1号)》附表1第14项生效之日后即刻生效。"

(w)《2001年公司(废除、追溯和过渡)法》附表3(第498—506项)对《1993年超级年金业(监管)法》进行了修订,该法第2条第(3)款规定:

"(3)除第(4)款到第(10)款另有规定外,附表3与《2001年公司法》同时生效或视同与《2001年公司法》同时生效。"

(x)《2001年金融服务改革法(相应条款)》附表2(第2项)对《2001年金融部门(数据收集——追溯与过渡条款)法》进行了修订,该法第2条第(19)款第(a)项第(i)目规定:

"(19)附表2第1项和第2项生效:

(a)若《2001年金融部门(数据收集——追溯与过渡条款)法》附表2第5章和第6章没有在FSR生效前生效,该项自如下较后的那个日期生效:

(i)FSR生效时;"

(y)《2001年金融服务改革法(相应条款)》附表1(第282—285项、第287—189项、第326—341项)和附表2(第8项、第9项和第11—48项)对《1993年超级年金业(监管)法》进行了修订,该法第2条第(1)款、第(6)款、第(9A)款、第(18)款第(a)项和第(21)款(a)项规定如下:

"(1)本条中:

'FSR生效'是指《2001年金融部服务门服务改革法》附表1第1项生效之日。

(6)除第(7)款到第(17)款另有规定外,附表1其他项均自FSR生效之日起生效。

(9A)若《2001年金融部门(数据收集——追溯与过渡条款)法》附表2第5章和第6章没有在FSR生效前生效,本法附表1第276—278项和第290—325C项不再生效。

(18)附表2各项生效(第1项、第2项、第4项、第5项、第9项、第10项除外):

(a)若《2001年金融部门(数据收集——追溯与过渡条款)法》附表2第5项和第6项没有在FSR生效前生效,该项自FSR生效时生效;

(21)附表2第9项和第10项生效:

（a）若本法附表2第8项依据第（18）款生效，该项自《2001年金融部门（数据收集——追溯与过渡条款）法》附表2第5项和第6项生效之日起生效；"

（z）《2002年（第1次）金融部门法修正案》第2条第（1）款（第5项）规定：

"（1）本法列于下表第1栏的每一项条款的生效日或视同生效日为列于第2栏的规定的日期或时间。"

生效信息		
第1栏	第2栏	第3栏
条款	生效	日期/详情
5. 附表5—9	本法获得御准之日后的日期	2002年6月27日

（za）《2004年超级年金安全法修正案》第2条第（1）款（第2项和第3项）规定：

"（1）本法列于下表第1栏的每一项条款的生效日或视同生效日为列于第2栏的规定的日期或时间。第2栏的任何其他陈述均对相应项有效。"

条款	生效	日期/详情
2. 附表1第1章	发布公告之日；但，若该条款没有在本法获得御准之日后6个月内生效，则该条款自6个月期限结束后第一天开始生效	2004年7月1日（见宪报2004年第GN22期）
3. 附表1第2章	第2项所涉及的条款生效之日后2年期结束之日	（见注释3）

（zb）《2004年破产法修正案》第2条第（1）款（第2项）规定：

"（1）本法列于下表第1栏的每一项条款的生效日或视同生效日为列于第2栏的规定的日期或时间。第2栏的任何其他陈述均对相应项有效。"

条款	生效	日期/详情
2. 附表 1、附表 2、附表 3 和附表 4	发布公告之日；但，若该条款没有在本法获得御准之日后 6 个月内生效，则该条款自 6 个月期限结束后第一天开始生效	（见注释 4 和表 A）

（zc）《2004 年超级年金法修正案（第 2 号）》第 2 条第（1）款（第 4 项）规定：

"（1）本法列于下表第 1 栏的每一项条款的生效日或视同生效日为列于第 2 栏的规定的日期或时间。第 2 栏的任何其他陈述均对相应项有效。"

条款	生效	日期/详情
4. 附表 1 第 8 项	自《2004 年超级年金安全法修正案》附表 1 第 29 项生效之日起即刻生效	2004 年 7 月 1 日

修订一览表

影响条款	如何影响
第 1 章	
第 1 节	
S. 2	am. No. 128，1999
S. 3	am. No. 54，1998；No. 121，1999
S. 4	am. No. 53，1995；No. 76，1996；No. 54，1998；No. 128，1999；No. 123，2001；No. 53，2004
S. 5	rep. No. 53，2004
S. 6	rs. No. 54，1998；No. 121，1999；am. No. 128，1999；Nos. 24 和 160，2000；No. 123，2001；No. 53，2004
第 6 条第（2）款注释	am. No. 121，1999

续表

影响条款	如何影响
S. 9A	ad. No. 160, 2000; rs. No. 31, 2001
第2节	
S. 10	am. No. 118, 1993; Nos. 140 和 181, 1994; Nos. 5、53、144、161 和 169, 1995; No. 60, 1996; Nos. 39、62、107 和 172, 1997; Nos. 48 和 54, 1998; Nos. 38、121、128、146 和 199, 1999; Nos. 24 和 160, 2000; Nos. 55、61 和 123, 2001; No. 105, 2002; Nos. 53 和 102, 2004
S. 10A	ad. No. 102, 2004
第11条标题	am. No. 54, 1998
S. 11	am. No. 54, 1998
Ss. 11A—11D	ad. No. 24, 2000
S. 11E	ad. No. 53, 2004
S. 12	am. No. 55, 2001
第13条标题	am. No. 53, 2004
S. 13	am. No. 53, 2004
S. 13A	ad. No. 53, 2004
S. 15	am. No. 140, 1994; No. 62, 1997
S. 15A	ad. No. 16, 1995
S. 15B	ad. No. 61, 2001
S. 16	am. No. 53, 2004
S. 17	rep. No. 31, 2001
S. 17A	ad. No. 121, 1999 am. No. 5, 2004
第18条第（11）款标题	am. No. 54, 1998
S. 18	am. No. 144, 1995; No. 54, 1998; No. 121, 1999; Nos. 24 和 160, 2000
S. 18A	ad. No. 144, 1995; rep. No. 121, 1999
S. 19	am. No. 54, 1998; No. 121, 1999; No. 24, 2000

续表

影响条款	如何影响
第19条第（4）款注释	ad. No. 76, 1996; am. No. 53, 2004
S. 20	am. No. 55, 2001
S. 20A	ad. No. 181, 1994
第2章	
S. 21	am. No. 121, 1999; No. 37, 2002; No. 53, 2004
S. 22	am. No. 144, 1995
S. 23	am. No. 54, 1998; No. 53, 2004
S. 24	rs. No. 144, 1995; am. No. 54, 1998
S. 25	am. No. 54, 1998
S. 26	am. Nos. 144 和 169, 1995; No. 54, 1998; No. 53, 2004
S. 27	am. No. 144, 1995; No. 53, 2004
Ss. 27A, 27B	ad. No. 144, 1995; am. No. 54, 1998
第27C条标题	am. No. 54, 1998; No. 53, 2004
S. 27C	ad. No. 144, 1995; am. No. 54, 1998
S. 27D	ad. No. 144, 1995; am. No. 54, 1998
S. 27E	ad. No. 144, 1995; am. No. 54, 1998; No. 53, 2004
S. 28	am. Nos. 144 和 69, 1995; No. 54, 1998; No. 38, 1999
S. 29	am. Nos. 144 和 169, 1995; No. 54, 1998; No. 160, 2000
第2A章	
Part 2A	ad. No. 53, 2004
第1节	
S. 29A	ad. No. 53, 2004
第2节	
S. 29B	ad. No. 53, 2004
第3节	

续表

影响条款	如何影响
S. 29C	ad. No. 53, 2004
Ss. 29CA—29CC	ad. No. 53, 2004
第4节	
S. 29D	ad. No. 53, 2004
Ss. 29DA—29DE	ad. No. 53, 2004
第5节	
S. 29E	ad. No. 53, 2004
Ss. 29EA, 29EB	ad. No. 53, 2004
第6节	
S. 29F	ad. No. 53, 2004
Ss. 29FA—29FF	ad. No. 53, 2004
第7节	
S. 29G	ad. No. 53, 2004; am. No. 93, 2004
Ss. 29GA, 29GB	ad. No. 53, 2004
第8节	
A 小节	
S. 29H	ad. No. 53, 2004
B 小节	
Ss. 29HA—29HC	ad. No. 53, 2004
C 小节	
S. 29HD	ad. No. 53, 2004
第9节	
S. 29J	ad. No. 53, 2004
Ss. 29JA—29JE	ad. No. 53, 2004
第2B章	
Part 2B	ad. No. 53, 2004
第1节	
S. 29K	ad. No. 53, 2004
第2节	
S. 29L	ad. No. 53, 2004

续表

影响条款	如何影响
Ss. 29LA，29LB	ad. No. 53，2004
第 3 节	
S. 29M	ad. No. 53，2004
Ss. 29MA—29MC	ad. No. 53，2004
第 4 节	
S. 29N	ad. No. 53，2004
第 5 节	
A 小节	
S. 29P	ad. No. 53，2004
B 小节	
Ss. 29PA—29PC	ad. No. 53，2004
C 小节	
Ss. 29PD，29PE	ad. No. 53，2004
第 6 节	
S. 29Q	ad. No. 53，2004
Ss. 29QA，29QB	ad. No. 53，2004
第 3 章	
第 3 章标题	rs. No. 53，2004
S. 30	rs. No. 53，2004
Ss. 31—33	am. No. 54，1998；No. 53，2004
S. 34	am. No. 31，2001（如同被 2001 年第 117 号废除）；No. 53，2004
第 34 条第（2）款注释	ad. No. 31，2001
第 4 章	
第 4 章标题	rs. No. 54，1998；No. 121，1999
S. 35	am. No. 54，1998；No. 121，1999； rs. No. 53，2004
第 36 条标题	rs. No. 121，2001
S. 36	am. No. 144，1995；No. 54，998；No. 121，1999；No. 160，2000；No. 121，2001；No. 53，2004

续表

影响条款	如何影响
第 36 条第（1）款第（a）项注释	ad. No. 76, 1996; rep. No. 121, 2001
第 36 条第（1）款注释	ad. No. 121, 2001
S. 36A	ad. No. 121, 1999; am. Nos. 24 和 160, 2000; No. 53, 2004
第 36A 条第（3）款注释	am. No. 53, 2004
第 5 章	
第 2 节	
第 5 章第 2 节标题	rs. No. 54, 1998; No. 121, 1999
S. 38A	ad. No. 123, 2001; am. No. 123, 2001
S. 39	am. No. 181, 1994; No. 123, 2001
第 40 条标题	am. No. 54, 1998; No. 121, 1999
S. 40	am. No. 54, 1998; No. 121, 1999; No. 53, 2004
第 40 条第（3）款注释	ad. No. 76, 1996
第 40 条的注释	ad. No. 121, 1999
第 41 条标题	am. No. 54, 1998; No. 121, 1999
S. 41	am. No. 54, 1998; No. 121, 1999; No. 53, 2004
S. 42	am. No. 181, 1994; No. 144, 1995; No. 172, 1997; No. 54, 1998; No. 121, 1999; No. 123, 2001; No. 53, 2004
第 42 条第（1A）款注释	ad. No. 121, 1999
S. 42A	ad. No. 121, 1999; am. No. 123, 2001; No. 53, 2004
S. 43	am. No. 181, 1994; No. 54, 1998; No. 123, 2001
S. 44	am. No. 54, 1998; No. 123, 2001
第 3 节	
S. 45	am. No. 54, 1998; No. 121, 1999; No. 53, 2004

续表

影响条款	如何影响
Ss. 47, 48	am. No. 54, 1998
S. 50	am. No. 172, 1997; No. 54, 1998; No. 121, 1999; No. 53, 2004
第6章	
S. 52	am. No. 53, 2004
S. 53	am. No. 140, 1994; No. 54, 1998
Ss. 55, 56	am. No. 53, 2004
S. 57	am. No. 55, 2001
S. 58	am. No. 140, 1994; No. 54, 1998; Nos. 121 和 131, 1999; No. 53, 2004
S. 59	am. No. 140, 1994; Nos. 38 和 121, 1999; No. 53, 2004
S. 60	am. Nos. 38 和 121, 1999; No. 53, 2004
S. 60A	ad. No. 140, 1994; am. No. 54, 1998
第60A条注释	am. No. 54, 1998
第7章	
S. 62	am. No. 144, 1995; No. 54, 1998; No. 121, 1999; No. 53, 2004
第63条标题	am. No. 54, 1998; No. 121, 1999; rs. No. 53, 2004
S. 63	am. No. 54, 1998; No. 121, 1999; No. 160, 2000; No. 123, 2001; No. 53, 2004
S. 64	am. No. 160, 2000; No. 53, 2004
S. 64A	ad. No. 144, 1995; am. No. 53, 2004
S. 65	am. No. 199, 1999; No. 53, 2004
S. 66	am. No. 140, 1994; No. 169, 1995; No. 43, 1996; Nos. 121 和 199, 1999; Nos. 55 和 123, 2001; No. 53, 2004
S. 67	am. No. 71, 1997; No. 54, 1998; No. 121, 1999; No. 53, 2004
S. 68	am. No. 31, 2001; No. 53, 2004
第68条第（1）款注释	ad. No. 31, 2001
第8章	

续表

影响条款	如何影响
第1节	
A 小节	
第8章第1节 A 小节标题	ad. No. 199，1999
S. 69A	ad. No. 38，1999
S. 70	rep. No. 199，1999
第70A条标题	am. No. 54，1998；No. 121，1999
S. 70A	ad. No. 144，1995； am. No. 54，1998；No. 121，1999；No. 53，2004
B 小节	
第8章第1节 B 小节	ad. No. 199，1999
Ss. 70B—70E	ad. No. 199，1999
C 小节	
第8章第1节 C 小节标题	ad. No. 199，1999
第71条第（3）款标题	am. No. 199，1999
第71条第（4）款标题	am. No. 54，1998；No. 121，1999
第71条第（5）款标题	am. No. 199，1999
S. 71	am. No. 140，1994；No. 144，1995；Nos. 48 和 54，1998；Nos. 121 和 199，1999；No. 160，2000；No. 53，2004
D 小节	
第8章第1节 A 小节	ad. No. 199，1999
S. 71A	ad. No. 199，1999
Ss. 71B，71C	ad. No. 199，1999； am. No. 53，2004
S. 71D	ad. No. 199，1999

续表

影响条款	如何影响
S. 71E	ad. No. 199, 1999; am. No. 53, 2004
第71E条第（1）款第（e）项注释	am. No. 53, 2004
S. 71F	ad. No. 199, 1999
E 小节	
第8章第1节 E 小节	ad. No. 199, 1999
S. 72	rs. No. 38, 1999; am. No. 199, 1999
S. 75	am. No. 199, 1999
第3节	
S. 80A	ad. No. 38, 1999
S. 82	am. No. 53, 2004
S. 83	am. No. 199, 1999; No. 53, 2004
第3A节	
第8章第3A节	ad. No. 38, 1999
S. 83A	ad. No. 38, 1999; am. No. 55, 2001
S. 83B	ad. No. 38, 1999; am. No. 53, 2004
Ss. 83C, 83D	ad. No. 38, 1999
S. 83E	ad. No. 38, 1999; am. No. 53, 2004
第4节	
S. 84	am. No. 38, 1999; No. 53, 2004
第9章	
S. 87	am. No. 181, 1994
S. 89	am. No. 53, 2004
S. 91	am. No. 140, 1994

续表

影响条款	如何影响
S. 92	am. No. 140, 1994; No. 144, 1995; No. 54, 1998; No. 160, 2000; No. 53, 2004
S. 93	am. No. 140, 1994; No. 144, 1995
S. 93A	ad. No. 144, 1995; am. No. 54, 1998
第10章	
S. 95	am. No. 54, 1998
第11章	
S. 97	am. No. 54, 1998
第12章	
S. 101	am. No. 140, 1994; No. 144, 1995; No. 121, 1999; No. 31, 2001（如同被2001年第117号法废除）; No. 53, 2004
第101条第（2）款注释	ad. No. 31, 2001
S. 102	am. No. 31, 2001（如同被2001年第117号法取代）; No. 53, 2004
第102条第（4）款注释	ad. No. 31, 2001
S. 103	am. No. 199, 1999; No. 160, 2000; No. 53, 2004
S. 104	am. No. 160, 2000; No. 53, 2004
S. 105	am. Nos. 48 and 54, 1998; No. 160, 2000; No. 53, 2004
第106条标题	am. No. 54, 1998; No. 121, 1999
S. 106	am. No. 54, 1998; No. 121, 1999; No. 53, 2004
S. 106A	ad. No. 121, 1999; am. No. 53, 2004
Ss. 107, 108	am. No. 121, 1999; No. 160, 2000; No. 53, 2004
第109条标题	am. No. 144, 1995
S. 109	am. No. 140, 1994; No. 144, 1995; No. 38, 1999; No. 53, 2004
第13章	
第13章标题	am. No. 144, 1995
S. 110	am. No. 144, 1995
S. 111	am. No. 160, 2000; No. 121, 2001; No. 53, 2004

续表

影响条款	如何影响
第112条标题	am. No. 144, 1995
S. 112	am. No. 144, 1995; No. 38, 1999; No. 160, 2000; No. 121, 2001; No. 53, 2004
S. 113	rs. No. 144, 1995 am. No. 160, 2000; No. 121, 2001; No. 53, 2004
第14章	
Ss. 115, 116	am. No. 53, 2004
第117条第（6）款标题	am. No. 54, 1998
S. 117	am. No. 144, 1995; No. 54, 1998; Nos. 38 和 121, 1999; No. 53, 2004
第15章	
S. 120	am. No. 144, 1995; No. 54, 1998; No. 160, 2000
S. 120A	ad. No. 160, 2000; am. No. 121, 2001
S. 121	am. No. 144, 1995; No. 54, 1998; No. 121, 1999; No. 160, 2000
第121A条标题	rs. No. 53, 2004
S. 121A	ad. No. 121, 1999; am. No. 121, 1999; No. 37, 2002; No. 53, 2004
S. 122	am. No. 160, 2000; No. 53, 2004
S. 123	am. No. 169, 1995; No. 54, 1998; No. 121, 1999; No. 160, 2000; No. 53, 2004
第123条第（1）款注释	ad. No. 160, 2000
S. 124	am. No. 160, 2000; No. 53, 2004
S. 125	am. No. 121, 1999
S. 126	am. No. 144, 1995; No. 121, 1999; No. 160, 2000
S. 126A	ad. No. 140, 1994; am. No. 144, 1995; No. 121, 1999; No. 160, 2000
S. 126B	ad. No. 144, 1995; am. No. 54, 1998; No. 160, 2000

续表

影响条款	如何影响
S. 126C	ad. No. 144, 1995; am. No. 54, 1998; No. 38, 1999; No. 160, 2000
S. 126D	ad. No. 144, 1995; am. No. 54, 1998; No. 160, 2000
第126D条第（1）款注释	ad. No. 160, 2000
S. 126E	ad. No. 144, 1995; am. No. 54, 1998; No. 160, 2000
第126F条标题	am. No. 54, 1998; No. 160, 2000
S. 126F	ad. No. 144, 1995; am. No. 54, 1998; No. 160, 2000
第16章	
第129条第（4）款标题	am. No. 54, 1998; No. 121, 1999; rs. No. 53, 2004
第129条第（6）款标题	am. No. 54, 1998; No. 121, 1999; rep. No. 53, 2004
S. 129	am. No. 144, 1995; No. 54, 1998; No. 121, 1999; No. 31, 2001（如同被2001年第117号法修订）; No. 121, 2001; No. 53, 2004
第129条第（7）款注释	ad. No. 31, 2001; rep. No. 53, 2004
第130条第（2）款标题	am. No. 53, 2004
第130条第（3）款标题	am. No. 54, 1998; No. 121, 1999; rs. No. 53, 2004
第130条第（5）款标题	am. No. 54, 1998; No. 121, 1999; rep. No. 53, 2004
S. 130	am. No. 144, 1995; No. 54, 1998; No. 121, 1999; No. 31, 2001（如同被2001年第117号法修订）; No. 121, 2001; No. 53, 2004
第130条第（6）款注释	ad. No. 31, 2001; rep. No. 53, 2004
Ss. 130A—130C	ad. No. 53, 2004

续表

影响条款	如何影响
S. 131	am. No. 144, 1995; No. 54, 1998; Nos. 38 和 121, 1999; No. 121, 2001
第131A条标题	am. No. 54, 1998; No. 121, 1999
S. 131A	ad. No. 144, 1995; am. No. 54, 1998; No. 121, 1999; No. 24, 2000; No. 121, 2001
S. 131B	ad. No. 160, 2000
第17章	
S. 132	am. No. 53, 2004
S. 133	am. No. 54, 1998; No. 121, 1999; No. 37, 2002; No. 53, 2004
第134条标题	am. No. 54, 1998
S. 134	am. No. 54, 1998; No. 121, 1999; No. 53, 2004
Ss. 135—138	am. No. 54, 1998; No. 121, 1999
S. 140	am. No. 54, 1998; Nos. 24 和 160, 2000
第141条标题	am. No. 54, 1998; No. 121, 1999
S. 141	am. No. 54, 1998; No. 121, 1999; No. 31, 2001 (如同被2001年第117号法废除)
第141条第(2)款注释	ad. No. 31, 2001;
S. 141A	ad. No. 160, 2000
第142条标题	am. No. 54, 1998; No. 121, 1999
S. 142	am. No. 54, 1998; No. 121, 1999; No. 31, 2001 (如同被2001年第117号法废除)
第142条第(3)款注释	ad. No. 31, 2001
第18章	
Part 18	rep. No. 123, 2001; ad. No. 53, 2004
S. 143	rep. No. 123, 2001; ad. No. 53, 2004
Ss. 144, 145	am. No. 108, 2000; rep. No. 123, 2001; ad. No. 53, 2004

续表

影响条款	如何影响
Ss. 146，147	rep. No. 123，2001； ad. No. 53，2004
Ss. 148，149	rep. No. 123，2001
第19章	
第19章标题	rs. No. 123，2001
S. 150	rep. No. 123，2001
第2节	
S. 152	am. No. 31，2001；No. 53，2004
第152条第（3）款注释	ad. No. 31，2001
S. 153	am. No. 140，1994；No. 53，1995；No. 62，1997；No. 54，1998；No. 31，2001（如同被2001年第117号法修订）； rep. No. 123，2001
第153条第（1）款注释1、注释2	ad. No. 31，2001； rep. No. 123，2001
第153条第（2）款注释1、注释2	ad. No. 31，2001； rep. No. 123，2001
S. 154	am. No. 160，2000
第19章第3节	rep. No. 123，2001
S. 157	am. No. 53，1995；No. 62，1997；No. 31，2001； rep. No. 123，2001
第157条第（1）款注释	ad. No. 31，2001； rep. No. 123，2001
第157条第（5）款注释	ad. No. 31，2001； rep. No. 123，2001
第157A条标题	am. No. 62，1997； rep. No. 123，2001
S. 157A	ad. No. 53，1995； am. No. 62，1997；No. 31，2001； rep. No. 123，2001

续表

影响条款	如何影响
第 157A 条第（2）款注释	ad. No. 31, 2001; rep. No. 123, 2001
S. 158	am. No. 53, 1995; No. 31, 2001（如同被 2001 年第 117 号法废除）; rep. No. 123, 2001
第 158 条第（1）款注释	ad. No. 31, 2001; rep. No. 123, 2001
第 158 条第（3）款注释	ad. No. 31, 2001; rep. No. 123, 2001
S. 159	am. No. 53, 1995; No. 54, 1998; rep. No. 123, 2001
S. 160	am. No. 53, 1995; rep. No. 123, 2001
S. 161	am. No. 31, 2001; rep. No. 123, 2001
第 161 条注释	ad. No. 31, 2001; rep. No. 123, 2001
S. 162	rep. No. 123, 2001
S. 163	am. No. 160, 2000; No. 31, 2001; rep. No. 123, 2001
第 163 条第（1）款注释	ad. No. 160, 2000; rep. No. 123, 2001
第 163 条第（1）款注释 1、注释 2	ad. No. 31, 2001; rep. No. 123, 2001
第 19 章第 4 节	rep. No. 123, 2001
S. 164	am. No. 54, 1998; rep. No. 123, 2001
S. 165	rep. No. 123, 2001
S. 166	am. No. 54, 1998; rep. No. 123, 2001
S. 167	rs. No. 31, 2001; rep. No. 123, 2001

续表

影响条款	如何影响
第19章第5节	rep. No. 123, 2001
S. 168	am. No. 38, 1999; rep. No. 123, 2001
S. 169	am. No. 38, 1999; No. 160, 2000; rep. No. 123, 2001
第19章第6节	rep. No. 123, 2001
S. 170	am. No. 53, 1995; rep. No. 123, 2001
S. 171	am. No. 38, 1999; rep. No. 123, 2001
S. 172	rep. No. 123, 2001
第20章	rep. No. 123, 2001
Ss. 173—183	rep. No. 123, 2001
S. 184	am. No. 160, 2000; No. 31, 2001; rep. No. 123, 2001
第184条第(1)款注释	ad. No. 31, 2001; rep. No. 123, 2001
Ss. 185, 186	rep. No. 123, 2001
第187条标题	am. No. 54, 1998; rep. No. 123, 2001
S. 187	am. No. 54, 1998; rep. No. 123, 2001
Ss. 188, 189	rep. No. 123, 2001
S. 190	am. No. 55, 2001; rep. No. 123, 2001
S. 191	rep. No. 123, 2001
第21章	
第1节	
S. 193	am. No. 144, 1995
第2节	
S. 197	am. No. 54, 1998; No. 121, 1999

续表

影响条款	如何影响
S. 200	am. No. 54, 1998; No. 121, 1999
第 201 条标题	am. No. 54, 1998; No. 121, 1999
S. 201	am. No. 54, 1998; No. 121, 1999; No. 160, 2000.
第 3 节	
S. 202	am. No. 31, 2001
第 5 节	
Ss. 215, 216	am. No. 53, 2004
S. 218	am. No. 53, 2004
第 22 章标题	am. No. 53, 1995; rs. No. 54, 1998; rep. No. 128, 1999
第 22 章	
S. 223	rep. No. 128, 1999
S. 224	rep. No. 128, 1999
第 225 条标题	am. No. 54, 1998; rep. No. 128, 1999
第 225 条第 (5) 款标题	am. No. 54, 1998; rep. No. 128, 1999
S. 225	am. No. 53, 1995; No. 76, 1996; No. 54, 1998; rep. No. 128, 1999
第 225 条第 (2) 款注释	ad. No. 76, 1996; rep. No. 128, 1999
S. 226	am. No. 76, 1996; No. 54, 1998; rep. No. 128, 1999
第 226 条注释	ad. No. 76, 1996; rep. No. 128, 1999
第 23 章	
第 1 节	
S. 228	am. No. 121, 1999; No. 24, 2000; No. 53, 2004
S. 229	am. No. 24, 2000; No. 53, 2004
S. 230	am. No. 53, 2004

续表

影响条款	如何影响
S. 230A	ad. No. 24, 2000
第 2 节	
Ss. 231, 232	am. No. 24, 2000; No. 53, 2004
S. 233	am. No. 53, 2004
第 3 节	
S. 234	rs. No. 152, 1997
S. 235	am. No. 152, 1997; No. 53, 2004
第 236 条标题	am. No. 152, 1997
S. 236	am. No. 152, 1997
第 237 条标题	am. No. 152, 1997
S. 237	am. No. 152, 1997; No. 52, 2003
Ss. 238—240	am. No. 53, 2004
第 24 章	
第 24 章标题	am. No. 53, 1995
Ss. 241, 242	am. No. 53, 1995
Ss. 243, 244	rs. No. 53, 1995; am. No. 53, 2004
第 245 条标题	am. No. 53, 1995; rep. No. 76, 1996
S. 245	am. No. 53, 1995; rep. No. 76, 1996
Ss. 246, 247	rs. No. 53, 1995; rep. No. 76, 1996
S. 248	am. No. 140, 1994; rs. No. 53, 1995; am. No. 76, 1996; No. 62, 1997; No. 53, 2004
第 248 条第（2）款注释	ad. No. 76, 1996
第 24A 章	
第 24A 章标题	ad. No. 53, 1995
Ss. 249, 250	rs. No. 53, 1995

续表

影响条款	如何影响
S. 251	am. No. 140, 1994; No. 53, 1995
S. 252	am. No. 53, 1995; No. 76, 1996; No. 53, 2004
第252条注释	ad. No. 76, 1996
第24B章	
第24B章	ad. No. 121, 1999
第1节	
S. 252A	ad. No. 121, 1999; am. No. 53, 2004
S. 252B	ad. No. 121, 1999
第2节	
S. 252C	ad. No. 121, 1999; am. No. 160, 2000; No. 37, 2002
第3节	
Ss. 252D—252F	ad. No. 121, 1999
S. 252G	ad. No. 121, 1999; am. No. 121, 2001; No. 53, 2004
第252G条第（1）款注释	am. No. 121, 2001; No. 53, 2004
第252G条第（2）款注释	am. No. 121, 2001; No. 53, 2004
S. 252H	ad. No. 121, 1999
第25章	
第1节	
第25章第1节标题	rs. No. 38, 1999
S. 253	am. No. 54, 1998; No. 160, 2000; No. 53, 2004
S. 253A	ad. No. 38, 1999
第2节	
第254条标题	am. No. 54, 1998
S. 254	am. No. 54, 1998; No. 121, 1999; Nos. 24 和 160, 2000; No. 53, 2004

续表

影响条款	如何影响
第254条第（1）款的注释	ad. No. 76, 1996；rs. No. 24, 2000
第254条第（2）款的注释	ad. No. 76, 1996
第255条标题	am. No. 54, 1998
S. 255	am. No. 54, 1998；No. 38, 1999
第3节	
第25章第3节标题	rs. No. 54, 1998
S. 257	am. No. 54, 1998；No. 160, 2000；No. 53, 2004
S. 258	am. No. 54, 1998
第259条标题	am. No. 54, 1998
S. 259	am. No. 54, 1998；No. 53, 2004
S. 260	am. No. 54, 1998；No. 160, 2000
S. 261	am. No. 54, 1998
S. 262	rs. No. 160, 2000 am. No. 53, 2004
第3A节	
第25章第3A节	ad. No. 160, 2000
S. 262A	ad. No. 160, 2000
第4节	
第25章第4节	rs. No. 54, 1998
S. 263	am. No. 54, 1998；No. 121, 2001；No. 53, 2004
第264条标题	am. No. 54, 1998
第264条第（1）款标题	am. No. 54, 1998
S. 264	am. No. 54, 1998；No. 38, 1999；No. 53, 2004
S. 265	am. No. 54, 1998；No. 160, 2000
S. 266	am. No. 54, 1998
第267条标题	am. No. 54, 1998
S. 267	am. No. 54, 1998

续表

影响条款	如何影响
S. 270	rs. No. 144, 1995 am. No. 54, 1998
第273条第(8)款标题	am. No. 54, 1998
S. 273	am. No. 54, 1998
S. 275	am. No. 53, 2004
第5节	
S. 276	am. No. 38, 1999
S. 277	am. No. 54, 1998
S. 278	am. No. 54, 1998; No. 31, 2001
第278条第(3)款注释1、注释2	ad. No. 31, 2001
S. 281	am. No. 54, 1998
S. 282	am. No. 31, 2001 (如同被2001年第117号法废除)
第282条第(2)款的注释	ad. No. 31, 2001
S. 283	am. No. 54, 1998
第6节	
S. 284	am. No. 54, 1998; No. 121, 1999; No. 125, 2002; No. 53, 2004
第7节	
S. 285	am. No. 54, 1998; No. 38, 1999; rs. No. 31, 2001 (如同被2001年第117号法废除并取代); am. No. 53, 2004
S. 286	am. No. 54, 1998; No. 38, 1999
S. 287	am. No. 38, 1999; No. 160, 2000
S. 288	am. No. 144, 1995; No. 31, 2001 (如同被2001年117号法废除)
第288条第(4)款注释	ad. No. 31, 2001
S. 289	am. No. 54, 1998
第8节	
S. 290	am. No. 38, 1999

续表

影响条款	如何影响
S. 295	am. No. 54, 1998
第 298 条标题	am. No. 54, 1998
S. 298	am. No. 54, 1998
第 9 节	
S. 298A	ad. No. 54, 1998
第 25A 章	
第 25A 章	ad. No. 76, 1996
第 1 节	
第 25A 章第 1 节	ad. No. 76, 1996
S. 299A	ad. No. 76, 1996; am. No. 71, 1997; No. 128, 1999
S. 299B	ad. No. 76, 1996; am. No. 71, 1997; No. 128, 1999; No. 53, 2004
S. 299C	ad. No. 76, 1996; am. No. 71, 1997; No. 128, 1999; No. 160, 2000; No. 53, 2004
第 2 节	
第 25A 章第 2 节	ad. No. 76, 1996
S. 299D	ad. No. 76, 1996; am. No. 71, 1997; No. 128, 1999; No. 53, 2004
S. 299E	ad. No. 76, 1996; am. No. 71, 1997; No. 54, 1998; Nos. 121 和 128, 1999; No. 53, 2004
S. 299F	ad. No. 76, 1996; am. No. 71, 1997; No. 54, 1998; No. 121, 1999; No. 160, 2000; No. 53, 2004
S. 299G	ad. No. 76, 1996; am. Nos. 71 和 122, 1997; No. 54, 1998; Nos. 121 和 128, 1999; No. 160, 2000; No. 53, 2004
Ss. 299H, 299J—299L	ad. No. 76, 1996; am. No. 71, 1997; No. 128, 1999; No. 160, 2000; No. 53, 2004
第 299M 条标题	am. No. 62, 1997

续表

影响条款	如何影响
第 299M 条第（2）款标题	am. No. 62, 1997
S. 299M	ad. No. 76, 1996; am. Nos. 62 和 71, 1997; No. 54, 1998; Nos. 121 和 128, 1999; No. 160, 2000; No. 53, 2004
第 29N 条标题	am. No. 62, 1997
第 299N 条第（2）款标题	am. No. 62, 1997
S. 299N	ad. No. 76, 1996; am. Nos. 62 和 71, 1997; No. 54, 1998; Nos. 121 和 128, 1999; No. 53, 2004
第 3 节	
第 25A 章第 3 节	ad. No. 76, 1996
S. 299P	ad. No. 76, 1996; am. No. 71, 1997; No. 54, 1998; Nos. 121 和 128, 1999
S. 299Q	ad. No. 76, 1996; am. No. 71, 1997; No. 128, 1999; No. 53, 2004
第 299R 条标题	am. No. 62, 1997
S. 299R	ad. No. 76, 1996; am. Nos. 62 和 71, 1997; No. 128, 1999; No. 53, 2004
S. 299S	ad. No. 76, 1996; am. No. 71, 1997; No. 54, 1998; No. 128, 1999
S. 299T	ad. No. 76, 1996; am. No. 71, 1997; No. 128, 1999
第 4 节	
第 25A 章第 4 节	ad. No. 76, 1996
S. 299U	ad. No. 76, 1996; am. No. 71, 1997; No. 128, 1999; No. 24, 2000; No. 121, 2001; No. 53, 2004
S. 299V	ad. No. 76, 1996; am. No. 137, 2000

续表

影响条款	如何影响
第5节	
第25A章第5节	ad. No. 76, 1996
S. 299W	ad. No. 76, 1996； am. Nos. 71 和 191, 1997；No. 128, 1999
S. 299X	ad. No. 76, 1996
S. 299Y	ad. No. 76, 1996； am. No. 160, 2000；No. 53, 2004
S. 299Z	ad. No. 71, 1997； am. Nos. 38 和 128, 1999
第26章	
S. 302	am. No. 76, 1996； rep. No. 137, 2000
第302条第（1）款第（b）项注释	ad. No. 76, 1996； rep. No. 137, 2000
S. 303	am. No. 160, 2000
第303条第（2）款注释	ad. No. 160, 2000
Ss. 304, 305	rep. No. 137, 2000
S. 306	rs. No. 31, 2001
Ss. 307, 308	am. No. 54, 1998
第27章	
S. 310	am. No. 144, 1995
S. 312	am. No. 54, 1998
S. 313	am. No. 144, 1995；No. 54, 1998；No. 31, 2001（如同被2001年117号法废除）；No. 121, 2001；No. 53, 2004
第313条第（12）款注释	ad. No. 31, 2001
S. 314	am. No. 54, 1998；No. 31, 2001（如同被2001年第117号法废除）；No. 123, 2001
第314条第（4）款注释	ad. No. 31, 2001

续表

影响条款	如何影响
S. 315	am. No. 54, 1998
第 28 章	
第 320 条标题	am. No. 54, 1998
S. 320	am. No. 54, 1998
S. 323	am. No. 123, 2001
S. 324A	ad. No. 160, 2000
第 29 章	
S. 326	am. No. 54, 1998; No. 123, 2001
S. 327	am. No. 128, 1999; No. 123, 2001; No. 53, 2004
第 328 条标题	am. No. 54, 1998
S. 328	am. No. 54, 1998
第 329 条标题	am. No. 54, 1998; rep. No. 123, 2001
S. 329	am. No. 54, 1998; rep. No. 123, 2001
第 330 条标题	am. No. 54, 1998
S. 331	am. No. 54, 1998; No. 160, 2000
第 332 条标题	am. No. 54, 1998
S. 332	am. No. 54, 1998
第 333 条标题	am. No. 54, 1998; rep. No. 123, 2001
S. 333	am. No. 54, 1998; rep. No. 123, 2001
第 334 条标题	am. No. 54, 1998
Ss. 335, 336	am. No. 54, 1998
第 30 章	
S. 337A	ad. No. 118, 1998; rs. No. 116, 2003
S. 338	am. No. 31, 2001
S. 338A	ad. No. 53, 2004
S. 340	rep. No. 54, 1998

续表

影响条款	如何影响
S. 342	am. No. 169, 1995; No. 54, 1998; No. 53, 2004
第 344 条第（4）款标题	am. No. 54, 1998
第 344 条第（6）款标题	am. No. 54, 1998
第 344 条第（8）款标题	am. No. 54, 1998
S. 344	am. No. 144, 1995; No. 54, 1998; No. 160, 2000; No. 53, 2004
S. 345	am. No. 54, 1998
第 346 条第（1）款标题	rs. No. 107, 1997; rep. No. 54, 1998
第 346 条第（5）款标题	am. No. 144, 1995; rep. No. 54, 1998
S. 346	am. No. 140, 1994; Nos. 144 和 169, 1995; No. 107, 1997; rep. No. 54, 1998
第 346 条第（2）款注释	ad. No. 107, 1997; rep. No. 54, 1998
第 346 条第（2A）款注释	ad. No. 107, 1997; rep. No. 54, 1998
第 346 条第（9）款注释	ad. No. 107, 1997; rep. No. 54, 1998
S. 347	am. No. 54, 1998
第 347A 标题	am. No. 54, 1998; No. 121, 1999
S. 347A	ad. No. 169, 1995; am. No. 54, 1998; No. 121, 1999; No. 160, 2000; No. 121, 2001; No. 53, 2004
第 348 条标题	am. No. 54, 1998; No. 121, 1999
S. 348	am. No. 169, 1995; No. 54, 1998; No. 121, 1999; No. 121, 2001
第 349 条标题	rs. No. 38, 1999
S. 349	am. No. 38, 1999

续表

影响条款	如何影响
S. 349A	ad. No. 144, 1995 am. No. 53, 2004
Ss. 351, 352	rep. No. 54, 1998
S. 353	am. No. 53, 1995; No. 54, 1998
第 31 章	
第 2 节	
B 小节	
S. 357	am. No. 54, 1998; No. 31, 2001（如同被 2001 年第 117 号法废除）
第 357 条第（5）款注释	ad. No. 31, 2001
S. 359	am. No. 54, 1998; No. 31, 2001（如同被 2001 年第 117 号法废除）
第 359 条第（5）款注释	ad. No. 31, 2001
第 360 条标题	am. No. 54, 1998
S. 360	am. No. 54, 1998
S. 361	am. No. 54, 1998; No. 31, 2001（如同被 2001 年第 117 号法废除）
第 361 条第（7）款注释	ad. No. 31, 2001
S. 362	am. No. 54, 1998
C 小节	
S. 363	am. No. 140, 1994; No. 54, 1998; No. 31, 2001（如同被 2001 年第 117 号法废除）
第 363 条第（6）款注释	ad. No. 31, 2001
S. 364	am. No. 54, 1998; No. 31, 2001（如同被 2001 年第 117 号法废除）
第 364 条第（4）款注释	ad. No. 31, 2001
第 365 条标题	am. No. 54, 1998
S. 365	am. No. 54, 1998
S. 366	am. No. 31, 2001（如同被 2001 年第 117 号法废除）

续表

影响条款	如何影响
第366条第（8）款注释	ad. No. 31，2001
S. 367	am. No. 54，1998
S. 369	am. No. 54，1998
D 小节	
Ss. 370—372	am. No. 54，1998
E 小节	
S. 375	rs. No. 38，1999； rep. No. 123，2001
S. 376	am. No. 123，2001
F 小节	
S. 377	am. No. 54，1998；No. 160，2000
第32章	
第381条注释	ad. No. 128，1999
S. 383	am. No. 76，1996

注：ad. 表示增加；am. 表示修订；rep. 表示废除；rs. 表示废除并取代；s. 表示"条"（Ss. 表示存在多条的情况）；No. 表示该年修订的法律编号（如 No. 128 表示第128号）。

注释2

《1998年金融部门改革法（修正和过渡条款）》（1998年第54号）

如下修订自《1999年超级年金法修正案（超级年金基金选择）》附表1第42项生效后即刻生效：

附表16

第8章 根据《1999年超级年金法修正案（超级年金基金选择）》附表1进行的修正

232 第6条第（1）款第（a）项第（ⅶ）目

废除该项，替代以：

（ⅷ）第 13 章；

（ⅶa）第 14 章（第 2 节除外）；

（ⅶb）第 15 章和第 16 章。

233 在第 6 条第（1）款第（c）项第（ⅱ）目之后插入：

（ⅱa）第 14 章第 2 节。

234 第 114D 条第（2）款

删去"委员会"，代之以"ASIC"。

如下修订自《1999 年超级年金法修正案（超级年金基金选择）》附表 1 第 50 项生效后即刻生效：

235 第 148D 条第（1）款

删去"委员会"（出现了两次），代之以"ASIC"。

236 第 148F 条

删去"委员会"，代之以"APRA"。

237 第 148F 条

删去"委员会"，代之以"APRA"。

截至 2004 年 7 月 8 日以上法律并没有获得同意，该修订也没有编入本修正法案汇编中。

注释 3

《2004 年超级年金安全法修正案》（2004 年第 53 号）

如下修订自 2006 年 7 月 1 日生效：

附表 1

62 第 4 条（表第 2 项）

废除该项。

63 第 6 条第（1）款第（a）项第（ⅰ）目

废除该项，代之以：

（ⅰ）第 2A 章和第 2B 章；

64 第 10 条第（1）款［认可存款基金定义第（b）款］

废除本款，代之以：

（b）由作为宪法组织的 RSE 持证人进行管理。

65　第10条第（1）款（认可受托人定义）
废除该定义。

66　第10条第（1）款［可审查决议定义第（ba）项到第（dc）项］
废除该项。

67　第10条第（1）款［可审查决议定义第（m）项］
删除"或认可第92条第（5）款受托人"。

68　第10条第（1）款［可审查决议第（n）项］
删除"或撤销对第92条第（5）款受托人的认可"。

69　第10条第（1）款（书面代管协议的定义）
废除该定义。

70　第17A条第（4）款第（a）项
删除"该基金的认可受托人或"。

71　第2章
废除该章。

72　第29J条第（1）款
删除"若某人在认证过渡期开始时并未担任某超级年金实体的受托人"。

73　第29J条第（1）款
删除"除非在该期间"，代之以"除非"。

74　第29J条第（1）款第（b）项
删除"；"，代之以"。"。

75　第29J条第（1）款第（c）项、第（d）项和第（e）项
废除该项。

76　第92条第（5）款第（c）项
删除"认可受托人（见第26条）或"。

77　第92条第（5）款第（ca）项
废除该项，代之以：

（ca）当本条适用于该基金时，依据第29EA条RSE持证人接受RSE认证时应确保该基金或该基金所属的某类基金应遵守其他协商的代表权规则。

78　第92条第（6）款、第（7）款、第（8）款和第（9）款
废除该款。

79 第121A条

废除该条。

80 第133条第（1）款第（c）项和第（d）项

废除该款，代之以：

（c）若该受托人为可注册超级年金实体受托人——该受托人不是RSE持证人或作为RSE持证人的自然人受托人团体的成员。

81 在第142条后

加上：

（9）第（8）款不适用于依据本章任命某人为某超级年金实体受托人的任命文书，若该任命是因为依据第133条第（1）款第（c）项撤销另一受托人引致，该另一受托人为：

（a）在认证过渡期任何时候为认可受托人。

（b）该期间结束后不是RSE持证人。

82 第144条第（1）款第（b）项第（i）目

删除"认可受托人或"。

83 第145条第（1）款第（a）项

删除"认可受托人或"。

84 第146条第（1）款第（d）项

删除"认可受托人或"。

85 第152条第（2A）款第（a）项

废除该项，代之以：

（a）该受托人为宪法组织且为RSE持证人。

86 第344条第（12）款

删除"第（ba）项、第（c）项、第（d）项、"。

截至2004年7月8日，该修订尚未被编入该汇编。

注释4

《2004年破产法修正案》（2004年第80号）

如下修订自2004年12月23日生效，除非提前声明：

附表1

209 第10条第（1）款［被管理破产人定义第（d）项、第（e）项和第（f）项］

废除该项，代之以：

（d）依据以下法律条款执行私人破产协定的人员：

（ⅰ）《1966年破产法》第Ⅹ章；

（ⅱ）或者，外部领地或外国相关法律的相应条款；

但根据该法第243A条或国外法律相应规定该和解协议未获得认可。

截至2004年7月8日，该修订尚未编入该汇编。

注释5

《2004年超级年金法修正案（超级年金基金选择）》（2004年第102号）如下修订自2005年7月1日生效：

附表1

23　在第7章后

加上：

68A　与基金成员关系有关的行为

（1）被监管超级年金基金的受托人或被监管超级年金基金的关联方不得以某人的一个或多个雇员将成为或申请成为该基金的成员为条件：

（a）向该人提供或试图提供商品或服务；

（b）向该人以特定价格提供或试图提供商品或服务；

（c）或者，对向该人提供或将要提供商品或服务给予（允许）或试图给予（允许）折扣、补贴、回扣或赊欠。

（2）但是，第（1）款不适用于监管条例根据本款目标规定的某类提供。

（3）被监管超级年金基金的受托人或其关联方不得因为某人的一个或多个雇员不是或不申请/不同意成为该基金的成员而拒绝：

（a）向该人提供或试图提供商品或服务；

（b）向该人以特定价格提供或试图提供商品或服务；

（c）或者，对向该人提供或将要提供商品或服务给予/允许或试图给予/允许折扣、补贴、回扣或赊欠。

（4）但是，第（3）款不适用于监管条例根据本款目标规定的某类提供。

民事责任

（5）若：

（a）某人（"犯罪人"）违背第（1）款或第（3）款；

（b）另一人（"受害人"）因该违法遭受损失或损害；

该受害人可以通过对该犯罪人提起诉讼以寻回该损失或损害。

（6）该诉讼应在诉由出现起 6 年内提出。

（7）本条不影响该犯罪人或另一人依据本法其他条款或其他任何法律应承担的责任。

截至 2004 年 7 月 8 日，该修订尚未被编入该汇编。

表 A
适用、保留或过渡条款

《1999 年超级年金法修正案（第 3 号）》（1999 年第 121 号）

附表 1

133　过渡条款——在过渡期某些情形下不违背本法

（1）无论本附表有何修订，某人所从事的与超级年金基金相关的行为不违背本法或监管条例，若：

（a）在如下较后的那个时间之前：

（ⅰ）过渡期开始时；

（ⅱ）本法获得御准之日；

该超级年金基金为其他超级年金基金。

（b）该人在该过渡期从事该行为。

（c）该人在该超级年金基金成员数少于 5 人但不是自我管理超级年金时从事该行为。

（d）该人从事该行为不会违背本法或监管条例，若该人从事该行为时该基金已经为自我管理超级年金基金。

（2）本项中：

"其他超级年金基金"为在本项生效之前生效的《1993 年超级年金业（监管）法》规定的含义。

"过渡期"指如下期间：

（a）始于 1999 年 7 月 1 日；

（b）终于 2000 年 3 月 31 日。

（3）本项中，所指的从事某行为包括不能或拒绝从事某行为。

134 与年度报表有关的过渡条款——修订适用

（1）除第 135 项另有规定外，本附表第 1 章第 31 和 32 项所做的修订适用于 1999—2000 收入年度及以后的收入年度。

（2）无论本附表第 1 章第 31 项和第 32 项有何规定，第 36 条继续适用于 1998—1999 收入年度的报表，如同从未进行过该项修订。

135 与 1999—2000 收入年度相关的特别规则

（1）若某超级年金基金为：

（a）在 1999—2000 收入年度的任一时候为自我管理超级年金基金；

（b）或者，除了为自我管理超级年金基金外，在 1999—2000 收入年度的其他时间为超级年金基金；

不要求该基金的受托人依据《1993 年超级年金业（监管）法》第 36 条和第 36A 条提交该收入年度的年度报表。

（2）该基金的受托人应依据该法第 36 条提交 1999—2000 收入年度的年度报表，若：

（a）在该收入年度该超级年金基金停止存在——在停止存在之日该基金不是自我管理超级年金基金；

（b）或者，其他——在该收入年度的最后一天，该基金不是自我管理超级年金基金。

（3）该超级年金基金应依据第 36A 条提交 1999—2000 收入年度的年度报表，若：

（a）在该收入年度该超级年金基金停止存在——在停止存在之日该基金是自我管理超级年金基金；

（b）或者，其他——在该收入年度的最后一天，该基金是自我管理超级年金基金。

136 记录的转移

（1）司库可以将与税务局职能有关的记录从 APRA 转移到税务局。

（2）除根据《1983 年档案法》外，本项不授权对联邦的记录进行转移或其他处理。

（3）本项中：

"联邦记录"和"记录"为《1983 年档案法》所指的含义。

《999 年超级年金（未申领和丢失成员）追溯和过渡法》（1999 年第

128号）

4　解释

（1）除非相反含义出现，本章中所用的表述与《1999年超级年金（未申领和丢失成员）追溯和过渡法》所用的表述含义相同。

（2）本章中，除非相反含义出现：

"新法"指《1999年超级年金（未申领和丢失成员）追溯和过渡法》。

5　过渡——向州和地区等支付未申领货币

（1）若：

(a) 某州或地区没有法律满足新法第18条的要求。

(b) 在新法生效时，该州或地区有法律能满足《RSA法》（在该生效之日前生效）第84条和《SIS法》（当时已生效）第225条第（9）款、第（9A）款和第（9B）款的要求。

(c) 若那些条款（在该生效之日前已生效）在该生效之日后生效，将要求超级年金提供者向该州或地区的主管当局：

（ⅰ）提供未申领货币明细；

（ⅱ）支付一定数额的未申领货币；

该提供者应依据那些条款（而非依据新法第16条或第17条）向主管当局提供该明细或支付该数额的未申领货币。

（2）第（1）款自过渡期结束后第一个半年度不再有效。

（3）第（2）款中：

"过渡期"指自新法生效起2年内。

6　过渡——依据《RSA法》和《SIS法》处理未申领货币

（1）若未申领货币的明细已提供给或未申领货币已支付给委员会，依据：

(a) 《RSA法》第8章；

(b) 或者，《SIS法》第22章；

可视为该明细或该货币已依据新法第16条或第17条提供（支付）给委员会。

（2）若未申领货币的明细已提供给或未申领货币已支付给州或地区主管当局，依据：

(a) 《RSA法》第8章；

(b) 或者，《SIS 法》第 22 章；

可视为该明细或该货币已依据新法第 16 条或第 17 条提供（支付）给该当局。

7　过渡——依据《RSA 法》和《SIS 法》处理有关丢失成员明细

若丢失成员明细已向委员会提供，依据：

(a) 根据《RSA 法》规定；

(b) 或者，根据《SIS 法》规定；

可视为该明细已依据新法第 23 条规定建立的计划提供给委员会。

8　附表 1 某些项目适用

附表 1 第 8 条、第 10 条、第 12 条、第 13 条、第 14 条、第 34 条、第 35 条、第 39 条、第 44 条、第 45 条、第 46 条、第 47 条、第 48 条、第 49 条和第 73 条不适用于新法获得御准那半年。

《1999 年超级年金法修正案（第 3 号）》（1999 年第 199 号）

附表 1

47　适用条款

与资产收购有关的修订

(1) 本附表第 10 项、第 11 项、第 13 项、第 14 项，以及第 16—23 项所做的修订适用于 1999 年 8 月 11 日（"测试日"）后的资产收购，除非该资产是依据在该测试日之前签订的合同进行的收购。

与资产收购有关的修订——商业不动产

(2) 本附表第 12 项和第 15 项所做的修订适用于 1998 年 5 月 12 日澳大利亚首都区法定时间下午 7 点 30 分之后的资产收购。

与内部资产有关的修订——基本规则

(3) 除《1993 年超级年金业（监管）法》第 8 章第 1 节第 D 小节另有规定外，本附表第 24—29 项、第 32—36 项及第 44—46 项适用于：

(a) 测试日后进行的贷款或投资。

(b) 测试日后进行租赁或租赁协议的资产。

第 71 条第（2）款和第（3）款的修订

(4) 本附表第 30 项和第 31 项所做的修订适用于在测试日后签订的协定，除非该协定是在测试日前签订的合同。

第 72 条和第 75 条的修订

（5）本附表第37—43项所做的修订适用于测试日之后的超级年金基金的资产。

仅适用于生效日之后的刑事和民事处罚

（6）无论本附表有何修订，若那些修订没有颁布的话，在本法生效之前从事的行为不构成犯罪或违法，则：

（a）某人不是犯罪；

（b）违背《1993年超级年金业（监管）法》第21章规定的民事处罚条款的后果不适用于某人；

48　过渡条款

总督可以制定与《1993年超级年金业（监管）法》第8章第1节第D小节不矛盾的条例，规定与本法所做的修订和废除有关的过渡事项。

《2000年金融部门改革法（修正和过渡条款）（第1号）》（2000年第24号）

附表12

第1章　确认与金融部门监管征费有关的决议的过渡条款

1　定义

本章中：

"《征稽法》"指《1998年金融机构监管费征稽法》。

"延期支付日"指本章生效之日后6周的那一天。

"征收法"指如下法律：

（a）《1998年授权非经营性控股公司监管费征收法》；

（b）《1998年普通保险监管费征收法》；

（c）《1998年人寿保险监管费征收法》；

（d）《1998年退休储蓄账户提供者监管费征收法》；

（e）《1998年超级年金监管费征收法》。

"征费支付实体"与《征稽法》含义相同。

"《确认法》"指如下法律：

（a）《2000年授权非经营性控股公司监管费决议确认法》；

（b）《2000年普通保险监管费决议确认法》；

（c）《2000年人寿保险监管费决议确认法》；

（d）《2000年退休储蓄账户提供者监管费决议确认法》；

（e）《2000年超级年金监管费决议确认法》。

2　延期支付征费

（1）本项适用于征费支付实体，若因某确认法第4条：

（a）该实体应支付某征收法规定的征费；

（b）除本项外，该实体支付的征费为依据该《征收法》第9条在延期支付日前的到期且应付征费。

（2）无论该《征收法》有何规定，可视为该实体支付的征费在该延期支付日为到期且应付征费。

注释：本条款影响依据该《征收法》第10条对滞纳金的计算。

3　没有追溯效力的刑事责任

若本章或确认法没有颁布该人将不会承担其在本章生效之前采取的行为或疏忽的刑事责任，本章或确认法没有任何条款可使某人承担该刑事责任。

第5章　与对基金进行财政支持有关的超级年金法修正的适用

10　与对基金进行财政支持有关的超级年金法修正的适用

附表9所做的修订仅适用于该附表生效后某基金遭受的损失。

《2000年刑法修正案（偷盗、欺诈、贿赂及相关犯罪）》（2000年第137号）

附表2

418　过渡——生效前的违法

（1）无论本附表条款有何修订或废除，自本项生效后，该条款继续适用于：

（a）本项生效前的违法；

（b）在本项生效前对被指称的犯罪提起的诉讼；

（c）或者，与该诉讼有关或由该诉讼引起的事项；

如同该修订或废除从未进行。

（2）第（1）项不限制《1901年联邦法律解释法》第8条的实施。

419 过渡——生效前的通知

若：

（a）在本项生效之前生效的条款要求某通知列明一条或多条其他条款的效果；

（b）该部分或全部其他条款被本附表废除；

（c）该第一提及的条款被本附表修订；

本附表对第一提及条款的修订不影响本项生效前发出的通知的有效性。

《2001年金融部门法修正案（第1号）》（2000年第160号）

附表3

42 与提供簿记有关的豁免条款的适用性

（1）在第39项生效之后生效的《1993年超级年金业（监管）法》第287条第（2）款和第（3）款自该生效日或之后适用于该法第287条第（2）款第（a）项提及的要求。

（2）在第39项生效之前生效的《1993年超级年金业（监管）法》第287条第（2）款和第（3）款自该生效日之前继续适用于该法第287条第（2）款第（a）项提及的要求。

《2001年家庭法修订案（超级年金）》（2001年第61号）

5 超级年金修正适用

（1）除本条另有规定外，该超级年金修正适用于所有婚姻，包括在生效日之前已解散的婚姻。

（2）除第（3）款和第（4）款另有规定外，该超级年金修正不适用于在该生效日有关该婚姻的第79条命令或第87条协定已生效的婚姻。

（3）若某第79条命令在该生效日已生效，但之后又依据《家庭法》第79A条第（1）款第（a）项、第（b）项、第（c）项、第（d）项或第（e）项被取消，则该超级年金修正自该命令被取消之日起适用于该婚姻。

（4）若某第 87 条协定的许可在该生效日已生效，但之后依据《家庭法》第 87 条第（8）款第（a）项、第（c）项或第（d）项被撤销，该超级年金修正自撤销该许可之日起适用于该婚姻。

（5）《家庭法》第Ⅷ B 章适用于在该生效日之前所订立的财务协定。

《2001 年金融部门法（数据收集——过渡条款）》（2001 年第 121 号）
附表 2
147　适用

本章所做的修订仅在依据《2001 年金融部门（数据收集）法》第 13 条确定的报告准则依据该法第 15 条适用于作为超级年金实体受托人［含义见《1993 年超级年金业（监管）法》］的金融部门实体（本法所指的含义）之日或之后适用。

《2001 年金融部门改革法（相应条款）》（2001 年第 123 号）
附表 2
10　第 9 项所做的修正的适用

第 9 项所做的修正仅在依据《2001 年金融部门（数据收集）法》第 13 条确定的报告准则依据该法第 15 条适用于作为超级年金实体受托人［含义见《1993 年超级年金业（监管）法》］的金融部门实体（本法所指的含义）之日或之后适用。

《2004 超级年金安全修正案》（2004 年第 53 号）
附表 2
373　可进行修订等的条例

（1）依据《1993 年超级年金业（监管）法》制定的条例可以对《1993 年超级年金业（监管）法》或依据该法制定的条例中提及"受托人"的条款进行修订，当该修订是有必要的或是便于阐明该条款如何适用于自然人受托人团体时。

（2）依据《1993 年超级年金业（监管）法》制定的监管条例可以制定应对本附表的修正的过渡条款。

附表 3

11 过渡条款

（2）自本章生效时或生效后：

（a）本章所做修正不适用于在该生效日前依据《1993年超级年金企业（监管）法》第129条和第130条已告知的某超级年金实体受托人的事项；

（b）在该生效日之前生效的该法第129条或第130条继续适用于该事项。

《2004年破产法修正案》（2004年第80号）

如下条款自2004年12月23日开始生效，除非提前声明：

附表1

212 过渡——生效前的契约与和解协议

（1）根据此项目标，若某债务人或受托人依据《1966年破产法》第X章在本项生效之前执行了某转让契约或债务清算契约，该契约为"生效前契约"。

（2）根据此项目标，若某和解协议在本项生效之前依据《1966年破产法》第204条通过债权人会议达成的特别决议被接受，该和解协议为"生效前和解协议"。

（3）无论本附表第1章和第2章有何废除和修正：

（a）《1966年破产法》及依据该法制定的条例；

（b）被本附表第2章修正的法律；

继续适用于：

（c）生效前契约；

（d）生效前和解协议；

（e）与如下相关或由如下引起：

（ⅰ）生效前契约；

（ⅱ）生效前和解协议；

如同该废除从未发生和该修正从未做出。

213 过渡——生效前的授权

（1）根据本章目标，若：

（a）债务人依据《1966年破产法》第188条进行的授权在本项生效前已生效。

(b) 截至本项生效，如下情形没有发生：

（ⅰ）债务人和受托人依据《1966年破产法》第X章执行了转让契约；

（ⅱ）债务人和受托人依据《1966年银行破产法》第X章执行了债务清算契约；

（ⅲ）依据《1966年破产法》第204条通过债务人的债权人会议特别决议接受了某和解协议。

该授权即为"生效前的授权"。

（2）无论本附表第1章和第2章有何废除和修正：

(a)《1966年破产法》及依据该法制定的条例；

(b) 被本附表第2章修正的法律；

继续适用于：

(c) 生效前的授权；

(d) 根据某生效前的授权对债务人的财产的有效控制；

(e) 根据该生效前的授权召开的该债务人的债权人会议；

(f) 适用于如下：

（ⅰ）在本项生效之后，债务人和受托人依据《1966年银行破产法》第X章根据该会议的特别决议执行了某转让契约；

（ⅱ）在本项生效之后，债务人和受托人依据《1966年银行破产法》第X章根据该会议的特别决议执行了某债务清算契约；

（ⅲ）在本项生效之后，根据该会议的特别决议接受了某和解协议；

(g) 与如下相关或由如下引起：

（ⅰ）生效前的授权；

（ⅱ）第（f）项第（ⅰ）目提及的生效前契约；

（ⅲ）第（f）项第（ⅱ）目提及的债务清算契约；

（ⅳ）或者，第（f）项第（ⅲ）目提及的和解协议；

如同该废除从未发生和该修正从未做出。

215 过渡——条例

（1）条例可以制定因本附表第1章和第2章所做的修正引致的事项的过渡条款。

（2）总督可以根据第（1）项目标制定条例。

《2004年超级年金法修正案（选择超级年金基金）》（2004年第102号）

附表 2

10　适用

（2）本附表第4—9项所做的修订适用于该项生效后该执行的事项。

表 B

修订

第 14 号修订声明

我，Frederick George Herbert Pooley，作为保险和超级年金委员会委员，依据《1993年超级年金业（监管）法》（本法）第332条，声明：

1. 本法对合格滚存基金及其受托人有效，如同本法已被修订：

a. 删除第248条第（1）款，并代之以：

"248.（1）本条适用于合格滚存基金持有的津贴，其中与该津贴相关的超级年金权益已依据根据如下条款做出的申请发行：

（a）第243条；

（b）或者，职业超级年金标准（OSS）适用监管条例第21条。"

b. 在第251条第（1）款"以前的第24章"之后插入"或OSS适用监管条例第21条"。

注释：该条例的修订见超级年金业（监管）条例。

本声明自1995年7月1日生效。

第 15 号修订声明

我，Frederick George Herbert Pooley，作为保险和超级年金委员会委员，依据《1993年超级年金业（监管）法》（本法）第332条，声明本法第19章对公募实体及其受托人有效，如同在第153条后插入本条进行了修订。

"在某些情形下，没有申请亦可发行权益

153A　公募实体的受托人根据第153条第（1）款要求，在没有先收到申请或没有合资格的申请的情况下向某人发行该实体的超级年金权益，不视为违反本条，若：

（a）该实体为标准雇主发起基金。

（b）该人作为该实体的标准雇主发起成员持有该权益。

（c）发行该权益后，该受托人尽力：

（ⅰ）从该成员的雇主发起人处获得第153条第（1）款第（b）项第（ⅰ）目提及的申请或第153条第（1）款第（b）项第（ⅱ）目提及的合资格的申请；

（ⅱ）或者，从该成员处获得第153条第（1）款第（a）项所提的合资格的申请。

（d）若该受托人自发行该权益后90天内仍未获得该申请或合资格的申请，该受托人不得接受该标准雇主发起人对该成员的任一缴费（直到该受托人收到该申请或合资格的申请为止）。"

本声明自1994年7月1日生效。

亚洲地区

《中央公积金法案》
（新加坡）

根据1993年第78号法令修订

第一部分　序言

1. 简称

该法案定名为《中央公积金法案》。

2. 释义

（1）在该法案中，除上下文另有所指外，以下各词应解释为：

"额外利息"是指第6条第（4B）款中提到的利息。

"公积金局"是指根据第3条建立的中央公积金局。

"合同"是指任何形式的合同，书面的或者是口头的，明示的或默示的。

"被雇用"是指签署就业合同并就业，根据与第77条相关的规定，合同中必须包括公积金缴费，这些合同包括服务合同、学徒合同和就业合同。

"雇员"是指：

（a）除了船只的船长、海员或学徒，在新加坡境内受雇于某个雇主的人；

（b）或者，被雇用的新加坡公民：（ⅰ）作为船只的船长、海员或学徒，并且该船只的船主没有被免除该法案的条款规定，以及（ⅱ）根据在新加坡签订的服务或其他方面的协议就业的人。

"雇主"是指：

（a）雇用雇员的任何个人、公司、组织或机构，不管是否组成公司；

（b）至少有一个雇员的船主；

（c）代表雇主向雇员支付工资的管理者，机构和个人；

（d）新加坡政府或英国政府这一类机构，或政府的官员、雇员（根据该法案的相关规定，有时在公报中被总统宣布为雇员的人）。

"公寓"是指任何建筑物或建筑物某一部分的水平层，不管这个水平层或其部分是一层还是多层，或者是全部还是部分在水平线以下。

"基金"是指根据该法案第6条建立的中央公积金。

"组屋"是指根据《房屋和发展法》（第129章）第Ⅳ部分或第ⅣB部分出售的任何公寓、房屋或其他建筑物，并且已经被当前的业主拥有，不管是从房屋和发展委员会获得还是从其他途径获得。

"房屋和发展委员会"是指根据《房屋和发展法》建立的房屋和发展委员会。

"不动产"包括：

（a）已建造或将要建造在土地上的建筑物或所形成的公寓任何地产或土地收益；

（b）已建造或将要建造的一些公寓所形成的任何地产的收益或土地收益。

"督察"是指根据本法案第5条第（1）款任命的督察。

"土地收益"是指被法律认可的任何土地收益，包括土地上的建筑物。

"土地"包括土地，土地的保有、租赁或任何使用权，（不管是否是在地上的还是地下的、是水平分割的还是垂直分割的，或者是以其他形式存在的）建筑物及建筑物的相关部分、公寓、继承的房屋、有形的或无形的。

"船长"和"海员"的定义与《商船法》（第179章）中对它们的定义相同。

"公积金成员"或"成员"是指拥有公积金账户的人，或者是根据该法案持有公积金账户的人，包括第13B条中规定的自愿缴费者。

"最低金额"是指第15条第（6）款第（a）项中规定的金额。

"普通账户"是指根据该法案第13条建立的账户；

"指定年龄"是指根据与该法案第77条第（1）款相关的规定，部长指定的成员年龄，而且部长可以根据不同目的，为不同人群指定的不同年龄。

"退休账户"是指：

（a）根据第15条第（2A）款第（a）项、第（6C）款、第（7B）款第（a）项、第（8A）款第（a）项、第18条第（1）款第（c）项以及第ⅢB部分建立的账户；

（b）记录缴费（包括符合该法案目的的其他类型缴费）和利息的账户。

"特殊账户"是指根据该法案第13条建立的账户。

"工资"是指货币报酬，包括任何形式的奖金，或者和就业相关的已经兑现或未来兑现的津贴，但是不包括部长在公报中明确公布的某些支付。

[19/83；32/84；16/86；5/87；10/94；0/98；39/2000]

（1A）在该法案中，除非特别指明，一个人在他第N岁生日那天，他的年龄应该或已经是N岁：

（a）"N"是一个指定的正整数；

（b）"第N"是对应整数的序数。

（2）任何新加坡政府或英国政府官员或雇员（或代表政府的官员或雇员）个人不得以其个人身份为已发生或未发生的事负责。

3. 中央公积金局的机构设立与组织章程

（1）为执行该法案而建立的机构被称为"中央公积金局"，它包括以下成员：

（a）根据第4条第（1）款任命的主席；

（b）根据第4条第（2）款任命的副主席；

（c）根据第4条第（4）款任命的其他成员。

[27/92]

（2）该公积金局作为一个永久性法团，须设有公章，并且能够以法团法人机构的名义起诉或被起诉。

（3）所有证书、文件以及其他需要加盖公积金局公章的文书，都必须盖上公章。

（3A）一般情况下，所有加盖公章的文书应该由公积金局的两位官员进行签署，或者特殊情况下，由公积金局授权的其他人进行签署。

（4）在涉及公积金局公权而又无须加盖公章的情况时，公积金局可以决议的方式或其他的方式，授权公积金局或其他机构的官员代表公积金局来处理相关协议或文书。

（5）《契约登记法》（第269章）中的第11条不适用于第（3）款中提到的文件。

（6）中央公积金局要行使该法案或部长赋予的权利并承担相应义务，部长和公积金局可以将此全部或部分的权利和义务以书面文件的形式授予任何人。

4. 中央公积金局的成员构成

（1）根据《宪法》第22A条第（1）款第（b）项，在总统的授权下，部长可以任命公积金局的主席，主席任期为3年，并且可以连任。

[11/91]

（2）根据《宪法》第22A条第（1）款第（b）项，在总统的授权下，部长可以任命公积金局的副主席，副主席任期为3年，并且可以连任。

[27/92]

（3）根据本法案，按照主席的指示，副主席可以执行全部或部分主席的权力。

[27/92]

（3A）根据《宪法》第22A条第（1）款第（b）项，在总统的授权下，当主席或副主席因病或其他情况失去工作能力，暂时离开新加坡，或其他情况，部长可以任命公积金局中的任何成员为临时主席或临时副主席（视情况而定）。

[39/2000]

（4）根据《宪法》第22A条第（1）款第（b）项，在总统的授权下，部长可以任命公积金局中的其他成员，其他成员包括：

(a) 在政府从事领薪工作的两位成员；
(b) 代表雇主的两位成员；
(c) 代表雇员的两位成员；
(d) 其他成员，不超过7人，根据部长的决定而定。

[11/91]

（4A）根据《宪法》第22A条第（1）款第（b）项，在总统的授权下，部长可以任命一位首席执行官为公积金局的成员。

（5）公积金局的法定人数应该为5人。

（6）主席不在时，副主席可以主持公积金局会议，主席和副主席都不在时，在座成员可以选举主持会议的人。

[27/92]

（7）应该由部长确定支付给公积金局成员的津贴。

（8）除了主席和副主席，部长可以在任何时候撤销对其他成员的任命。除了撤销任命或成员自己辞职，公积金局成员的任期为3年，或者由部长依情况确定更短的任期。

[27/92]

（9）根据《宪法》第22A条第（1）款第（b）项，在没有总统授权的情况下，不得撤销对主席、副主席或其他成员的任命。

[11/91；27/92]

（10）议会成员不得被任命为或继续担任公积金局成员。

（11）根据本法案规定，通过书面授权，主席可以授权任何公积金局成员来行使主席的权力。

[39/2000]

4A. 官员和雇员的任命

（1）根据《宪法》第22A条第（1）款第（b）项，在总统的授权下，根据自身情况，公积金局可以任命一位首席执行官。

（1A）该首席执行官应该：

（a）由公积金局任命；

（b）对公积金局负责，并根据公积金局制定的各项政策，适当地行使管理和事务处理的职能。

（2）为了执行该法案，公积金局有权力聘请职员，包括官员和雇员。

（3）在《刑法》（第224章）的意义上，这些公积金局成员和雇员都被视为公职人员。

（4）为了执行本条和第4条，公积金局可以制定相关规则，特别是制定以下两方面的规则：

（a）其执行过程；

（b）公积金局所有人员的任命、晋升、解聘、离职和纪律管制。

5. 督察的任命

(1) 在执行本法案的过程中，若认为有必要，公积金局可以设立此职位。

(2) 根据《就业法》（第91章）设立的劳工局局长、劳工局副局长、劳工局助理局长和监察官员都可以行使督察的权力。

(3) 督察行使权力的过程中，在任何合适的时间，督察都可以：

(a) 进入任何处所或地方，只要他有正当理由认为有人受雇其中。

(b) 单独或有其他人在场时，只要在法律的框架内，为了得到相关信息，可以咨询任何一个他有正当理由认为是或者曾经是雇主或雇员的人，要求任何一个这样的人接受检查。在此过程中，他可以在特定的时间和地点传召任何人。

(c) 向雇主、雇员及其他人询问关于雇用的问题，这些人在其能力范围之内，必须依照法律如实回答问题。

(d) 要求任何雇主提供关于雇佣的服务协议、工资账本、雇员登记表及其他和雇佣行为有关的文件，督察在认为必要的时候，可以向雇主询问这方面的问题。

(e) 在检查的过程中，可要求任何雇主提供账目的审查情况及其他账目相关记录，督察在认为必要的时候，可以向雇主询问这方面的问题。

(f) 复印上述第（d）项和第（e）项涉及的任何账目和文件，并且在以下情况中，督察可以接管这些账目和文件：（ⅰ）若不接管，这些复印文件不能有效地反映问题；（ⅱ）若不接管，这些账目或文件可能被篡改；或者（ⅲ）根据该法案，这些账目或文件可能会成为诉讼或基金追缴的证据。

(4) 通过必要的修改，上述第（3）款也同样适用于需要自己缴费［根据第77条第（1）款相关规定］的个人，其中所指的工资是个人收入的重要参考。

[27/92]

(5) 如果任何人：

(a) 在督察或第（2）款中提到其他官员行使权力时，故意拖延；

(b) 未能满足督察或其他官员的要求，如未能提供相关的记录、证明、通知或文件；

(c) 故意隐瞒信息，如雇员或雇主的情况等；

（d）隐瞒或阻止，试图隐瞒或阻止督察或相关官员对某人进行相关检查。

依据本法案，此人被视为妨碍督察执行公务。

（6）任何妨碍督察或第（2）款中提到的其他官员执行公务者，即被视为犯罪。

（7）在本条中：

"文件"是指任何形式的文件，包括含有电子或数字信息的文件。

"记录"是指任何形式的记录，包括含有电子或数字信息的记录。

5A. 预算

（1）在每个财政年度，公积金局必须准备下一年度的收支预算，并为每个财政年度准备补充预算（如果有必要），根据《宪法》第22B条规定，公积金局要将预算提交至总统以获得批准。

[11/91]

（2）总统同意预算和补充预算（如果有的话）后，须在《新加坡公报》中公布。

[11/91]

5B. 股票的发行等

鉴于根据本法案政府将财产、权利和义务授予公积金局的情况，或者根据其他书面法律，政府对公积金局追加资本和其他投资的情况，公积金局应该向财政部长发行股票或其他证券，并且财政部长应不时地给予指导。

5C. 公积金局使用的符号或标志

（1）对于公积金局使用的符号或标志，公积金局拥有专有权，并且可以选择和修改这些符号，同时，公积金局在进行活动或处理事务中可以使用和展示这些符号。

（2）任何人使用和公积金局相同或类似的标志，并造成欺骗或混乱，或者可能造成欺骗或混乱者，将被视为犯罪，并处以不超过1万美元的罚金，或不超过6个月的监禁，或二者都有，若连续违反该规定的情况下，一经定罪，将要每天追加不超过250美元的罚款。

第二部分 公积金缴费

6. 中央公积金的建立

(1) 为了实现该法案提出的目标,需要建立中央公积金,并按照法案的规定进行缴费和支付。

(2) 公积金局是中央公积金的受托人,所有的公积金都可以:

(a) 存到公积金局指定的一家或多家银行;

(b) 根据《释义法》(第1章)第33A条规定的法团投资规则,公积金局可以对公积金进行投资;

(c) 用来购买资产,根据公积金局设定的目标修建房屋,并可以将这些房屋出租以获得收入,公积金局可以处置这些所有的资产或房屋。

(3) 根据以上第(2)款第(c)项所赋予的权力,公积金局拥有位于新加坡罗宾逊路79号的土地,且1980年5月15日之前建造在此地之上的建筑物被视为公积金局已经购得或建造。

(4) 公积金局需要向公积金成员支付利息:

(a) 以公积金局规定的时间间隔和在此期间确定的公积金成员记账额度。

(b) 以公积金局定期在公报上公布每年的公积金利率,该利率:(ⅰ) 每年不得少于2.5%;并且 (ⅱ) 在财政部长同意的前提下,可以超过2.5%。

(4A) 为了实现支付利息的目标,公积金局可以为成员公积金账户的不同部分规定不同的利息率。

(4B) 除了第(4)款规定的利息外,公积金局还可以酌情向成员支付额外利息:

(a) 以公积金局决定的时间间隔和在此期间以下款项的全部或部分:(ⅰ) 成员的公积金记账额;(ⅱ) 以下各部分之和:(A) 根据第27L条,成员缴纳的保险费;以及(B) 上述保险费产生的利息,前提是这一部分保险费被计入成员的退休账户。

(b) 根据相关条款和条件的规定,在财政部长同意的前提下,按照公积金局决定的利息率进行支付。

(5) 在任何时候,如果公积金局不能进行该法案要求的支付,可以先由"统一基金"支付,公积金局应该尽快向政府归还借款额。

7. 缴费率

(1) 根据本法案第 69 条和第 77 条制定的规则,每位雇主每月必须以附录一中的缴费率为雇员向基金缴费。

(1A) 根据某些条款和条件,公积金局可酌情要求某一雇主或某一行业的雇主推迟缴费,但不得超过 6 个月。

[27/92]

(2) 即使成文法和合同进行了相反规定,雇主也有权力要求雇员履行既定的缴费义务,如附录一中所示。

(3) 按照第(2)款,雇员进行了缴费,而雇主却没有在规定的时间内向公积金缴费,雇主将会被起诉,并可能被处以不超过 1 万美元的罚款,或者是不超过 7 年的监禁,或二者都有。

(4) 在不违反第(1)款、第(2)款以及附录一的前提下:

(a) 除了附录一中要求的雇主缴费外,雇员在任何时候都可以自愿地向公积金进行额外缴费;

(b) 雇员如果想以超过正常标准的缴费率进行缴费,他应该向雇主出示书面通知,此后,只要他仍然被该雇主雇用,雇主就应该以雇员提出的标准从雇员工资里进行保险费扣缴,并且从出示书面通知起,扣缴不应少于 6 个月。在 6 个月内当雇员向雇主出示另一个书面通知告知雇主要停止多余缴费时,雇主在正常的缴费外,还应该支付多余的扣除额;

(c) 或者,雇主可以在任何时候以超过附录一中规定的利率为雇员缴费。

[27/92]

(5) 即使在合同中有相反的规定,但是雇主无权以任何方式,从雇员工资里扣缴超过第(2)款规定的雇员正常缴费额和第(4)款规定的雇员自愿缴费额的二者总缴费额的金额,任何雇主多扣缴或者试图多扣缴可能被起诉。

(6) 第(2)款和第(4)款规定的雇员缴费额,在发放雇员工资时就要扣缴,不得拖延。

(6A) 根据公积金局的相关规定,如果是因为雇主错误而非疏忽,导致雇主在发放工资时忘记扣缴雇员全部或部分缴费,雇主应该在 6 个月内将这一部分资金返还给雇员。

[27/92]

（7）尽管有第（6）款的规定，如果当发放工资的时间间隔小于一个月，而且在任何一个月雇主认为雇员该月的工资总额可能会超过500美元，雇主：

(a) 根据附录一，如果这一个月中雇员工资率相同，雇主可以在每次支付雇员工资时，从工资里扣除掉相应的缴费；

(b) 但是如果实际工资总额未达到500美元，雇主须立刻返还雇员相应的缴费；

[27/92]

（8）部长（通过公报公示）可以修改附录一，并在附录一中：

(a) 为不同的工资级别规定不同的缴费率；

(b) 针对额外工资的缴费是基于雇员上一年的工资计算的，并需要在当年年末或者是在目前雇主那里工作的最后一个月时，根据当年的实际工资进行调整。

[22/90；27/92]

（9）尽管有上述第（6）款的规定，当雇主需要针对雇员的额外工资进行额外缴费，并可以根据附录一从雇员工资中进行扣缴时，在进行额外缴费的当年年末以后的6个月里，雇主都可以从雇员的工资里进行扣缴。

（10）尽管有上述第（5）款的规定，但是根据附录一，雇主在年末重新计算雇员的额外工资（额外缴费的依据）时，发现基于额外工资的额外缴费有所上升，雇主可以：

(a) 在附录一规定的缴费额基础上增加缴费；

(b) 尽管有上述第（6）款的规定，雇主仍可以从雇员工资中进行适当的额外扣缴。

[22/90；27/92]

（11）虽然附录一规定要求雇主进行额外缴费并可以从员工工资中进行扣缴，但是如果确有证据显示，雇主不能从雇员工资中扣缴全部或部分的额外缴费，或者该雇员不再受雇于该雇主，公积金局［虽然存在第（1）款的规定］可以取消这部分未能从雇员工资中扣缴的额外缴费。

[22/90；27/92]

8. 为进行额外缴费而由法定团体签署的协议将被视为无效

任何由附录一中的法定团体和团体成员签署的,要求进行额外缴费的协议,都是无效的和不起作用的。

[34/84;27/92]

9. 因拖欠保险费而需要缴纳利息

(1) 当雇主根据第7条需要缴纳的保险费,未能在规定的时间进行缴纳时,雇主有义务在此后每天对拖欠的保险费支付利息,直到付清,利率为每月1.5%,或每月5美元,选择二者中金额较大的。

(2) 根据第77条第(1)款第(e)项的相关规定,当一个人需要在特定的时间缴费而未能缴费时,他需要从指定的日期起,每天根据规定的利率对拖欠的保险费支付利息。

[27/92]

(3) 如果公积金局认为合适,他可以取消全部或部分上述第(1)款、第(2)款中规定的利息。

[27/92]

10. 费用

公积金局运行所需要的全部费用,包括附录二中审查公积金账户所用的费用,都可以从公积金支付。

[27/92]

11. 财务条款

附录二中的财务条款适用于公积金局。

[27/92]

12. 存入公积金的保险费

(1) 所有根据该法案征缴上来的缴费都必须以指定的某种方式存入公积金。

(2) 公积金局必须为每个成员建立公积金账户,账户包括:

(a) 公积金缴费;

(b) 第6条第(4)款规定的利息;

(c) 第6条第(4B)款规定的额外利息。

13. 将保险费和利息记入公积金子账户

(1) 根据下面第(5)款规定,公积金成员的缴费和利息被记入到以下各子账户中:

(a) 除了第（7）款、第 15 条第（2）款、第（3）款、第（4）款和第（5）款，第 18 条、第 18A 条、第 18B 条、第 18C 条，第 22 条，第 27B 条，第 32 条和第 45 条的规定，根据第 14 条、第 14A 条和第 15A 条的规定，根据与第 51 条第（b）项、第 77 条第（1）款第（h）项、第（i）项、第（n）项或第（r）项相关的规定，可以从中取款的普通账户；

　　(b) 除了第（6）款和第 15 条第（2）款、第（3）款、第（4）款和第（5）款，第 16A 条、第 27B 条和第 54 条的规定，根据与第 77 条第（1）款第（j）项和第（k）项相关的规定，可以从中取款的保健账户；

　　(c) 根据第（7）款或 15 条第（2）款、第（3）款、第（4）款或第（5）款，第 17 条，第 18 条，第 18A 条、第 18C 条，第 19A 条，第 27B 条，第 45 条或与第 77 条第（1）款第（n）项或第（oa）项相关的规则，可以从中取款的特殊账户。

[32/84；16/86；5/87；23/89；30/89；27/92；10/94；12/99；39/2000]

　　(2) 在 1984 年 12 月 28 日之前，已经由公积金局持有的普通账户，保健账户和特殊账户都被视为是有效的。

[32/84]

　　(3) 在 1984 年 4 月 1 日这一天，成员特殊账户中的资金应该被转移到保健账户中，除非按照第 15 条规定，成员在这一天将账户资金取出。

[32/84]

　　(4) 公积金局应该以部长指定的任何一种方式，将征缴的所有保险费记入上述第（1）款指定的成员账户中，其中依据的规则包括：

　　(a) 第 7 条；

　　(b) 依据第 77 条第（1）款第（e）项制定的规则；

　　(c) 或者，部长制定的其他规则。

　　(4A) 部长可以为不同的人群而制定不同的规则。

　　(5) 公积金局需要将第 6 条第（4）款中涉及的利息记入到成员的各账户中。

　　(5A) 如果向成员支付第 6 条第（4B）款中提到的利息：

　　(a) 公积金局可以以自己的方式将这些利息记入成员普通账户、保健账户、特殊账户和退休账户（如果有的话）中的一个或多个；

　　(b) 公积金局可以为不同的人群制定不同的记账方法。

　　(6) 根据第 77 条第（1）款第（ka）项的规定，公积金局可以将成员保健账户中超过最高限额（由部长规定）的资金转移到该成员的其他指定账户中。

[16/86]

（7）如果成员的保健账户中没有剩余，在成员的申请和部长的同意下，公积金局可以将以前从保健账户划到指定账户中的资金，再转移到保健账户中去，同时根据公积金局的决定，该部分转移还包括全部或部分的利息。

[27/92]

（8）在该部分中，具体到公积金成员，"指定账户"是指根据第77条第（1）款第（ka）项指定的成员普通账户、特殊账户或退休账户（如果有的话）。

13A. 对自雇者缴费进行限制的权力

（1）法案的附录三规定了注册、允许或维持一些特殊情况的权力，以及授权、更新或恢复某些登记、牌照、证书或许可证的权力，根据与第77条第（1）款第（e）项相关的规定，上述权力还包括对自雇者缴费进行限制的权力，这些缴费将被记入：

（a）登记人、申请人或许可证持有人的保健账户中，或视情况而定；

（b）或者，根据第13条第（4）款的规定执行。

（2）部长可以修改附录三，并在公报上公示。

[27/92]

13B. 自愿缴费

（1）尽管该法案对此有所规定，但根据与第77条相关的规定：

（a）该法案规定，无须缴费的新加坡公民或永久居民，可以以部长指定的方式和费率自愿缴费；

（b）公积金局需要以部长指定的方式将自愿缴费记账到普通账户、保健账户或特殊账户，根据第13条第（1）款的规定，部长可以为不同的人群指定不同的缴费方式。

[30/98]

（2）每人每年根据第（1）款或第7条第（4）款自愿缴费的金额不得超过28800美元，部长可以修改该金额，并在公报中公示。

（3）在计算每年的自愿缴费额的过程中：

（a）以下各金额计算在内：（ⅰ）根据本法案，个人必须要缴纳的保险费；（ⅱ）根据第7条第（4）款第（c）项，该人的雇主自愿缴纳的部分；(ⅲ) 2008年第25号法案废除该条款，新条款自2008年11月1日开始实施。

(b) 以下各金额应该被排除在外：（ⅰ）个人当年根据第73条和第79条缴纳的保险费；（ⅰa) 2008年第25号法案废除该条款，新条款自2008年11月1日开始实施；（ⅱ）雇主当年根据第7条第（4）款第（c）项为此人缴纳的保险费，特别是向此人保健账户缴纳的保险费不得超过1500美元；（ⅲ）根据第27B条、第27C条、第27D条、第27E条或第27F条，或者与第27G条或第27H条相关的条款的规定，此人或其他人缴纳的保险费。

(4) 2008年第25号法案废除该条款，新条款自2008年11月1日开始实施。

(5) 2008年第25号法案废除该条款，新条款自2008年11月1日开始实施。

14. 政府对公积金的现金补贴

(1) 1984年6月1日后，公积金局可以从政府接受一些现金补贴，这些补贴将给予任何指定计划下符合资格的成员，根据部长的指示，公积金局应该将这些现金补贴记入成员的公积金账户。

[32/84；31/95]

(2) 任何根据上面第（1）款记入到公积金账户的现金补贴都可以被看成是对公积金的缴费，而且个人能够根据相关的规则提取这些补贴及其利息。

[31/95]

(3) 尽管该法案中已经有相关规定，当条件发生变化时，公积金局应该代表政府收回某些成员账户内的补贴和相关利息，即如果该成员：

(a) 通过虚假的和误导性的手段，或提供虚假的或误导性的材料取得该补贴；

(b) 或者，违反了领取该补贴的条件。

[32/84]

(4) 根据上述第（3）款，公积金局从成员账户收回的补贴应该返还给政府。

[32/84]

(5) 在该条中：

"指定计划"是指部长指定并批准的计划。

"现金补贴"是指政府向指定计划提供的现金补贴。

14A. 公积金成员从政府获得贷款

（1）根据指定的贷款体制，公积金局可以接受政府向公积金成员的贷款。

[12/99]

（2）公积金局应该将上述第（1）款中的贷款记入成员的普通账户。

[12/99]

（3）任何记入到公积金账户的贷款都被看成是对公积金的缴费，而且个人能够根据相关的规则提取这些贷款和利息。

[12/99]

（4）尽管该法案中已经有相关规定，但公积金局允许成员利用账户中的资金偿还贷款、利息以及在贷款体制下需要偿还的其他款项。

[12/99]

（5）公积金局有权代表政府接受第（4）款中的任何还款。

[12/99]

（6）尽管该法案中已经有相关规定，但在以下情况下，公积金局有权代表政府收回已经记入到公积金账户贷款、利息及其他应该偿还政府的款项，并且可以从相关成员的账户中扣除。即如果该成员：

（a）在应该偿还贷款时未能偿还；

（b）或者，违反贷款体制的某些规定。

[12/99]

（7）公积金局根据第（5）款和第（6）款从成员那里收回的资金要立刻返还给政府。

[12/99]

（8）在这一部分，"指定的贷款体制"是指部长指定并批准的贷款体制。

[12/99]

第三部分 公积金的提取

15. 对公积金提取的授权和条件规定

（1）如果没有公积金局的授权，任何人不得从账户中提取公积金。

（1A）根据以下第（1B）款、第14条、第14A条、第15A条、第25条第（2）款和第（3）款，以及根据第77条制定的相关规则，除了有权提取公积金的人提出提取公积金的申请外，该项权利不得授予其他人。

（1B）以下成员在提取公积金时可以不用申请：根据以下第（7）款进行取款的成员、从第（6C）条第（a）款规定的退休账户中提取资金，来购买第27L条第（1）款中保险的成员。

（2）根据本条和第19条、第19A条，公积金成员、其家属或其遗产委员会［根据《精神疾病及治疗法》（第178章）成立］，可在任何时间从该成员的公积金账户提取资金，只要公积金局认为该成员：

（a）已经到了55岁；

（b）不是新加坡的公民，已经离开或者将要离开新加坡或马来西亚，并且是永久离开不再返回；

（c）是马来西亚的公民，已经永久离开或者即将永久离开新加坡，在这种情况下，可以由部长决定；

（d）身体失能或精神失能：（ⅰ）以后永久不能就业，（ⅱ）部长可能批准的其他情况；

（e）精神不健全；

（f）健康状况不好，并影响寿命的延续；

（g）身患绝症。

（2A）因遭遇第（2）款第（d）项、第（e）项或第（f）项中的情况而有权利提取公积金的成员，在提取公积金的时候，根据部长针对特殊情况做出的规定，应该：

（a）预留其退休账户的资金至少要达到部长规定的金额；

（b）预留其保健账户的资金至少要达到第16条规定的金额。

（2B）对于第（2A）款第（a）项中规定的账户资金额，成员在符合部长提出的条件的前提下，可以提取这一部分资金。

（3）根据以下第（6）款，因已经达到55岁而提取公积金的成员，以后每次生日过后（或者是在部长规定的其他日期）都可以再提取一部分公积金。

［5/87］

（4）尽管有第（3）款的规定，但是根据第（6）款，只要成员已经55岁，并且在申请提取公积金之日以前已经失业6个月，公积金局允许该成员提取账户资金。

[5/87]

(5) 根据第 25 条第（3）款，公积金成员死后，其生前按照第 25 条第（1）款指定的继承人可以继承账户资金，但这些资金必须是经过一系列扣除后剩余的，包括：

(a) 按照第 16A 条规定，需要扣除或将要扣除的；

(b) 按照第 19 条第（2）款或者第 19A 条第（2）款规定，需要记账或将要记账到其他人账户的资金；

(c) 按照第 27B 条规定，需要转移或支付，或即将需要转移或支付给其他人的资金。

这部分剩余资金的安排需要在根据第 25 条第（1）款建立的备忘录中声明。

(6) 根据第（6A）款、第（8）款和第（8A）款的规定，可以根据第（2）款第（a）项、第（3）款或第（4）款规定提取公积金的成员，应该在提取账户资金时遵循法案的相关规定：

(a) 在账户中预留一定金额（在该法案中是指最低金额）；

(b) 除非公积金局特别允许，成员至少要在其保健账户中预留 2500 美元，或者根据人群的不同，在其他账户中也要预留第（6D）款中指定的金额。

(6A) 若两位公积金成员有婚姻关系，且二者都是独立成员，在他们共同申请的基础上，如果一方在备忘录中指明，在其死后，另一方可以从他账户中领取不少于公积金局指定的资金，那么公积金局允许他们的账户中共同预留小于两倍最低金额的资金。

(6B) 婚姻双方根据第（6A）款设置的备忘录：

(a) 在有婚姻关系时不得撤销，除非公积金局认为他们中的一方或双方：

（ⅰ）身体失能或精神失能：（A）以后永久不能就业，（B）部长可能批准的其他情况；

（ⅱ）精神不健全；

（ⅲ）健康状况不好，并影响寿命的延续；

（ⅳ）身患绝症。

(b) 当婚姻关系解除（而非死亡）或终止，并使得公积金局知情的前提下，可以撤销备忘录。

(6C) 预留在成员账户中的最低金额可以在以下情况中使用：

(a) 根据公积金局规定，这部分资金（如果有的话）可以存放在退休账户中，并用来购买第 27L 条第（1）款中提到的保险；

(b) 所有剩余资金可以：（ⅰ）存入公积金局指定的银行或存放到成员退休账户里，（ⅱ）从保险公司购买年金。

(6CA) 为了实现第（6）款第（a）项和第（6C）款的目标，当成员根据第（2）款第（a）项可以提取公积金后，出于维持账户最低金额的目的，成员可以根据与第 77 条第（1）款相关的规定要求公积金局将提取的公积金转移到退休账户，具体金额见相关规定。

(6D) 通过在公报中公示，部长：

(a) 如果他认为合适，可以用其他金额替换第（6）款第（b）项中规定的 2500 美元；

(b) 如果他认为合适，为了实现第（6）款第（b）项的目标，可以为不同的人群设定不同的金额。

(7) 当公积金成员将第（6C）款第（b）项中提到的资金存入指定银行或其退休账户后，根据第 77 条第（1）款规定，在他达到指定年龄后，可以将这一部分资金和利息取出。

(7A) 如果成员已经达到 55 岁，但还没有达到指定年龄，也可以将第（6C）款第（b）项中提到资金的全部或部分（由公积金局决定）从指定银行或退休账户中取出，或者从保险公司那里撤回保险金，前提是公积金局认为该成员：

(a) 身体失能或精神失能：（ⅰ）以后永久不能就业，（ⅱ）部长可能批准的其他情况；

(b) 精神不健全；

(ba) 健康状况不好，并影响寿命的延续；

(c) 身患绝症；

(d) 领取养老金、年金或其他待遇，并且每月这种待遇不低于部长规定的金额。

[10/94]

(7B) 根据第（7A）款第（a）项、第（b）项、第（ba）项规定，雇员可以从指定银行、退休账户或保险公司领取第（6C）条第（b）项中规定的全部或部分金额时，根据部长的指示需要：

（a）在其退休账户预留的资金至少要达到部长规定的金额；

（b）在其保健账户预留的资金至少要达到第 16 条规定的金额。

（7C）根据部长提出的要求和条件，成员可以提取第（7B）款第（a）项中提到的金额。

（8）成员也可以不遵循第（6）款第（a）项，如果公积金局认为该成员：

（a）身体失能或精神失能：（ⅰ）以后永久不能就业，（ⅱ）部长可能批准的其他情况；

（b）精神不健全；

（c）健康状况不好，并影响寿命的延续；

（d）身患绝症；

（e）在其退休时可以领取养老金、年金或其他待遇，并且每月这种待遇不低于部长规定的金额；

（f）在 1987 年 1 月 1 日之前已经 55 岁。

（8A）根据第（2）款第（a）项、第（3）款或第（4）款规定可以提取公积金，并且根据第（8）款第（a）项、第（b）项或第（c）项规定无须遵循第（6）款第（a）项规定的公积金成员，在提取公积金时，根据部长的相关指示需要：

（a）在其退休账户预留的资金至少要达到部长规定的金额；

（b）在其保健账户预留的资金至少要达到第 16 条规定的金额。

（8B）成员可以根据部长制定的规则提取第（8A）款第（a）项中提到的金额；

（8C）尽管有第（2A）款、第（6）款、第（7B）款、第（8A）款和第 27 条的相关规定，如果根据第（7）款成员可以在其退休账户提取的金额或者是根据第 27K 条第（6）款成员应该得到的金额，已经由公积金局转移到该成员的普通账户，在成员进行申请的基础上，公积金局可以允许成员提取这部分资金。

（9）当公积金成员或其配偶拥有的不动产的价值与公积金局规定的最低金额相等，或高于最低金额时，公积金局允许该成员：

（a）从指定银行或退休账户中提取出第（6C）款第（b）项中提到的金额；

(b) 或者，不购买指定年金。

如果该成员或其配偶（视情况而定）同意对其不动产进行交易以保证第（6C）款提到的最低金额。

[5/87；39/2000]

(9A) 当公积金成员和其他人共同拥有的不动产的价值与公积金局规定的最低金额相等，或高于最低金额时，公积金局允许该成员：

(a) 从指定银行或退休账户中提取出第（6C）款第（b）项中提到的金额；

(b) 不购买指定年金。

如果该成员和其他人（视情况而定）同意对其不动产进行交易以保证第（6C）款提到的最低金额。

[39/2000]

(10) 当成员或其配偶或二者共同拥有由指定开发商、房屋管理局或房屋管理局承租人出售的不动产时，公积金局允许该成员：

(a) 从指定银行或退休账户中提取出第（6C）款第（b）项中提到的公积金数额；

(b) 不购买指定年金。

如果该成员或者其配偶（或二者共同，视情况而定）承诺可以对其不动产进行交易，或者出售或者以其他的方式处置不动产，以返还第（6C）款中提到的最低金额。

[5/87]

(10A) 当公积金成员和其他一个或多人共同拥有由指定开发商、房屋管理局或房屋管理局承租人出售的不动产时，公积金局可以允许该成员：

(a) 从指定银行或退休账户中提取出第（6C）款第（b）项中提到的公积金数额；

(b) 不购买指定年金。

如果该成员和其他个人或多人（视情况而定）承诺出售或者以其他的方式处置不动产，以返还第（6C）款中提到的最低金额。

(10B) 如果公积金局认为出现了第（15）款第（e）项中的任何情况时，此时，公积金局不能强迫成员兑现第（10）款和第（10A）款中的承诺。

(10C) 在以下情况下，公积金局不能强迫第（10）款中的成员或第（10）款、第（10A）款中的任何人兑现承诺，即如果：

(a) 该不动产属于政府组屋；

(b) 对该不动产的处置仅仅包括组屋出租的租期减少，租期是在房屋和发展委员会与成员，或与一人或多人签订的租赁回购计划中规定的。

(11) 当成员根据第 77 条提取公积金从房屋开发商、房屋管理局或房屋管理局承租人那里购买不动产后，如果在他 55 岁的时候账户里的资金少于最低金额，该成员应该出售其不动产，或者以其他处置方式处理不动产，并将出售或处置收益返还公积金局以弥补最低金额的不足。

[5/87]

(12) 不得因为成员和银行之间的债务，而将成员根据第（6C）款规定存入指定银行或退休账户的资金、从指定银行或退休账户中提取的资金以及利用最低金额购买的年金扣押和冻结。

(13) 成员破产时，不得将第（12）款中提到的资金交给官方受托人。

(14) 如果法院宣告成员破产，第（12）款中提到的资金也不得作为还债资产。

[5/87；10/94]

(15) 以下各条适用于前面第（9）款和第（9A）款中关于不动产交易的规定：

(a) 交易必须受到法定权利的约束，符合公共当局对其他不动产交易的标准，并受到下发交易通知之前不动产负担的影响。

(b) 公积金局制定相关的交易文件，为了让注册人接受该文件，公积金局可以拥有：（ⅰ）承受抵押者的出售权力和其他相关权力；（ⅱ）根据不动产的买卖协议，出售、分配和处置所有权利、收益、利息的权力。

(c) 交易可以扩展到相关人的所有权利、待遇和利息（视情况而定，这些人包括公积金成员、其配偶或其他相关人），但是必须得在注册人的同意下进行不动产的买卖。

(d) 注册人无须亲自去调查交易的有效性，但是在接受了关于交易的相关文件后，应该根据《土地所有权法》（第 157 章）、《土地所有权（层）法》（第 158 章）和《契约登记法》（第 269 章）中规定的相关规则对交易进行登记，并视情况而定。

（e）在成员和其他利益相关者的请求下，如果公积金局发现下面任何一种情况，应该取消交易：（ⅰ）成员死亡；（ⅱ）成员患绝症；（ⅲ）成员符合第（2A）款、第（6）款、第（7B）款或第（8A）款中的要求；（ⅳ）成员根据第（7）款已经用完第（6）款规定的最低金额，或者是根据第27L条第（1）款使用最低金额购买了保险，或二者都有；或者（ⅴ）成员符合第（2）款第（b）项、第（c）项中所有的公积金提取条件。

[5/87；39/2000]

（15A）《财产转让法》（第61章）的第73条、《保险法》（第142章）的第49L条和第49M条不适用于最低金额购买的年金。

（16）在该条和第15B条：

"指定银行或保险公司"是指为执行这两条，由公积金局指定的银行或保险公司。

"指定开发商"是指《房屋和发展法》（第129章）第ⅳB部分提到的指定开发商。

"房屋管理局"在这两条里的定义和第28条中的定义相同。

"租赁回购计划"是由房屋和发展委员会管理的一个计划，在该计划中，经过委员会批准而参加该计划的房屋租赁人可以和委员会签订一个协议，签订该协议的成员可以减少租借期，并可将省下的资金用来购买第27K条终身收入计划中的年金。

"相关人"是指：

（a）成员的配偶；

（b）成员的孩子，包括领养的孩子和继子女；

（c）成员的父母；

（d）成员的兄弟姐妹；

（e）成员的祖孙女；

（f）成员的祖父母；

（g）公积金局认为符合条件的相关人。

[39/2000]

"相关成员"在这两条中的定义和第27L条中的定义相同。

15A. 为偿还贷款而提取公积金时所受到的限制

尽管在第15条中有所规定，根据第15条第（2）款第（b）项、第（c）项、第（d）项、第（e）项、第（f）项和第（g）项的规定，公积金成员不得提取公积金偿还贷款，除非公积金局认为成员根据第 14A 条中的贷款体制已经将所贷款项和利息返还给了政府。

[12/99]

15B. 预存额外金额

（1）根据第 15 条第（2）款（a）项、第（3）款和第（4）款可以提取一定公积金的成员，除了要按照第 15 条要预留最低金额外，还要根据该法案规定，预留一定金额（该部分称这一部分为额外金额），以确保第 15 条第（2）款第（a）项、第（3）款和第（4）款中规定的支付。

[39/2000]

（2）上述第（1）款中的额外金额可以存入指定银行，或者是用来购买保险公司的指定年金产品。

[39/2000]

（3）第 25 条不适用于第（1）款中提到的额外金额。

[39/2000]

16. 从保健账户取款的限制

（1）尽管第 15 条中有相关规定，但如果成员保健账户中的金额没有超过规定金额，公积金成员、家属或遗产委员会［根据精神疾病及治疗法（第 178 章）成立］不得根据第 15 条第（2）款第（a）项、第（d）项、第（e）项、第（f）项、第（g）项和第（3）款、第（4）款的规定从保健账户中取款。

[32/84]

（2）当公积金成员保健账户中的金额超过规定金额：

（a）根据第 15 条第（6）款第（a）项的规定，公积金成员需要预留最低金额时，超过规定金额的资金（本款称之为"超额资金"）可以用于弥补最低金额的不足，并且根据第 15 条第（3）款或第（4）款，成员可以将超额资金的剩余部分取出；

（b）如果成员需要在退休账户中预留第 15 条第（2A）款第（a）项中规定的资金时，超额资金可以用于弥补这部分资金的不足，并且根据第 15 条第（2）款第（d）项、第（e）项和第（f）项的规定，成员可以将超额资金的剩余部分取出；

（c）如果成员需要在退休账户中预留第 15 条第（7B）款第（a）项或第（8B）款第（a）项中规定的资金时，超额资金可以用于弥补这部分资金的不足，并且根据第 15 条第（2）款第（a）项、第（3）款和第（4）款的规定，成员可以将超额资金的剩余部分取出；

（d）在其他情况下，可以根据第 15 条第（2）款第（a）项或第（g）项、第（3）款和第（4）款的规定，成员可以将这部分超额资金取出。

［32/84］

（3）在该部分，"规定金额"是指根据与第 77 条相关的规定，由部长规定的金额。

［32/84］

16A. 从已故成员的保健账户中取款来支付已故成员的医疗费用

（1）尽管第 24 条第（3A）款中有相关规定，公积金成员临死或死后，在满足部长提出的某些条件下，根据与第 77 条第（1）款相关的规定，公积金局可以允许将其保健账户资金的全部或部分提取出来，用于支付已故成员的医疗费用，如果：

（a）该成员在去世前，对资金的提取进行了授权（如果该成员没有能力进行授权，可以由指定的人进行授权）；

（b）或者，在成员临死或死后，由指定的人进行授权。

（2）若根据第（1）款，公积金局已经允许提取这部分资金，那么第 24 条第（3A）款不再适用于这部分资金。

（3）在第（1）款中，"指定的人"是指根据与第 77 条第（1）款相关的规则而指定的相关人或委员会。

17. 因贷款或其他情况从特殊账户中取款

因为以下一个或多个原因，公积金局可以允许成员提取其特殊账户中的全部或部分资金：

（a）根据与第 77 条相关的规定，成员贷款购买不动产后的还贷；

（b）根据《房屋和发展法》（第 129 章）第ⅣA 部分规定，因房屋改善工程而向房屋和发展委员会缴纳的改进费，或者是根据《市镇议会法》（第 329A 章）第ⅣA 部分规定，因电梯改善计划而向市镇议会缴纳的改进费，以及（根据与第 77 条相关的规定）向改善工程支付的费用、成本等。

［12/99］

18. 将资金转移到退休账户或特殊账户，以及退休账户资金的自愿留

存额

（1）为了实现第 15 条第（6C）款提到的目标，根据与第 77 条第（1）款第（o）项相关的规定，以及公积金局提出的某些条件，公积金局可以：

（a）若某成员的父母、祖父母、配偶或兄弟已经达到 55 岁，那么公积金局允许该成员将其账户中的一部分资金转移到上述人员的退休账户中，具体视情况而定；

（b）允许其他任何人将资金存入已经达到 55 岁的成员的退休账户中；

（c）或者，允许任何人在公积金局退休账户中自愿留存：（ⅰ）一个最低金额，或者（ⅱ）公积金局允许的其他金额，只要这个金额不超过部长根据第 18B 条第（3）款第（b）项在公报中公布的金额。

（1A）根据第（1）款第（a）项和第（b）项的规定转移或存到退休账户的所有资金，应该符合与第 77 条第（1）款第（o）项相关的规定或公积金局提出的其他条件。

（2）根据第 15 条第（2A）款第（a）项、第（7B）款第（a）项和第（8A）款第（a）项中提出的目标，以及公积金局提出的某些条件，公积金局可以：

（a）允许成员将其账户的部分资金（公积金局规定的金额）转移到其父母、祖父母、配偶或兄弟的退休账户中；

（b）或者，允许其他任何人将资金存入公积金成员的退休账户中。

（3）根据与第 77 条第（1）款第（oa）项相关的规定，以及公积金局提出的其他条件，公积金局可以：

（a）若某成员的父母、祖父母、配偶或兄弟还未满 55 岁，公积金局允许该成员将其账户中的一部分资金转移到上述人员的特殊账户中；

（b）或者，允许任何人将资金存到还未满 55 岁的成员的特殊账户中。

（4）根据第（6）款，当某成员是父母、祖父母、配偶或兄弟，其特殊账户可以接受第（3）款第（a）项中的资金时，公积金局要在该成员达到 55 岁时，将：

（a）已经接受的资金；

（b）可能会产生的利息，转移到该成员的退休账户中。

（5）根据第（6）款规定，当成员达到 55 岁时，公积金局可以将：

（a）其他人根据第（3）款第（b）项存入到成员特殊账户中的资金；

（b）可能会产生的利息，转移到该成员的退休账户中。

（6）当成员已经55岁时，根据第（4）款第（a）项、第（b）项和第（5）款第（a）项、第（b）项得到的所有资金、利息之和超过对成员规定的最低金额时：

（a）公积金局根据第（4）款和第（5）款规定转移到成员退休账户的资金不得超过为成员规定的最低金额；

（b）公积金局根据第（4）款第（a）项、第（b）项和第（5）款第（a）项、第（b）项转移到成员退休账户的资金和利息遵循以下的先后顺序：（ⅰ）第（4）款第（a）项、第（b）项中提到的资金和利息，（ⅱ）第（5）款第（a）项、第（b）项中提到的资金和利息。

（7）根据第（3）款而转移到成员特殊账户中的资金必须要符合与第77条第（1）款第（oa）项相关的规定，以及公积金局提出的条件。

（8）根据第（1）款第（a）项、第（2）款第（a）项和第（3）款第（a）项而转移的资金，根据第（1）款第（b）项、第（2）款第（b）项和第（3）款第（b）项而存入的资金，以及根据第（1）款第（c）项留存的资金，在该法案中都被看成是缴费。

18A. 将成员普通账户或特殊账户的资金转移到其退休账户

（1）根据公积金局设置的某些条件，当成员退休账户的资金少于指定金额时，可以将其普通账户或特殊账户，或者两个账户的一部分资金转移至其退休账户，但是转移的资金额不得超过以下两部分的差额：

（a）指定金额；

（b）退休账户中的金额。

（2）在这一部分，"指定金额"是指根据第18B条第（3）款第（b）项的规定，由部长在公报中公布的金额。

18B. 将成员普通账户的资金转移到其特殊账户

（1）根据第（2）款规定，当成员特殊账户内的资金少于指定金额时，成员可以向公积金局申请，将其普通账户的一部分资金转移到特殊账户中，但是转移的资金额不得超过以下两部分的差额：

（a）指定金额；

（b）以下两部分金额之和：（ⅰ）特殊账户中的金额，（ⅱ）为了进行与第77条第（1）款第（n）项相关的规定中的投资而从特殊账户中提取的资金。

（2）成员根据第（1）款进行资金转移的申请不可撤销，而且资金的转移要满足公积金局的相关条件。

[30/98]

（3）在这一部分中，"指定金额"是指：

（a）如果没有第（b）项规定的金额时，为 6.5 万美元；

（b）或者，为了实现本条的目标，部长在公报上公布的金额。

[30/98；39/2000]

（见 2002 年第 S320 号法案，自 2002 年 7 月 1 日开始实施；见 2004 年第 S395 号法案，自 2004 年 7 月 1 日开始实施）

18C. 将成员普通账户或特殊账户的资金转移到其保健账户

（1）根据第（2）款，当成员保健账户内的资金少于所需金额时，成员可以向公积金局申请，将其普通账户或特殊账户或两个账户中的一部分资金转移到保健账户中。

（2）成员根据第（1）款进行资金转移的申请不可撤销，而且要满足公积金局的相关条件。

（3）在该部分中，"所需金额"是指根据第 13 条第（6）款，部长指定的金额。

19. 因死亡将公积金转移到父母、祖父母、配偶或兄弟的退休账户，或根据第 15 条第（2）款第（b）项或第（c）项提取公积金

（1）根据第 18 条第（1）款第（a）项或第（2）款第（a）项，成员转移到其父母、祖父母、配偶或兄弟的退休账户的资金：

（a）当父母、祖父母、配偶或兄弟去世时，不包括在公积金支付的金额之内，具体视情况而定；

（b）根据第 15 条第（2）款第（b）项和第（c）项的规定，不能由父母、祖父母、配偶或兄弟从账户中提出，具体视情况而定。

（2）除非第（3）款和第（4）款另有规定，根据第 18 条第（1）款第（a）项和第（2）款第（a）项进行转移的资金或剩余资金，应该从以下时间开始记入账户：

（a）父母、祖父母、配偶或兄弟去世时；

（b）或者，根据第 15 条第（2）款第（b）项或第（c）项，父母、祖父母、配偶或兄弟从公积金取款时。

(3) 根据第 18 条第（1）款第（a）项或第（2）款第（a）项由成员转移到其父母、祖父母、配偶或兄弟退休账户的资金，被公积金局转移或支付给第 27B 条中提到的人时：

(a) 第（2）款不适用于这些资金；

(b) 第 27B 条中已经得到这些资金的人可以保留这些资金。

(4) 根据与第 77 条第（1）款相关的规定，当公积金局收到通知：根据第 18 条第（1）款第（a）项或第（2）款第（a）项，应该由成员转移给其父母、祖父母、配偶或兄弟退休账户的资金，将要被公积金局转移到或支付给，或者将要转移或支付给第 27B 条中提到的人。并且公积金局在收到通知时，还没有根据第（2）款将这部分资金记入到成员账户：

(a) 第（2）款不适用于这部分资金；

(b) 第 27B 条中提到的人有权利得到这部分资金。

(5) 根据第 18 条第（1）款第（b）项或第（2）款第（b）项，在 2008 年 11 月 1 日之前，成员存入到其父母、祖父母、配偶或兄弟退休账户的资金，不得作为因父母、祖父母、配偶或兄弟死亡而从公积金支出费用的一部分，具体视情况而定。

(6) 除非在第（7）款和第（8）款中另有规定，根据第 18 条第（1）款第（b）项或第（2）款第（b）项支付的资金或者是紧挨 2008 年 11 月 1 日之前支付的资金，或者是剩余资金，应该记入这样一个人的账户，此人已经为其父母、祖父母、配偶或兄弟的死亡支付过费用。

(7) 根据第 18 条第（1）款第（b）项或第（2）款第（b）项，一个人在 2008 年 11 月 1 日以前转移到其父母、祖父母、配偶或兄弟退休账户的资金，被公积金局转移到或支付给第 27B 条中提到的人：

(a) 第（6）款不适用这些资金；

(b) 第 27B 条中已经得到这些资金的人可以保留这些资金。

(8) 根据与第 77 条第（1）款相关的规定，当公积金局收到通知：根据第 18 条第（1）款第（b）项或第（2）款第（b）项，应该由成员转移给其父母、祖父母、配偶或兄弟退休账户的资金，将要被公积金局转移到或支付给，或者将要转移或支付给第 27B 条中提到的人。并且公积金局在收到通知时，还没有根据第（6）款将这部分资金记入到成员账户：

（a）第（6）款不适用于这部分资金；

（b）第27B条中提到的人有权利得到这部分资金。

19A. 因死亡将公积金转移到父母、祖父母、配偶或兄弟的特殊账户，或根据第15条第（2）款第（b）项或第（c）项提取公积金

（1）根据第18条第（3）款第（a）项的规定，成员转移到其父母、祖父母、配偶或兄弟特殊账户的资金：

（a）当父母、祖父母、配偶或兄弟去世时，不包括在公积金支付的金额之内，具体视情况而定；

（b）根据第15条第（2）款第（b）项和第（c）项的规定，不能由父母、祖父母、配偶或兄弟从账户中提出，具体视情况而定。

（2）除非在第（3）款和第（4）款中另有规定，根据第18条第（3）款第（a）项转移的资金，或剩余资金，应该在以下时间开始记入账户：

（a）父母、祖父母、配偶或兄弟去世时；

（b）或者，根据第15条第（2）款第（b）项或第（c）项，父母、祖父母、配偶或兄弟从公积金取款时。

（3）根据第18条第（3）款第（a）项由成员转移到其父母、祖父母、配偶或兄弟退休账户的资金，被公积金局转移或支付给第27B条中提到的人时：

（a）第（2）款不适用于这些资金；

（b）第27B条中已经得到这些资金的人可以保留这些资金。

（4）根据与第77条第（1）款相关的规定，当公积金局收到通知：根据第18条第（3）款第（a）项，应该由成员转移到其父母、祖父母、配偶或兄弟特殊账户的资金，将要被公积金局转移到或支付给，或者将要转移或支付给第27B条中提到的人。并且公积金局在收到通知时，还没有根据第（2）款将这部分资金记入到成员账户：

（a）第（2）款不适用于这部分资金；

（b）第27B条中涉及的人有权利得到这部分资金。

（5）根据第18条第（3）款第（b）项，成员在2008年11月1日之前存入到其父母、祖父母、配偶或兄弟特殊账户的资金不得作为从公积金支出的父母、祖父母、配偶或兄弟死亡费用的一部分，并视情况而定。

（6）除非在第（7）款和第（8）款中另有规定，根据第18条第

(3) 款第（b）项支付的资金或者是紧挨 2008 年 11 月 1 日之前支付的资金，或者是资金剩余，应该记入这样一个人的账户，此人已经为其父母、祖父母、配偶或兄弟的死亡支付过费用。

（7）根据第 18 条第（3）款第（b）项，一个人在 2008 年 11 月 1 日以前转移到其父母、祖父母、配偶或兄弟特殊账户的资金，被公积金局转移到或支付给第 27B 条中提到的人：

(a) 第（6）款不适用于这些资金；

(b) 第 27B 条中已经得到这些资金的人可以保留这些资金。

（8）根据与第 77 条第（1）款相关的规定，当公积金局收到通知：根据第 18 条第（3）款第（b）项，应该由成员转移给其父母、祖父母、配偶或兄弟特殊账户的资金，将要被公积金局转移到或支付给，或者将要转移或支付给第 27B 条中提到的人。并且公积金局在收到通知时，还没有根据第（6）款将这部分资金记入到成员账户：

(a) 第（6）款不适用于这部分资金；

(b) 第 27B 条中提到的人有权利得到这部分资金。

20. 公积金的提取

（1）根据第 25 条第（3）款，第 15 条中提到的人在提交公积金提取申请的基础上，公积金局可以授权该人提取申请的金额及第 6 条第（4）款和第（4A）款中规定的利息（该利息的计算日期截至授权之日为止），或者，如果该申请人是第 25 条第（1）款中的被提名人，那么他在被提名之时就可以提取公积金。

（2）若成员根据授权可以提取公积金的当天到该月最后一天之前，成员本月的保险费还未缴纳，公积金局可以认为这些缴费已经包含在成员提取的公积金金额之内，并已经支付给成员。

[5/87]

（3）申请提取公积金要有充分的理由，并且还要进一步满足公积金局提出的条件。

21. 对不动产进行交易，以保障对公积金的还款

（1）根据与第 77 条相关的规定，公积金成员在 1981 年 6 月 1 日当天或以后因为下面全部或部分理由提取公积金：

(a) 支付购买或收购不动产的全部或部分资金。

(b) 成员因购买或收购不动产进行贷款后，提取公积金来偿还或分

期偿还贷款。

（c）根据与第 77 条第（1）款第（ⅰ）项相关的规定偿还贷款，或者支付某些成本、费用等。

（ca）因以下两种情况而缴纳的改进费：（ⅰ）根据《房屋和发展法》（第 129 章）第ⅣA 部分规定，因房屋改善工程而向房屋和发展委员会缴纳的改进费；或者（ⅱ）根据《市镇议会法》（第 329A 章）第ⅣA 部分规定，因电梯改善计划而向市镇议会缴纳的改进费，包括为改善工程支付的费用、成本等。

（d）支付其他成本、费用和开支：（ⅰ）购买或收购不动产；（ⅱ）为购买或收购不动产而进行贷款；以及（ⅲ）与公积金提取相关的其他费用。

为了保证提取公积金后的还款，公积金局在发现成员退休账户的最低金额不足时，可以决定对成员的不动产进行交易，或进行征收不动产产生的全部或部分利息。

（1A）若公积金成员是不动产的购买者之一或租赁者之一（具体视情况而定），根据先前与所有购买者和租赁者签订的书面同意书，公积金局可以将对不动产的交易扩展到所有人。

[19/83；16/86；5/87；29/93]

（2）在所有成员同意进行不动产买卖的前提下，上述第（1）款中提到的交易，可以扩展到不动产全部成员的所有权利、收益和利息（视情况而定）。

[19/83；16/86]

（3）除非公积金局另有决定，所有根据第（1）款在 1981 年 6 月 1 日至 1986 年 12 月 31 日（包括这两个日期）之间对不动产进行的交易都被认为是为了保证成员退休账户的最低金额。

[5/87]

（4）在公积金局和注册人签署文件的基础上（也可以选择其他方式，由注册人决定），为了进行第（1）款中的交易，并让注册人接受文件内容，公积金局：

（a）可以作为一个承受抵押者，有不动产的出售权和其他相关或附带的权利；

（b）在签署不动产买卖协议的基础上，有出售、转让和处置不动产权益、利息的权利。

[19/83；16/86]

（5）注册人无须亲自去调查第（1）款中交易的有效性，但是在接受了关于交易的相关文件后，应该根据《土地所有权法》（第157章）、《土地所有权（层）法》（第158章）和《契约登记法》（第269章）中规定的相关规则对交易进行登记，并视情况而定。

[19/83]

（6）交易必须受到法定权利的约束，符合公共当局对其他不动产交易的标准，并受到下发交易通知之前不动产负担的影响。

[19/83；16/86]

（7）如果最低金额的偿还是通过对成员不动产的交易来实现的，那么成员在根据第15条第（6）款规定需要存入一个指定金额的日期之前，这种偿还是要排在抵押承受人或收费人（非公积金局）的索赔之后的。

[5/87]

（8）尽管《土地所有权法》（第157章）第80条和《契约登记法》（第269章）第15条都有所规定：

（a）公积金局和注册人根据第（3）款签署文件并在注册人同意的基础上，公积金局对成员的不动产进行第（1）款中的交易后，若根据公积金局授权，成员可以再次提取公积金，并且公积金的提取要排在其他索赔之前；

（b）公积金局在注册人的同意下签署了对成员不动产进行第（1）款中的交易的文件后，若对于该不动产还存在其他的抵押承担人或收费人，这些抵押和收费不得排在公积金局的交易之前。

[19/83；S227/95]

（9）尽管有第（1）款和第（8）款的规定，其他通过抵押不动产进行保证的利息、交易等，在与公积金局达成协议或符合公积金局提出的某些条件的前提下，可以排在公积金局的交易之前，或和公积金局的交易处于平等位置。

[19/83；16/86]

（10）根据第（1）款进行的交易应当继续有效，直到：

（a）所有由不动产交易担保的资金：（ⅰ）已经偿还至公积金；或者（ⅱ）根据与第77条第（1）款相关的规定，不再需要偿还至公积金。

(b) 公积金局认为出现了第 15 条第（15）款第（e）项中的情况，在这些情况中，针对公积金成员或其他人的不动产的交易取消。

（11）第（4）款、第（9）款和第（10）款适用于第（1）款中提到的交易，根据与第 77 条相关的规定，这些交易是为了公积金取款而设置的。

[19/83]

（12）在这一条和第 15 条、第 21A 条和第 21B 条中：

"公共当局"是指政府、土地税征收局、物业税审计长，以及其他通过书面法律授权，可以强制性地购买或出售土地的人、团体和公司。

"注册人"是指：

（a）根据《土地所有权法》（第 157 章）任命的财产所有权的注册人，财产所有权的代理注册人或者财产所有权的助理注册人；

（b）如情况需要，还包括根据《契约登记法》（第 269 章）而任命的契约注册人或契约代理注册人。

[19/83；5/87；27/95]

（13）本条不适用于部长可能会在公报特别指出的某些或某类不动产。

[19/83；16/86]

21A. 对不动产进行交易，以保证对 1981 年 6 月 1 日之前的公积金取款的还款

（1）根据与第 77 条相关的规定，公积金成员在 1981 年 6 月 1 日之前提取公积金：

（a）来支付购买或收购不动产的全部或部分资金。

（b）成员因购买或收购不动产进行贷款后，提取公积金来偿还或分期偿还贷款。

（c）支付以下几种情况中发生的其他成本、费用和开支：（ⅰ）购买或收购不动产；（ⅱ）为购买或收购不动产而进行贷款；以及（ⅲ）与公积金提取相关的费用。

为了保证提取公积金后的还款，公积金局在发现成员退休账户的最低金额不足时，在《土地所有权法》《土地所有权（层）法》或《契约登记法》的相关规定下，可以在注册人那里进行适当登记，以对成员的不动产进行交易，或对不动产的利息进行全部或部分征收。

（1A）若公积金成员是不动产的购买者或租赁者之一（视情况而定），根据先前与所有购买者和租赁者签订的书面同意书，公积金局可以将对不动产的交易和利息征收扩展到所有人。

[27/95]

（2）在所有成员同意进行不动产买卖的前提下，上述第（1）款中提到的交易，可以扩展到不动产全部成员的所有权利、收益和利息（视情况而定）。

[27/95]

（3）在公积金局和注册人签署文件的基础上（也可以选择其他方式，由注册人确定），为了进行第（1）款中的交易，并让注册人同意文件内容，公积金局：

（a）可以作为一个承受抵押者，享有不动产的出售权和其他相关或附带的权利；

（b）在不动产买卖协议的基础上，有出售、转让和处置不动产权益、利息的权利。

[27/95]

（4）注册人无须亲自去调查第（1）款中交易的有效性，但是在接受了关于交易的相关文件后，应该根据《土地所有权法》（第157章）、《土地所有权（层）法》（第158章）和《契约登记法》（第269章）中规定的相关规则对交易进行登记，并视情况而定。

[27/95]

（5）第（1）款中的所有交易必须受到法定权利的约束，符合公共当局交易其他不动产的标准，在公积金局没有得到允许的时候，受下发交易通知之前不动产负担的影响。

[27/95]

（6）如果最低金额的偿还是通过对成员不动产的交易来实现的，那么成员在根据第15条第（6）款规定需要存入一个指定金额的日期之前，这种偿还是要排在抵押承受人或收费人（非公积金局）的索赔之后的。

[27/95]

（7）尽管《土地所有权法》（第157章）第80条和《契约登记法》（第269章）第15条有所规定：

（a）公积金局和注册人根据第（3）款签署文件并在注册人同意的基

础上，公积金局对成员的不动产进行第（1）款中的交易后，若根据公积金局授权，成员可以再次提取公积金，并且公积金的提取要排在其他索赔之前；

（b）公积金局在注册人的同意下签署了对成员不动产进行第（1）款中的交易的文件后，若对于该不动产还存在其他的抵押承担人或收费人，这些抵押和收费不得排在公积金局的交易之前。

[27/95]

（8）尽管有第（1）款和第（7）款的规定，其他通过抵押不动产进行保证的利息、交易等，在和公积金局达成协议或符合公积金局提出的某些条件的前提下，可以排在公积金局的交易之前，或和公积金局的交易处于平等位置。

[27/95]

（9）根据第（1）款而进行的交易应当继续有效，直到：

（a）所有由不动产交易担保的资金：（ⅰ）已经偿还至公积金，或者（ⅱ）根据与第77条第（1）款相关的规定，不再需要偿还至公积金；

（b）或者，公积金局认为出现了第15条第（15）款第（e）项中的情况，在这些情况中，针对公积金成员或其他人的不动产的交易取消。

（10）在进行第（1）款和第21条第（4）款中的交易注册登记时而发生的费用或其他支出，根据公积金局提出的某些条件，可以从成员的账户中扣除这些费用。

[27/95]

（11）本条不适用于部长可能会在公报特别指出的某些或某类不动产。

[27/95]

21B. 对组屋进行交易，以保证对公积金的还款

（1）根据与第77条相关的规定，公积金成员在2003年1月1日或之前从账户提取公积金：

（a）用来支付购买组屋的全部或部分款项；

（b）若成员通过贷款购买组屋，之后提取公积金偿还或分期偿还贷款；

（c）根据《房屋和发展法》（第129章）第ⅣA部分规定，因房屋改善工程而向房屋和发展委员会缴纳的改进费，或者根据《市镇议会法》

（第329A章）第ⅣA部分规定，因电梯改善计划而向市镇议会缴纳的改进费，包括根据为此类改善工程支付的费用、成本等；

（d）支付以下情况中发生的其他成本、费用和开支：（ⅰ）购买或收购组屋，（ⅱ）为购买或收购组屋而进行贷款，以及（ⅲ）与提取公积金相关的费用。

成员因上述理由提取公积金后，应该对成员的组屋进行交易以保证成员还款，还包括需要偿还全部或部分利息（由公积金局决定），以用来保证成员退休账户的最低金额。

（2）根据第（1）款中对组屋交易的决定，公积金局有权利以登记过的抵押承受人的身份将组屋的所有权出售或转移给其他购买者，虽然这种做法并不符合《土地所有权法》（第157章）的相关规定。

（3）任何根据第（1）款对组屋进行的交易：

（a）必须受到法定权利的约束，符合公共当局交易组屋的标准；

（b）应当符合房屋和发展委员会制定的关于组屋转售款的相关标准，除非需要缴纳转售款的人已经从其他人（而非房屋和发展委员会）那里获得了购买组屋的贷款；

（c）在没有签订任何公积金局优先权的协议下，必须受到下发交易通知之前组屋所有权的影响；

（d）在排名优先或排名不分前后的情况下，受到与第77条相关的规定中的其他债务的影响。

（4）假如对最低金额的偿付是根据第（1）款对组屋的交易实现的，那么成员在需要按照第15条第（6）款规定存入指定金额之前，其他抵押承受人或收费人的索赔要排在公积金偿付之前。

（5）如果：

（a）根据第（1）款规定，受组屋交易担保的资金需要按照与第77条相关的规定偿还至公积金局；

（b）这部分款项的全部或部分在自偿还之日起60天内还没有付清。

那么，在先前房屋和发展委员会的书面同意下，通过下发组屋交易通知（具体通知形式见与第77条相关的规定），公积金局可以宣布他们对组屋进行交易的意图。

（6）如果在公积金局宣布要出售组屋的90天内，通过交易进行担保的全部或部分款项未能偿还至公积金局，公积金局可以售卖组屋。

（7）当公积金局根据第（6）款售卖组屋后，组屋的购买者和注册人无须亲自去调查第（1）款中交易的有效性。

（8）为了对转让的组屋［根据第（6）款转让］进行有效登记，注册人可以无须提供组屋租赁副本的复印件或组屋所有权附属证明的复印件，并视情况而定。

（9）由公积金局根据第（6）款规定出售组屋得到的资金，应该由公积金局托管，并且要：

（a）符合第（3）款第（a）项中的公共权利或收费标准；

（b）支付第（3）款第（b）项中的转售款；

（c）清偿第（3）款第（c）项中的其他债务；

（d）支付公积金局在出售或将要出售组屋时发生的其他费用或成本；

（e）向公积金局偿还所有由交易担保的款项，根据第（3）款第（d）项，需要偿还相关债务（与第77条相关的规定的），并需要考虑到债务的前后顺序；

（f）根据与第77条相关的规定中确定的债务优先顺序进行偿还。

（10）尽管在《土地所有权法》（第157章）第80条中有所规定，当根据第（1）款对组屋进行的交易仍在进行时，公积金局仍可以授权成员从公积金进一步取款，这些取款仍然排在其他针对组屋的索赔之前。

（11）根据第（1）款进行的交易应当继续有效，直到：

（a）所有由组屋交易担保的资金：（ⅰ）已经偿还至公积金，或者（ⅱ）根据与第77条第（1）款相关的规定，不再需要偿还至公积金；

（b）或者，公积金局认为出现了第15条第（15）款第（e）项中出现的情况。

（12）本条不适用于：

（a）那些公积金局认为，已经根据《土地所有权法》（第157章）由注册人进行交易登记的组屋；

（b）由房屋和发展委员会指定的房屋和城市发展公司开发的三层或四层的组屋；

（c）由部长在公报中特别指出的一些组屋或系列组屋。

（13）第21条和第21A条不适用于本条中的组屋。

（14）2009年第18号法案废除该条款，新条款自2009年8月20日起开始实施。

22. 为支付指定教育机构的教育费用而提取公积金

（1）在满足一定条件的基础上，公积金局可以允许成员提取公积金，来支付成员的孩子或其他亲属在某些指定的教育机构接受教育课程时发生的学费，同时还可以支付另外一些教育机构授予认定资格的课程。

[30/89]

（2）每次根据第（1）款而取款时，应该首先以公积金局指定的方式进行申请。

[30/89]

（3）根据第（1）款，成员为自己、孩子或其他亲属提取公积金时，该成员、其孩子或亲属应该：

（a）向公积金局做出承诺；

（b）如果公积金局有要求，由公积金局指定任何人做出保证。

为了向公积金局偿还这部分公积金，成员应该在公积金局指定的时间，并且以公积金局指定的方式向公积金局偿还这部分资金和全部或部分的利息（由公积金局决定）。

（4）任何人根据第（3）款向公积金局做出的承诺应该被强制兑现，即使该人在做出承诺时是个未成年人。

[30/89]

（5）尽管在该法案中有相关规定，但是任何人如果没有按照第（3）款偿还这部分公积金，则可能被起诉，并且公积金局会按照第65条追回这部分资金。

[30/89]

（5A）如果该指定教育机构未能满足以下要求，公积金局可以拒绝成员根据第（1）款提出的申请：

（a）提供公积金局要求他们提供的信息、证明和文件；

（b）或者，遵守公积金局和指定教育机构协议中的管理或运行要求。

（5B）在不影响第（3）款、第（4）款和第（5）款执行的前提下，当成员提取公积金，并且错误地支付给指定教育机构时：

（a）指定教育机构必须将这部分资金退还给公积金局，并存入成员的账户，同时还要退还这部分资金全部或部分的利息（具体由公积金局决定）。

（b）如果是因为教育机构的原因而引起的错误，教育机构应该：（ⅰ）弥补公积金局在纠正该错误时发生的所有费用；并且（ⅱ）为公积金局承担在取款或支付中的责任（或者是公积金局针对公积金成员的，或者是针对其他成员的）。

（c）若上述第（a）项中的公积金没有退还给公积金局，公积金局可以起诉该教育机构，并根据第65条追偿该款项。

（d）若上述第（b）项中的款项没有退还给公积金局，公积金局可以起诉该教育机构，并将该款项作为债务来追偿。

（6）在本条中：

"指定教育机构"是指根据第（1）款中的目标，部长指定的新加坡的任何一家教育机构。

"教育课程"是指根据第（1）款中的目标，部长指定的任何学习课程。

"亲属"是指和公积金成员有关，并且依靠成员得到照料和维持生存的人。

"学费"包括成员在提取公积金时由公积金局征收的任何管理费用。

[30/89]

23. 为执行第22条而制定的规则

为了有助于执行第22条中的相关规定，部长可能会制定一系列规则，包括：

（a）规定成员提取公积金的金额和方式；

（b）为使用公积金的成员或其他人规定还款的时间和方式；

（c）为使用公积金的成员或其他人规定公积金局要求的信息、证据和文件；

（d）部长可能说明的其他情况。

[30/89]

24. 权益的保护

（1）尽管有成文法或其他法律的相关规定，但是根据第27B条、第27C条、第27D条、第27E条、第27F条、第27G条、第27H条，以及与第57C条和第77条第（1）款相关的规定：

（a）本法案规定的公积金取款和成员的权利。

（b）由成员向公积金局偿还，并且受以下担保的欠款：（ⅰ）根据第21条第（1）款或第21A条第（1）款，通过对不动产的交易或利息来担保；或者（ⅱ）根据第21B条第（1）款对组屋的交易来担保，不得因为债务或索赔而使上述款项被转让、抵押、暂时抵押、没收或抵销。

（2）尽管有成文法或其他法律的规定，但是根据第27G条、第27H条，以及其他与第77条第（1）款相关的规定，公积金成员按照与第77条第（1）款第（n）项相关的规定，进行的任何投资的收益都必须要偿还至公积金局，而且这些需要偿还给公积金局的资金不得因为成员的债务或索赔而被转让、抵押、暂时抵押、没收或抵销。

（2A）《财产转让法》（第61章）第73条和《保险法》（第142章）第49L条不适用：

（a）根据与第77条第（1）款第（n）项相关的规定，成员进行的保险投资收益（该收益必须用于偿还公积金欠款）；

（b）成员必须要用于偿还公积金局资金的保险收益。

（3）尽管在《破产法》（第20章）中有相关规定，但如果成员被法院宣告破产，那么成员根据第77条第（1）款第（n）项进行投资所获得的全部或部分收益将必须用于偿还公积金欠款，这些用于偿还公积金欠款的收益：

（a）不得交至官方受托人；

（b）不得作为成员还债资产。

（3A）根据第（3B）款、第16A条、第27N条、第57C条以及与第27Q条和第57F条相关的规定，所有因成员死亡而支付的公积金应该转移给受托人，包括：

（a）根据第25条第（1）款规定，由已故成员指定的个人或多人（如果有的话）；

（b）或者，根据第25条第（2）款规定，由公共信托人指定的个人或多人。

在不影响《遗产税法》（第96章）实施的前提下，这些公积金不构成已故成员的遗产或不得用来偿还他的债务。

（3B）成员死后，根据第27B条第（1）款、第（2）款和第（3）款的规定，支付给配偶或前配偶的资金不适用第（3A）款。

（4）根据第27N条、第57C条，以及与第27Q条和第57F条相关的规定,成员缴纳的保险费和由此产生的利息不得用于偿还成员债务,也不得在成员破产时交至官方受托人。

(5) 当法院宣告成员破产时,成员缴纳的保险费和由此产生的利息不得作为成员的还债资产。

(6) 雇员的破产不能影响该法案规定的雇员缴费,尽管有成文法的规定,这种缴费应该持续并且不得成为后得财产的一部分。

(7) 2009 年第 18 号法案废除该条款,新条款于 2009 年 8 月 20 日开始实施。

25. 因成员死亡而支付的公积金

(1) 任何公积金成员在生前可以以公积金局规定的方式——备忘录来指定一个人,在成员死亡时接收公积金局支付的资金[根据第 20 条第 (1) 款规定],或者是第 26 条第 (1) 款中提到的股份,这些都必须在备忘录中注明。

[31/95]

(2) 若成员去世时,他没有指定第 (1) 款中提到的接收人,那么根据以下法律,公积金局因其死亡而支付的公积金须交由公共受托人处置:

(a)《无遗嘱继承法》(第 146 章),若成员去世时不是一位穆斯林;

(b) 或者,《穆斯林管理法》(第 3 章)第 112 条,若成员去世时是一位穆斯林。

(3) 尽管有第 15 条第 (5) 款和第 20 条第 (1) 款中的相关规定,如果被指定的人(除了寡妇)在接收这部分公积金时未满 18 岁,那么为了此人的利益,这部分资金仍要交由公共受托人处置。

(4) 第 (1) 款中的被指定人,或第 (2) 款、第 (3) 款中的公共受托人应该提供收据,以作为公积金局支付资金的证明。

(4A) 如果第 (1) 款中的被指定人在接受这部分资金时已经去世,并且这部分资金没有超过部长在公报公示的金额:

(a) 公积金局可以将该资金的全部或部分支付给适合的索赔者;

(b) 接受资金的索赔者要提供收据,以作为公积金局支付资金的证明。

(4B) 第 (4A) 款不影响任何人对根据第 (4A) 款第 (a) 项支付给适合的索赔者的金额的索赔权。

(5) 公积金成员根据第（1）款所做出的指定应该被撤销：

（a）因为他的婚姻，不管他是在1980年5月15日之前、当日还是之后结婚；

（b）或者，公积金局规定的其他情况。

(6) 尽管有第（5）款规定，但是当公积金成员根据第（1）款所做的指定因为他的婚姻被撤销，排除婚姻的影响，根据该条规定，公积金局可以认为已经将这部分资金支付出去：

（a）公积金局从支付的义务中解脱；

（b）但本款不影响任何人向资金接收者索赔。

(7) 在本条中：

"孩子"是指法定儿女，包括根据新加坡、马来西亚和文莱的现行法规定的通过法院而领养的孩子。

"父母"包括养父母。

"合适的索赔者"是指这样的一个人：

（a）作为已故指定人的遗嘱执行人，声称有权利接受已故指定人接收的公积金；

（b）作为已故指定人的妻子、丈夫、孩子、祖孙女、父母、兄弟、姐妹、外甥、外甥女、祖父母、叔伯舅舅、阿姨等，声称有权利接受已故指定人接收的公积金。

26. 公积金局在分配和处理已故成员的股份方面所具有的权力

（1）已经根据第25条第（1）款设置备忘录的公积金成员，在其死后，他购买的部长指定公司的股份，（尽管有某些成文法的规定）公积金局有权进行处理。

[31/95]

（2）根据公积金局提出的某些条件，公积金局在成员死后须将这些股份转移至指定的人那里，并且指定的人要提供收据以作为公积金局转移股份的证明。

[31/95]

（3）若因为某些原因，公积金局未能将这些股份转移给有资格接受的人，公积金局应该在指定的时间内以特定的方式将这些股份出售。

[31/95]

（4）当公积金局根据第（3）款将股份出售后，公积金局应该尽快将所得资金转移至指定的人那里，并且指定的人要提供收据以作为公积金局转移股份的证明。

[31/95]

（5）在本条中：

"指定公司"是指由部长同意批准的公司。

"公司"是指：

（a）任何在新加坡成立的公司，其全部或部分资产为国有，包括这些公司在新加坡成立的附属公司；

（b）法定委员会在新加坡成立的附属公司。

"股份"包括股份凭证，可转移的认购权、可认购股份、可转换债券，以及股份所产生的其他收益。

[31/95]

（6）成员根据第 25 条第（1）款所设置的备忘录，若在 1996 年 1 月 1 日之前生效，那么该备忘录适用于第（1）款中所指定的任何股份。

[31/95]

（7）本条不适用于在 1996 年 1 月 1 日之前去世的公积金成员。

[31/95]

27. 解除破产时的取款

（1）根据本条或者是与该法案相关的其他规定，解除破产的人不得从其公积金账户中取款。

[15/90]

（2）只要公积金局认为成员根据第（14A）条进行的政府贷款和利息已经还清，那么公积金局可酌情允许解除破产的成员从其公积金账户中取款，如果：

（a）他满足第 15 条第（2）款第（a）项、第（d）项、第（e）项、第（f）项或第（g）项中的相关条件；

（b）满足部长所提出的条件。

（2A）从公积金账户提取的所有资金不得作为其后的资产，而且不得因为成员的债务被扣押或索赔等。

（3）根据第（2）款，解除破产的成员可以从公积金账户取款时，公积金局可以提出必要的条件（如规定提取的数量）。

（4）2003 年第 31 号法案废除该条款，新条款自 2004 年 1 月 1 日开始实施。

（5）所有根据本条进行取款的申请必须要以公积金局规定的方式进行，并且要提供公积金局需要的合理证据。

第三 A 部分　婚姻诉讼程序对公积金资产的划分

27A. 释义

在这一部分和第 77 条第（1）款第（ra）项中：

"指定年金"是指根据第 15 条中的规定，由公积金局指定的年金。

"指定银行"是指根据第 15 条中的规定，由公积金局指定的银行。

"指定账户"是指根据与第 77 条第（1）款相关的规定，由公积金局建立或即将建立的指定账户。

"法院命令"是指：

（a）根据《妇女宪章》（第 353 章）第 112 条中关于离婚和分居诉讼的规定，或者根据第 X 部分中关于无效婚姻的规定而做出的命令；

（b）或者，根据《穆斯林管理法》（第 3 章）第 52 条第（3）款第（d）项、第（7）款或第（9）款中关于婚姻诉讼的规定，或者根据该法案第三部分中关于无效婚姻的规定而做出的命令。

"公共当局"和在第 21 条第（12）款中具有相同的含义。

"配偶"包括前配偶。

27B. 法院要求转移或支付公积金的命令

（1）根据第（2）款、第（3）款和第（5）款规定，按照法院命令，公积金成员的配偶有权利得到成员的公积金时，包括任何支付或返还给成员账户的公积金：

（a）如果配偶是新加坡公民或永久居民，根据法院命令，公积金局可以：

（ⅰ）将这部分资金转移到公积金局为该配偶建立或即将建立的公积金账户中，这种转移：（A）在公积金局得到法院命令复本时立刻执行；并且（B）应该参考与第 77 条第（1）款相关的规定，并且要按照公积金局提出的条件和方式进行。

（ⅱ）将资金支付给配偶，这种支付应该发生：

（A）在成员死后，或者根据第 15 条第（2）款或第 27 条，配偶有权利得到成员的公积金时，二者之中选择较早的时间；并且（B）在配偶为提取公积金而进行申请的基础之上。

（b）如果配偶不是新加坡公民或永久居民，公积金局可以将这部分资金支付给配偶，这类支付应该发生：（ⅰ）在成员死后，或者根据第15条第（2）款或第27条，配偶有权利得到成员的公积金时，二者之中选择较早的时间；并且（ⅱ）在配偶为提取公积金而进行申请的基础之上。

（2）根据第（5）款，可以进行第（1）款第（a）项第（ⅰ）目中的公积金转移或者进行第（1）款第（b）项中的支付后，首先要扣除：

（a）根据第14条第（3）款，公积金局有权代表政府扣除的金额；

（b）根据第14A条第（5）款或第（6）款，公积金局有权代表政府接受或扣除的金额；

在扣除之后，若可以进行转移或支付的金额少于法院命令中的金额，公积金局会向配偶支付扣除后的剩余金额而非法院命令规定的金额（视情况而定）。

（3）根据第（5）款，在进行第（1）款第（a）项第（ⅰ）目中规定的公积金支付之前要扣除：

（a）根据第14条第（3）款，公积金局有权代表政府扣除的金额；

（b）根据第14A条第（5）款或第（6）款，公积金局有权代表政府接受或扣除的金额；

（c）根据第15条和第16条要求成员预留的资金；

（d）根据第27条第（2）款第（b）项或第（3）款中的某些条件，要求成员预留的资金。

若在扣除之后，可以进行转移或支付的金额少于法院命令中的金额，公积金局会向配偶支付扣除后的剩余金额而非法院命令规定的金额。

（4）根据第（2）款或第（3）款，由公积金局转移或支付的公积金：

（a）有效地解除了公积金局的义务（根据法院命令）；

（b）但影响配偶对成员账户剩余资金（法院命令规定）的追索权。

（5）在公积金局根据第（1）款、第（2）款或第（3）款对成员账户资金进行转移或支付前，若法院命令要求将资金支付到成员的账户，此时，公积金局不得再进行资金的转移或支付，除非：

（a）要求支付的资金已经支付到成员的公积金账户；

（b）公积金局已经通过与第77条第（1）款相关的规定中指定的方

式，对这种支付进行了通知。

（6）根据第（1）款第（a）项第（ⅰ）目或第（b）款，或第（2）款的规定，公积金局应该对成员账户的资金进行转移或支付：

（a）尽管有第24条、第25条和第26条的规定，第15条、第16条、第27条或与第77条第（1）款相关的规则中关于公积金提取限制的规定。

（b）应该发生在以下情况之前：（ⅰ）根据第13条第（7）款、第15B条、第16A条、第17条、第18条、第18A条、第18B条、第18C条、第20条、第21条、第21A条、第21B条、第22条或与第23条、第77条第（1）款相关的规定，进行成员公积金的提取或转移；（ⅱ）根据第27L条、第32条、第45条、第54条或与第77条第（1）款相关的规定，进行公积金的扣除。

（7）根据第（1）款第（a）项第（ⅱ）目或第（3）款的规定，公积金局将资金支付到成员的账户中：

（a）尽管有第24条、第25条和第26条的规定，以及与第77条第（1）款相关的规则中关于公积金提取限制的规定。

（b）应该发生在以下情况之前：（ⅰ）根据第13条第（7）款、第15B条、第16A条、第17条、第18条、第18A条、第18B条、第18C条、第20条、第21条、第21A条、第21B条、第22条或与第23条、第77条第（1）款相关的规定，进行成员公积金的提取或转移；（ⅱ）根据第27L条、第32条、第45条、第54条或与第77条第（1）款相关的规定，进行公积金的扣除。

（8）根据与第77条第（1）款相关的规定提出的目标和指定的方式，可以提取第（1）款第（a）项第（ⅰ）目、第（b）项或第（2）款中转移的公积金。

27C. **已经根据第15条第（9）款和第（9A）款对不动产进行交易，法院要求转移或出售该不动产的命令**

（1）当：

（a）根据第15条第（9）款或第（9A）款，公积金成员从指定银行或其退休账户中提取最低金额的全部或部分，或者放弃对指定年金的权利。

（b）根据第15条第（9）款或第（9A）款，已经对成员独有或成员和别人共有（视情况而定）的不动产进行交易，以保证在成员的账户中预留最低金额。

（c）法院命令要求转移（而非出售）成员的房产或不动产收益给他的配偶。

（d）其配偶是新加坡公民或永久居民，

那么，根据与第 77 条第（1）款相关的任何规定，应该遵循下列条款：

（ⅰ）如果法院命令要求任何成员向公积金局支付最低金额中不足的部分，那么该成员应该向公积金局缴纳该部分金额。

（ⅱ）成员应该向公积金局缴纳更多的资金，用来弥补最低金额的不足。

（ⅲ）如果：（A）不动产随后被出售或者以其他的方式处置；并且（B）在出售或处置时：（BA）配偶还未满 55 岁；或者（BB）配偶已经 55 岁，但是配偶账户中预留的金额还不足最低金额，配偶需要向公积金局缴纳一部分保险费［具体的金额由公积金局按照与第 77 条第（1）款相关的条款决定］，并且公积金局需要把这部分金额记入为配偶建立或即将建立的一个或多个指定账户中。

（ⅳ）尽管第 15 条第（15）款第（e）项中有相关规定，但将成员房产或不动产收益转移至配偶或根据第（ⅰ）目支付给配偶时，若适用：（A）可以停止第（b）项中提到的用于保证最低金额的交易；并且（B）成员、配偶或其他拥有不动产权益的人有权利要求取消该交易，只要该交易已经保证了足额的最低金额；

（ⅴ）在将成员的房产或不动产的利息转移给其配偶时，如果：（A）配偶还未满 55 岁；或者（B）配偶已经 55 岁，但是配偶账户中预留的金额还不足最低金额，需要对配偶的房产或不动产进行交易，以保证支付第（ⅲ）目中提到的保险费，直到需要预留的最低金额足够时，该交易才能停止。

（ⅵ）在进行必要修改的前提下，第 15 条第（16）款第（b）—（e）项以及第 21 条第（12）款适用于第（ⅴ）目中提到的交易，并且为了实现申请的目标：（A）第（ⅴ）目中的交易可以参考第 15 条第（9）款或第（9A）款中交易适用的任何条款；并且（B）适用于成员的条款对于配偶同样适用。

（ⅷ）第（Ⅴ）目中的交易：（A）应得到法定权利的约束，符合公共当局交易其他不动产的标准；并且（B）尽管《土地所有权法》（第157章）或《契约登记法》（第269章）有所规定：（BA）不受第（b）项中提到的交易登记当天或之后才登记或告知的产权负担的约束；并且（BB）和第（b）项中提到的交易具有同样的地位，如果该交易继续有效，要排在不动产的收益之前。

（2）除去适用第（1）款的情况，当：

（a）根据第15条第（9）款或第（9A）款，公积金成员从指定银行或其退休账户中提取最低金额的全部或部分，或者放弃对指定年金的权利。

（b）根据第15条第（9）款或第（9A）款，已经对成员独有或成员和别人共有（视情况而定）的不动产进行收费，以保证在成员账户中的最低金额。

（c）法院命令要求将成员的房产或不动产收益转移或出售给其他人，该交易会持续有效，直到：

（ⅰ）足够用于弥补最低金额不足的款项：（A）已经返还给公积金局，或者（B）根据与第77条第（1）款相关的规定，不再需要支付给公积金局；

（ⅱ）或者，公积金局认为出现了第15条第（15）款第（e）项中的某些情况。

在上述情况中，成员、第（c）目中提到的人以及其他对不动产拥有权益的人可以要求取消该交易。

27D. 已经根据第15条第（10）款或第（10A）款对不动产做出承诺，法院要求转移或出售该不动产的命令

（1）当：

（a）根据第15条第（10）款或第（10A）款，公积金成员从指定银行或其退休账户中提取最低金额的全部或部分，或者放弃对指定年金的权利。

（b）成员独自拥有，或者和别人共同拥有不动产。

（c）根据第15条第（10）款，成员已经对不动产做出出售或按其他方式处置的承诺，或者根据第15条第（10）款或第（10A）款，成员及其他人已经对不动产做出出售或按其他方式处置的承诺（视情况而定），以返还公积金局要求成员预留的最低金额的全部或部分。

（d）法院命令要求将成员的房产或不动产收益转移（而非出售）给他的配偶。

（e）其配偶是新加坡公民或永久居民。

那么，根据与第77条第（1）款相关的任何规定，应该遵循下列条款：

（i）如果法院命令要求任何成员向公积金局支付最低金额中不足的部分，那么该成员应该向公积金局缴纳该部分金额。

（ii）成员应该向公积金局缴纳更多的资金，用来弥补最低金额的不足。

（iii）如果：（A）不动产随后被出售或者以其他的方式处置；并且（B）在出售或处置时：（BA）配偶还未满55岁；或者（BB）配偶已经55岁，但是配偶账户中预留的金额还不足最低金额，配偶需要向公积金局缴纳一部分保险费［具体的金额由公积金局按照与第77条第（1）款相关的条款决定］，并且公积金局需要把这部分金额记入为配偶建立或即将建立的一个或多个指定账户中。

（iv）在将成员房产或不动产收益转移给其配偶或根据第（i）目支付给其配偶后，若适用，即使成员已经根据第15条第（10）款或第（10A）款做出承诺，只要成员已经向公积金局返还最低金额的全部或部分，公积金局也不应执行该承诺。

（v）在将成员的房产或不动产的利息转移给其配偶时，如果：（A）配偶还未满55岁；或者（B）配偶已经55岁，但是配偶账户中预留的金额还不足最低金额，在已经出售被处置不动产的情况下，配偶需要承诺向公积金局返还第（iii）目中提到的金额。

（vi）如果公积金局认为以下情况发生，公积金局就不该强制执行第（v）目中的承诺：（A）配偶死亡；（B）配偶身患绝症；（C）配偶已经满足第15条第（2A）款、第（6）款、第（7B）款或第（8A）款中的要求；（D）若因为根据第15条第（7）款配偶提取了公积金，或根据第27L条第（1）款配偶用来支付保险金，或二者都有，而用完配偶根据第15条第（6）款预留的最低金额；（E）配偶满足第15条第（2）款第（b）项或第（c）项中提取公积金的要求。

（viii）公积金局不应再执行第（v）目中提到的承诺：如果（A）涉

及的不动产是政府组屋；并且（B）不动产的处置仅包括组屋租期的减少（该租赁合同是根据租赁回购计划，由配偶、配偶和其他人，与房屋和发展委员会签订的）。

（2）除去适用第（1）款的情况，当：

（a）根据第15条第（10）款或第（10A）款，公积金成员从指定银行或其退休账户中提取最低金额的全部或部分，或者放弃对指定年金的权利。

（b）成员独自拥有，或者和别人共同拥有不动产。

（c）为了返还公积金局要求成员预留的全部或部分最低金额，根据第15条第（10）款，成员做出出售或以其他处置方式处理不动产的承诺，或者根据第15条第（10）款或第（10A）款，成员及其他人做出出售或其他处置方式处理不动产的承诺（视情况而定）。

（d）法院命令要求将成员的房产或不动产收益转移（而非出售）给其他人，公积金局有权力执行该承诺，直到：

（ⅰ）需要预留的最低金额的全部或部分：（A）已经返还公积金局；或者（B）根据与第77条第（1）款相关的规定，不再需要支付给公积金局。

（ⅱ）公积金局认为出现了第15条第（15）款第（e）项中的某些情况，上述情况出现时，公积金局不再要求成员执行承诺。

（3）本条中，"租赁回购计划"和第15条第（16）款中的含义相同。

27E. 当不动产存在第21条第（1）款或第21A条第（1）款中的交易情况时，法院转移或出售不动产的命令

（1）当：

（a）为了实现第21条第（1）款或第21A条第（1）款中的全部或部分目标，公积金成员提取公积金。

（b）成员购买或拥有与公积金相关的不动产，不论是成员单独拥有，或者作为共同购买者、合租者，视情况而定。

（c）法院命令要求将成员的房产或不动产收益转移（而非出售）给他的配偶。

（d）其配偶是新加坡公民或永久居民。

那么，根据与第77条第（1）款相关的规定，以下条款适用：

（ⅰ）在法院命令的要求下，成员或其他人应该向公积金局支付：

(A) 根据第 14 条第（3）款，公积金局有权代表政府向成员追缴的款项；(B) 根据第 14A 条第（5）款或第（6）款，公积金局有权代表政府从成员那里征缴或接收的款项；(C) 根据法院命令，需要向公积金局缴纳并记入成员账户的其他款项（如果有的话）。

（ii）如果不动产随后被出售或者以其他的方式处置，配偶需要向公积金局缴纳一部分保险费［具体的金额由公积金局按照与第 77 条第（1）款相关的条款决定］，并且公积金局需要把这部分金额记入为配偶建立或即将建立的一个或多个指定账户中。

（iii）尽管第 21 条第（10）款或第 21A 条第（9）款有所规定，在将成员房产或不动产收益转移给配偶或根据第（i）目支付给配偶时，若适用：(A) 为了返还公积金（包括如果公积金没有被提取时所产生的全部或部分利息，具体由公积金局决定），或向成员退休账户支付最低金额而根据第 21 条第（1）款或第 21A 条第（1）款对房产或不动产收益进行的交易应该停止；并且 (B) 只要成员返还了从公积金提取的资金（包括如果公积金没有被提取时所产生的全部或部分利息，具体由公积金局决定）和确保了退休账户的最低金额，公积金成员，其配偶或其他拥有不动产权益的人有权利取消交易，

（iv）应该对配偶的房产或不动产进行交易，以保证：(A) 第（ii）目中提到的支付；以及 (B) 将最低金额支付到配偶的退休账户。

（v）通过必要的修改，第 21 条第（1A）款、第（2）款、第（4）款、第（5）款和第（7）款到第（12）款，或第（21）条第（12）款和第 21A 条第（1A）款到第（4）款、第（6）款到第（9）款（视情况而定）可适用于第（iv）目中的交易，而且为了满足这种申请：(A) 第（iv）目中的交易可以参考第 21 条第（1）款或第 21A 条第（1）款中的交易所适用的条款；并且 (B) 成员适用的条款对于配偶同样适用。

（vi）第（iv）目中的交易：(A) 和第 21 条第（1）款或第 21A 条第（1）款中对房产或不动产的交易一起，来保证成员或其他人返还公积金［为了实现第 21 条第（1）款或第 21A 条第（1）款中提到的全部或部分目的］（包括假如公积金没有被提取时所产生的全部或部分利息，具体由公积金局决定）和支付退休账户的最低金额；(B) 应得到法定权利的约束，符合公共当局交易其他不动产的标准；并且 (C) 尽管《土地所有权法》（第 157 章）或《契约登记法》（第 269 章）有所规定，在以前没

有签订过任何协议的前提下：（CA）不受第（ⅲ）目中提到的交易登记当天或之后，登记或告知的产权负担的约束；并且（CB）和第（ⅲ）目中提到的交易具有同样的地位，如果该交易继续有效，要排在不动产的收益之前。

（2）除去适用第（1）款的情况，当：

（a）为了实现第21条第（1）款或第21A条第（1）款中提到的全部或部分目的，成员从其账户中提取公积金。

（b）成员购买或拥有和公积金相关的不动产，不论是成员单独拥有，或者作为共同购买者、合租者，视情况而定。

（c）法院命令要求将成员的房产或不动产的收益转移或出售给其他人。

根据第21条第（1）款或第21A条第（1）款而对房产或不动产收益进行的任何交易，应该持续，直到：

（ⅰ）所有被交易担保的资金：（A）已经返还给公积金局；或者（B）根据与第77条第（1）款相关的规定，不再需要支付给公积金局。

（ⅱ）公积金局认为出现了第15条第（15）款第（e）项中提到的某些情况。

当上述任何情况发生时，第（c）项中提到的人或者其他对不动产拥有权益的人都有权利取消这种交易。

27F. 已经根据第21B条第（1）款对组屋进行交易，法院要求转让或出售组屋的命令

（1）当：

（a）为了实现第21B条第（1）款中全部或部分的目的，成员提取公积金。

（b）成员拥有与公积金提取有关的组屋，或者是成员独自拥有，或者是和别人共同拥有。

（c）法院命令要求成员将组屋的收益转让给（而非以出售的方式）其配偶。

（d）其配偶是新加坡公民或永久居民。

那么，根据与第77条第（1）款相关的规定，以下条款适用：

（ⅰ）成员或其他人（根据法院命令的要求）应该向成员公积金账户支付：（A）根据第14条第（3）款，公积金局有权代表政府追回的款项；

(B)根据第14A条第(5)款或第(6)款,公积金局有权代表政府征缴或接收的款项;(C)根据法院命令,需要向公积金局支付并记入成员账户的其他款项(如果有的话)。

(ⅱ)如果组屋随后被出售或者以其他的方式处置,配偶需要向公积金局缴纳一部分保险费[具体的金额由公积金局按照与第77条第(1)款相关的条款决定],并且公积金局需要把这部分金额记入为配偶建立或即将建立的一个或多个指定账户中。

(ⅲ)尽管第21B条第(11)款有所规定,在将成员在组屋的收益转移给配偶或根据第(ⅰ)目支付给配偶时,若适用,任何根据第21B条第(1)款对组屋进行的交易应该停止担保以下款项:(A)成员返还已经提取的公积金,包括如果公积金没有被提取时产生的全部或部分利息(具体由公积金局决定);以及(B)成员退休账户的最低金额,并且如果对组屋的交易仅担保上述两款项,应该停止对组屋的交易。

(ⅳ)应该对组屋进行交易以保证:(A)第(ⅱ)目中提到的支付;以及(B)配偶退休账户的最低金额。

(ⅴ)在进行必要修改的基础上,第21条第12款、第21B条第(2)款、第(3)款第(a)项、第(b)项和第(d)项、第(4)款到第(11)款以及第(14)款,适用第(ⅳ)目中交易,并且为了执行这些条款:(A)第(ⅳ)目中的交易可以参考第21B条第(1)款中交易所适用的条款;(B)适用于成员的条款同样适用于配偶;并且(C)任何适用于第21B条第(3)款第(c)项中产权障碍的条款可作为第(ⅷ)目中产权障碍的参考。

(ⅵ)第(ⅳ)目中的交易和第(ⅲ)目中提到的交易一起,如果第(ⅲ)目中提到的交易继续有效。

(ⅷ)尽管《土地所有权法》(第157章)或《契约登记法》(第269章)中有所规定,在以前没有签订过任何协议的前提下,第(ⅳ)目中的交易:(A)不受第(ⅲ)目中提到的交易登记当天或之后,登记或告知的产权负担的约束;并且(B)和第(ⅲ)目中提到的交易具有同样的地位,如果该交易继续有效,要排在组屋的收益之前。

(2)除去适用第(1)款的情况,当:

(a)为了实现第21B条第(1)款中的全部或部分目的,成员从账户中提取公积金。

(b) 公积金成员拥有与公积金提取有关的组屋，或者是独自拥有，或者是和其他人共同拥有。

(c) 法院命令要求将成员在组屋的收益转让或出售给其他人。

任何根据第 21B 条第（1）款对组屋进行的交易应该继续，直到：

（ⅰ）被交易担保的所有资金：（A）已经返还给公积金局，或者（B）根据与第 77 条第（1）款相关的规定，不再需要支付给公积金局；

（ⅱ）或者，公积金局认为出现了第 15 条第（15）款第（e）项中提到的某些情况。

27G. 法院要求转让投资的命令

（1）当：

(a) 根据与第 77 条第（1）款第（n）项相关的法规（本条称之为相关法规），公积金成员进行了投资，但是根据第 24 条，这种投资已经转让给其他人。

(b) 法院命令要求将成员的投资收益转移给配偶。

(c) 其配偶是新加坡公民或永久居民。

那么，根据第（2）款和与第 77 条第（1）款相关的法规，以下各条款适用：

（ⅰ）将成员投资收益转移给配偶的义务在成员，而非公积金局。

（ⅱ）在将成员的投资收益转移给配偶时：（A）应该认为配偶已经进行了投资，并且已经根据相关规定承担了投资的相关义务；（B）公积金成员应该停止承担相关法规中的投资义务。

（ⅲ）如果后来这些投资被出售或以其他的方式处置，那么应该按照与第 77 条第（1）款相关的规定中的方式处置收益。

（2）除非或直到配偶已经符合了与第 77 条第（1）款相关的规定中提出的相关标准，并执行了相关要求，否则成员的投资收益不得转移给其配偶。

27H. 法院要求出售投资的命令

（1）当：

(a) 根据与第 77 条第（1）款第（n）项相关的法规（本条称之为相关法规），公积金成员进行了投资。

(b) 法院命令要求出售成员的投资收益。

那么，根据与第 77 条第（1）款相关的法规，以下各条款适用：

（ⅰ）出售成员投资收益的义务在成员，而非公积金局。

（ⅱ）成员的投资收益被出售后，出售的收益应该根据相关法规进行处理。

（ⅲ）根据法院命令，如果成员出售投资的全部或部分收益被其配偶获得，或者是当出售收益返还至公积金局，而配偶又从公积金局得到支付时：(A) 第 27B 条可适用于上述全部或部分收益，为了实现第 27B 条第（1）款和第（5）款中的目的，上述全部或部分收益可被视为返还至公积金账户的款项；(B) 根据相关法规，若出售投资的收益没有立刻返还给公积金并记入成员的公积金账户，那么将全部或部分收益返还公积金并记入公积金账户的职责在于成员，而非公积金局；(C) 当全部或部分的收益已经返还给公积金局，为了实现第 27B 条第（5）款中的目的，成员应该告知公积金局已经返还资金；并且 (D) 公积金局没有义务确认：(DA) 成员已经遵循法院命令要求，并将投资收益出售；(DB) 成员配偶可以得到的收益，或者需要返还给公积金局的收益，已经返还至公积金局；或者 (DC) 为了实现第 27B 条第（5）款中的目的，成员告知公积金局已返还资金，公积金局没有义务确认该告知正确与否。

27I. 其他事项

（1）根据第 15 条或第 16 条，或根据第 27 条第（2）款第（b）项或第（3）款中规定的条件，成员需要预留资金的义务，不受以下情况的影响：

（a）根据第 27B 条第（1）款、第（2）款或第（3）款，成员公积金的转移或支付；

（b）根据第 27C 条第（1）款、第 27D 条第（1）款或第 27E 条第（1）款，成员房产或不动产收益的转让（而非出售）；

（c）根据第 27F 条第（1）款，成员组屋收益的转让（而非出售）；

（d）根据第 27G 条，成员投资收益的转让；

（e）或者，根据第 27H 条，成员投资收益的出售。

（2）当法院命令要求公积金局做任何事情：

（a）除非已经按照与第 77 条第（1）款相关的规定中指定的方式将法院命令送达公积金局，否则公积金局没必要落实这一要求；

（b）若公积金局的某些行为（这些行为违反法院命令的要求）发生在法院命令送达当天或之前，公积金局没必要为此承担责任。

（3）当法院命令要求公积金局执行违反该法的某些要求时，公积金局可以不执行该命令。

第三 B 部分　　终身收入计划

27J. 释义

在这一部分：

"年金"是指在该计划下的一个年金方案，根据该方案，公积金局需要每月支付给相关成员第 27K 条第（6）款中提到的收入。

"终身收入基金"是指根据第 27N 条建立的终身收入基金。

"保险费"是指根据第 27L 条第（1）款，为年金计划缴纳的保险费。

"一定年龄"是指根据第 27K 条第（6）款，成员可以每月领取年金的年龄。

"相关成员"是指适用于该计划的公积金成员。

"相关规定"是指根据第 27Q 条而订立的相关规定。

"计划"是指根据第 27K 条，公积金局建立的终身收入计划。

27K. 终身收入计划的建立

（1）成员达到一定年龄后，为了每月为成员提供一定的收入，公积金局建立该终身收入计划。

（2）根据第（3）款、第（4）款、第（5）款及相关法规，该计划适用于：

（a）新加坡公民或永久居民；

（b）在 2013 年 1 月 1 日当天或之后，达到相关法规规定的年龄；

（c）满足第 15 条第（6）款第（a）项中的条件；

（d）达到第（b）项中的年龄后，成员账户中预留的金额不低于相关规定中指定的金额。

（3）若成员已经满足上面第（2）款第（a）项中的条件，但没有满足第（b）项、第（c）项和第（d）项中的一个或多个条件，在成员进行申请的基础上，公积金局可以允许他加入该计划：

（a）在成员达到第（2）款第（b）项中的年龄的当天或之后；

（b）满足公积金局提出的其他条件或方式。

（4）该计划不适用于部长在相关规定中特指的某些人或人群。

（5）该计划不适用于，或停止适用于某成员，如果：

（a）该成员进行了申请，并且公积金局也同意了此申请；

（b）成员满足了公积金局提出的退出该计划的某些条件。

（6）根据第（7）款、第27N条、第27P条以及其他相关规定，当相关成员已经缴纳保险费并且可以领取年金，那么只要该成员还活着，在他达到一定年龄后，公积金局须每月会支付其一定收入，收入的具体金额由部长决定。

（7）根据相关法规，如果在应该领取年金的时候，成员不能向公积金局证明他还活着，公积金局可以不向成员支付第（6）款提到的年金。

（8）根据第27N条和第27P条，成员每月从公积金局领取的第（6）款中的年金：

（a）不得因为债务或索赔而被扣押或征收；

（b）不得抵销成员的任何性质的债务；

（c）不得因为成员的破产而转移至官方受托人。

27L. 保险费

（1）每个相关成员都要缴纳一定金额的保险费，具体的金额由部长决定，根据人群的不同，部长可能规定不同的保险费。

（2）尽管该法案中存在某些规定，但公积金局有权从相关成员的退休账户中扣除成员需要缴纳的全部或部分保险费。

（3）当公积金局根据第（2）款扣除保险费后，公积金局应尽快给予有关成员以书面的通知。

（4）公积金局允许相关成员在公积金局规定的时间内，以特定的方式缴纳全部或部分的保险费。

（5）根据第（7）款、第27N条和第27P条，公积金局有义务返还成员缴纳的全部或部分保险费，公积金局将这部分保险费：

（a）返还到成员的公积金账户；

（b）或者，以公积金局规定的其他方式进行返还。

（6）根据第（7）款、第27N条和第27P条，第（5）款第（a）项中规定的返还金额：

（a）不得因为债务或索赔而被扣押或征收；

（b）不得抵销成员的任何性质的债务；

（c）不得因为成员的破产而转移至官方受托人。

（7）若相关成员接受政府的现金津贴来缴纳保险费，公积金局有权代替政府收回这部分津贴和津贴产生的利息，津贴和利息可以从第（5）款中规定的返还金额中扣除。

（8）当相关成员已经缴纳保险费，但在可以领取年金的年龄之前去世，并且所缴纳的保险费没有超过部长在公报中规定的金额：

（a）公积金局可以将缴纳保险费的全部或部分（具体由公积金局决定）支付给适合的索赔者；

（b）索赔者要提供收据，以证明公积金局按照第（a）项进行了支付。

（9）第（8）款不影响其他人对索赔者根据第（8）款第（a）项得到的金额具有的追索权。

（10）在本条：

"孩子"是指法定儿女，包括根据新加坡、马来西亚或文莱的现行法，通过法定程序领养的孩子。

"父母"包括养父母。

"适合的索赔者"是指这样一个人：

（a）作为死者的遗嘱执行人，声称在相关成员死后有权利接受第（8）款中的金额；

（b）或者，在相关成员死后有权利接受第（8）款中的金额（不论是否为了自己的利益），可以是死者的丈夫、妻子、子女、孙子女、父母、兄弟、姐妹、侄子、侄女、祖父母、叔叔或姑姑。

27M. 根据第27K条第（6）款和第27L条第（1）款，部长可以行使的职能和权力

通过书面的形式，部长可以委托公积金局或者部长指定的个人或团体，来行使第27K条第（6）款和第27L条第（1）款中的全部或部分职能或权力。

27N. 终身收入基金的建立

（1）公积金局应该建立叫作终身收入基金的基金，其缴费由第27L条中的保险金组成，并且要满足该部分中公积金局应该进行的支付（包括公积金局在建立和维持该计划时发生的所有成本和费用）。

（2）终身收入基金由公积金局管理和控制。

（3）终身收入基金中的资金由公积金局进行投资，投资必须按照《释义法》（第1章）第33A条中规定的法定团体投资规则来进行。

（4）若根据第27K条第（6）款或第27L条第（5）款，成员无权得到年金，公积金局可以通过以下途径追回该资金：

（a）成员的公积金账户；

（b）或者，在成员去世时，虽然有第24条第（3A）款的规定，从：（ⅰ）成员的遗产，（ⅱ）公积金局因成员死亡而支付的资金，或者（ⅲ）得到第（ⅱ）目中资金的人那里。

（5）第（4）款不影响公积金局根据其他成文法拥有的权力。

（6）公积金局根据第（4）款追回的资金必须返还至终身收入基金。

（7）尽管该条或其他相关条款进行了相关规定，除非终身收入基金有偿付能力，公积金局可以不进行支付。

27O.《保险法》的不适用性

《保险法》（第142章）不适用于该计划，或根据该部分公积金局的其他行为。

27P. 法院要求根据该计划向相关成员支付待遇的命令

（1）根据第27N条和第（2）款，当相关成员的配偶有权利得到根据第27K条第（6）款或第27L条第（5）款支付给相关成员的款项时，根据法院命令，公积金局应该将这部分款项支付给配偶，这种支付发生在：

（a）相关成员有权利得到该款项之后；

（b）要在配偶申请得到该款项的基础上。

（2）根据第27N条，当按照第27K条第（6）款或第27L条第（5）款支付给相关成员的金额少于法院命令规定的金额时，公积金局应该支付给成员首先提到的款项，而非法院命令中提到的款项。

（3）公积金局根据第（1）款或第（2）款支付的金额：

（a）是根据法院命令，公积金局义务的有效解除；

（b）但不影响配偶对剩余款项的追索权。

（4）当法院命令要求公积金局做任何事情：

（a）公积金局可以不履行该要求，除非法院通过相关法律规定的方式，将命令送达公积金局；

（b）若法院命令在公积金局作为或不作为的当天或以前送达，公积金局可以不用为自己违反法院命令的作为或不作为负责。

（5）当法院命令要求公积金局做出有悖于该法的行为时，公积金局可以不履行该要求。

（6）该条中，"法院命令"和"配偶"的含义和在第27A条中含义相同。

27Q. 为执行该部分条款而制定的规则

（1）为执行该部分条款，部长可以制定必要的规则。

（2）在不影响第（1）款执行的前提下，这些规则可以：

（a）区分不同人群；

（b）为不同的人群制定不同的保险费缴纳方式和时间；

（c）根据成员年龄的不同而制定不同方式；

（d）为成员提供不同类型的年金；

（e）规定公积金局向成员支付第27K条第（6）款中金额或向成员返还资金的方式；

（f）规定成员向公积金局证明他还活着的方式；

（g）规定公积金局根据第27L条第（5）款第（a）项将保险费返还到成员账户的方式；

（h）在不影响第27L条第（8）款的前提下，规定因相关成员去世而返还的全部或部分保险金的情况，或者规定无须返还保险金的情况；

（i）为了实现该计划的目标，授权公积金局可以增加某些条款或条件的权利。

（j）为了实现该部分的目标，规定需要提供的证据，以及需要提供证据的个人或机构；

（k）为了实现该部分的目标，规定公积金局要求相关成员提供的信息、证据和文件；

（l）规定从成员那里追回全部或部分款项（成员无权得到该款项）的方式和过程（除了第27N条中提到的），包括：（ⅰ）成员账户的资金，或者（ⅱ）根据第27K条第（6）款，成员每月有权利得到的支付；

（m）为了实现第27P条的目标，规定第27P条中款项的支付方式、支付要求及其他事项；

（n）规定在该部分中部长需要规定的其他事项。

第四部分　家庭保障计划

28. 释义

（1）在这一部分：

"指定承受抵押人"是指部长指定的承受抵押人，并且在公报进行公示。

"家庭保障基金"是指根据第33条第（1）款，公积金局建立的家庭保障基金。

"房产局"包括以下内容：

（a）房屋和发展委员会；

（b）根据《裕廊镇公司法》（第150章）第3条建立的裕廊镇公司；

（c）《财政部部长（法团）法》（第183章）中的财政部部长；

（d）房屋和城市发展私人有限公司，是根据《公司法》（第50章）注册的公司。

"失能的"是指身体上或精神上无行为能力，并且永久不能就业。"失能"是相应的名词形式。

"计划成员"是指被该计划覆盖的成员。

"保险费"是指计划成员缴纳的保险费。

"计划"是指根据第29条第（1）款，公积金局建立和维持的家庭保障计划。

（2）除非这一部分特别说明，该部分条款（部长可以对此进行修改并在公报上公布）适用于（只要相关）《房屋和发展法》（第129章）第ⅣB部分中批准的开发商出售或即将出售的任何房产。

（3）根据第（2）款发布的命令在公报上公示后，就要尽快提交至议会。

29. 家庭保障计划的建立

（1）应授权公积金局建立家庭保障计划，若成员在计划覆盖期内死亡或失能时，他承担的向房产局或承受抵押人偿还房屋贷款的责任（视情况而定）由公积金局承担。

[30/87]

（2）根据第31条，若成员从某房产局或承受抵押人那里贷款，来购买某房产局的房产，并且已经从他的公积金账户里提取资金偿还贷款，该房屋保障计划适用于上述成员。

[30/87]

（3）根据公积金局提出的某些限制和条件，公积金局允许和公积金成员共同从房产局购买房产的人加入家庭保障计划。

[30/87]

（4）在成员进行申请的基础上，公积金局允许成员不加入该计划。

[39/2000]

（4A）根据第（4）款规定，公积金局允许成员不加入该计划的前提是满足部长提出的条件。

[39/2000]

（5）该计划不适用：

（a）成员在要求加入该计划时，已经65岁或以上，或者是达到部长指定的其他年龄；

（b）通过在公报公示，部长特别指定的个人或人群。

[30/87；10/94；39/2000]

（5A）尽管第（5）款中有所规定，该计划不适用于在2001年3月1日那天达到60岁或60岁以上（但65岁以下）的成员，除非该成员选择通过公积金局指定的方式加入家庭保障计划。

[39/2000]

（6）在1988年3月1日以前加入该计划的成员，如果在1988年3月1日以后仍然是该计划的成员，那么应该遵循在此日期以前该计划的规定。

[30/87]

30. 禁止保障两处房产

（1）根据该计划规定，任何人在同一时间受该计划保障的房产不得多于一处。

[30/87]

（2）当成员有房产接受该计划的保障时，又从房产局购买了另一处房产，尽管有本法案或者相关法案的规定，当后来购买的房产受到计划的保障后，应该立刻停止计划对成员原有房产的保障。

[30/98；39/2000]

（3）根据第（2）款，对成员原有房产的保障停止后，公积金局应该以现金或记账的方式返还（公积金局认为合适的）成员缴纳的保险费（如果有的话），按照相关规定，返还金额从保障停止的当天开始算起，相当于成员在停止当天已经清偿贷款。

[30/98；39/2000]

（4）若成员在1998年8月1日以前有一处以上的房产被家庭保障计

划覆盖，那么两处房产中加入该计划较早的应该停止保障，并且公积金局应该返还可以补偿成员缴费的资金（如果有的话），具体方式和第（3）款中的规定一致。

[30/98；39/2000]

31. 成员的健康状况

（1）除非公积金局认为成员在加入该计划时身体状况良好，否则不允许该成员加入。

[30/87]

（2）为了决定个人是否有资格加入该计划，公积金局可以要求个人进行（公积金局认为应该的）健康检查。

[30/87]

（3）在公积金局要求下，加入该计划的任何人都需要提供自己在健康方面的信息和实际情况。

[30/87]

32. 保险费

（1）该计划的每个成员都需要根据该部分的规定缴纳一定金额的保险费。

[30/87]

（2）尽管在本法案中有相关规定，但公积金局有权从成员的公积金账户中扣除这部分保险费，并且在扣除之后，公积金局应该尽快以书面通知的形式告知成员。

[30/87]

（3）第（2）款中的扣除优先于公积金局根据其他条款（除了第27B条）进行的扣除。

[39/2000]

（4）当成员公积金账户的金额不足以支付这部分保险费时，成员要将不足的部分在公积金局规定的时间内按照特定的方式补足。

[39/2000]

（5）当该计划保障的房产为成员和其他人共同拥有的财产时，公积金局允许其中一位拥有者（首先提到的财产拥有者的配偶）使用其公积金账户的资金，替首先提到的财产拥有者缴纳全部或部分的保险费。

[39/2000]

33. 家庭保障基金的建立

（1）公积金局应该建立家庭保障基金，基金的来源为成员进行的缴费，并且要进行该部分中规定的支付。

（2）家庭保障基金由公积金局管理和控制。

34. 应缴的保险费

2000 年第 39 号法案废除该条款。

35. 覆盖期

2000 年第 39 号法案废除该条款。

36. 计划成员去世或失能时，公积金局向房产局或指定承受抵押人支付的款项

（1）若成员在计划覆盖期内的任何时候去世，（在证明成员确实已经死亡后）公积金局应当立即将该计划规定的款项支付给房产局或指定承受抵押人。

[30/87]

（2）根据第（3）款、第（4）款和第（5）款，若成员在计划覆盖期内向公积金局声称失能后，根据房屋贷款，公积金局（在证明这一情况后）应该每月或定期为成员偿还房产局或指定承受抵押人（视情况而定）的贷款，贷款偿还时间不得超过两年。

[39/2000]

（3）为避免疑问，若成员与其他成员共同购买房产，并且共同从房产局或指定承受抵押人那里贷款后，在公积金局因为某成员失能而为其每月或定期偿还第（2）款中的贷款时，应该界定好该成员在偿还贷款中的责任。

[39/2000]

（4）若成员恢复行为能力，公积金局应该停止第（2）款中的还款。

[39/2000]

（5）当公积金局根据第（4）款停止对房产局或指定承受抵押人还款后，成员仍要继续参保，并且要偿还公积金局根据第（2）款支付的款项。

[39/2000]

（6）尽管有第（2）款的规定，但如果公积金局认为成员的失能可能会持续两年以上，公积金局会根据下面的公式向房产局或指定承受抵押人还款：

$$(A+B)-C$$

A 是根据与该部分相关的规定，应该在成员失能期间支付的金额；B 是从根据第（2）款首次偿还贷款的时间，到根据本款公积金局进行支付的这一段时期内 A 产生的利息；C 是根据第（2）款，公积金局要向房产局或指定承受抵押人支付的全部金额。

[39/2000]

（7）当发出成员失能的声明后，公积金局可以将向房产局或指定承受抵押人还款的日期追溯到成员发生失能的日期。

[39/2000]

（8）为了在成员去世或失能时解除房产抵押，公积金局因为成员死亡或失能而向房产局或指定承受抵押人支付的金额，不得超过未清偿的贷款和利息额。

[30/87]

（9）发生以下情况时，公积金局不得进行支付：

（a）如果成员的死亡或失能：（ⅰ）（成员在2001年3月1日之前加入该计划的情况中）发生在加入该计划的一年内，并且成员是自杀死亡，或者成员的失能是由于故意自我伤害造成的；或者（ⅱ）（成员在2001年3月1日或之后加入该计划的情况中）发生在加入该计划的一年内，并且成员是自杀死亡，或者成员的失能是由于故意自我伤害造成的。

（b）若成员在加入该计划的一年内，因为犯罪而被执行死刑。

（c）若成员在加入该计划的一年内，其死亡或失能直接或间接地因为成员的故意犯罪行为导致。

（d）若成员的死亡或失能是因为参加战争、军事性行动或骚乱造成的。

[23/89；39/2000]

（10）公积金局可以不进行支付，若成员：

（a）提供给公积金局的材料是虚假的或误导性的；

（b）或者，未能向公积金局提供能够证明他加入该计划的证据，这些证据可能会影响公积金局在是否应该对其保障的问题上做出判断。

[30/87]

37. 成员缴纳保险费后，房产局或指定承受抵押人需要向公积金局递交通知

（1）根据第32条规定，成员需要向家庭保障基金缴纳保险费后，对此，房产局或指定承受抵押人（视情况而定）应该在成员缴纳保险费后的 14 天内，向公积金局递交书面通知。

[30/87]

（2）应该按照公积金局要求的方式递交第（1）款中提到的通知。

38. 《保险法》的不适用性

《保险法》（第 142 章）不适用于该部分中公积金局的行为。

39. 为执行该部分条款而制定的规则

为执行该部分条款，部长可以制定一些规则，这些规则：

（a）根据人群的不同而制定，并且规定不同人群遵循不同缴费率；

（b）规定不同人群的缴费方式和时间；

（c）规定计划覆盖的日期和计划生效的时间；

（d）在成员死亡或失能后，规定公积金局向房产局或指定承受抵押人支付的金额；

（e）当成员未能足额缴纳保险费时，规定公积金局需要按照该计划支付的金额；

（f）规定保险费的返还额，以及在何种情况下应该返还，返还率应该由部长规定；

（g）规定需要提供的证据，以及接收证据的人、官员或机构；

（h）规定家庭保障基金的投资方式；

（i）当成员以共同成员的身份购买房产时，规定成员需要缴纳的保险费；

（j）规定公积金局要求成员提供的信息、证据或文件；

（k）规定在该部分中部长可能规定的其他事项。

[30/87；39/2000]

第五部分　　家属保障计划

40. 释义

在这一部分中：

"指定保险人"是指根据《保险法》（第 142 章）在新加坡注册开展保险业务，并且在公积金局的委托下承担公积金局在该计划中全部或部分责任，或为该计划成员提供保险的任何人。

"失能"在这一部分中的含义和在第28条中的含义相同。
"被保险人"是指被该计划保障的人。
"被保险金额"是指根据这一部分规定,当被保险人死亡或失能时需要支付的金额。
"保险费"是指被保险人每年需要支付的保费。
"计划"是指根据第41条,公积金局建立和维持的家属保障计划。

[23/89]

41. 家属保障计划的建立

公积金局应该建立家属保障计划,当被保险人在保障期间死亡或者失能时,公积金局应该根据本法案向相关的被保险人支付被保险金额。

[23/89]

42. 受该计划保障的人

(1) 根据该部分规定,在1989年5月14日或以后进行缴费的每个公积金成员都被该计划保障。

[23/89]

(2) 第(1)款不适用于:

(a) 未满16岁的公积金成员,或已经60岁的公积金成员,或者部长规定的其他年龄;

(b) 既不是新加坡公民也不是新加坡永久居民的公积金成员;

(c) 根据第(3)款,向公积金局提交通知告知不想加入该计划的成员;

(d) 部长可能在公报中特别指出的其他公积金成员或某类成员。

[23/89;10/94]

(3) 不想加入该计划的任何人都可以以指定的方式提交书面通知,并说明他不想加入该计划。

[23/89]

(4) 尽管第(2)款中有所规定,那些没有被该计划覆盖的公积金成员可以以指定的方式申请加入该计划。

[23/89]

(5) 公积金局或者指定保险人(视情况而定),可以同意第(4)款中的申请。

43. 公积金局可以取消该计划

（1）若公积金局有理由相信，在被保险人加入该计划的当天或之前已经失能或者患有绝症，公积金局可以取消该被保险人的保障资格，并且被保险人应该立刻停止接受保障。

[23/89]

（2）根据第（1）款，若被保险人的保障资格已经取消，那么应该返还他缴纳的所有保险费以及全部或部分的利息（由公积金局决定），如果这部分保险费是从成员的公积金账户中支付的，那么应该将这部分还款和利息返还至公积金账户。

（3）若成员向公积金局提供了虚假的或误导性的信息，那么将不会返还第（2）款中的款项。

[23/89]

（4）该条仅适用于根据第49A条第（2）款第（a）项的规定，公积金局可能仍要支付被保险金额的被保险人。

44. 公积金局可以要求被保险人提供相关信息

（1）在适当的时候，公积金局可以要求被保险人提供关于他自己或其家人的健康方面的相关信息。

[23/89]

（2）在适当的时候，公积金局可以要求被保险人接受健康检查。

[23/89]

（3）该条仅适用于根据第49A条第（2）款第（a）项的规定，公积金局可能仍要支付被保险金额的被保险人。

45. 保险费

（1）每个被保险人都应该缴纳本条款规定的保险费。

[23/89]

（2）尽管本法案中有相关规定，但公积金局仍有权利从被保险人的普通账户和特殊账户中扣除被保险人应该缴纳的保险费。

[23/89]

（3）根据第49A条的规定，当被保险人从指定保险人那里接受保障时，公积金局可以将第（2）款中提到的扣除额支付给指定保险人。

（4）当被保险人应该支付的保险费超过其普通账户和特殊账户中的

资金时，不足部分应该由成员在公积金局规定的时间内以规定方式补足。

[23/89]

46. 2005 年第 24 号法案废除该条款，新条款自 2005 年 9 月 17 日开始实施。

47. 覆盖期

（1）若被保险人已经支付过保险费，或者已经根据第 45 条从成员账户中扣除保险费，那么公积金局应该指定保险人，为被保险人提供 12 个月的保障期（从保障开始生效的那天算起）。

（2）根据该部分的相关条款，每年要对被保险人的保障进行更新。

48. 不得转让或转移该计划下的权利或待遇

被保险人在该计划下的权利或待遇不得转让或转移。

48A. 该计划下的保单不具备信托效力

（1）该计划下的保单不具有任何法定信托财产的性质。

（2）《财产转让法》（第 61 章）的第 73 条和《保险法》（第 142 章）的第 49L 条不适用于该计划下的保单。

49. 因被保险人死亡或失能而支付的款项

（1）当被保险人在保障期间死亡，（在证明被保险人死亡事实的基础上）公积金局或指定保险人（视情况而定）应该根据相关规定支付被保险金额。

（2）当被保险人在保障期间提交了关于失能的声明，（在证明被保险人失能事实的基础上）公积金局或指定保险人（视情况而定）应该根据相关规定支付被保险金额。

49A. 公积金局责任的转移

（1）部长可以制定相关条款，将公积金局在该计划中全部或部分的责任转移给一个或多个指定保险人。

（2）在不影响第（1）款执行的前提下，根据第（1）款制定的规则可以：

（a）若提供保障的责任已经转移至指定保险人，规定公积金局仍应该支付被保险金额的情况；

（b）为了有助于公积金局责任的转移，规定后续性的、保留性的和过渡性的条款；

（c）为了使该法案中的其他条款符合公积金局责任转移的要求，可以对这些条款做出适当的修改；

（d）为了有助于公积金局责任的转移，可以规定部长认为必要的其他事项。

（3）在符合一定条件的基础上，通过公积金局认为合适的方式，指定保险人可以将从公积金局那里转移来的责任转移给另外的指定保险人。

（4）在该计划中，责任的转移：

（a）根据第（1）款由公积金局转移给指定保险人；

（b）或者，根据第（3）款，在公积金局的批准下由一个指定保险人转移给另外一个指定保险人。

尽管可能违反了某些成文法的规定，或者有悖于某些协议中的规定，但是这些转移是有效的。

（5）针对公积金局的某些特殊责任是否已经转移给指定保险人，如果出现问题，那么部长的证明将是决定责任转移与否的证据。

（6）本条中承担公积金局全部或部分责任的指定保险人，应该为接收的被保险人提供保障，并且要达到公积金局的要求，这些要求涉及：

（a）指定保险人必须保障被保险人的最低收益和权利；

（b）指定保险人在提供保障时必须要遵守某些条件。

49B. 取消家庭保障计划时基金的使用

取消家庭保障基金时（该条称之为取消基金），公积金局可以：

（a）根据公积金局自己设置的某些条件，可以决定将取消基金的一部分支付给根据第49A条接受公积金局责任的指定保险人；

（b）自己保留一部分基金，用来支付责任转移前就已经需要支付的款项。

49C. 信息的公开

（1）公积金局可以不定期地向（根据第49A条接受保障责任的）指定保险人公开公积金局拥有的信息（包括被保险人的健康信息），包括：

（a）关系到成员的信息；

（b）为了更好地承担提供保障的责任，指定保险人要求公积金局提供的关于成员的信息。

（2）除非是为了实现公积金局提出的目标，否则指定保险人不可以使用这些信息。

（3）为了保证该部分条款的执行，公积金局可以要求指定保险人或其他成员提供公积金局认为必要的文件和信息。

50. 《保险法》的不适用性

《保险法》（第 142 章）不适用于：

（a）根据该部分规定，公积金局的行为；

（b）或者，根据第 49A 条第（1）款或第（3）款，公积金局责任的转移。

51. 为执行该部分条款而制定的规则

为执行该部分条款，部长可以制定一些规则，这些规则应该：

（a）规定被保险人的缴费率；

（b）规定被保险人缴费的时间和方式；

（c）规定被保险金额；

（d）规定保险费的返还，在何种情况下应该返还保险费，以及返还的比率；

（e）规定在缴纳的保险费不同的情况下，不同的保障期限；

（f）规定需要提供的证据，以及接收证据的人、官员或机构；

（g）规定被保险金额的支付方式；

（ga）规定不予以支付被保险金额的情况；

（h）规定公积金局要求被保险人提供的信息、证据和文件。

（i）规定在该部分中部长可能规定的其他事项。

[23/89]

第六部分　健保双全计划

52. 释义

在这一部分中：

"指定保险人"是指根据《保险法》（第 142 章）在新加坡注册开展保险业务，并且在公积金局的委托下承担公积金局在该计划中全部或部分责任，或为该计划成员提供保险的任何人。

"制定医院"是指出于维护健康的目标，由部长指定的医院。

"被保险人"是指被该计划保障的人。

"健保双全基金"是指根据第 56 条，公积金局建立的基金。

"计划"是指根据第 53 条由公积金局建立的、被称为健保双全计划的医疗保险计划。

[15/90]

53. 健保双全计划的建立

公积金局可以建立和维持健保双全计划，并且在被保险人参保期间，当被保险人因病在指定医院接受治疗和医疗服务后，由健保双全计划支付全部或部分的医疗费用。

[15/90]

54. 保险费

（1）每个参保人都必须按照该部分的相关条款缴纳保险费。

[15/90]

（2）公积金局有权力从成员的保健账户中扣除成员及其家属应该缴纳的保险费。

[15/90]

55. 被保险人提供信息的义务

（1）在公积金局的要求下，被保险人以及其他想要加入该计划的人应该：

（a）提供公积金局认为能反映自己或家属健康状况的信息；

（b）接受公积金局所要求的健康检查。

[15/90]

（2）被保险人以及想要加入该计划的任何人都有向公积金局公开所有事实的义务，并且这些事实有助于公积金局合理地做出是否允许该人加入计划的决定，或者有助于公积金局受理被保险人的索赔。

[15/90]

（3）被保险人以及想要加入该计划的任何人应该视为：

（a）已经同意公积金局去被保险人接受医疗服务的医生或医院那里获取相关信息；

（b）已经授权医生或医院提供给公积金局相关信息。

[15/90]

56. 健保双全基金的建立

（1）公积金局应该建立和维持健保双全基金，基金的来源为成员进行的缴费，并且要进行该部分中规定的支付。

[15/90]

（2）健保双全基金应该由公积金局管理和控制。

[15/90]

（3）健保双全基金应该以公积金局规定的方式进行投资。

[15/90]

56A. 该计划中责任的转移

（1）部长可以制定相关条款，将公积金局在该计划中全部或部分的责任转移给一个或多个指定保险人。

（2）在不影响第（1）款执行的前提下，根据第（1）款制定的规则可以：

（a）若提供保险的责任已经转移至指定保险人，规定公积金局仍应该支付被保险金额的情况；

（b）为了有助于公积金局责任的转移，规定后续性的、保留性的和过渡性的条款；

（c）为了使该法案中的其他条款符合公积金局责任转移的要求，可以对这些条款做出适当的修改；

（d）为了有助于公积金局责任的转移，可以规定部长认为必要的其他事项。

（3）在符合一定条件的基础上，通过公积金局认为合适的方式，指定保险人可以将从公积金局那里转移来的责任转移给另外的指定保险人。

（4）该计划下责任的转移：

（a）根据第（1）款由公积金局转移给指定保险人；

（b）或者，根据第（3）款，在公积金局的批准下由一个指定保险人转移给另外一个指定保险人。

尽管可能违反了某些成文法的规定，或者有悖于某些协议中的规定，但是这些转移是有效的和起作用的。

（5）针对公积金局的某些特殊责任是否已经转移给指定保险人，如果出现问题，那么部长的证明将是决定责任转移与否的证据。

（6）根据本条承担公积金局全部或部分责任的指定保险人，应该为接收的被保险人提供保障，并且要达到公积金局的要求，这些要求涉及：

（a）指定保险人必须保障被保险人的最低收益和权利；

（b）指定保险人在提供保障时必须要遵守某些条件。

（7）根据第（1）款，公积金局将提供保障的责任转移给指定保险人后，公积金局可以：

（a）根据公积金局自己设置的某些条件，决定将健保双全基金的一

部分支付给接受公积金局责任的指定保险人,以使他们更好地承担责任;

(b) 自己保留一部分健保双全基金,以用来支付责任转移前就已经需要支付的款项。

(8) 通过与保险公司协商,只要和该计划的目标一致,公积金局可以从保险公司那里接手公积金局认为合理的保险业务。

(9) 当根据第(8)款公积金局接手保险公司的业务后,保险公司应该将相应的保险金转移至公积金局,公积金局将这些资金转移至健保双全基金。

56B.《保险法》的不适用性

《保险法》(第142章)不适用于:

(a) 根据该部分规定,公积金局的行为;

(b) 或者,根据第56A条第(1)款、第(3)款或第(8)款的规定,公积金局责任的转移。

57. 为执行该部分条款而制定的规则

为执行该部分条款,部长可以制定一些规则,这些规则应该:

(a) 指定加入该计划的不同人或人群;

(b) 设置被保险人享受待遇时需要满足的条件;

(c) 规定被保险人可以享受的待遇;

(d) 规定保险费的费率,以及保险费的缴纳时间和方式;

(e) 规定保险费返还的方式,以及在何种情况下以多大的返还率进行返还;

(f) 规定公积金局要求被保险人提供的信息、证据和文件;

(g) 规定其他有助于实施该计划的事项。

[15/90]

第六A部分　就业福利补助计划

57A. 释义

在这一部分中:

"现金补助"是指根据该计划,政府支付的现金。

"有资格的成员"是指有资格接受该计划中现金补助或缴费记录的公积金成员。

"相关缴费"是指根据该计划政府向公积金的缴费。

"相关规定"是指根据第57F条制定的条款。

"计划"是指根据第57B条建立的就业福利补助计划。

57B. 就业福利补助计划的建立

(1) 为了向有资格的成员支付补充收入而建立就业福利补助计划。

(2) 公积金局代表政府管理该计划。

57C. 该计划中的现金补助和缴费

(1) 根据第(4)款和相关规定,公积金局可以选择执行以下二者之一,也可以同时选择二者:

(a) 根据相关规定,向有资格的成员支付现金补助;

(b) 根据相关规定,向部长指定的有资格成员的账户中记入缴费。

(2) 公积金局可以代表政府收回:

(a) 支付给成员的现金。

(b) 记入成员账户的缴费,以及由此产生的全部或部分(具体由公积金局决定)利息;

如果:(ⅰ)成员是通过提供虚假或误导性的信息而得到现金补助或缴费记账;(ⅱ)成员曾违反相关条款的规定;或者(ⅲ)现金补助或缴费记账有误。

(3) 如果成员实际得到的现金或缴费记录超过他根据相关规定应该得到的,那么公积金局可以代表政府收回超过的部分(以及由此产生的全部或部分的利息,具体由公积金局决定)。

(4) 根据相关规定,当有资格的成员死亡时,公积金局可以选择执行以下二者之一,也可以同时选择二者:

(a) 支付现金补助,并作为成员的遗产。

(b) 向部长指定的成员账户中记入缴费。

(5) 尽管第24条第(3A)款中有相关规定,公积金成员死亡时,公积金局可以代表政府:

(a) 从成员的遗产中收回支付给他的现金(去世之前)或作为遗产支付给成员的现金。

(b) 从因成员去世而支付的款项里,或者从得到这部分款项的人那里,扣除成员得到的缴费记录,以及由此产生的全部或部分的利息,具体由公积金局决定。

如果：（ⅰ）成员是通过提供虚假或误导性的信息而得到现金补助或缴费记账；（ⅱ）成员曾违反相关条款的规定；或者（ⅲ）现金补助或缴费记账有误。

（6）尽管第 24 条第（3A）款中有相关规定，当有资格的成员去世时：

（a）如果支付给成员本人（在去世前）或其遗产的现金补助超过规定的金额，公积金局可以代表政府从他的遗产中收回这部分现金。

（b）如果记入成员账户的缴费记录超过规定金额，公积金局可以代表政府从因成员死亡而支付的款项中，或者从得到该款项的人那里，将这部分超出的缴费记录收回，还包括由此产生的全部或部分利息，具体由公积金局决定。

（7）公积金局可以代表政府收回成员应得到的现金补助或缴费，并用来抵销成员对政府的欠债。

（8）第（2）款、第（3）款、第（5）款、第（6）款和第（7）款不影响其他成文法授予公积金局或政府的权力。

（9）公积金局根据第（2）款、第（3）款、第（5）款、第（6）款和第（7）款收回的款项应该返还给政府。

（10）尽管该部分和其他条款进行了相关规定，但是没有任何人对该计划中的现金补助和缴费记账拥有绝对权利。

57D. 罪名成立时，现金等的收回

（1）当：

（a）公积金成员得到现金补助或缴费记账或由此产生的利息；

（b）根据第 58 条第（a）项或第（d）项，以及其他与现金补助、缴费记账或利息相关的条款，成员的行为已经构成犯罪，

一经定罪，除了要根据第 61 条进行罚款及根据其他相关条款进行惩罚外，在定罪当天，法院可以命令成员返还现金、缴费记账或利息。

（2）第 61B 条第（2）款和第（3）款在适用于第 61B 条第（1）款中支付的款项的同时，也适用于上述第（1）款中支付的款项。

57E. 公积金局对现金补助的证明等

在法院、特别法庭、机构或个人进行诉讼程序之前（包括关于返回现金或缴费记录的任何诉讼），由公积金局发出的证明书：

（a）该证明书证明公积金成员或其他人在任何时间得到了现金补助

或相关缴费记录以及利息；

（b）或者，公积金成员或其他人在任何时间返还现金补助或相关缴费记录以及利息。

应该作为首要的证据，以证明成员或其他人在任何时间得到或返还某款项，具体视情况而定。

57F. 为执行该部分条款而制定的规则

（1）为执行该部分条款，部长可以制定一些规则。

（2）在不影响第（1）款执行的前提下，这些规则可以：

（a）规定有资格的成员应该满足的条件，以及可以不满足的条件；

（b）规定计划的框架和实施条件；

（c）规定有资格的成员可以得到的现金补助或缴费记录额，并为不同的群体规定不同的金额；

（d）规定支付现金补助以及缴费记账的方式，包括临时性的现金补助或缴费记账；

（e）规定追回全部或部分现金补助或缴费记账（包括由此产生的利息）的方式和过程（除了第57C条和第57D条中提到的过程外），包括：（ⅰ）从成员的公积金账户中追回资金，或者（ⅱ）从成员以后会得到的现金补助或缴费记账追回；

（f）规定现金补助或缴费记录的使用途径和使用目的；

（g）规定违反这些条款的后果；

（h）规定将任何作为或不作为，以及违反规定的行为视为犯罪。

第七部分 犯罪、处罚和诉讼

58. 犯罪

如果任何人：

（a）为了实现与该法案相关的目标：（ⅰ）故意进行虚假陈述，或者（ⅱ）制造、提供、导致虚假信息，或故意允许文件中存在虚假信息；

（b）没有在规定的时间内将应缴的款项支付至公积金，或者是雇主没有代表雇员缴纳；

（c）阻碍公积金局的官员或雇员行使职能；

（d）未能遵守该法案中的条款和规定；

(e) 或者，未能根据该法案中的条款，在规定的时间内进行缴费或支付其他款项。

此人将被视为犯罪。

58A. 与投资相关的犯罪

（1）任何人不得直接或间接进行与第 77 条第（1）款第（n）项相关的规定中的投资，或者进行与此类投资相关的买卖：

（a）采取任何手段、计划或计谋进行诈骗；

（b）或者，参与针对其他人的，与诈骗或欺诈（或类似于诈骗或欺诈）有关的行为、做法或职业。

（2）违反第（1）款规定的任何人都被视为犯罪。

59. 将信息公布给未得到授权的人

（1）任何在公积金局工作的人，在没有法律授权的情况下，向其他人公布或传递（而非通过工作的正常途径）他利用工作之便得到的信息，该人将被视为犯罪，并且应该处以不超过 4000 美元的罚款，或者处以不超过 12 个月的监禁，或二者都有。

（2）在准雇主（正在考虑是否要雇用某人为雇员）申请的基础上，公积金局可以将准雇员（雇主正要考虑雇佣的某人）的情况告知准雇主：

（a）准雇员现任雇主的名字，或者如果准雇员曾经受雇于一个以上的雇主，公积金局可以将此雇员在过去 3 年内所有雇主的名字告诉准雇主；

（b）过去每位雇主为此雇员缴纳公积金的时间。

（3）若准雇主想知道第（2）款中提到的信息，则需要按照公积金局规定的方式向公积金局提出申请，并且向公积金局支付相关的费用。

（4）公积金局可以要求第（3）款中进行申请的准雇主提供证据，以证明他正在考虑雇用他想要了解情况的人。

（5）第（3）款中提到的费用不再返还。

（6）若根据第 77 条第（1）款第（k）项经营保险计划的保险公司向公积金局提出要求，为了有助于管理和经营保险计划而想要了解被保险者及其家属的相关信息，那么公积金局可以将自己掌握的信息告知保险公司，这些信息包括被保险人及其家属的健康状况，以及被保险人保健账户的情况。

（7）保险公司不得将第（6）款中提到的信息用作其他目的，除了：

（a）为了决定是否同意将某人或者其家属纳入第 77 条第（1）款第（k）项中提到的保险计划；

（b）或者，为了实现其他与保险计划管理和经营有关的目标。

（8）故意违反第（7）款规定的保险公司将被视为犯罪。

60. 法人团体的犯罪

当违反该法案规定的犯罪主体为法人团体，并且犯罪行为得到了该法人团体的董事、经理、秘书或其他管理人员的同意或纵容，或者犯罪与上述人员的行为相关，那么这些人包括整个法人团体在内都应被视为犯罪。

61. 一般性罚款

任何人触犯该法案，在没有处罚的情况下应该处以不超过2500美元的罚款，如果是第二次或多次犯罪，则将被处以不超过1万美元的罚款。

61A. 法院的管辖权

尽管在某些成文法中有相反的规定，但地区法院或地方法院有权力对该法案中的最高处罚做出判定。

61B. 罪名成立后，保险费的追缴等

（1）在根据第7条第（3）款或第61条进行判罚后，除了要进行规定的罚款外，法院可以要求被判罚的人在定罪当天支付应该缴纳的保险费及其利息。

[39/2000]

（1A）当：

（a）为了进行与第77条第（1）款第（n）项相关的规定中的投资，公积金成员从其普通账户或者特殊账户中取款；

（b）成员触犯该法案或其他与投资相关的成文法；

（c）公积金局已经要求该成员将相关条款中规定的款项返还或转移回他的普通账户或特殊账户。

法院除了要执行该法案中的罚款和其他法中的处罚外，还可以要求成员根据公积金局的指令将某款项返还或转移回他的普通账户或特殊账户，该款项的具体金额由公积金局指定的官员根据第（c）项确定。

（2）法院可以：

（a）根据与恢复罚款相关的法律条款；

（b）或者，在公积金局申请的基础上，通过民事法庭判决的方式。

追回根据第（1）款需要支付的金额或者根据第（1A）款需要返还或转移的金额。

[39/2000]

（3）当法院已经判定需要根据第（2）款第（b）项中规定的方式来追回第（1）款、第（1A）款中的款项后，法院需要确定应该支付、返还或转移的金额，并且公积金局应该按照法院命令来追回这些款项。

[39/2000]

62. 出庭的通知书

（1）当公积金局的官员有足够的理由认为某人违反该法案的规定而犯罪时，他可以向该人出具特定的通知书（替代了法院的传票），要求该人在特定的时间出庭。

[30/98]

（2）公积金局的官员应该准备另一份相同的通知书，以便在法庭要求时提供给法庭。

[30/98]

（3）公积金局可以根据第（62A）条第（1）款规定的方式向其出示通知书。

[30/98]

（4）当被指控的人根据通知书出现在法庭时，法庭应该正式受理该犯罪，并且要按照《刑事诉讼法》（第68章）第136条规定的程序进行。

[30/98]

（5）当通知书传达给此人后，若此人或其律师未能在规定的时间内出席法庭，法庭在确认通知书已经准确到达此人后，可以签署逮捕此人的命令，除非此人已经在出庭日期之前对犯罪行为进行了弥补。

[30/98]

（6）根据第（5）款签署逮捕令，被逮捕的人出现在法庭后，法庭应该：

（a）按照《刑事诉讼法》（第68章）第136条规定的程序进行；

（b）在法庭程序结束后，要求此人陈述他未能根据通知书出庭同时可以不接受惩罚的理由，若未能出示理由，法庭可以对其处以不超过2000美元的罚款或者不超过两个月的监禁。

[30/98]

（7）公积金局官员可以在出庭通知书中规定日期前的任何一天取消通知书。

[30/98]

（8）为了实现本条的目标，公积金局可以下发他认为合适的、任何形式的通知书。

[30/98]

62A. 通知书或传票

（1）任何根据该法案下发的通知书（根据第62条），以及法院签署的传票，可以以下述方式传达给此人：

（a）直接下发给本人，或下发给此人最后生活的家庭中的成年成员；

（b）下发至此人经常或其最后居住或工作的地方，或者是以挂号信的方式寄往上述地方；

（c）当通知书下发对象或传票传讯对象是一个团体或公司时：
（ⅰ）直接将通知书或传票传给该团体或公司的秘书或其他领导成员，
（ⅱ）以挂号信的方式寄至该团体或公司注册的办公地点或主要的办公场所。

[30/98]

（2）任何根据第（1）款以挂号信的方式寄出的通知书或传票，应该在规定的时间内寄达，在邮寄的过程中，应该保证装有传票的信封经过了妥善的处理、盖章和注册。

[30/98]

63. 犯罪行为的和解

（1）公积金局或者由公积金局书面授权的任何人，在酌情考虑后，可以就触犯该法案的行为进行和解，并且要对犯罪嫌疑人处以不超过500美元的罚金。

[32/86；27/92；30/98]

（2）公积金局应该制定相关条款，来界定可以和解的犯罪行为。

[32/86]

（3）根据本条所得的全部款项都归公积金局所有。

[5/89]

64. 其他法律中诉讼程序的保留

本法中的规定不得影响其他成文法中诉讼程序的进行。

65. 应支付给公积金的款项

如果根据《政府诉讼程序法》（第121章），任何应支付给公积金的款项（包括公积金局要求的款项，或者根据法院命令支付、返还或转移到公积金的款项）若被认定为是拖欠政府的债务，可以针对该款项进行起诉，并且由公积金局将该款项返还给政府。

66．被授权官员的证明将作为证据

在任何法律诉讼程序中，公积金局授权的官员所持有的账户（家庭保障基金或健保双全基金）进入证明，应该作为进入账户和相关行为的首要证据。

66A．公积金局的证明

（1）在有关保险费的追缴或不支付（第7条对此进行了规定）的诉讼程序中，由公积金局签署的，可以显示雇主或其他人缴纳保险费和利息的证书，应该作为证明雇主或其他人已经缴费的首要证据。

[30/98]

（2）根据与第77条第（1）款第（n）项相关的规定，当公积金局要求成员将相关款项返还或转移至其普通账户或特殊账户时，由公积金局签署的相关证明，在任何与此相关的诉讼程序中，应该作为首要证据。

67．诉讼的提起

根据本法案进行的法律诉讼程序，都应由公积金局主席（以书面方式）授权的官员提起。

第八部分　其他规定

68．对雇员或成员在资产处置中的利益，以及在抵押或交易中的出售利益进行保护

（1）当：

（a）在执行判决的过程中，发出了针对雇主或成员的出售或扣押通知书，并且根据判决雇主或成员的动产、不动产以及其他的资产将被没收、出售或以其他的形式处置；

（b）在将出售或其他处置方式的收益支付给执行债权人之前，应该由公积金局的谢里夫或其他执行判决的官员发出一个通知，其中要说明雇主或成员拖欠公积金的债务。

此时，不得将收益支付给执行债权人，除非法院发出声明，在出

售或以其他方式处置资产时已经将欠款归还公积金。

（2）当：

（a）根据《危难法》（第 84 章）签署的书面命令来扣押雇主或成员的财产，并且根据书面命令没收雇主或成员的不动产；

（b）在将出售或其他处置方式的收益支付给有资格的房主之前，应该由公积金局的谢里夫或其他执行判决的官员发出一个通知，其中要说明雇主或成员拖欠公积金的债务。

此时，不得将收益支付给房主，除非法院发出声明，在出售或以其他方式处置资产时已经将欠款归还公积金。

[30/98]

（3）当：

（a）在执行判决的过程中发出了针对雇主和成员的扣押命令；

（b）在将扣押收益支付给债权人之前，公积金局已经将雇主或成员拖欠公积金债务的情况通知给扣押人。

此时，不得将扣押的收益支付给债权人，除非法院发出声明，在扣押资产时已经将欠款归还公积金。

[30/98]

（4）当：

（a）根据现行成文法的规定，在进行申请的基础上。受担保的债权人可以出售工作场所的任何财产；

（b）公积金局应该通知谢里夫或其他负责出售的官员：债务人拖欠公积金债务。

此时，不得将出售的收益支付给任何债权人（除了政府或受担保的债权人），除非法院发出声明，在出售资产时已经将欠款归还公积金。

（5）在分配：

（a）第（1）款、第（2）款或第（4）款中的收益；

（b）或者，根据第（3）款规定，与扣押令相关的款项时。

根据第 7 条或第 61B 条（1）款向公积金的支付，要优先于根据第 61B 条（1A）款向公积金的支付。

（6）为了执行本条款的规定，任何拖欠公积金的款项应该被解释为是公积金局要求缴纳的款项或者是法院要求支付、返还或转移至成员账户的款项。

69. 豁免权

部长可以允许任何个人或任何阶层不遵守本法案全部或部分条款。

70. 2003 年第 31 号法案废除该条款，新条款自 2004 年 1 月 1 日开始实施

71. 2003 年第 31 号法案废除该条款，新条款自 2004 年 1 月 1 日开始实施

72. 将保险费返还给政府

当证实某公务人员在政府养老金办公室工作后，应该将在证实日期之前政府为之缴纳的保险费（此人并没有从工资中连同扣缴，但记入了此人的基金账户）连同由此产生的全部或部分利息（由公积金局决定）返还给政府。

73. 从私人公积金向中央公积金转移资金

当作为雇员的中央公积金成员在其他公积金计划中拥有现金收益时，如果这些计划的规定允许，成员可以将这些计划中全部或部分的收益转移到中央公积金中，并且根据第 7 条第（4）款的规定，这些转移金额可视为额外缴费。

74. 错误缴费的返还

（1）当公积金局认为成员向公积金错误地缴纳了保险费或利息（根据第 9 条规定），根据第（4）款，公积金局应该将这部分错误缴纳的保险费返还给成员。

（2）如果：

（a）成员在缴纳保险费之后的一年内，没有向公积金局索要这部分错误缴纳的保险费或利息；

（b）或者，成员已经提取了这部分款项。

公积金局可以不返还这部分保险费，但是根据该法案，这部分保险费或利息应该已经正确地返还给了成员。

（3）如果错误缴纳保险费的成员拖欠基金债务，那么可以将这部分错误缴纳的款项冲抵债务。

（4）在没有公积金局同意的情况下，不得进行任何保险费返还或者债务冲抵。

（5）公积金局有权力要求那些声称可以得到保险费返还的人进行书面申请，并且提供公积金局要求提供的信息。

75. 针对额外工资的多余缴费的返还

（1）当根据附录一进行重新计算后，公积金局认为成员在一年内针对额外工资的缴费超过应缴额度，那么公积金局应该以部长规定的方式返还这部分多余缴费以及由此产生的全部或部分利息（由公积金局决定）。

[22/90；27/92]

（2）如果多余缴费的成员拖欠基金债务，那么公积金局可以用这部分多余缴费及其利息，来冲抵成员的债务。

[22/90]

（3）公积金局有权力要求那些声称可以得到多余缴费返还的人提供公积金局要求提供的信息。

[22/90]

76. 公积金局可以参加和公积金没有直接联系的活动，并且可以要求其他人提供信息

（1）如果部长认为是出于公共利益的考虑，公积金局可以参与以下两项或其中一项活动：

（a）和公积金或公积金的管理没有联系或没有直接联系的活动；

（b）和公积金成员、雇主和雇员有关系的统计资料汇编或其他活动。

（2）为了执行第（1）款规定，公积金局可以要求成员、雇主和雇员提供必要的信息。

（3）尽管成文法中有相关规定，但是根据第（4）款，为了实现本款的目的，部长同意公积金局参与社区的教育、社会和经济促进活动后，雇主可以从雇员的每月工资里扣除一定额度的与活动相关的缴费，除非雇员书面通知雇主表示他不想向公积金缴纳这部分费用。

[3/92]

（4）在部长同意的前提下，公积金局可以制定与实施第（3）款有关的条款，这些条款可以：

（a）针对不同的雇员群体，规定不同的缴费额度；

（b）规定缴费的时间和方式，以及其他的相关事项；

（c）规定错误缴费的返还，或者是应缴而未缴款项的缴纳；

（d）规定账目或记录的保留；

（e）规定当雇员同时受雇于两个或两个以上的雇主时，雇主缴费的义务；

（f）规定当雇主未能从雇员的月工资中扣缴保险费或未能将保险费缴

纳给公积金时，雇主将被视为犯罪。

[3/92]

77. 法规和规章

（1）在与公积金局商讨后，部长可以制定规章：

（a）规定保险费的支付、累积和返还手段，以及其他的相关事项，包括通过电子或其他手段。

（b）规定公积金中未被索要、未支付或其他保留在公积金中的款项的处置方式。

（c）规定就业的分类方式，规定没有按照服务协议进行就业的缴费方式。

（d）规定当雇员是特殊就业时，为了实现本法案的目标，将把雇员的主要雇主看作是雇主（尽管有时主要雇主并不是雇员的直接雇主）。

（e）规定当个人从部长指定的某些交易、商业、职业或其他途径获取收入时的缴费方式和缴费率。

（f）规定所得税审计长［根据《所得税法》（第134章）任命］可以向公积金局提供某些信息、文件或记录来证明上述第（e）项中提到的个人的收入，并且要对这些信息、文件或记录进行保密，所得税审计部门的成员是《所得税法》第6条中提到的成员。

（g）在部长同意的前提下，公积金局可以指定任何机构（包括政府机构或其他法定团体）进行本法案中保险费（以及由此产生的利息）的征缴、积累或返还，这些机构可以行使公积金局（或本法案指定的公积金局部门）的某些职责。

（h）规定公积金成员可以申请提取全部或部分的公积金和利息来购买不动产，或偿还用于购买不动产的贷款，包括成本以及任何在购买不动产、贷款或提取公积金过程中发生的费用。

（i）规定公积金成员可以申请提取账户中全部或部分的公积金和利息：（i）来偿还用于购买土地（不管上面有没有建筑物）的贷款，以及在土地上面修建住宅时发生的成本，其中包括购买土地和修建住宅时发生的任何费用；以及（ii）补偿购买土地（不管上面有没有建筑物）和修建房屋时发生的成本，包括任何在购买土地和修建房屋时发生的任何费用。

（j）规定公积金成员、其配偶、孩子、父母和其他指定的成员在接受医疗服务时，保健账户资金的提取。

(k) 规定当公积金成员或其抚养对象由于要加入医疗保险计划或由部长指定的其他健康计划时，保健账户资金的提取。

(ka) 规定成员将保健账户的资金转移至其普通账户、特殊账户和退休账户（如果有的话）。

(l) 为了实现本法案的目标，根据第2条第（1）款，总统将在公报中公布哪些人为雇员，并且规定这些人的缴费率（而非附录一中规定的缴费率）。

(m) 2003年第31号法案废除该条款，新条款于2004年7月1日开始实施。

(n) 规定成员可以申请提取公积金账户的资金来进行投资（由部长指定的），或者补偿在投资中发生的成本，包括任何与投资相关的费用。

(o) 为了实现第15条第（6）款以及第18条第（1）款、第（1A）款中的目标，特别规定：（ⅰ）第15条第（6）款第（a）项中提到的最低金额，包括为不同的群体规定不同的最低金额；（ⅱ）计算最低金额的方法；以及（ⅲ）在成员达到一定年龄后，可以提取的最低额，以及最低额的提取方式。

(oa) 为了实现第18条第（3）款和第（7）款中的目标，特别规定：（ⅰ）计算转移或支付到成员特殊账户［第18条第（3）款规定］的资金额的方法；（ⅱ）将资金转移或支付到成员特殊账户［第18条第（3）款提到］的一系列目标，并且规定为了实现每个目标而需要的资金额以及提取这些资金的方式。

(p) 为了实现第15B条的目标而申请预留额外资金的方式，额外资金预留的条件和时间，以及预留资金的提取数量和方式。

(q) 规定部长特别指定人群、阶层或雇员的缴费率（而非附录一中规定的缴费率）。

(qa) 为实现本法案的目标，规定公积金局可以征收的费用。

(r) 规定公积金成员可以提取账户资金和利息来支付：（ⅰ）根据《房屋和发展法》（第129章）第ⅣA部分的规定，由于进行房屋改善工程而向房屋和发展委员会缴纳的改进费；或者（ⅱ）根据《市镇议会法》（第329A章）第ⅣA部分，由于进行电梯工程而向市镇议会缴纳的改进费，包括这些工程需要支付的成本费用等。

(ra) 为了实现该法案第三A部分的目标，特别规定：（ⅰ）将成员账户资金转移到其配偶指定账户的步骤、要求和方式,以及其他相关事项;(ⅱ)将成员账户资金支付给其配偶的步骤、要求和方式,以及其他相关事项;(ⅲ)根据法院命令,将成员的房产、不动产或组屋的收益转移(而非出售)给其配偶的相关事项;(ⅳ)根据第 27G 条,将成员的投资收益转移给其配偶的相关事项;以及(ⅴ)将成员进行第 27H 条中的投资而取得的收益进行出售的相关规定。

(s) 其他和执行本法案和实现本法案目标有关的规定。

[19/83;32/84;16/86;5/87;22/90;27/92;29/93;10/94;39/2000]

(2) 除了本法案赋予的权利和义务外,公积金局可以制定规章:

(a) 规定:(ⅰ)在本法案下,全部或部分错误缴纳的保险费的返还;以及(ⅱ)在本法案下,全部或部分应缴未缴保险费的缴纳。

(b) 规定雇主对账目、记录的保管。

(c) 规定对医疗委员会的任命,以决定一个公积金的成员是否满足第 15 条第(2)款第(d)项、第(e)项、第(f)项或第(g)项,第(6B)款第(a)项,第(7A)款第(a)项、第(b)项、第(ba)项或第(c)项,第(8)款第(a)项、第(b)项、第(c)项或第(d)项,第(15)款第(e)项第(ⅱ)目,第 27D 款第(ⅵ)目第(B)节,第 36 条第(2)款和第 49 条第(2)款中规定的条件。

(d) 规定提取公积金的步骤。

(e) 规定需要提供的证据,以及为了实现第 15 条的目标,需要提供证据的人、官员或机构。

(f) 规定缴纳的保险费记入公积金的步骤。

(g) 规定当雇员受雇于两个或两个以上的雇主时,雇主在缴纳保险费方面的责任。

(h) 规定第 7 条中雇员通知雇主的形式和期限。

(i) 规定自愿缴费的步骤。

(j) 规定在实施本法案过程中,需要进行的返还、登记以及需要的表格。

(k) 规定公积金局在本法案下可能规定的其他事项。

(3) 根据与第(1)款第(i)项相关的规定,成员不得提取公积金,除非他的住宅已经建好,并且政府机构已经签发了与住宅相关的临时占用许可证。

（4）在第（1）款第（i）项和第（3）款中，"住宅"是指任何用来居住的建筑物。

[29/93]

78. 将法规和规章提交至议会

（1）所有根据该法案制定的法规和规章，只有在公报公示后才能够实施，但这些法规和规章另外规定的事项不包括在内。

（2）这些法规和规章在公报公示后应该尽快提交至议会。

（3）这些法规和规章应该继续有效，直到议会决议对其拒绝或进行修改。

（4）所有这些被议会决议修改的法规和规章在决议通过当天开始实施。

79. 互惠协议

（1）通过与公积金局进行商讨，部长可以和建立类似公积金计划的其他国家的政府签订互惠协议，（除了其他事项）规定：

（a）根据本法案第2条中对"雇员"的定义，在其他政府管辖的区域内，任何时间内的就业可以看作是这一时间段内，在新加坡的就业；

（b）根据互惠协议中可能存在的规定，若雇员在其他国家受雇于某雇主，那么该雇员在新加坡中央公积金账户的资金可以转移到在这一国家的公积金账户中；

（c）任何人成为公积金成员后，可以将其他公积金账户中的资金转移到中央公积金账户中。

（2）如果互惠协议中订立了以下条款，第2条中雇员的定义也要发生相应的改变：

（a）当某人未在新加坡被雇用时，在这段时间内不得要求此人向公积金缴纳保险费；

（b）当某人未在新加坡被雇用时，在这段时间内不得要求其雇主向公积金缴纳保险费；

（c）公积金局将缴费记录转移出公积金或转移到公积金都是被允许的。

（3）任何根据第（1）款签订的互惠协议都要在公报公示，并且要在公示当天开始实施，或者可能根据协议规定的日期推迟实施。

附录一

第 7 条、第 8 条、第 70 条、第 75 条和第 77 条

缴费率

1. 根据自 2007 年 7 月 1 日开始实施的以下第 2—7 项，雇员和雇主的缴费率如下所示 （单位：美元）

雇员每月的工资总额	35 岁及以下 雇主每月的缴费额	35 岁及以下 雇员每月的缴费额	36—50 岁 雇主每月的缴费额	36—50 岁 雇员每月的缴费额	51—55 岁 雇主每月的缴费额	51—55 岁 雇员每月的缴费额
500 以下，包括 500	雇员工资总额的 14.5%	不缴	（工资总额 − 50）×9.64%	不缴	（工资总额 − 50）×6.97%	不缴
500—750，包括 750 在内	包括两部分：a. 雇员工资总额的 14.5%；b.（工资总额 − 500）×48%	（工资总额 − 500）×48%	包括两部分：a.（工资总额 − 50）×9.64%；b.（工资总额 − 500）×48%	（工资总额 − 500）×48%	包括两部分：a.（工资总额 − 50）×6.97%；b.（工资总额 − 500）×43.2%	（工资总额 − 500）×43.2%
750—1200，包括 1200	包括两部分：a. 雇员工资总额的 14.5%；b. 120 +（工资总额 − 750）×24%	120 +（工资总额 − 750）×24%	包括两部分：a. 67.50 +（工资总额 − 750）×19.66%；b. 120 +（工资总额 − 750）×24%	120 +（工资总额 − 750）×24%	包括两部分：a. 48.825 +（工资总额 − 750）×13.15%；b. 108 +（工资总额 − 750）×21.6%	108 +（工资总额 − 750）×21.6%
1200—1500，包括 1500	包括两部分：a. 工资总额的 14.5%；b. 120 +（工资总额 − 750）×24%	120 +（工资总额 − 750）×24%	包括两部分：a. 156 +（工资总额 − 1200）×20.5%；b. 120 +（工资总额 − 750）×24%	120 +（工资总额 − 750）×24%	包括两部分：a. 108 +（工资总额 − 1200）×16.5%；b. 108 +（工资总额 − 750）×21.6%	108 +（工资总额 − 750）×21.6%

《中央公积金法案》(新加坡) 545

续表

雇员每月的工资总额	35 岁及以下 雇主每月的缴费额	雇员每月的缴费额	36—50 岁 雇主每月的缴费额	雇员每月的缴费额	51—55 岁 雇主每月的缴费额	雇员每月的缴费额
超过 1500	包括两部分：a. 雇员正常工资的 34.5%，最高缴费额为 1552.5；b. 额外工资的 34.5%	包括两部分：a. 雇员正常工资的 20%，最高缴费额为 900；b. 额外工资的 20%	包括两部分：a. 雇员正常工资的 34.5%，最高缴费额为 1552.5；b. 额外工资的 34.5%	包括两部分：a. 雇员正常工资的 20%，最高缴费额为 900；b. 额外工资的 20%	包括两部分：a. 雇员正常工资的 28.5%，最高缴费额为 1282.5；b. 额外工资的 28.5%	包括两部分：a. 雇员正常工资的 18%，最高缴费额为 810；b. 额外工资的 18%

雇员每月的工资总额	56—60 岁 雇主每月的缴费额	雇员每月的缴费额	61—65 岁 雇主每月的缴费额	雇员每月的缴费额	65 岁以上 雇主每月的缴费额	雇员每月的缴费额
500 以下，包括 500	（工资总额 − 50）× 4.98%	不缴	（工资总额 − 50）× 3.32%	不缴	（工资总额 − 50）× 3.32%	不缴
500—750，包括 750	包括两部分：a. （工资总额 − 50）× 4.98%；b. （工资总额 − 500）× 30%	（工资总额 − 500）× 30%	包括两部分：a. （工资总额 − 50）× 3.32%；b. （工资总额 − 500）× 18%	（工资总额 − 500）× 18%	包括两部分：a. （工资总额 − 50）× 3.32%；b. （工资总额 − 500）× 12%	（工资总额 − 500）× 12%
750—1200，包括 1200	包括两部分：a. 34.875 + （工资总额 − 750）× 8.25%；b. 75 + （工资总额 − 750）× 15%	75 + （工资总额 − 750）× 15%	包括两部分：a. 23.25 + （工资总额 − 750）× 4.16%；b. 45 + （工资总额 − 750）× 9%	45 + （工资总额 − 750）× 9%	包括两部分：a. 23.25 + （工资总额 − 750）× 4.16%；b. 30 + （工资总额 − 750）× 6%	30 + （工资总额 − 750）× 6%

续表

雇员每月的工资总额	56—60 岁 雇主每月的缴费额	56—60 岁 雇员每月的缴费额	61—65 岁 雇主每月的缴费额	61—65 岁 雇员每月的缴费额	65 岁以上 雇主每月的缴费额	65 岁以上 雇员每月的缴费额
1200—1500,包括1500	包括两部分：a. 72＋(工资总额－1200)×13.5%；b. 75＋(工资总额－750)×15%	75＋(工资总额－750)×15%	包括两部分：a. 42＋(工资总额－1200)×11%；b. 45＋(工资总额－750)×9%	45＋(工资总额－750)×9%	包括两部分：a. 42＋(工资总额－1200)×11%；b. 30＋(工资总额－750)×6%	30＋(工资总额－750)×6%
超过1500	包括两部分：a. 雇员正常工资的20%，最高缴费额为900；b. 额外工资的20%	包括两部分：a. 雇员正常工资的12.5%，最高缴费额为562.5；b. 额外工资的12.5%	包括两部分：a. 雇员正常工资的12.5%，最高缴费额为562.5；b. 额外工资的12.5%	包括两部分：a. 雇员正常工资的7.5%，最高缴费额为337.5；b. 额外工资的7.5%	包括两部分：a. 雇员正常工资的10%，最高缴费额为450；b. 额外工资的10%	包括两部分：a. 雇员正常工资的5%，最高缴费额为225；b. 额外工资的5%

2. 7.65 万美元减去最高缴费普通工资额为额外工资的缴费上限，超过该上限的部分，雇主不用缴费。

3. 在计算雇员年普通工资总额之前，如果已经向雇员支付了额外工资，那么雇主无须为超过以下金额的额外工资缴费：

7.65 万美元减去：

(a) 上一年雇员的普通工资；

(b) 当年已经为雇员支付的额外工资。

4. (1) 在计算雇员年普通工资总额之前，如果已经缴纳以额外工资为基数的保险费，以后在某一相关时间，必须重新计算该部分保险费，具体参照第 2 项。

(2) 雇主按照第 4 项第 (1) 目计算出应该对额外工资缴纳的保险费

时，如果计算结果大于已经缴纳的费用，那么雇主必须在某一相关时间内进行补差，具体参照第 2 项。

（3）当雇主根据第 4 项第（2）目需要进行保险费补差时，他有权利要求雇员也按照一定费率进行补差。

4A. 根据第 2 项、第 3 项、第 4 项需要计算雇员的年普通工资总额时，年普通工资总额超过 5.4 万美元的部分不列入计算范围。

5. 为实施附录一：

（a）一个人在过了 35 岁、50 岁、55 岁、60 岁、65 岁的生日后，在他过完生日下一个月的第一天，要遵循新的缴费率进行缴费；

（b）雇主缴费的金额应该四舍五入至最接近的美元，但如果超过了 50 美分就要按 1 美元计算；

（c）在计算雇员缴费时，美元后面的美分都应被忽略掉；

（d）"额外工资"是指在普通工资之外的任何补贴；

（e）"每月普通工资"仅包含因正常工作而得到工资，应该在每月缴纳保险费之前支付；

（ea）"相关时间"是指当年的年底，或者是雇员在某一雇主处就业的最后一个月，可视情况而定；

（f）"雇员每月工资总额"是指雇员每月的普通工资总额加上额外工资总额；

（g）2003 年第 S657 号法案废除该条款，新条款自 2004 年 1 月 1 日开始实施；

（h）"一年"是指从 1 月 1 日至 12 月 31 日这一阶段。

6. 第 1 项的缴费率对以下机构的雇员不适用：

（1）救助学校的管理人员。

（2）账务和商业局。

（3）科学技术与研究中心。

（4）新加坡农业食品和兽医管理局。

（5）建筑委员会。

（6）建筑和工程管理局。

（6A）新加坡娱乐场所管理局。

（7）中央公积金局。

（8）新加坡民航局。

（9）公共服务学院。

（10）新加坡竞争委员会。

（11）私立教育理事会。

（12）国防科学技术中心。

（13）经济发展委员会。

（14）能源市场管理局。

（15）健康促进委员会。

（16）卫生科学管理局。

（17）印度咨询委员会。

（18）印度捐赠基金委员会。

（19）旅馆许可委员会。

（20）房屋和发展委员会。

（21）新加坡信息—通信发展管理局。

（22）税务管理局。

（23）东南亚研究中心。

（24）新加坡技术教育中心。

（25）新加坡知识产权办公室。

（26）跨国公司委员会。

（27）裕廊镇公司。

（28）陆上交通管理局。

（29）新加坡伊斯兰宗教委员会。

（30）新加坡海事和港口管理局。

（31）新加坡媒体发展管理局。

（32）新加坡货币管理局。

（33）南洋理工学院。

（34）2006年第S193号法案废除该条款，新条款自2006年4月1日开始实施。

（35）国家艺术协会。

（36）国家社会服务协会。

（37）国家环境研究中心。

（38）国家文物局。

（39）国家教育研究中心。

（40）国家图书馆。

（41）国家公园管理委员会。

（42）2006年第S193号法案废除该条款，新条款自2006年4月1日开始实施。

（43）义安理工学院。

（44）人民协会。

（45）2009年第16号法案废除该条款，新条款自2009年7月1日开始实施。

（46）专业工程师委员会。

（47）公共交通协会。

（48）公共事业局。

（49）共和理工学院。

（50）科学中心委员会。

（51）圣陶沙发展公司。

（52）锡克教咨询委员会。

（53）新加坡复员技训企业管理局。

（54）新加坡牙医协会。

（55）新加坡考评局。

（56）新加坡劳工基金会。

（57）新加坡土地管理局。

（58）新加坡医疗协会。

（59）新加坡护理委员会。

（60）新加坡药剂委员会。

（61）新加坡理工学院。

（62）新加坡运动协会。

（63）新加坡赛马委员会。

（64）新加坡旅游委员会。

（65）新加坡劳动力发展中心。

（66）专家鉴定委员会。

（67）生产标准和创新委员会。

（68）淡马锡理工学院。

（69）传统中医实践委员会。

（70）城市再发展研究中心。

7. 应该为以下雇员缴费，雇员自己也要缴费：

（a）根据政府部门养老金领取者的缴费率进行缴费的养老金领取者；

（b）根据政府部门非养老金领取者的缴费率进行缴费的非养老金领取者；

（c）被法定团体或救助学校的管理人员雇用的雇员，应该按 2002 年中央公积金相关规定进行缴费；

（d）没有被第（a）目、第（b）目和第（c）目包括在内的、作为新加坡永久居民的雇员，应该按 2002 年中央公积金相关规定进行缴费。

附录二

第 11 条

财务条款

1. （1）公积金局应该妥善保存其账目以及交易和运行的记录，采取一切必要措施来确保其现金支付是正确的和通过正式授权的，并且要对其资产的管理和开支进行适当控制。

（2）每个财政年度结束后，公积金局应该尽快准备该年的财务报表，并将其提交至公积金局的审计部门。

2. （1）审计长每年至少要审查公积金局的账户一次，或者在与审计长商讨后，部长可以指定其他的审计人员审查公积金局的账户。

（2）个人不得被任命为第（1）款中的审计人员，除非是《公司法》（第 50 章）指定的审计公司。

（3）审计人员的报酬将由公积金局支付。

3. 审计人员或者由他授权的其他人能在所有合适的时间内审查公积金局的所有账户，以及其他与公积金局财务有直接或间接关系的记录，并能够得到这些账目或记录的副本或摘录。

4. （1）审计人员应该在审计报告里说明：

（a）财务报告是否如实地反映了公积金局的交易状况和运行状况；

（b）账目和其他记录是否被完好地保存，包括以购买、捐赠或其他方式处置的财产的记录；

（c）在该财政年度内，公积金局的资金收支、投资以及资产的获得和处理是否遵守本法案的规定；

（d）审计人员认为其他与审计相关的事项。

（2）公积金局将账户信息送与审计人员后，审计人员要尽快将审计报告提交给公积金局，也应该将这些定期的特殊报告提交给部长。

5.（1）在审计人员或者由他授权的其他人认为必要的情况下，可以要求任何人将自己掌握的信息报告给他，或者要求任何人将自己可能得到的信息报告给他。

（2）任何未能满足审计人员要求（没有合理的理由）的人或者阻碍审计人员行使权力的人将被视为犯罪，并被处以不超过1000美元的罚款。

6.（1）当根据本法案对公积金局的财务状况进行审计后，公积金局应该提交给部长一份由主席签字的审计报告，同时还包括一份审计人员的报告。

（2）若审计人员不是审计长，在将财务审计报告提交给公积金局之前，应该先将该审计报告以及其他由审计人员做出的报告送交审计长。

（3）部长应该尽快做出审计报告的副本以及审计人员报告的副本，并将其在公报公示，随后提交至议会。

7. 每个财政年度结束后，主席应该尽快提交给公积金局关于基金收支的账目表，其中包括该财政年度内缴纳的保险费、公积金的提取以及由此产生的利息，同时还要包括公积金的资产和负债情况。

8.（1）每个财政年度结束后，公积金局应该准备并提交给部长一份关于过去财政年度中公积金局活动的报告，其中要包括活动的收益以及根据部长的指示公积金局政策的变化。

（2）部长应该尽快准备每个报告的副本，并将其提交至议会。

9. 公积金局的财政年度由公积金局决定。

附录三

第 13A 条

针对自雇者的特殊法案

1. 《鸟兽法》（第 7 章）。
2. 《武器和爆炸物法》（第 13 章）。
3. 《估价师与房屋代理商法》（第 16 章）。
4. 《商业登记法》（第 32 章）。
5. 《儿童照料中心法》（第 37A 章）。
6. 《商品交易法》（第 48A 章）。
7. 《植被管制法》（第 57A 章）。
8. 《昆虫和化学药物控制法》（第 59 章）。
9. 《海关法》（第 70 章）。
10. 《电气工人和承包商许可证法》（第 89 章）。
11. 《职业介绍法》（第 92 章）。
12. 《环境保护和管理法》（第 94A 章）。
13. 《公共环境卫生法》（第 95 章）。
14. 《2006 年工作场所安全和健康法》。
15. 《电影法》（第 107 章）。
15A. 《财务顾问法》（第 110 章）。
16. 《渔业法》（第 111 章）。
17. 2001 年第 42 号法案废除该条款，新条款自 2002 年 10 月 1 日开始实施。
18. 《敬老院法》（第 126A 章）。
18A. 《2005 年有限责任公司法》（2005 年第 5 号法案）。
18B. 《2008 年有限合伙法》（2008 年第 37 号法案）。
19. 《新加坡海事及港口管理法》（第 170A 章）。
20. 2004 年第 S457 号法案废除该条款，新条款自 2003 年 12 月 22 日开始实施。
21. 《按摩院法》（第 173 章）。

22.《货币兑换和汇款业务法》(第187章)。
23.《放债法》(第188章)。
24.《停车位法》(第214章)。
25.《抵押法》(第222章)。
26.《规划法》(第232章)。
27.《邮政服务法》(第237A章)。
28.《价格控制法》(第244章)。
29.《2007年私人保安业法》。
30.《公共娱乐和公共聚会法》(第257章)。
31.《2001年公共事业法》(2001年第8号法案)。
32.《道路交通法》(第276章)。
33.《橡胶产业法》(第280章)。
34.《食品销售法》(第283章)。
35.《2007年二手商品交易法》。
36.《2001年证券与期货法》。
37.《污水处理及排水法》(第294章)。
38.《新加坡旅游局法》(第305B章)。
39.《电信法》(第323章)。
40.《鱼肉卫生法》(第349A章)。

[27/92；7/96；43/99；22/2000；S34/93；S520/99；S258/2000；S343/2000]

立法历史

1. 1953年第34号法案——《1953年中央公积金法案》

一读日期：1951年5月22日（法案于1951年5月25日公布，没有法案号）

提至专门的委员会：1953年第65号议会文件

二读和三读日期：1953年11月24日

实施日期：1955年7月1日

2. 1955年第4号法案——《1955年中央公积金（修正）法案》

一读、二读和三读日期：1955年1月28日

实施日期：1955 年 2 月 11 日

3. 1955 年第 15 号法案——《1955 年中央公积金（第二次修正）法案》

一读、二读和三读日期：1955 年 6 月 29 日

实施日期：1955 年 7 月 1 日

4. 1957 年第 16 号法案——《1957 年中央公积金（修正）法案》

一读日期：1957 年 4 月 24 日（法案号：99/57，于 1957 年 5 月 7 日公布）

二读和三读日期：1957 年 5 月 22 日

实施日期：1957 年 6 月 1 日

5. 1958 年第 31 号法案——《1958 年立法议会法案》（同时提交了附属法律）

一读日期：1958 年 7 月 16 日（法案号：158/58，于 1958 年 7 月 22 日公布）

二读日期：1958 年 8 月 13 日

三读日期：1958 年 9 月 10 日

实施日期：1958 年 9 月 25 日

6. 1959 年第 71 号法案——《1959 年权力移交法案》

一读日期：1959 年 9 月 22 日（法案号：30/59，于 1959 年 9 月 30 日公布）

二读和三读日期：1959 年 11 月 11 日

实施日期：1959 年 11 月 20 日

7. 1959 年第 72 号法案——《1959 年权力移交（修正）法案》

一读日期：1959 年 9 月 22 日（法案号：31/59，于 1959 年 9 月 30 日公布）

二读和三读日期：1959 年 11 月 11 日

实施日期：1959 年 11 月 20 日

8. 1963 年第 32 号法案——《1963 年中央公积金（修正）法案》

一读日期：1963 年 11 月 28 日（法案号：13/63，于 1963 年 12 月 6 日公布）

二读和三读日期：1963 年 12 月 20 日

实施日期：1963 年 12 月 28 日（第 4 条）、1964 年 2 月 1 日（第 2

条、第 3 条；第 5—11 条）

9. 1968 年第 25 号法案——《1968 年中央公积金（修正）法案》

一读日期：1968 年 7 月 10 日（法案号：26/68，于 1968 年 7 月 13 日公布）

二读和三读日期：1968 年 8 月 1 日

实施日期：1968 年 9 月 1 日

10. 1970 年第 55 号法案——《1970 年中央公积金（修正）法案》

一读日期：1970 年 11 月 4 日（法案号：43/70，于 1970 年 11 月 7 日公布）

二读和三读日期：1970 年 12 月 30 日

实施日期：1971 年 1 月 1 日

11. 1973 年第 42 号法案——《1973 年中央公积金（修正）法案》

一读日期：1973 年 7 月 11 日（法案号：21/73，于 1973 年 7 月 13 日公布）

二读和三读日期：1973 年 7 月 25 日

实施日期：1973 年 9 月 1 日

12. 1978 年第 22 号法案——《1978 年中央公积金（修正）法案》

一读日期：1978 年 3 月 22 日（法案号：16/78，于 1978 年 3 月 23 日公布）

二读和三读日期：1978 年 4 月 7 日

实施日期：1978 年 4 月 26 日

13. 1980 年第 15 号法案——《1980 年中央公积金（修正）法案》

一读日期：1980 年 2 月 26 日（法案号：4/80，于 1980 年 2 月 29 日公布）

二读和三读日期：1980 年 3 月 25 日

实施日期：1980 年 5 月 15 日

14. 1981 年第 19 号法案——《1981 年中央公积金（修订）法案》

一读日期：1981 年 2 月 18 日（法案号：3/81，于 1981 年 2 月 20 日公布）

二读日期：1981 年 3 月 6 日

提至专门的委员会：于 1981 年 7 月 13 日将第二部分提交至议会

三读日期：1981 年 8 月 14 日

实施日期：1981年11月1日

15.1981年第20号法案——《1981年中央公积金（第二次修正）法案》

一读日期：1981年7月21日（法案号：21/81，于1981年7月24日公布）

二读和三读日期：1981年8月14日

实施日期：1981年9月4日（除了第4条、第5条、第7条的其他条款）、1981年1月1日（第5条）、1981年6月1日（第4条和第7条）

16.1983年第19号法案——《1983年中央公积金（修正）法案》

一读日期：1983年8月30日（法案号：14/83，于1983年9月7日公布）

二读和三读日期：1983年12月20日

实施日期：1984年1月21日

17.1984年第32号法案——《1984年中央公积金（修正）法案》

一读日期：1984年7月24日（法案号：27/84，于1984年8月3日公布）

二读日期：1984年8月24日

实施日期：1984年9月28日

18.1986年第16号法案——《1986年中央公积金（修正）法案》

一读日期：1986年3月7日（法案号：6/86，于1986年3月14日公布）

二读日期：1986年3月31日

实施日期：1986年5月1日［除了第3条第（b）项、第（c）项和第4条的其他条款］、1986年4月1日［第3条第（b）项、第（c）项和第4条］

19.1986年第32号法案——《1986年成文（对其他规定进行了修订）法案》

一读日期：1986年10月27日（法案号：24/86，于1986年10月31日公布）

二读和三读日期：1986年12月9日

实施日期：1987年1月23日

20.1987年第5号法案——《1987年中央公积金（修正）法案》

一读日期：1986年12月9日（法案号：30/86，于1986年12月10日公布）

二读和三读日期：1987年1月26日

实施日期：1987年1月1日（除了第5条）；1987年4月1日（第5条）

21. 1987年第30号法案——《1987年中央公积金（修正）法案》

一读日期：1987年11月9日（法案号：20/87，于1987年11月11日公布）

二读和三读日期：1987年11月30日

实施日期：1988年3月1日

22. 1989年第5号法案——《1989年成文（对其他规定进行了修订）法案》

一读日期：1989年1月16日（法案号：2/89，于1989年1月16日公布）

二读和三读日期：1989年1月26日

实施日期：1989年3月3日

23. 1989年第23号法案——《1989年中央公积金（修正）法案》

一读日期：1989年3月13日（法案号：22/89，于1989年3月14日公布）

二读和三读日期：1989年4月7日

实施日期：1989年5月14日

24. 1989年第30号法案——《1989年中央公积金（第二次修正）法案》

一读日期：1989年5月29日（法案号：29/89，于1989年5月31日公布）

二读和三读日期：1989年7月11日

实施日期：1989年6月1日

25. 1990年第15号法案——《1990年中央公积金（修正）法案》

一读日期：1990年6月12日（法案号：15/90，于1990年6月15日公布）

二读和三读日期：1990年7月18日

实施日期：1990年7月1日

26. 1990 年第 22 号法案——《1990 年中央公积金（第二次修正）法案》

一读日期：1990 年 8 月 30 日（法案号：21/90，于 1990 年 8 月 31 日公布）

二读和三读日期：1990 年 10 月 4 日

实施日期：1990 年 1 月 1 日

27. 1991 年第 11 号法案

一读日期：1991 年 1 月 3 日（法案号：4/91，于 1991 年 1 月 4 日公布）

二读和三读日期：1991 年 1 月 14 日

实施日期：1991 年 11 月 30 日

28. 1992 年第 3 号法案——《1992 年中央公积金（修正）法案》

一读日期：1992 年 1 月 13 日（法案号：4/92，于 1992 年 1 月 14 日公布）

二读和三读日期：1992 年 2 月 27 日

实施日期：1992 年 4 月 1 日

29. 1992 年第 27 号法案——《1992 年中央公积金（第二次修正）法案》

一读日期：1992 年 5 月 29 日（法案号：28/92，于 1992 年 6 月 1 日公布）

二读和三读日期：1992 年 7 月 31 日

实施日期：1992 年 8 月 28 日

30. 1993 年第 29 号法案——《1993 年中央公积金（修正）法案》

一读日期：1993 年 7 月 30 日（法案号：24/93，于 1993 年 7 月 31 日公布）

二读和三读日期：1993 年 8 月 30 日

实施日期：1993 年 10 月 1 日

31. 1994 年第 10 号法案——《1994 年中央公积金（修正）法案》

一读日期：1994 年 5 月 23 日（法案号：11/94，于 1994 年 5 月 24 日公布）

二读和三读日期：1994 年 7 月 25 日

实施日期：1994 年 7 月 1 日（第 3 条和第 11 条）、1995 年 7 月 1 日

（第2条、第4条、第5条和第6条）、1995年3月1日（第7条、第8条和第10条）、1995年5月14日（第9条）

32. 1995年第27号法案——《1995年土地所有权（层）法案》

一读日期：1995年5月25日（法案号：22/95，于1995年5月26日公布）

二读和三读日期：1995年7月7日

实施日期：1995年8月4日

33. 1995年第29号法案——《1995年快速交通体系法案》

一读日期：1995年7月7日（法案号：25/95，于1995年7月8日公布）

二读和三读日期：1995年8月7日

实施日期：1995年9月1日

34. 1995年第31号法案——《1995年中央公积金（修正）法案》

一读日期：1995年7月7日（法案号：23/95，于1995年7月8日公布）

二读和三读日期：1995年8月7日

实施日期：1996年1月1日

35. 1996年第1号法案——《1996年新加坡生产力标准委员会法案》

一读日期：1995年11月1日（法案号：39/95，于1995年11月2日公布）

二读和三读日期：1995年12月5日

实施日期：1996年4月1日

36. 1996年第7号法案——《1996年新加坡海事及港口管理法案》

一读日期：1995年12月5日（法案号：46/95，于1995年12月6日公布）

二读和三读日期：1996年1月18日

实施日期：1996年2月2日

37. 1998年第30号法案——《1998年中央公积金（修正）法案》

一读日期：1998年6月1日（法案号：26/98，于1998年6月2日公布）

二读和三读日期：1998年6月29日

实施日期：1998年8月1日

38. 1999年第4号法案——《1999年建筑和工程管理法案》

一读日期：1998年11月23日（法案号：51/98，于1998年11月24日公布）

二读和三读日期：1999年1月20日

实施日期：1999年4月1日

39. 1999年第12号法案——《1999年中央公积金（修正）法案》

一读日期：1999年1月20日（法案号：4/99，于1999年1月21日公布）

二读和三读日期：1999年2月11日

实施日期：1999年3月1日

40. 1999年第41号法案——《1999年新加坡资讯通信发展管理法案》

一读日期：1999年10月11日（法案号：36/99，于1999年10月12日公布）

二读和三读日期：1999年11月23日

实施日期：1999年12月1日

41. 1999年第43号法案——《1999年电信法案》

一读日期：1999年10月11日（法案号：33/99，于1999年10月12日公布）

二读和三读日期：1999年11月23日

实施日期：1999年12月1日

42. 2000年第9号法案——《2000年国防科学技术法案》

一读日期：2000年1月17日（法案号：1/2000，于2000年1月18日公布）

二读和三读日期：2000年2月21日

实施日期：2000年3月15日

43. 2000年第22号法案——《2000年拍卖师执照（修正）法案》

一读日期：2000年5月22日（法案号：17/2000，于2000年5月23日公布）

二读和三读日期：2000年7月3日

实施日期：2000年8月1日

44. 2000年第39号法案——《2000年中央公积金（修正）法案》

一读日期：2000年11月13日（法案号：34/2000，于2000年11月

30日公布）

二读和三读日期：2000年11月22日

实施日期：2000年12月28日（除了第2—4条、第6条、第8条、第10—19条之外的其他条款）、2001年1月1日［第2—4条、第6条、第8条、第17—19条第（b）项］、2001年3月1日［第10—16条和第19条第（a）项］

45. 2001年第3号法案——《2001年新加坡知识产权法案》

一读日期：2001年1月21日（法案号：1/2001，于2001年1月13日发布）

二读和三读日期：2001年2月22日

实施日期：2001年4月1日

46. 2001年第17号法案——《2001年新加坡土地管理法案》

一读日期：2001年3月5日（法案号：17/2001，于2001年3月7日公布）

二读和三读日期：2001年4月19日

实施日期：2001年6月1日

对比表

法律委员会对《1999年中央公积金法案》进行了重新编号，形成新的《2001年中央公积金法案》。以下对比表是为了方便读者阅读而提供的，不是《中央公积金法案》的组成部分。

《2001年中央公积金法案》	《1999年中央公积金法案》
2（1）和（2）	2
13B	13B（1）
花费	（2）和（3）
15（6）	15B（4）
—	34（被2000年第39号法案废除）
—	35（被2000年第39号法案废除）
36（4）	36（3A）
（5）	（3B）

续表

《2001年中央公积金法案》	《1999年中央公积金法案》
(6)	(3C)
(7)	(3D)
(8)、(9)和(10)	(4)、(5)和(6)
被忽略	47(2)
47(2)	(3)
49(4)	49(3A)
(5)	(4)
61	61(1)
—	(2)(被2000年第39号法案废除)
1A	(3)
61B	61A
68(2)	68(1A)
(3)	(1B)
(4)	(2)
70(2)	70(1A)
(3)	(2)
(4)	(3)
(5)	(4)
(6)	(5)
(7)	(6)
(8)	(7)
(9)	(8)
(10)	(9)
74(2)	74(1A)
(3)、(4)和(5)	(2)、(3)和(4)
76(2)	76(1A)
(3)和(4)	(2)和(3)

《1991年雇员公积金法案》
（马来西亚）
第452号法

  该法案是规定雇员公积金相关事项的法律，是在马来西亚议会上议院（Dewan Negara）和下议院（Dewan Rakyat）建议、批准和授权下，由国家最高元首（Duli Yang Maha Mulia Seri Paduka Baginda Yang di-Pertuan Agong）颁布。

第一部分 序言

1. 简称和生效日期

（1）该法案定名为《1991年雇员公积金法案》。

（2）该法案的生效日期为部长在公报公示的日期。

2. 释义

在该法案中，除上下文另有所指外，以下各词解释为：

"额外金额"是指根据第58条支付的金额。

"每月工资额"是指：

（a）对于每月（或更长的时间间隔）领取工资的雇员来说，每月可得到的工资额；

（b）或者，对于以其他形式领取工资的雇员来说，一个月内日工资的总和。

如果由于工资政策的修改而导致拖欠雇员工资，根据该法案，这部分拖欠工资也要计入第（a）款或第（b）款中规定的雇员每月工资额内。

"指定日期"是指根据第1条第（2）款规定，部长指定的日期。

"指定公司"是指这样一个公司：

（a）在马来西亚成立并且在马来西亚拥有营业场所；

（b）（ⅰ）通过借款来购买土地和房屋以此促进置业发展，并将之作为公司唯一或主要的业务，在固定的年限内分期偿还本金和利息，所能借到的款项在任何时候都不得超过持牌土地测量师或持牌估价师对所购买土地或房屋的估价，或者（ⅱ）马来西亚政府参与其中，并将为工业融资作为自己唯一或主要的业务；

（c）由部长批准，并在公报公示，可以根据第26条从公积金局接受贷款。

"指定基金"是指：

（a）由雇主或雇主团体建立的公积金计划或其他雇员福利计划，并且根据第52条，由公积金局宣布为指定基金，包括：（ⅰ）马来西亚政府、州政府、法定或地方机构为其雇员建立的、具有养老金性质的福利计划，（ⅱ）其他组织建立的福利计划（这些组织的人员是由马来西亚政府任命或同意任命的，并且以前在马来西亚政府、州政府、法定或地方机构工作，根据与养老金有关的成文法规定，马来西亚政府在发放养老金、退职金或其他待遇时，前一阶段的工作时间是可以计算在内的），如果在确定某人是否从事上述两类工作时发生疑问，部长的指示将起决定作用；

（b）或者，为了向雇员发放待遇，1970年8月6日以前根据成文法建立的福利计划：

如果部长宣布废止某计划，那么该计划不再是指定基金。

"公积金局"是指根据第3条建立的雇员公积金局。

"主席"（在涉及公积金局时）也包括副主席。

"记账"是指公积金成员账户中的缴费及利息记录。

"雇员"是指已满16岁，根据服务协议（或书面的或口头的，明示或暗示的）受雇于某个雇主的任何人，但是不包括附录一中特别指出的人。

"雇主"是指根据服务协议雇用雇员的人，包括：

（a）负责向"雇员"发放薪金或工资的管理者或机构；

（b）不论法定与否，或不论是否是法人组织的团体；

（c）政府、政府部门、法定团体、地方政府部门或附录二中提到的其他团体，当雇员受雇于上述政府、部门、法定团体，或者受雇于代表上述部门的官员时，该官员也应该被视为雇主：

官员不得以个人的名义对作为和不作为负责。

"基金"是指根据第24条建立的雇员公积金。

"房屋"是指任何用来居住的房屋或在建的房屋，包括在建或已经建好的公寓或房屋，这些房屋或完全用来居住，或部分用来居住、部分用来经营生意和工作。

"督察"是指根据第34条任命的督察，包括见习督察。

"公积金成员"是指拥有公积金账户的人。

"月份"是指一个历月，或者一个历月的一部分。

"新体系"是指受雇于马来西亚政府或州政府或法定或地方机构的雇员由于工资、就业形式或就业条件发生了变化，由马来西亚政府或州政府对工资、就业形式和就业条件做出修订后的体系。

"领取养老金的雇员"是指已经加入马来西亚政府、州政府、法定或地方机构的养老金计划的雇员，或者根据书面法律规定，应该已经加入马来西亚政府、州政府、法定或地方机构的养老金计划的雇员；

"人"包括任何机构、公司、协会，以及（不管是否具有法人资格的）团体。

"自雇者"是指领取报酬但不是雇员的就业者。

"服务收费"是指以服务费、小费或其他的形式得到的收入，由顾客或其他人（不是雇主）直接或间接支付的，和雇员的工作相关，但是不以雇员和雇主之间的服务协议为基础的收入。

"工资"是指根据服务协议，向雇员支付的所有货币形式的报酬，或者是每月支付、每周支付、每天支付或其他支付形式，包括雇主向雇员支付的任何奖金或津贴，不管这种奖金或津贴是否按照服务协议支付，但是不包括：

（a）服务费；

（b）加班费；

（c）小费；

（d）或者，退休待遇。

第二部分 公积金局和投资委员会

3. 公积金局的建立

为了执行本法案和管理公积金，特建立雇员公积金局，公积金局作为一个永久性法团，须设有公章，并且能够以法团的名义起诉或被起诉。为了遵守本法案的规定并实现本法案的目标，公积金局可以签订合同，收购、取得、持有及享有各种类别的动产和不动产，可以转让、放弃、交易、抵押、再转让、转移或以其他方式处理任何动产、不动产及公积金局对其投资所取得的收益。

4. 公积金局成员

（1）公积金局成员包括：

（a）主席；

（b）副主席；

（c）总经理，是公积金局的当然成员；

（d）不超过18名的其他成员，这些成员中：（ⅰ）有5名在马来西亚政府或州政府任职并领取薪酬的成员，（ⅱ）5名向公积金缴费的雇主，但并不在马来西亚政府或州政府任职和领取薪酬，也没有被任何法定或地方机构雇用，（ⅲ）5名向公积金缴费的雇员，以及（ⅳ）3名具有金融、商贸或其他领域相关经验的成员。

（2）若主席不是财政部的代表，部长应该任命一位财政部的代表作为公积金局的成员，并且根据第（1）款第（d）项第（ⅰ）目将其任命为副主席。

（3）公积金局成员应该由部长任命，根据第6条和第7条，除非他们先行辞职或先行被撤销任命，否则这些成员应该在部长确定的期限内一直任职。

（4）公积金局成员没有报酬，但是可以领取由部长确定的酬金、差旅或生活津贴：

如果主席同时也是总经理，那么他可以领取经部长同意由公积金局确定的报酬或津贴。

5. 成员的代替

（1）对于根据第4条第（1）款第（d）项第（ⅰ）目任命的成员，部长可以在成员因故不能参加公积金局会议时，委任候补成员参加会议。

（2）当替代公积金局成员参加会议时，候补成员应该被视为公积金局的成员。

（3）当候补成员不再是公积金局的成员时，该候补成员应该终止相应身份。

6. 成员的任期

根据第7条第（2）款、第8条和第22条，除了总经理外，其他公积金局成员的任期不得超过3年，超过3年后可以再次接受任命。

7. 辞职和辞退

（1）公积金局的成员，包括副主席，可以在任何时候通过向主席提交书面通知的方式辞职，主席辞职时，需要向部长提交书面通知。

（2）部长可以在任何时候撤销某位公积金局成员的任命，而且不需要说明任何理由。

8. 成员的停职

公积金局成员可以在以下情况下停职：

（a）成员死亡；

（b）或者，未经主席同意，成员连续三次缺席公积金局会议。

9. 主席和其他六位成员构成公积金局的法定人数

（1）主席或副主席以及其他六位成员构成参加公积金局会议的法定人数。

（2）主席缺席时，副主席可以主持公积金局会议，并且可以行使主席在会议上的所有权力。

（3）公积金局有权力决定自己的会议进程。

10. 主席有权投决定票

（1）如果在需要决定某个问题时出现了票数相等的情况，此时，主席除了最初的投票外，最后还可以投决定票。

（2）当主席也是总经理时，他不得以总经理的身份投决定票。

11. 部长发出指示的权力

为了使公积金局行使权力和发挥作用，部长可以向公积金局发出不符合该法案规定的指示，而且公积金局应该执行这些指示。

12. 向部长提供信息的义务

在部长的要求下，公积金局应该向部长提供与其活动相关的信息。

13. 印章使用的见证

所有需要加盖公积金局印章的契约、文件以及其他文书，都应该在主席、总经理，或者主席和总经理中的一位以及另一位公积金局成员在场时盖上印章。所有已经盖上印章并被认证的契约、文件和文书，在被证明无效之前，都应该被有效地执行：

如果主席同时也是总经理时，应该在有另一位公积金局成员在场时加盖公章。

14. 公积金局的权力和职责

（1）公积金局应该行使本法案赋予的权力和职责。

（2）通过盖有公积金局印章的文书，公积金局可以任命任何人，并将公积金局的权力和职责委托给此人（不管此人在不在马来西亚）。根据文书规定，被任命的人可以行使文书授予的权力和职责。

（3）为了更好地执行该法案，公积金局在行使其权力和职责时，可以雇用代理人、律师、银行家、股票经纪人或其他人来进行交易或操作，并向这些人支付佣金。

15. 一般储蓄账户和其他储蓄账户

（1）公积金局可以建立和运营一般储蓄账户和其他储蓄账户。

（2）储蓄账户的收支要由公积金局来决定。

16. 公积金局可以建立委员会

尽管该法案中某些条款进行了相关规定，但公积金局可以任命任何人，或者建立与公积金管理相关的委员会。

17. 发放贷款的权力，及官员和公务人员优先的权利

公积金局可以发放贷款，并且在满足公积金局规定的某些条件的前提下，公积金局的官员和公务人员拥有可以优先享受贷款的权利。

18. 投资委员会的建立及其成员

（1）应该建立投资委员会来负责与公积金投资相关的事项，投资委员会由以下成员组成：

（a）由公积金局主席或者由部长任命的其他人担任投资委员会主席；

（b）马来西亚国家银行总裁或者其代表；

（c）财政部的代表；

（d）公积金局总经理是投资委员会的当然成员；

（e）由部长任命的其他 3 名具有金融、商贸或其他领域相关经验的人。

（2）投资委员会应该遵从由公积金局签发，并且由部长批准的指示。

（3）投资委员会的成员没有报酬，但是可以领取经部长批准由公积金局确定的酬金、差旅或生活津贴。

19. 成员的停职

投资委员会的成员可以在以下情况下停职：

（a）成员死亡；

（b）或者，未经主席同意，成员连续三次缺席投资委员会会议。

20. 会议的法定人数和进程

（1）在投资委员会的会议上，投资委员会主席和另外两名成员可以构成会议的法定成员人数。

（2）根据第 18 条第（2）款，投资委员会有权力决定自己的会议进程。

21. 投资委员会主席可以投决定票

（1）如果在需要决定某个问题时出现了票数相等的情况，此时主席除了最初的投票外，最后还可以投决定票。

（2）当主席也是总经理时，他不得以总经理的身份投决定票。

22. 不得被任命为公积金局或投资委员会成员的人

以下几类人不得被任命为公积金局或投资委员会的成员，或者如果他现在是公积金局或投资委员会的成员，则必须要停职：

（a）心神不智或能力不及而无法胜任该类职责的人；

（b）曾被定罪且被判入狱不少于一年的人；

（c）因为欺诈、不诚实或道德败坏而被指控为犯罪的人；

（d）或者，破产的人。

23. 利益关系的披露

（1）每个公积金局、投资委员会的成员，若自己、其配偶或子女直接或间接地与公积金局、投资委员会或相关委员会探讨的事情存在着利益关系，该成员应该竭尽所能、实事求是地向公积金局、投资委员会或其他委员会披露自己与其存在利益关系和性质的事实。

（2）任何公积金局、投资委员会或其他委员会的成员，若没有按照第（1）款向自己所在的部门披露其利益关系，那么他将视为犯罪，并被处以不超过3年的监禁或者不超过1万林吉特的罚款，或二者都有。

（3）每次根据该条款进行的披露都应该记录在公积金局、投资委员会或其他委员会的会议纪要里，每次汇报完毕后，上述成员（视情况而定）：

（a）不能参加或出席公积金局、投资委员会或其他委员会讨论该事件的会议；

（b）在公积金局、投资委员会或其他委员会讨论该事件的会议上，该成员不再是法定成员。

（4）如果公积金局、投资委员会或其他委员会的任何成员违反了本条规定，那么任何与此相关的公积金局、投资委员会或其他委员会的行为或会议都将被视为无效。

第三部分　公积金

24. 雇员公积金的建立

（1）为执行该法案，应该建立"雇员公积金"，它由以下部分组成：

（a）根据该法案缴纳的所有保险费；

（b）公积金投资项目、计划或企业所赚取的利润；

（c）通过公积金局取得或持有的投资、抵押、收费或信用债券赚取或形成的利润；

（d）公积金局在行使权利和义务的过程中获取的其他财产。

（2）公积金要为以下目的提供开支：

（a）满足该法案所有支付需求；

（b）根据第26条第（d）款发放的贷款；

（c）发放贷款，并给予公积金局官员和公务人员优先权利；

（d）公积金局需要支付的法定费用，包括调查费或诉讼费，其他费用和成本，以及公积金局任命和雇用的官员和公务人员的酬金，包括超级年金津贴、养老金或退职金等；

（e）公积金局在根据第14条行使权利和义务时发生的费用；

（f）根据该法案借支的款项（如果有的话），还包括由此发生的到期利息；

（g）执行该法案以及管理公积金时发生的费用。

25. 公积金局为公积金的受托人

公积金局应该是公积金的受托人。

26. 公积金的投资

根据第18条第（2）款，应该按以下方式对公积金进行投资：

（a）储蓄于：（ⅰ）马来西亚国家银行，（ⅱ）根据《1989年银行与金融机构法案》正式领有牌照的银行，或者（ⅲ）根据《1989年银行与金融机构法案》领有牌照的和由部长批准的其他金融机构；

（b）投资于债券、抵押权证、商业票据、银行承兑票据、货币市场票据、存款证明、期票，以及适用于《1949年票据法案》意义上的票据；

（c）根据《1949年受托人法案》进行投资：

但是，如果公积金局根据《1949年受托人法案》第4条第（1）款（c）项在马来西亚投资不动产，那么在投资期间，该不动产或可能不会产生任何收益；

（d）向一个指定公司贷款，或者购买指定公司的股票；

（e）向某指定公司提供特定的房屋贷款；

（f）或者，投资于部长批准的其他证券、合资企业或私人化项目：

除非部长已经通过书面形式授权，否则：

（a）除了根据本条款向特定公司贷款或购买特定公司的股票外，公积金不得在马来西亚境外进行投资或再投资；

（b）即使投资在马来西亚政府债券上的公积金数额任何时候都不应少于公积金总投资额的 70%（存量），每年投资或再投资于政府债券的公积金数额也应该至少为当年公积金投资或再投资总量的 50%（增量）：

即使在贷款给特定公司或购买特定公司股票的情况下：

（a）公积金投资也必须限定在如下范围内：（ⅰ）该指定公司实收的普通股本应不少于 500 万林吉特，（ⅱ）在投资于该公司之前，该公司过去 3 年的普通股票收益不得低于 5%，并且如果该公司得到另一家指定公司的资产和负债，另一家指定公司在过去 3 年内支付的股息也应被视为该公司的支付能力，并且（ⅲ）当某指定公司将促进置业作为公司唯一或主要的业务，并且该公司以存贷款形式借到（无论是否属于受托性质）的所有资金（不含特殊房屋贷款），并包括应计和未付利息不得超过该公司向债权人担保金额的 3/4；

（b）在审计报告中同时附上指定公司［可以反映该公司上年度财政状况是否符合上述第（a）款规定］的年度财务表（根据《1965 年公司法案》而准备的），公积金局会根据这些材料来决定如何投资；

（c）公积金局应该立刻和指定公司签署资金返还协议，如果：（ⅰ）指定公司可能未能遵守上述第（a）项的规定，（ⅱ）指定公司未能提供上述第（b）项提到的年度财务证明，或者（ⅲ）如果部长在任何时候发现指定公司的业务已经偏离了主要目标，他可以通过在公报公示来取消指定公司的资格；并且属于公积金的资金立刻要返还给公积金局。

27. 利息的公布

一个财政年度结束后，即每年的 12 月 31 日，公积金局应公布当年的利息率，且该利息率不得低于 2.5%，并根据第 50 条规定以此利息率按照公积金缴费额进行派息：

但是：

（a）除非公积金局认为这一利息率的公布不会损害公积金基于该法案的支付能力，否则公积金局不应公布超过 2.5% 的利息率；

（b）如果公积金局没有偿还完第 28 条规定的来自马来西亚政府的借款，那么公积金局也不得公布超过 2.5% 的利息率。

28. 从联邦统一基金借款的规定

在任何时候，如果公积金不能支付该法案规定的待遇和款项，那么公积金可以从联邦统一基金中借款来支付这些待遇和款项，公积金要尽快将这部分借款偿还给马来西亚政府。

29. 对公积金年度账目的审计

根据《1980 年法定机构（账目和年报）法案》的规定，应该对公积金的年度账目进行审计。

第四部分　官员和公务人员的任命，以及其权力、职能和义务

30. 对总经理、副总经理、总经理助理和其他公积金局官员和公务人员的任命

（1）部长要根据自己设定的条件，指定一个合适的人来担任总经理职务。

（2）若未能根据第（1）款来任命总经理，那么主席就是总经理。

（3）公积金局应该：

（a）在部长同意的前提下，任命其认为合适的副总经理和总经理助理；

（b）出于有效管理自身事务的考虑，任命其他的官员和公务人员；

任命的条件和形式由公积金局自己决定。

（4）根据部长在某些事务上的指示，总经理应该从事公积金局的日常管理，并且管理其他的官员和公务人员。

（5）根据第 31 条和第 33 条规定，对官员和公务人员进行任命、批准、安排养老金计划、促进发展、职位转变和管理是公积金局的义务。

（6）公积金局应该将第（5）款中的职责授权给公积金局的成员、官员、委员会等，公积金局的成员、官员或委员会应该在公积金局的指示和管控下行使这些职能。

31. 与副总经理、总经理助理、其他官员、公务人员相关的纪律委员会的建立

（1）根据第（4）款规定，与副总经理、总经理助理有关的公积金局纪律中心被称为公积金纪律委员会，它由以下成员组成：

（a）主席，他是该委员会的主席；

（b）由公积金局任命的两名公积金成员。

（2）根据第（4）款规定，与公积金局其他官员和公务人员（不包括

副总经理和总经理助理）相关的纪律中心被称为公积金局纪律委员会，它由以下成员组成：

（a）由公积金局任命的两名公积金局成员。其中一位是委员会的主席；

（b）总经理，如果主席同时也是总经理，那么公积金局应该任命一位副总经理来接替总经理的位置；

如果总经理或副总经理（视情况而定）在纪律委员会的诉讼程序中是原告，那么他的身份不再是纪律委员会的成员，他的职位可以由公积金局的其他成员来顶替。

（3）纪律委员会在行使其职能时，有权力采取法律行动，并且要根据与第73条有关的规定来进行处罚，而非解雇或降级处分。

（4）如果纪律委员会认为，在判定某案件时，需要进行解雇或降级处分的处罚，委员会应该就自己的决定咨询公积金局，在处理这类案件时，公积金局可以进行解雇或降级处分的处罚，或者根据与第73条有关的规定减轻处罚。

（5）根据第（6）款的规定，纪律委员会可以将自己的权利和义务授权给公积金局的官员、公务人员或其他委员会，得到授权的官员、公务人员或委员会应该在纪律委员会的指示下行使这些权利和义务，并且纪律委员会有权力审查、撤销或更改上述人员做出的决定或发现。

（6）当被授权的官员或公务人员根据授权，向职务高于自己的官员或公务人员行使纪律权力时，纪律委员会不得做出这样的授权。

（7）如果公积金局的官员或公务人员不同意纪律委员会、被授权的官员或公务人员做出的决定时，他们可以向公积金局投诉，公积金局应该做出合理的决定。

（8）在公积金局接到投诉并对投诉进行审议的过程中，纪律委员会的成员不得参与该审议，并且在公积金局对于该审议做出决定时，纪律委员会的成员没有投票权；

但是如果公积金局认为必要的话，纪律委员会的成员可以参与公积金局的审议。

32. 征收附加费

（1）如果公积金局认为现在或者曾经在公积金局工作的人：

（a）应该对不合理的公积金支付或没有担保情况下的公积金支付负责；

（b）应该对公积金、公积金局的印章、证券或其他财产遭受损害而负责；

（c）现在或曾经是管理账户的官员，但是他未能够保管好账户或记录；

（d）或者，未能根据成员与公积金局之间的协议向成员支付待遇，或延期支付；

对于以上情况，若此人未能在一定的时间内向公积金局解释自己失职的理由，公积金局应该向此人征收一定的附加费，这部分费用应该不能超过不合理支付的金额、受损的金额或未能及时支付的金额，或者由公积金局决定。

（2）公积金局应该通知总经理根据第（1）款征收附加费，此后总经理要通知附加费征收对象并进行征收。

（3）在任何时间，公积金局一旦发现可以解释此人失职的合适理由，要返还附加费，或者发现不应该征收附加费，公积金局要立刻通知总经理返还附加费。

（4）任何根据第（1）款征收并且无须根据第（3）款返还的附加费，都可以看成是被征收对象拖欠公积金局的债务，公积金局可以对此进行上诉并通过法律程序追回，也可以通过以下途径追回：

（a）在公积金局的指示下，从被征收对象的工资中扣除；

（b）或者，在公积金局的指示下，从被征收对象的养老金中扣除；

每月的扣除额不得超过被征收对象工资或养老金总额（视情况而定）的 1/4。

33. 与公积金局官员和公务人员有关的促进委员会的建立

（1）应该建立与公积金局官员和公务人员（不包括总经理）有关的促进委员会，该委员会由以下各部分组成：

（a）副主席，他是委员会的主席；

（b）由公积金局任命的两位公积金局成员。

（2）促进委员会可以行使与促进公积金局官员和公务人员发展有关的职能、权利和义务。

（3）促进委员会可以将自己的权利和义务授权给公积金局的其他官员、公务人员或委员会，得到授权的官员、公务人员或委员会应该在促进委员会的指示下行使这些权利和义务，并且促进委员会有权力审查、撤销或更改上述人员做出的决定或发现。

（4）若公积金局的官员或公务人员不同意促进委员会、被授权的官员或公务人员做出的决定时，他们可以向公积金局投诉，公积金局应该做出合理的决定。

（5）在公积金局接到投诉并对投诉进行审议的过程中，促进委员会的成员不得参与该审议，并且在公积金局对于该审议做出决定时，促进委员会的成员没有投票权：

但是如果公积金局认为必要的话，促进委员会的成员可以参与公积金局的审议。

34. 督察的任命，其权力、义务和职能

（1）公积金局在执行该法案时，如果认为有必要，可以设置督察一职，并且这种任命要在公报上公示。

（2）根据第（3）款，督察拥有该法案授予的权力、义务和职能。

（3）督察应该服从总经理、总经理授权可以代表总经理的人，或者是更高一层的督察的管理和指示（这些指示可能是口头的，也可能是书面形式，或者是针对特殊情况的，或者是针对一般情况的），并且在上述人员设定的条件、限制或指导下行使他的权力、义务或职能。

（4）总经理、副总经理和总经理助理可以行使督察的权力。

（5）通过在公报公示，公积金局可以将督察的权力、义务和职能授予公积金局的其他官员。

35. 准入、审查和研究的权力

（1）根据与第71条相关的规定，被授予督察权利的督察和官员可以在任何合理的时间内，在他授权管辖的区域：

（a）进入任何处所和地方，只要这些地方存在雇员；

（b）调查和取证这些地方是否执行了该法案或相关法案的规定；

（c）督察个人或者在有其他与该法案有关的人（督察可能从此人那里得到相关信息）在场的情况下，督察可以要求每个相关的人接受调查，出于该目的，还可以在特定的时间特定的地点传召某人；

（d）行使其他有助于执行该法案的权力。

36. 阻碍督察行使权力

（1）任何人不得：

（a）妨碍督察行使第35条中的权力，或阻止督察进入某些地方；

（b）殴打、妨碍、阻止或拖延督察进入某些地方（而督察有权力进入这些地方）；

（c）对于督察在行使第 35 条的权力、义务和职能中提到的要求，未能有效满足；

（d）拒绝向督察提供任何信息；

（e）未能向督察提供，或者向督察隐瞒或试图隐瞒任何与犯罪有关的财产、记录、文件等（根据这些财产、记录或文件，督察能够判定犯罪的发生）；

（f）或者，声称向督察提供有效真实的信息，但是提供者知道或者应该知道这些信息是假的。

（2）任何违反了第（1）款规定的人都被视为犯罪。

37. 审查别人的权力

（1）根据第 35 条进行调查的督察或被授予督察权利的官员，在他相信某人掌握与案件相关的事实和情况后，可以口头审查该人，并且将被调查者交代的情况书面记录下来。

（2）被审查的人必须要回答审查者提出的与案件相关的所有问题：

如果被审查的人拒绝回答任何问题，那么问题的答案可能会使被审查者遭到刑事检控、罚款或没收财产。

（3）被审查者根据本条回答问题时，必须要说出真实情况，而不管这种真实情况是否全面。

（4）督察根据第（1）款审查某人时，首先需要向被审查人说明第（2）款和第（3）款中的规定。

（5）在被审查者根据本条进行陈述后，（在可能的情况下）要用书面的形式记录下来，并且用被审查者可以明白的语言将记录读给被审查者听，还要给被审查者一个修改陈述的机会，然后，由被审查者在书面陈述上签字或者是按手印（具体视情况而定）。

（6）当某人被指控为犯罪，督察或被授权的官员对此记录的相关情况应该被视为此人犯罪的证据，如果某人是证人，他提供的情况可以用于盘问或控告过程中：

如果法院发现某人提供的陈述或证据是在受到压迫、引诱、威胁的情况下做出的，或者是在负责该案件人的提示下准备的证据，并且法院有足够的理由认为这些证据可以使此人在诉讼中获利或避免不利情况，若出现上述情况，那么这些陈述或证据将会被销毁。

38. 总经理要求提供信息和使用搜查令的权力

（1）为了获得可以证明某人是否根据本法案进行缴费的信息，总经理可以以书面的形式通知要求任何人：

（a）在收到通知的 30 天之内向总经理提供通知中要求的信息或特殊情况；

（b）以个人的身份接受总经理或其他官员（由总经理授权的）对文本、账户、记录或其他文件（总经理或被授权官员认为必要的）的检查；

（c）或者，执行第（a）项规定的同时，也要接受第（b）项中的检查。

（2）任何不遵守第（1）款规定的个人将被视为犯罪。

（3）在看过任何（经过发誓的）书面信息或者进行了必要的检查后，法官发现第（1）款要求的文书、账目、记录或其他文件并没有按照要求提供，在这种情况下，法官可以向总经理授权来：

（a）打开或搜查橱柜、抽屉、箱子、包或其他可以放置这些文件的容器，不管这些容器是可以移动的还是固定的；

（b）保留某些文本、账目、记录或其他文件，或者保护这些账目、记录等不受干扰或侵害。

39. 在某些情况下，总经理可以向警察局局长和移民局局长提供请求，以防止某些人离开马来西亚

（1）（a）当总经理认为某人将要离开马来西亚，并且没有向公积金缴纳应缴的保险费（同时公积金局已经就此得到法院命令），在这种情况下，总经理可以向警察局局长或移民局局长进行请求（请求中包含此人应缴的保险费），要求阻止此人离开马来西亚，直到此人已经缴清全部保险费，或者向总经理保证他能缴清保险费。

（b）根据与驱逐或移民有关的成文法签署的任何命令，警察局局长和移民局局长在接到第（a）项的请求后，应该采取一切必要的手段来完成请求。

（c）总经理应该将这个请求的通知亲自送达，或者以挂号信的方式邮寄至相关人那里：

若相关人没有收到请求，并不影响根据本条采取的其他行为。

（d）当第（a）项的请求中所涉及的人，在总经理或其他授权官员签署请求的当天或之后，向公积金局书面说明他已经将应缴而未缴的保险费缴清，或者书面保证能够缴清保险费（视情况而定），这个书面说明或书

面保证可以允许此人离开马来西亚。

（2）不得对公积金局、公积金局官员和公务人员、马来西亚政府、警察或本条中提到的其他公职人员提起诉讼。

第五部分　雇员公积金的缴费

40. 公司成立或注册后向公积金局告知的义务

（1）所有根据《1965 年公司法案》成立或注册的公司（视情况而定），应该在其成立或注册后 30 天内，以公积金局指定的方式告知公积金局其成立或注册。

（2）任何违反第（1）款规定的公司将被视为犯罪。

41. 雇主在公积金局注册的义务

（1）每个雇主都应该在第一个月支付工资（根据该法案，这部分工资为应该缴纳保险费的工资）后的一周内，以公积金局指定的方式在公积金局注册，除非他已经注册。

（2）任何违反第（1）款规定的雇主将被视为犯罪，一经定罪，应该判罚该雇主不超过 3 年的监禁，或者不超过 1 万林吉特的罚款，或二者都有。

（3）当任何人停止是该法案意义上的雇主时，此人应该在停止雇主身份的 30 天之后，以公积金局指定的方式告知公积金局。

（4）任何违反第（3）款规定的雇主将被视为犯罪。

42. 雇主提供工资编制情况的义务

（1）雇主应该将工资编制的情况告知每位雇员，并且应该包含法律要求的信息。

（2）雇主应该保存一个或多个登记表，这些登记表要包含法律要求的信息，并且要保留不少于 6 年的时间。

43. 缴费率

（1）根据第 52 条规定，每个雇员和雇主（雇用该法案意义上的雇员的人）应该每月按照附录三进行缴费。

（2）在公积金局指定的时间内，如果雇主未能尽到缴费或代表雇员缴费的义务，该雇主将被视为犯罪，一经定罪，将被处以不超过 3 年的监禁或不超过 1 万林吉特的罚款，或二者都有。

（3）在不影响第（1）款实施的情况下，在任何时候，雇员和雇主或二者之一可以选择以超过附录三中缴费额一个林吉特或多个林吉特的费率缴费。

（4）当雇员或雇主做出提高缴费额的决定后，应该以公积金局规定的方式将决定告知公积金局，此后，该法案将以雇员或雇主选择的缴费额替代附录三中相应的缴费额：

如果这种决定不具备追溯效力。

（5）雇主和雇员或二者之一可以在任何时候撤销他在第（4）款中的决定。

（6）撤销决定时，当事人应该以公积金局规定的方式告知公积金局，此后，该法案应该认为该雇员或雇主没有进行额外缴费：

如果这种撤销不具备追溯效力。

（7）雇员死亡时，根据本条，在雇员死亡当月，该雇员不用缴费或者雇主也不用代表雇员缴费：

除非该雇员已经缴费，并且根据第50条将保险费存入公积金。

（8）尽管根据第（1）款：

（a）自雇者；

（b）或者，领取养老金的雇员；

在一个月内以特定的方式告知公积金局后，可以决定按照附录四进行缴费，决定生效后，该法案可以视上述两类人员为可以减免缴费的雇主，并且视自雇者为可以享受该法案规定待遇的雇员：

如果这种决定不具备追溯效力。

如果上述两类成员在一个月内以特定的方式告知公积金局，取消这种决定，那么这种取消生效后，该法案中的缴费条款不再适用于这两类成员：

如果连续6个月没有缴费，那么关于决定的通知应该从最后一次缴费后开始失效。

44. 退休待遇的转移

（1）除了第43条规定，并且在不影响第43条执行的前提下，雇主可以以特定的方式向公积金局汇款，以作为雇员的退休待遇，公积金局在收到这笔汇款后，应该根据第50条将这部分款项记入成员的公积金账户。

（2）为了实现本条的目标，退休待遇不包括裁员或终止劳动关系时向雇员支付的待遇。

45. 保险费的缴纳

（1）除非该法案另有所指，雇主应该进行双重缴费，首先是自己缴费，还包括代表雇员缴纳的保险费；根据该法案，雇员缴纳的保险费以及雇主代表雇员缴纳的保险费都被认为是雇员缴费。

（2）根据第（1）款，雇主自己缴纳以及代表雇员缴纳的保险费应该以雇员的每月工资为基数。

（3）尽管第 49 条中有相关规定，当雇主未能在规定的时间内缴费时，根据第 27 条规定，应该要求雇主支付在应缴未缴期间保险费所发生的利息：

计算利息时，如果公积金局没有公布当年的利息率，那么应该按照上一年的利息率计算。

46. 经理等的连带责任

当公司、企业或某协会未能缴纳应缴的保险费和利息，那么，尽管有悖于该法案和其他成文法的某些规定，该公司的经理包括该公司在未缴纳保险费期间担任经理的其他人、企业的合伙人包括该企业在未缴纳保险费期间的其他合伙人、协会的理事包括该协会在未缴纳保险费期间的其他理事（具体视情况而定），应该连同承担缴纳保险费的责任。

47. 雇主缴费的不可追回性

（1）尽管某些协议进行了规定，雇主无权从雇员的工资或报酬中追回雇主的缴费。

（2）如果雇主从雇员的工资或报酬中追回或者试图追回雇主的缴费，雇主将被视为犯罪，一经定罪，将被处以不超过 6 年的监禁或不超过两万林吉特的罚款，或二者都有。

48. 雇主扣缴雇员的保险费

（1）根据本条的相关规定，雇主可以从雇员那里追回代表雇员缴纳的保险费。

（2）雇主代表雇员缴纳的保险费（尽管某些成文法或协议进行了相关规定），应该从支付给雇员的工资中扣除，而非其他途径。

（3）从雇员工资中扣除保险费而未能将此扣除部分缴纳至公积金的雇主将被视为犯罪，一经定罪，将被处以不超过 6 年的监禁或不超过两万林吉特的罚款，或二者都有。

（4）不得根据第（2）款扣除保险费：

(a) 除非在向雇员发放工资之时；

(b) 除非对应税工资扣除保险费：

根据公积金局规定的条件，如果雇主由于失误未能代表雇员扣缴全部或部分保险费，这时，可以自支付工资之日（应缴未缴保险费的那部分工资）起6个月内扣缴这部分保险费。

(5) 任何违反第（4）款规定的雇主将被视为犯罪。

(6) 当雇主以缴纳保险费为由从雇员工资中进行了扣除，但是还未按规定将扣除款项缴纳至公积金，这部分款项应该优先于《1965年公司法案》第292条或《1967年破产法案》第43条中规定的债务。

49. 因拖欠保险费而缴纳的利息

(1) 根据第45条雇主需要缴纳的全部或部分保险费未能在指定的时间内缴纳，除了要缴纳第45条第（3）款中规定的利息外，雇主还要以一定的利息率向公积金缴纳记账利息，公积金局不定时地公布每月或当月拖欠保险费时的利息率。

该利息率由公积金局每月不定时公布：

(a) 如果记账利息少于10林吉特，那么每月或拖欠保险费的当月要缴纳10林吉特的利息；

(b) 如果记账利息超过10林吉特，那么每月或拖欠保险费的当月要缴纳高于记账利息并与记账利息最近的10林吉特倍数的利息。

(2) 公积金局在认为合适的情况下，可以取消该条规定的全部或部分利息。

50. 存入公积金的保险费

(1) 所有根据该法案征缴、扣除或转移的保险费都应该通过公积金局指定的方式存入公积金。

(2) 公积金局应该将以下款项记入公积金成员的账户内：

(a) 雇主自己缴纳以及代表公积金成员缴纳的保险费；

(b) 根据第27条公布的利息率计算的利息；

(c) 根据本法案，代表成员缴纳的其他款项。

(ca) 根据第54条第（1）款或第（3）款从公积金中取款，或者根据第56条支付公积金时，公积金局同时还要支付利息，利息的计算方式如下：（i）计算时间从授权提取或支付公积金当年的年初开始，到提取或支付公积金的前一个月的最后一天为止，并且（ii）根据第27条，利息额按照前一年的利息率计算；

（cb）成员根据第54条第（3）款提取公积金时，公积金局应该将利息计入成员的账户，利息额按照第27条对账户余额规定的利息率计算。

（3）如果雇主未能将从雇员工资中扣除的保险费缴纳至公积金，在确认已经进行扣除的基础上，公积金局应该将这部分扣除保险费连同相应日期内产生的利息一起记入到成员的账户中（就如雇主已经缴纳保险费），这部分记入成员账户的金额可以从公积金总收入中借支：

前提是该条款不影响公积金局可以从雇主那里追回这部分保险费和利息的权利。

（4）根据第（3）款追回的金额应该以以下方式进行分配：

（a）对于根据第（3）款从公积金总收入借支的款项，首先应该归还这部分款项；

（b）剩余的金额应该相应地计入雇员的账户中。

（5）为了实现本条的目标，提取或支付公积金的日期应该是提取令或支付令（根据下文的某些规定签署的）签署的当天。

（6）本条的规定也适用于成员将其他指定基金的款项向公积金转移的情况。

51. 不得转让或扣押保险费和存款

尽管某些其他成文法进行了相关规定：

（a）根据第48条从公积金成员工资中扣除的款项；

（b）由雇主支付的保险费；

（c）公积金成员账户的记账金额；

不得因为债务或索赔等而被转让、扣押、征收，官方受托人也无权处置这部分款项：

但是根据《刑法》，如果公积金成员的罪名成立，并且法院认为该成员的违法行为给雇主带来了直接的经济损失，此时，法院可以判定从公积金划拨一部分款项支付给雇主，但这部分款项不得超过雇主损失的金额，或者不得超过雇主代表雇员（公积金成员）已经向公积金缴纳的保险费和由此产生的利息，并且选择二者中支付较少的款项。这部分划拨金额应该从雇员的缴费和利息中扣除。

52. 指定基金

(1) 当雇员已经加入了某指定基金计划后，雇员或其雇主可以不用向公积金缴费。

(2) 根据第74条，部长修改附录一并删除其中某些条款后，以前根据已删除条款为雇员建立基金计划的雇主，应该在公积金局认为合适的期限内，向公积金局报告这些基金计划的运行情况，公积金局对这些情况审查后，如果认为这些计划向雇员提供的待遇不低于公积金提供的待遇，那么在符合一定条件的基础上，公积金局仍可以宣布这些基金计划为指定基金。

(3) 如果雇员更换工作，并且新雇主为其提供指定基金计划，那么雇员可以停止向公积金缴费，但雇员公积金账户的资金仍然要保留在公积金账户中。

(4) 若雇主为成员建立了指定基金，但在一段特殊时间内根据指定基金的规定，某雇员不得参加该指定基金，那么该雇员公积金账户的保险费（包括雇主和雇员缴纳的）连同由此产生的利息仍然要保留在公积金账户中。

(5) 当：

(a) 建立指定基金的雇主团体中的某一位雇主要求退出该计划；

(b) 或者，雇员：（ⅰ）离开建立指定基金并已经为之缴费的工作，或者（ⅱ）在某些情况［不包括第54条第（1）款中第（a）项、第（b）项和第（c）项中提到的情况］下停止参加指定基金计划；

那么该雇员指定基金账户中的保险费（包括雇主和雇员自1952年7月1日以来缴纳的）连同利息，（尽管某些成文法有不同的规定）应该转移到公积金账户中，在雇主退出指定基金计划或雇员停止工作或停止参与该计划后的一个月内，公积金局应该以指定的方式将这些款项计入该雇员的公积金账户中，上述时间限制可以放宽，具体由公积金局决定：

当雇员：

(a) 从建立指定基金计划的马来西亚境内的工作转移到马来西亚境外的工作地点，但雇主没有发生变化；

(b) 或者，从建立指定基金计划的雇主团体中的一个雇主转移到该团体中另一雇主处就业；

在以上任何一种情况下，如果这种工作变换和指定基金计划的规定不发生冲突，那么只要该雇员还在一直缴费，他就不属于上述第（b）项第（ⅰ）目中的离职；

但根据指定基金计划的某些规定，若雇员基金账户中包括生存保障资金的全部或部分，那么这部分生存保障资金不得转移到公积金中，而是应该根据相关规定处置。

（6）（a）如果某指定基金计划被废止，那么雇员指定基金账户中的保险费（包括雇主和雇员自 1952 年 7 月 1 日以来缴纳的）连同利息，（尽管某些成文法有不同的规定）应该转移到公积金中，公积金局应该以指定的方式将这些款项计入雇员的公积金账户中。

（b）从雇员最大利益的角度出发，公积金局可以全部接受被废止的指定基金的资产和负债，如果资产不足以偿付其债务，那么根据第（a）项记入雇员公积金账户的资金会以一定的比例（由公积金局决定）减少；

但根据指定基金计划的某些规定，若雇员基金账户中包括生存保障资金的全部或部分，那么这部分生存保障资金不得转移到公积金中，而是应该根据相关规定处置。

（7）建立指定基金计划的雇主应该：

（a）向公积金局提供由公司审计师（根据《1965 年公司法案》第 8 条任命）对指定基金计划做出的证明；

（b）在对指定基金计划进行修改之前，要将修改意见告知公积金局，在没有公积金局书面批准的情况下，雇主不得修改指定基金；

（c）要以公积金局指定的方式，将雇员的缴费情况告知公积金局。

（8）如果公积金局不同意某指定基金的安排，可以撤销该条中所有的声明，并且在撤销时可以适用第（5）款中废止公积金时使用的条款。

（9）如果雇主在指定基金计划中也发生了类似于公积金计划中的保险费扣除等情况，雇主也要被视为犯罪，并进行同等的惩罚。

（10）尽管指定基金计划中有不同的规定，但在出现第 54 条第（1）款第（a）项、第（b）项和第（c）项中提到的情况时，也可以提取雇员指定基金账户中的保险费和利息。

（11）尽管指定基金计划中有不同的规定，当雇员达到 55 岁后，在雇员申请的前提下，雇主可以授权雇员从指定基金账户中一次性提取账户金额的 1/3，被授权的雇员仍可以被视为指定基金计划的供款人。

(12) 当雇员根据第（10）款从指定基金账户中提取资金，此后，他不应该再被视为雇员，根据该款，为了实现该法案的目标，他可以被视为雇员。

(13) 任何未能满足该条中公积金局的要求以及违反第（7）款规定的雇员都将被视为犯罪。

(14) 当第（5）款和第（8）款中提到的情况出现，在将1952年7月1日以来缴纳的保险费被转移至公积金时，雇员和雇主在协议的基础上，可以决定同时将1952年7月1日以前缴纳的保险费也转移至公积金。在转移之前，首先要将这种决定告知公积金局，如果公积金局同意转移，那么这部分转移的金额可以记到成员的公积金账户上。

(15) 第51条的相关规定在适用于公积金计划的同时，也以同样的方式适用于指定基金计划。

(16) 本条中，"建立指定基金计划的雇主"包括为了向雇员提供待遇，已经建立指定基金计划的雇员。

(17) 第（7）款和第（13）款的规定不适用于明确根据成文法建立的指定基金计划。

(18) 公积金局在处理指定基金的相关事务时发生的所有费用都要由相应的基金承担。

53. 指定基金的废止

通过在公报公示，部长可以在某些特定的情况下废止某指定基金计划，并且会在公报中公示废止日期，同时，指定基金的所有资产和债务将被转移至公积金，并且按照该法案的相关规定进行处置：

如果某法定当局或地方当局的养老金计划具备该法案第2条中"指定基金"的意义，那么在废止该计划时，要按照《1977年法定和地方当局超级年金法案》第30条进行处置，而不应按照第52条处置。

第六部分　公积金的提取

54. 公积金提取的授权

（1）在没有公积金局授权的情况下，任何人不得提取公积金。根据该法案的相关规定，除非公积金局认为出现了以下情况，否则不予以授权：

（a）公积金成员死亡；

（b）公积金成员已满55岁；

（c）公积金成员身体或精神上失能，并且以后不能工作；

（d）或者，公积金成员将要离开马来西亚，并且不打算再回马来西亚或在新加坡定居。

（2）当公积金成员符合第（1）款中的条件并且从公积金账户中取款后，他不再被视为雇员：

除非：

（a）如果公积金成员根据第（1）款第（c）项提取公积金后，又重新参加工作，那么此人仍可以被视为雇员，但是他55岁之前或重新开始工作5年内不得提取公积金，选择二者中较晚的时间；

（b）当公积金成员根据第（1）款第（b）项或第（d）项提取公积金后，又重新参加工作，通过告知公积金局及雇主，他可以决定每月进行缴费，此后，该成员在任何时候可以因为第（1）款第（b）项、第（c）项或第（d）项的理由提取公积金，成员提取公积金后，他不再是公积金的成员，也不得再进行任何缴费：

如果这种决定不具备追溯效力。

（3）尽管有第（1）款的存在，根据该法案的相关规定，在成员申请的基础上，在以下的情况中，公积金局可以：

（a）在成员达到55岁时，授权成员从公积金账户中一次性提取账户金额的1/3；

（b）或者，当成员已经决定要购买或修建房屋，并且公积金局认为这是必要的安排时，可以授权成员从公积金账户提取全部或部分的资金；

（c）或者，当成员已经通过贷款购买或修建房屋，并且这种贷款是通过抵押上述房产得到的，此时，公积金局可以授权成员从公积金账户提取全部或部分的资金：

当成员根据第（b）项或第（c）项中的理由提取了公积金，此后，他不得再因为上述两个理由提取公积金：

如果根据该款公积金成员可以提取公积金后，尽管已经提取了公积金，根据该法案，该成员仍被视为雇员。

（4）第（3）款中的"账户金额"是指截至成员提取公积金的前一个月的最后一天，成员公积金账户中的金额。

（5）成员根据第（3）款第（b）项的理由提取公积金后，必须按照公积金局授权的资金用途使用公积金，不管因为任何原因，如果该成员未能按照公积金局授权的资金用途使用全部或部分公积金，他应该在提取公积金后的6个月内将用作其他用途的公积金返还给公积金局。

（6）在第（5）款中，公积金提取的日期是授权提取令签发的日期。

（7）任何违反第（5）款规定的公积金成员将被视为犯罪。

55. 用分期提取代替一次性提取

（1）尽管第54条中有相关规定，任何公积金成员可以：

（a）在55岁时，申请分期提取公积金而非一次性提取；

（b）或者，在55岁时，提取当年的公积金利息，并且以后在每年的年初都可以提取利息，而非一次性提取：

根据该条款规定，成员根据授权提取公积金后，仍应继续被视为该法案意义上的雇员：

成员根据第（a）项或第（b）项提取公积金并不影响成员根据第54条第（1）款提取公积金。

（2）根据第（1）款第（a）项进行的分期取款应该以公积金局指定的方式进行。

56. 雇主缴费的免除

雇用领取养老金的雇员的雇主可以向公积金局发出书面通知，说明领取养老金的雇员已经在工作中死亡，或者因为达到退休年龄要退休，或者是因为其他理由，而要求返还已经为该雇员缴纳的保险费和由此产生的利息。公积金局在收到这一书面通知后，可以将保险费和利息划拨到养老信托基金中（根据《1991年养老信托基金法案》第3条建立），该雇员公积金账户中的金额为已经划拨后的金额。

57. 公积金的支付

除非有相反的规定，否则公积金局授权提取公积金的支付应该以公积金局指定的方式（公积金局会不定时地修改）进行。

58. 额外金额的支付

（1）当第54条第（1）款第（a）项中的取款得到授权后，应该按照附录五中的公式计算额外金额：

如果公积金局认为成员已经死亡，并且并未授权根据第54条第（1）款第（a）项提取公积金，此时，公积金局在认为合适的情况下，将该额外金额支付给指定的人。

（2）当根据第54条第（1）款第（c）项授权提取公积金后，应该按照附录六中的公式计算额外金额：

如果成员根据第54条第（1）款第（c）项进行了后续取款，那么就不应该再支付其额外金额。

第七部分　犯罪和诉讼

59. 错误的声明，未能提供回执等

任何人：

（a）口头或书面做出不实或错误的回执、证明或未能提供该法案和其他法规要求的文件，或发表错误的声明；

（b）或者，未能或拒绝做出任何声明，提供回执、证明或该法案和其他法规要求的文件；

将被视为犯罪，一经定罪，将被判罚不超过3年的监禁，不超过1万林吉特的罚款，或二者都有。

60. 一般判罚

任何违反该法案或相关法规的个人将被视为犯罪，如果该法案或相关法规没有规定特殊的判罚，那么此人一经定罪，将被判罚不到6个月的监禁或不超过2000林吉特的罚款，或二者都有。

61. 被视为犯罪的企图、准备、教唆和阴谋

根据该法案，任何人：

（a）试图犯罪；

（b）准备犯罪，或在将来犯罪；

（c）或者，教唆或参与犯罪阴谋，不管最后是否产生犯罪后果；

将被视为犯罪，并且将被判罚。

62. 对罪行的审讯

尽管其他成文法中有相反的规定，仍可以就第43条第（2）款中罗列的罪行对雇主进行控告和审讯，并且诉讼程序可以以相同的方式处理这些罪行。

63. 法院命令

当根据第43条第（2）款判罚雇主为犯罪时，发出判罚命令的法

院可以命令该雇主向公积金局缴纳应缴的保险费和利息，在发现雇主的罪行之前，应该根据《刑事诉讼法》第283条以同样的方式向雇主追缴罚款。

64. 公积金局授权官员的证明将被视为证据

在任何法定程序中，由公积金局授权官员签发的公积金账户准入证的复印件，将被视为查询公积金账户和了解真实情况的首要证据。

65. 追缴保险费的民事诉讼程序

（1）根据该法案规定需要缴纳的所有保险费应该由公积金局进行追缴（类似于民事债务，不影响其他补救措施的执行）。

（2）在公积金局主席特别或一般指示下，可以由授权官员追缴保险费，或者由其他官员进行追缴。

（3）本条中的"保险费"包括保险费产生的利息。

66. 在出售或以其他方式处置财产时对保险费的保护

在公司清算或债务人宣布破产之前，如果：

（a）根据法院命令，已经扣押、没收、出售或以其他的方式对雇主的财产进行处置；

（b）或者，在担保债权人的申请下，雇主的财产已被出售；

那么以出售或其他处置方式得到的收益不得分配给任何人，除非雇主在收到法院命令（关于财产出售或处置的命令）之前的12个月内已经将应缴的保险费缴清。

67. 民事诉讼程序的进行

尽管成文法进行了相关规定，但是在不影响执行第65条的前提下，在任何与公积金局有关的民事诉讼程序中：

（a）接受联邦律师任命或总检察长授权的任何人；

（b）或者，由公积金局主席授权的官员；

可以代表公积金局提起、出席这类诉讼程序，并且可以就这类诉讼程序有所行动。

68. 公积金局官员有权力起诉违反该法案的行为

针对违反该法案或相关法规的行为，通过书面授权的官员可以代表公积金局主席进行起诉。

69. 组织、团体的犯罪

当公司、企业、社团或团体违反该法案或相关法规的规定时，上述组织的董事、经理、秘书、其他官员、该组织的合作者都将同时被视为犯罪，除非他能够证明违法行为不是在他的同意或纵容下发生的，并且已经在尽可能的情况下，尽他所有的能力阻止违法行为的发生。

70. 公积金局、投资委员会的成员以及官员应被视为《刑法》意义上的公务人员

公积金局、投资委员会的成员以及公积金局的官员和工作人员应该被视为《刑法》意义上的公务人员。

第八部分　制定法规和规则的权力

71. 部长制定法规的权力

在公积金局的建议下，部长可以制定规则来：

（a）规定保险费的征缴和支付，以及其他相关事项；

（b）规定公积金成员可以指定在他死后，其公积金账户资金的归属人以及归属方式，同时还规定撤销该人选的方式，以及在何种情况下撤销；

（c）规定公积金成员未能指定归属人时，成员死后，其账户资金的归属问题；

（d）规定成员死亡时或根据第54条第（1）款第（c）项已经提取公积金后，额外金额的支付方式；

（e）规定公积金局可以从死亡成员的公积金账户里提取不超过200林吉特的资金（可以是部长规定的其他金额，并通过公报公布），并且无须提供证据，来证明死亡成员的遗产税已经缴纳；

（f）规定记录和文件的销毁，但是在销毁前需要向国家档案馆进行咨询；

（g）规定违反该法案和相关法规的犯罪行为，并且规定可以协议解决的过程和方式；

（h）规定部长需要根据该法案明确的其他事项；

（i）规定为了实施该法案而需要注意的事项。

72. 部长要求其他人缴费和申报工资的权力

尽管该法案和其他成文法中有所规定，但部长在公报中：

（a）对于从贸易、职业、工作或其他来源（部长指定）得到收入的人，可以要求他们向公积金缴费；

（b）或者，对于雇主根据服务协议向雇员支付的报酬和津贴，在某些情况下，可以要求将这一部分报酬和津贴申报为工资；

此后，该法案将适用于这类人群、雇主或雇员（视情况而定），并且要遵循部长对此做出的修改。

73. 公积金局制定规则的权力

除了该法案赋予的其他权利和义务，公积金局可以制定规则：

（a）规定根据该法案，对全部或部分应缴未缴保险费的征收；

（b）规定雇主对文本、账户或记录的保存；

（c）规定在执行该法案时，雇主需要进行申报，并规定需要采用的形式和表格；

（d）规定雇主将保险费存入公积金的过程；

（e）规定当雇员同时被两个或以上的雇主雇用时，雇主的缴费义务；

（f）规定当错误缴纳保险费时，全部或部分保险费的返还，包括由此产生的利息；

（g）规定在选择归属人和撤销归属人的过程和方式，还包括其中需要特别提供的细节；

（h）规定提取公积金的过程；

（i）为了执行第54条第（1）款第（c）项或其他条款，规定对医疗委员会的任命；

（j）为了执行第54条，规定需要提供的证据，以及需要提供证据的个人、官员或机构；

（k）对于公积金中无人认领、未支付或因为其他原因滞留的款项，规定对他们的处置方式；

（l）规定处理与雇主和雇员账户相关事项的过程；

（m）（ⅰ）为公积金局的官员和工作人员规定必要的纪律规则，包括临时工作人员和合同工，（ⅱ）公积金局根据该法案制定的纪律规则应该包括禁止削减报酬方面的条款，包括对公积金局官员或工作人员的纪律处分未决时，其工资或报酬的停发，（ⅲ）根据该法案制定的纪律规则应该规定哪些是违纪行为，以及公积金局认为合理的惩罚措施，这些措施可包括解雇或降级，（ⅳ）在实施纪律处分过程中，对于应该接受处分的个人，纪律规则要给予其一次申诉的机会；

（n）规定根据该法案，公积金局应该规定的其他事项。

74. 部长修改附录的权力

通过在公报公示，部长可以修改或增加该法案中的任何附录。

第九部分 废除条款和过渡性条款

75.《1951年雇员公积金法案》的废除

在废除当天：

（a）《1951年雇员公积金法案》（已废除法案）失去效力；

（b）雇员公积金局（该部分简称为"EPF局"）作为根据已废除法案建立的组织，也同样不复存在；

如果雇员公积金局的成员在紧随法案废除当天之前刚被任命为雇员公积金局的成员，那么从这一天起开始成为公积金局雇员，应该遵守该法案的相关条款，并视其为在新法案下被任命。

76. 法律等的延续

（1）根据该法案的规定，所有在紧随旧法案废除当天之前颁布的所有成文法、法规、规则或规定，在旧法案废除后仍然有效（直到相关机构对其修改或撤销），新法案的颁布不影响对上述成文法、法规等的解释：

对雇员公积金局的解释同样可以被视为对公积金局的解释（除非另有所指）。

（2）在紧随旧法案废除当天之前发布的所有命令、指示、任命、通知、法规和规章，在新法案实施后（只要不抵触新法案的规定）应该视为根据新法案发布的，直到公布新的命令、指示等。

77. 权力、职责、权利、义务的移交

根据该法案规定，在废除旧法案的当天，雇员公积金局的所有权力、权利、特权、义务或责任都应该移交给公积金局。

78. 财产的转移

（1）根据该法案规定，在废除旧法案的当天，所有在紧随旧法案废除当天之前授予雇员公积金局的土地都应该归属公积金局。

（2）根据该法案规定及部长的指示，在废除旧法案的当天，除了已经归属的土地，其他归属雇员公积金局的财产和资产也应该归属公积金局。

79. 现行合同

根据该法案规定，所有在紧随旧法案废除当天之前已经存在的契约、债券、合同、文件、工作安排（并且影响第78条中财产的转移），应该由公积金局持有或执行，相当于公积金局（而非雇员公积金局或代表公积金局的任何人）对其命名或是当事一方。

80. 刑事或民事诉讼的延续

（1）根据该法案规定，对于在废除旧法案之前针对旧法案犯下的罪行，废除旧法案或执行新法案都不能免除犯罪之人被起诉或被判罚的责任。

（2）根据该法案规定，对于在废除旧法案之前已经存在的法律诉讼（不管是民事的还是刑事的）应该由公积金局继续进行，新法案的通过不影响其进行。

（3）旧法案废除当天或之后，废除旧法案之前所提出的上诉应该由公积金局处理，如雇员公积金局进行处理。

81. 公积金的转移

根据该法案规定，在废除旧法案的当天，所有根据已废除法案第4条建立的公积金都应该转移到新法案的公积金中来。

82. 官员和工作人员的延续

每个在紧随旧法案废除当天之前被雇用为雇员公积金局官员或工作人员的人，在废除旧法案当天应该被视为公积金局的官员或工作人员。

83. 待决的法律处分

所有在紧随废除旧法案之前确定，并且要在废除旧法案当天或之后进行的针对雇员公积金局官员或公务人员的法律处分，应该由公积金局的相关机构执行。

84. 公积金成员的转移

每位在紧随旧法案废除当天之前根据旧法案第4条被任命为公积金成员的雇员，应该在废除旧法案当天成为新法案下的公积金成员，并且要遵守新法案对成员的相关规定。

85. 雇员登记的转移

每位根据旧法案相关规定登记的雇员应该被视为已经在新法案下登记。

86. 防止发生异常

（1）如果在执行过渡性条款时出现困难，部长可以对这些条款进行必要的修改以防止发生异常：

但是在旧法案废除两年后，部长不会再行使该条款赋予的权利。

（2）在本条中，"修改"包括对该部分的变更、增加、删除、替代、选择、不予应用等。

附录一

（第 2 条）

不得视为雇员的人

（1）所有的游牧原住民，除非在特殊情况下由原住民局局长指定。

（2）《1952 年工人赔偿法案》第 3 条中界定的家庭佣人，除非：

（a）被该法案附录二中的雇主雇用；

（b）被社团雇用，这些社团根据与社团注册或合作社团注册相关的法案规定，已经注册或需要注册；

（c）被企业雇用，这些企业根据《1956 年企业注册法案》《沙巴贸易许可条例》《砂拉越企业》《职业和贸易许可条例》，或者《砂拉越企业名称条例》（视情况而定）注册、被许可，或者要求注册或被许可；

（d）或者，被根据成文法成立的公司雇用。

（3）那些已经就业的家庭佣人［除了第（2）款中规定的情况］，但是还没有以指定的方式通知公积金局或其雇主，并向他们告知自己想成为公积金成员的意愿。

（4）《1952 年工人赔偿法案》第 3 条中的户外就业人员，除非被附录二中的雇主雇用。

（5）被关押在监狱、亨利格尔尼学校、指定学校、拘留所、精神病院、麻风病院的人。

（6）已经就业，但正式居住地不在马来西亚或新加坡，（根据与移民相关的成文法签发的通行证）暂时进入或停留在马来西亚的人，并且没有以指定的方式通知公积金局或其雇主，并向他们告知想成为公积金成员的意愿。

（7）已经就业，但正式居住地不在马来西亚或新加坡，符合公积金计划或其他计划条款（该公积金计划或其他计划不是在马来西亚或新加坡建立或管理的）的人。

（8）已经就业，正式居住地不在马来西亚或新加坡，并且已经从公积金局得到书面批准，可以根据自己的条件参加马来西亚的公积金计划或其他计划的人。

（9）根据《联邦宪法》第160章界定的委员会成员。

附录二

（第2条）

"雇主"的定义

（1）新加坡公共事业局。

（2）为了实现该条的目标，由部长通过公报公示的任何大使馆、高级委员会、领事馆或其他政府部门，以及其他类似的部门（根据服务协议或根据进入马来西亚或新加坡的计划，在公共部门就业，但不包括在根据与超级年金或养老金有关的法律需要支付待遇的部门就业）。

附录三

（第43条）

每月缴费率

每月工资额（单位：美元）	每月缴费额（单位：美元）		
	雇员缴费额	雇主缴费额	总缴费额
00.01—10.00	NIL	NIL	NIL
10.01—20.00	2.00	3.00	5.00
20.01—40.00	4.00	5.00	9.00
40.01—60.00	6.00	7.00	13.00
60.01—80.00	8.00	9.00	17.00
80.01—100.00	9.00	11.00	20.00

续表

每月工资额（单位：美元）	每月缴费额（单位：美元）		
	雇员缴费额	雇主缴费额	总缴费额
100.01—120.00	11.00	14.00	25.00
120.01—140.00	13.00	16.00	29.00
140.01—160.00	15.00	18.00	33.00
160.01—180.00	17.00	20.00	37.00
180.01—200.00	18.00	22.00	40.00
200.01—220.00	20.00	25.00	45.00
220.01—240.00	22.00	27.00	49.00
240.01—260.00	24.00	29.00	53.00
260.01—280.00	26.00	31.00	57.00
280.01—300.00	27.00	33.00	60.00
300.01—320.00	29.00	36.00	65.00
320.01—340.00	31.00	38.00	69.00
340.01—360.00	33.00	40.00	73.00
360.01—380.00	35.00	42.00	77.00
380.01—400.00	36.00	44.00	80.00
400.01—420.00	38.00	47.00	85.00
420.01—440.00	40.00	49.00	89.00
440.01—460.00	42.00	51.00	93.00
460.01—480.00	44.00	53.00	97.00
480.01—500.00	45.00	55.00	100.00
500.01—520.00	47.00	58.00	105.00
520.01—540.00	49.00	60.00	109.00
540.01—560.00	51.00	62.00	113.00
560.01—580.00	53.00	64.00	117.00
580.01—600.00	54.00	66.00	120.00
600.01—620.00	56.00	69.00	125.00
620.01—640.00	58.00	71.00	129.00
640.01—660.00	60.00	73.00	133.00
660.01—680.00	62.00	75.00	137.00
680.01—700.00	63.00	77.00	140.00

续表

每月工资额（单位：美元）	每月缴费额（单位：美元）		
	雇员缴费额	雇主缴费额	总缴费额
700.01—720.00	65.00	80.00	145.00
720.01—740.00	67.00	82.00	149.00
740.01—760.00	69.00	84.00	153.00
760.01—780.00	71.00	86.00	157.00
780.01—800.00	72.00	88.00	160.00
800.01—820.00	74.00	91.00	165.00
820.01—840.00	76.00	93.00	169.00
840.01—860.00	78.00	95.00	173.00
860.01—880.00	80.00	97.00	177.00
880.01—900.00	81.00	99.00	180.00
900.01—920.00	83.00	102.00	185.00
920.01—940.00	85.00	104.00	189.00
940.01—960.00	87.00	106.00	193.00
960.01—980.00	89.00	108.00	197.00
980.01—1000.00	90.00	110.00	200.00
1000.01—1020.00	92.00	113.00	205.00
1020.01—1040.00	94.00	115.00	209.00
1040.01—1060.00	96.00	117.00	213.00
1060.01—1080.00	98.00	119.00	217.00
1080.01—1100.00	99.00	121.00	220.00
1100.01—1120.00	101.00	124.00	225.00
1120.01—1140.00	103.00	126.00	229.00
1140.01—1160.00	105.00	128.00	233.00
1160.01—1180.00	107.00	130.00	237.00
1180.01—1200.00	108.00	132.00	240.00
1200.01—1220.00	110.00	135.00	245.00
1220.01—1240.00	112.00	137.00	249.00
1240.01—1260.00	114.00	139.00	253.00
1260.01—1280.00	116.00	141.00	257.00
1280.01—1300.00	117.00	143.00	260.00

《1991年雇员公积金法案》(马来西亚)　599

续表

每月工资额 (单位：美元)	每月缴费额（单位：美元）		
	雇员缴费额	雇主缴费额	总缴费额
1300.01—1320.00	119..00	146.00	265.00
1320.01—1340.00	121.00	148.00	269.00
1340.01—1360.00	123.00	150.00	273.00
1360.01—1380.00	125.00	152.00	277.00
1380.01—1400.00	126.00	154.00	280.00
1400.01—1420.00	128.00	157.00	285.00
1420.01—1440.00	130.00	159.00	289.00
1440.01—1460.00	132.00	161.00	293.00
1460.01—1480.00	134.00	163.00	297.00
1480.01—1500.00	135.00	165.00	300.00
1500.01—1520.00	137.00	168.00	305.00
1520.01—1540.00	139.00	170.00	309.00
1540.01—1560.00	141.00	172.00	313.00
1560.01—1580.00	143.00	174.00	317.00
1580.01—1600.00	144.00	176.00	320.00
1600.01—1620.00	146.00	179.00	325.00
1620.01—1640.00	148.00	181.00	329.00
1640.01—1660.00	150.00	183.00	333.00
1660.01—1680.00	152.00	185.00	337.00
1680.01—1700.00	153.00	187.00	340.00
1700.01—1720.00	155.00	190.00	345.00
1720.01—1740.00	157.00	192.00	349.00
1740.01—1760.00	159.00	194.00	353.00
1760.01—1780.00	161.00	196.00	357.00
1780.01—1800.00	162.00	198.00	360.00
1800.01—1820.00	164.00	201.00	365.00
1820.01—1840.00	166.00	203.00	369.00
1840.01—1860.00	168.00	205.00	373.00
1860.01—1880.00	170.00	207.00	377.00
1880.01—1900.00	171.00	209.00	380.00

续表

每月工资额（单位：美元）	每月缴费额（单位：美元）		
	雇员缴费额	雇主缴费额	总缴费额
1990.01—1920.00	173.00	212.00	385.00
1920.01—1940.00	175.00	214.00	389.00
1940.01—1960.00	177.00	216.00	393.00
1960.01—1980.00	179.00	218.00	397.00
1980.01—2000.00	180.00	220.00	400.00
2000.01—2020.00	182.00	223.00	405.00
2020.01—2040.00	184.00	225.00	409.00
2040.01—2060.00	186.00	227.00	413.00
2060.01—2080.00	188.00	229.00	417.00
2080.01—2100.00	189.00	231.00	420.00
2100.01—2120.00	191.00	234.00	425.00
2120.01—2140.00	193.00	236.00	429.00
2140.01—2160.00	195.00	238.00	433.00
2160.01—2180.00	197.00	240.00	437.00
2180.01—2200.00	198.00	242.00	440.00
2200.01—2220.00	200.00	245.00	445.00
2220.01—2240.00	202.00	247.00	449.00
2240.01—2260.00	204.00	249.00	453.00
2260.01—2280.00	206.00	251.00	457.00
2280.01—2300.00	207.00	253.00	460.00
2300.01—2320.00	209.00	256.00	465.00
2320.01—2340.00	211.00	258.00	469.00
2340.01—2360.00	213.00	260.00	473.00
2360.01—2380.00	215.00	262.00	477.00
2380.01—2400.00	216.00	264.00	480.00
2400.01—2420.00	218.00	267.00	485.00
2420.01—2440.00	220.00	269.00	489.00
2440.01—2460.00	222.00	271.00	493.00
2460.01—2480.00	224.00	273.00	497.00
2480.01—2500.00	225.00	275.00	500.00

续表

每月工资额（单位：美元）	每月缴费额（单位：美元）		
	雇员缴费额	雇主缴费额	总缴费额
2500.01—2520.00	227.00	278.00	505.00
2520.01—2540.00	229.00	280.00	509.00
2540.01—2560.00	231.00	282.00	513.00
2560.01—2580.00	233.00	284.00	517.00
2580.01—2600.00	234.00	286.00	520.00
2600.01—2620.00	236.00	289.00	525.00
2620.01—2640.00	238.00	291.00	529.00
2640.01—2660.00	240.00	293.00	533.00
2660.01—2680.00	242.00	295.00	537.00
2680.01—2700.00	243.00	297.00	540.00
2700.01—2720.00	245.00	300.00	545.00
2720.01—2740.00	247.00	302.00	549.00
2740.01—2760.00	249.00	304.00	553.00
2760.01—2780.00	251.00	306.00	557.00
2780.01—2800.00	252.00	308.00	560.00
2800.01—2820.00	254.00	311.00	565.00
2820.01—2840.00	256.00	313.00	569.00
2840.01—2860.00	258.00	315.00	573.00
2860.01—2880.00	260.00	317.00	577.00
2880.01—2900.00	261.00	319.00	580.00
2900.01—2920.00	263.00	322.00	585.00
2920.01—2940.00	265.00	324.00	589.00
2940.01—2960.00	267.00	326.00	593.00
2960.01—2980.00	269.00	328.00	597.00
2980.01—3000.00	270.00	330.00	600.00
3000.01—3020.00	272.00	333.00	605.00
3020.01—3040.00	274.00	335.00	609.00
3040.01—3060.00	276.00	337.00	613.00
3060.01—3080.00	278.00	339.00	617.00
3080.01—3100.00	279.00	341.00	620.00

续表

每月工资额（单位：美元）	每月缴费额（单位：美元）		
	雇员缴费额	雇主缴费额	总缴费额
3100.01—3120.00	281.00	344.00	625.00
3120.01—3140.00	283.00	346.00	629.00
3140.01—3160.00	285.00	348.00	633.00
3160.01—3180.00	287.00	350.00	637.00
3180.01—3200.00	288.00	352.00	640.00
3200.01—3220.00	290.00	355.00	645.00
3220.01—3240.00	292.00	357.00	649.00
3240.01—3260.00	294.00	359.00	653.00
3260.01—3280.00	296.00	361.00	657.00
3280.01—3300.00	297.00	363.00	660.00
3300.01—3320.00	299.00	366.00	665.00
3320.01—3340.00	301.00	368.00	669.00
3340.01—3360.00	303.00	370.00	673.00
3360.01—3380.00	305.00	372.00	677.00
3380.01—3400.00	306.00	374.00	680.00
3400.01—3420.00	308.00	377.00	685.00
3420.01—3440.00	310.00	379.00	689.00
3440.01—3460.00	312.00	381.00	693.00
3460.01—3480.00	314.00	383.00	697.00
3480.01—3500.00	315.00	385.00	700.00
3500.01—3520.00	317.00	388.00	705.00
3520.01—3540.00	319.00	390.00	709.00
3540.01—3560.00	321.00	392.00	713.00
3560.01—3580.00	323.00	394.00	717.00
3580.01—3600.00	324.00	396.00	720.00
3600.01—3620.00	326.00	399.00	725.00
3620.01—3640.00	328.00	401.00	729.00
3640.01—3660.00	330.00	403.00	733.00
3660.01—3680.00	332.00	405.00	737.00
3680.01—3700.00	333.00	407.00	740.00

续表

每月工资额（单位：美元）	每月缴费额（单位：美元）		
	雇员缴费额	雇主缴费额	总缴费额
3700.01—3720.00	335.00	410.00	745.00
3720.01—3740.00	337.00	412.00	749.00
3740.01—3760.00	339.00	414.00	753.00
3760.01—3780.00	341.00	416.00	757.00
3780.01—3800.00	342.00	418.00	760.00
3800.01—3820.00	344.00	421.00	765.00
3820.01—3840.00	346.00	423.00	769.00
3840.01—3860.00	348.00	425.00	773.00
3860.01—3880.00	350.00	427.00	777.00
3880.01—3900.00	351.00	429.00	780.00
3900.01—3920.00	353.00	432.00	785.00
3920.01—3940.00	355.00	434.00	789.00
3940.01—3960.00	357.00	436.00	793.00
3960.01—3980.00	359.00	438.00	797.00
3980.01—4000.00	360.00	440.00	800.00
4000.01—4020.00	362.00	443.00	805.00
4020.01—4040.00	364.00	445.00	809.00
4040.01—4060.00	366.00	447.00	813.00
4060.01—4080.00	368.00	449.00	817.00
4080.01—4100.00	369.00	451.00	820.00
4100.01—4120.00	371.00	454.00	825.00
4120.01—4140.00	373.00	456.00	829.00
4140.01—4160.00	375.00	458.00	833.00
4160.01—4180.00	377.00	460.00	837.00
4180.01—4200.00	378.00	462.00	840.00
4200.01—4220.00	380.00	465.00	845.00
4220.01—4240.00	382.00	467.00	849.00
4240.01—4260.00	384.00	469.00	853.00
4260.01—4280.00	386.00	471.00	857.00
4280.01—4300.00	387.00	473.00	860.00

续表

每月工资额（单位：美元）	每月缴费额（单位：美元）		
	雇员缴费额	雇主缴费额	总缴费额
4300.01—4320.00	389.00	476.00	865.00
4320.01—4340.00	391.00	478.00	869.00
4340.01—4360.00	393.00	480.00	873.00
4360.01—4380.00	395.00	482.00	877.00
4380.01—4400.00	396.00	484.00	880.00
4400.01—4420.00	398.00	487.00	885.00
4420.01—4440.00	400.00	489.00	889.00
4440.01—4460.00	402.00	491.00	893.00
4460.01—4480.00	404.00	493.00	897.00
4480.01—4500.00	405.00	495.00	900.00
4500.01—4520.00	407.00	498.00	905.00
4520.01—4540.00	409.00	500.00	909.00
4540.01—4560.00	411.00	502.00	913.00
4560.01—4580.00	413.00	504.00	917.00
4580.01—4600.00	414.00	506.00	920.00
4600.01—4620.00	416.00	509.00	925.00
4620.01—4640.00	418.00	511.00	929.00
4640.01—4660.00	420.00	513.00	933.00
4660.01—4680.00	422.00	515.00	937.00
4680.01—4700.00	423.00	517.00	940.00
4700.01—4720.00	425.00	520.00	945.00
4720.01—4740.00	427.00	522.00	949.00
4740.01—4760.00	429.00	524.00	953.00
4760.01—4780.00	431.00	526.00	957.00
4780.01—4800.00	433.00	528.00	961.00
4800.01—4820.00	434.00	531.00	965.00
4820.01—4840.00	436.00	533.00	969.00
4840.01—4860.00	438.00	535.00	973.00
4860.01—4880.00	440.00	537.00	977.00
4880.01—4900.00	441.00	539.00	980.00

续表

每月工资额（单位：美元）	每月缴费额（单位：美元）		
	雇员缴费额	雇主缴费额	总缴费额
4900.01—4920.00	443.00	542.00	985.00
4920.01—4940.00	445.00	544.00	989.00
4940.01—4960.00	447.00	546.00	993.00
4960.01—4980.00	449.00	548.00	997.00
4980.01—5000.00	450.00	550.00	1000.00
5000.01—5100.00	459.00	561.00	1020.00
5100.01—5200.00	468.00	572.00	1040.00
5200.01—5300.00	477.00	583.00	1060.00
5300.01—5400.00	486.00	594.00	1080.00
5400.01—5500.00	495.00	605.00	1100.00
5500.01—5600.00	504.00	616.00	1120.00
5600.01—5700.00	513.00	627.00	1140.00
5700.01—5800.00	522.00	638.00	1160.00
5800.01—5900.00	531.00	649.00	1180.00
5900.01—6000.00	540.00	660.00	1200.00
6000.01—6100.00	549.00	671.00	1220.00
6100.01—6200.00	558.00	682.00	1240.00
6200.01—6300.00	567.00	693.00	1260.00
6300.01—6400.00	576.00	704.00	1280.00
6400.01—6500.00	585.00	715.00	1300.00
6500.01—6600.00	594.00	726.00	1320.00
6600.01—6700.00	603.00	737.00	1340.00
6700.01—6800.00	612.00	748.00	1360.00
6800.01—6900.00	621.00	759.00	1380.00
6900.01—7000.00	630.00	770.00	1400.00
7000.01—7100.00	639.00	781.00	1420.00
7100.01—7200.00	648.00	792.00	1440.00
7200.01—7300.00	657.00	803.00	1460.00
7300.01—7400.00	666.00	814.00	1480.00
7400.01—7500.00	675.00	825.00	1500.00

续表

每月工资额（单位：美元）	每月缴费额（单位：美元）		
	雇员缴费额	雇主缴费额	总缴费额
7500.01—7600.00	684.00	836.00	1520.00
7600.01—7700.00	693.00	847.00	1540.00
7700.01—7800.00	702.00	858.00	1560.00
7800.01—7900.00	711.00	869.00	1580.00
7900.01—8000.00	720.00	880.00	1600.00
8000.01—8100.00	729.00	891.00	1620.00
8100.01—8200.00	738.00	902.00	1640.00
8200.01—8300.00	747.00	913.00	1660.00
8300.01—8400.00	756.00	924.00	1680.00
8400.01—8500.00	765.00	935.00	1700.00
8500.01—8600.00	774.00	946.00	1720.00
8600.01—8700.00	783.00	957.00	1740.00
8700.01—8800.00	792.00	968.00	1760.00
8800.01—8900.00	801.00	979.00	1780.00
8900.01—9000.00	810.00	990.00	1800.00
9000.01—9100.00	819.00	1001.00	1820.00
9100.01—9200.00	828.00	1012.00	1840.00
9200.01—9300.00	837.00	1023.00	1860.00
9300.01—9400.00	846.00	1034.00	1880.00
9400.01—9500.00	855.00	1045.00	1900.00
9500.01—9600.00	864.00	1056.00	1920.00
9600.01—9700.00	973.00	1067.00	1940.00
9700.01—9800.00	982.00	1078.00	1960.00
9800.01—9900.00	991.00	1089.00	1980.00
9900.01—10000.00	900.00	1100.00	2000.00
10000.01—10100.00	909.00	1111.00	2020.00
10100.01—10200.00	918.00	1122.00	2040.00
10200.01—10300.00	927.00	1133.00	2060.00
10300.01—10400.00	936.00	1144.00	2080.00
10400.01—10500.00	945.00	1155.00	2100.00

续表

每月工资额（单位：美元）	每月缴费额（单位：美元）		
	雇员缴费额	雇主缴费额	总缴费额
10500.01—10600.00	954.00	1166.00	2120.00
10600.01—10700.00	963.00	1177.00	2140.00
10700.01—10800.00	972.00	1188.00	2160.00
10800.01—10900.00	981.00	1199.00	2180.00
10900.01—11000.00	990.00	1210.00	2200.00
11000.01—11100.00	999.00	1221.00	2220.00
11100.01—11200.00	1008.00	1232.00	2240.00
11200.01—11300.00	1017.00	1243.00	2260.00
11300.01—11400.00	1026.00	1254.00	2280.00
11400.01—11500.00	1035.00	1265.00	2300.00
11500.01—11600.00	1044.00	1276.00	2320.00
11600.01—11700.00	1053.00	1287.00	2340.00
11700.01—11800.00	1062.00	1298.00	2360.00
11800.01—11900.00	1071.00	1309.00	2380.00
11900.01—12000.00	1080.00	1320.00	2400.00
12000.01—12100.00	1089.00	1331.00	2420.00
12100.01—12200.00	1098.00	1342.00	2440.00
12200.01—12300.00	1107.00	1353.00	2460.00
12300.01—12400.00	1116.00	1264.00	2480.00
12400.01—12500.00	1125.00	1375.00	2500.00
12500.01—12600.00	1134.00	1386.00	2520.00
12600.01—12700.00	1143.00	1397.00	2540.00
12700.01—12800.00	1152.00	1408.00	2560.00
12800.01—12900.00	1161.00	1419.00	2580.00
12900.01—13000.00	1170.00	1430.00	2600.00
13000.01—13100.00	1179.00	1441.00	2620.00
13100.01—13200.00	1188.00	1452.00	2640.00
13200.01—13300.00	1197.00	1463.00	2660.00
13300.01—13400.00	1206.00	1474.00	2680.00
13400.01—13500.00	1215.00	1285.00	2700.00

续表

每月工资额（单位：美元）	每月缴费额（单位：美元）		
	雇员缴费额	雇主缴费额	总缴费额
13500.01—13600.00	1224.00	1496.00	2720.00
13600.01—13700.00	1233.00	1507.00	2740.00
13700.01—13800.00	1242.00	1518.00	2760.00
13800.01—13900.00	1251.00	1529.00	2780.00
13900.01—14000.00	1260.00	1540.00	2800.00
14000.01—14100.00	1269.00	1551.00	2820.00
14100.01—14200.00	1278.00	1562.00	2840.00
14200.01—14300.00	1287.00	1573.00	2860.00
14300.01—14400.00	1296.00	1584.00	2880.00
14400.01—14500.00	1305.00	1595.00	2900.00
14500.01—14600.00	1314.00	1606.00	2920.00
14600.01—14700.00	1323.00	1617.00	2940.00
14700.01—14800.00	1332.00	1628.00	2960.00
14800.01—14900.00	1341.00	1639.00	2980.00
14900.01—15000.00	1350.00	1650.00	3000.00
15000.01—15100.00	1359.00	1661.00	3020.00
15100.01—15200.00	1368.00	1672.00	3040.00
15200.01—15300.00	1377.00	1683.00	3060.00
15300.01—15400.00	1386.00	1694.00	3080.00
15400.01—15500.00	1395.00	1705.00	3100.00
15500.01—15600.00	1404.00	1716.00	3120.00
15600.01—15700.00	1413.00	1727.00	3140.00
15700.01—15800.00	1422.00	1738.00	3160.00
15800.01—15900.00	1431.00	1749.00	3180.00
15900.01—16000.00	1440.00	1760.00	3200.00
16000.01—16100.00	1449.00	1771.00	3220.00
16100.01—16200.00	1458.00	1782.00	3240.00
16200.01—16300.00	1467.00	1793.00	3260.00
16300.01—16400.00	1476.00	1804.00	3280.00
16400.01—16500.00	1485.00	1815.00	3300.00

《1991 年雇员公积金法案》(马来西亚)

续表

每月工资额（单位：美元）	每月缴费额（单位：美元）		
	雇员缴费额	雇主缴费额	总缴费额
16500.01—16600.00	1494.00	1826.00	3320.00
16600.01—16700.00	1503.00	1837.00	3340.00
16700.01—16800.00	1512.00	1848.00	3360.00
16800.01—16900.00	1521.00	1859.00	3380.00
16900.01—17000.00	1530.00	1870.00	3400.00
17000.01—17100.00	1539.00	1881.00	3420.00
17100.01—17200.00	1548.00	1892.00	3440.00
17200.01—17300.00	1557.00	1903.00	3460.00
17300.01—17400.00	1566.00	1914.00	3480.00
17400.01—17500.00	1575.00	1925.00	3500.00
17500.01—17600.00	1584.00	1936.00	3520.00
17600.01—17700.00	1593.00	1947.00	3540.00
17700.01—17800.00	1602.00	1958.00	3560.00
17800.01—17900.00	1611.00	1969.00	3580.00
17900.01—18000.00	1620.00	1980.00	3600.00
18000.01—18100.00	1629.00	1991.00	3620.00
18100.01—18200.00	1638.00	2002.00	3640.00
18200.01—18300.00	1647.00	2013.00	3660.00
18300.01—18400.00	1656.00	2024.00	3680.00
18400.01—18500.00	1665.00	2035.00	3700.00
18500.01—18600.00	1674.00	2046.00	3720.00
18600.01—18700.00	1683.00	2057.00	3740.00
18700.01—18800.00	1692.00	2068.00	3760.00
18800.01—18900.00	1701.00	1079.00	3780.00
18900.01—19000.00	1710.00	2090.00	3800.00
19000.01—19100.00	1719.00	2101.00	3820.00
19100.01—19200.00	1728.00	2112.00	3840.00
19200.01—19300.00	1737.00	2123.00	3860.00
19300.01—19400.00	1746.00	2134.00	3880.00
19400.01—19500.00	1755.00	2145.00	3900.00

续表

每月工资额 (单位：美元)	每月缴费额（单位：美元）		
	雇员缴费额	雇主缴费额	总缴费额
19500.01—19600.00	1764.00	2156.00	3920.00
19600.01—19700.00	1773.00	2167.00	3940.00
19700.01—19800.00	1782.00	2178.00	3960.00
19800.01—19900.00	1791.00	2189.00	3980.00
19900.01—20000.00	1800.00	2200.00	4000.00

当雇员的月工资超过20000.01美元时，每超过100.00美元，雇员需要缴纳保险费9.00美元，雇主需要为雇员缴纳11.00美元。

附录四

(第43条)

领取养老金的雇员和自雇者的缴费

单独规定领取养老金的雇员和自雇者的缴费率，每月不少于20林吉特，不超过500林吉特，并且为整数。

附录五

[第58条第(1)款]

因死亡而支付的额外款项

(1) 若公积金成员在60岁之前死亡，因成员死亡而支付的额外款项的计算公式如下：

$$成员死亡时公积金的记账金额 \times \frac{(60 - 成员死亡年龄)}{2 + [3 \times (成员死亡年龄 - 首次成为公积金成员的年龄)]}$$

根据上述计算公式，若需要支付的额外款项金额超过3万林吉特时，应该支付3万林吉特，若不足1000林吉特时，应该支付1000林吉特。

(2) 在确定成员的死亡年龄时，应该计算该成员死亡时的足年和足月年龄，不足一个月的年龄忽略不计。首次成为成员的年龄是指去世的人在成为公积金成员或某指定基金成员之前过完生日时的年龄，并选择二者中较小的年龄。

（3）若公积金成员在55—60岁死亡时，第（1）款计算公式中的死亡年龄视为55岁。

附录六

[第58条第（6）款]
因身体或精神失能而支付的额外款项

（1）根据第58条第（2）款，若成员因为身体或精神失能而永久不能参加工作，成员在60岁之前可以得到的额外款项计算公式如下：

$$\text{成员失能时公积金的记账金额} \times \frac{(60 - \text{失能时的年龄})}{1 + [1 \times (\text{失能时的年龄} - \text{首次成为公积金成员的年龄})]}$$

根据上述计算公式，若应该支付的额外款项金额超过3万林吉特时，应该支付3万林吉特，若不足1000林吉特时，应该支付1000林吉特。

（2）在确定成员的失能年龄时，应该计算该成员失能时的足年和足月年龄，不足一个月的年龄忽略不计。首次成为成员的年龄是指失能的成员在成为公积金成员或某指定基金成员之前过完生日时的年龄，并选择二者中较小的年龄。

（3）当公积金成员在55—60岁失能，第（1）款计算公式中的失能年龄视为55岁。

《养老公积金经营基本方针》
（日本）

2001 年 4 月 4 日制定（厚生劳动省告示第 183 号）
2002 年 3 月 27 日部分修正（厚生劳动省告示第 133 号）
2003 年 3 月 31 日部分修正（厚生劳动省告示第 137 号）
2004 年 3 月 31 日部分修正（厚生劳动省告示第 169 号）
2005 年 3 月 30 日部分修正（厚生劳动省告示第 124 号）

根据《厚生年金保险法》（1954 年法律第 115 号）第 79 条第（4）款第（1）项及《国民年金法》（1959 年法律第 141 号）第 77 条第（1）项的规定，关于经营关系到厚生保险特别会计的养老金账目的公积金及关系到国民年金特别会计的国民养老金账目的公积金（以下称"养老金公积金"）的基本方针规定如下：

关于养老金及国民养老金的公积金，决定按照本基本方针进行经营，在年金资金运用基金（以下简称"基金"）中，根据本基本方针制定管理经营方针，进行养老公积金的管理经营。

公积金经营的基本方向

经营目的

需特别注意到养老金保险及国民养老金中的公积金是从保险费交纳者中征收的保险费的一部分，将成为将来养老金给付的重要来源，其经营的目的在于通过专为被保险者利益进行长期而有效的经营，并有助于将来养老金事业的稳定运营。

基本考虑

1. 进行资产、负债的综合管理，同时在资金方面，通过以分散投资为基本的经营管理，进行风险管理。

2. 为谋求以更小的风险确保必要的回报，以不同特点的资产进行分散投资，制定应该长期维持的资产构成比例（以下称"基本资产组合"），并加以经营。

3. 分析经营结果对养老金财政的影响，必要时使其反映在本基本方针及养老金的财政再核算中。

经营注意事项

1. 确保实际的经营收益

公营养老金的给付额按照物价及工资的变动进行修订，因此要谋求确保与此相适应的实际的经营收益。

2. 确保用于养老金给付的现金

随着养老金制度的成熟化，鉴于今后预期的养老金给付费用的增加，确保必要的现金收入。

3. 注意对市场的影响

在经营养老公积金时，在考虑市场规模的同时，需要小心注意不要误导市场的价格形成及民间投资行动。

明确责任体制

养老金公积金是从保险交纳者中征收的保险费的积聚，其经营结果以将来保险费负担增减的形式归属于保险费交纳者。

因此，在经营养老金公积金时，须明确责任体制，所有与经营养老金公积金有关的人均须彻底履行受托者责任（作为忠实义务及善意管理者遵守的注意义务）。

彻底公开信息

关于对经营的具体方针、经营结果、养老金财政的影响等，要充分公开信息，努力取得国民对养老金公积金自主经营的进一步的理解与配合。

关于从长远观点看关系到公积金经营的资产构成的事项

基本资产组合的意义

养老公积金根据基本资产组合进行经营。即只要其养老金财政及经济等的前提条件不发生显著变化，那么就将长期维持每项资产的构成比例。但是，在自主经营最初开始时，需要经过一定期间采取旨在进行财政投融资合作的过渡性措施。因此，基于基本资产组合的公积金经营将在这段时间过后开始。

基本资产组合

以长期维持资产的构成比例及其适用在自主经营开始后历经一定期间为前提，制定基本资产组合。

基本资产组合是从养老金财政稳定的观点出发将变动风险控制在一定范围内的资产构成。2004年的养老金财政再核算以物价上涨率1.0%、工资上涨率2.1%为前提，将名义上的预期经营收益设定为3.2%。据此，基本资产组合为保证实际的经营收益须确保名义上的预期收益率与工资上涨率等存在一定的差距。进而，为能够有效确保给付所需的现金收入，应注意收入及流动性。

从这一观点出发，基本资产组合如下：

目标收益率	标准偏差	预定利率
3.37%	5.55%	3.20%

国内债券	国内股票	外国债券	外国股票	短期资产
67%	11%	8%	9%	5%

容许偏离幅度

综合考虑各资产等级固有的收益率的变动幅度、基本资产组合中的编入比例的大小及交易成本等，设定以下容许偏离幅度。

	国内债券	国内股票	外国债券	外国股票
容许偏离幅度	±8	±6	±5	±5
资产变动幅度	59—67—75	5—11—17	3—8—13	4—9—14

基本资产组合的修订

基本资产组合是设想养老金财政、经营环境等根据现状推定将来的情况而制定的，但需要对设想的经营环境是否偏离现实，基本资产组合是否适合养老金制度的顺利运营等进行验证，在必要时随时进行修订。

过渡期的资产构成比例

过渡期的资产构成比例的考虑

基本资产组合是以全额养老公积金自主经营为前提而制定的。一方面，在养老公积金自主经营开始的 2001 年 4 月之前，养老公积金被寄存在资金经营部，须在今后 7 年间偿还，在这 7 年中将进行财政投融资合作（承兑财政投融资债），而且，基金须继承此前年金福利事业团用资金经营部的借款从事经营事业的资产，并偿还给资金经营部（2001 年度以后称"财政融资资金"），因此，自主经营开始时（2001 年度）的资产构成比例会与基本资产组合存在很大的不同。

因此，基本资产组合将自 2001 年度以后历时 7 年通过财政融资资金偿还的寄存金[①]的分配而实现。

关于在实现基本资产组合之前的过渡性资产构成比例（以下称"过渡资产组合"），在谋求有效经营的同时，考虑到顺利实现基本资产组合而制定。

每年度均要制定过渡资产组合，制定后立即公开宣布。

该年度的过渡资产组合应该沿着在该年度整个期间里，每项资产等级的上一个年度末的资产构成比例值与该年度的过渡资产组合的资产构成比例值的连接线，在容许偏离幅度之下，通过以均等的比例增加或者减小在该年度末被实现。

另一方面，在经济环境急剧变化等紧急事态发生时，应采取必要的措施。

另外，关于基本资产组合的实现时期，考虑到寄存偿还期间内的每年度的财政投融资是未定的，确定偿还完毕时期存在不确定的方面，但是由于须谋求尽快实现基本资产组合，因此以寄存金偿还完毕的 2008 年度为目标时期。

2005 年度的过渡资产组合

2005 年度的过渡资产组合如下所示：

因为决定今后上调国内股票、外国债券及外国股票的比率，所以在容

---

① 寄存金在日本是国库款的一部分。——译者注

许偏离幅度上不设上限。

(1) 经营资产整体的过渡资产组合

	国内债券	国内股票	外国债券	外国股票	短期资产
过渡资产组合	75%	8%	5%	6%	6%
容许偏离幅度	±2%	−2%	−2%	−2%	—

(2) 年金资产运用基金的过渡资产组合

	国内债券	国内股票	外国债券	外国股票	短期资产
过渡资产组合	52%	21%	12%	15%	0%
容许偏离幅度	±5%	−5%	−5%	−5%	—

注："年金资金运用基金"管理经营的资产中，针对在市场中经营的资产组合。

关于管理及经营年金资产运用基金中的养老金资金应该遵守的事项

风险管理

养老公积金的风险管理的基本考虑：

虽然向风险、回报等特点不同的众多资产等级进行分散投资，但资产经营中的风险管理是其根本。在经营养老公积金时，制定基本资产组合并据此加以经营。而且，考虑到财政计划上的预期公积金金额、现金流量等负债状况，为能够长期及稳定地确保用于养老金给付的收益及流动性，综合管理资产与负债。基金在此基础上进行风险管理以便可以应对养老金财政上的要求。

基金中的风险管理

(1) 基于资产组合管理的风险管理

在资产方面，合理实施资产组合管理以便能够谋求风险、回报的效率化。具体而言，基金将厚生劳动大臣寄存的资金通过委托民间经营机构使用及自身使用，针对资产整体、每项资产等级及所有经营受托机构进行风险管理。

资产整体

基金根据经营受托机构的报告，确认资产整体的风险，就风险负担的程度进行分析与评价，并采取必要的措施。

每项资产等级

管理市场风险、流动性风险、信用风险等。

鉴于金融、资本市场的全球化、紧密化不断取得进展，也要关注政治风险（资产外国政府债务的风险）。

所有经营受托机构

基金向经营受托机构提供经营指针及基准，掌握各公司的风险负担，并进行管理以便基本资产组合的目标实现。

（2）确保现金流量

基金与年金特别会计的管理者（社会保险厅）之间密切交换信息，进行有效的现金管理。

（3）管理经营受托机构的信用风险等

基金除管理经营受托机构及资产管理机构的信用风险之外，还应注意经营受托机构的经营体制的变更及资产管理机构的管理方法的变更等。

（4）明确决策进程

基金为能够就养老公积金的管理经营上的重要事项迅速做出决策，在完善管理经营体制的同时，谋求明确决策进程。

经营方法及经营机构的选定与评价

经营方法

养老公积金是巨额资金，需要考虑到对市场的影响，它将长期促进市场发挥作用，因此，各资产等级都以被动经营为中心。而主动经营是利用了市场的不均衡，这一机会虽然存在但其规模绝不会太大，考虑到这一点，主动经营应限于有确切根据的情况。被动经营与主动经营的比率由基金根据各资产的特点决定。

经营受托机构的选定与评价

基金在明确经营受托机构的选定及评价基准的同时，完善关于经营受托机构的选用、资金分配及解约的规则。

分散面向市场的资金投入及回收

基金应考虑经营额的规模，努力避免遭受严重的市场冲击，并注意对市场价格形成等的影响，特别是在资金投入及回收时，努力避免集中在特定时期。

个别品种股的选择及股东表决权的行使的限制

基金考虑对企业经营等带来的影响，在股票经营上不选择个别品种。

行使股东表决权作为以资产收益为目的的股东来讲是理所当然的，但身为官方机构的基金行使直接表决权时，恐怕会让人担心国家对民间企业的经营造成影响，因此，基金不直接行使，而是由委托经营的民间经营机构进行判断。

这种情况下，基金在委托经营受托机构时，应表明表决权行使的目的在于谋求长远的股东利益的最大化。

基金应将关于股东表决权的以上考虑规定在"管理经营方针"中，并要求经营受托机构提交关于行使表决权的方针及行使状况的报告。而且，关于经营受托机构在企业出现反社会行为时的应对方针，基金也要求提交报告。

对同一企业发行品种的资产限制

从通过分散资产管理经营风险，排除误导该有价证券市场价格形成的可能性，排除官方资金对民间企业的影响的观点出发，基金就保有同一企业发行的有价证券设定以下限制。

（1）每个经营受托机构按照资产区分，使同一企业发行的有价证券占受托资产的比例在5%以下，超过这一限制时，向基金报告。

但是，在有合理的理由难以受到以上限制时，由基金研究对策。

（2）每个经营受托机构拥有的同一企业的股票应在该企业发行完毕的股票总数的5%以下。

金融派生商品的经营限制

关于经营金融派生商品，应限定以价格变动风险的套头交易、外汇资产经营中的汇价变动风险的套头交易及原资产的代替为目的，不以投机为目的进行经营。

年金资金运用基金关于养老金资金的管理及经营的评价的事项

养老公积金的经营评价的基本考虑

在公营养老金中，只要实际的资产收益得以维持，养老金财政就基本上不会受到影响，因此，就实际的资产收益进行经营评价。

基金的经营状况评价

经营结果根据所有资产的各个基准收益率进行评价。

而且，关于资产整体，对从基本资产组合与各资产的基准收益率中算出的复合市场收益率与经营结果进行比较。

关于各资产的基准，应采用合理的市场指标，其应满足以下条件：（1）接近市场的构成，（2）由投资的有价证券构成，（3）其指标的详细情况已公开等。

过渡期中的经营评价的注意点

过渡期中的养老公积金的经营评价应包括偿还期未到的既往的寄存部分及直接承兑的财政投融资债。

在年金资金运用基金的经营结果的评价中，应考虑到承兑财政投融资债的存在及伴随过渡而产生的市场冲击等的发生情况。

关于经营公积金的其他重要事项

随着义务寄存的废止采取的过渡性措施

1. 财政投融资债的承兑

养老公积金自 2001 年度开始历时 7 年由财政融资资金偿还给年金特别会计。另外，随着财政投融资制度改革的顺利进行，作为过渡性措施，法律规定由年金特别会计每年承兑一定的财政投融资债（国债）。

基金在这一期间以厚生劳动大臣寄存的养老金资金承兑上述财政投融资债，进行管理经营。

2. 承兑的财政投融资债的管理经营

财政投融资债是作为国债发行的债券，基本上在金融市场上进行经营。

但是，随着财政投融资改革，相当数量的国债可能流入市场，因此需要注意其市场交易不要搅乱债券市场。

因此，基金在管理经营财政投融资债之际，应考虑经济整体的状况、利息水准、市场状况等，就交易时期及数量等慎重判断。

3. 财政投融资债的经营评价

在养老公积金整体的自主经营的评价中，应明确财政投融资债的承兑对养老金财政产生的影响。

届时，已发行的国债及财政投融资改革将导致发行相当数量的财政投融资债，因此，鉴于市场状况，可以考虑将承兑的财政投融资债的一定部分保留到期满为止。关于出于这一目的而承兑的财政投融资债，应在明确区分的基础上，参照企业会计原则，决定以原价法（承兑价格与票面额之间存在差距时适用折旧原价法）进行经营评价及公开，作为参考信息，进行时价评价。

经营基本方针的修订

关于本基本方针，每年至少研究1次，在认为必要时，立即进行修订。

管理经营方针

（2001年4月1日制定）

（2005年3月29日最终修正）

年金资金运用基金（以下简称"基金"）是根据《年金资金运用基金法》（2000年法律第19号）第27条第（1）项（注）的规定，制定以下管理经营方针。基金应根据《厚生年金保险法》（1954年法律第115号）及《国民年金法》（1959年法律第141号）的规定，按照厚生劳动大臣制定的基本方针（以下称"基本方针"）及本管理经营方针实施管理经营业务。

注释：包括根据关于解散年金福利事业团及继承其业务等的法律（2000年法律第20号。以下称《年金福利事业团业务继承法》）第27条的规定同样适用的情况在内。

第一部分 关于管理及经营养老金资金的目标等的事项

基金为实现基本方针规定的经营目标，关于管理及经营厚生劳动大臣根据《厚生年金保险法》及《国民年金法》的规定寄存的资金及《年金福利事业团业务继承法》第6条规定的与继承资金经营账目有关的资产（以下称"养老金资金"）的目标，规定如下：

1. 管理及经营的目标

基金的目标是以通过厚生劳动大臣规定的关系到基金的政策性资产构成比例［仅限于该构成比例与第4条第（1）款的市场流动资金有关。以下称"基金资产组合"］确定的 5 年间每项资产的平均年率时间加权收益率［仅限于经营手续费扣除前的，与第 4 条第（1）款的市场流动资金有关的］确保基准（基金资产组合的基准请见附表）的收益率。

2. 明确责任体制

在经营养老金资金时，谋求明确责任体制，彻底履行受托者责任（遵守《年金资金运用基金法》规定的注意义务及忠实义务）。

3. 公开信息

关于基金经营的养老金资金，为取得国民的进一步理解与配合，应就基金进行管理及经营的内容、各年度的管理及经营实绩的状况（包括经营资产整体的状况、每项经营资产的状况及各经营机构的状况）等，积极进行信息公开。

4. 其他

（1）分别管理

基金在实施管理经营业务时，应分别管理在养老金资金中，根据部分修改的《国民年金法》等的法律（2000 年法律第 18 号）附则第 37 条第（1）项的规定，在承兑的公债（以下称"财政投融资债"）中，按照厚生劳动大臣指示应该保留至期满为止的资金与除此之外的资金（以下称"市场流动资金"）。

（2）共同经营

关系到《年金福利事业团业务继承法》第 6 条规定的继承资金经营账目的资产应与按照《厚生年金保险法》及《国民年金法》的规定由厚生劳动大臣寄存的资金共同管理与经营。

第二部分　关于管理经营养老金资金的资产构成与管理经营方法的事项

1. 资产构成

（1）基于基金资产组合的管理与经营

基金应遵照基金资产组合，管理与经营养老金资金。

（2）经营对象资产

以第 2 条第（1）款第①项第 A—C 目的方法经营时的经营对象资产为国内债券、国内股票、外国债券、外国股票及短期资产等传统的资产，以第 2 条第（1）款第①项第 C 目的方法经营时的经营对象资产限于国内债券及短期资产。但包括以各自资产为原资产的派生商品及债券的借贷（包括以有价证券信托的方法经营的借贷）。

而且，关于已经在经营受托机构（指第三部分第 1 条规定的经营受托机构）保有的带有新股预购权的公司债（限于具有以下条件的公司债，即不能分离转让新股预购权，公司债的发行价额与在行使新股预购权时应该支付的金额相同，在此基础上，行使新股预购权时，公司债务必被偿还，公司债的偿还额用作支付在行使新股预购权时应该支付的金额，下同）作为国内债券或者国内股票的替代资产，在到其被偿还的期间里，应该可以保有。

2. 管理及经营的方法

（1）市场流动资金

① 市场流动资金应按以下方法经营

A 面向信托公司（包括经营信托业务的银行，下同）的单独经营指定信托。

B 面向信托公司的特定经营信托。但限于根据与投资顾问业者的投资完全委托合同经营的信托。

C 人寿保险费的支付

D 自家经营

② 市场流动资金的基本经营方法。

市场流动资金以被动经营为中心，并逐渐提高被动经营的比例，根据各经营对象资产的特点，确定被动经营与主动经营的比例。并通过特化型经营，构成经营机构。

③ 市场流动资金的整个资产及每项资产的风险管理与资产构成比例的变更等。

市场流动资金的整个资产及每项资产的风险管理与资产构成比例的变更等如下进行。

A 每月掌握基于时价的资产构成比例的状况与整个资产及每项资产的跟踪误差、连续性等风险管理指标的状况。

B 基于时价的资产构成比例超出基本方针规定的容许偏离幅度（在第③项中称"容许偏离幅度"）偏离时，应进行资产构成比例的变更等以便将其控制在范围之内。在根据第 A 目的规定掌握的风险管理指标状况出现问题时也同样处理。

C 基金在基本方针规定的过渡期中，基金资产组合出现变更，向变更后的基金资产组合过渡时，为顺利向变更后的基金资产组合过渡，在过渡的年度中应设定资产构成比例的管理目标值。

D 基金在基金资产组合的容许偏离幅度的范围内另行设定距第 C 目中资产构成比例的管理目标值的偏离管理水准，并应在该水准的基础上，进行资产构成比例的变更等。

E 基金根据第 B 目及第 D 目的规定进行资产构成比例的变更等时，应注意与②中规定的市场流动资金的基本经营方法的整合性。

F 基金根据第 B 目及第 D 目的规定进行资产构成比例的变更等时，可以考虑市场的状况等。

（2）财政投融资债

基金遵照厚生劳动大臣指示的财政投融资债的偿还期的构成［"年限构成"］及保有到期为止的财政投融资债与不保有到期的财政投融资债的数额与种类，承兑财政投融资债，进行管理与经营。在评价保有到期为止的财政投融资债之际，根据原价法（承兑价格与票面额之间存在差距时以折旧原价法）进行基于账面价值的评价，关于不保有到期的财政投融资债，进行基于时价的评价。但关于保有到期为止的财政投融资债，为有助于养老金的合理管理，也应同时进行时价评价。

（3）与年金特别会计的现金流量的整合性

在设定短期资产数额及债券的年限构成时，应与厚生保险特别会计养老金账目的管理者（社会保险厅）之间密切交换信息，进行有效的现金管理。

第三部分　关于经营受托机构的管理事项

1. 基本事项

基金应要求经营受托机构［在以第二部分第 2 条第（1）款第①项第 A—C 目的方法经营时，管理及经营市场流动资金的信托公司、投资顾问业者或者人寿保险公司中，指第四部分第 1 条中规定的资产管理机构以外的机构，下同］提交关于每月末的资金的管理及经营状况［关系到特定经营信托的投资顾问业者为经营状况。在第一部分第 2 条第（4）款第①

项中也同样处理］的报告，或者随时要求其提交必要的资料，并就管理及经营状况定期与各经营受托机构举行会议，在这些报告等的基础上，向各经营受托机构做出必要的指示。

2. 经营指针

基金在以第二部分第 2 条第（1）款的方法进行经营时，应向各经营受托机构提出关于经营方法、经营目标数值、风险管理指标、基准及其他以下事项的经营指针，在管理其遵守状况的同时，向各经营受托机构做出必要的指示。

（1）关于各资产的事项

① 国内债券

A 投资对象是以日元为基准的债券。在被动经营时，应就债券的信用等级、息票、偿还日等的发行条件、流动性等进行充分的调查与分析，并在此基础上选择品种。

B 关于发行方、残存期间等，按照经营方法谋求合理的分散。经营受托机构应将以国债、地方债、法人根据特别法律发行的债券（金融债除外）以外的债券（包括作为同一企业发行的替代资产的带有新股预购权的公司债）向同一发行方发行的债券进行的投资控制在受基金委托经营的国内债券资产组合中的时价总额的 5% 以下，超出这一比例时向基金报告。

C 在取得国债、地方债、法人根据特别法律发行的债券（金融债除外）以外的债券时，应选择获得任一权威评级机构确定的 BBB 级以上评级的品种。

D 对于以 C 的债券取得后，任何权威评级机构的评级均未达到 BBB 级的债券，应注意发行方不履行债务的风险等，并在此基础上，采取出售等手段。

② 国内股票

A 投资对象为国内的各证券交易所、证券交易的场外市场公开发行的股票品种。而且，在主动经营的情况下，应就投资对象企业的经营内容、该品种的流动性等进行充分调查与分析，并在此基础上选择品种。

B 关于业种、品种等，按照经营方法，谋求合理的分散。经营受托机构应将对同一品种（包括作为同一企业发行的替代资产的带有新股预购权的公司债。第 B 目中提到的同一品种均是这个含义）的投资控制在受基金委托经营的国内股票投资组合中的时价总额的5%以下。但基于基准指标中的个别品种的时价的构成比例（在第④项中指"时价权"）超出这一限制时，在存在难以受到上述限制的合理原因时，不在此限。在对同一品种的投资超过5%时，向基金报告。

应将每个经营受托机构对同一企业发行的股票进行的投资控制在该企业已发行的股票总数的5%以下。

③ 外国债券

A 投资对象为以外币为基准的债券。而且，在主动经营的情况下，应充分调查政治及经济的稳定性、结算系统及税制等的市场特性，并在此基础上选定投资对象国及货币，同时就债券信用等级、息票及偿还日等发行条件、流动性等进行充分的调查与分析，并在此基础上选择品种。

B 关于发行方、残存期间等，按照经营方法谋求合理的分散。经营受托机构应将以国债以外的债券向同一发行体发行的债券进行的投资控制在受基金委托经营的外国债券资产组合中的时价总额的5%以下，超出这一比例时向基金报告。

C 应选择获得任一权威评级机构确定的BBB级以上评级的品种。

D 对于以第C目的债券取得后，任何权威评级机构的评级均未达到BBB级的债券，应注意发行方不履行债务的风险等，并在此基础上，采取出售等手段。

④ 外国股票

A 投资对象为外国的各证券交易所、证券交易的场外市场公开发行的以外币为基准的股票品种。而且，在主动经营的情况下，应充分调查政治及经济的稳定性、结算系统及税制等的市场特性，并在此基础上选择品种。但对直接购入原始股存在某种限制时，在有合理理由的情况下，容许对以这些为对象的寄存证券或者投资信托等进行投资。

B 关于投资对象国、货币、业种、品种等，按照经营方法，谋求合理的分散。经营受托机构应将对同一品种的投资控制在受基金委托经营的外国股票投资组合中的时价总额的5%以下。但基于基准指标中的个别品种的时价权超出这一限制时，在存在难以受到上述限制的合理原因时，不在此限。在对同一品种的投资超过5%时，向基金报告。

应将每个经营受托机构对同一企业发行的股票进行的投资控制在该企业已发行的股票总数的5%以下。

⑤ 短期资产

投资对象应为短期国债、政府短期证券、存款、商业证券、抵押性存款、短期贷款、附条件的债券交易、指定金钱信托受益权（共同经营一般程序）及人寿保险一般账目借贷。

（2）各项资产的共同事项

① 禁止交易等

A 不参加垄断收购等的投机活动。不进行旨在控制企业经营的投资。

B 不进行垫头购买、卖空等保证金交易。

C 避免因有价证券的频繁买卖导致交易费用增加，反而使整体的收益率下降。

② 派生的经营基准

A 利用目的的限制

限于用于以下目的：防止或者减轻保有的原资产的价格变动危险，防止或者减轻以外币为基准的资产经营中的汇率变动危险，临时性替代原资产的处分（在第 B 目中指"卖空套头"）或者临时性替代原资产的取得（在第 B 目中指"买空套头"），不进行投机目的的利用。但根据基金提出的经营方针的规定，受托机构可以利用套头交易目的以外的金融派生产品。

B 利用额的限制

卖空套头的情况下，使派生产品的设想资本在现保有或将保有的得以确定的原资产范围内，买空套头的情况下，使派生产品的设想资本在现保有或将保有的得以确定的富余资金的范围内。

③ 股东表决权行使的基准

A 在行使股东表决权时的基本考虑

股东表决权应由经营受托机构行使以便企业能够长远地为股东的利益最大化进行经营。

B 经营受托机构关于行使股东表决权的方针及掌握行使状况

经营受托机构应向基金提出关于行使股东表决权的方针。而且，在该方针中，经营受托机构必须明确记载在企业出现反社会行为时的对策。

经营受托机构每年度应向基金报告股东表决权的行使状况。

④ 关于买卖执行的事项

A　在进行有价证券的买卖执行时，应时刻考虑什么是最好的执行，从而使总交易费降到最低。

　　B　在进行有价证券的买卖交易时，应提前就以下事项向基金登记：买卖订购时的方针、体制；交易证券公司的选定及评价基准；关于订购买卖的基准；与母公司、母公司的下属或者己方公司的下属证券公司的交易的方针。

　　C　在进行有价证券的买卖交易时，在选定证券公司、选择交易方法等时，选择据认为最有利的条件。

　　D　关于"软美元"的事项

　　经营受托机构在买卖有价证券之际，原则上不应进行伴随着"软美元"（把与隶属买卖交易的各种调查、信息提供等有关的费用包括在买卖委托手续费中）的交易。但在确认最好执行得以确保的情况下，在存在合理的原因时，不在此限。在这种情况下，经营受托机构必须向基金报告。

　　⑤　关于风险管理体制、遵守等的事项

　　经营受托机构应努力完善风险检查机制、法令及经营方针的遵守等内部统一管理体制。

（3）资产管理上的注意点

　　①　被委托进行资产管理的经营受托机构应明确区分受托资产与自有资产，并进行管理，同时，在保管保有证券类，进行资金结算业务之时，须小心注意。在选择保管地时，须充分注意信用风险、事务管理能力、费用等。

　　②　随着基金进行的资产分配、经营方针的变更及合同解除等，需要销售资产时，经营受托机构应小心注意对市场的影响、交易费用等，尽全力使基金免受损失。

（4）报告等

　　①　经营受托机构应向基金提供关于每月末的资金管理与经营状况的报告。

　　②　出现违反各种法令、合同书或者经营方针等的行为时，经营受托机构应立即向基金报告，并遵照其指示。

　　3.经营佣金

（1）关于向经营受托机构支付的佣金，应比照经营成本做出合理判断。

（2）关于主动经营机构也可以考虑根据实绩型报酬，谋求提高经营成绩的方法。

第四部分　关于资产管理机构的管理事项

1. 基本事项

基金应要求资产管理机构（指接受其他经营机构的经营指示，专门针对市场经营资金进行资产管理的机构，下同）提交关于每月末的资金的管理状况的报告，或者要求其随时提交必要的资料，并就管理状况定期与各资产管理机构举行会议，在这些报告等的基础上，向各资产管理机构做出必要的指示。

2. 资产管理方针

基金委托资产管理机构进行资金管理时，应向各资产管理机构提出关于资产管理目标及以下其他事项的资产管理方针，管理其遵守情况，并向各资产管理机构做出必要的指示。

（1）与经营受托机构的合作

资产管理机构努力与就受托机构接受其经营指示的经营受托机构密切交换信息，在该经营受托机构要求提供关于资产管理的信息时，能够正确及迅速地提供。

（2）资产管理上的注意点

资产管理机构应明确区分受托资产与自有资产，并进行管理，同时，在保管保有证券类，进行资金结算业务之时，须小心注意。在选择再保管地时，须充分注意信用风险、事务管理能力、费用等。

（3）报告等

① 资产管理机构应向基金提供关于每月末的资金管理与经营状况的报告。

② 出现违反各种法令、合同书或者经营方针等的行为时，资产管理机构应立即向基金报告，并遵照其指示。

3. 资产管理佣金

关于向资产管理机构支付的资产管理佣金，应比照资产管理成本做出合理判断。

第五部分　关于评价养老金资金的管理与经营及选定经营受托机构的事项

1. 经营受托机构
（1）选定基准
基金在选定经营受托机构时，应按以下规定的基准及方法。
① 应满足最低限的要件
A 受托养老金资金的管理与经营须接受必要的授权等。
B 国内外的养老金经营资产余额在整个集团（指提出联结财务诸表的公司及其子公司及关联公司）中占据相当的规模。
C 在过去 5 年内，在资金经营方面未从事过明显的不正当行为。
D 进行经营与资产管理的经营受托机构从任一权威的评级机构取得 BBB 级以上的评级，而且，未从任何权威的评级机构获得 BB 以下的评级。
② 经营受托机构的采用
根据预定的投资方式的资金总额等，考虑包括投资佣金的评价在内的综合评价，采用认为经营能力强的经营机构。
（2）部分回收及节约基准
① 与选定基准变得不一致时
经营受托机构不能满足第（1）款第①项的要件时，与其解约。但在从任一权威的评级机构得到 BB 级以下评级的信托公司采取了旨在确保基金资产的措施时，不要立即与该信托公司解约。
② 根据综合评价重新评估经营受托机构
A 原则上每 3 年对经营受托机构进行重新评估，符合以下规定的经营受托机构将被解约。
·被动经营机构
在综合评价中被判定"难以继续"的经营受托机构将被解约。
·主动经营机构
在进行综合评价的同时，根据第（1）款选定新的经营受托机构，把符合综合评价相同、采取投资方式的经营受托机构的下位 1/4 的经营受托机构与选定对象的新受托经营机构进行比较，其结果，经营能力低的经营受托机构被解约。

B 在定期评估以外的年度进行部分回收

在主动投资机构中，关于综合评价符合下位 1/4 的（经营期间未满 3 年的经营受托机构除外），每季度回收相当于该经营受托机构受基金委托的 10% 的资金的额度（第 A 目中规定的关系到定期重新评估的年度除外）。

③ 因 CIO 变更等导致经营能力出现问题时

因经营机构的 CIO 变更等，该经营受托机构的经营能力出现问题时，应对该经营机构发出警告，部分回收该经营机构受基金委托的资金，或者与该经营受托机构解约。

④ 出现违反经营方针的情况等

经营受托机构违反基金向该经营受托机构提出的经营方针时，对该经营受托机构发出警告，部分回收该经营受托机构受基金委托的资金，或者与该经营受托机构解约。

⑤ 管理及经营上需要时

管理及经营上需要时，可以部分回收该经营受托机构受基金委托的资金，或者与该经营受托机构解约。

（3） 分配基准

① 被动经营机构

在采用应该根据第二部分第 2 条第 (1) 款第③项分配的投资方式的经营受托机构中，应向综合评价为一定水准的经营受托机构分配资金，但对于经营期间未满 3 年的经营受托机构，可以不依据此项分配资金。

② 主动经营机构

在采用应该根据第二部分第 2 条第 (1) 款第③项分配的投资方式的经营受托机构中，应向综合评价符合上位 1/2 的经营受托机构分配资金。但对于经营期间未满 3 年的经营受托机构，可以不依据此项分配资金。

（4） 合并等的情况

经营受托机构出现合并等情况时，根据该经营受托机构的经营能力的评价、组织体制的变更状况等，可以部分回收该经营受托机构受基金委托的资金，与该经营受托机构解约，或者向该经营受托机构分配资金。

2. 资产管理机构

（1）选定基准

基金在选定资产管理机构时应按以下规定的基准及方法。

① 应该满足最低限的要件

A 受托资产管理须接受必要的授权等。

B 国内外的资产管理余额在整个集团（指提出联结财务诸表的公司及其子公司及关联公司）中占据相当的规模。

C 在过去 5 年内，在资金管理业务方面未从事过明显不正当的行为。

D 进行资产管理的经营受托机构从任一权威的评级机构取得 BBB 级以上的评级，而且，未从任何权威的评级机构获得 BB 级以下的评级。

② 资产管理机构的采用

考虑包括资产管理佣金的评价在内的综合评价，采用认为能够合理管理资产的资产管理机构。

（2）部分回收及解约基准

① 与选定基准变得不一致时

资产管理机构不能满足第（1）款第①项的要件时，与其解约。

② 根据综合评价重新评估资产管理机构

进行资产管理机构的综合评价，其中被判定"难以继续"的资产管理机构将被解约，只与除此之外的资产管理结构继续业务。

③ 因资产管理人的变更等导致资产管理能力出现问题时

因资产管理机构的资产管理者的变更等，该资产管理机构的资产管理能力出现问题时，应对该资产管理机构发出警告，部分回收该资产管理机构受基金委托的资金，或者与该资产管理机构解约。

④ 出现违反资产管理方针的情况等

资产管理机构违反基金向该资产管理机构提出的资产管理方针时，对该资产管理机构发出警告，部分回收该资产管理机构受基金委托的资金，或者与该资产管理机构解约。

⑤ 管理经营上需要时

管理经营上需要时，可以部分回收该资产管理机构受基金委托的资金，或者与该资产管理机构解约。

（3）合并等的情况

资产管理机构出现合并等情况时,根据该资产管理机构的资产管理能力的评价、组织体制的变更状况等,可以部分回收该资产管理机构受基金委托的资金,与该资产管理机构解约,或者向该资产管理机构分配资金。

(4) 采用后无实绩的情况

根据第(1)款第②项的规定被采用的资产管理机构连续3年没有从基金中受托资金的实绩时,可以放弃采用该资产管理机构。

3. 综合评价的方法

(1) 关于经营受托机构的选定基准、部分回收及解约基准与分配基准中的综合评价按以下进行:

① 选定基准中的综合评价

根据经营的实绩,以下列评价项目及经营佣金的评价进行综合评价。

·投资方针

投资方针是否符合基金的方针,并且是否明确。

·经营进程

附加值的追求方法(被动经营机构考虑通过总交易费用的最小化等确保收益,尽可能追随基准的方法。主动经营机构则为超额收益的追求方法)是否合理,是否存在有效证明。

·组织、人才

投资方针是否在组织中被彻底贯彻。决策流程及责任所在是否明确。而且,具有经验的经理是否被充分任用。

·风险管理及遵守

风险管理体制是否被确立。客观上是否认识存在的风险,是否掌握市场的偏离度。

关于风险管理及法令等的遵守的内部统一管理体制是否完善。

·股东表决权行使的措施

国内股票及外国股票的经营机构是否合理地采取了股东表决权行使等的措施以便企业能够长远地为股东利益最大化进行经营。

·事务处理体制

报告经营业绩的体制等是否充分完善。

②部分回收及解约基准及分配基准中的综合评价

部分回收及解约基准及分配基准中的综合评价的评价项目如下:

A 被动经营机构

・定量评价

采用 5 年间通期（经营受托机构的经营期间未满 5 年时，自开始评价以来）的年率时间加权收益率（经营佣金扣除前的），算出超额收益率及跟踪误差，进行定量评价。

・定性评价

根据之前实施的意见听取，对经营受托机构进行定性评价。定性评价的项目为第①项中规定的项目。

B　主动经营机构

・定量评价与定性评价的比重

综合评价中的定量评价与定性评价的比重为 1 比 1。

・定量评价

采用 5 年间通期（经营受托机构的经营期间未满 5 年时，自开始评价以来）的年率时间加权收益率（经营佣金扣除前的），算出超额收益率及信息率，进行定量评价。

・定性评价

根据之前实施的意见听取，对经营受托机构进行定性评价。定性评价的项目为第①项中规定的项目。

(2) 资产管理机构

资产管理机构的选定基准及解约基准中的综合评价的评价项目如下。而且，选定基准中的综合评价包括资产管理佣金的评价。

・组织、人才

经营方针明确，可以对资产管理业务进行充分的资本投资，进行相当规模的资产管理，同时，是否具备能够提供有效且多种服务的组织体制。

是否拥有培养精通资产管理业务的职员，在必要部门量才适用的人事体制。

・业务体制

是否建立了有效的经营体制，从事了迅速、安全及准确的业务。

・监察

内部检察及外部监察体制是否完善。

・资产管理系统

是否具备旨在进行资产管理业务的充分体制。是否进行能够应对系统的维护与改善的充分的设备投资。

・全球监督

全球监督的选定是否合理,而且能否继续进行合理的管理。交割、结算、信息提供机能是否充实。

第六部分 关于自家经营的事项

1. 自家经营的作用

为有助于养老金资金的有效经营,基金自己对养老金的一部分进行经营与管理。在实施这一经营及管理之际,除努力有效经营与自家经营有关的资产本身之外,为确保必要的流动性,自家经营应承担以下作用。

(1) 管理及经营财政投融资债。

(2) 管理及经营国内债券的核心被动基金。

(3) 确保支付交纳金等所需的清偿能力。

2. 经营基本方针

基金为发挥1中规定的作用设立以下基金,进行自家经营。

(1) 财政投融资基金

以管理及经营应该保有到期为止的财政投融资债为目的,以第二部分第2条第(2)款中规定的方法进行管理与经营。

(2) 国内债券被动基金

作为国内债券的核心被动基金,以有助于有效经营养老金资金为目的,尽可能低地控制来自于基准的跟踪错误,进行被动经营。

(3) 资金管理基金

以确保交纳金等的支付所需的清偿能力为目的,旨在安全、有效地经营短期资产。

3. 客户选定等的基准

基金在选定作为与自家经营有关的有价证券买卖的客户的证券公司、作为短期资产的经营方的银行及作为证券公司与经营有价证券信托方的信托公司(以下称"客户")时,按照以下规定的基准及方法。

(1) 客户的选定

① 应该满足最低限的要件

A 为进行关系到自家经营的交易,接受必要的业务授权等。

B 在市场交易中具有充分的实绩。

C 在过去 5 年内，未从事过明显不正当的行为。

D 进行短期资产经营及经营有价证券信托的客户从任一权威的评级机构取得 BBB 级以上的评级，而且，未从任何权威的评级机构获得 BB 级以下的评级。

② 客户的采用

在考虑综合评价的基础上，采用客户。

（2）客户的评价

从最佳执行的观点出发，定期就客户的交易执行能力、事务处理能力等进行综合性评价，并在此基础上进行有效的交易。

4. 遵守事项等

适用第三部分第 2 条的规定。

5. 自家经营的评价

关于自家经营的评价，基金自己进行与经营受托机构同样基准的比较评价、与经营受托机构的相对评价、考虑其作用的综合性评价。

第七部分 其他关于运营管理经营业务的重要事项

1. 管理、经营体制

下列事项由理事会审议决定。

（1）管理经营方针的制定、重新研究及变更。

（2）下列事项及根据《年金资金运用基金法》必须获得厚生劳动大臣的授权或批准的其他事项。

A 业务方法书的制作与变更。

B 制裁规程的制作及变更。

C 每事业年度的预算、事业计划及资金计划的制作及变更。

D 每事业年度的财产目录、借贷对照表及损益表的制作及变更。

（3）关于运营下列管理经营业务的重要事项。

A 与经营受托机构、资产管理机构及自家经营有关的客户的选定及解约。

B 养老金资金的分配及回收。

C 每事业年度的业务概况书的制作。

（4）需要理事会批准的其他事项

2. 管理经营的自我评价与记录保留

（1）在实施养老金的管理经营业务时，应根据周密的调查及分析掌握合理且充分的依据，在每事业年度的结束后进行自我评价。

（2）在一定期间内，努力保留证明第（1）款的适当记录。

3. 其他

除基本方针变更时之外，本管理经营方针每年至少进行 1 次重新研究，在认为必要时，予以变更。

（附表）与基金资产组合中的各经营对象资产有关的基准。

· 国内债券 NOMUA-BPI 综合（BOND·PERFORMANCE·INDEX）。
· 国内股票 TOPIX（包括股息）。
· 外国债券花旗集团世界国债指数（日本除外、日元换算、套头交易无）。
· 外国股票 MSCI·KOKUSAI（日元换算、包括股息、GROSS）。
· 短期资产 TB 证券回购 1 个月。

附则：

根据经营受托机构构成的重新评估采用经营机构或者与其解约时，在从评估开始至实施基于 1 年以后的年度实绩的综合评价的期间，不适用第五部分第 1 条第（2）款第②项第 B 目的规定，而且，尽管存在第（3）款第②项的规定，也可以向经营受托机构分配资金。

《国民年金法》
（韩国）

　　本法经1986年12月31日第3902号法令全面修正后，又先后经1989年3月31日第4110号法令，1993年3月6日第4541号法令，1995年1月5日第4909号法令，1995年8月4日第4971号法令，1997年12月13日第5453号法令，1997年12月13日第5454号法令，1998年12月31日第5623号法令，1999年5月24日第5982号法令，1999年9月7日第6027号法令，2000年1月12日第6124号法令，2000年1月12日第6164号法令，2000年12月23日第6286号法令，2005年1月27日第7347号法令，2005年8月4日第7655号法令修正。

第一章 总则

第一条 立法目的

本法的立法目的在于通过对公民在年老、残疾或死亡时支付待遇以促进民生稳定和公众福利。

第二条 管辖权

本法的国家年金服务应由保健福利部管辖(本条文由 1997 年 12 月 13 日第 5454 号法令修正)。

第三条 定义

(一)本法所称的(本条文由 1989 年 3 月 31 日第 4110 号法令,1995 年 1 月 5 日第 4909 号法令,1998 年 12 月 31 日第 5623 号法令,2000 年 12 月 23 日第 6286 号法令修正)。

1. "雇员"是指在工作单位完成工作,以及不论工作的种类,能从中获得工资的自然人(包括董事或法人的其他人员)。但是,总统令规定应排除在外的除外。

2. "雇主"是指企业的所有者或对企业管理负有责任者。

3. "收入"是指通过提供指定期间的服务,或经营业务和资产等获得的收入。在该种情况下收入的范围应由总统令规定,它取决于参保者(以下简称"参保者")所参保的国民年金的种类的不同。

4. "月平均收入额"是指所有工作单位参保者和地区参保者的每月收入的年平均价值标准。

5. "标准月收入额"指为计算年金保费和待遇,根据总统令规定在上年的每月收入额的基础上确定的待遇额。

6. "工作单位参保者"是指根据第八条规定,受雇于工作单位且在该工作单位参保国民年金保险的雇员。

7. "地区参保者"是指不属于工作单位参保者,但根据第十条规定由国民年金保险予以保障的。

8. "自愿参保者"指工作单位参保者和地区参保者以外的,根据第十条之二规定参加国民年金保险者。

9. "自愿接续参保者"指根据第十三条第(一)款规定对国民年金的缴费期不少于 20 年的参保者。

10. "保费"是指为国民年金服务的必要，由工作单位参保者缴纳的费用和相关费用的总和。若为地区参保者、自愿参保者和自愿接续参保者，则金额由个人缴纳。

11. "责任"是指工作单位参保者的雇主所承担的金额。

12. "分担费用"是指工作单位参保者所承担的金额。

13. "工作单位"是指雇员被雇用的工作场所和办公室。

（二）在本法的适用中，"配偶、丈夫或妻子"包括有事实婚姻关系者。

（三）本法将虽未出生但生活依赖于参保者的胎儿视为生活依赖于参保者的已出生的子女。

第四条 国民年金基金的会计财务的平衡和待遇调整

（一）待遇标准和保费标准应做相应调整，以便实现年金的长期财务平衡。

（二）保健福利部应根据总统令规定的条件，每五年制订年金财务平衡的一项全面规划，描绘蓝图，调整保费，运作基金，提交请求国务院和国民议会审议批准的规划并在由总统令规定的条件下公布相关内容。

（三）待遇标准应根据生活水准、收入、价格水平的大幅度变化以及其他经济情况的变化加以调整。（本条文由1998年12月31日第5623号法令修正）

第五条 国民年金审议委员会

（一）为审议有关国民年金的下列事项，国民年金审议委员会应设在保健福利部：

1. 制度和国民年金财务核算事宜。
2. 福利事宜。
3. 保费事宜。
4. 基本年金的金额事宜。
5. 由保健福利部提出的国民年金的运作事宜。

（二）国民年金审议委员会的成员应包括理事长、副理事长和其他成员。理事长应由保健福利部长担任，副理事长应在代表公众利益的成员之间选举产生，其他成员为：

1. 由雇主组织推荐的4名雇主代表。
2. 由雇员组织推荐的4名雇员代表。

3. 地区参保者的代表包括：（1）由农业和渔业组织推荐的两名成员；（2）由除农业和渔业组织之外的自我管理的机构推荐的两名成员；（3）由民间组织和消费者组织推荐的两名成员。

4. 由国民年金组织的专家推荐的代表公众利益的5名成员。

（三）国民年金审议委员会的运作和必要事项应由总统令加以规定。（本条文由1998年12月31日第5623号法令修正）

第二章　国民年金的参保者

第六条　参保者

所有在韩国居住的年龄不小于18岁但未满60岁的公民都应成为国民年金的参保者。但是，由《公务员年金法》《退伍军人年金法》和《私立学校教职员年金法》保障的政府官员、军事人员和私立学校的教职员，以及经总统令规定的其他人应被排除在外。（本条文由2000年1月12日第6124号法令修正）

第七条　参保者分类

参保者应分为工作单位参保者、地区参保者、自愿参保者、自愿接续参保者。［本条文由1995年1月5日第4909号法令修正］

第八条　工作单位参保者

（一）在按照总统令规定的企业类型和雇员人数的基础上，在工作单位（以下同样适用于"强制适用的工作单位"）雇佣的年龄不小于18岁但未满60岁的雇员和雇主等，应强制成为工作单位参保者，但下列情形除外：

1. 根据《公务员年金法》《私立学校教职员年金法》或《特别邮政法》规定的退休年金、残疾年金或一次性返还金的受益人；或根据《退伍军人年金法》规定的伤员退休金、退伍军人退休金或一次性返还金的受益人（以下简称年金等的"受益人"）。

2.《基础生活保障法》规定的受益人。

（二）虽不属于本条第（一）款所提到的强制适用的工作单位的工作单位，但经根据第二十二条规定所设立的国民年金管理公团并经在工作单位年龄不小于18岁但未满60岁的2/3以上的雇员的同意，可以向保健福利部提出申请。在上述工作单位（以下简称为"特许适用的工作单位"）

中的年龄不小于18岁且小于60岁的雇员和雇主（不包括退休抚恤金的受益人等），即有可能成为工作单位参保者。在退出的情况下，同样也应适用。（本条文由1989年3月31日第4909号法令，1997年12月13日第5454号法令，1998年12月31日第5623号法令修正）

（三）除了本条的第（一）款、第（二）款和第六条规定外，雇员未满18岁，但受雇于已参保国民年金的工作单位，自愿参保并取得雇主的同意，即有可能成为工作单位参保者。（本条文由1995年1月5日第4909号法令修正）

第八条第（一）款主要条款规定的强制适用的工作单位如不能满足相关标准，可适用于第八条第（二）款规定的工作单位。

第九条　拟制适用

第十条　地区参保者

不属于第八条规定的工作单位参保者，但年龄不小于18岁但未满60岁，应强制成为地区参保者。但是，下列情形除外。

1. 属于以下情形，并且没有独立的收入来源者的配偶：

（1）第六条但书规定的应排除在外的国民年金的参保者；

（2）第十三条第（一）款规定的工作单位参保者、地区参保者、自愿参保者、自愿接续参保者；

（3）特别邮局的工作人员；

（4）年金和退休金等的受益人。

2. 退休年金等的受益人。

3. 年龄不小于18岁但未满27岁以及因该人为学生、军人或其他类似的地位而没有收入者（不包括缴纳保费者）。

4.《基础生活保障法》的受益人。

（本条文由1998年12月31日第5623号法令修正）

第十条之二　自愿参保者

（一）不属于下列各款所规定的情形，但是年龄不小于18岁但未满60岁，自愿向国民年金管理公团提出申请，并且符合保健福利部条例规定的条件，即有可能成为自愿参保者：

1. 第八条规定的工作单位参保者。

2. 第十条规定的地区参保者。

（二）自愿参保者可根据保健福利部条例规定的条件自愿撤回向国民

年金管理公团提出的申请。（本条文由 1997 年 12 月 13 日第 5454 号法令修正）

（本条文由 1995 年 1 月 5 日第 4909 号法令新增）

第十一条　参保者资格享有的期限

（一）自下列款项出现之日起，应准予获得工作单位参保者的资格：（本条文由 1989 年 3 月 31 日第 4110 号法令、2000 年 12 月 23 日第 6286 号法令修正）

1. 受雇于第八条第（一）款主句或第八条第（二）款前半部分规定的工作单位，或成为该工作单位的雇主。

2. 受雇的工作单位成为第八条第（一）款规定的强制适用的工作单位。

3. 根据第八条第（二）款前部分规定的申请被接受。

（二）第十条规定，自下列款项出现之日起，应准予获得地区参保者的资格：（本条文由 1998 年 12 月 31 日第 5623 号法令、2000 年 12 月 23 日第 6286 号法令修正）

1. 丧失工作单位参保者的资格。

2. 不属于第六条的但书规定的应被排除在外的国民年金的参保者。

3. 属于第十条第（一）款规定的有独立收入的配偶。

4. 属于年龄不小于 18 岁但未满 60 岁，有独立收入者。

（三）根据第十条之二第（一）款规定，在申请被接受当日，应授予其自愿参保者的资格。（本条文由 1995 年 1 月 5 日第 4909 号法令新增）

第十二条　参保者资格丧失的时间

（一）工作单位参保者将自下列款项规定的情形出现之日起丧失其资格：（本条文由 1989 年 3 月 31 日第 4110 号法令、2000 年 12 月 23 日第 6286 号法令修正）

1. 死亡。

2. 丧失国籍或移居到外国。

3. 雇佣合同终止。

4. 根据第八条第（二）款接受申请后部分撤回。

5. 年满 60 岁。

6. 属于根据第六条但书规定的排除在外的国民年金参保者。

（二）地区参保者将自下列款项规定的情形出现之日起丧失其资格：

(本条文由 1989 年 3 月 31 日第 4110 号法令、1995 年 1 月 5 日第 4909 号法令、1998 年 12 月 31 日第 5623 号法令、2000 年 12 月 23 日第 6286 号法令修正)

1. 死亡。

2. 丧失国籍或移居到外国。

3. 无作为根据第六条但书规定的国民年金参保者的资格。

4. 获得工作单位参保者的资格。

5. 第十条规定的第一配偶且无独立的收入来源。

6. （本条文由 2000 年 12 月 23 日第 6286 号法令删除）。

7. 年满 60 岁。

（三）自愿参保者将自下列款项规定的情形出现之日起丧失其资格：（本条文由 1995 年 1 月 5 日第 4909 号法令、1998 年 12 月 31 日第 5623 号法令、2000 年 12 月 23 日第 6286 号法令新增）

1. 死亡。

2. 丧失国籍或移居到外国。

3. 根据第十条之二第（二）款规定退出申请被接受。

4. 年满 60 岁。

5. 保费在总统令确定的期限内无正当理由连续拖欠。

6. 获得工作单位参保者或地区参保者的资格。

7. 无第六条但书规定的国民年金参保者的资格。

第十三条　自愿接续参保者

（一）不符合根据保健福利部条例规定条件向国民年金管理公团提出申请的情形，从而不能成为自愿参保者的情况下，只要该人不属于第六条规定的年满六十岁的情形，即有可能成为自愿接续参保者。当符合下列款项规定的情形所提出的申请被接受后，应授予其自愿接续参保者的资格：（本条文由 2000 年 12 月 23 日第 6286 号法令修正）

1. 年满 60 岁并且其参保年限不到 20 年的。

2. 属于在总统令所规定的职业种类中工作的雇员（以下简称"在特殊的职业种类中工作的雇员"）和根据本法第五十六条第（二）款和第（三）款以及《国家福利年金法修正案》（第 3902 号法令）第五条规定支付年金者。

（二）如自愿接续参保者根据保健福利部条例所规定的条件向国民年

金管理公团提出申请的,可放弃参保者资格。(本条文由 1989 年 3 月 31 日第 4110 号法令、1997 年 12 月 13 日第 5454 号法令修正)

(三) 自愿接续参保者将自下列款项规定的情形出现之日起丧失其资格:(本条文由 1989 年 3 月 31 日第 4110 号法令、1995 年 1 月 5 日第 4909 号法令、2000 年 12 月 23 日第 6286 号法令修正)

1. 死亡。

2. 丧失国籍或移居到外国。

3. 根据第(二)款规定的申请被接受。

4. (本条文由 2000 年 12 月 23 日第 6286 号法令删除)。

5. 在总统令确定的期间内连续拖欠保费。

第十四条 资格确认

(一) 国民年金管理公团应对参保者资格的取得和丧失加以确认。(本条文由 1989 年 3 月 31 日第 4110 号法令修正)

(二) 根据第(一)款规定,国民年金管理公团授予或取消参保者由第十一条、第十三条所规定的具有法律效力的资格。(本条文由 1989 年 3 月 31 日第 4110 号法令新增)

(三) 根据第(一)款规定,确认须根据参保者的请求、公告或第十九条规定的官方机构的决定做出。

(四) 参保者有权根据由保健福利部条例规定的条件申请参保者资格的取得、丧失和参保者类型的改变的确认。(本条文由 1997 年 12 月 13 日第 5454 号法令修正)

第十五条 推定死亡

由于在船只或飞机上发生事故,其生死不明或者由于其他原因下落不明,应根据由总统令规定的条件推定死亡。

第十六条 参保者证明

(一) 国民年金管理公团在支付国民年金时,应颁发参保者领取国民年金待遇的证明。

(二) 第(一)款规定的证明颁发的必要事项应根据保健福利部条例做出。(本条文由 1997 年 12 月 13 日第 5454 号法令修正)

第十七条 国民年金缴费期计算

(一) 国民年金缴费期(以下简称"缴费期")应按月计算,期限从包括获取参保者资格的前一天的本月开始,到丧失资格的前一个月为止。

但是，如参保者在包含其丧失资格前一天的月份内重新获得资格的，则该月份不得重复计算。（本条文由1995年1月5日第4909号法令、1998年12月31日第5623号法令修正）

（二）在计算缴费期的过程中，未缴纳保费的月份不得计算。但是，如雇主已从工作单位参保者的收入中扣除相关费用但并未支付保费，则未付期的一半应算作缴费期。在该种情况下，不到一个月，应被视为一个月。（本条文由1995年1月5日第4909号法令、1998年12月31日第5623号法令修正）

（三）雇主拖欠工作单位参保者的保费而由国民年金管理公团催促缴纳的，由于通知期内雇主仍拖欠保费，故不适用第（二）款的规定，而应根据保健福利部条例的规定，通知期不得算作缴费期间。在这种情况下，工作单位参保者可在第七十七条第（一）款的规定之外，根据总统令规定的条件支付国民年金管理公团的费用。（本条文由1998年12月31日第5623号法令、2000年12月23日第6286号法令新增）

第十八条　缴费期的相加

（一）参保者丧失资格后重新获得相关资格，前者和后者缴费期应相加。

（二）如参保者的分类发生改变，该人的缴费期为每一类缴费期相加之和。

第十九条　报告

（一）工作单位参保者的雇主应根据保健福利部条例的规定向国民年金管理公团报告有关事实，例如作为自然适用的工作单位的地位的改变、账户更改与注销、资格的取得和丧失、参保者的每月收入以及其他类似事项。（本条文由1995年1月5日第4909号法令、1997年12月13日第5454号法令、1998年12月31日第5623号法令修正）

（二）地区参保者、自愿参保者、自愿接续参保者应根据保健福利部条例的规定向国民年金管理公团报告有关事实，例如资格的取得和丧失、姓名或地址的变化、收入以及其他类似事项。（本条文由1995年1月5日第4909号法令、1997年12月13日第5454号法令修正）

（三）如地区参保者、自愿参保者或自愿接续参保者由于不可避免的原因不能根据第（二）款规定做报告时，其配偶或其他家庭成员可以代做报告。（本条文由1995年1月5日第4909号法令修正）

第二十条 对报告人的通知

(一)国民年金管理公团应根据第十九条规定在收到报告时确认其内容,如认为该报告的细节与事实不符,应当通知报告人。

(二)第二十一条第(三)款规定,同样适用于第(一)款所提到的通知。

第二十一条 对参保者的通知

(一)当根据第十四条规定工作单位参保者的资格被授予或取消时,或标准月收入额确定或修改时,国民年金管理公团应通知工作单位的雇主。当地区参保者、自愿参保者或自愿接续参保者的资格被授予或取消时,或标准月收入额确定或修改时,国民年金管理公团也应通知地区参保者、自愿参保者或自愿接续参保者。(本条文由1995年1月5日第4909号法令修正)

(二)第(一)款所述收到通知的雇主,应通知工作单位参保者或丧失工作单位参保者资格者,但如被通知人的地址是虚假的或地址不清,该雇主必须向国民年金管理公团汇报。

(三)国民年金管理公团在下列情况下,可无须做出通知,而以做出保健福利部条例规定的公告作为代替:(本条文由1995年1月5日第4909号法令、1997年12月13日第5454号法令修正)

1. 工作单位关闭。

2. 第(一)款所述地区参保者、自愿参保者或自愿接续参保者收到通知的地址模糊不清。

3. 根据第(二)款后半部分规定已从雇主处收到通知。

4. 总统令规定的不可抗力情况下不做通知的情形。

(本条文由1997年12月13日第5454号法令修正)

第三章 国民年金管理公团

第二十二条 国民年金管理公团的设立

为了有效地履行相关服务,实现第一条规定的立法目的,保健福利部批准设立国民年金管理公团(以下简称"公团")。

第二十三条 公团职责

公团须履行下列职责:(本条文由1995年1月5日第4909号法令、

1997 年 12 月 13 日第 5454 号法令、1998 年 12 月 31 日第 5623 号法令修正）

1. 管理参保者的相关记录。

2. 收取保费。

3. 决策和分配待遇。

4. 借贷资金，以及为参保者、以前的参保者和根据第四十六条规定的年金领取者建设和管理福利设施。

5. 为增加参保者和原参保者的资金而进行的贷款事务。

6. 由保健福利部规定的有关国家年金服务的其他事项。

第二十四条　法人人格

公团应为法人。

第二十五条　住所

（一）公团的主要办公地点应在公团章程中规定。

（二）公团可以在必要情况下按章程规定的条件设立分支机构。（本条文由 1998 年 12 月 31 日第 5623 号法令修正）

第二十六条　公团章程

（一）公团章程应当包括下列事项：（本条文由 1998 年 12 月 31 日第 5623 号法令修正）

1. 经营范围。

2. 名称。

3. 主要和分支机构。

4. 管理人员和雇员。

5. 理事会。

6. 有关业务。

7. 预算和结算。

8. 资产和会计。

9. 公团章程的修改。

10. 公团管理和规定的制定、修改和废除。

11. 公告。

（二）当公团修改章程时，应当征得保健福利部的批准。（本条文由 1997 年 12 月 13 日第 5454 号法令修正）

第二十七条　设立登记

公团应在其主要办公场所所在地进行设立登记。

第二十八条　公团组成

（一）公团应包括1名理事长、3名以下执行理事、7名理事和审计师，其中理事应包括一个以上雇主、雇员和地方保险人的代表，同时由主管保健福利部国民年金服务的三级或三级以上的公务员作为法定理事。（本条文由1998年12月31日第5623号法令修正）

（二）理事长须根据保健福利部的推荐由总统任免，执行理事、理事（不包括法定理事）及审计师须根据理事长的推荐由保健福利部任免。（本条文由1997年12月13日第5454号法令、1998年12月31日第5623号法令修正）

（三）理事不得收取酬金；但是，此项规定不适用于实际费用的开支。

第二十八条之二　基金理事

（一）从事有关国民年金基金的管理和运作事项的理事（以下简称"基金理事"）应从具有广泛的工商管理和经济知识和经验者中提名。

（二）提名基金理事的提名委员会（以下简称"提名委员会"）应在理事会内设立，并且应包括理事长及公团的理事。

（三）提名委员会应当在主要报纸公开对基金理事的申请人发出邀请，可以独立或委托专业机构挑选完全合格的候选人。

（四）提名委员会应按照保健福利部条例规定的条件以及基金理事候选人的标准，对接受第（三）款所述条件的申请人进行审议，并就有关合同的条款与潜在候选人进行协商。

（五）理事会理事长应根据第（四）款审议和协商的结果，对基金理事的候选人向保健福利部提出建议，并同时提交一份合同草案。

（六）保健福利部批准基金理事候选人的建议草案后，应根据第（五）款所述的合同草案由公团理事长缔结与基金理事候选人的合同。

（七）根据第（五）款所述基金理事候选人建议和合同草案的提交，以及根据第（六）款所述完成批准后，执行理事的建议和任命根据第28条第（二）款的规定应被视为缔结。

（八）有关基金理事的任职资格、合同草案的咨询，以及合同的建议和订立的事项应由保健福利部条例规定。（本条文由1998年12月31日第

5623 号法令新增）

第二十九条　管理人员任期

管理人员的任期为 3 年。但是，法定理事的任期应为其具有法定理事地位的存续期间，基金理事的任期应为合同规定的期限。（本条文由 1998 年 12 月 31 日第 5623 号法令修正）

第三十条　管理人员的职责

（一）理事长应代表公团，并管理公团的事务。

（二）执行理事应根据公团章程规定对部分公团事务负责，当理事长由于意外原因无法履行职责时，应根据公团章程规定代为履行。

（三）审计师须审计和检查账目、执行职务的情况以及公团的财产情况。（本条文由 1995 年 1 月 5 日第 4909 号法令新增）

第三十条之二　法人代表的任命

理事长可按公团章程规定从员工中委任一名代表，使其拥有执行所有有关公团事务的司法或司法外的行为的权力。

第三十一条　管理人员的不适合情形

不属于下列各款所述情形的，可成为公团管理人员：

1. 不称职或部分不称职。

2. 已被宣布破产，尚未恢复。

3. 被判刑（不包括监狱劳动或稍重处罚），以及判决终止执行或不执行其决定未超过 3 年者。

4. 由法令或法院判决暂停或丧失其资格。

第三十二条　法定理事的退休和管理人员的罢免

（一）属于第三十一条规定的管理人员，应当自动退休。

（二）如管理人员属于以下情形，有权任命和罢免该人者可以解雇该人：（本条文由 1998 年 12 月 31 日第 5623 号法令修正）

1. 被认为由于身体或精神残疾而不能履行其职责。

2. 违反了作为一个军官的职责。

3. 由于故意或部分疏忽造成了公团的损失。

4. 基金理事出现根据合同条款和第二十八条之二第（六）款规定与理事长之间应解雇的情形。

第三十三条　对管理人员和雇员控股的限制

理事长、执行理事、审计师和公团员工，不得从事营利性业务，理事长、执行理事和审计人员未经保健福利部许可,以及员工未经理事长批准不得同时受雇于另一家公团。(本条文由1997年12月13日第5454号法令修正)

第三十四条 理事会

(一)为讨论和决定本公团重大事项,应设立理事会。

(二)理事会应包括理事长、执行理事及理事。

(三)理事长应召开并主持理事会。

(四)理事会决议的通过,应经本公团过半数成员出席并由出席会议的成员过半数同意。

(五)审计师可出席理事会并发言。

(六)理事会运作所必需的其他事项,须由总统令确定。

第三十五条 任命和解雇员工

公团的雇员,理事长应根据公团章程规定的条件任免。

第三十六条 管理人员和雇员的地位

适用于刑事法第一百二十九条和一百三十二条时,管理人员和雇员应被视为公务员。

第三十七条 对公团的监督

(一)公团经营规划和由总统令规定的财务年度预算须征得保健福利部的批准。(本条文由1997年12月13日第5454号法令修正)

(二)公团应在每个财务年度后两个月内向保健福利部报告公团业务的实际收益和会计结算情况。(本条文由1997年12月13日第5454号法令修正)

(三)保健福利部可以责令公团报告其业务,或检查其业务或财产。如认为有必要,还可以采取必要的监管措施,诸如指示修改公团章程等。(本条文由1997年12月13日第5454号法令修正)

第三十八条 公团会计

(一)公团年度会计应符合政府的要求。

(二)公团应建立经保健福利部批准的会计规则。(本条文由1997年12月13日第5454号法令修正)

第三十九条 公团收支

公团的收入应来自第八十二条规定的国民年金基金、国家补助、贷款及其他收益;支出应为本法规定的各种福利,如储备基金、退款、赎回基金和贷款，以及其他公团运作费用和业务支出。

第四十条　临时贷款和转移支付

（一）如本会计年度的支出资金不足，公团可向国民年金基金临时贷款。

（二）临时贷款应在本会计年度内偿还。

（三）如所有的福利开支超过本财政年度的收入，公团可向国民年金基金运营委员会申请国民年金基金的转移支付。（本条文由1998年12月31日第5623号法令修正）

第四十一条　盈余的处理

如出现会计年度结算的盈余，公团须弥补损失，余额应视为国民年金基金保留。

第四十二条　福利项目和贷款业务

（一）公团可以进行贷款业务，建设必要的福利设施，并有权根据总统令规定为促进参保者、原参保者的福利开展其他福利项目。

（二）公团可以根据总统令规定为促进参保者、原参保者的福利开展贷款业务以增加资金。

（三）根据第（一）款或第（二）款规定从事贷款业务的工作人员和雇员在执行职务时由于故意或严重失职对公团造成的损害，应予赔偿。（本条文由1998年12月31日第5623号法令修正）

第四十三条　委托的事务

（一）公团可委托其他由法令和法规规定的从事社会保险服务的法人、通信机构、金融机构和其他人从事有关的贷款还款、保费的收集、福利项目和贷款事务的提供以及公团章程规定的其他事务。（本条文由1995年1月5日第4909号法令、1998年12月31日第5623号法令、2000年12月23日第6286号法令修正）

（二）第（一）款规定的可以委托的公团事务的范围以及受托人的范围，须由总统令确定。

第四十四条　《公务员法》的适用

除依照本法规定，《公务员法》有关组织结构的规定应适用于公团。

第四章　国民年金待遇计发

第一节　一般条款

第四十五条　待遇的分类

本法规定的待遇的种类应如下：（本条文由 1998 年 12 月 31 日第 5623 号法令修正）

1. 老龄年金。
2. 残疾年金。
3. 遗属年金。
4. 一次性返还金。

第四十六条　支付

（一）待遇应当由国民年金管理公团应有权领取年金者（以下简称为"年金领取者"）的请求支付。

（二）年金标准应以基本年金金额和在支付情况下确定的补充年金金额为基础计算。

第四十七条　基本年金金额

（一）领取基本年金的金额应为下列各款指定金额乘以 1800/1000。但是，如缴费期超过 20 年，超过 20 年的年份（不到一年的年份的期间应按一年的 1/12 计算）的基本年金金额应乘以 50/1000（本条文由 1998 年 12 月 31 日第 5623 号法令、2000 年 12 月 23 日第 6286 号法令修正）

1. 金额为下列三种情形得出的总和的 1/3：

（1）基于前三年的消费者物价指数（指国家统计局根据《统计法》规定每年公布的消费者物价指数，下同）和平均收入水平确定的金额。

（2）基于前两年的消费者物价指数和平均收入水平确定的金额。

（3）基于前一年的消费者物价指数和平均收入水平确定的金额。

2. 每年平均的标准月收入额为参保者的缴费期内，根据总统令规定的条件由保健福利部公布每年重新评估的利率领取年金之前，按每年的年度价值计算的金额，以及对这些款项进行相加的金额除以总缴费期间所得的金额。

（二）适用于第（一）款规定的年金领取者的金额，应根据每年 3 月最后一日公告的消费者物价指数之前一年的消费者物价指数的两个退休金支付的年份增加或减少，但是，根据第五条规定设立的国民年金审议委员会应事先审议。（本条文由 1998 年 12 月 31 日第 5623 号法令、2000 年 12 月 23 日第 6286 号法令修正）

（三）适用于第（一）款所述年金领取者的金额，该申请期限应从调整年份的 4 月调整至次年 3 月。（本条文由 1998 年 12 月 31 日第 5623 号法令修正）

（本条文由 1995 年 1 月 5 日第 4909 号法令修正）

第四十八条 附加年金金额

（一）附加年金金额，应为原来由依靠年金领取者生活而后取得资格者（属于遗属年金保障的参保者）或受年金或残疾年金保障后取得资格者，按下述各款规定的相应金额。在该种情况下，对受保障人请求的审批条件应由总统令规定。（本条文由 1998 年 12 月 31 日第 5623 号法令、2000 年 12 月 23 日第 6286 号法令修正）

1. 配偶：每年 15 万韩元。
2. 年龄不到 18 岁，或者二等以上残疾的子女：每年 10 万韩元。
3. 年满 60 岁或者二等以上残疾的父母（包括配偶的父母，以下同样适用于这一条）：每年 10 万韩元。

（二）第四十七条第（二）款和第（三）款适用的附加年金金额，应比照适用于第（一）款规定并做必要的修正。（本条文由 1998 年 12 月 31 日第 5623 号法令新增）

（三）属于第（一）款规定情形之一的该人为年金领取者时，不适用于第（一）款规定的附加年金金额的计算。

（四）属于第（一）款规定情形之一的，不适用于两个或两个以上年金领取者的附加年金金额的计算。

（五）属于第（一）款规定情形之一，同时出现以下情形时，不适用于第（一）款规定的附加年金金额的计算：（本条文由 1998 年 12 月 31 日第 5623 号法令修正）

1. 死亡。
2. 由年金领取者供养的生活因该人获得收入而即将结束。
3. 离婚。
4. 子女为他人收养，或抚养关系中断。

5. 子女年满 18 岁,但二等以上残疾的除外。

6. 二等残疾以上的子女或父母的残疾状况改变。

第四十九条 年金标准上限

月付标准不得超过以下两种年金标准上限:一是根据第四十七条第(一)款第(二)项规定领取年金前一年为基数计算的近 5 年的月平均收入额,二是第(二)款规定缴费期调整期限内的月平均收入额。(本条文由 1998 年 12 月 31 日第 5623 号法令新增)

第五十条 退休确认和支付期间

(一)年金应从包括年金发放当日的月份开始支付〔即根据第六十八条第(一)款规定的支付或根据第七十七条之三第(一)款规定,未发生由于该种支付或延期支付溢价的原因的情况下,退休金支付延误从而影响支付履行的当日〕,直到领取退休金权利丧失为止。(本条文由 2000 年 12 月 23 日第 6286 号法令修正)

(二)年金应在每月最后一日支付,但是如付款到期日是星期六或公众假期,付款日应为付款到期日的前一日。(本条文由 1998 年 12 月 31 日第 5623 号法令、2000 年 12 月 23 日第 6286 号法令修正)

(三)如暂停年金发放情况的情形发生,年金支付不得从包括情形发生当日的月份开始,到包括领取退休金权利丧失当日的月份为止。

第五十一条 待遇遗产继承

(一)年金领取者的未付待遇,应根据依靠该人生活的配偶、子女、父母、孙子女或祖父母的请求支付。在该种情况下,评估是否为依靠年金领取者生活人员的标准由总统令加以规定。(本条文由 1998 年 12 月 31 日第 5623 号法令修正)

(二)根据第(一)款规定的未付待遇的支付的顺位应为配偶、子女、父母、祖父母和孙子女。在该种情况下,如两个或更多者在相同的顺位,年金应平均分配和支付,但支付方法由总统令确定。

第五十二条 待遇竞合的处置

本法规定有权接受两个或两个以上待遇者已经成为年金领取者,则待遇应选择其中一项支付,其他款项应暂停。

第五十三条 追索不当得益

(一)以虚假或其他非法方式获得已取消或终止相关权利的待遇或待遇被错误支付时,公团应根据总统令的规定收回相关金额。在该种情况

下,追讨款额应包括由总统令规定的利息。(本条文由1998年12月31日第5623号法令修正)

(二)根据第十五条规定,已被推定死亡者被确认存在的,公团须追讨该期间因推定死亡支付的待遇。

(三)根据第(一)款或第(二)款规定退回相关金额,同时也有权获得待遇或其他金额,如返还的过失或错误支付的金额等,公团可根据第(一)款或第(二)款规定收回。

第五十四条　待遇获取权的保护

获得待遇的权利不得转让、剥夺或进行担保。

第五十四条之二　未付保费的扣除

(一)当参保者或原参保者都获得了待遇或死亡抚恤金,并负有根据第四十二条规定偿还贷款基金的义务,该债务金额可根据本法从补助金总额中减去(包括死亡待遇的支付但不包括仍然暂停的待遇)。但是,根据本法用于年金受益人[不包括根据第五十九条第(二)款规定做出的残疾年金的支付]的赔偿金,从待遇中扣除的金额不能超过月退休金金额的一半。(本条文由2000年1月12日第6164号法令修正)

(二)为减去根据第(一)款支付待遇的义务的金额,公团应在不少于二十天的日期内确定并向具有支付待遇义务者做出书面通知。如在期限内不还款,受益人应根据已做出的事先通知依法给予扣除。

(三)第(一)款规定的金额扣减应当视为在支付待遇义务的范围内,受益人得到的待遇。

(本条文由1998年12月31日第5623号法令新增)

第五十五条　税收和其他公共收费豁免

本法规定的待遇支付的金额,国家或地方政府的税收和其他公共收费应根据《特别税收法》、其他法律或地方政府的市政条例进行减免。(本条文由2000年12月23日第6286号法令修正)

第二节　老龄年金

第五十六条　老龄年金领取资格

(一)曾经或已经为20年或以上参保年限的参保者年满60岁(特殊职业年满55岁),从那时起,可在有生之年获取老龄年金。(本条文由2000年12月23日第6286号法令修正)

（二）曾经或已经为 10 年或以上参保年限的参保者，但不到 20 年就年满 60 岁（特殊职业年满 55 岁），从那时起，可在有生之年根据第（一）款指定金额扣减一部分获取老龄年金（以下简称"减额老龄年金"）。（本条文由 1998 年 12 月 31 日第 5623 号法令修正）

（三）从事营利性经营已 10 年或以上的参保者，在 60—65 岁（特殊职业 50—60 岁）应获得特定金额的待遇（以下简称"在职老龄年金"）。（本条文由 1995 年 1 月 5 日第 4909 号法令、1998 年 12 月 31 日第 5623 号法令修正）

（四）除第（一）款的规定，已参加 10 年或以上保险的参保者，年满 55 岁，不从事营利性经营，在该人未满 60 岁的有生之年也可获得特定金额的待遇（以下简称"早期老龄年金"）。（本条文由 1995 年 1 月 5 日第 4909 号法令、1998 年 12 月 31 日第 5623 号法令修正）

（五）本条第（三）款及第（四）款规定的从中获得收入的企业的范围，须由总统令确定。（本条文由 1995 年 1 月 5 日第 4909 号法令修正）

第五十七条 老龄年金领取金额

（一）第五十六条第（一）款规定的年金金额应为基本年金金额加上附加年金金额。

（二）减额老龄年金金额应为附加年金金额加上基本年金金额的 475/1000。但是，如缴费期超过十年，应为基本年金的金额乘以 50/1000 加上超出十年的每个年份（不到一年的月份应计为一年的 1/12）的金额。（本条文由 1998 年 12 月 31 日第 5623 号法令修正）

（三）在职职工的年金金额，应为缴费期间内根据第（一）款规定的基本年金金额，或根据第（二）款规定的基本年金金额的 475/1000 的得出的金额［如缴费期超过十年，基本年金的金额的 50/1000，应加上超出十年的每年（不到一年的月份应计为一年的 1/12）的金额］。根据年金领取者的年龄，按照以下比例计算：（本条文由 1998 年 12 月 31 日第 5623 号法令修正）

1. 年满 60 岁（特殊职业 55 岁）：基本年金金额的 500/1000；
2. 年满 61 岁（特殊职业 56 岁）：基本年金金额的 600/1000；
3. 年满 62 岁（特殊职业 57 岁）：基本年金金额的 700/1000；
4. 年满 63 岁（特殊职业 58 岁）：基本年金金额的 800/1000；
5. 年满 64 岁（特殊职业 59 岁）：基本年金金额的 900/1000。

（四）提前年金的金额的计算，应为缴费期间内根据第（一）款的基本年金金额，或根据第（二）款的基本年金金额的 475/1000 得出的金额〔如缴费期超过 10 年，基本年金的金额的 50/1000，应加上超出 10 年的每年（不到一年的月份应计为一年的 1/12）的金额〕。根据年金领取者的年龄，按照以下比例计算：（本条文由 1998 年 12 月 31 日第 5623 号法令修正）

1. 如付款从 55 岁起：基本年金金额的 750/1000；
2. 如付款从 56 岁起：基本年金金额的 800/1000；
3. 如付款从 57 岁起：基本年金金额的 850/1000；
4. 如付款从 58 岁起：基本年金金额的 900/1000；
5. 如付款从 59 岁起：基本年金金额的 950/1000。

第五十七条之二　配套年金

（一）婚姻持续时间（仅限于缴费期属于婚姻存续时间范围内的配偶，下同）为 5 年以上，属于下列各款规定情形之一的，在有生之年该人的配偶可获得配套年金：

1. 与成为年金保险人的配偶结婚后年满 60 岁的。
2. 年满 60 岁后与成为年金保险人者结婚。
3. 年满 60 岁后其配偶成为年金保险人。
4. 年满 60 岁后成为年金保险人前配偶。

（二）根据第（一）款规定配套年金的金额应为在婚姻存续期间从配偶支付退休金的金额分成相等的比例（不包括附加年金金额）。

（三）当配套年金的受益人再婚，应在新的婚姻存续期间暂停相关资格。

（四）有权要求配套年金的期限为根据本条第（一）款规定情形出现之日起超过 3 年。

（本条文由 1998 年 12 月 31 日第 5623 号法令新增）

第五十七条之三　配套年金和老龄年金的联系

（一）一旦获得第五十七条第（二）款第（一）项规定的配套年金的权利，不受期满或有权接受有关的年金的配偶的权利暂停的影响。

（二）配套年金的支付应自退休年金到期之日起，直至整个暂停支付的期限终止。

（三）除了第五十二条规定的退休金，年金领取者获得两次以上的年金的权利。该两个或两个以上配套年金应一起支付给年金领取者。在该种情况下获得两个以上的配套年金的权利,以及获得另外一个配套年金的权利,有权获得两个或两个以上的配套年金的权利应被视为一个,该人将从中选择一个获取配套年金的权利,未选择的获取年金的权利应暂停。

(四)配套年金,不得被视为是根据第六十二条第(一)款规定的遗属年金。

(本条文由1998年12月31日第5623号法令新增)

第五十七条之四 对提前支付年金的暂停支付

(一)属于第五十六条第(四)款和第五十七条第(四)款的提前支付的年金的获得者未满65岁且已工作,则支付年金应暂停。

(二)提前支付的年金的获得者根据第(一)款规定不从事盈利工作后,又重新获得的,应做如下处理:(本条文由2000年12月23日第6286号法令修正)

1. 如提前支付的年金暂停支付加入前后之和不低于20年,提前支付的年金支付金额应为附加年金金额加上根据第五十七条第(一)款规定增加按年龄根据一次缴费率提前支付的年金支付的年金的其他款项;

2. 尽管有第(一)款规定,提前支付的年金支付金额应为附加年金金额加上根据第五十七条第(二)款规定增加的按年龄根据一次缴费率提前支付的年金支付的年金的其他款项。

(本条文由1998年12月31日第5623号法令新增)

第三节 残疾年金

第五十八条 残疾年金的领取资格

(一)在缴费期内因疾病治疗或伤口愈合后留有身体或精神残疾,应在整个残疾状况持续存在的期间内按残疾程度领取残疾年金。(本条文由1998年12月31日第5623号法令修正)

(二)第(一)款规定得病或受伤后两年内无法完全治愈后留有身体或精神残疾的,则对残疾等级的确定应根据两年后的残疾情况。如无权获得残疾年金者两年之后获得相关资格,在年满60岁之前,由于该疾病或伤口恶化,该人的伤残等级的确定应以在该人提出请求当日的基础上进行评估。(本条文由1998年12月31日第5623号法令修正)

(三)如该人丧失其根据第六十一条第(一)款规定获得残疾年金的

资格，但年满六十岁且由于该人的病情或伤口恶化时获得该资格，该人的伤残等级应在该人提出请求的当日的基础上来确定。（本条文由2000年12月23日第6286号法令新增）

（四）如获得残疾年金支付权利者收到根据第六十七条规定的一次性返还金时，则不应支付残疾年金。（本条文由1998年12月31日第5623号法令修正）

（五）根据第（一）款规定的残疾程度应分为一等、二等、三等、四等残疾等级。但有关残疾等级分类标准和残疾程度测验的事项由总统令加以确定。（本条文由1998年12月31日第5623号法令修正）

第五十九条 残疾年金的领取金额

残疾年金金额应根据残疾等级做下列分类：（本条文由1998年12月31日第5623号法令修正）

1. 一等残疾者：残疾年金金额为附加年金金额加上基本年金金额得出的金额。

2. 二等残疾者：残疾年金金额为附加年金金额加上基本年金金额的800/1000得出的金额。

3. 三等残疾者：残疾年金金额为附加年金金额加上基本年金金额的600/1000得出的金额。

4. 四等残疾者：残疾年金金额为附加年金金额加上基本年金金额的2250/1000得出的金额。（本条文由1998年12月31日第5623号法令修正）

第六十条 领取残疾年金权利竞合的处置

如领取残疾年金者又有新的达到须支付残疾年金标准的残疾时，应根据之前和之后的残疾程度相加确定的残疾程度支付残疾年金。但是，如根据之前和之后的残疾程度相加确定的残疾程度低于之前的伤残程度时，应根据后者支付。（本条文由1998年12月31日第5623号法令、2000年12月23日第6286号法令修正）

第六十一条 残疾年金金额的修改

（一）当公团发现通过一项关于确定何人有权领取残疾年金的伤残程度测验中确定的残疾等级不同的，应当按等级修改残疾年金金额。（本条文由1998年12月31日第5623号法令修正）

（二）如残疾加重，则有权领取残疾年金者，可要求公团进行残疾抚

恤金金额的修改。（本条文由 1998 年 12 月 31 日第 5623 号法令修正）

第六十一条之二　一次性赔偿的评估

适用第五十二条规定的待遇竞合的处置，第六十条规定的领取残疾年金权利竞合的处置，第六十一条规定的残疾年金金额的修改，第九十五条第（一）款规定的诉讼时效，第五十九条第（二）款规定的一次性赔偿人的范围时，应被视为是从包括情形发生之日的月份起 67 个月内，按基本年金金额的 400/1000 做出的一次性赔偿。

（本条文由 2000 年 12 月 23 日第 6286 号法令修正）

第四节　遗属年金

第六十二条　遗属年金领取的资格

（一）属于下列各款情形者死亡时，应支付遗属年金给死者家属。但是，遗属年金支付仅限于在缴费期内开始患疾病或受伤，对于患疾病或受伤在缴费期不足一年时死亡的参保者：（本条文由 1998 年 12 月 31 日第 5623 号法令修正）

1. 有权领取年金者。

2. 有 10 年或以上参保年限的参保者。

3. 参保者。

4. 有权领取残疾年金的二等以上残疾者。

（二）如不足 10 年的参保者在缴费期内从诊断的第一天起两年内去世，或在缴费期内因患疾病或受伤或因受伤而患病而取消参保者资格一年内去世，该人的遗属应有权领取遗属年金，除非该人或其遗属收到第六十七条规定的一次性返还金。（本条文由 1989 年 3 月 31 日第 4110 号法令、1998 年 12 月 31 日第 5623 号法令修正）

第六十三条　遗属范围

（一）有权领取遗属年金的死者家属应为在参保者去世时由其供养的下列人员。在该种情况下，有权领取遗属年金的死者家属的范围，须由总统令确定。（本条文由 1998 年 12 月 31 日第 5623 号法令修正）：

1. 配偶：如为丈夫，仅限于 60 岁以上或属于二等以上残疾者。

2. 儿童：仅限于 18 岁以下或属于二等以上残疾者。

3. 父母（包括配偶的父母，以下同样适用于本条）：仅限于 60 岁以上或属于二等以上残疾者。

4. 孙子女：仅限于 18 岁以下或属于二等以上残疾者。

5. 祖父母（包括配偶的祖父母，以下同样适用于本条）：仅限于 60 岁以上或属于二等以上残疾者。

（二）遗属年金应首先支付给根据第（一）款规定顺序在先者。但是，如根据第（一）款第（一）项规定有权获得遗属年金者的权利丧失或暂停，应支付给第（一）款第（二）项所提到的死者家属。

（三）在第（二）款规定的如有两个或两个以上的遗属在相同优先级的时候，遗属年金金额应平分给每个人，但该支付方法应由总统令规定。

第六十四条　遗属年金领取的金额

遗属年金金额应为附加年金金额加上下列款项规定的根据缴费期确定的金额。但是，如年金领取者死亡，遗属年金金额不得超过已支付死者的老龄年金的金额：

1. 缴费期 10 年以下：基本年金金额的 400/1000。

2. 缴费期不少于 10 年但不超过 20 年：基本年金金额的 500/1000。

3. 缴费期不少于 20 年：基本年金金额的 600/1000。

第六十五条　领取遗属年金权利的终止

（一）如有权领取遗属年金者出现下列各款情形之一的，该人获取遗属年金权利应终止：[本条文由 1998 年 12 月 31 日第 5623 号法令修正]

1. 死亡。

2. 配偶再婚。

3. 子女或孙子女由他人抚养，或抚养关系中断。

4. （本条文根据 2000 年 12 月 23 日第 6286 号法令删除）。

5. 子女或孙子女年满 18 岁或不属于二等以上残疾者。

6. 不属于二等以上残疾者。

（二）父母、祖父母或孙子女领取遗属年金的权利应在参保者或原参保者死亡时未出生的子女出生或有权获得年金时终止。

第六十六条　配偶遗属年金的暂停支付

（一）配偶领取遗属年金的权利应为其获取资格后 5 年，直到该人年满 50 岁暂停。但是，如出现下列各款情形之一的，支付不得终止：（本条文由 1995 年 1 月 5 日第 4909 号法令、1998 年 12 月 31 日第 5623 号法令修正）

1. 属于二等以上残疾者。

2. 依靠参保者生活的 18 岁以下或属于二等以上残疾者。

3. 不受雇于一个由总统令确定的能带来收入的工作单位。

（二）如有权领取遗属年金的配偶下落不明 1 年或 1 年以上的，应死者家属的请求在下落不明期限内暂停支付遗属年金。

（三）如除有权领取遗属年金的配偶外有两个或两个以上者都有权领取遗属年金，其中一人下落不明 1 年或 1 年以上的，应其他有权领取遗属年金者的请求在下落不明期限内暂停支付遗属年金。

（四）如根据第（二）款及第（三）款规定下落不明者确认其存在后，终止支付应该人的要求后予以恢复。

第五节 一次性返还金

第六十七条 一次性返还金

（一）属于下列各款情形之一的参保者，应该人或其遗属的要求可予以一次性返还：（本条文由 1989 年 3 月 31 日第 4110 号法令、1998 年 12 月 31 日第 5623 号法令、1999 年 9 月 7 日第 6027 号法令、2000 年 1 月 12 日第 6124 号法令修正）

1. 参保年限不足 10 年的参保者年满 60 岁。

2. 参保者或原参保者死亡。但仅限于参保年限超过 10 年的参保者或原参保者而遗属年金的支付不得根据第七十二条之二的规定做出。

3. 丧失国籍或移居到外国的参保者或原参保者。

4. 分别适用于《公务员年金法》《退伍军人年金法》《私立学校教职员年金法》和《工作人员法》或《特别邮政法》的公务员、军人、私立学校的教师和工作人员或邮局工作人员。

（二）第（一）款规定的一次性返还金的金额，应根据下列各款规定确定。但是，未满 60 岁时丧失参保者资格者，之后根据第（一）款规定的一次性返还金的金额，应由总统令确定的利息金额加上应缴的款额：（本条文由 1989 年 3 月 31 日第 4110 号法令、1995 年 1 月 5 日第 4909 号法令、1998 年 12 月 31 日第 5623 号法令、2000 年 12 月 23 日第 6286 号法令修正）

1. 工作单位参保者：根据由"总统令"规定的条件计算的利息，加入税款和转换金额。

2. 地区参保者、自愿参保者或自愿接续参保者及其他参保者根据第七十七条之三规定交付保费后,加入根据由"总统令"规定的条件计算的利息而得出的金额。

(三)第六十三条的规定应比照适用于认定死者家属的范围,优先请求顺序等,以及第(一)款规定的一次性返还金的请求。

第六十八条 一次性返还金和缴费期关系

(一)如根据第六十七条获得一次性返还金者重新获得参保者资格的,该人也可以选择公团的一次性返还金(以下简称为"一次性返还金"),其获取的金额须加入由总统令规定的利息。

(二)公团可允许第(一)款规定的一次性返还金按总统令规定的条件分期支付。在该种情况下,应加入由总统令规定的利息。

(三)第(一)款及第(二)款规定的一次性返还金,相应的期限应包括缴费期的计算。

(四)第(一)款及第(二)款规定的一次性返还金的必要的事项,如支付、付款方式、申请退款的时期,须由总统令确定。

(本条文由1998年12月31日第5623号法令全面修正)

第六十九条 获得一次性返还金权利的终止

获得一次性返还金的权利在出现下列情形时应终止:

1. 再次成为参保者。
2. 获得领取年金的其他权利。
3. 获得领取残疾年金的其他权利。
4. 获得领取遗属年金的其他权利。

(本条文由2000年12月23日第6286号法令全面修正)

第六十九条之二 死亡的一次性返还金

(一)如死亡的参保者或原参保者无第六十三条规定的遗属时,则由参保者供养的,如该人的配偶、子女、父母、孙子女、祖父母、兄弟姐妹或四代以内旁系亲属可以领取一次性返还金。在该种情况下,有关原参保者供养亲属范围的判断须由"总统令"规定。(本条文由1998年12月31日第5623号法令修正)

(二)第(一)款规定的一次性返还金的金额应相当于该参保者或原参保者的一次性返还金,相关金额不得超过其死亡年份根据第四十七条第(一)款第(二)项规定的调整利率的月平均收入额的四倍。在缴费期内标准月平均收入额应按上述条款确定。(本条文由1998年12月31日第

5623 号法令修正）

（三）对根据第（一）款规定有权领取一次性返还金的配偶、子女、父母、孙子女、祖父母、兄弟姐妹或四代以内旁系亲属进行一次性支付时，应按照配偶、子女、父母、孙子女、祖父母、兄弟姐妹和四代以内旁系亲属的顺序。在该种情况下，如有两个或两个以上在相同的顺序，应支付同等分期付款，但付款方式应由总统令确定。（本条文由1998年12月31日第5623号法令修正）

（本条文由1995年1月5日第4909号法令修正）

第六节 待遇支付的限制

第七十条 待遇支付的限制

（一）如参保者或原参保者出于故意伤害导致患有疾病或导致残疾，对此类情形不予支付残疾年金。（根据1998年12月31日第5623号法令修正）

（二）如参保者或原参保者不遵守有关指示，目的是通过医疗服务严重疏忽或非正当理由，从而导致伤残或死亡，或造成该种伤残或死亡，使残疾恶化或妨碍残疾或死亡的治疗，由"总统令"规定对此类情形不予支付或不完全支付残疾年金。（根据1998年12月31日第5623号法令修正）

第七十一条 残疾年金的金额修改的限制

有权领取残疾年金者无正当理由、出于故意或严重疏忽、没有遵守有关指示和进行医疗治理并因此加重了残疾程度或妨害其恢复，第六十一条规定的残疾年金的金额不得修改。（根据1998年12月31日第5623号法令修正）

第七十二条 遗属年金支付限制

（一）死者家属故意造成参保者死亡，不得领取遗属年金。

（二）死者家属故意致使有权领取遗属年金者死亡，不得领取遗属年金。

（三）有权领取遗属年金者，故意致使其他能够有权领取遗属年金者死亡，不得领取遗属年金。

（本条由1998年12月31日第5623号法令新增）

第七十二条之二 对缴费不足者的支付限制

残疾年金或遗属年金支付的原因发生时出现下列情形时，不予支付：（根据1998年12月31日第5623号法令修正）

1. 未支付保费。

2. 支付保费的期限［包括根据第十七条第（三）款的规定支付费用的期限，下同］，应不超过支付保费的期间和不缴纳保费的期限［不包括不超过根据第七十六条第（一）款规定支付期后一个月期限内，以及根据第七十七条之二第（一）款规定的不支付保费的期限；下同］相加的2/3。但是，凡未支付保费的期间不低于六个月，不得列入。

第七十三条　暂停支付

（一）领取待遇者出现下列各款情形之一的，待遇可全部或部分暂停支付：

1. 无正当理由不能提供第一百〇一条第（一）款规定提供公团要求的文件和其他材料的领取待遇者。

2. 无正当理由未能要求公团根据第九十九条规定确诊的有权领取残疾年金或遗属年金者。

3. 无正当理由出于故意或严重疏忽没有遵守有关指示和进行医疗治理并因此加剧了残疾或妨害其恢复的有权领取残疾年金者。

4. 无正当理由不能根据第一百条第（一）款规定进行报告的领取待遇者。

（二）（本条文根据1997年12月13日第5453号法令删除）。

（三）如公团希望依据第（一）款规定暂停支付待遇，公团应在总统令规定基础上临时停止支付，直至实际终止。（本条由1998年12月31日第5623号法令新增）

第五章　费用责任

第七十四条　财政责任

国家应全部或部分承担公团为国民年金必要的业务运作和管理所支付的运作和管理费用。

第七十五条　保费收取

（一）为适应国民年金服务所需的费用的需要，公团将在缴费期内每月从参保者和雇主处收取保费。（本条文由1995年1月5日第4909号法

令修正)

(二) 在其他工作单位的保费，应由参保者自己承担。应由雇主承担的费用，金额应相当于标准每月收入额的45/1000。(本条文由1998年12月31日第5623号法令修正)

(三) 地区参保者、自愿参保者、自愿接续参保者的保费，应由参保者自己承担，金额应为标准每月收入额的90/1000。(本条文由1995年1月5日第4909号法令修正)

(四) —(六) 删除。(本条文由1998年12月31日第5623号法令修正)

第七十六条　保费支付时限

(一) 保费的支付时限为具有付款责任的次月的10天内。但是，在农业、林业、畜牧业和渔业工作人员(以下简称"农业和渔业人员")可根据自己的需求在有关季度以后每月10天内支付每季度保费。(本条文由1995年1月5日第4909号法令、1998年12月31日第5623号法令修正)

(二) 如保费在应支付月份一个月前支付的，应视为已在本月中的第一日支付。(本条文由1998年12月31日第5623号法令修正)

(三) 如参保者负有预先支付保费的付款责任，则保费多少、缴费期间、金额减免等，应由"总统令"规定。(本条文由1995年1月5日第4909号法令新增)

(四) 如参保者从自己账户将保费自动移交给保险人的账户而产生溢价，公团可进行扣减或提供其他金融优惠。(本条文由1998年12月31日第5623号法令新增)

(五) 除了第(一)款的规定，公团可能根据第(一)款的规定延长支付的时限范围时，须根据由该保健福利部条例规定的条件，例如书面通知送达的延误。(本条文由2000年12月23日第6286号法令新增)

(六) 延长第(五)款规定的付款期限，应根据保健福利部条例规定为该种延长做出说明。(本条文由2000年12月23日第6286号法令新增)

第七十七条　保费付款的扣减

(一) 雇主应扣减由工作单位参保者承担的金额和根据第七十五条第(五)款规定转换成现金的退休津贴，按每月的工资支付给该人，并支付给公团。(本条文由1995年1月5日第4909号法令、1998年12月31日

第 5623 号法令修正）

（二）当雇主扣除根据第（一）款规定的工资的相关费用，该人需拟备一份扣除声明并提供给工作单位参保者。（本条文由 1995 年 1 月 5 日第 4909 号法令、1998 年 12 月 31 日第 5623 号法令修正）

第七十七条之二　保费支付的例外

（一）如工作单位参保者、地区参保者出现以下情形不能支付保费，退休金保费负责人在规定期限内因总统令规定情形，无法支付保费：（本条文由 1998 年 12 月 31 日第 5623 号法令、2000 年 12 月 23 日第 6286 号法令、2005 年 8 月 4 日第 7655 号法令修正）

1. 暂停营业、失业或裁员。

2. 根据《兵役法》第三条规定履行军事义务。

3. 根据《小学和中学教育法》第二条和《高等教育法》第二条规定在学校注册为学生。

4. 监狱服刑。

5. 根据《特别保护法》得到特别监护或根据《医疗和保健法》得到特别医疗和监护的。

6. 下落不明。

7. 由"总统令"规定的因灾害或意外而收入减少的，或不从事有收入的业务的。

（二）其中保费无法根据第（一）款支付的期限，不得计算在缴费期。

（本条文由 1995 年 1 月 5 日第 4909 号法令新增）

第七十七条之三　延迟支付保费

（一）出现下列各款规定情形之一的可要求延迟支付保费（以下简称"延迟支付保费"），该保费应相当于下列情形规定的金额：（本条文由 2000 年 1 月 12 日第 6124 号法令修正）

1. 未支付根据第七十七条之二第（一）款规定的保费的参保者，在有关期间尚未支付保费。

2. 根据《兵役法》第三条规定履行军事义务的参保者的军事服务期限（不包括根据《公务员年金法》作为办公室工作人员的任期期间，根据《私立学校教师法》和《工作人员法》的任期期间，根据《特别邮政法》的任期期间，以及 1988 年 1 月 1 日前的兵役期）。

（二）根据第（一）款规定的延迟保费应为提出延迟交付保费的请求期延误期间每一天的所得额。

（三）延迟保费可在"总统令"规定的条件下分期支付。在该种情况下，由"总统令"确定的利息应予以补充。

（四）如根据第（一）款规定的保费延迟至第（三）款规定所述情形时支付，则相应的期间，应计算入缴费期。

（五）延迟缴付保费的必要事项，如付款方法和申请截止日期应由"总统令"规定。

（本条文由1998年12月31日第5623号法令新增）

第七十八条　对工作单位参保者、地区参保者在期限前收集保费

如工作单位参保者、地区参保者出现下列情形，在付款期限前收取保费［如该期限是根据第七十六条第（五）款规定延长的时间限制］：（本条文由1995年1月5日第4909号法令、2000年12月23日第6286号法令修正）

1. 受到国家或地方税或其他公共捐税欠款的处置。

2. 受到强制执行。

3. 被宣布破产。

4. 开始公开拍卖。

5. 法人解散。

第七十九条　敦促拖欠年金保费的支付和处置

（一）如工作单位参保者、地区参保者或其他本法规定的参保者未能在规定期限内支付［如付款期限根据第七十六条第（五）款规定延长，即时间限制被延长］，公团应根据"总统令"规定要求其在一段时间内支付。（本条文由1995年1月5日第4909号法令、1998年12月31日第5623号法令、2000年12月23日第6286号法令修正）

（二）根据第（一）款规定，公团要求支付时应确定超过十天的期限，并发出通知说明。

（三）应根据第（一）款规定支付保费的参保者，在规定的期限未能支付保费和本法规定的其他款项，公团可经保健福利部批准后按照对拖欠国家税款处置的例子追讨保费。（本条文由1995年1月5日第4909号法令、1997年12月13日第5454号法令修正）

（四）如被认为由于缺乏专业知识，根据第（三）款规定按照对拖欠国家税款处置的例子对财产直接出售是不恰当的情形,则由根据资产管理公团建立和金融机构有效处置不良资产法成立的韩国资产管理公团(以下简称"韩国资产管理公团")根据"总统令"规定代表公团出售。在该种情况下,由韩国资产管理公团出售,应被视为是公团做出的行为。(本条文由2000年12月23日第6286号法令新增)

(五)如韩国资产管理公团根据第(四)款规定代表公团出售,公团可以根据保健福利部条例支付其佣金。(本条文由2000年12月23日第6286号法令新增)

第七十九条之二 送达文件

《国家税收框架法》第八条和第十二条规定,比照适用于本法第七十九条的文件送达文件。

(本条文由2000年12月23日第6286号法令新增)

第八十条 追收

如应支付保费的参保者未能在规定期限内支付[如付款期限根据第七十六条第(五)款规定延长,即时间限制被延长],公团应根据"总统令"规定要求其在一段时间内支付。(本条文由1995年1月5日第4909号法令、2000年12月23日第6286号法令修正)

第八十一条 年金征缴的优先权

根据本法收集保费和其他费用的顺序,应与国民健康保险法所规定的保费的顺序相同。(本条文由1995年1月5日第4909号法令、1998年12月31日第5623号法令、2000年12月23日第6286号法令修正)

第八十一条之二 领取年金权利的终止

当工作单位参保者、地区参保者、自愿参保者、自愿接续参保者出现以下情形时,公团应终止收取年金的权利:(本条文由2000年12月23日第6286号法令修正)

1. 参保者死亡。
2. 第十三条第(三)款规定的自愿接续参保者丧失相关资格。
3. 根据第六十七条第(一)款规定收到老龄年金或一次性返还金者。
4. 根据第九十五条第(一)款规定消灭时效完成者。

(本条文由1998年12月31日第5623号法令新增)

第八十一条之三 过度拨款和错误付款的收回

如在收集过程中出现过度拨款和或错误付款的情形,公团按照本法或

"总统令"的规定应收回保费。在该种情况下，由"总统令"规定的上述利息应加入过度拨款和错误付款中。

（本条文由2000年12月23日第6286号法令新增）

第六章 国民年金基金

第八十二条 基金设立

（一）保健福利部应设立国民年金基金（以下简称"基金"）作为保险储备金，以确保和谐的国民年金服务所必需的资源，并满足本法所规定的待遇的需求。（本条文由1997年12月13日第5454号法令修正）

（二）基金应包括保费、基金运营收益、储备基金和公团运作的收支结算实现的盈余。（本条文由1995年1月5日第4909号法令修正）

第八十三条 基金的管理和运营

（一）基金须由保健福利部运作和管理。（本条文由1997年12月13日第5454号法令修正）

（二）为保证国民年金收支的长期稳定，保健福利部应根据国民年金基金运营委员会制定的方法对国民年金进行管理和运作，为促进参保者和原参保者利益的福利进行项目投资。但领取退休金者的范围不应有损于国民年金的财务平衡与稳定。出现下列情形时，政府应与财政和经济部、规划和预算部协商，以买入国债的方式进行：（本条文由1998年12月31日第5623号法令、1999年5月24日第5982号法令、2000年12月23日第6286号法令修正）

1. "总统令"规定的金融机构存款或贷款。

2. 对公共事业和公共部门的投资。

3. 《证券交易法》第二条第（一）项规定的证券买入和借贷。

4. 《期货交易法》第二条第（三）款规定的标的物是以金融期货指数为标的的期货贸易。

5. 本法第四十二条规定的福利项目和贷款服务。

6. 为实行基金本来的事业目的而对财产的收购和处置。

7. 为增加基金而由总统令规定的其他项目。

（三）根据第（二）款规定对基金的管理和运作，应排除第五条和第六条规定的项目的情况，应真正执行以使所产生的利润由此在根据资产类别超过市场上的盈利率。但是，当该基金是委托给根据《公共资产管理法》第（二）款第（二）项规定的公共资本管理基金（以下简称"管理基金"），其收益率将根据"总统令"规定根据第七条第（二）款规定与本法相关规定，通过与国民年金运营委员会协商的，并且应高于公共资本管理基金的五年的政府债券收益率水平。（本条文由1998年12月31日第5623号法令、2000年12月23日第6286号法令修正）

（四）为明确基金的业务效益和财务状况，保健福利部应根据"总统令"规定管理基金账目。（本条文由1997年12月13日第5454号法令修正）

（五）保健福利部可以根据总统令所规定的条件委托部分有关的管理和运作事务给国民年金管理公团。（本条文由1997年12月13日第5454号法令、1998年12月31日第5623号法令修正）

第八十四条　国民年金基金运营委员会

（一）为了处理有关基金运作的事项，保健福利部应设立国民年金基金运营委员会（以下简称"运营委员会"）：（本条文由1999年5月24日第5982号法令、2000年12月23日第6286号法令修正）

1. 基金运作准则事项。
2. 对在运营委员会存款的存款利率进行协商的事项。
3. 基金运作规划的事项。
4. 第八十七条第（三）款规定的基金的经营及使用的事项。
5. 运营委员会理事长委派的关于该基金运作的重要事项。

（二）运营委员会的成员应包括保健福利部长，财政和经济部的副部长，农林部的副部长，商业、工业和能源部的副部长，劳动部的副部长，规划和预算部的副部长，以及由理事长和公团理事委任的下列各款的成员：

1. 由雇主组织推荐的3名雇主代表。
2. 由雇员组织推荐的3名雇员代表。
3. 地区参保者的代表包括：（1）由农业和渔业组织推荐的两名成员；（2）由除农业和渔业组织之外的自我管理的机构推荐的两名成员；（3）由民间组织和消费者组织推荐的两名成员。
4. 由国民年金组织的专家推荐的代表公众利益的两名成员。

（三）管理人员的任期为两年，并且可以连任。但是，对理事长和当然成员的任期,应为该人从事自己的岗位的任职时间。

(四)理事长应召集和主持委员会会议,准备、保持并公布包括日期、时间、地点、讨论内容和解决问题的会议记录。

(五)运营委员会每年应举行4次以上的会议,成立大会应由所有现任成员过半数出席,决议须经所有出席成员的多数同意。在该种情况下,未出席会议的成员,应视为行使决议权利不存在。(本条文由2000年12月23日第6286号法令修正)

(六)保健福利部长应运营委员会的要求应当事先提交会议的必要材料。

(七)有关运营委员会的组织和管理的必要事项,应由"总统令"加以规定。

(本条文由1998年12月31日第5623号法令全面修正)

第八十四条之二 国民年金基金运营评审委员会

(一)为了审议和处理有关基金的运作的事项,国民年金基金运营评审委员会(以下简称"评审委员会")须在国民年金基金运营委员会内设立:

1. 有关基金资产的组织和运作以及基金核算的事项。
2. 有关基金运作的结果评估的事项。
3. 有关改善基金运营和管理的事项。
4. 评审委员会认为的已提到运营委员会的议程上的重要事项。
5. 应运营委员会的要求将审议的其他事项。

(二)评审委员会的下列成员应由保健福利部长和评审委员会成员选出的理事长和副理事长挑选:

1. 对二级或三级公务员和运营委员会所属人员的提名,均由理事长和根据第八十四条第(二)款规定的当然成员(不包括公团理事)进行。
2. 由雇主组织推荐的3名雇主代表。
3. 由雇员组织推荐的3名雇员代表。
4. 地区参保者的代表包括:(1)由农业和渔业组织推荐的两名成员;(2)由除农业和渔业组织之外的自我管理的机构推荐的两名成员;(3)由民间组织和消费者组织推荐的两名成员。
5. 由国民年金组织的专家推荐的代表公众利益的两名成员。

(三)根据第(二)款规定及第(四)款规定推荐的委员会成员,

应具备下列条件之一：

1. 具有律师或注册会计师资格。

2. 根据《高等教育法》在高校受到 3 年或以上全日制教育，其专业为社会福利、经济或企业管理。

3. 在研究机构或其他公共机构工作 3 年以上的获得社会福利、经济或企业管理博士学位。

（四）委员会委员的任期应为两年，并可以连任。但是，理事长和当然成员的任期，应为该人从事自己的岗位的任职时间。

（五）基金主管部门应评审委员会的要求应当事先提交会议的必要材料。

（六）评审委员会应当在下一年度的 6 月底前提交关于基金运作的评估结果。

（七）有关评审委员会的组织和运作的必要事项，应根据"总统令"确定。

（本条文由 1998 年 12 月 31 日第 5623 号法令新增）

第八十五条　国民年金基金管理准则

（一）运营委员会每年应提供关于下列事项的国民年金基金管理准则（以下简称"基金管理准则"），以最大限度地维护参保者的权益：（本条文由 1998 年 12 月 31 日第 5623 号法令修正）

1. 将用于公共服务的基金资产的比例。

2. 为公共服务在基金分配的优先次序。

3. 为促进参保者、原参保者、年金领取者的福利进行的开支。

4. 为增加资金而对参保者、原参保者的贷款服务。

（二）第（一）款所提到的基金管理准则的必要事项由"总统令"确定。

（本条文由 1998 年 12 月 31 日第 5623 号法令修正）

第八十六条　基金的收支

基金管理和运作过程收支的程序事宜，应由总统令规定。

第八十七条　基金管理规划

（一）保健福利部应当每年制订基金管理规划，并通过运营委员会和国务院审议获得总统批准。

（二）政府应根据第（一）款规定的基金管理规划在实施前一年的十

月底之前向国民议会做报告。

（三）在次年 6 月底前，保健福利部应当做出有关基金业务内容的年度报告，财政和经济部应向运营委员会做出对已委托管理基金的使用状况的报告。

（四）运营委员会理事长应根据第（三）款规定向国民议会提交一份通过运营委员会审议的关于基金的运作和使用的报告，并根据"总统令"规定的条件予以公告。

第七章　调查和复议的申请

第八十八条　调查申请

（一）不满于公团就参保者资格、标准月收入额、保费，根据本法收集的其他款项的处理，可向公团提出调查申请。（本条文由 1995 年 1 月 5 日第 4909 号法令、1998 年 12 月 31 日第 5623 号法令修正）

（二）第（一）款提到的调查请求应由反对者在得知处置情况后 90 天内书面做出。但是，如该人能证明其有正当理由因而没能在规定期间内做出调查申请的，可以在期限到期之后提出。（本条文由 1998 年 12 月 31 日第 5623 号法令修正）

第八十九条　国民年金调查委员会

（一）为了对第八十八条所要求的事项进行调查，应设立国民年金调查委员会（以下简称"调查委员会"）。

（二）国民年金调查委员会管理和运作过程的必要事项，应由"总统令"规定。

（本条文由 1998 年 12 月 31 日第 5623 号法令全面修正）

第九十条　复议申请

不满于根据第八十八条提出调查请求后国民年金调查委员会的答复的，可在 60 天内申请复议。

（本条文由 1998 年 12 月 31 日第 5623 号法令全面修正）

第九十一条　国民年金复议委员会

（一）为了复议第九十条规定的审查要求，应在保健福利部内成立国民年金复议委员会（以下简称"复议委员会"）。

（二）国民年金复议委员会管理和运作过程的必要事项，应由"总统令"规定。

(本条文由 1998 年 12 月 31 日第 5623 号法令全面修正)

第九十二条　与行政诉讼的关系

(一)《行政复议法》的规定应适用于为复议的裁定程序和复议委员会的组织规则。

(二)根据适用《行政诉讼法》第十八条、第九十条规定的复议委员会做出的复议裁决被视为根据《行政诉讼法》规定的行政诉讼。(本条文由 1998 年 12 月 31 日第 5623 号法令全面修正)

第八章　附则

第九十三条　年金竞合的处置

凡有权获得残疾年金或遗属年金者，同时因为以下原因获得与本法规定获得残疾年金或遗属年金同样的原因的待遇，金额应为根据第五十九条支付残疾抚恤金金额的一半，并根据第六十四条支付遗属抚恤金金额的一半：

1. 根据《劳动标准法》第八十三条进行的残疾赔偿，根据第八十五条规定进行的遗属年金支付，根据第八十七条规定进行的一次性赔偿。

2. 根据《工业事故补偿保险法》第四十二条规定进行的残疾赔偿，第四十三条规定进行的遗属年金支付。

3. 根据《海员法》第八十八条规定进行的残疾赔偿，第八十九条规定进行的一次性赔偿，第九十条规定进行的遗属年金支付。

(本条文由 1998 年 12 月 31 日第 5623 号法令全面修正)

第九十三条之二　就业待遇和老龄年金竞合的处置

年满 55 岁但未满 65 岁的老龄年金领取者，根据《就业保险法》第三十一条规定获得就业待遇的，在其获得就业待遇期间，老龄年金的发放应停止。(本条文由 1998 年 12 月 31 日第 5623 号法令新增)

第九十四条　代位权

(一)由第三人行为造成的损害，当公团已支付残疾年金或遗属年金，公团应在待遇范围内代为对第三人进行索赔。(本条文由 1998 年 12 月 31 日第 5623 号法令全面修正)

(二)由第三人行为造成的损害，第三人已向受害人做出损害赔偿的情况下，公团根据第（一）款规定在赔偿金额范围内无须支付残疾年金或遗属年金。（本条文由1998年12月31日第5623号法令全面修正）

第九十五条　时效

（一）公团的权利，例如有权收取或追收保费的权利、三年内要收回的资金和其他费用的权利、对领取年金者及参保者错误发放待遇的追回的权利，如上述权利在5年内未实施，即被视为消灭时效完成。（本条文由1995年1月5日第4909号法令、1998年12月31日第5623号法令修正）

（二）只要待遇被暂停支付，则有权获得待遇的权利的消灭时效无法实现。

（三）第七十九条第（一）款规定的请求，及依本法规定对保费和其他费用收取的通知，以及对年金领取者及参保者错误发放待遇的追回的请求，应具有消灭时效终止的法律效力。（本条文由1995年1月5日第4909号法令、1998年12月31日第5623号法令修正）

（四）第（三）款规定的诉讼时效中止自通知或要求付款的期限已到期时恢复。

（五）在计算第（一）款规定的通知或要求付款的期限时，邮寄有关文件的天数不计算在内。（本条文由1998年12月31日第5623号法令新增）

第九十六条　部分计算

计算本法所规定的工资、保费、返还的费用等款项时，如包括一小部分不到10亿韩元，对国家管理的《基金法》规定应比照适用于该计算。（本条文由1995年1月5日第4909号法令、2005年1月27日第7347号法令修正）

第九十七条　待遇登记

公团须进行国民年金的登记、记录和保存个人事项，如参保者资格的取得与丧失、有权领取退休金、保费的支付、待遇和其他款项的支付以及由保健福利部条例确定的其他事项。（本条文由1995年1月5日第4909号法令、2005年1月27日第7347号法令修正）

第九十八条　雇员权益保护

雇主不得拒绝提高雇员的工资、解雇或不适当对待雇员以防止其成为参保者，或回避其增加的费用。

第九十九条　诊断

公团可以在必要时要求对有权领取残疾年金或获得额外退休金由公团指定的医生进行诊断为或为其雇员提供一个确认残疾的条件。(本条文由1998年12月31日第5623号法令全面修正)

第一百条　报告

(一) 参保者、原参保者或年金领取者，应就有关事项向公团或雇主报告，如作为参保者的资格、保费、来源、修改等，有权获得年金以及由保健福利部条例规定的其他情况。(本条文由1995年1月5日第4909号法令、2005年1月27日第7347号法令修正)

(二) 如参保者、原参保者或年金领取者死亡，《户籍法》第八十八条规定的责任人应当在一个月内向公团报告死亡的事实。

第一百〇一条　调查、询问

(一) 如认为对确定有权获取年金和获取参保者的资格有关的事项，如标准月收入额、保费或待遇、来源、修改、失效、暂停等，公团可以要求雇主、参保者、原参保者或年金领取者提交必要的文件和其他材料，或者派员进入工作单位或其他地方进行调查，或者对受保人就必要的问题进行询问。(本条文由1995年1月5日第4909号法令修正)

(二) 公团进入工作单位或其他地方进行调查，或者对受保人就必要的问题进行询问，应携带相关证件证明身份并向有关人员出示。

第一百〇一条之二　申请材料

(一) 公团可以要求国家、地方政府和其他公共机构提供与国家年金规划有关的必要的材料，而国家、地方政府和其他公共机构应做出回应，在任何情况下不得以特殊理由拒绝。

(二) 根据第(一)款规定提供和使用公团材料的费用，委员会应得到免除。

(本条文由1998年12月31日第5623号法令全面修正)

第一百〇一条之三　保密

在公团工作或曾在公团工作者，不得泄露在其履行其职责过程中获悉的秘密。

(本条文由1995年1月5日第4909号法令新增)

第一百〇二条　适用于外国人的规定

(一) 除了第六条的规定，受雇于本法管辖的场所或居住在韩国，而不是由"总统令"规定的其他外国人，应强制成为工作单位参保者或地区参保者。但是，此项规定不适用于那些根据外国人的本国相关法律在相当于国民年金的有关年金的相关规定不适用于大韩民国法律的外国人。（本条文由 1998 年 12 月 31 日第 5623 号法令全面修正）

（二）本法第六十七条和六十九条不适用于那些根据第（一）款规定成为工作单位参保者或地区参保者的外国人。但是，此项规定不应适用于根据外国人的本国相关法律在相当于国民年金的有关年金的相关规定不适用于大韩民国法律第六十七条和六十九条规定的支付韩国公民的一次性返还金。（本条文由 1998 年 12 月 31 日第 5623 号法令全面修正）

（三）（本条文由 2000 年 12 月 23 日第 6286 号法令删除）

（本条文由 1995 年 8 月 4 日第 4971 号法令全面修正）

第一百〇二条之二　与外国签订的《社会保障公约》

如韩国与外国签订《社会保障公约》，则对国民年金、年金的缴费和收取的请求，金额的计算和待遇的支付不适用于本法的规定，而适用于上述《社会保障公约》。

（本条文由 2000 年 12 月 23 日第 6286 号法令新增）

第一百〇三条　执行法令

本法令执行的必要事项，应由总统令规定。

第九章　罚则

第一百〇四条　罚则

（一）以欺骗或其他非法方式获得待遇的，应处以 3 年以下监禁，或 10 万韩元以下罚款。（本条文由 1995 年 1 月 5 日第 4909 号法令修正）

（二）属于下列各款所述情形的，应处以不超过 1 年监禁，或不超过 5 万韩元的罚款：（本条文由 1998 年 12 月 31 日第 5623 号法令、2000 年 12 月 23 日第 6286 号法令修正）

1. 根据第七十九条第（二）款的规定，无正当理由在规定期限内未支付保费的雇主。

2. 违反第九十八条规定妨碍其雇员成为参保者的，或无正当理由拒绝提高雇员工资，或以其他行为损害劳动者的利益，例如为防止其增加保费而解雇雇员。

3. 违反第一百〇一条之三规定，泄露工作中获悉的秘密的。

4. 违反第七十五条第（二）款规定让工作单位参保者承担全部或部分费用的，或违反第七十七条第（一）款规定扣减的金额超过了工作单位参保者的工资的。

第一百〇五条　罚则

属于下列各款所述情形的，应处以不超过50万韩元的罚款：

1. 违反第十九条第（一）款规定做出虚假报告的雇主。

2. 对于参保者、原参保者或有权领取年金者提交文件和提交其他材料的请求，雇主、公团或其雇员拒绝、逃避或干扰的，或对调查或问题做出虚假答复的。

第一百〇六条　相关罚则

法人或代理人，代表法人或个人的雇员或其他受雇人，曾做出违反第一百〇四条和第一百〇五条规定的行为，除犯罪人应受相应的处罚外，该法人或者个人也应被处以罚款。

第一百〇七条　对过失的处罚

属于下列各款所述情形的，应处以不超过10万韩元的罚款：

1. 未根据第十九条第（二）款或第一百条第（一）款或第（二）款规定做出报告的。

2. 未根据第二十一条第（二）款规定做出报告的。

3. 对于参保者、原参保者或年金领取者提交文件和提交其他材料的请求，雇主、公团或其雇员拒绝、逃避或干扰的，或对调查的问题做出虚假答复的。

第一百〇八条　对过失的调查和处罚程序

（一）根据第一百〇七条规定对过失的调查和处罚应由保健福利部根据"总统令"规定进行。（本条文由1997年12月13日第5454号法令修正）

（二）不满根据第（一）款规定所处的罚款时，可在被通知之日起30日内向做出处罚的人提出抗议。

（三）根据第（一）款所处罚款后根据第（二）款规定提出抗议的，保健福利部根据接到的通知应立即通知主管法院，根据无争议案件的《诉讼程序法》审判。（本条文由1997年12月13日第5454号法令修正）

（四）如不提出异议，但未按第（二）款规定所述在支付过失罚款的期限支付的，应比照处置有关拖欠国家税款的方式处理。

修正案(1986年12月31日第3902号法令)

第一条　施行日期

本法应于1988年1月1日生效。但是，第四十四条、第八十二条、第八十七条、第二十二条的规定，自其发布之日起生效。

第二条　其他法律的废除

(一)《国家厚生年金特别会计法》，应予以废除。

(二)《国家厚生年金基金法》第(一)款规定因《国民年金法》的生效而废止。

第三条　其他法律的调整

(一)省略。

(二)除第(一)款规定外，在本法施行以前，《国民福利年金法》或《国家厚生年金特别会计法》引用或强制执行时比照适用于其他法律做必要修改的，如本法包含了相应的规定，则该种引用或应用程序应比照适用于本法的相应条款，代替以往的规定。

第四条　保费的适用实例

(一)尽管有第七十五条第(二)款的规定，工作单位参保者保费在1997年之前应为如下金额：

1. 保费和其他费用从1988—1992年应相当于标准每月收入额的15/1000，从1993年到1997年应相当于标准每月收入额的20/1000。(本条文由1995年1月5日第4909号法令修正)

2. 退休津贴转换金从1988—1992年金额为零，从1993—1997年应相当于标准每月收入额的20/1000。

(二)尽管有第七十五条第(三)款的规定，自愿参保者、自愿接续参保者的保费，从1988—1992年应为标准每月收入额的30/1000，从1993—1997年应为标准每月收入额的60/1000。(本条文由1995年1月5日第4909号法令修正)

第五条　年金的特殊情况

(一)尽管有第五十六条的规定，如该人于1988年1月1日不小于45岁并且未满60岁(特殊职业不小于40岁并且未满50岁)，已经为5年或以上参保年限的参保者，应领取特殊金额的年金金额(以下简称

"特殊年金")。

（二）第（一）款所述特殊年金金额，应为附加年金金额加上基本年金金额的250/1000。但是，如为五年或以上参保年限的参保者，则超过五年的年份每年（不到一年的月份应计为一年的1/12）应加上相等于基本年金金额的50/1000。（本条文由1998年12月31日第5623号法令修正）

第六条 公团设立的筹备

（一）保健福利部为设立公团应任命5个筹备委员。

（二）筹备委员应制定公团章程，并获得保健福利部的批准。

（三）筹备委员根据第（二）款规定取得本公团章程的批准后，应立即着手公团登记。

（四）公团理事长得到任命时，筹备委员应立即移交事务。

（五）根据第（四）款规定事务移交完成时，筹备委员应被视为免职。

第七条 本法施行的准备行为

（一）保健福利部或公团在本法生效前如用于本法的实施准备，可以要求雇主或其他有关人员进行合作，例如提供必要的材料。

（二）接到根据第（一）款规定的合作请求者，应忠实履行。

修正案(1989年3月31日第4110号法令)

第一条 施行日期

本法自发布之日起生效。

第二条 有权获得残疾年金者的适用实例

修订后的第五十八条第（一）款和（二）款的规定同样适用于发生在1988年1月1日至本法的实施日之间受伤的残疾人。

修正案(1993年3月6日第4541号法令)

本法自发布之日起生效。

修正案(1995年1月5日第4909号法令)

第一条 施行日期

本法自 1995 年 7 月 1 日起生效。

第二条 地区参保者资格的过渡措施

除根据第十条修改条文规定的地区参保者外，自本法生效日起，应视为根据第十条之二修改条文规定的自愿参保者。

第三条 农民和渔民申购期的特殊情况

尽管有第六条的规定，年满 60 岁但未满 65 岁的农民或渔民在本法生效后，至 1995 年 12 月 31 日前根据保健福利部条例的规定向公团提出认购申请，可根据第十条的修改条文成为地区参保者，直至年满 70 岁。

第四条（本条文由 1998 年 12 月 31 日第 5623 号法令删除）

第五条 农民和渔民的年金保费的补助

尽管有修订后的第七十五条第（三）款的规定，农民或渔民根据修订后的第十条或修正案第三条成为地区参保者，以及从地区参保者转为自愿接续参保者的，应于 2004 年 12 月 31 日前在平等的基础上根据由该人承担的保费金额支付，金额须高于最低标准的保费的标准每月收入额的 1/3，并对特殊农渔业税进行特别账户管理。（本条文由 1998 年 12 月 31 日第 5623 号法令修正）

第六条 地区参保者年金的特例

（一）尽管有第五十六条的规定，如根据修正后的第十条规定在缴费期间内年满 45 岁但未满 60 岁的地区参保者，或根据修正后的修正案第三条规定在本法生效时已达 5 年以上参保年限的地区参保者，应领取一定金额的年金（以下简称"特殊年金"）。

（二）第（一）款所述特殊年金金额，应为附加年金金额加上基本年金金额的 250/1000。但是，如为五年或以上参保年限的参保者，则超过五年的年份每年（不到一年的月份应计为一年的 1/12）应加上相等于基本年金金额的 50/1000。（本条文由 1998 年 12 月 31 日第 5623 号法令修正）

第七条 地区参保者保费缴纳的过渡性措施

修改后的第七十九条规定至 1997 年 6 月 30 日前不应适用于修订的第

十条规定的地区参保者。

第八条 本法施行的准备行为

保健福利部或公团在本法生效前如用于本法的实施准备,可以要求国家、地方政府、其他公共组织、地区参保者或其他有关人员进行合作,例如提供必要的材料。

修正案(1995年8月4日第4971号法令)

第一条 施行日期

本法自发布之日起生效。

第二条 涉外工作单位参保者的过渡性措施

尽管有修改后的第一百○二条第(二)款规定,外国人根据本法生效前的规定通过自己的申请成为工作单位参保者的,在本法施行之前的缴费期应适用于第六十七条和六十九条的有关规定。

修正案(1997年12月13日第5453号法令)

本法自1998年1月1日起生效。

修正案(1997年12月13日第5454号法令)

本法自1998年1月1日起生效。

修正案(1998年12月31日第5623号法令)

第一条 施行日期

本法自1999年1月1日起生效。但是,第十二条、十七条、十九条、六十八条、七十五条和七十九条、八十一条之二和一百○二条,第三条、八条、十条自1999年4月1日起生效,第七十二条之二自2000年1月1日起生效。

第二条 本法施行的准备行为

(一)保健福利部或公团在本法生效前如用于本法的实施准备,可以要求国家、地方政府、其他公共组织、地区参保者或其他有关人员进行合作，例如提供必要的材料。

（二）接到请求的国家、地方政府、公共机构、地区参保者和其他有关人员应忠实履行。

第三条 待遇支付年龄的适用实例

尽管有修订后的第四十八条第（一）款第三部分，第五十六条第（一）款，第五十六条第（二）—（四）款，第五十七条第（三）款，第五十七条第（四）款，第五十七条之二第（一）款，第五十七条之四第（一）款，第五十八条第（二）款和第六十三条第（一）款第一部分、第三部分但书，对第五段的修订条文，第六十六条第（一）款主句，第六十七条第（一）款第（一）项的修订条文，以及第六十七条第（二）款和第九十三条之二的规定，待遇支付年龄应为支付年金保费的年龄加上：从 2013—2017 年增加 1 年；从 2018—2022 年增加两年；从 2023—2027 年增加 3 年；从 2028—2032 年增加 4 年；从 2033 年以后增加 5 年。

第四条 年金保费的适用实例

（一）第十条修订条文规定的地区参保者，第十条之二规定的自愿参保者，修正案第十四条规定的地区参保者，以及工作单位参保者，不适用于第四条第（一）款修订条文和第七十五条第（三）款的规定。其保费确定的金额应为：从 1999 年 4 月至 2000 年 6 月底为标准每月收入额的 30/1000；从 2000 年 7 月至 2001 年 6 月底为标准每月收入额的 40/1000；从 2001 年 7 月至 2002 年 6 月底为标准每月收入额的 50/1000；从 2002 年 7 月至 2003 年 6 月底为标准每月收入额的 60/1000；从 2003 年 7 月至 2004 年 6 月底为标准每月收入额的 70/1000；从 2004 年 7 月至 2005 年 6 月底为标准每月收入额的 80/1000。

（二）尽管有第四条第（一）款修订条文的规定，第七十五条第（二）款规定的保费和其他费用，根据第（三）款规定的保费至 2009 年前不得调整。

第五条 国民年金审议委员会成员任期的过渡性措施

（一）本法生效前根据有关规定的国民年金审议委员会和运营委员会的成员（不包括当然成员）应履行其职务，直至委员会新成员获委任。在该种情况下，即将离任的成员的任期应直到新成员被任命时为止。

（二）在本法生效前根据有关规定的现任理事会理事长、公团理事和审计师（不包括当然理事）的任期应遵从以前的规定，其应履行职责，直至任命新的理事。在该种情况下，即将离任的理事的任期，直到新成员被任命时为止。

第六条　对工作单位参保者计算缴费期的过渡措施

尽管有第十七条第（二）款和第（三）款修订条文的规定，未支付保费的时间应遵守以前的规定。

第七条　非工作单位参保者、地区参保者的过渡性措施

（一）根据以前的规定为工作单位参保者、地区参保者的，但根据第八条第（一）款修订条文，第八条第（二）款前半句和第十条不能成为工作单位参保者、地区参保者的，应根据同一修订的条文被视为工作单位参保者、地区参保者。

（二）尽管有第十二条第（一）款和第（二）款对丧失相关资格的规定，第（一）款所述工作单位参保者、地区参保者有意取消其参保者资格的，提交申请后可予退出。

第八条　待遇支付的过渡性措施

（一）在本法令生效前发生的待遇支付应根据以前的相关规定。

（二）尽管有第四十七条的修订条文的规定，在本法令生效前发生的属于缴费期内的基本年金金额的计算应根据以前的相关规定。

第九条　不当利益返还的过渡性措施

尽管有第五十三条第（一）款的修订条文的规定，在本法令生效前发生的不当利益返还应根据以前的相关规定。

第十条　配套年金的过渡性措施

在本法令生效前发生的根据第五十七条之二第（一）款修订条文规定支付配套年金的情形，在本法生效后应根据第五十七条之二和五十七条之三规定进行支付。

第十一条　保费缴纳的过渡性措施

（一）根据原来的规定作为地区参保者的农民和渔民，1999年4月1日前应视为保费或保费补贴季度付款的农业和渔业人员。

（二）尽管有第七十六条第（一）款修订条文的规定，截至1999年4月1日，根据以往的规定确定缴费期的地区参保者［不包括第（二）款所述农民和渔民］的养老保险的保费可在有关季度之后每月分十次支付。

但是，如参保者在规定期限内无正当理由不支付保费达两个季度，则无权进行季度付款。

第十二条　委员会的行为的过渡措施

国民年金审议委员会和国民年金复议委员会的行为，如支付年金，根据本法应视为国民年金复议委员会和国民年金再审委员会的行为。

第十三条　原地区参保者保费的过渡措施

自1999年1月1日至1999年3月31日有地区参保者资格的，从1999年1月至1999年3月应根据以往的规定支付保费。

第十四条　老年人参保的特殊情况

尽管有第六条和第十条的修订条文的规定，1999年4月1日时年满60岁但未满65岁可根据保健福利部条例规定在2000年12月31日前向公团提交认购的申请，并可根据第十条的修订条文成为地区参保者。

第十五条　老龄年金的特殊情况

（一）尽管有第五十六条修正条文的规定，截至1999年4月1日时年满50岁但未满60岁属于以下情形的，可获老龄年金：

1、在年满60岁前其缴费期不少于5年但少于10年的。

2、在年满60岁后其缴费期不少于5年的。

（二）根据第（一）款所述的特殊年金金额应相当于基本年金金额的250/1000加上附加年金金额。但是，如为五年或以上参保年限的参保者，则超过5年的年份每年（不到1年的月份应计为一年的1/12）应加上相等于基本年金金额的50/1000。

（三）本条第（一）款和第（二）款规定应比照适用于修正案第十四条规定的缴费期超过五年并已取消参保者资格的地区参保者。

第十六条　一次性返还金的特殊情况

（一）根据本法生效之前的相关规定，因不能从事有收入工作一年多而丧失工作单位参保者资格从而不能根据修订后的第五十六条领取年金的，尽管有第六十七条第（一）款和第六十九条修订的条文的规定，可在2000年12月31日前获得一次性返还金。在该种情况下，确定参保者是否不能从事有收入工作的范围应由"总统令"确定。

（二）尽管有第六十八条第（一）款修订条文的规定，根据第（一）款领取一次性返还金者可将该笔钱退还给公团。

（三）尽管有第六十七条第（一）款第（一）项修订条文的规定，

如退休金的受益人在1999年4月1日之前丧失作为工作单位参保者、地区参保者的资格，可获得一次性返还金。（本条文由2000年12月23日第6286号法令新增）

修正案(1999年5月24日第5982号法令)

本法自发布之日起生效。

修正案(1999年9月7日第6027号法令)

第一条 施行日期

本法自发布之日起生效。

第二条 一次性返还金的特殊情况

根据本法生效前第六十七条第（一）款第（三）项和第（四）项修订条文的规定无权领取一次性返还金者，在上述法律条文生效前仍有资格领取一次性返还金。

第三条 对地区参保者、自愿参保者一次性返还金的特殊情况

（一）根据本法生效之前的相关规定，因不能从事有收入工作一年多而丧失地区参保者、自愿参保者资格从而不能根据修订后的第五十六条领取年金的，尽管有第六十七条第（一）款和第六十九条修订的条文的规定，可以在2000年12月31日前获得一次性返还金。在该种情况下，确定参保者是否不能从事的有收入工作的范围应由"总统令"确定。

（二）尽管有第六十八条第（一）款修订条文的规定，根据第（一）款规定领取一次性返还金者可将该笔钱退还给公团。

修正案(2000年1月12日第6124号法令)

本法自发布之日起生效。

修正案（2000年1月12日第6124号法令）

第一条 施行日期

本法自发布之日起生效。

第二条 对从生活稳定基金的借款人一次性返还金的特殊情况

（一）尽管有第六十七条第（一）款和第六十九条的规定，从1998年5月11日至1998年12月31日因失业从生活稳定基金借款（包括1998年12月31日前提出贷款申请而在1999年1月31日前取得贷款的）的参保者，无法偿还本金和贷款利息，可进行相当于未偿还的本金和贷款利息的一次性返还金。

（二）第六十七条第（二）款和第（三）款以及第六十八条应比照适用于第（一）款所述一次性返还金的请求和支付。

修正案（2000年12月23日第6286号法令）

第一条 施行日期

本法自发布之日起生效。但是，第八条第（一）款第二部分的修订条文、第十条第（四）项、第四十三条、第七十六条第（五）款及（六）款、第七十八条、第七十九条、第八十条、第八十条之三和第八十三条第（三）款应于2001年4月1日生效，而第八十三条第（二）款修订的条文应于2001年7月1日生效。

第二条 附加年金金额支付的适用实例

第四十八条第（一）款修订条文的规定适用于本法生效后最初获得参保者资格者的附加年金金额。

第三条 年金的支付期的适用实例

第五十条第（一）款修订条文的规定适用于本法生效后提出一次性返还金或延迟缴付的申请人。

第四条 支付退休金的过渡措施

本法生效当月和前一个月的退休金应在本月最后一日支付。

第五条 有关根据《基础生活保障法》保障的受益人的过渡措施

尽管有第八条第（一）款修订条文和第十条第（四）项的规定，在本法生效前受《基础生活保障法》保障并根据以前的规定拥有作为工作单位参保者、地区参保者的资格者,应被视为根据本法第八条和第十条规定的工作单位参保者、地区参保者。

第六条　支付等的过渡措施

(一)在本法令生效之前发生的支付,应根据以前的法律规定。

(二)尽管有相关法律规定,在本法生效后根据第四十七条第(一)款第(一)项规定低于1271595韩元的款额,自本法生效后将被视为1271595韩元。

修正案(2005年1月27日第7347号法令)

本法自2005年7月1日起生效。

修正案(2005年8月4日第7655号法令)

本法自发布之日起生效。

后　　记

　　20世纪90年代初，中国开始构建社会保障制度。经过七八年的努力，到20世纪末21世纪初，社会保障制度经历了一个政策密集发布和制度快速建设的历史时期，各项社会保障制度逐步建立起来。进入21世纪以来，社会保障制度建设进入快速成长期。截至目前，中国已经建立起覆盖人数和支付规模相当可观的社会保障制度，取得了令世人瞩目的伟大成就。但总体来看，中国社会保障制度相关法律体系仍需要不断完善和调整，亟须借鉴国外一些国家社会保障法律法规作为参考。

　　2009年12月，中国社会科学院世界社保研究中心受中华人民共和国人力资源和社会保障部基金监督司（现中华人民共和国人力资源和社会保障部社会保险基金监督局）委托，牵头分别组建了中国社会科学院世界社保研究中心项目组和中国政法大学项目组，共同完成了部分国家的社会保障法律的翻译工作。此后的半年多时间里，在人力资源和社会保障部基金监督司的领导下，两个项目组共十余人，多次开展交流活动，密切合作，互通有无，团队成员付出极大的努力，初译了筛选的相关国家社会保障法律文件。后期又通过几次封闭式研讨，对中英文逐句对照校对，规范了大量的法律词汇和社会保障专业词汇，最终翻译国外社会保障法律共16部。但由于经费等原因，这些翻译稿件一直没有公开出版发行。

　　几年来，中国社会科学院世界社保研究中心越来越认识到，了解和借鉴国外社会保障法律法规具有极大的理论和现实意义。因此，2015年7月再次启动该项工作，增选翻译了多部经典的国外社会保障法律并顺利完成。对本译丛的出版起关键性推动作用的是，2015年4月在北京郊区开会时得到了中国社会科学院科研局局长马援同志的支持，从而纳入中国社会科学院创新工程学术出版资助项目之中，获得近百万元的资助，使这套几百万字的译丛"起死回生"。从那时到现在，两年多时间过去了，终于迎来了付梓面世的这一刻。应该说，20世纪建立社会保障制度至今尚未有专业翻译出版的国外社会保障法律的丛书，这套译丛的出版填补了这一空白。为此，对中国社会科学院的支持、对马援局长的伯乐精神表示衷心感谢！

本译丛的出版历时两期、跨度长达8年，如今能够顺利出版发行，实属不易。这不仅是翻译团队成员努力的结果，与政府、学界和企业界等各方的大力支持也分不开。

其一，要感谢中华人民共和国人力资源和社会保障部原副部长、中国社会保险学会会长胡晓义先生的支持和指导，是他在2009年催生了这个宏大的翻译项目。还要感谢人力资源和社会保障部基金监督司原司长陈良先生，在他的直接指导下，这个项目才得以集中社会力量进入实际操作层面。另外，还要重点感谢基金监督司林志超处长，他在2009年启动的第一期翻译工作时，多次亲自组织团队成员进行封闭式研讨，并提出了很多建设性意见；在此期间，翻译团队还得到了胡玉玮和肖宏振等专业人士的大量建议，这些都为第二期翻译工作的顺利开展奠定了坚实的基础。

其二，要感谢中国证券投资基金业协会的支持。由于这套译丛是开放式的，不断增加新的翻译内容就意味着需要不断地增加出版经费。在中国证券投资基金业协会的倡议和资助下，增加了新的法律文件翻译，为此，这里要感谢洪磊会长和钟蓉萨副会长的支持，钟蓉萨副会长还在百忙中多次询问这个项目的进展情况。黄钊蓬、靳珂语、胡俊英和姚竣曦等其他同志都积极参与了翻译和出版的协调工作，为此，他们付出了大量汗水。

其三，要感谢中国社会科学出版社赵剑英社长的支持。重大项目出版中心王茵主任多次抽出宝贵时间参加翻译合同的草拟和协调工作，为本译丛的顺利出版花费了大量时间。重大项目出版中心王衡女士，作为主要协调人和责任编辑，与译丛出版所涉及的多个单位和部门做了大量沟通工作，使得出版工作顺利开展。

其四，要感谢中国政法大学的胡继晔教授的热情参与和敬业精神。胡继晔教授既是社会保障专家，在法律研究上也颇有造诣，与他合作，使得整个翻译团队工作效率更高，水平大幅提升。在他的指导下，中国政法大学项目组所有成员保质保量的完成了大量翻译工作，为出版工作争取了宝贵时间。

其五，感谢西北大学的校译团队，他们的教学和学习任务重，却欣然承担了《美国社会保障法》三卷 200 多万字的校译工作，专业又高效。这支团队由西北大学公共管理学院社会保障学系系主任许琳教授率领，唐丽娜副教授负责，成员有朱楠副教授、杨波老师，以及硕士研究生高静瑶、贺文博、杨娜和赵思凡。感谢校译者们的辛勤付出。

最后，还要感谢中国社会科学院世界社保研究中心团队的诸多同事。从 2009 年开始，中心副秘书长齐传钧博士就一直负责这个项目的组织和联络工作，后来，张盈华博士也加入进来。房连泉博士和高庆波博士等为这个项目也做出了很多努力，包括董玉齐和闫江两位同志。因此，对中国社会科学院拉丁美洲研究所和中国社会科学院美国研究所的支持表示感谢，同时也要感谢拉美所的吴白乙和王立峰两位老同事，以及美国所的孙海泉、郭红和陈宪奎等同事。

这套译丛是开放式的，目前出版了六卷，即将出版的还有两卷德国的社会保障法律。之后，这套译丛将不断"扩容"，尤其那些具有重要意义的社会保障法律，欢迎业内同行踊跃推荐。愿这套译丛成为中国社会保障工作者案头的一部重要工具书。

翻译社会保障法律不仅需要较高的外语翻译水平，还需要具有社会保障专业知识和法律知识，所有这些对翻译者和校对者都是极大的挑战和考验。因此，尽管所有参与者付出了极大的艰辛和努力，但由于时间、水平和理解等诸多方面的原因，本译丛中存在的错误、遗漏和不当之处在所难免，敬请读者批评指正。

郑秉文

中国社会科学院世界社保研究中心主任

中国社会科学院美国研究所所长

2017 年 6 月 12 日